मार्क्सवादी सौन्दर्यशास्त्र

समग्र चिन्तन

पहल सीरीज़-3

मार्क्सवादी सौन्दर्यशास्त्र

समग्र चिन्तन

सम्पादक

ज्ञानरंजन

कमला प्रसाद

'पहल' सीरीज़ सम्पादक

राजकुमार केसवानी

वाणी प्रकाशन

वाणी प्रकाशन

4695, 21-ए, दरियागंज, नयी दिल्ली 110 002

फ़ोन : +91 11 23273167 फ़ैक्स : +91 11 23275710

शाखाएँ

अशोक राजपथ, पटना 800 004, बिहार

कॉफ़ी हाउस कैम्पस, महात्मा गांधी मार्ग, इलाहाबाद 211 001, उत्तर प्रदेश

महात्मा गांधी अन्तरराष्ट्रीय हिन्दी विश्वविद्यालय, वर्धा 442 001, महाराष्ट्र

www.vaniprakashan.in
marketing@vaniprakashan.in
sales@vaniprakashan.in

MARXVADI SAUNDARYASHASTRA : SAMAGRA CHINTAN
Edited by Gyanranjan, Kamla Prasad
Editor 'Pahal' Series Rajkumar Keswani

ISBN : 978-93-88434-28-7
Criticism

प्रथम संस्करण 2019

मूल्य : ₹ 695

यश प्रिंटोग्राफ़िक्स, नोएडा-201 301 (उ.प्र.) में मुद्रित

वाणी प्रकाशन का लोगो मक़बूल फ़िदा हुसेन की कूची से

“हाथों के दिन आयेंगे, कब तक आयेंगे,
यह तो कोई नहीं बताता। करने वाले
जहाँ कहीं भी देखा अब तक डरने वाले
मिलते हैं। वे सुख की रोटी कब खायेंगे,
सुख से कब सोयेंगे, कब उसको पायेंगे
जिसको पाने की इच्छा है। हरने वाले
हर-हर कर अपना घर भरने वाले
कहाँ नहीं हैं। हाथ कहाँ से क्या लायेंगे।”

–त्रिलोचन शास्त्री

प्रगतिशील धारा के कवि त्रिलोचन शास्त्री को समर्पित

प्रकाशकीय

पश्चिमी देशों की भाँति हमारे देश के रचना धर्म पर अवास्तविक शून्यवादी अवधारणाएँ लम्बी परम्परा के मार्फ़त छायी रही हैं। परम्पराओं ने शाश्वत मूल्यों के नाम पर सामाजिक दर्शन के साथ कला दर्शन को निराकार बना दिया था। धारणा बन गयी थी कि निराकारता ही अद्वैत और चिरन्तन हो सकती है। चिरन्तन मूल्यों से प्राप्त आनन्द को ब्रह्मानन्द सहोदर कहा जाता था। ज़ाहिर है कि ये मूल्य भौतिक कष्ट का एहसास ग़ैर-मानवीय तरीक़े से कराते थे। सन्तत्त्व के अधीन चलता कलाशास्त्र इस बात पर ज़ोर दिया करता था कि जीवन की भौतिक सच्चाइयों के जो बिम्ब, छायाएँ और आकृतियाँ चेतना में रच गयी हैं, उन्हें मिटाने के बाद और इस तरह मानस को बिम्बहीन, शून्य और अमूर्त बना कर ही शाश्वत हुआ जा सकता है। जीवन की यथार्थता के भीतर शून्यता का अभ्यास सम्भव नहीं होता—इसलिए इस जीवन दर्शन ने पलायन की संस्कृति को मान्यता दी। ज़िन्दगी से तटस्थ होना, संकट से मानसिक मुक्ति तथा होने के बावजूद न होने की प्रक्रिया ने नागरिक को ग़ैर-ज़िम्मेदार बनाया था। ज़माने की मानवीय तड़पन, गुलामी, शोषण का खुला व्यापार और हत्याएँ चलती रहती थीं। कलाकार उन्हीं शोषकों के अधीन अथवा जंगली साधना-शिविरों में ब्रह्मानन्द सहोदर की कल्पना करता था। आध्यात्म का ऐसा मुलम्मा रचनाकार पर चढ़ा कि वह अपनी उपस्थिति ही भूल गया। जीवन दृष्टि और मूल्य सत्ता के नाम पर पलायनवादी संस्कृति प्रभावशील रही। सांख्य, शैव, न्याय, वैष्णव अथवा शाक्त संस्कृतियाँ रचना-शास्त्र को जन्म दे रही थीं। यही कारण है कि इस परम्परा की रचनाएँ हमें मानव जीवन की संवेदनशील जीवन्त परम्परा का बोध नहीं करातीं। दुर्भाग्य है कि भारतीय कलाशास्त्र के रचयिता गायक वे रहे हैं जिनका समाजशास्त्र से कोई लेन-देन नहीं था और वे रचना का नेतृत्व उन धीरोदात्त नायक को सौंपते थे, जो विरासत में शोषकों की परम्परा से आया है।

मार्क्सवाद केवल जर्मनी अथवा रूस का दर्शन नहीं है। वह किसी एक व्यक्ति का चिन्तन नहीं और न ही किसी एक देश के इतिहास का निचोड़। मार्क्स ने आदिम साम्य सभ्यता से लेकर प्राकृतिक, सामाजिक और मानविकी के समूचे

विकास का सूक्ष्म विश्लेषण कर विकास के सामान्य नियमों की खोज की है। डार्विन ने इतिहास की विकास गति को पहली बार पहचाना था किन्तु, उसकी समझ में वे क्रान्तिकारी शक्तियाँ नहीं आयी थीं जो विकास नियमों को तीव्र करें, दिग्भ्रम को प्रमुख धारा से जोड़ें, प्रतिगामी को प्रगतिशील करें और इस तरह मानवीय विकासधारा में क्रान्तिकारी परिवर्तन ला सकें। मार्क्स की शोध प्रक्रिया समूचे ज्ञान बोध की व्याख्या और द्वन्द्व से तैयार हुई थी। भारतीय चिन्तन और आध्यात्म परम्परा का उन्हें बारीक बोध था। इसलिए यह अध्ययन आधुनिक और समीचीन है। ज्ञान के विकास में सबसे अधिक विश्वसनीय क्रान्तिकारी, वैज्ञानिक होने के कारण दुनिया की दो तिहाई जनता ने उसे जीवन दर्शन के रूप में स्वीकृति दी। देश, काल स्थिति और स्थान की संकीर्णताओं के बजाय इनके द्वन्द्व से सामान्य नियमों को खोज कर लेनिन, माओ, फ़िदले कास्त्रो, हो ची मिन्ह आदि ने धरती के विशिष्ट भूखण्डों में मनुष्य की नयी संस्कृति को ज़मीन पर उतारा और भाववादी पलायन जन्य दृष्टियों को अमूर्त, अपर्याप्त, अव्यावहारिक करार दिया। भारत में भी स्वतन्त्रता संघर्ष के दौरान दूसरे दशक में यह विचार दृष्टि आ चुकी थी। स्वप्नलोक के कवि टैगोर, कवि सुब्रमण्यम भारती और प्रेमचन्द पर इसका तत्काल प्रभाव पड़ा था। इनके सहित अनेक रचनाकार क्रान्ति के स्वप्न देखने लगे थे और अपनी बेलाग लेखनी से ब्रिटिश साम्राज्यवाद और देशी सामन्तों के ख़िलाफ़ सर्वहारा को संगठन की आत्मशक्ति प्रदान कर रहे थे। तीसरे दशक के समाप्त होते-होते रचनाकारों में अभूतपूर्व लहर दौड़ी। भावुकता के स्तर पर ही सही संख्यातीत रचनाकार जन्मे। सज्जाद ज़हीर, मुल्कराज आनन्द और प्रेमचन्द के प्रयास से प्रगतिशील लेखक संघ का जन्म हुआ। तत्काल बुर्जुआ सौन्दर्यवाद के ख़िलाफ़ जनवादी सौन्दर्य के पक्षधरों ने संकल्प लिया, ''जीवन में एक नयी सुन्दरता की तलाश लेखकों को प्रेरित करेगी कि वे उस सामाजिक व्यवस्था को उखाड़ फेंकें जिसमें एक व्यक्ति हज़ार व्यक्तियों पर अत्याचार कर सकता है। मानवीय आत्म सम्मान उन्हें प्रेरित करेगा कि वे पूँजीवाद, सैनिकवाद तथा साम्राज्यवाद के विरुद्ध विद्रोह का झण्डा ऊँचा करें। फिर हमें इस सब के विरुद्ध अपनी ग़ैर-रज़ामन्दी को काग़ज़ पर व्यक्त करके ही सन्तुष्ट नहीं हो जाना चाहिए, बल्कि, हमें ऐसी सामाजिक व्यवस्था की स्थापना के लिए सक्रिय रूप से काम करना चाहिए जो सुन्दरता, सुरुचि तथा मानवीय महिमा का निषेध नहीं करती।'' (प्रेमचन्द, अध्यक्षीय भाषण), संकल्प की नयी उत्तेजना और दृष्टिकोण के साथ आरोह-अवरोह से गुज़रते प्रगतिशील लेखन सम्प्रति राष्ट्रीय रचना कर्म के भीतर एक अनिवार्य धारा बन गया। पाँचवें दशक में इस धारा को राजनीतिक आक्रोश का शिकार होना पड़ा। छठवें दशक में आत्मवादी, प्रतिगामी और बुर्जुआ रचनाकारों ने संगठित हमला किया किन्तु अजेय जनवादी सौन्दर्य-दृष्टि रचनाकारों

में जीवित रही। अटूट, दृढ़ जीवनी शक्ति का प्रमाण मुक्तिबोध की रचनाओं के प्रकाशनोपरान्त और बुलन्दी से मिला। सातवें और आठवें दशकों में यह शक्ति इतनी प्रभावशील हो गयी कि बुर्जुआ कला के योजनाकार साँसत में पड़ गये। अतएव, आज हम जहाँ खडे हैं, हमारे पास मार्क्सवादी रचनाकारों की समर्थ शृंखला है। अब ज़रूरत इस बात की है कि हम समूची विरासत को पहचानें, आत्मलोचन करें और बुर्जुआ संस्कृति की रक्षा के लिए किये जा रहे ताबड़तोड़ प्रयासों को आमूल नष्ट करने का बीड़ा लें। बुर्जुआ संस्कृति के ज़बरदस्त जमाव के बीच मार्क्सवादी कला दृष्टि को प्रतिष्ठित करने का काम बेहद जटिल है। तमाम सांस्कृतिक केन्द्रों, प्रयोगशालाओं और रचना प्रसार माध्यमों में उनका कब्ज़ा है। फिर भी, सच्चाई के अटूट विश्वासों के ज़रिये उन्हें परास्त करना है। 'मार्क्सवादी सौन्दर्यशास्त्र' की यह पुस्तक ऐसे ही प्रयास का एक अंग है।

'मार्क्सवादी सौन्दर्य-दृष्टि' रचना के क्षेत्र में कोई आरोप नहीं है। अलबत्ता वह मनुष्य की शक्ति पर अटूट आस्था का सन्देश है। यह दृष्टि अस्वीकार करती है कि रचनाकार पैदा होते हैं। अज्ञात सत्ता रचयिता को शक्ति नहीं देती। वह मनुष्य ही है जो शक्ति अर्जित करता है। बाह्य सत्ता और चेतना सत्ता के संघर्ष का रासायनिक सहयोग स्फूर्ति ऊर्जा जन्मता है। ऊर्जा रचना शक्ति है। सतर्क सर्जक ऊर्जा की क्रमागत स्थितियों को जानता है। क्रिया उन लेखकों में भी घटती है जो स्वयंभू होने का दावा करते हैं, पर उन्हें अपनी चेतना की प्रक्रिया का बोध नहीं होता। अनियन्त्रित आन्तरिक प्रक्रिया उसे चाहे जहाँ पहुँचा देती है। मानव जाति के विकास के बीच अपनी शक्ति की पहचान न रखने के कारण विभ्रम से उत्पन्न अमूर्त चेतना स्वयंभू हो जाती है। बुर्जुआ चिन्ता की कोशिश होती है कि विभ्रम की स्थितियाँ बरकरार रहें। इसके विपरीत प्रगतिशील लेखक का दृढ़ विश्वास है कि जैसे श्रमिक का उत्पादन है अनाज, कपड़ा, अन्य वस्तुयें, उसी तरह लेखक (श्रमिक) का उत्पादन रचना है। वह उसकी सोच, श्रम और वैकल्पिक प्रयास का प्रमाण है। जैसे सर्वहारा उत्पादन की प्रक्रिया का प्रशिक्षण प्राप्त करता है, उसी तरह रचनाकार लेखक कर्मशाला में दीक्षित होता है। दीक्षा की सहेतुक कोशिश के कारण मार्क्सवादी कला दृष्टि का अगनन्द न ब्रह्मानन्द है और न स्वपर की चेतना बुद्धि। यह दृष्टि स्वपर में पूरी तरह शरीक भौतिकतोष और वास्तविक स्वप्नों का एहसास देती है।

मुक्तिबोध ने 'एक साहित्यिक की डायरी' में रचना की बुनावट के रहस्यमय स्वयंभूवाद को तोड़ते हुए लिखा, ''कला का यह लक्षण है, जीवन का उत्कट तीव्र अनुभव क्षण। दूसरा क्षण है, अनुभव का अपने कसकते-दुखते हुए मूलों से पृथक् हो जाना और एक फैण्टेसी का रूप धारण कर लेना। मानो वह फैण्टेसी अपनी आँखों के सामने ही खड़ी हो। तीसरा और अन्तिम क्षण है, इस फैण्टेसी के शब्दबद्ध होने

की प्रक्रिया का आरम्भ और उस प्रक्रिया की परिपूर्णावस्था तक की गतिमानता।'' हमारी धारणा है कि मार्क्सवादी सौन्दर्यशास्त्र के सन्दर्भ में यह सूत्रवाक्य है। हमने इन सूत्रों को कविता, कहानी, आलोचना कर्मशालाओं में रचनाकारों के बीच अनुभव की ज़मीन पर उतारने की कोशिश की है। प्रतिबद्ध रचनाकारों ने गाँवों की कराहती आवाज़ को केवल सुना नहीं, संवाद दिया। ज़मींदारों के आतंकवश निरीहों के मनोजगत में धुमड़ती भयानक छायाओं को पहचाना, वेदनाओं की क़िस्में और जुल्म के नये-नये रूपों को आँखों से देखा। लोगों ने आपस में बैठकर रात-दिन बहस की और तय किया कि उनके शोषण के कारण क्या हैं, उनकी ये स्थितियाँ क्यों है? जीवन का उत्कट तीव्र अनुभव क्षण सामने था। अनुभव के क्षण में आवेग, हल-चल, और बेचैनी थी। यथास्थिति और मोह टूट चुके थे। इतिहास, विज्ञान और मनोजगत के अध्ययन, चिन्तन और पूर्व अनुभव की स्थितियाँ उनकी चेतना को ठोस और व्यापक बना रही थीं। वर्ग भेद का समाजशास्त्र खुल चुका था, निजी अनुभव इतिहास यात्रा में तैर रहे थे। यह कला का दूसरा क्षण था जब रचनाकार कसकते, दुखते मूलों से पृथक था। मार्क्सवादी सौन्दर्यशास्त्र की शब्दावली में अपने से पृथकता अथवा तटस्थता, निर्वेयक्तिक होकर व्यापक जनसमाज का अंग बनने के अर्थ में है। स्थिति की विशिष्टता समाप्त कर तमाम सामाजिक रिश्तों में अपने को पाना जैसे इतिहास उसे देख रहा हो। तटस्थता की स्थिति में विज्ञान निजता को जाँचता है। प्रयोगशाला में वैज्ञानिक जैसे रासायनिक प्रक्रिया की बारीकी पकड़ता है और इसके लिए सतर्क रहता है कि रंचभर भूल निर्णय को अवास्तविक बना देगी, ठीक उसी तरह अपनी चेतना के निरीक्षण, परीक्षण और नियमन के क्षणों में रचनाकार वैज्ञानिक हो जाता है। सवाल उठता है कि क्या भावनाएँ-संवेदनाएँ वैज्ञानिक ढंग से जानी-पहचानी जा सकती हैं? वैसे इसका उत्तर मार्क्सवादी चिन्ताधारा में पीछे के तमाम रचनाकारों के द्वारा दे दिया गया है, परन्तु हम यहाँ कहना चाहेंगे कि आज कला विज्ञान की ही तरह वास्तविकताओं की प्रस्तुति है। बाह्य संसार की आकृतियाँ और उनकी बिम्ब यात्राएँ चेतना रचती हैं। इतिहास की लम्बी यात्रा के बाद चेतना ने अपना गुणात्मक स्वरूप कायम किया है। इसलिए वह अब बाह्य सत्ता से लगातार द्वन्द्व करती है और उन्हें क्रान्तिकारी ढंग से परिवर्तित करती है। चेतना और बाह्य सत्ता का द्वन्द्व एवं चेतना और चेतना का द्वन्द्व इतिहास का नियम है। मार्क्सवादी सौन्दर्य दृष्टि ने आदमी की सहजात वृत्तियों, भावनाओं, संचारी भावों, अनुभावों, कल्पनाओं का ऐसा विश्लेषण किया है कि अब आन्तरिक छद्‌म छिप नहीं सकता। हीगेल ने भ्रम और वास्तविकता के द्वन्द्व पर नज़र रखी थी जिसे मार्क्स ने नतीजे पर पहुँचाया। पूँजीवादी, सैन्यवादी अथवा साम्राज्यवादी व्यवस्था के भीतर जन्मा जनवादी रचनाकार अपने मानसिक सांस्कृतिक

रचाव से आत्म-संघर्ष के द्वारा मुक्ति पाता है। आत्म-संघर्ष व्यक्तिवादी रचनाकार का भी होता है, परन्तु वह समाज से कटाव का होता है जबकि जनवादी रचनाकार सामाजिक सम्पृक्ति के लिए संघर्ष से गुज़रता है। सामाजिक संघर्ष का सीधा अर्थ है—पूँजीवादी व्यवस्था के भीतर चल रहे शोषक और शोषित के बीच का संघर्ष। रचनाकार प्रत्यक्ष संघर्ष में भी शरीक होता है और अनुभव की जीवन्तता भोगे हुए यथार्थ से लाता है। कला के दूसरे क्षण अथक आत्म संघर्ष, आत्म विस्तार और तटस्थता से गुज़रने के साथ ही हमारे लेखक साथियों ने अपनी चेतना को समेटा था। उन्होंने पाया कि संश्लेषण की प्रक्रिया का द्वन्द्व, बिम्ब, प्रतीक, फैण्टसी रचता है जो उनका विकल्प प्रतीक हो सके। दूसरे क्षण का व्यापक मानसिक साक्षात्कार अपन विकल्प खोजता हुआ प्रतीक, बिम्ब और फैण्टेसीज़ के विकल्प तैयार करता है। ये विकल्प अपनी सारवस्तु में वास्तविक होते हैं। ढाँचे के तौर पर चेतना में गड्ड-मड्ड अवचेतनी ढेर से बनते हैं इसलिए वे आवस्तविक लगते हैं। मुक्तिबोध साक्षात्कार की त्रासदी के बारे में लिखते हैं—

सुन रहा हूँ मैं वही
पागल प्रतीकों में कही जाती हुई
वह ट्रेजडी
जो बावड़ी में अड़ गयी।

(चाँद का मुँह टेढ़ा है, पृ. 14)

ये पागल प्रतीक सहसा उसी विचारपूर्ण कथानक की संवेदना से घुल कर बनते हैं। इनको शब्दों में बाँधने में कला का तीसरा क्षण है। लेखकों ने तीसरे क्षण में कमज़ोरी महसूस की थी। प्रचलित शब्द नयी ज्ञान किरणों को बाँध नहीं पा रहे थे।

प्रारम्भ में अनुभव के लिए सतही यथार्थ सामने होता है किन्तु उसके नज़दीक जाकर शामिल होते ही इतिहास के यथार्थ से उसकी संगति होती है। इतिहास का यथार्थ उसे व्यापक बनाता है और इस तरह रचनाकार निरन्तर यथार्थ के द्वारा ही ज्ञान के वास्तविक संसार की ओर बढ़ता है। ज्ञान का वास्तविक संसार समूचे उन्मेष से रचना का जनक बन जाता है।

भाववादी सौन्दर्य-दृष्टि में सुन्दर का अर्थ ढाँचे में निहित है। चेतना की सुन्दरता प्रकारान्तर से वहाँ एकान्त, उदासीनता और आभिजात्य संस्कृति का सहयोग है। इन कवियों ने मध्यवर्ग की मानसिक बीमारी, आत्महीनता, आत्मरति को छिपाने के लिए विचारों की केन्द्रीयता से लेखन को काट कर छन्द, प्रतीक और शब्दों में प्रयोग किया है। इनकी लम्बी कविताएँ भी पाठक को अपनी माँग से नहीं जोडतीं, क्योंकि वे उद्देश्यहीनता से आक्रान्त हैं। यथास्थितियों को कायम रखने, सामन्ती पूँजीवादी सरोकारों का विस्तार अथवा महाजनी सभ्यता को फैलाने में वह नियति फलीभूत

होती है। हिन्दुस्तान की बहुसंख्यक संस्कृति अभी तक इसी रीतिवादी, रूपवादी सौन्दर्य-दृष्टि को ढो रही है। विश्वविद्यालय की चहारदीवारी में केशव, बिहारी, मतिराम, ठाकुर सौन्दर्य के कवि हैं। मध्य युग का सौन्दर्य शरीरी और अशरीरी, दोनों है। चतुर कवियों ने कुण्ठाओं को अशरीरी अध्यात्मवादी परिणति दी है। कृष्ण-राधा के नाम पर केलि प्रसंगों की सुन्दरता को उन्होंने व्यक्त किया है। उस काल की सामाजिक विसंगतियाँ, अन्याय और शोषण से उनका सरोकार नहीं था, क्योंकि वे उसी व्यवस्था के सौन्दर्य गायक थे। यही सौन्दर्य-दृष्टि तमाम आगत पीढ़ी को भ्रष्ट कर रही है। मार्क्सवादी सौन्दर्य-दृष्टि को समानान्तर खड़ा करने तथा रचना और जन संघर्ष के अलगाव को समाप्त करने के लिए स्फुट लेखन के बीच पहल का यह अंक तैयार हुआ है। हिन्दी में प्रगतिशील लेखन के शुरुआत से ही राहुल, शिवदान सिंह चौहान, रामविलास शर्मा, शमशेर, मुक्तिबोध, रमेश कुन्तल मेघ, शिवकुमार मिश्र, नामवर सिंह, विश्वम्भरनाथ उपाध्याय आदि ने मार्क्सवादी सौन्दर्यशास्त्र को व्यवस्थित करने की चेष्टा की है, परन्तु पहल की यह चेष्टा इसलिए अलग है कि यह हिन्दी की शानदार जनवादी लेखन परम्परा के बाद क़ी गयी है। अनजाने ही हमारे लेखकों के दिमाग़ में छाये मध्यकालीन बोध से टकराने और उन्हें रचनाकर्मशाला की प्रक्रिया में उतारने में इस अंक की महत्त्वाकांक्षी योजना सहायक हो सकती है। इससे प्रेरित हो हम यदि रचनाकार की विरासत में प्राप्त मानसिक बुनावट समझ सकें तो हम साहित्य के इतिहास की मानवीय खोज कर सकेंगे।

—कमला प्रसाद

अनुक्रम

खण्ड एक : बुनियादी स्रोत

खण्ड दो : समस्याएँ

खण्ड तीन : विचारक

परिशिष्ट

खण्ड एक

बुनियादी स्रोत

कला और समाज

•

कार्ल मार्क्स और फ्रेडरिक एंगेल्स

एक

संस्कृति के इतिहास की भौतिकवादी धारणा

"अपने जीवन के सामाजिक उत्पादन में मनुष्य ऐसे निश्चित सम्बन्धों में बँधते है जो अपरिहार्य एवं उनकी इच्छा से स्वतन्त्र होते है। उत्पादन के ये सम्बन्ध, उत्पादन की भौतिक शक्तियों के विकास की एक निश्चित मंज़िल के अनुरूप होते हैं। इन उत्पादन सम्बन्धों का पूर्ण समाहार ही समाज का आर्थिक ढाँचा है—वह असली बुनियाद है, जिस पर कानून और राजनीति का ऊपरी ढाँचा खड़ा हो जाता है और जिसके अनुकूल ही सामाजिक चेतना के निश्चित रूप होते हैं। भौतिक जीवन की उत्पादन-पद्धति जीवन की आम सामाजिक, राजनीतिक और बौद्धिक प्रक्रिया को निर्धारित करती है।

मनुष्यों की चेतना उनके अस्तित्त्व को निर्धारित नहीं करती, बल्कि उल्टे उनका सामाजिक अस्तित्त्व उनकी चेतना को निर्धारित करता है। अपने विकास की एक ख़ास मंज़िल पर पहुँच कर समाज की भौतिक उत्पादन शक्ति तत्कालीन उत्पादन सम्बन्धों से या उसी चीज़ को कानूनी शब्दावली में यों कहा जा सकता है—उन सम्पत्ति सम्बन्धों से टकराती है, जिनके अन्तर्गत वे उस समय तक काम करती होती हैं। ये सम्बन्ध उत्पादन शक्तियों के विकास के अनुरूप न रह कर उनके लिए बेड़ियाँ बन जाते हैं। तब सामाजिक क्रान्ति का एक नया युग शुरू होता है।

आर्थिक बुनियाद के बदलने के साथ समस्त वृहदाकार ऊपरी ढाँचा भी कमोबेश तेज़ी से बदल जाता है। ऐसे रूपान्तरणों पर विचार करते हुए एक भेद हमेशा ध्यान में रखना चाहिए कि एक ओर तो उत्पादन आर्थिक परिस्थितियों का भौतिक रूपान्तरण है, जो प्रकृति विज्ञान की अचूकता के साथ निर्धारित किया जा सकता

है। दूसरी ओर वे कानूनी, राजनीतिक, धार्मिक, सौंदर्यबोधी या दार्शनिक—संक्षेप में, विचारधारात्मक रूप हैं, जिनके दायरे में मनुष्य अपने संघर्ष के प्रति सचेत होते हैं और उससे निर्णायक स्थिति तक संघर्ष करते हैं। जैसे किसी व्यक्ति के बारे में हमारी राय इस बात पर निर्भर नहीं होती कि वह अपने बारे में क्या सोचता है, उसी तरह हम ऐसे रूपान्तरण के युग के बारे में स्वयं उस युग-चेतना के आधार पर निर्णय नहीं कर सकते। इसके विपरीत, भौतिक जीवन के अन्तर्विरोधों के आधार पर ही, समाज की उत्पादन-शक्तियों और उत्पादन सम्बन्धों की मौजूदा टक्कर के आधार पर ही इस चेतना की व्याख्या की जानी चाहिए।''[1]

''भावों, विचारों तथा चेतना की उत्पत्ति प्रारम्भ-काल से ही मानव-प्राणियों की भौतिक-क्रियाशीलता तथा उनके भौतिक आदान-प्रदान के साथ, वास्तविक जीवन की भाषा के साथ सीधे-सीधे जुड़ी हुई है। मनुष्यों के विचारों की उत्पत्ति, उनका चिन्तन, उनका आत्मिक समागम—ये सब यहाँ सीधे-सीधे उनकी भौतिक परिस्थितियों के परिणाम के रूप में सामने आते हैं। राजनीति, कानूनी नियमों, नैतिकता, धर्म, अधिभूतवाद आदि की भाषा में व्यक्त किसी क़ौम की मानसिक उत्पत्तियों के सम्बन्ध में भी यही चीज़ लागू होती है। मनुष्य के विचारों, भावों आदि के निर्माता मनुष्य ही हैं, किन्तु ये वास्तविक सक्रिय मनुष्य—ऐसे मनुष्य होते हैं, जो अपनी उत्पादक शक्तियों के एक निश्चित विकास से तथा उन उत्पादक शक्तियों के अनुरूप होने वाले अधिकतम दूर तक के आदान-प्रदान से परिचालित होते हैं। चेतना, सचेत सत्ता के अतिरिक्त और कोई चीज़ कभी नहीं हो सकती, और मानवों की सत्ता ही उनकी वास्तविक जीवन-क्रिया है।''

''चेतना आरम्भ से ही समाज की एक उपज है, और जब तक मनुष्यों का अस्तित्त्व रहेगा, तब तक वह ऐसी ही बनी रहेगी। निःसन्देह, प्रारम्भ में चेतना इन्द्रियों से जानी जा सकने वाली केवल आसपास की चीज़ों की तथा अन्य पुरुषों तथा अपने से बाहर की वस्तुओं के साथ सीमित सम्बन्ध की चेतना होती है। साथ-ही-साथ, वह प्रकृति की भी चेतना होती है।''[2]

दो

''राजनीति, न्याय, दर्शन, धर्म, साहित्य, कला आदि का विकास, आर्थिक विकास पर आश्रित है, परन्तु ये सब एक-दूसरे को तथा आर्थिक आधार को भी प्रभावित करते हैं। बात यह नहीं है कि आर्थिक परिस्थिति ही कारण है, एकमात्र सक्रिय कारण, जबकि बाक़ी सभी चीज़ें परिणाम हैं, बल्कि बात यह है कि आर्थिक अनिवार्यता के आधार पर, जो सदा अन्ततः प्रभावी होती है, अन्योन्य क्रिया चलती है। मनुष्य अपने इतिहास की रचना स्वयं करते हैं, पर वे ऐसा परिवेश-विशेष में ही करते हैं, जिससे

वह प्रतिबद्ध और सीमित है, और पहले से मौजूद वास्तविक सम्बन्धों के आधार पर करते हैं, जिनमें अन्ततः आर्थिक सम्बन्ध हो, वे अन्य सम्बन्धों–राजनीतिक तथा विचारधारात्मक सम्बन्धों से चाहे जितने प्रभावित हों, निर्णायक ठहरते हैं, और उनमें मुख्य सूत्र के रूप में अन्तर्व्याप्त रहते हैं, और हमें समझ प्रदान करते हैं।"[3]

"इतिहास की भौतिकवादी धारणा के अनुसार, इतिहास का चरम निर्णायक तत्त्व वास्तव में, जीवन का उत्पादन और पुनरुत्पादन है। इससे अधिक न मार्क्स ने और न मैंने ही कभी कहा है। अतः यदि कोई इसे तोड़-मरोड़ कर यों कहे कि आर्थिक तत्त्व ही एकमात्र निर्णायक तत्त्व है, तो वह हमारी प्रस्थापना को निरर्थक, अमूर्त और गूँगी शब्दावली मात्र बना देता है। आर्थिक परिस्थिति बुनियाद है, पर ऊपरी ढाँचे के विविध तत्त्व/वर्ग-संघर्ष के राजनीतिक रूप और परिणाम–ऐतिहासिक संघर्षों के क्रम पर अपना प्रभाव डालते हैं और बहुत जगह तो उनके रूप के निर्धारण में इनका ही पलड़ा भारी रहता है। इन सारे तत्त्वों की अन्योन्य क्रिया चलती है जिसमें आकस्मिक घटनाओं के अनन्त समूह के मध्य से (अर्थात् ऐसी चीज़ों और घटनाओं के अनन्त सूमह के मध्य से जिनका आन्तरिक सम्बन्ध इतना दूरवर्ती अथवा अप्रमेय होता है कि हम उसे अनुपस्थित अथवा नगण्य मान सकते हैं।) आर्थिक गति अन्ततोगत्वा अनिवार्य गति के रूप में प्रकट होती है। ऐसा न हो तो इच्छानुसार इतिहास के किसी युग में इस सिद्धान्त को घटित करना गणित के सरलतम समीकरण हल करने से भी अधिक आसान होता।"[4]

तीन

कला और सामाजिक विकास का असमान सम्बन्ध

"विकास की धारणा को समग्रतः अमूर्त रूप में नहीं समझना चाहिए। ठोस सामाजिक सम्बन्धों के भीतर विकास की असमानता को समझना बहुत कठिन नहीं है।

जहाँ तक कला का सम्बन्ध है, यह एक जानी-पहचानी बात है कि कला की कुछ सर्वोतम सर्जनाओं का अपने समय के सामाजिक विकास से कोई सीधा सम्बन्ध दिखायी नहीं पड़ता है। उनका अपने समय के भौतिक आधार के संगठन के ढाँचे से भी मेल नहीं बैठता। उदाहरण के लिए, हम यूनान से आधुनिक राष्ट्रों की तुलना कर सकते हैं। यह भी स्वीकार किया जाता है कि कला के कुछ रूप–जैसे महाकाव्य अपने युग प्रवर्त्तक क्लासिक रूप में कला-उत्पादन के वर्तमान दौर में पैदा नहीं हो सकते। दूसरे शब्दों में, कला के क्षेत्र के भीतर भी कुछ विशेष प्रकार की रचनाएँ कला के विकास के प्रारम्भिक दौर में ही सम्भव होती हैं। अगर कला के क्षेत्र में विभिन्न कला-रूपों के सन्दर्भ में यह स्थिति है तो सारी कलाओं और समाज के

सामान्य विकास से उनके सम्बन्ध के प्रसंग में भी यही स्थिति दिखायी दे सकती है। वास्तव में मुख्य कठिनाई इन अन्तर्विरोधों को प्रतिपादित करने की है। जैसे ही उन्हें विशिष्ट प्रश्नों के रूप में प्रस्तुत कर दिया जायेगा, उनकी व्याख्या सम्भव हो जायेगी।

उदाहरणार्थ, हम यूनानी कला और शेक्सपियर का आधुनिक युग से सम्बन्ध देख सकते हैं। यह अच्छी तरह ज्ञात है कि यूनानी माइथोलॉजी, यूनानी कला का स्रोत ही नहीं, उसका आधार भी है। क्या आज के स्वचालित मशीनों, रेलवे और बिजली के तार के ज़माने में प्रकृति और सामाजिक सम्बन्धों के बारे में वैसी धारणा सम्भव है जिससे यूनानी कल्पना और माइथोलॉजी का निर्माण हुआ था?

रॉबर्ट एण्ड कम्पनी के सामने वल्कन का क्या अस्तित्त्व है? बिजली की छड़ के सामने जुपिटर और बैंक के सामने हर्मीज़ की क्या सार्थकता होगी? मिथक वास्तव में, कल्पना के सहारे कल्पना में ही प्राकृतिक शक्तियों पर मानवीय प्रभुत्व कायम करने के प्रयास के परिणाम होते हैं। इसलिए जब मनुष्य प्राकृतिक शक्तियों पर वास्तविक विजय प्राप्त कर लेता है तो मिथकों का अस्तित्त्व समाप्त हो जाता है। प्रकाशन गृहों की गली में यश की देवी के लिए कहाँ जगह है? यूनानी कला के साथ यूनानी माइथोलॉजी का अस्तित्त्व अनिवार्य रूप से जुड़ा हुआ है। इसका तात्पर्य यही है कि तत्कालीन समाज के स्वभाव और स्वरूप की अनाभिप्रेत कलात्मक ढंग से अभिव्यक्ति, लोकप्रिय कल्पना के मिथकों के रूप में हुई है। यही उसका उपादान है। केवल यूँ ही ग्रहण की गयी मिथक माला या प्रकृति की आकस्मिक और अनाभिप्रेत कलात्मक अभिव्यक्ति यूनानी कला का मुख्य उपादान नहीं है। मिस्र की माइथोलॉजी से यूनानी कला का जन्म नहीं हो सकता, फिर भी हर हालत में माइथोलॉजी का होना आवश्यक था। उस समय ऐसे किसी सामाजिक विकास की सम्भावना नहीं थी जिसमें प्रकृति के साथ किसी भी तरह के मिथकीय सम्बन्ध के लिए कोई जगह न हो और जिसमें कलाकार की कल्पना को मिथकों के प्रभाव से मुक्त रहने की माँग की जाये। इसको हम दूसरी तरह भी देख सकते हैं। क्या बन्दूक और तोप के ज़माने में किसी एचलिस की कोई सम्भावना है? क्या छापेख़ाने के युग में 'इलियड' की कल्पना की जा सकती है? क्या छपायी की सुविधा ने कविता को गाने, पाठ करने और ध्यानमग्न हो कर सुनने की प्रक्रिया का अस्तित्त्व ही मिटा नहीं दिया है? और इस प्रकार क्या महाकाव्यात्मक कविता की अपेक्षित परिस्थितियाँ प्रायः समाप्त नहीं हो गयी हैं?

लेकिन वास्तविक कठिनाई यह समझने की नहीं है कि यूनानी कला और विशेषतः महाकाव्य का उस युग के सामाजिक विकास के कुछ रूपों से क्या सम्बन्ध है, बल्कि समस्या यह है कि हमें अब भी उनसे सौन्दर्यबोधी आनन्द क्यों मिलता है? और कुछ अंश तक वे अब भी कला के प्रतिमान और दुर्लभ आदर्श क्यों बने हुए हैं?

एक व्यक्ति अगर बचकानेपन का शिकार न हो जाये तो वह दुबारा अपना बचपन प्राप्त नहीं कर सकता। लेकिन क्या वह अपने बचपन के भोलेपन का आनन्द अनुभव नहीं करता और जवानी में भी बचपन के भोलेपन की सच्चाई का पुनः स्मरण नहीं करना चाहता? क्या बच्चे के स्वभाव के माध्यम से प्रत्येक युग का चरित्र अपने सच्चे स्वरूप के साथ प्रकट नहीं होता? क्या मानवता का यह ऐतिहासिक बचपन, जहाँ इसका सुन्दरतम विकास हुआ था, अप्रत्यावर्तनीय युग के रूप में शाश्वत आकर्षण का कारण नहीं बन सकता? कुछ जन्मजात बदमाश बच्चे होते हैं और कुछ अकाल प्रौढ़ बच्चे भी होते है। अधिकांश पुरानी जातियों को इन दोनों में से किसी-न-किसी कोटि में रखा जा सकता है। यूनानी सामान्य बच्चे थे। उनकी कला में निहित आकर्षण का, उनकी अविकसित सामाजिक अवस्था से—जिसमें वह कला पैदा हुई थी—कोई अन्तर्विरोध प्रकट नहीं होता। इसके विपरीत, यह आकर्षण उस सामाजिक व्यवस्था की अविकसित अवस्था का ही परिणाम है और इसका इस तथ्य से गहरा सम्बन्ध है कि जिस अविकसित सामाजिक अवस्था से यह कला पैदा हुई थी—और केवल उसी में यह पैदा हो सकती थी—उसकी पुनः वापसी सम्भव नहीं है।''[5]

चार

सौन्दर्यबोध और कला का विकास

''मनुष्य का जीवनाधार अजैव प्रकृति ही है और मनुष्य पशु की तुलना में जितना अधिक सार्वभौम होता है, उतना ही सार्वभौम मनुष्य का जीवनाधार बनने वाली प्रकृति भी होती है। जिस तरह पेड़-पौधे, जानवर, पत्थर, हवा, प्रकाश आदि सिद्धान्त के क्षेत्र में मानवीय चेतना के अंग बनते हैं—अंशतः प्राकृतिक विज्ञान के रूप में और अंशतः कला की वस्तु के रूप में—और मनुष्य के आत्मिक पोषण के साधन सिद्ध होते हैं, वैसे ही ये व्यवहार के क्षेत्र में भी मानव-जीवन और मानवीय क्रिया के अंग होते हैं।

मनुष्य अपने व्यावहारिक कार्यों से एक वस्तुपरक दुनिया का निर्माण करता है, अजैव प्रकृति को रूपाकार देता है, और इस प्रकार वह अपने को प्राणी-जगत का एक सचेत सदस्य सिद्ध करता है; एक ऐसा सचेत प्राणी, जो शेष प्राणियों को अपनी सत्ता का अनिवार्य अंग मानता है और अपने को प्राणी-जगत का अंग समझता है। पशु भी उत्पादन करते हैं, वे भी घोंसला और माँद बनाते हैं, लेकिन पशु अपनी या अपनी सन्तानों की तात्कालिक आवश्यकता के अनुसार, उत्पादन करते हैं। वे एकांगी उत्पादन करते हैं, जबकि मनुष्य का उत्पादन सार्वभौम होता है।

पशु तत्कालीन भौतिक अथवा शारीरिक आवश्यकताओं के कारण उत्पादन करते हैं, लेकिन मनुष्य जब शारीरिक आवश्यकताओं से मुक्त होता है तब भी उत्पादन करता है, बल्कि वह शारीरिक आवश्यकताओं से मुक्त होने पर भी सचमुच उत्पादन करता है। पशु का उत्पादन केवल पशु तक ही सीमित होता है, जबकि मनुष्य के उत्पादन का सम्बन्ध सारी प्रकृति से होता है। पशु के उत्पादन का सम्बन्ध उसके शरीर से होता है, जबकि मनुष्य अपने उत्पादन का उससे स्वतन्त्र होकर सामना करता है। पशु अपनी जाति की आवश्यकता और माप के अनुरूप वस्तुओं का स्वरूप निर्मित करता है, जबकि मनुष्य यह जानता है कि प्रत्येक तरह के प्राणियों के माप के अनुरूप कैसे निर्माण किया जाये और वस्तु में निहित माप का किस प्रकार हर जगह विनियोग किया जाये? इस तरह मनुष्य सौन्दर्य के नियमों के अनुसार, भी वस्तुओं का निर्माण करता है।''[6]

कला के विकास में श्रम की भूमिका

''अर्थशास्त्रियों का दावा है कि श्रम समस्त सम्पदा का स्रोत है। वास्तव में, वही, स्रोत है, लेकिन प्रकृति के बाद प्रकृति ही इसे वह सामग्री प्रदान करती है, जिसे वह सम्पदा में परिवर्तित करता है। पर वह इससे भी कहीं बड़ी चीज़ है। वह समूचे मानव-अस्तित्त्व की पहली मौलिक शर्त है और इस हद तक पहली मौलिक शर्त है कि एक अर्थ में हमें यह कहना होगा कि स्वयं मानव का सृजन भी श्रम ने ही किया है।

मानव के हाथों द्वारा पत्थर की पहली छुरी बनाये जाने से पहले शायद एक ऐसी अवधि गुज़री होगी, जिसकी तुलना में ज्ञात ऐतिहासिक अवधि नगण्य-सी लगती है, किन्तु निर्णायक क़दम उठाया जा चुका था। हाथ मुक्त हो गया था और अब से वह अधिकाधिक दक्षता एवं कुशलता प्राप्त कर सकता था। इस प्रकार उपलब्ध उच्चतर नम्यता आनुवांशिक होती थी और पीढ़ी-दर-पीढ़ी बढ़ती जाती थी।

अतः हाथ केवल श्रम का साधन ही नहीं है, वह श्रम की उपज भी है। श्रम के द्वारा ही नित नयी क्रियाओं के लिए अनुकूलन के द्वारा ही, इस प्रकार उपार्जित मांसपेशियों, स्नायुओं—और दीर्घतर अवधि में हड्डियों—में विशेष विकास की आनुवंशिकी के द्वारा ही, तथा इस अतानुवंशिक पटुता की नयी अधिकाधिक जटिल क्रियाओं में नित पुनरावृत्त उपयोग के द्वारा ही, मानव हाथ ने वह उच्च पूर्णता प्राप्त की है, जिसकी बदौलत राफ़ेल-की सी चित्रकारी थोर्वाल्दसेन की-सी मूर्तिकारी और पागानीनी का-सा संगीत अविर्मूत हो सका।''[7]

पाँच

वर्ग समाज की कला

''सत्ताधारी वर्ग के विचार हर युग में सत्ताधारी विचार हुआ करते हैं, अर्थात् जो वर्ग समाज की सत्ताधारी भौतिक शक्ति होता है, वह साथ ही उसकी सत्ताधारी बौद्धिक शक्ति भी होता है। जिस वर्ग के पास भौतिक उत्पादन पर भी नियन्त्रण होता है, और इस तरह साधारणतया जिन लोगों के पास बौद्धिक उत्पादन के साधन नहीं होते उनके विचार इस वर्ग के अधीन रखे जाते हैं। सत्ताधारी विचार प्रभुत्वशाली भौतिक सम्बन्धों की, यानी विचारों के रूप में ग्रहण किये जाने वाले प्रभुत्वशाली भौतिक सम्बन्धों की अभिव्यक्ति के अलावा और कुछ नहीं है; अतः वे उन सम्बन्धों की अभिव्यक्ति हैं, जो एक वर्ग को सत्ताधारी बनाते हैं; इसलिए वे उसके प्रभुत्व के विचार हुआ करते हैं। जिन लोगों को लेकर सत्तारूढ़ वर्ग बनता है, उनके पास अन्य बातों के अलावा चेतना भी होती है, इसलिए वे सोचते हैं। इसलिए वे जहाँ तक एक वर्ग के रूप में शासन करते हैं तथा एक युग का विस्तार और परिधि निर्धारित करते हैं, उस हद तक यह स्वतः स्पष्ट है कि वे यह कार्य पूरे फैलाव के साथ करते हैं, इसलिए अन्य बातों के साथ चिन्तकों, विचारों को पैदा करने वालों के रूप में भी शासन करते हैं और अपने युग के विचारों की रचना तथा वितरण का नियमन करते हैं, इस प्रकार उनके विचार युग के सत्ताधारी विचार होते हैं।''[8]

पूँजीवादी व्यवस्था और विश्व-साहित्य

''पूँजीवादी वर्ग ने इतिहास में बहुत ही क्रान्तिकारी भूमिका अदा की है। पूँजीवादी वर्ग ने, जहाँ पर भी उसका पलड़ा भारी हुआ, वहाँ सभी सामन्ती, पितृसत्तात्मक और 'काव्यात्मक' सम्बन्धों का अन्त कर दिया। उसने मनुष्य को अपने 'स्वाभाविक बड़ों' के साथ बाँधे रखने वाले नाना प्रकार के सामन्ती सम्बन्धों को निर्ममता से तोड़ डाला, और नग्न स्वार्थ के, 'नकद पैसे-कौड़ी' के हृदय-शून्य व्यवहार के सिवा मनुष्यों के बीच और कोई दूसरा सम्बन्ध बाक़ी नहीं रहने दिया। धार्मिक श्रद्धा के स्वर्गोपम आनन्दातिरेक को, वीरोचित उत्साह और कूपमण्डूकता पूर्ण भावुकता को उसने आना-पायी के स्वार्थी हिसाब-किताब के बर्फ़ीले पानी में डुबा दिया है। मनुष्य के वैयक्तिक मूल्य को विनिमय मूल्य बना दिया है, और पहले के अनगिनत पदत्त और हासिल किये गये स्वातन्त्र्यों की जगह अब उसने उस एक निर्लज्जतापूर्ण स्वातन्त्र्य की स्थापना की है, जिसे मुक्त व्यापार कहते हैं।

जिसे पेशों के सम्बन्ध में अब तक लोगों के मन में आदर और श्रद्धा की भावना थी, उन सब का प्रभामण्डल पूँजीपति वर्ग ने छीन लिया। वकील, डॉक्टर,

पुरोहित, कवि और वैज्ञानिक—सभी को उसने अपना वेतनभोगी मज़दूर बना दिया है।

पूँजीवादी समाज व्यवस्था में पुरानी स्थानीय राष्ट्रीय पृथकता और आत्मनिर्भरता का स्थान चौतरफ़ा अन्तःसम्पर्क और समस्त राष्ट्रों की परस्पर निर्भरता ने ले लिया है। भौतिक उत्पादन की तरह बौद्धिक उत्पादन में समस्त जगत में भी यही परिवर्तन घटित हुआ। अलग-अलग राष्ट्रों की बौद्धिक कृतियाँ सार्वभौमिक सम्पत्ति बन गयी हैं। राष्ट्रीय एकांगीपन और संकुचित दृष्टिकोण, दोनों अधिकाधिक असम्भव होते जा रहे हैं, और अनेक राष्ट्रीय और स्थानीय साहित्यों से एक विश्व-साहित्य उत्पन्न हो रहा है।"[9]

निम्न पूँजीवादी प्रवृत्ति के लेखक

"हमें यह संकीर्ण बुद्धियुक्त धारणा नहीं बना लेनी चाहिए कि निम्न पूँजीपति वर्ग सिद्धान्त रूप से स्वार्थी वर्ग हित लादना चाहता है, बल्कि उसे यह विश्वास है कि उसकी मुक्ति की विशेष अवस्थाएँ हैं, जिनके दायरे में ही समाज का उद्धार किया जा सकता है और वर्ग-संघर्ष से बचा जा सकता है। अपनी-अपनी शिक्षा-दीक्षा और वैयक्तिक स्थिति के अनुसार, उनमें आकाश-पाताल का अन्तर हो सकता है। जो चीज़ उन्हें निम्न पूँजीपति वर्ग का प्रतिनिधि बनाती है कि वे अपने मस्तिष्क में उन सीमाओं के बाहर नहीं जाते, जिनके बाहर निम्न पूँजीपति अपने जीवन में नहीं जाते, अतः सिद्धान्ततः वे उन्हीं समस्याओं और समाधानों की ओर प्रेरित होते हैं जिनकी ओर निम्न पूँजीपति वर्ग अपने भौतिक हित और सामाजिक स्थिति द्वारा व्यवहारतः प्रेरित होते हैं। सामान्यतः यही किसी वर्ग के राजनीतिक और साहित्यिक प्रतिनिधियों और उस वर्ग का, जिसका वे प्रतिनिधित्व करते हैं, सम्बन्ध होता है।"[10]

छह

कला और यथार्थ

"मेरे विचार से, यथार्थवाद के अन्तर्गत विस्तार की सच्चाई के अतिरिक्त प्रतिनिधि परिस्थितियों में प्रतिनिधि चरित्रों का सच्चा पुनः सृजन होना चाहिए। तुम्हारे उपन्यास के पात्रों में तुम्हारे चित्रण के अनुरूप प्रतिनिधिकता है, लेकिन वे जिन परिस्थितियों में जीते और काम करते हैं, उनमें पर्याप्त प्रतिनिधिकता नहीं है, इस उपन्यास में मज़दूर वर्ग एक निष्क्रिय भीड़ के रूप में दिखायी देता है, जो ख़ुद अपनी मदद करने में असमर्थ है, और अपनी मदद करने की कोशिश करता हुआ भी नहीं दिखायी देता। उसको, उसकी दुर्दशा से बाहर निकालने के सारे प्रयत्न बाहर और ऊपर से होते हैं,

यह बात सेण्ट साइमन और रॉबर्ट ऑवेन के ज़माने में (अट्ठारह सौ या अट्ठारह सौ दस में) सच हो सकती थी, लेकिन 1887 में यह सच्ची नहीं प्रतीत होती है।

मैं तुम्हारे उपन्यास की आलोचना इसलिए नहीं कर रहा हूँ कि वह एक ऐसा विशुद्ध समाजवादी उपन्यास नहीं है, जिसमें लेखक के सामाजिक और राजनीतिक विचारों को विशेष महत्त्व दिया जाता है। मेरा मतलब ऐसा एकदम नहीं है। किसी रचना में लेखक के विचार जितने अधिक छिपे रहते हैं, रचना उतनी ही बेहतर कलाकृति होती है। मैं जिस यथार्थवाद की बात कर रहा हूँ, वह लेखक के विचारों के विपरीत भी प्रकट हो सकता है। इस बात को समझने के लिए बालज़ाक का उदाहरण लिया जा सकता है। बालज़ाक राजनीतिक दृष्टि से लिज़िट्मिस्ट था। उनकी महान रचनाएँ एक अच्छे समाज के अपूरणीय विनाश पर लिखे गये शोकगीत के समान हैं। उनकी सारी सहानुभूति उस वर्ग के साथ है, जिसका विनाश निश्चित है। लेकिन अपनी सारी सहानुभूति के बावजूद उसके व्यंग्य में पैनापन सबसे अधिक तभी प्रकट होता है, जब वह सामन्त वर्ग के पुरुषों और स्त्रियों का चित्रण करता है। अपने उपन्यास में उसने जिन लोगों की खुली प्रशंसा की है, वे राजनीतिक दृष्टि से उसके सबसे बड़े विरोधी हैं, और जो अपने ज़माने की आम जनता के प्रतिनिधि हैं। इस प्रकार बालज़ाक अपने राजनीतिक पूर्वाग्रहों और वर्गीय सहानुभूति के विपरीत जाने को मजबूर होता है। उसने अपने प्रिय सामन्तों के पतन की अनिवार्यता को पहचान लिया था और उनका वह उसी रूप में चित्रण करता है। उसने भविष्य की उन वास्तविक शक्तियों को भी पहचान लिया था, जो उस समय उपलब्ध हो सकती थीं। मैं इसे यथार्थवाद की एक महान विजय मानता हूँ और इसे बालज़ाक की एक महान विशेषता समझता हूँ।"[11]

प्रवृत्यात्मक लेखन और यथार्थ

"मैं प्रवृत्यात्मक कविता का विरोधी नहीं हूँ। ट्रेजडी के जनक एस्चिलस और कॉमेडी के जनक एरिस्टोफेनीज, दोनों ही निश्चित रूप से प्रवृत्यात्मक कवि थे, यही स्थिति दांते और सार्वेन्टीज़ की भी है। आधुनिक रूस और नॉर्वे के उपन्यासकार भी ऐसे ही लेखक हैं।

लेकिन मैं मानता हूँ कि लेखकीय प्रवृत्ति बिना किसी संकेत के स्वतः परिस्थितियों और कार्यों से प्रकट होनी चाहिए। लेखक इस बात के लिए बाध्य नहीं है कि वह जिन सामाजिक संघर्षों का चित्रण करता है, उनका भावी ऐतिहासिक समाधान भी पाठकों के सामने प्रस्तुत करे। हमारी वर्तमान परिस्थिति में उपन्यासों के पाठक अधिकांशतः बुर्जुआ समुदाय के ही हैं जिनसे हमारा कोई सीधा सम्बन्ध नहीं है, इसलिए मैं समझता हूँ कि समाजवादी प्रवृत्ति का कोई उपन्यास तभी अपना उद्देश्य

पूरा कर सकता है जब उसमें विवेकपूर्ण ढंग से वास्तविक सम्बन्धों का चित्रण हो, वह बुर्जुआ वर्ग द्वारा फैले हुए पुराने भ्रमों को तोड़ सकें, बुर्जुआ जगत के आशावाद को ध्वस्त कर सके और वर्तमान व्यवस्था के शाश्वत होने के बारे में सन्देह उत्पन्न कर सके। लेकिन साथ ही यह भी ध्यान रखना चाहिए कि लेखक कोई समाधान प्रस्तुत न करे या किसी का विशेष पक्ष न ले।''[12]

सात

कलात्मक सर्जन और आस्वादन

''उत्पादन केवल आवश्यकता को सन्तुष्ट करने के लिए वस्तु ही उपलब्ध नहीं कराता, बल्कि वह वस्तु की आवश्यकता भी पैदा करता है। जब उपभोग अपने आरम्भिक बुनियादी अपरिष्कृत दशा और तात्कालिकता से मुक्त हो जाता है—यह ऐसी दशा में तभी रह सकता है जब उत्पादन भी उसी दशा में हो—तब वह स्वयं वस्तु से उत्पन्न एक इच्छा बन जाता है। वस्तु की आवश्यकता की कामना वस्तु के बोध से प्रभावित होती है। एक कलावस्तु कलात्मक अभिरुचि से सम्पन्न ऐसा पाठक या दर्शक समुदाय तैयार करती है जो सौन्दर्यानुभूति के योग्य होता है। इस प्रकार उत्पादन केवल चेतना के लिए वस्तु ही उत्पन्न नहीं करता, बल्कि वह वस्तु के लिए चेतना भी पैदा करता है।''[13]

आठ

परम्परा और हम

''मनुष्य अपना इतिहास स्वयं बनाता है, पर अपने मनचाहे ढंग से नहीं। वह उसे अपनी मनचाही परिस्थितियों में नहीं अपितु, ऐसी परिस्थितियों में बनाता है, जो उसे अतीत से प्राप्त और अतीत द्वारा सम्प्रेषित होती हैं, और जिनका उसे सीधे-सीधे सामना करना पड़ता है। सभी मृत पीढ़ियों की परम्परा जीवित मानव के मस्तिष्क पर एक दुःस्वप्न के समान सवार रहती है। और ठीक ऐसे समय, जब ऐसा लगता है कि वे अपने को तथा अपने इर्द-गिर्द की सभी चीज़ों को क्रान्तिकारी रूप से बदल रहे हैं, और किसी ऐसी वस्तु का सृजन कर रहे हैं, जिसका आज तक अस्तित्त्व न था, क्रान्तिकारी संकट के ठीक ऐसे अवसरों पर वे अतीत के प्रेतों को अपनी सेवा के लिए उत्कण्ठापूर्वक बुलावा दे बैठते हैं और उन्हें अतीत के नाम, अतीत के रणनाद और अतीत के परिधान मानते हैं ताकि, विश्व इतिहास की नवीन रंगभूमि को इस प्राचीन सम्मानित वेश में और इस मँगनी की भाषा में सजाकर पेश कर सकें।''[14]

नौ

लेखक और स्वतन्त्रता

''निश्चय ही किसी लेखक को जीने और लिखने के लिए जीविका की व्यवस्था करनी पड़ती है, लेकिन उसे केवल जीविका के लिये, 'निश्चय ही, जीना और लिखना नहीं चाहिए।'

लेखक अपनी रचना को किसी भी तरह केवल साधन नहीं मानता, उसकी रचनाएँ स्वयं साध्य हैं। वह उन्हें अपने या दूसरों के लिए साधन एकदम नहीं समझता, इसलिए जब ज़रूरी होता है तो वह अपनी रचनाओं के अस्तित्त्व के लिए अपने अस्तित्त्व का बलिदान कर देता है। वह धर्मोपदेशक की तरह इस बात में विश्वास करता है कि 'मनुष्यों से अधिक ईश्वर की आज्ञा मानो', और मनुष्यों में वह स्वयं भी अपनी मानवीय ज़रूरतों और इच्छाओं के साथ शामिल होता है। प्रेस की स्वतन्त्रता की पहली शर्त यह है कि उसे व्यापार नहीं होना चाहिए। जो लेखक अपने लेखन को व्यावसायिक बनाता है, उसे भौतिक ज़रूरतों का साधन समझता है, वह अपनी आन्तरिक स्वतन्त्रता के अभाव में बाहरी स्वतन्त्रता से भी वंचित किये जाने के क़ाबिल होता है।''[15]

सन्दर्भ

1. कार्ल मार्क्स—'राजनीतिक अर्थशास्त्र की समीक्षा' की भूमिका से—संकलित रचनाएँ भाग-2, पृ. 9-10
2. कार्ल मार्क्स और फ्रेडरिक एंगेल्स—'जर्मन विचारधारा' के प्रथम अध्याय से, संकलित रचनाएँ खण्ड-1, भाग-1, पृ. 26
3. डब्ल्यू, बोरगियस के नाम एंगेल्स के एक पत्र से, संकलित रचनाएँ भाग-4, पृ. 169
4. जोज़ेफ़ ब्लरिव के नाम एंगेल्स के एक पत्र से, संकलित रचनाएँ भाग-4, पृ. 151
5. कार्ल मार्क्स—'राजनीतिक अर्थशास्त्र की समीक्षा' (अंग्रेज़ी सं.), पृ. 215-16
6. कार्ल मार्क्स—1844 की आर्थिक-दार्शनिक पाण्डुलिपि के पृष्ठ 70-72 से
7. फ्रेडरिक एंगेल्स—'वानर के नर बनने की प्रक्रिया में श्रम की भूमिका से, संकलित रचनाएँ भाग-3, पृ. 7-9
8. कार्ल मार्क्स और एंगेल्स—'जर्मन विचारधारा' के प्रथम अध्याय से, संकलित रचनाएँ खण्ड-1 भाग-1, पृ. 55
9. मार्क्स एवं एंगेल्स—'कम्युनिस्ट पार्टी का घोषणा-पत्र से।
10. कार्ल मार्क्स—'लुई बोनापार्ट की अट्ठारहवीं ब्रूमेर' से, संकलित रचनाएँ भाग-1, पृ. 168
11. फ्रेडरिक एंगेल्स—मार्गेरेट हार्कनेस के नाम पत्र संकलित चिठ्ठी-पत्री (अंग्रेज़ी संस्करण), पृ. 379-80
12. फ्रेडरिक एंगेल्स—भिना काउत्स्की के नाम पत्र संकलित चिठ्ठी-पत्री (अंग्रेज़ी संस्करण), पृ. 368
13. कार्ल मार्क्स—राजनीतिक अर्थशास्त्र की समीक्षा (अंग्रेज़ी संस्करण), पृ. 197
14. कार्ल मार्क्स—'लुई बोनापार्ट की अट्ठारहवीं ब्रूमेर' से, संकलित रचनाएँ भाग-1, पृ. 133-34
15. कार्ल मार्क्स—प्रेस की स्वतन्त्रता सम्बन्धी बहस से—संगृहीत रचनाएँ (अंग्रेज़ी संस्करण), पृ. 174-75

कला और सर्वहारा

•

व्ला. इ. लेनिन

एक

"लोग राजनीति में सदा बल और आत्म छलना के नादान शिकार हुए हैं, और तब तक होते रहेंगे जब तक वे हर नैतिक, धार्मिक, राजनीतिक और सामाजिक कथन, घोषणा और वायदे के पीछे किसी-न-किसी वर्ग के हितों को पता लगाना नहीं सीखेंगे। सुधारों और छोटे-मोटे हेर-फेर के समर्थक जब तक यह नहीं समझ लेंगे कि हर पुरानी संस्था, वह कितनी ही बर्बरतापूर्ण क्यों न प्रतीत होती हो, कुछ-न-कुछ शासक वर्गों के बलबूते पर ही कायम रहती है, तब तक पुरानी व्यवस्था के संरक्षक उन्हें बेवक़ूफ़ बनाते रहेंगे। इन वर्गों के प्रतिरोध को चकनाचूर करने का केवल एक तरीक़ा है और वह यह कि जिस समाज में हम रह रहे हैं, उसी में उन शक्तियों को खोजना और उन्हें संघर्ष के लिए जाग्रत तथा संगठित करना होगा, जो पुरातन को तोड़ कर नये का निर्माण कर सकने वाली शक्ति बन सकें और जिन्हें अपनी सामाजिक स्थिति के कारण ऐसी शक्ति बनना चाहिए।"[1]

दो

"प्रत्येक जातीय संस्कृति में जनवादी और समाजवादी संस्कृति के तत्त्व विद्यमान होते हैं क्योंकि प्रत्येक जाति में श्रमजीवी और शोषित जनता होती है, जिसके जीवन की परिस्थितियाँ अनिवार्य रूप से जनवाद और समाजवाद की विचारधारा को जन्म देती हैं। किन्तु प्रत्येक जाति में एक पूँजीवाद संस्कृति भी होती है जो बीज रूप में नहीं होती, बल्कि प्रभुत्वशील संस्कृति के रूप में छायी रहती है। इसलिए आम 'जातीय संस्कृति' भूपतियों, पादरियों और पूँजीपतियों की संस्कृति होती है। जनवाद की और विश्व मज़दूर आन्दोलन की अन्तरराष्ट्रीय संस्कृति का नारा देने में हम प्रत्येक जातीय संस्कृति से केवल उसके जनवादी और समाजवादी तत्त्व लेते हैं; हम

केवल इन्हीं तत्त्वों को ग्रहण करते हैं और प्रत्येक जाति की पूँजीवादी संस्कृति तथा पूँजीवादी राष्ट्रवाद के पूर्णतया विरोध में उनको ग्रहण करते हैं।''[2]

''क्रान्तिकारी सर्वहारा वर्ग की विचारधारा के रूप में मार्क्सवाद ने ऐतिहासिक महत्त्व प्राप्त किया है, क्योंकि पूँजीवादी युग की अत्यन्त मूल्यवान उपलब्धियों को ठुकराने के बजाय, मार्क्सवाद ने दो हज़ार वर्षों से अधिक के मानव विचारों तथा संस्कृति के विकास के फलस्वरूप उपलब्ध प्रत्येक क़ीमती तत्त्व को आत्मसात् किया है और नवीन रूप दिया है। सर्वहारा अधिनायकत्व के व्यावहारिक अनुभवों से—जो हर प्रकार के शोषण के विरुद्ध सर्वहारा वर्ग का आख़िरी संघर्ष है—प्रेरणा लेकर, केवल उक्त आधार पर उस दिशा में और आगे के काम को सच्ची सर्वहारा संस्कृति का विकास माना जा सकता है।''[3]

तीन

''कला जनता की थाती है। उसकी जड़ें मेहनतकश जनता के बीच गहरी होनी चाहिए। इसी जनता द्वारा उसे समझा और प्यार किया जाना चाहिए। उसे जनता की भावनाओं, विचारों और इच्छाओं को एकजुट करना और उदार बनाना चाहिए। उसे जनता की कर्मशीलता को जगाना चाहिए और उसके अन्दर कलात्मक प्रवृत्ति पैदा करनी चाहिए। क्या हमें थोड़ी-सी जनसंख्या को बढ़िया मीठी केक खिलाने की कोशिश करनी चाहिए, जबकि मज़दूर-किसान जनता के पास काली रोटी भी नहीं है? कहने की ज़रूरत नहीं है कि मेरी इस बात को न सिर्फ़ शाब्दिक अर्थ में, बल्कि एक रूपक के रूप में भी समझना चाहिए। अपनी आँखों के सामने हमेशा मज़दूर और किसानों को रखना चाहिए। उन्हीं के लिए हमें व्यवस्था करने का ज्ञान अर्जित करना चाहिए, हिसाब-किताब का काम सीखना चाहिए। यही बात कला और संस्कृति के क्षेत्र में भी लागू होती है।''[4]

चार

पार्टी-साहित्य का उसूल

''पार्टी-साहित्य का यह उसूल क्या है? बात महज़ इतनी ही नहीं है कि समाजवादी सर्वहारा वर्ग के लिए साहित्य व्यक्तियों अथवा दलों के लाभ का साधन नहीं हो सकता। वास्तव में, वह सर्वहारा वर्ग के साझे हेतु से स्वाधीन व्यक्तिगत हेतु में नहीं हो सकता। ग़ैर-पार्टी लेखक मुर्दाबाद! साहित्यिक महामानव मुर्दाबाद। साहित्य को सर्वहारा वर्ग के साझे हेतु का एक अंग होना चाहिए, समूचे मज़दूर वर्ग के समूचे वर्ग चेतन हरावल द्वारा संचालित अभिन्न, महान सामाजिक जनवादी मशीन का

'दाँता और पेंच' होना चाहिए। साहित्य को सामाजिक जनवादी पार्टी के संगठित, योजनाबद्ध और समेकित काम का उपादान होना चाहिए।

एक जर्मन कहावत है कि 'सभी तुलनाएँ लंगड़ी होती हैं'। उसी तरह पेंच के साहित्य की, मशीन के साथ आन्दोलन की मेरी तुलना भी लंगड़ी है। हो सकता है कि ऐसे क्षोभोन्मादी बुद्धिजीवी भी मिलें, जो विचारों के उन्मुक्त संग्राम को, आलोचना की स्वतन्त्रता को और साहित्यिक रचना की स्वतन्त्रता इत्यादि को कम करने वाली, चेतनाशून्य बनाने वाली, 'नौकरशाही बनाने वाली' ऐसी तुलना पर चीख़-पुकार मचायें। असल में, ये चीख़-पुकारें महज़ पूँजीवादी बुद्धिजीवियों की ख़ुदपरस्ती की अभिव्यक्ति होंगी। निर्विवाद है कि साहित्य यान्त्रिक समीकरण को, समतलन को, अल्पमत के ऊपर बहुमत के प्रभुत्व को सबसे कम स्वीकार करता है। यह भी निर्विवाद है कि इस मामले में निजी पहल और वैयक्तिक प्रवृत्ति के लिये, चिन्तन और कल्पना के लिये, रूप और अन्तर्वस्तु के लिए अधिक खुले वातावरण की ज़रूरत होती है। यह सब कुछ निर्विवाद है, लेकिन यह सब कुछ केवल यही प्रदर्शित करता है कि सर्वहारा के पार्टी उद्‌देश्य के साहित्यिक पक्ष को यान्त्रिक ढंग से उसके अन्य पक्षों का समरूपी नहीं समझा जा सकता। इससे पूँजीपति वर्ग और पूँजीवादी लोकतन्त्र के लिए बेगाना और अजीब इस प्रस्थापना का ज़रा-सा भी खण्डन नहीं होता कि साहित्य को हर तरह से और लाज़िमी तौर से सामाजिक जनवादी पार्टी के काम के अन्य पक्षों से अविभाज्य रूप से सम्बन्धित एकपक्ष बन जाना चाहिए।

मुद्रा की सत्ता पर आधारित समाज में, एक ऐसे समाज में जहाँ मेहनतकश ग़रीबी में जीते हों और मुठ्ठी भर लोग परोपजीवियों की तरह रहते हों, असली और सच्ची स्वतन्त्रता नहीं हो सकती। लेखक महोदय, क्या आप अपने 'पूँजीवादी प्रकाशक से, पूँजीवादी रुचि वाले अपने पाठकों से स्वतन्त्र हैं, जो आपसे उपन्यासों और चित्रों में अश्लीलता की, 'पवित्र' अभिनय कला के 'पूरक' के रूप में व्यभिचार की माँग करते हैं? यह नितान्त स्वतन्त्रता की बात पूँजीवादी अथवा अराजकतावादी (क्योंकि विश्व दृष्टिकोण के रूप में अराजकतावाद अन्दर से उलट दिया गया पूँजीवादी दर्शन है) लफ़्फ़ाज़ी है। समाज में रह कर समाज से कोई स्वतन्त्र नहीं रह सकता। पूँजीवादी लेखक कलाकार अथवा अभिनेत्री की स्वतन्त्रता तिज़ोरी की, भ्रष्टाचार की, व्यभिचार की नक़ाबपोश 'अथवा मक्कारी के साथ नक़ाबपोश' अधीनता है।

हम समाजवादी इस मक्कारी को बेनक़ाब करते हैं, झूठे लेबलों को उखाड़ फेंकते हैं, इसलिए नहीं कि अवर्गीय साहित्य अथवा कला की उपलब्धि हो (वह तो केवल समाजवादी वर्गविहीन समाज में ही सम्भव है) बल्कि, इसलिए कि वस्तुतः स्वतन्त्र और सर्वहारा वर्ग से खुलेआम सम्बन्धित साहित्य को दिखावटी रूप से स्वतन्त्र, पर वास्तव में, पूँजीपति वर्ग से बँधे हुए साहित्य के मुक़ाबले में खड़ा किया जाये।

वह स्वतन्त्र साहित्य इसलिए होगा कि लालच और पदलोलुपता से नहीं, बल्कि समाजवाद के विचार और मेहनतकशों के प्रति सहानुभूति से उसे नित नूतन शक्ति प्राप्त होगी। वह स्वतन्त्र साहित्य इसलिए होगा कि वह किसी परितृप्ता नायिका अथवा चर्बीग्रस्त उकताये हुए ऊपरी 'दस हज़ार लोगों' की नहीं, बल्कि उन करोड़ों मेहनतकशों की सेवा करेगा जो देश की सेवा, उसका बल और उसका भविष्य हैं। वह स्वतन्त्र साहित्य होगा जो मानव जाति के क्रान्तिकारी चिन्तन की अन्तिम बात को समाजवादी सर्वहारा वर्ग के अनुभव तथा जीवन्त कार्यों द्वारा सफल बनायेगा, जो अतीत के अनुभव (वैज्ञानिक समाजवाद, समाजवाद के आदिम कल्पना-परक रूपों से उसके विकास की निष्पत्ति) और वर्तमान के अनुभव (मज़दूर साथियों का वर्तमान संघर्ष) के बीच स्थायी परस्पर सहयोगी क्रिया पैदा करे।''[5]

पाँच

रचना में यथार्थ बोध और विचारधारा का अन्तर्विरोध

''टॉलस्टॉय की कृतियों, विचारों, सिद्धान्तों तथा उनके द्वारा प्रतिपादित विचारधारा में तीव्र विरोधाभास मौजूद हैं। एक टॉलस्टॉय तो वह महान कलाकार हैं जिन्होंने रूसी जीवन के अद्वितीय रेखाचित्र ही नहीं खींचे हैं, वरन् विश्व साहित्य को उत्कृष्टतम उपहार भी भेंट किये हैं। लेकिन दूसरे टॉलस्टॉय एक ख़ब्ती ज़मींदार हैं जिनके दिमाग़ पर सदा ईर्ष्या सवार रहती है। एक ओर सामाजिक ढकोसले और पाखण्ड के विरुद्ध साफ़ और सच्चे दिल से किया हुआ इनका प्रतिवाद है, तो दूसरी ओर हमें 'टॉलस्टॉयवादी' के दर्शन होते हैं जो सदा विलाप करता है और सबके सामने छाती पीट-पीट कर चिल्लाता है, ''लोगों मैं बड़ा पतित हूँ, मैं बड़ा पापी हूँ, परन्तु अब मैं आत्मोद्धार कर रहा हूँ। देखो, अब मैंने मांस खाना छोड़ दिया है, अब मैं केवल दूध-चावल पर ही गुज़र कर लेता हूँ।'' उनकी रचनाओं में एक ओर हम पूँजीवादी शोषण की बड़ी आलोचना पाते हैं, सरकार के हिंसा, राजशासन और अदालतों के स्वाँग की कड़ी निन्दा देखते हैं, उस गहरे विरोधाभास का नग्न चित्रण हम देखते हैं जिसमें एक तरफ़ सभ्यता की उपलब्धियाँ और समृद्धि का विकास है और दूसरी तरफ़ श्रमिक जनता की बढ़ती ग़रीबी, अधःपतन और क्लेश है। दूसरी ओर उनका यह अहमक़ाना उपदेश मिलता है कि ''बुराई का प्रतिरोध हिंसा से मत करो।'' एक तरफ़ अति गम्भीर यथार्थवाद है जो सब तरह के पाखण्ड के परदे फाड़ डालता है तो दूसरी तरफ़ संसार की सबसे घिनौनी वस्तु-धर्म का प्रचार किया गया है।

अतः यह तो स्पष्ट है कि इन विरोधाभासों के कारण टॉलस्टॉय मज़दूर आन्दोलन को, समाजवाद के संघर्ष में उसकी भूमिका को तथा रूसी क्रान्ति को समझने में

असमर्थ रहे, परन्तु टॉलस्टॉय के विचारों और सिद्धान्तों में जो अन्तर्विरोध मिलते हैं वे आकस्मिक नहीं हैं। ये तो उन्नीसवीं सदी के अन्तिम तीस सालों में स्वयं रूसी जीवन में व्याप्त विरोधाभासों को ही व्यक्त करते हैं। टॉलस्टॉय के विचारों में जो विरोधाभास हैं, उनका मूल्यांकन वर्तमान मज़दूर आन्दोलन और वर्तमान समाजवाद के दृष्टिकोण से नहीं करना चाहिए (ऐसे मूल्यांकन की आवश्यकता अवश्य है, पर वह पर्याप्त नहीं है); वरन् उस विरोध के दृष्टिकोण से करना चाहिए जो बढ़ते हुए पूँजीवाद, जनता की बढ़ती हुई ग़रीबी और भूमि से उसके सम्बन्ध-विच्छेद के विरुद्ध हुआ और जिसका पुराणपन्थी रूसी देहात से पैदा होना अनिवार्य था। टॉलस्टॉय की महानता इस बात में है कि बुर्जुआ क्रान्ति से पहले लाखों रूसी किसानों में जो भावनाएँ और विचार पनप रहे थे, उनकी उन्होंने सुन्दर अभिव्यक्ति की है। टॉलस्टॉय की मौलिकता इस बात में है कि समूचे तौर पर उनके विचार किसानों की बुर्जुआक्रान्ति के रूप में हमारी क्रान्ति की विशेषताओं को व्यक्त करते हैं, इस दृष्टिकोण से देखने पर टॉलस्टॉय के विचारों में जो विरोधाभास है, वे सचमुच उन परिस्थितियों के प्रतिबिम्ब हैं जिनमें हमारे किसानों को इस क्रान्ति में ऐतिहासिक पार्ट अदा करना पड़ा।

कलाकार के नाते टॉलस्टॉय को रूस में भी बहुत ही कम लोग जानते हैं। उनके महान साहित्य को सचमुच सभी लोगों तक पहुँचाने के लिए यह आवश्यक है कि उस सामाजिक व्यवस्था के ख़िलाफ़ युद्ध छेड़ दिया जाये जिसकी बदौलत करोड़ों इनसान अज्ञान, जुल्म, गुलामाना मशक़्क़त और दरिद्रता के शिकार बने हुए हैं। तात्पर्य यह है कि एक समाजवादी क्रान्ति की ज़रूरत है। टॉलस्टॉय ने वह ललित साहित्य लिखा है जिसकी क़द्र जनता उस समय करेगी जब वह ज़मींदारों और पूँजीपतियों का तख़्ता उलट कर अपने लिए मनुष्योचित सामाजिक जीवन की व्यवस्था कर लेगी। टॉलस्टॉय उल्लेखनीय ओज के साथ वर्तमान व्यवस्था में पददलित आम जनता के उद्गारों को व्यक्त करने, उसकी दशा का वर्णन करने तथा उसके विरोध एवं रोष की स्वतः स्फूर्त भावनाओं को मुखरित करने में समर्थ हुए। टॉलस्टॉय मुख्यतः अट्ठारह सौ इकसठ से उन्नीस सौ चार तक के युग के थे और उन्होंने एक कलाकार, विचारक एवं कृतियों में समूची प्रथम रूसी क्रान्ति की ऐतिहासिक विशेषताओं को, उसके उपदेशक के नाते अपनी क्षमताओं और त्रुटियों को आश्चर्यजनक स्पष्टता के साथ उभारा है।

टॉलस्टॉय ने पुरज़ोर ढंग से और सच्चे दिल से शासक-वर्गों को लथेड़ा है और धर्म, अदालत, सैनिकवाद, "वैध" विवाह और बुर्जुआ पण्डिताई जैसी उन सब संस्थाओं के (जिनके सहारे आज का समाज चल रहा है) अन्दर के झूठ का ख़ूब भण्डाफोड़ किया है परन्तु उनके सिद्धान्त आधुनिक व्यवस्था की क़ब्र खोदने वाले—सर्वहारा के जीवन, श्रम और संघर्ष के बिल्कुल उल्टे बैठते हैं। तो फिर टॉलस्टॉय के

उपदेश में किनका दृष्टिकोण प्रतिबिम्बित हुआ है? टॉलस्टॉय रूस के उस विशाल जन-समुदाय के प्रवक्ता थे, जो आधुनिक जीवन के स्वामियों से घृणा तो करने लग गया था, पर जो समझ-बूझ कर उनके विरुद्ध सतत् संघर्ष अन्त तक करने की आवश्यकता को अभी नहीं समझ पाया था।

टॉलस्टॉय के कथा-साहित्य का अध्ययन करके रूसी मज़दूर वर्ग अपने दुश्मनों को ज़्यादा अच्छी तरह पहचान सकेगा, और उनके सिद्धान्तों का अध्ययन करके समस्त रूसी जनता यह ज़रूरत जानेगी कि उसकी निजी कमज़ोरी, जिसने उसे अपनी आज़ादी का लक्ष्य पूरा करने से रोका, किस बात में निहित थी? यह जानना ज़रूरी है ताकि प्रगति की जा सके। रूसी जनता तभी आज़ादी प्राप्त करेगी, जब यह समझ लेगी कि उसे बेहतर जीवन के लिए संघर्ष करने की शिक्षा टॉलस्टॉय से नहीं, बल्कि उस वर्ग से लेनी है, जिसका महत्त्व टॉलस्टॉय नहीं समझ पाये और जो उस पुरानी दुनिया को, जिससे टॉलस्टॉय घृणा करते थे, उखाड़ फेंकने में समर्थ एकमात्र वर्ग है। यह वर्ग सर्वहारा वर्ग है।''[6]

लोकप्रिय लेखक की विशेषताएँ

''एक लोकप्रिय लेखक अपने पाठकों को बहुत साधारण और सामान्यतः ज्ञात तथ्यों से क्रमशः गहरे विचार और गहरे अध्ययन की ओर आगे बढ़ाता है। वह साधारण तर्कों और प्रभावकारी उदाहरणों के सहारे अपने पाठकों को उन तथ्यों से प्राप्त होने वाले मुख्य निष्कर्षों तक पहुँचाता है और साथ ही, वह चिन्तनशील पाठकों के दिमाग़ में निरन्तर नये प्रश्न उठाने की कोशिश करता है। लोकप्रिय लेख अपने पाठकों के बारे में यह मान कर नहीं चलता कि वे सोचते नहीं या सोच नहीं सकते या सोच-विचार करना ही नहीं चाहते बल्कि वह यह मान कर चलता है कि उसके विकासशील पाठक सोचना चाहते हैं और इसलिए, वह उनकी इस गम्भीर और कठिन काम में मदद करता है, वह उन्हें सोचने का रास्ता दिखाता है और उन्हें चिन्तन के मार्ग पर स्वतः चलना सिखाता है।''[7]

सन्दर्भ

1. 'मार्क्सवाद के तीन स्रोत और तीन घटक' लेख से।
2. संगृहीत रचनाएँ खण्ड-20, पृ. 24
3. संगृहीत रचनाएँ खण्ड-31, पृ. 17
4. क्लाश जैटकिन के संस्करण से।
5. 'पार्टी संगठन और पार्टी साहित्य' लेख से।
6. टॉलस्टॉय सम्बन्धी लेखों से।
7. संगृहीत रचनाएँ (अंग्रेज़ी संस्करण) खण्ड-5, पृ. 11-12

कला और क्रान्ति

•

माओ-त्से-तुंग

एक

किसी भी समस्या पर विचार करते समय हमें वास्तविक स्थिति को आधार बना कर शुरुआत करनी चाहिए न कि किताबी परिभाषाओं को आधार बना कर। यदि हम साहित्य व कला की परिभाषाओं को पाठ्यपुस्तकों में खोजने लगेंगे और इसके बाद उन्हें कला-साहित्य के वर्तमानकालीन आन्दोलनों के मार्गदर्शक सिद्धान्तों का निर्णय करने तथा आज के ज़माने में पैदा होने वाले विभिन्न मतों और मतभेदों को परखने के लिए इस्तेमाल करेंगे, तो हम एक ग़लत पद्धति का अनुसरण करेंगे। हम लोग मार्क्सवादी हैं, और मार्क्सवाद हमें यह सिखाता है कि किसी भी समस्या से निपटते समय हमें वस्तुगत तथ्यों से शुरुआत करनी चाहिए, अमूर्त परिभाषाओं से नहीं, तथा इन तथ्यों का विश्लेषण करके हमें अपने मार्गदर्शक सिद्धान्तों, नीतियों और उपायों को निर्धारित करना चाहिए। कला-साहित्य सम्बन्धी कार्य के अपने वर्तमान वाद-विवाद में भी हमें ऐसा ही करना चाहिए।

दो

हमारा उद्‌देश्य वस्तुतः इस बात की गारण्टी करना है कि कला और साहित्य समूची क्रान्तिकारी मशीनरी के एक अभिन्न अंग के रूप में अच्छी तरह फिट हो जायें, वे जनता को एकताबद्ध और शिक्षित करने तथा दुश्मन पर प्रहार करने और उसे नष्ट कर देने वाले शक्तिशाली हथियार बन जायें, तथा वे जनता को इस योग्य बना दें कि वह एक-दिल होकर दुश्मन का मुक़ाबला कर सके। इस उद्‌देश्य को पूरा करने के लिए आख़िर किन समस्याओं को हल करना आवश्यक है? मेरा ख़याल है कि वे समस्याएँ इस प्रकार हैं—लेखकों व कलाकारों के वर्ग दृष्टिकोण की समस्या, उनके

रुख़ की समस्या, उनके पाठकों-दर्शकों की समस्या, उनके कार्य की समस्या और उनके अध्ययन की समस्या।

तीन

साहित्य और कला किसके लिए?

इस समस्या को मार्क्सवादियों ने, ख़ासतौर पर लेनिन ने काफ़ी समय पहले ही हल कर दिया था। बहुत पहले सन् 1905 ई. में ही लेनिन ने ज़ोर देकर बताया था कि हमारे साहित्य और कला को 'लाखों करोड़ों मेहनतकश लोगों की सेवा करनी चाहिए।' हम यह समझते हैं कि कला-साहित्य जनता के लिए है। आज जो कुछ सचमुच जन-समुदाय के हित में होता है, वह निश्चयपूर्वक सर्वहारा वर्ग के नेतृत्व में होता है। जो कुछ पूँजीपति वर्ग के नेतृत्व में होता है, वह आम जनता के हित में हरग़िज नहीं हो सकता। स्वाभाविक है कि यही बात नये कला-साहित्य पर भी लागू होती है, जो नयी संस्कृति का एक अंग है। हमें कला साहित्य की समृद्ध विरासत को, जो चीन में और अन्य देशों में अतीत काल से चली आ रही है, स्वीकार कर लेना चाहिए, लेकिन हमारा उद्देश्य फिर भी विशाल जन-समुदाय की सेवा होना चाहिए। हम अतीत काल के साहित्यिक व कलात्मक रूपों का इस्तेमाल करने से ही इनकार नहीं करते हैं। लेकिन हमारे हाथ में आने के बाद ये पुराने रूप भी, जिनका पुनःसंस्कार करके हम उनमें नयी विषय-वस्तु भर देते हैं, जनता की सेवा करने वाली एक क्रान्तिकारी वस्तु बन जाती है।

विशाल जन-समुदाय में आख़िर कौन लोग शामिल हैं? जनता के व्यापकतम तबकों में, जिनकी संख्या हमारी आबादी के 90 प्रतिशत से भी ज़्यादा है, मज़दूर, किसान, जनमुक्ति सेना के सैनिक और शहरी निम्न पूँजीपति वर्ग शामिल हैं। इसीलिए हमारा कला-साहित्य सबसे पहले मज़दूरों के लिए है, एक ऐसे वर्ग के लिए जो क्रान्ति का नेतृत्व करता है। दूसरे, वह किसानों के लिए है जिनकी तादाद सबसे अधिक है और जो क्रान्ति में हमारे सबसे घनिष्ठ सहयोगी हैं। तीसरे, वह सशस्त्र मज़दूरों व किसानों के लिए है जो क्रान्तिकारी युद्ध की मुख्य शक्ति हैं। चौथे, वह शहरी निम्न पूँजीपति वर्ग के मेहनतकश समुदाय और निम्न पूँजीपति बुद्धि जीवियों के लिए हैं; ये दोनों ही प्रकार के लोग क्रान्ति में हमारे सहयोगी हैं तथा हमारे साथ दीर्घकाल तक सहयोग कर सकते हैं। हमारा कला-साहित्य ऊपर बताये गये चार प्रकार के लोगों के लिए ही होना चाहिए। उनकी सेवा करने के लिए हमें सर्वहारा वर्ग दृष्टिकोण अपनाना चाहिए, निम्न पूँजीवादी वर्ग-दृष्टिकोण नहीं। आज ऐसे लेखक जो व्यक्तिवादी और निम्न पूँजीवादी दृष्टिकोण से चिपके रहते हैं,

क्रान्तिकारी मज़दूरों, किसानों और सैनिकों के विशाल जन-समुदाय की सच्ची सेवा नहीं कर सकते। उनकी दिलचस्पी मुख्य रूप से कुछ निम्न पूँजीवादी बुद्धिजीवियों पर ही केन्द्रित रहती है। बहुत-से साथी निम्न पूँजीवादी बुद्धिजीवियों का अध्ययन करने और उनकी मानसिक स्थिति का विश्लेषण करने में बड़ी दिलचस्पी दिखाते हैं। वे लोग इन बुद्धिजीवियों का चित्रण करने और उनकी कमियों की उपेक्षा करने अथवा उनकी पैरवी करने में ही अपना ध्यान केन्द्रित करते हैं, बजाय इसके कि वे बुद्धिजीवियों का इस बात के लिए पथ-प्रदर्शन करें कि वे उनके साथ मज़दूरों किसानों और सैनिकों के विशाल जन-समुदाय से घनिष्ठतापूर्वक एक रूप हो जायें, उनके व्यावहारिक संघर्ष में भाग लें, उनका चित्रण करें और उन्हें शिक्षा दें। निम्न पूँजीवादी वर्ग में पैदा होने और ख़ुद भी बुद्धिजीवी होने के कारण बहुत से साथी केवल बुद्धिजीवियों में ही अपने मित्रों की खोज करते हैं तथा उन्हीं का अध्ययन करने और चित्रण करने में अपना ध्यान केन्द्रित करते हैं। इस प्रकार का अध्ययन और चित्रण यदि सर्वहारा दृष्टिकोण से किया जाये तो यह उचित होता, लेकिन वे ऐसा नहीं करते अथवा पूरी तरह ऐसा नहीं करते। वे निम्न पूँजीवादी दृष्टिकोण अपना लेते हैं तथा ऐसी रचनाओं का सृजन करते हैं जिनमें निम्न पूँजीवादी वर्ग की आत्माभिव्यक्ति होती है, जैसा कि बहुत-सी साहित्यिक रचनाओं और कलाकृतियों में दिखायी देता है। वे लोग अक्सर निम्न पूँजीवादी वर्ग में पैदा होने वाले बुद्धिजीवियों के प्रति हार्दिक सहानुभूति प्रकट करते हैं और यहाँ तक आगे बढ़ जाते हैं कि उनकी कमियों के प्रति भी सहानुभूति प्रकट करने लगते हैं तथा उनकी प्रशंसा करने लगते हैं। दूसरी तरफ़ ये साथी मज़दूरों, किसानों और सैनिकों के विशाल जन-समुदाय से बहुत कम सम्पर्क रखते हैं, उन्हें समझने और उसका अध्ययन करने की कोशिश नहीं करते, उनके बीच अपने घनिष्ठ मित्र नहीं बनाते और उनका चित्रण करने में कुशल नहीं होते, और जब कभी उनका चित्रण करते भी हैं तो उनके पात्रों की पोशाक तो मेहनतकश जनता की होती है लेकिन चेहरा निम्न पूँजीवादी बुद्धिजीवियों का ही होता है। इन साथियों के पाँव निम्न पूँजीवादी बुद्धिजीवियों के पक्ष में जमे हुए हैं, अथवा और अधिक अलंकृत शब्दों में कहा जाये तो उनकी चेतना पर अब भी निम्न पूँजीवादी बुद्धिजीवी वर्ग का ही सिक्का बैठा हुआ है।

चार

कलात्मक श्रेष्ठता बनाम लोकप्रियता

किसकी सेवा की जाये, यह समस्या हल कर लेने के बाद, हम दूसरी समस्या यानी कैसे सेवा की जाये, की चर्चा करना चाहते हैं। हमारे कुछ साथियों के शब्दों में

क्या हमें स्तर उन्नत करने में लग जाना चाहिए अथवा लोकप्रिय बनाने के कार्य में लग जाना चाहिए?

अतीतकाल में कुछ साथियों ने लोकप्रिय बनाने का कार्य किसी सीमा तक, अथवा एक गम्भीर सीमा तक महत्त्वहीन समझा अथवा उसकी उपेक्षा की तथा स्तर ऊँचा करने के कार्य पर ज़रूरत से ज़्यादा ज़ोर दे डाला। स्तर उन्नत करने के कार्य पर ज़ोर अवश्य देना चाहिए, लेकिन केवल एकतरफ़ा तौर पर और अलग-थलग रूप में ऐसा करना, ज़रूरत से ज़्यादा मात्रा में ऐसा करना ग़लत होगा। चूँकि ये साथी 'किसके लिये?' की समस्या का स्पष्ट हल नहीं खोज पाते इसलिए उनके पास 'स्तर उन्नत करने' और 'लोकप्रिय बनाने' की बात को परखने के लिए कोई सही क़िस्म की कसौटी नहीं होती, तथा दोनों की बीच सही सम्बन्धों का पता लगाने की उनमें इससे भी कम सामर्थ्य होती है। चूँकि हमारा कला-साहित्य बुनियादी तौर पर मज़दूरों, किसानों और सैनिकों के लिए है इसलिए 'लोकप्रिय बनाने' का मतलब होता है—मज़दूरों, किसानों और सैनिकों में लोकप्रिय बनाना तथा 'स्तर उन्नत करने' का मतलब होता है—उनके वर्तमान स्तर से आगे की ओर बढ़ना। हमें केवल ऐसी ही चीज़ों को लोकप्रिय बनाना चाहिए जिनकी ज़रूरत मज़दूरों, किसानों और सैनिकों को होती है और जिन्हें वे आसानी से स्वीकार कर लेते हैं। परिणामस्वरूप, मज़दूरों, किसानों और सैनिकों को शिक्षित करने से पहले हमारे सामने इन लोगों से सीखने का कार्य मौजूद है। यह बात स्तर उन्नत करने के बारे में और भी अधिक लागू होती है। सवाल यह है कि आख़िर कला-साहित्य को किस आधार से उन्नत किया जाना चाहिए? क्या सामन्ती वर्गों के आधार से? क्या पूँजीपति वर्ग के आधार से? क्या निम्न पूँजीवादी बुद्धिजीवियों के आधार से? नहीं, इनमें से किसी भी आधार से नहीं, उसे केवल मज़दूरों, किसानों और सैनिकों के आधार से ही ऊँचा उठाया जाना चाहिए। कला-साहित्य के स्तर को उसी दिशा में उन्नत किया जाना चाहिए जिस दिशा में मज़दूर, किसान और सैनिक खुद आगे बढ़ रहे हों, एक ऐसी दिशा जिसमें सर्वहारा वर्ग आगे बढ़ रहा हो।

भला समस्त कला-साहित्य का स्रोत क्या है? साहित्यिक रचनाओं और कलाकृतियों जैसे विचाराधारात्मक रूप समाज के जीवन में मनुष्य के मस्तिष्क पर पड़ने वाले प्रतिबिम्बों की उपज होते हैं। क्रान्तिकारी कला-साहित्य क्रान्तिकारी लेखकों और कलाकारों के मस्तिष्क पर पड़ने वाले जन-जीवन के प्रतिबिम्बों की उपज होता है। जनता का जीवन साहित्य और कला के लिए कच्चे माल की एक खान है। एक ऐसा कच्चा माल, जो अपने स्वाभाविक रूप में होता है, एक ऐसा कच्चा माल जो अनगढ़ होते हुए भी अत्यन्त सप्राण, समृद्ध और मौलिक होता है; इसके साथ तुलना करने पर समस्त कला-साहित्य बिल्कुल फीका जान पड़ता है। यह साहित्य

और कला का अनन्त स्रोत है। उसका एकमात्र स्रोत है। अतीतकाल की साहित्यिक रचनाएँ और कलाकृतियाँ एक स्रोत न होकर महज़ एक धारा हैं, उनका सृजन हमारे पूर्ववर्ती लोगों ने अपने समय की और अपने स्थान की जनता के जीवन में प्राप्त किये गये साहित्यिक और कलात्मक कच्चे माल के आधार पर किया था। हमें अपने साहित्यिक और कलात्मक विरासत की तमाम श्रेष्ठ चीज़ों को आत्मसात् कर लेना चाहिए, गुण-दोषों का विवेचन करके उनकी तमाम उपयोगी चीज़ों को आत्मसात् कर लेना चाहिए और जब हम अपने समय और अपने स्थान की जनता के जीवन में मौजूद साहित्यिक और कलात्मक कच्चे माल से अपनी रचनाओं का सृजन कर रहे हों, उस समय एक उदाहरण के तौर पर इस्तेमाल करना चाहिए।

हालाँकि मनुष्य का सामाजिक जीवन ही कला व साहित्य का एकमात्र स्रोत होता है तथा उसकी विषय-वस्तु कला-साहित्य के मुक़ाबले अतुलनीय रूप से अधिक सजीव और समृद्ध होती है, फिर भी लोग केवल जीवन को देख कर ही सन्तुष्ट नहीं हो सकते बल्कि साहित्य और कला की माँग भी करते हैं। ऐसा क्यों होता है? इसकी वजह यह है कि यद्यपि ये दोनों ही सुन्दर होते हैं, तथापि साहित्यिक रचनाओं और कलाकृतियों में प्रतिबिम्बित होने वाला मानव जीवन अपेक्षाकृत ऊँचे धरातल पर, अपेक्षाकृत अधिक तीव्र, अधिक केन्द्रित, अधिक विशिष्टतापूर्ण और आदर्श के अधिक निकट होता है और होना चाहिए, इसलिए वह रोज़मर्रा के वास्तविक जीवन से कहीं अधिक बाधक प्रभाव वाला होता है। क्रान्तिकारी कला-साहित्य को चाहिए कि वह वास्तविक जीवन से विभिन्न प्रकार के पात्रों का निर्माण करे तथा इतिहास को आगे बढ़ाने में आम जनता की मदद करे।

साहित्यिक रचनाओं और कलाकृतियों के क्षेत्र में लोकप्रिय बनाने और स्तर उन्नत करने का तात्पर्य क्या होता है? इन दोनों कार्यों के बीच क्या सम्बन्ध है? लोकप्रिय रचनाएँ सरल और सुबोध होती हैं, और इसलिए उन्हें आज व्यापक जनता अपेक्षाकृत अधिक आसानी के साथ अपना लेती है। अपेक्षाकृत उन्नत स्तर की रचनाओं का सृजन करना, जो अपेक्षाकृत अधिक परिष्कृत होती हैं, ज़्यादा कठिन है तथा वे इस समय आम जनता में ज़्यादा आसानी और तेज़ी के साथ लोकप्रिय नहीं बन पातीं। लोकप्रिय बनाने और स्तर उन्नत करने के बीच कोई अपरिवर्तनीय विभाजन रेखा नहीं खींची जा सकती है। हालत सिर्फ़ यह नहीं है कि उन्नत स्तर की कुछ रचनाओं को आज भी लोकप्रिय बनाया जा सकता है, बल्कि यह भी है कि व्यापक जनता का सांस्कृतिक स्तर लगातार उन्नत होता जा रहा है। यहाँ लोकप्रिय बनाने का मतलब है, जनता के लिए लोकप्रिय बनाना, तथा स्तर उन्नत करने का मतलब है, जनता के लिए स्तर उन्नत करना। इस प्रकार स्तर उन्नत करने का काम लोकप्रिय बनाने के काम पर ही निर्भर है।

क्रान्तिकारी लेखक व कलाकार अपने सृजनात्मक श्रम से जनता के जीवन में मौजूद कच्चे माल को कला-साहित्य के एक ऐसे विचारात्मक रूप में ढाल देते हैं जो विशाल जन-समुदाय की सेवा करता है। इसमें अपेक्षाकृत उन्नत स्तर वाला वह कला-साहित्य भी शामिल है, जिसे प्रारम्भिक स्तर के कला-साहित्य के आधार पर विकसित किया जाता है तथा जिसकी समाज के उन तबकों को ज़रूरत होती है जिनका स्तर उन्नत हो चुका हो, अथवा अपेक्षाकृत फ़ौरी तौर पर आम जनता के कार्यकर्ताओं को ज़रूरत होती है। इसमें प्रारम्भिक स्तर वाला वह कला-साहित्य भी शामिल है जिसका मार्गदर्शन अपेक्षाकृत उन्नत स्तर वाला कला साहित्य करता है तथा जिसकी इस समय आम जनता की बहुसंख्या को फ़ौरी ज़रूरत है। हमारा समूचा कला-साहित्य, चाहे उसका स्तर अपेक्षाकृत उन्नत हो अथवा प्रारम्भिक, विशाल जन-समुदाय के लिए ही है तथा सबसे पहले मज़दूरों, किसानों और सैनिकों के लिए ही है। इसका सृजन मज़दूरों, किसानों और सैनिकों के लिए किया जाता है तथा यह उन्हीं के इस्तेमाल के लिए होता है।

पाँच

कला और राजनीति

आज की दुनिया में समूची संस्कृति और समस्त कला-साहित्य निश्चित वर्गों के ही होते हैं तथा उन्हें निश्चित राजनीतिक कार्य दिशाओं के अनुरूप ढाला जाता है। वास्तव में, 'कला-कला के लिये' के सिद्धान्त को मानने वाली कला, वर्गों से परे रहने वाली कला, तथा राजनीति से अलग रहने अथवा स्वतन्त्र रहने वाली कला नाम की कोई चीज़ नहीं होती। सर्वहारा वर्ग का कला-साहित्य समूचे सर्वहारा क्रान्तिकारी कार्य का एक अंग है। लेनिन के शब्दों में, 'यह समूची क्रान्तिकारी मशीन के दाँते और पेंच के समान है।' इसलिए कला-साहित्य के क्षेत्र में किये जाने वाले पार्टी के काम का पार्टी के समूचे क्रान्तिकारी कार्य में एक निश्चित और सुनिर्धारित स्थान होता है तथा वह स्थान किसी विशेष क्रान्तिकारी काल में पार्टी द्वारा निर्धारित किये जाने वाले क्रान्तिकारी कार्यों का अधीन ही होता है। इस व्यवस्था का विरोध करने के परिणामस्वरूप अनिवार्य रूप से द्विवाद और बहुवाद पैदा हो जायेगा, तथा सार रूप में इसका मतलब होगा, 'राजनीति तो मार्क्सवादी, लेकिन कला पूँजीवादी' जैसा कि त्रात्सकी ने किया था। हम कला-साहित्य के महत्त्व पर ज़रूरत से ज़्यादा ज़ोर देने का पक्ष-पोषण नहीं करते, लेकिन इसके महत्त्व को कम आँकने का पक्ष-पोषण भी नहीं करते। कला और साहित्य राजनीति के मातहत होते हैं, लेकिन वे खुद भी राजनीति पर अपना महान प्रभाव डालते हैं। क्रान्तिकारी कला और साहित्य समूचे

क्रान्तिकारी कार्य का एक अंग हैं, ये इस कार्य के दाँते और पेंच हैं, तथा ये कुछ अन्य अपेक्षाकृत अधिक महत्त्वपूर्ण पुर्जों की तुलना में कम महत्त्वपूर्ण और कम आवश्यक भले ही हों, मगर समूची मशीन के अनिवार्य दाँते और पेंच हैं, तथा समूचे क्रान्तिकारी कार्य के अनिवार्य अंग हैं। अगर हमारे पास व्यापकतम और अत्यन्त साधारण क़िस्म का कला-साहित्य भी मौजूद नहीं होता, तो हम क्रान्तिकारी आन्दोलन को नहीं चला पाते और विजय प्राप्त नहीं कर पाते। इस बात को न मानना ग़लत होगा। यही नहीं, जब हम यह कहते हैं कि कला-साहित्य राजनीति के मातहत हैं, तो यहाँ हमारा मतलब वर्ग राजनीति से होता है, आम जनता की राजनीति से होता है, चन्द तथाकथित राजनीतिज्ञों की राजनीति से नहीं। राजनीति चाहे वह क्रान्तिकारी हो अथवा प्रतिक्रान्तिकारी, वस्तुतः विभिन्न वर्गों के बीच का एक संघर्ष है, सिर्फ़ कुछ व्यक्तियों की कार्यवाही नहीं। विचाराधारा और कला के क्षेत्र में क्रान्तिकारी संघर्ष को राजनीतिक संघर्ष के मातहत होना चाहिए, क्योंकि केवल राजनीति के ज़रिये ही किसी वर्ग विशेष और आम जनता की ज़रूरतें केन्द्रित रूप से अभिव्यक्त होती हैं।

छह

कला-साहित्य की समालोचना के मानदण्ड

कला-साहित्य की समालोचना के दो मापदण्ड होते हैं—राजनीतिक और कलात्मक। हम अच्छे और बुरे के बीच कैसे फ़र्क़ कर सकते हैं—प्रयोजन (मनोगत इच्छा) द्वारा अथवा परिणाम (सामाजिक व्यवहार) द्वारा? आदर्शवादी लोग केवल प्रयोजन पर ज़ोर देते हैं और परिणाम को नज़रअन्दाज़ कर देते हैं, जबकि यान्त्रिक भौतिकवादी लोग केवल परिणाम पर ज़ोर देते हैं और प्रयोजन को नज़रअन्दाज़ कर देते हैं। इन दोनों के बीच हम द्वन्द्वात्मक भौतिकवादी लोग प्रयोजन और परिणाम की एकता पर ज़ोर देते हैं। आम जनता की सेवा करने का प्रयोजन उसका समर्थन प्राप्त करने के परिणाम से अभिन्न रूप से जुड़ा हुआ है, इन दोनों की एकता ज़रूरी है। किसी लेखक या कलाकार की मनोगत इच्छा की जाँच करते वक़्त, अर्थात् इस बात की जाँच करते वक़्त कि उसका प्रयोजन सही और अच्छा है या नहीं, हम उसका मूल्यांकन उसके कथनों के आधार पर नहीं, बल्कि समाज में आम जनता पर उसके कार्यों का (मुख्य रूप से उसकी रचनाओं का) जो असर पड़ता है, उसके आधार पर करते हैं। मनोगत इच्छा या प्रयोजन के बारे में निर्णय करने का मापदण्ड सामाजिक व्यवहार तथा उसका परिणाम ही है। कलात्मक मापदण्ड के अनुसार, वे तमाम कृतियाँ जो अपेक्षाकृत अधिक ऊँचे कलात्मक स्तर की होती हैं, श्रेष्ठ या अपेक्षाकृत अधिक श्रेष्ठ कहलाती हैं जबकि अपेक्षाकृत निम्न कलात्मक स्तर की कृतियाँ घटिया या

अपेक्षाकृत घटिया कहलाती है। निःसन्देह यहाँ भी इन कृतियों का समाज पर जो असर पड़ता है, उसे ध्यान में रखना पड़ेगा। शायद ही ऐसा कोई लेखक या कलाकार हो जो ख़ुद अपनी कृति को सुन्दर न समझता हो, तथा हमारी समालोचना ऐसी होनी चाहिए जो तमाम क़िस्म की कलाकृतियों के बीच खुली प्रतियोगिता की इजाज़त दे; लेकिन इस बात के लिए बहुत ज़रूरत है कि कलात्मक मापदण्ड के अनुसार, इन कृतियों की सही-सही आलोचना की जाये, ताकि अपेक्षाकृत निम्न स्तर की कला को क़दम-व-क़दम ऊँचे स्तर पर उठाया जा सके और जो कला व्यापक जन-समुदाय के संघर्षों की माँगों को पूरा नहीं करती, उसे एक ऐसी कला में रूपान्तरित किया जा सके जो व्यापक जन-समुदाय की माँगों को पूरा कर सके।

एक राजनीतिक मापदण्ड होता है और एक कलात्मक मापदण्ड। इन दोनों के बीच क्या सम्बन्ध है? कला को राजनीति के समकक्ष नहीं रखा जा सकता, और न कलात्मक सृजन और समालोचना की किसी एक पद्धति को ही आम विश्व दृष्टिकोण के समकक्ष रखा जा सकता है। हम न सिर्फ़ एक अमूर्त और बिल्कुल अपरिवर्तनीय राजनीतिक मापदण्ड के अस्तित्त्व को मानने से इनकार करते हैं, बल्कि एक अमूर्त और अपरिवर्तनीय कलात्मक मापदण्ड के अस्तित्त्व को भी मानने से इनकार करते हैं, सभी वर्ग समाजों में हर वर्ग के ख़ुद अपने कलात्मक और राजनीतिक मापदण्ड होते हैं। लेकिन सभी वर्ग समाजों में सभी वर्ग हमेशा राजनीतिक मापदण्ड को प्रमुख स्थान देते हैं और कलात्मक मापदण्ड को गौण। पूँजीपति वर्ग सर्वहारा कला-साहित्य के लिए हमेशा अपने दरवाज़े बन्द रखता है, चाहे उसकी कलात्मक प्रतिभा कितनी ही ऊँची क्यों न हो। इसी तरह सर्वहारा वर्ग को भी पिछले ज़माने की साहित्यिक रचनाओं व कलाकृतियों के बीच फ़र्क़ करना चाहिए और उनके प्रति अपना रुख़ इस बात की जाँच करके ही निश्चित करना चाहिए कि जनता के प्रति उनका रुख़ क्या है और क्या ऐतिहासिक दृष्टि से उनका कोई प्रगतिशील महत्त्व है भी या नहीं? कुछ ऐसी कृतियों में भी, जो राजनीतिक दृष्टि से बिल्कुल प्रतिक्रियावादी हैं, कुछ-न-कुछ कलात्मक प्रतिभा हो सकती है। उनकी विषय-वस्तु जितनी अधिक प्रतिक्रियावादी होती है और उनकी कलात्मक प्रतिभा जितनी ही अधिक ऊँची होती है, वे जनता के लिए उतनी ही अधिक ज़हरीली होती हैं, और इस बात की उतनी ही अधिक ज़रूरत होती है कि उनका परित्याग कर दिया जाये। जब तमाम शोषक वर्गों के कला-साहित्य का ह्रास होने लगता है तो उनके कला-साहित्य की एक आम विशेषता यह होती है कि उनकी प्रतिक्रियावादी राजनीतिक विषय-वस्तु तथा उनके कलात्मक रूप के बीच अन्तर्विरोध पैदा हो जाता है। हम जिस चीज़ की माँग करते हैं वह है, राजनीति और कला की एकता, विषय-वस्तु और रूप की एकता, क्रान्तिकारी राजनीतिक विषय-वस्तु और यथासम्भव अधिक पूर्ण कलात्मक रूप की एकता। वे

कलाकृतियाँ, जिनमें कलात्मक प्रतिभा का अभाव होता है, बिल्कुल शक्तिहीन होती हैं, चाहे वे राजनीतिक दृष्टि से कितनी ही प्रगतिशील क्यों न हों। इसलिए हम ऐसी कलाकृतियों का सृजन करने में, जिनका राजनीतिक दृष्टिकोण ग़लत होता है, तथा 'पोस्टरबाज़ी व नारेबाज़ी जैसी शैली' वाली उन कलाकृतियों का सृजन करने में जिनका राजनीतिक दृष्टिकोण तो सही होता है लेकिन जिनमें कलात्मकता का अभाव होता है, इन दोनों प्रकार की प्रवृत्तियों का विरोध करते हैं। साहित्य और कला के सवालों के बारे में हमें इन दोनों मोर्चों पर संघर्ष चलाना चाहिए।

'येनान की कला-साहित्य गोष्ठी में भाषण' से संकलित

खण्ड दो

समस्याएँ

साहित्य और विचारधारा

•

ओमप्रकाश ग्रेवाल

मार्क्सवादी सौन्दर्यशास्त्र का यह मुख्य कर्तव्य है कि प्रतिक्रियावादी बुर्जुआ चिन्तकों द्वारा साहित्य के बारे में जो अवैज्ञानिक और भ्रान्तिपूर्ण धारणाएँ प्रचलित एवं प्रस्थापित की जाती हैं, उनका सही विश्लेषण द्वारा खण्डन किया जाये तथा सामान्य पाठक के सामने साहित्य के वास्तविक स्वरूप को स्पष्ट किया जाये। पूँजीवादी व्यवस्था के पतनशील दौर में जब समाज के प्रगतिशील और प्रतिक्रियावादी तत्त्वों के बीच संघर्ष तीव्र हो उठता है और शोषित-उत्पीड़ित जनसमूह सचेत और जागरूक होकर पतनशील बुर्जुआ चिन्तन द्वारा पोषित विभ्रमों को त्यागने लगते हैं तो समाज के यथास्थितिवादी तत्त्वों की यह भरसक कोशिश होती है कि साहित्य को स्वस्थ सामाजिक मूल्यों का वाहक तथा बहुसंख्यक जनता की चेतना को विकसित करने का माध्यम न बनने दिया जाये। क्योंकि साहित्य का जनमानस पर गहरा प्रभाव पड़ता है और उसके माध्यम से पाठकों की भावनाओं को उभारा जा सकता है अथवा उन्हें नया मोड़ दिया जा सकता है तथा पाठक की अपने आसपास की दुनिया की समझ को प्रखर बनाया जा सकता है। प्रतिक्रियावादी शक्तियों से जुड़े हुए चिन्तक ऐसे समय पर कुछ इस प्रकार की भ्रान्तियाँ साहित्यकारों और पाठकों के बीच फैलाने लगते हैं जिनके कारण साहित्य का समाज के सभी प्रगतिशील तत्त्वों से सम्पर्क टूट जाये। यह ज़रूरी नहीं कि प्रतिक्रियावादी चिन्तक साधारण पाठक की चेतना को मन्द बनाने का यह काम सचेष्ट रूप से ही करते हों। पूँजीवादी व्यवस्था के अन्तर्विरोधों के बढ़ जाने पर उनके लिए यह ज़रूरी हो जाता है कि वे तत्कालीन सामाजिक जीवन की ऐसी व्याख्या प्रस्तुत करें जिसके अन्तर्गत उसके सभी अप्रिय पक्षों पर पर्दा पड़ जाये, किन्तु जो फिर भी ठोस और प्रामाणिक प्रतीत हो। ऐसी स्थिति में जिन भ्रान्तिपूर्ण धारणाओं का प्रचार वे पाठकों के बीच करते हैं, उनसे प्रथमतः वे स्वयं भी ग्रस्त होते हैं। उनकी वर्गगत स्थिति का इस समय उन पर कुछ

ऐसा दबाव पड़ता है कि उनकी चेतना में वस्तुस्थिति की सही तस्वीर उभर ही नहीं पाती। वे पूरी ईमानदारी के साथ उस छद्म तस्वीर को वस्तुस्थिति की सही व्याख्या मान लेते हैं जो गहरे आत्ममन्थन के बाद उनकी चेतना में उस समय उभर कर आती है। इसी ईमानदार छल के तहत वे इस धारणा का भी प्रचार करने लगते हैं कि अच्छे साहित्य की रचना के लिए यह आवश्यक है कि लेखक अपने आपको सभी प्रकार की विचारधाराओं से मुक्त रखे। यद्यपि परोक्ष रूप में सभी प्रतिक्रियावादी साहित्यकार और चिन्तक अपनी रचनाओं के माध्यम से एक जनविरोधी विचारधारा को पाठकों की चेतना पर अंकित करते रहते हैं, किन्तु फिर भी प्रत्यक्ष रूप में उनका यही पैंतरा बना रहता है कि साहित्य और विचारधारा का गठबन्धन साहित्य के लिए घातक सिद्ध होता है। उनके अनुसार, जब साहित्यकार किसी विचारधारा से जुड़ जाता है तो उसकी सृजन-क्षमता धीरे-धीरे समाप्त हो जाती है, उसकी संवेदना संकुचित होती जाती है और उसकी दृष्टि भी धुँधली पड़ जाती है। जो साहित्यकार किसी विचारधारा के आग्रहों के अन्तर्गत अपने तत्कालीन सामाजिक दायित्वों को प्राथमिकता देते हुए साहित्य-रचना करते हैं, वे साहित्य के वास्तविक रूप को झुठला कर उसकी शक्ति को नष्ट कर डालते हैं और अपनी लेखकीय गरिमा को खो कर अन्ततः कोरे प्रचारक बन कर रह जाते हैं।

शुद्ध साहित्य और विचारधारा के बीच परस्पर विरोध का यह सिद्धान्त किस प्रकार भ्रान्तिपूर्ण और ख़तरनाक है, इसे पूरी तरह तो साहित्य के वास्तविक स्वरूप की वैज्ञानिक व्याख्या करके ही स्पष्ट किया जा सकता है, किन्तु इस सैद्धान्तिक निष्कर्ष पर पहुँचने के लिए प्रतिक्रियावादी चिन्तक किन तर्कों का सहारा लेते हैं, यह जान लेना भी ज़रूरी है। इन तर्कों के खोखलेपन को स्पष्ट करने से इस सिद्धान्त के मिथ्या सम्मोहन को बहुत हद तक दूर किया जा सकता है, किन्तु इन तर्कों पर नज़र डालने से पहले विचारधारा के वास्तविक अर्थ पर गौर कर लेना भी उचित होगा।

अक्सर यह मान लिया जाता है कि किसी वर्ग विशेष के हितों और उद्देश्यों की पूर्ति के लिए जो कार्यनीति और रणनीति निर्धारित होती है, उनके सैद्धान्तिक पक्ष को ही हम उस वर्ग की विचारधारा कहते हैं। दूसरे शब्दों में, तत्कालीन सामाजिक जीवन को एक वर्ग विशेष के हितों के अनुकूल व्यवस्थित अथवा पुनर्व्यवस्थित करने के लिए प्रतिपादित होने वाले सिद्धान्त सामूहिक रूप में उस वर्ग की विचारधारा बन जाते हैं। इस परिभाषा के अनुसार, विचारधारा एक वर्ग विशेष की राजनीति का पर्याय है। यद्यपि एक वर्ग के सामूहिक संघर्षों को निर्देश प्रदान करने वाले सैद्धान्तिक निष्कर्षों को हमें उस वर्ग की विचारधारा का एक महत्त्वपूर्ण अंग मानना पड़ेगा, किन्तु उसे स्पष्ट रूप में व्याख्यायित इन निष्कर्षों तक ही सीमित रखना उचित नहीं होगा। एक व्यक्ति की संवेदना तथा उसका चिन्तन किस प्रकार उसकी वर्गगत भूमिका से

निर्धारित हो रहे हैं, इसी से उसकी विचारधारा लक्षित होती है। वास्तव में, एक वर्ग विशेष के सामूहिक, राजनीतिक कार्यक्रम को ही नहीं बल्कि व्यक्ति की समूची चेतना के वर्गीय स्वरूप को हमें विचाराधारा की संज्ञा देनी चाहिए। विचारधारा व्यक्ति के अनुभव का कोई ऐसा अंश नहीं है जिसे हम उसके शेष अनुभवों से अलग कर सकते हैं, बल्कि यह उसके समूचे अनुभवों का एक विशिष्ट और आधारभूत आयाम है। सचेष्ट, सुचिन्तित और सुव्यवस्थित बौद्धिक निष्कर्षों के अलावा विचारधारा हमारी भावनाओं के धरातल पर भी सक्रिय रूप में विद्यमान रहती है। व्यक्ति वस्तुगत को (जिसमें उसका अपना व्यक्तित्त्व भी शामिल है) जिस रूप में देखता-समझता है और महसूस करता है, उस रूप की विशिष्टता को लक्षित करने के लिए ही हमें विचारधारा की अवधारणा की आवश्यकता पड़ती है। व्यक्ति की वर्गगत भूमिका उसकी चेतना की सीमाएँ निर्धारित करती है, उसी के आधार पर वस्तुजगत की एक विशिष्ट प्रकार की छवि उसकी चेतना में उभर कर आती है जिसमें वस्तुजगत के कुछ महत्त्वपूर्ण पक्ष या तो पूर्णतया अलक्षित रह जाते हैं या फिर विकृत रूप में ही प्रतिबिम्बत हो पाते हैं। इसी वर्गगत भूमिका के आधार पर व्यक्ति यह तय करता है कि तत्कालीन सामाजिक परिवेश में किस प्रकार का परिवर्तन लाया जा सकता है और उसके लिए उसे क्या करना चाहिए? इस प्रकार उसकी समूची चेतना की परिधि—जिसमें उसका दृष्टिकोण, उसकी चिन्तन पद्धति और उसकी भावनाओं की दिशा शामिल है—उसकी वर्गगत भूमिका से निश्चित होती है। जब हम विचारधारा की बात करते हैं तो हमारा ध्यान उसकी चेतना अर्थात् उसके दृष्टिकोण और उसकी संवेदना की उन सीमाओं की ओर होता है जिनके अन्दर वह अपनी वर्गगत स्थिति के कारण अनिवार्य रूप से बँधा रहता है और जिनका अतिक्रमण करना उसके लिए एकदम असम्भव नहीं तो अत्यन्त कठिन अवश्य होता है।

क्योंकि शोषक-उत्पीड़क वर्ग से सम्बन्ध रखने वाले लोग अपनी वर्गगत भूमिका की विवशता के कारण वस्तुस्थिति के सही स्वरूप को नहीं समझ सकते, उनके सन्दर्भ में विचाराधारा के अर्थ को कई बार उनकी 'छद्म चेतना' तक ही सीमित कर दिया जाता है। जहाँ तक प्रभुतासम्पन्न वर्ग अन्य वर्गों से सम्बन्ध रखने वाले लोगों की चेतना को नियन्त्रित कर देता है, वहाँ तक उनकी चेतना में भी प्रभुतासम्पन्न वर्ग की 'छद्म चेतना' के से विकार विद्यमान रहते हैं। उनके सन्दर्भ में भी कई बार चेतना की इन विकृतियों को ही उन पर पड़ने वाला विचाराधारात्मक दबाव मान लिया जाता है। इसी प्रकार सर्वहारा वर्ग का अधिनायकत्व स्थापित हो जाने के बाद सर्वहारा पार्टी के नेतृत्व में सामाजिक पुनर्निर्माण के लिए निर्धारित किये जाने वाले कार्यक्रम में यदि कुछ त्रुटियाँ दिखायी देती हों तो उन्हें भी कुछ मार्क्सवादी चिन्तक 'विचारधारा जनित दोष' बताने लगते हैं और इस अर्थ में विचारधारा को सर्वहारा

के विश्व दृष्टिकोण से अलग करने लगते हैं, किन्तु विचाराधारा को 'छद्म चेतना' तक ही सीमित रखने और उसे 'विश्व दृष्टिकोण' से अलग करके देखने के इस प्रकार के प्रयासों से हम कुछ ऐसे भ्रान्तिपूर्ण निष्कर्षों पर पहुँच सकते हैं, जिनके कारण साहित्य के बारे में हमारा चिन्तन दोषपूर्ण हो जाये। इसलिए विचाराधारा को हमें वर्ग दृष्टिकोण से अलग नहीं समझना चाहिए।

साहित्य और विचाराधारा के परस्पर विरोध के सिद्धान्त की पुष्टि में प्रतिक्रियावादी बुर्जुआ चिन्तकों द्वारा एक मुख्य तर्क यह दिया जाता है कि साहित्यकार किसी वर्ग विशेष से प्रतिबद्ध नहीं होता, बल्कि उसकी प्रतिबद्धता तो मानवमात्र के साथ होती है। जीवन के प्रति उन्मुक्त आसक्ति और निर्बाध स्पन्दनशीलता का परिचय देते हुए वह मानवमात्र से भावनात्मक तादात्म्य स्थापित करता है और सभी सम्भाव्य मानवीय संवेदनाओं और अनुभूतियों को अपने लेखन में समेट लेने का प्रयास करता है। जिस धरातल पर वह काम करता है, वहाँ वह किसी प्रकार के पूर्वाग्रहों, अवरोधों और प्रतिबन्धों से आक्रान्त नहीं रह सकता और जहाँ कहीं, जिस रूप में भी उसे मानवीय अनुभव प्राप्त हो सकते हैं, उनके लिए वह लालायित रहता है। वर्ग, देश और काल की परिधियों से ऊपर उठ कर शुद्ध मानवीय स्पन्दनों से हमारे हृदय को झंकृत करते जाना ही साहित्यकार का एकमात्र लक्ष्य होता है, किन्तु इसके विपरीत विचारधारा व्यक्ति को अपने स्वार्थों और वर्गगत पक्षपातों से ऊपर नहीं उठने देती। वस्तुस्थिति को देखने-समझने के लिए यदि हम किसी वर्ग विशेष के हितों से जुड़े हुए दृष्टिकोण को अपनाते हैं तो हम विचारधारा की सीमाओं में बँधे रहते हैं। अतः विचारधारा के धरातल पर बने रहने पर एक साहित्यकार भी उन सभी दबावों को झेलेगा, जो एक साधारण व्यक्ति के दृष्टिकोण को संकुचित बनाये रखते हैं। सामाजिक जीवन की तात्कालिक समस्याओं में उलझ जाने और इससे उत्पन्न होने वाले तनावों और विद्वेषों के आधार पर ही हमारी विचाराधारा का निर्माण होता है और इसके प्रभाव में बने रह कर हम केवल उन्हीं अनुभवों को स्वीकार करते हैं जिनका हमारे हितों से मेल खाता हो। जीवन के बहुत सारे अनुभवों को हम उस समय या तो ग्रहण ही नहीं कर पाते या फिर उन्हें निरर्थक समझ कर छोड़ देते हैं। जो सीमित अनुभव हमारे पास बच जाते हैं, उन्हें भी हम अपनी विचारधारा के बने-बनाये साँचे में ढालकर एकदम निर्जीव और अप्रामाणिक बना देते हैं।

ऊपर से ठोस दिखायी देते हुए भी यह दलील वास्तव में, खोखली और भ्रान्तिपूर्ण है। एक वर्ग विभाजित समाज में प्रत्येक व्यक्ति अनिवार्य रूप से किसी-न-किसी वर्ग के साथ जुड़ा होता है।

उसका सारा चिन्तन और उसकी भाव-प्रणाली या तो उसके अपने वर्गीय दृष्टिकोण से नियन्त्रित होती है या फिर उस वर्ग के दृष्टिकोण से जो ऐतिहासिक

विकास के उस विशिष्ट दौर में उत्पादन प्रणाली में प्रमुख स्थान पा जाने के कारण दूसरे वर्गों पर भी अपना प्रभुत्व स्थापित कर चुका है। यह प्रभुतासम्पन्न वर्ग सभी वर्गों से सम्बन्ध रखने वाले व्यक्तियों के चिन्तन और उनकी भावनाओं को मोड़ देना चाहता है ताकि उनकी समूची चेतना और संवेदना इस वर्ग के हितों पर आधारित चिन्तन और संस्कृति से नियन्त्रित रहे और वे अपने अनुभव को केवल उसी रूप से पहचानें, जो इस वर्ग को मान्य हो। शिक्षा संस्थानों तथा अन्य प्रचार साधनों और साहित्यिक कृतियों के माध्यम से यह वर्ग धीरे-धीरे अन्य वर्गों के लोगों की चेतना पर कुछ ऐसा सांस्कृतिक नियन्त्रण स्थापित कर लेता है कि उनमें से अधिकांश को यह अहसास भी नहीं रहता कि उनकी चेतना को सायास प्रभुतासम्पन्न वर्ग की विचारधारा और संस्कारों के अनुकूल बना दिया गया है। जब तक तत्कालीन उत्पादन सम्बन्धों और उत्पादन शक्ति में कोई तीव्र अन्तर्विरोध नहीं उभरता, तब तक प्रभुतासम्पन्न वर्ग की विचाराधारा तर्कसम्मत, स्वाभाविक और पूर्णतया वैज्ञानिक लगती है और उसका नियन्त्रण असह्य न होकर वास्तव में, मानव की मानसिक ऊर्जा और उसकी सृजनात्मक शक्तियों को व्यवस्थित करने का एक उचित ढंग नज़र आता है। किन्तु जब एक बिन्दु पर आकर यह नियन्त्रण सामाजिक और भौतिक उत्पादन शक्तियों पर एक बन्धन बन जाता है तो किसी अन्य वर्ग की विचारधारा उत्पादन शक्तियों के अनुकूल होने के कारण अधिक सही और तर्कसम्मत प्रतीत होने लगती है। इस प्रकार ऐतिहासिक विकास के प्रत्येक पड़ाव पर टक्कर वास्तव में, दो विरोधी वर्ग दृष्टिकोणों के बीच होती है जिनमें से एक अधिक सही होता है तो दूसरा कम। साहित्यकार के सामने विकल्प इन दो वर्गीय दृष्टिकोणों में से एक का चुनाव करना होता है न कि इनसे ऊपर उठ कर वर्गातीत 'मानवीय' दृष्टिकोण को अपना लेने का। अपनी वर्गीय स्थिति के अनुसार, भिन्न-भिन्न लेखक किसी एक वर्गीय दृष्टिकोण को अपनाकर उसके अनुसार, अपने युग के अनुभवों को व्यवस्थित रूप देते हैं। महान साहित्यकार हम उन्हें समझते हैं जो अन्ततः अपने समय के सबसे अधिक प्रगतिशील वर्ग के दृष्टिकोण को अपना लेते हैं। ज़ाहिर है कि इस प्रगतिशील दृष्टिकोण की भी कुछ सीमाएँ होंगी और इसे अपना लेने के बाद भी व्यक्ति की चेतना में कुछ भ्रान्तियाँ विद्यमान रहेंगी। उस समय का महान-से-महान साहित्यकार भी इन सीमाओं को तोड़ नहीं पायेगा। यह दूसरी बात है कि ऐतिहासिक विकास के उस दौर में, क्योंकि इन सीमाओं का होना हमें स्वाभाविक लगेगा, इसलिए वे हमें अखरेंगी नहीं। उदाहरण के लिए, शेक्सपियर अपनी रचनाओं में अपने समय के सबसे अधिक प्रगतिशील बुर्जुआ मानववादी दृष्टिकोण को अपनाता हुआ दिखायी देता है और उसके आधार पर मानव-जीवन की जो व्याख्या प्रस्तुत करता है, वह उसकी समझ की परिपक्वता और सहानुभूति के विस्तार के कारण हमें आज भी

पूर्णतया प्रामाणिक लगती है। किन्तु मानव-जीवन की शेक्सपियर की यह समझ काफ़ी व्यापक होने के बावजूद उन सीमाओं का अतिक्रमण नहीं कर पाती जो उस समय के बुर्जुआ दृष्टिकोण के अन्दर ऐतिहासिक अनिवार्यता के रूप में विद्यमान हैं। प्रतिक्रियावादी लेखक हम उन्हें कहते हैं जो अपनी रचनाओं में किसी ऐसे वर्ग की विचारधारा को अपनाये रहते हैं जो ऐतिहासिक विकास के क्रम में पिछड़ चुका है और जिसका सांस्कृतिक प्रभुत्व उत्पादन शक्तियों के विकास के अनुकूल न होने के कारण अनुचित एवं असह्य लगने लगा है। यहाँ यह स्पष्ट कर देना ज़रूरी है कि सचेत रूप में एक पिछड़ी हुई विचाराधारा को अपनाये हुए रह कर भी एक लेखक अपने मानस को गहराई में प्रभुतासम्पन्न वर्ग के सांस्कृतिक नियन्त्रण से छुटकारा पा सकता है। साहित्यिक रचना में क्योंकि व्यक्ति के अनुभव के सभी सारभूत और केन्द्रीय पक्ष व्यक्त होते हैं, इसलिए यहाँ उसकी ऊपर से ओढ़ी हुई विचारधारा और गहरे में अपनायी हुई विचारधारा का अन्तर्विरोध स्पष्ट रूप में सामने आ जायेगा। किन्तु जो भी दृष्टिकोण लेखक अपनी रचनाओं में अपनाता है उसमें वर्गगत आग्रह और पक्षपात ज़रूरत बने रहते हैं और उसका यह लेखकीय दृष्टिकोण तत्कालीन सामाजिक जीवन में पाये जाने वाले वर्ग-संघर्ष से अनिवार्य रूप में प्रभावित होता है। इस प्रकार हम देखते हैं कि परस्पर विरोध साहित्यिक दृष्टि और विचारधारा का नहीं, बल्कि छद्म चेतना और वास्तविक चेतना का है जो कि साहित्यिक रचनाओं में भी उसी प्रकार उभर कर आता है जिस प्रकार उनके बाहर सामाजिक जीवन में।

साहित्य और विचारधारा के परस्पर विरोध के सिद्धान्त के पक्ष में प्रतिक्रियावादी बुर्जुआ चिन्तकों द्वारा कई बार एक तर्क यह भी दिया जाता है कि जहाँ साहित्यकार का सरोकार मानव-स्वभाव की उन उदात्त आकांक्षाओं और लालसाओं से होता है जो हमें अन्य जीवों से भिन्न और श्रेष्ठ बनाती हैं, विचाराधारा का क्षेत्र राजनीति का क्षेत्र है, जहाँ सभी व्यक्ति अपने टुच्चे स्वार्थों से अभिभूत हो कर एक-दूसरे से लड़ते-झगड़ते रहते हैं। इस मत के अनुसार, साहित्य को विचारधारा से जोड़ने का मतलब होगा, उसे एक ऐसे पार्थिव धरातल पर ला खड़ा करना, जहाँ छीना-झपटी और कीचड़ उछालने के सिवाय कुछ नहीं है। उनकी दृष्टि में साहित्य वास्तव में, हमें यह याद दिलाने का एक सशक्त माध्यम है कि हम किन्हीं क्षणों में कोरे जैविक धरातल के ऊपर उठ कर नैतिकता के उच्च आदर्शों को छू सकते हैं और अपनी चेतना को इतना विस्तार दे सकते हैं कि अपने पृथक् अस्तित्त्व को भुला दें और पूर्णतया निर्वैयक्तिक हो जायें।

साहित्य को इस प्रकार के लोकोत्तर स्तर पर खड़ा करने के अधिकांश प्रयासों के छल को तो हम आसानी से पहचान लेते हैं, किन्तु बुर्जुआ वर्ग के चिन्तकों के लिए साहित्य को साधारण जीवन से अलग बनाये रखना अब बेहद ज़रूरी हो गया

है, वे बार-बार नित नये सूक्ष्म रूपों में इस स्थापना का सहारा लेते रहते हैं। अपने कुछ सूक्ष्म रूपों में उनकी यह स्थापना साहित्य के बारे में हमारे चिन्तन को अभी भी विकृत करती रहती है। जब कभी हम अपने नैतिक आदर्शों को दैनिक जीवन की गतिविधियों से पृथक् करके एक को साध्य और दूसरे को साधन की कोटि में रखने लगते हैं या सामाजिक तनावों और द्वन्द्वों को निम्न स्तर के अनुभव का भाग मान कर कला से एक उच्च समन्वयवादी दृष्टि की माँग करते हैं अथवा जब कभी साहित्य को राजनीति के 'दलदल' में घसीट लाने से हमें उसकी शुद्धता ख़तरे में पड़ती हुई दिखायी देने लगती है तो हमें समझ लेना चाहिए कि हम भाववादी जाल में फँसने लगे हैं और यह भूलने लगे हैं कि 'भौतिक' और 'आध्यात्मिक' एक-दूसरे से स्वतन्त्र एवं परस्पर विरोधी तत्त्व नहीं हैं तथा राजनीति केवल बुर्जुआ चालाकियों का ही दूसरा नाम नहीं है बल्कि सामूहिक प्रयासों द्वारा हमारी जीवन-परिस्थितियों में आवश्यक बदलाव लाने का विज्ञान है। इसी प्रकार जब कभी हम साहित्यकार को एक अतिविशिष्ट प्राणी मान कर उससे ऐसी 'मौलिक' दृष्टि की अपेक्षा करने लगते हैं जिससे हमारे आसपास की जानी-पहचानी दुनिया एकदम अनोखी रौशनी के साथ चमत्कृत हो उठे और हमें लगने लगे कि साहित्यिक रचना में प्रवेश पाकर हमारा अनुभव संसार पूरी तरह रूपान्तरित हो गया है तो हमें सतर्क हो जाना चाहिए कि कहीं हम साहित्य के संसार को किसी-न-किसी रूप में अलौकिक और अनुपम तथा वास्तविक जीवन के नियमों के परे तो नहीं मान रहे। इधर जब नववाम से जुड़े हुए कुछ चिन्तक कला को आधुनिक जीवन-परिस्थितियों से उत्पन्न आत्मनिर्वासन तथा व्यक्तित्त्व-अवमूल्यन की भावना से उबरने का एकमात्र सशक्त माध्यम मानने लगे हैं और तत्कालीन सामाजिक जीवन को प्रतिबिम्बित करने के बजाय उससे ऊपर उठ जाने की क्षमता (Transcendence) में ही कला की सार्थकता देखने लगे हैं तो हमें लगता है कि वे कला में किसी लोकोत्तर जादुई प्रभाव की कल्पना कर रहे हैं और इस प्रकार प्रतिक्रियावादी चिन्तकों की भ्रान्तियों से प्रभावित हो गये हैं। यह सही है कि एक समर्थ साहित्यकार अपनी रचनाओं में तत्कालीन जीवन-परिस्थितियों की सीमाओं का अतिक्रमण करता है, किन्तु ऐसा वह केवल तत्कालीन परिस्थितियों के गर्भ में छिपी हुई वास्तविक सम्भावनाओं को ही मूर्त रूप देने के लिए करता है। अपनी रचना के माध्यम से साहित्यकार किसी ऐसे समानान्तर संसार की सृष्टि नहीं करता, जहाँ हमें वह कुछ लब्ध हो जाये जिसे वास्तविक संसार में आवश्यक सामाजिक संघर्षों द्वारा नहीं प्राप्त किया जा सकता।

साहित्य और विचारधारा के विरोध को स्पष्ट करने के लिए प्रतिक्रियावादी बुर्जुआ चिन्तक जो तीसरा तर्क प्रस्तुत करते हैं, वह कुछ हद तक उनके दूसरे तर्क के विरुद्ध जाता है। उनका कहना है कि जहाँ विचारधारा के अन्तर्गत केवल

हमारी समूहगत आवश्यकताओं को ध्यान में रखते हुए कुछ सामान्यीकृत नियमों का प्रतिपादन होता है, वहाँ साहित्य में व्यक्ति के निजी अनुभवों को पूरी विशिष्टता और जटिलता में पकड़ने का प्रयास होता है। विचारधारा के सूत्रों में बँध जाने के बाद व्यक्ति के अनुभव की सम्पूर्ण आत्मीय अनुपमता और विलक्षणता समाप्त हो जाती है और उसकी जीवन्त मूर्तता क्षीण पड़ जाती है। साधारण जीवन में तो हम अपनी तात्कालिक आवश्यकताओं की पूर्ति के लिए अपने अनुभव को सरलीकृत करने को विवश होते हैं और उसके जो अंश समाज के नियमों और सामूहिक निर्णयों के माध्यम से व्यक्त होते हैं, उन्हें ही उसका सारतत्त्व मान लेते हैं, किन्तु साहित्य में हम अपनी व्यक्तिगत स्वतन्त्रता और अपनी निजी अस्तित्त्व की समृद्धि को बिना किसी समूहगत दबाव के महसूस करना चाहते हैं। यदि हम साहित्य को विचारधारा से जोड़े रखेंगे तो इसका मतलब होगा कि व्यक्ति को अनिवार्य रूप से पंक्तिबद्ध होकर अपने व्यक्तित्त्व के सम्भाव्य वैभव से वंचित होना पड़ेगा। यदि मानव को अपनी स्वायत्तता कायम रखनी है और उसे एक अद्वितीय और अभेद्य इकाई होने का प्रखर एहसास बनाये रखना है तो कम-से-कम साहित्य को हमें सामाजिक दायित्वों के बन्धनों से अथवा समूह के आदेशों से मुक्त रखना होगा, विशेषकर आजकल के तकनीकी युग में जबकि, मनुष्य धीरे-धीरे एक पेंचीदा मशीन का पुर्ज़ा-सा बनता जा रहा है और वे सभी क्षेत्र उसके लिए आहिस्ता-आहिस्ता लुप्त हो रहे हैं जहाँ वह अपना यह अहसास कायम रख सके कि वह अपने विकल्प स्वयं चुन सकता है। साहित्यिक रचना ही अब ऐसा क्षेत्र बचा है जहाँ व्यक्ति अपनी स्वायत्तता को बनाये रख सकता है और अपने व्यक्तित्त्व की असीम सम्भावनाओं को मूर्त रूप दे सकता है। यदि यहाँ भी हम विचारधारागत सेंसर स्वीकार कर लेते हैं और समाज के आकाओं के आदेश के अनुसार, वैसी ही रचनाएँ गढ़ने लगते हैं जैसी कि उनके हिसाब से आम पाठकों के सामने लायी जानी चाहिए तो जल्दी ही साहित्य एक सरकारी फ़रमान या पार्टी का नारा बन कर रह जायेगा और उसकी आत्मा मर जायेगी।

यह दलील शीतयुद्ध की राजनीति के अन्तर्गत पिछले दो-तीन दशकों के दौरान बड़े ज़ोर-शोर से प्रचारित होती रही है और हमारे देश के बहुत-से ऐसे बौद्धिक लोग भी इससे प्रभावित हुए हैं जो अपने आपको प्रगतिशील खेमे में शामिल समझते हैं, इसके वास्तविक सारतत्त्व को पहचानना बहुत ज़रूरी है। जो लेखक संवेदना के धरातल पर अपने आपको मेहनतकश जनता से सम्बद्ध समझते हैं और यह आपत्ति करते हैं कि सर्वहारा वर्ग की पार्टी का अनुशासन मानना उनकी इस संवेदनात्मक सम्बद्धता को खण्डित करता है, उनका चिन्तन भी जाने-अनजाने में अक्सर इसी प्रतिक्रियावादी बुर्जुआ (अथवा निम्न पूँजीवादी) अवधारणा की गिरफ़्त में है।

इस प्रकार के चिन्तन के मूल में व्यक्ति और समाज के परस्पर सम्बन्ध की

बहुत ही असंगत और अराजक परिकल्पना विद्यमान होती है। समाज को यहाँ एक ऐसा समूह मान लिया जाता है जहाँ प्रत्येक व्यक्ति हर दूसरे व्यक्ति से अलग-अलग है और जहाँ सभी व्यक्तियों को किसी बाह्य शक्ति द्वारा उनकी इच्छा के विरुद्ध बलपूर्वक एक साथ रखा जाता है। यहाँ यह मान लिया जाता है कि हर प्रकार के सामाजिक संगठन के अन्तर्गत व्यक्ति की स्वतन्त्रता को आघात पहुँचता है और सभी सामूहिक क्रियाएँ व्यक्ति की अस्मिता को ठेस पहुँचाती हैं। वास्तव में, हमें मानव इतिहास के किसी भी दौर में ऐसा कोई समाज नहीं दिखायी देगा, जहाँ प्रत्येक व्यक्ति अन्य सभी व्यक्तियों से अलग-थलग हो और जहाँ सामाजिक ढाँचा सभी व्यक्तियों पर समान रूप से थोपा हुआ एक बाह्य बन्धन हो। अब तक के इतिहास में आरम्भिक काल के कुछ समाजों को छोड़ कर व्यक्तियों के परस्पर सम्बन्ध वर्ग विभाजन के कटु तथ्य से निर्धारित होते रहे हैं तथा एक व्यक्ति का दूसरे व्यक्ति से सम्पर्क दोनों की वर्गीय भूमिका के आधार पर निश्चित होता रहा है। अब तक के अधिकांश समाजों में एक वर्ग विशेष का अन्य वर्गों पर अधिनायकत्व रहा है और प्रभुतासम्पन्न वर्ग के लोग अपनी इच्छाओं और प्रयोजनों को शासित-शोषित वर्गों से सम्बन्ध रखने वाले लोगों पर थोपते रहे हैं। इन समाजों में सामाजिक संगठन सभी लोगों पर समान रूप से थोपा हुआ बाह्य नियन्त्रण होकर एक वर्ग के लोगों द्वारा सामूहिक रूप से अन्य लोगों की इच्छाओं और प्रयोजनों को अपने हितों के अनुकूल ढालने की एक विधि रहा है। व्यक्तियों की स्वतन्त्रता पर जो बन्धन इन समाजों में दिखायी देते हैं, वे वास्तव में, मुख्यतः प्रभुतासम्पन्न वर्ग के हितों की रक्षा के लिए ही लगाये जाते रहे हैं। इसके अलावा प्राकृतिक शक्तियों के सामने मनुष्य की विवशता भी उसकी स्वतन्त्रता पर प्रतिबन्धों का काम करती रही है। व्यक्ति की स्वतन्त्रता पर पहले कारण से लगे प्रतिबन्धों को तो प्रतिक्रियावादी बुर्जुआ चिन्तक समाज का अंग होने की व्यक्ति की 'विवशता' का ही अनिवार्य परिणाम बताने लगते हैं और दूसरी प्रकार के प्रतिबन्धों को वे या तो बिल्कुल नज़रअन्दाज़ कर देते हैं या फिर उन्हें मानव नियति का स्थायी अंग मान कर उन्हें भोगते रहने की सलाह देते हैं। वे यह भूल जाते हैं कि पहले प्रकार के प्रतिबन्धों को हटाने के लिए व्यक्ति का समूह से अलग होना ज़रूरी नहीं है, बल्कि इसके विपरीत शोषित वर्गों से सम्बन्ध रखने वाले सभी व्यक्तियों के सहयोग तथा इनके सामूहिक संघर्षों द्वारा शोषक वर्ग के अधिनायकत्व को समाप्त करना ज़रूरी है। ऐसे समाज के अन्दर, जहाँ वर्ग विभाजन के आधार पर चलने वाला शोषण समाप्त हो चुका हो, व्यक्ति अपने आपको सामाजिक संगठन के अन्दर अवरुद्ध होता हुआ महसूस नहीं करेगा और उसके सामाजिक दायित्व उसके व्यक्तित्त्व की सार्थक अभिव्यक्ति हो जायेंगे। क्योंकि सर्वहारा पार्टी के संगठन में रह कर व्यक्ति के व्यक्तित्त्व की इसी प्रकार की

सार्थक अभिव्यक्ति होती है, अतः उसके अनुशासन से भी व्यक्ति की स्वतन्त्रता को कोई वास्तविक ख़तरा नहीं होता।

क्योंकि मानव के व्यक्तित्त्व का विकास सामाजिक संगठन के विस्तार और विकास के साथ ही सम्भव हुआ है, अतः समाज से बाहर उसके व्यक्तित्त्व की सम्पन्नता को बनाये रखना असम्भव है। यदि हमारे व्यक्तित्त्व के वे सभी आयाम न रहें जो सामाजिक विकास की देन हैं, तो हमारा व्यक्तित्त्व बहुत ही प्राथमिक स्तर का बन कर रह जायेगा। केवल शोषण और उत्पीड़न पर आधारित समाज-व्यवस्था में ही व्यक्ति की स्वतन्त्रता और अस्मिता नष्ट होती है और उससे वह अवश्य मुक्ति चाहता है, किन्तु मुक्ति की उसकी यह कामना समाज मात्र से बाहर निकलने के लिए नहीं, उस विशिष्ट प्रकार की सामाजिक व्यवस्था को तोड़ने भर के लिए होती है और इसके लिए उसे सामूहिक संघर्ष में शामिल होने के लिए तैयार होना पड़ता है। व्यक्ति-स्वतन्त्रता की प्रतिक्रियावादी चिन्तकों द्वारा की जाने वाली अराजक कल्पना के आधार पर शोषक वर्गों के अधिनायकत्व को कोई प्रभावशाली चुनौती नहीं मिलती। इसीलिए साहित्य और विचारधारा के विरोध की पुष्टि में दी जाने वाली इस प्रकार की दलील उनके राजनीतिक उद्देश्यों के अनुकूल पड़ती है।

व्यक्ति की स्वतन्त्रता पर दूसरी प्रकार के प्रतिबन्धों को हटाने के लिए भी विभिन्न व्यक्तियों के अधिकतम सहयोग की आवश्यकता होती है। अकेला आदमी प्राकृतिक शक्तियों के सामने पंगु है। परस्पर सहयोग द्वारा ही मनुष्य धीरे-धीरे प्राकृतिक शक्तियों की क्रिया-विधियों को समझ सका है और उन्हें अपनी इच्छाओं और प्रयोजनों के अनुकूल बनाने के तरीक़ों का आविष्कार कर सका है। इसीलिए सामाजिक संगठन के माध्यम से व्यक्ति अपने व्यक्तित्त्व का विकास कर सका है और अपनी स्वतन्त्रता के दायरे को विस्तार दे सका है। यद्यपि, यह सम्भव केवल तभी हुआ है जबकि यह संगठन उत्पादन शक्तियों को अवरुद्ध करने वाला न होकर उन्हें सुनियोजित एवं सुव्यवस्थित करने वाला हो। अतः व्यक्ति की स्वतन्त्रता का सवाल, व्यक्ति और समाज के विरोध का सवाल नहीं है, बल्कि शोषक और शोषित वर्गों के संघर्ष का तथा उत्पादन शक्तियों के सही उपयोग का सवाल है।

व्यक्ति के अनुभव की विशिष्टता, सघनता और मूर्तता को बचाये रखने के सन्दर्भ में भी व्यक्ति और समूह के परस्पर विरोध की कल्पना तर्कसंगत नहीं है। हमारे अनुभव के बहुत सारे पक्ष ऐसे हैं जो एक साथ ही विशिष्ट भी हैं और सामान्य भी। यदि सभी व्यक्ति एक-दूसरे से पूर्णतया भिन्न होते तो विशिष्ट और सामान्य का इस प्रकार का संयोजन असम्भव होता और अनुभवों के आदान-प्रदान की कल्पना भी हम उस समय न कर पाते। किन्तु साहित्य के माध्यम से वास्तव में, हमारे उन सभी अनुभवों की अभिव्यक्ति होती रहती है जो हमारे अपने निजी

अनुभव होते हुए भी उन सभी व्यक्तियों के अनुभवों के सारतत्त्व को लक्षित करते हैं, जिनकी वर्गगत भूमिका की दृष्टि से एक साँझी नियति है। हमारे सबसे महत्त्वपूर्ण और केन्द्रीय अनुभव होते ही वे हैं जो अपनी जीवन-परिस्थितियों की चुनौती को एक वर्ग के रूप में स्वीकार करते समय हमें उपलब्ध होते हैं। इस वर्गगत नियति की साझेदारी को नज़रअन्दाज़ करने के बाद व्यक्ति के अनुभव के जो अंश बच रहते हैं, उनमें उसके व्यक्तित्त्व के केन्द्रीय पक्ष लक्षित नहीं होते। इसीलिए कोरी विशिष्टताओं के बल पर अनुभव की मूर्तता अथवा सघनता का आभास नहीं दिया जा सकता। अनुभव की मूर्तता और सघनता को जाँचने के लिए हमें यह देखना होता है कि उसमें व्यक्ति के समूचे व्यक्तित्त्व की कितनी झलक मिलती है। निःसन्देह हमारा समूचा व्यक्तित्त्व उन अनुभवों के माध्यम से ही प्रभावशाली ढंग से व्यक्त हो सकता है जो एक साथ ही विशिष्ट भी हैं और सामान्य भी।

व्यक्ति के अनुभव की विशिष्टता और मूर्तता को आघात वास्तव में, सामूहिकता की बजाय स्वच्छन्दतावादी अलगाव से अधिक पहुँचता है। जब अपने व्यक्तित्त्व में हम किसी ऐसे आन्तरिक वैभव की कल्पना करते हैं जो हमारी बाह्य गतिविधियों अथवा सामाजिक दायित्वों के माध्यम से व्यक्त नहीं होता तो हम वास्तविक और ग़ैर-वास्तविक सम्भावनाओं के भेद को मिटा देते हैं और इस प्रकार व्यक्तित्त्व की विशिष्टता को परिभाषित करने के एक आवश्यक मानदण्ड को ही भुला देते हैं। हमारे व्यक्तित्त्व की विशिष्टता केवल उन्हीं मूर्त सम्भावनाओं के माध्यम से स्पष्ट होती है जो तत्कालीन जीवन-परिस्थितियों के साथ हमारे वास्तविक टकरावों और निर्णायक हस्तक्षेपों के रूप में व्यक्त होती हैं। वैसे तो प्रत्येक व्यक्ति अपने अन्दर असीम सम्भावनाओं की कल्पना कर सकता है, किन्तु इनके आधार पर उसके व्यक्तित्त्व की विशिष्टता परिभाषित नहीं होती। अपनी सामाजिक नियति से वह किस प्रकार निपटता है, इसी के आधार पर हम उसकी वास्तविक सम्भावनाओं को जान पाते हैं और केवल उन्हीं सम्भावनाओं द्वारा उसके व्यक्तित्त्व की विशिष्टता निर्मित होती है।

साहित्य और विचारधारा को एक-दूसरे के विरुद्ध खड़ा करने के लिए एक तर्क यह भी दिया जाता है कि कोई विचारधारा मानवीय अनुभव की जीवन्त गतिमयता को यथेष्ट रूप में पकड़ नहीं पाती, बल्कि उसका यान्त्रिक विवरण देकर उसे जड़ रूप दे देती है। यह कहा जाता है कि हम विश्व के इतिहास पर नज़र डालें तो स्पष्ट हो जायेगा कि घटनाओं के प्रत्येक महत्त्वपूर्ण मोड़ पर सभी महान चिन्तकों और राजनीतिक नेताओं ने यह पाया है कि वस्तुस्थिति उनके अपने पुराने निष्कर्षों से बहुत आगे निकल जाती है और उन्हें अपनी विचारधारा के क़िले से बाहर निकल कर ही तत्कालीन परिस्थितियों से साक्षात्कार करना पड़ता है। अपनी विचाराधारा के सूत्रों में बँधे रह कर वे तत्कालीन परिस्थितियों में कोई निर्णायक हस्तक्षेप नहीं कर

पाते। हमारा वास्तविक अनुभव प्रतिपल बदलता रहता है, आज जिस रूप में हम उसे देखते हैं, कल वह इससे सर्वथा भिन्न होगा। किन्तु विचाराधारा एक विशिष्ट समय की वस्तुस्थिति के विश्लेषण पर आधारित कुछ निष्कर्षों को सर्वमान्य सिद्धान्तों का रूप देकर हमारे अन्दर ऐसी मतान्धता पैदा कर देती है कि हम पूर्व-प्रतिपादित नियमों को ही निरन्तर यान्त्रिक ढंग से अपने नये अनुभवों पर लागू करते रहते हैं। इस प्रकार नये अनुभवों को कुछ जड़ अवधारणाओं में अनूदित करते रहने के कारण अन्ततः हम उनकी जीवन्त वास्तविकता को समझ पाने में पूर्णतया असमर्थ हो जाते हैं वास्तविकता का सीधे साक्षात्कार करना एक जोखिम भरा काम है। बनी-बनायी विचाराधारा का सहारा लेकर हम इस जोखिम से आसानी से बच जाते हैं। और यदि हम किसी राजनीतिक दल के सदस्य हुए तो फिर हमें अपनी इस बुज़दिली को छिपाये रखने के लिए एक अच्छा-ख़ासा मुखौटा मिल जाता है। एक साहित्यकार के लिए विचारधारा और वास्तविक अनुभव के बीच का यह अन्तराल (Gap) बहुत घातक सिद्ध होता है। एक सच्चा साहित्यकार अपनी कल्पना शक्ति द्वारा मानवीय अनुभवों की उन झलकियों, भंगिमाओं, कटाक्षों और छवियों को पकड़ना चाहता है जिन्हें सिद्धान्तों के रूप में प्रतिपादित नहीं किया जा सकता। विचारधारा के चंगुल में फँसा हुआ साहित्यकार अनुभव की नित नयी छवियों के स्थान पर घिसी-पिटी पुरानी उक्तियों की ही पुनरावृत्ति करता रहेगा। विचारधारा जनित जड़ता और मतान्धता उसके सामने एक ऐसी दीवार बन जायेगी कि किसी भी नये अनुभव से उसका सीधा साक्षात्कार नहीं हो सकेगा और धीरे-धीरे उसका लेखन कृत्रिम और नीरस हो जायेगा। कुछ बुर्जुआ चिन्तक तो इस विषय में इतने सन्देहशील हो जाते हैं कि उन्हें केवल साहित्य और विचारधारा के बीच ही नहीं, साहित्य और विचार मात्र के बीच आधारभूत विरोध दिखायी देने लगता है। उनके अनुसार, हम बौद्धिक विश्लेषण-विवेचन करते समय किसी भी अनुभव में सीधे-सीधे भागीदार नहीं हो सकते। जब हम किसी अनुभव को संवेदना के द्वारा ग्रहण करने की बजाय केवल अपनी विचार शक्ति द्वारा जानते हैं तो हम साहित्य क्षेत्र से निकल कर विज्ञान अथवा दर्शन शास्त्र के क्षेत्र में प्रवेश कर जाते हैं। साहित्य और वक्तव्य में यह एक आधारभूत अन्तर है कि साहित्य में किसी अनुभव को उसके शरीर और आत्मा के साथ पकड़ा जाता है जबकि वक्तव्य में उसका केवल बाह्य विवरण प्रस्तुत किया जाता है। वास्तव में, साहित्य के तीव्र प्रभाव का रहस्य ही यही है कि हमारे अनुभव के वे पक्ष यहाँ विशेष रूप से विद्यमान होते हैं जिन्हें तर्क के बल पर नहीं पकड़ा जा सकता और जो केवल संवेदना के अर्धचेतन अथवा अवचेतन स्तर पर ही ग्रहण किये जा सकते हैं।

ज़ाहिर है कि यहाँ विचारधारा का मतलब केवल वर्गगत दृष्टिकोण तक सीमित

न रह कर तर्कपूर्ण विश्लेषण द्वारा सुव्यवस्थित निष्कर्षों तक पहुँचने की बौद्धिक क्रिया हो जाता है। आज प्रतिक्रियावादी बुर्जुआ विचारधारा इतनी अवैज्ञानिक और असंगत हो चुकी है कि अब वह तर्क और गम्भीर विचार-विमर्श के बल पर खड़ी नहीं हो सकती। इसीलिए बुर्जुआ चिन्तकों की यह कोशिश रहती है कि तर्क और विश्लेषण को अनुचित घोषित कर दिया जाये और यह प्रचारित किया जाये कि हमारे अनुभवों और परिस्थितियों को विचार अथवा बौद्धिक चिन्तन के द्वारा व्याख्यायित करने के सब प्रयास निरर्थक हैं। विचार और अनुभव के बीच इस प्रकार के अन्तर्विरोध की आत्यन्तिक अवधारणा हमें मान्य नहीं हो सकती। हम जानते हैं कि सभी जटिल और महत्त्वपूर्ण मानवीय अनुभवों में, विशेषकर सामाजिक परिस्थितियों से जुड़े हुए अनुभवों में, बौद्धिक चिन्तन और तर्कपूर्ण विश्लेषण अभिन्न रूप से विद्यमान रहते हैं। जो अनुभव हमारे व्यक्तित्व के अर्धचेतन अथवा अवचेतन धरातल पर पहुँच जाते हैं, वे भी अपनी 'प्रारम्भिक' अवस्था में चेतना के अंग थे और उनमें से अधिकांश में बौद्धिक ऊर्जा सक्रिय रूप में विद्यमान थी। वास्तव में कुछ प्राथमिक ऐन्द्रिक स्पन्दनों को छोड़ कर हमारे सभी अनुभवों में बौद्धिक क्रिया की महत्त्वपूर्ण भूमिका होती है। जिस 'समझ' के आधार पर हम अपने क्षणिक अनुभवों को संयोजित करते हैं और उन्हें पचा कर अपने व्यक्तित्त्व का विकास करते चलते हैं उसके ज्ञानात्मक और संवेदनात्मक दोनों ही पक्ष समान रूप से महत्त्वपूर्ण हैं और इनमें में किसी एक को दूसरे से अलग नहीं किया जा सकता। 'विचार' और 'भावना' के द्विभाजन का वास्तव में, कोई वस्तुपरक आधार नहीं है। हमारे अनुभवों को ठीक तरह समझने के लिए ये केवल सुविधाजनक परिकल्पनाएँ ही हैं।

जहाँ तक विचारधारा की जड़ता और निरन्तर बदलते रहने वाले वास्तविक अनुभव से उसके पिछड़ जाने का सवाल है, वहाँ भी ग़ौर करने पर हमें बुर्जुआ चिन्तकों की स्थापनाएँ अनुचित सरलीकरणों से ग्रस्त दिखायी देंगी। बदलती हुई वास्तविकता के प्रत्येक बदले हुए रूप को समझने के लिए हमें एक सुनिश्चित दृष्टिकोण चाहिए। यह दृष्टिकोण प्रथमतः तो हमारी वर्गगत भूमिका से निर्धारित होता है, किन्तु इसके साथ ही इसे प्रखर बनाने के लिए यथेष्ट मात्रा में बौद्धिक क्षमता भी चाहिए। वस्तुस्थिति को समझने के लिए काम में लाये जाने वाले इस दृष्टिकोण से ही हमारी विचारधारा का मूल स्वरूप जाना जाता है। इस दृष्टिकोण को अपनाकर हम जिन निष्कर्षों पर पहुँचते हैं, वे विचारधारा को एक विशिष्ट रूप प्रदान करते हैं। जब तक वस्तुस्थिति मे कोई बदलाव नहीं आता विचाराधारा का यह विशिष्ट रूप कायम रहता है। एक ही वर्ग से सम्बन्ध रखने वाले लोग यदि अपनी बौद्धिक क्षमता को किसी तरह सुकेन्द्रित कर सकें तो वस्तुस्थिति की उनकी समझ और भी स्पष्ट और प्रखर हो जाती है। दी हुई परिस्थितियों में सर्वहारा वर्ग के अनुभवों के केन्द्रीय पक्षों को ठीक

तरह से समझने का काम सर्वहारा वर्ग की पार्टी का नेतृत्व करता है और उन सभी व्यक्तियों के लिए जो इस वर्ग के दृष्टिकोण से तत्कालीन परिस्थितियों को समझना चाहते हैं, पार्टी द्वारा किया गया यह सामूहिक प्रयास बहुत उपयोगी सिद्ध होता है। यदि कोई व्यक्ति परिस्थितियों के बारे में विकसित की जाने वाली इस सामूहिक समझ को यान्त्रिक रूप में नहीं अपनाता तो तत्कालीन अनुभवों की उसकी अपनी समझ कुन्द होने के बजाय और अधिक प्रखर हो जायेगी।

ज्योंही वस्तुस्थिति में कुछ परिवर्तन आ जाता है, त्योंही उसी सुनिश्चित दृष्टिकोण के आधार पर एक नयी समझ विकसित कर ली जाती है और यह सम्भव है कि इस नयी समझ में कुछ पुराने निष्कर्ष बदल जाते हैं और इस प्रकार विचारधारा के बाह्य रूप में कुछ नयापन दिखायी देने लगता है। किन्तु यह मान लेना कि किसी भी नये अनुभव को समझने में हमारे सभी पुराने विचार-बिन्दु और निष्कर्ष व्यर्थ हो जाते हैं, एकदम भ्रान्तिपूर्ण है। जहाँ वस्तुस्थिति कुछ हद तक बदलती है वहाँ उसमें निरन्तरता भी बनी रहती है। यह बात व्यक्ति के अनुभव के बारे में भी उतनी ही सही है जितनी एक वर्ग-समूह या फिर एक पूरे समाज के अनुभव के बारे में। हमारी जीवन परिस्थितियों की जो समझ हम धीरे-धीरे अर्जित कर चुके हैं, वह एकदम बेकार सिद्ध हो जाती हो, ऐसा नहीं कहा जा सकता। मार्क्सवादी चिन्तन-पद्धति तो विशेष रूप से हमारे अनुभवों की द्वन्द्वात्मक गतिशीलता को पहचान कर चलती है। ज्यो-ज्यों जीवन परिस्थितियाँ बदलती हैं (या बदल दी जाती हैं), त्यों-त्यों उन्हें नये सिरे से समझने पर मार्क्सवादी चिन्तक बल देते हैं। दृष्टिकोण सुस्थिर बना रहता है, किन्तु नयी स्थिति को व्याख्यायित करने वाले कुछ नये निष्कर्ष उभर जाते हैं। यान्त्रिकता और मतान्धता तो मार्क्सवादी चिन्तन-पद्धति अथवा विचारधारा में नहीं, बल्कि उन चिन्तन-पद्धतियों और विचारधाराओं में पायी जाती हैं जो वास्तविकता में गुमराह करने के लिए प्रतिक्रियावादी बुर्जुआ चिन्तक हमारे लिए गढ़ते रहते हैं। इस प्रकार हम देखते हैं कि वास्तविक विरोध अनुभव और विचारधारा के बीच नहीं है, बल्कि बदलती हुई वास्तविकता और ठहरी हुई यान्त्रिक चिन्तन-पद्धति अथवा भाववादी बुर्जुआ विचारधारा के बीच है। बिना वैज्ञानिक और वस्तुपरक दृष्टिकोण अपनाये हम किसी भी अनुभव को पूरी तरह 'पकड़' नहीं सकते। साहित्य मे विशेष रूप से अनुभव को 'ज्यों का त्यों' अधकचरे रूप में नहीं रखा जाता, बल्कि उसे अच्छी तरह समझने-बूझने के पश्चात् शब्दबद्ध किया जाता है और समझने-बूझने की इस क्रिया में लेखक का वर्गीय दृष्टिकोण हमेशा विद्यमान रहता है।

ऊपर दिये गये विवेचन से यह स्पष्ट हो जाना चाहिए कि प्रत्येक साहित्यकार एक वर्ग विशेष के दृष्टिकोण को अपनाकर ही तत्कालीन जीवन-परिस्थितियों को समझने का प्रयास करता है। अच्छा साहित्यकार सभी वर्गगत पक्षपातों से ऊपर ही

नहीं उठ जाता, बल्कि अपने समय के सबसे अधिक प्रगतिशील वर्ग का पक्षधर होता है। वह सामाजिक जीवन की गतिविधियों से कट कर नहीं बल्कि उनमें पूरी गम्भीरता एवं सक्रियता के साथ शामिल होकर ही कुछ उच्च नैतिक आदर्शों की स्थापना करता है। प्रगतिशील वर्गों के पक्षधर के रूप में तत्कालीन परिस्थितियों से साक्षात्कार करके ही वह इन आदर्शों का निर्माण करता है। उनकी रचना से अनुबद्ध होने वाले ये आदर्श तत्कालीन परिस्थितियों की केवल उपज ही नहीं होते, उनके अन्दर आवश्यक परिवर्तन लाने की दिशा भी इंगित करते हैं। एक समूह का अंग बन जाने से साहित्यकार के अनुभव की विशिष्टता अथवा मूर्तता नष्ट नहीं होती, बल्कि उसके इस प्रकार के निर्णय से तो वह और भी पुष्ट होती है, बशर्ते कि उसने अपने आपको प्रगतिशील वर्ग के सामूहिक संघर्षों के साथ जोड़ा हो। व्यक्तिगत स्वतन्त्रता और समूहगत आग्रहों के विरोध की बात उठा कर हम अकसर मानवीय स्वतन्त्रता की आवश्यक शर्तों से ध्यान हटा देते हैं। व्यक्ति की स्वतन्त्रता का सवाल वास्तव में, शोषक-उत्पीड़क वर्ग के अधिनायकत्व को समाप्त करने के सवाल के साथ जुड़ा हुआ है। शोषण रहित समाज की स्थापना के लिए किये जाने वाले सामूहिक संघर्ष में शामिल होना लेखक की स्वतन्त्रता की आवश्यक शर्त है। अच्छे साहित्य को ख़तरा समूह या पार्टी से नहीं, केवल उत्पीड़क वर्ग और उसके संस्थानों से होता है। जड़ सिद्धान्तों को यान्त्रिक ढंग से अनुभव पर लागू करने की विचारधारा मान लेना उचित नहीं है। विचारधारा एक वर्ग-विशेष से जुड़ी हुई चिन्तन-पद्धति और 'समझ' को कहते हैं और इनके आधार पर किसी विशेष समय पर वस्तुस्थिति का जो विश्लेषण किया जाता है, वह विचारधारा के विशिष्ट रूप को ही लक्षित करता है। किसी भी अनुभव को समझने अथवा प्रेषित करने के लिए एक निश्चित चिन्तन-पद्धति अथवा दृष्टिकोण को अपनाना पड़ता है। जड़ता और यान्त्रिकता सभी चिन्तन-पद्धतियों की नहीं, केवल ग़ैर-द्वन्द्वात्मक और भाववादी बुर्जुआ चिन्तन-पद्धतियों की विशेषताएँ हैं। एक सुस्थिर दृष्टिकोण और चिन्तन-पद्धति के आधार पर जो निष्कर्ष और मान्यताएँ उभर कर आती हैं, उन्हें कुछ समय के बाद एकदम निरर्थक मानने लगना अनुचित होगा। किसी भी समय पर वस्तुस्थिति को उसकी सम्पूर्णता में समझने के प्रयास में पूर्व-संचित सूक्तियों और निष्कर्षों का महत्त्वपूर्ण योगदान होगा, यद्यपि परिस्थितियों के बदले हुए स्वरूप को पहचानने के लिए हमें अपनी बौद्धिक क्षमता और संवेदना से निरन्तर काम लेते रहना पड़ेगा। एक वर्ग से सम्बन्ध रखने वाले लोगों की सामूहिक समझ अकेले व्यक्ति की समझ से अधिक प्रखर और व्यापक होगी। इस 'समझ' के ज्ञानात्मक और संवेदनात्मक पक्षों को ध्यान में रखते हुए हम इसे मुक्तिबोध के शब्दों में 'संवेदनात्मक ज्ञान' भी कह सकते हैं।

यह स्पष्ट हो जाने के बाद कि किसी भी साहित्यिक कृति में कोई-न-कोई विचारधारा अनिवार्यतः विद्यमान होती है, हमारे सामने प्रश्न उठता है कि इसे हम किसी रचना में किन रूपों में पहचान सकते हैं और एक रचना का मूल्यांकन करते समय उसमें अन्तर्निहित विचारधारा को कितना महत्त्व दिया जाना चाहिए?

एक लेखक की विचाराधारा प्रथमतः तो किसी वर्ग-विशेष द्वारा वस्तुस्थिति के सामूहिक रूप में किये जाने वाले सुस्पष्ट और सुव्याख्यायित विश्लेषण के तौर पर उपलब्ध हो सकती है। यदि उसकी रचना की विषय-वस्तु ही अपने समय की प्रमुख सामाजिक-राजनीतिक समस्याएँ हैं तो उसकी विचारधारा रचना के अन्दर विशेष तौर पर स्पष्ट निष्कर्षों और समाधानों के रूप में विद्यमान होगी। ऐसी रचनाओं में लेखक सीधे-सीधे स्वयं अथवा किन्हीं पात्रों के माध्यम से वक्तव्यों अथवा बहस के रूप में मुख्य समस्याओं को परिभाषित कर सकता है और उनके समाधान प्रस्तुत कर सकता है। ज़ाहिर है कि ऐसी स्थिति में रचना का साहित्यिक मूल्य लेखक की स्पष्ट रूप में व्याख्यायित स्थापनाओं की सार्थकता पर ही अधिकांशतः निर्भर करेगा। यदि उसने प्रगतिशील वर्ग की विचारधारा को अपनाया है तो उसकी रचना में अधिक शक्ति होगी क्योंकि वहाँ उठाये गये सवाल और उनके जवाब अधिक सही होंगे। सही विचारधारा के चुनाव के साथ-साथ हमें ऐसी रचनाओं में यह भी देखना होता है कि लेखक ने उसे अपनी बौद्धिक एवं संवेदनात्मक क्षमताओं की धार पर रख कर पूरी तरह आत्मसात कर लिया है अथवा वैसे ही यान्त्रिक ढंग से अपना लिया है। इसका कुछ-कुछ अनुमान तो रचना में विद्यमान स्पष्ट वक्तव्यों की शक्ति को देख कर ही लगाया जा सकता है, किन्तु इससे भी अधिक विश्वसनीय तरीक़ा यह है कि हम देखें कि पात्रों और घटनाओं के चुनाव में, कथानकों के विकास में, पात्रों की ओर अपनाये गये दृष्टिकोण में तथा बिम्बों और प्रतीकों में उसकी विचारधारा किस रूप में व्यक्त हो रही है। यदि लेखक ने विचारधारा को केवल सतही रूप में अपनाया हुआ है और उसके मानस की गहराइयों पर उसका तीव्र प्रभाव नहीं पड़ा है तो वह या तो ऐसे जीवन्त पात्रों और प्रभावशाली घटनाओं का चयन नहीं कर सकेगा जो उस विचारधारा की लॉजिक के अनुकूल हों या फिर ऐसी घटनाएँ और पात्र चुनेगा, जो उसकी वास्तविक विचारधारा को मूर्त रूप में प्रस्तुत करते हों। किन्तु वक्तव्यों और कथनों को हमें आरम्भ से ही सतही मान कर नहीं चल पड़ना चाहिए। यदि वे रचना की संरचना का एक आवश्यक घटक बने हुए हैं और उनके अन्य घटकों के साथ अनिवार्य रूप से जुड़े हुए हैं तो वे रचना की शक्ति को बढ़ाते हैं और रचना को ठीक-ठीक समझने में पाठक के लिए सहायक सिद्ध होते हैं।

ज़ाहिर है कि इस प्रकार के वक्तव्यों और कथनों के रूप में विचारधारा अधिकतर उन्हीं रचनाओं में सामने आयेगी जहाँ लेखक सीधे-सीधे तत्कालीन सामाजिक जीवन

की कुछ मुख्य समस्याओं से जूझ रहा हो या सुकेन्द्रित तर्कपूर्ण विश्लेषण द्वारा अपने स्वयं के अथवा पाठकों के कुछ विभ्रमों को तोड़ने का सचेष्ट प्रयत्न कर रहा हो। ऐसी रचनाओं में स्पष्ट निष्कर्ष न दे पाना रचना को कमज़ोर बनायेगा, किन्तु अधिकांश रचनाओं में विचारधारा एक सुनिश्चित वर्गीय दृष्टिकोण के तौर पर कुछ अधिक सूक्ष्म रूपों में विद्यमान होती है। जब प्रतिक्रियावादी बुर्जुआ चिन्तक साहित्य से विचारधारा के बहिष्कार की बातें करते हैं तो उनकी नज़र स्पष्ट वक्तव्यों की ओर ही अधिक होती है। जो विचारधारा प्रभुतासम्पन्न वर्ग द्वारा हम पर थोपी हुई होती है, उसे हम संस्कारों के रूप में ग्रहण कर चुके होते हैं। उसकी मान्यताएँ हमें प्रत्यक्ष सत्य दिखायी देने लगती हैं और वे 'मानव-स्वभाव' की हमारी कल्पना का अंग बन चुकी होती हैं। उसकी मान्यताएँ हमें प्रत्यक्ष सत्य दिखायी देने लगती हैं और 'मानव-स्वभाव' की हमारी कल्पना का वे अंग बन चुकी होती हैं। इसीलिए उसे सचेष्ट होकर व्याख्यायित करने की आवश्यकता हमें महसूस नहीं होती। इसके विपरीत, परिवर्तनकामी वर्ग की विचारधारा नयी होती है। वह पहले वैचारिक धरातल पर व्याख्यायित होकर हमारे सामने आती है और पूर्णतया सचेत और जागरूक होकर ही हम उसकी मान्यताओं को ग्रहण कर पाते हैं। दोनों प्रकार की विचारधाराओं के इस अन्तर को ध्यान में रखते हुए ही प्रतिक्रियावादी चिन्तक साहित्य को विचारधारा से अलग रखने की बात उठाते हैं क्योंकि वे जानते हैं कि यथास्थितिवादी तत्त्वों की विचारधारा तो तत्कालीन सांस्कृतिक वातावरण में ऐसी घुल-मिल गयी है कि उसे वक्तव्यों के रूप में प्रचारित करने की कोई विशेष आवश्यकता नहीं है जबकि सर्वहारा वर्ग की विचारधारा को पाठक तक पहुँचाने के लिए बहस और विश्लेषण का विशेष रूप से सहारा लेना पड़ता है। जब तक हम यह नहीं पहचान लेते कि साहित्य में विचारधारा कई सूक्ष्म रूपों में भी विद्यमान होती है, हम प्रतिक्रियावादी चिन्तकों के इस प्रपंच को नहीं समझ सकते। वक्तव्यों के रूप में प्रतिपादित विचारधारा से हमें केवल इसलिए आपत्ति नहीं होनी चाहिए कि उसे रचना में स्पष्ट रूप में क्यों दिया गया है। आपत्ति तो विचारधारा के स्वरूप को लेकर हो सकती है या फिर उस स्थिति में जबकि, स्पष्ट रूप से प्रतिपादित विचारधारा रचना की संरचना का अंग न बन सकी हो और उसमें अन्तर्निहित विचारधारा के विरुद्ध हो।

रचना के अन्दर विचारधारा स्पष्ट अथवा सूक्ष्म रूप में विषय-वस्तु की हैसियत से विद्यमान न होकर परिप्रेक्ष्य के रूप में भी विद्यमान हो सकती है। जब एक जनवादी लेखक समकालीन जीवन के सन्दर्भ में प्रेम-कविता लिखता है अथवा प्रकृति-प्रेम सम्बन्धी रचना करता है तो मेहनतकश वर्गों की विचारधारा रचना की विषय-वस्तु में भले ही दिखायी न दे, किन्तु परिप्रेक्ष्य के रूप में वह अवश्य मौजूद होगी। इसी परिप्रेक्ष्य के आधार पर लेखक दो व्यक्तियों के बीच विकसित होने वाले आत्मीय

सम्बन्धों को समकालीन जीवन के अन्य पक्षों से जुड़ा हुआ देखेगा और इस प्रकार उनकी वास्तविक सार्थकता को आँक सकेगा। उसकी रचना में प्रेम एक शुद्ध और अमूर्त तत्त्व के रूप में हमारे सामने नहीं आयेगा, बल्कि जिन व्यक्तियों के बीच यह सम्बन्ध विकसित हुआ है, उनके समूचे व्यक्तित्त्वों की अभिव्यक्ति इस सम्बन्ध के माध्यम से होती हुई दिखायी देगी। उन व्यक्तियों पर जीवन-परिस्थितियों के किस प्रकार के दबाव पड़ रहे हैं और उनके विरुद्ध उनकी प्रतिक्रिया क्या है, यह भी इस अनुभव के माध्यम से परोक्ष रूप से लक्षित कर दिया जायेगा। इस प्रकार परिप्रेक्ष्य के आधार पर ही एक प्रतिक्रियावादी साहित्यकार और एक जनवादी साहित्यकार की रचनाओं का अन्तर स्पष्ट होता जायेगा। वैसे तो किसी भी ऐसे अनुभव की कल्पना करना असम्भव है जहाँ व्यक्ति का विश्व दृष्टिकोण और जीवन सम्बन्धी उसकी मान्यताएँ किसी-न-किसी रूप में विद्यमान न हों, किन्तु फिर भी कुछ रचनाओं के विचारधारात्मक पक्ष को मुख्यतः परिप्रेक्ष्य को ध्यान में रखते हुए ही पहचाना जा सकता है।

साहित्य और विचारधारा के परस्पर सम्बन्ध को पहचानने के लिए अन्त में हमें इस सवाल पर भी गौर कर लेना चाहिए कि क्या ग़लत विचारधारा को अपनाकर भी कोई रचनाकार अच्छे साहित्य की रचना कर सकता है? इस सवाल के दो पहलू हैं जिनमें से एक को इस विवेचन के दौरान पहले भी उठाया जा चुका है। सचेत रूप में प्रतिक्रियावाादी विचारधारा अपनाये हुए होने के बावजूद यह सम्भव है कि लेखक अपने मानस की गहराई में उससे कहीं अधिक प्रगतिशील और तर्कसंगत विचारधारा को स्वीकार कर चुका हो। ऐसी स्थिति में उसकी रचना में जो शक्ति हमें दिखायी देती है, वह वास्तव में, उसकी गहरे में अपनायी हुई विचारधारा के कारण ही आती है और सचेत रूप से अपनायी हुई विचारधारा से उसका कोई ताल्लुक़ नहीं है। बाल्ज़ाक की रचनाओं के सन्दर्भ में एंगेल्स ने जिस 'यथार्थवाद की विजय' का ज़िक्र किया है, वह वास्तव में, दो भिन्न प्रकार की विचारधाराओं के इस प्रकार के द्वन्द्व का ही सूचक है।

मानस की गहराई में अपनायी हुई विचारधारा के बल पर रचना में श्रेष्ठता आ जाने के साथ-साथ हमें यह भी मानना पड़ेगा कि एक प्रतिक्रियावादी विचारधारा भी अक्सर पूर्णतया मानव-विरोधी अथवा ग़लत नहीं होती। एक प्रतिक्रियावादी दृष्टिकोण के आधार पर भी वस्तुस्थिति के कुछ पक्ष उभारे जा सकते हैं। वह दृष्टिकोण अनुचित इसलिए होता है कि उसके आधार पर वस्तुस्थिति के कुछ महत्त्वपूर्ण पक्ष या तो अनदेखे रह जाते हैं या फिर उन्हें बड़े विकृत ढंग से प्रस्तुत किया जाता है जिससे वह अपने समग्र रूप में ठीक तरह हमारे सामने नहीं आ पाते। किन्तु कुछ सीमित सच्चाइयाँ तो इस दृष्टिकोण के आधार पर भी जानी जा सकती हैं। एक

समय ऐसा भी था जब यही दृष्टिकोण प्रगतिशील होता था और इसे अपनाने से कई महत्त्वपूर्ण सच्चाइयाँ हमारे सामने उभर आती थीं। बदली हुई परिस्थितियों में इस दृष्टिकोण का स्वरूप बदल जाता है और इसके आधार पर जानी जा सकने वाली बहुत-सी सच्चाइयाँ अब उतनी महत्त्वपूर्ण नहीं रहतीं तथा उनमें से कुछ तो अब बिल्कुल 'झूठी सच्चाइयाँ' बन कर रह जाती हैं। किन्तु कुछ सच्चाइयाँ अब भी ऐसी शेष रह जाती हैं, जो कुछ-कुछ विकृत रूप में ही सही, इस प्रतिक्रियावादी दृष्टिकोण के अपनाने से हमारे सामने आती हैं। प्रतिक्रियावादी विचारधारा की इस सीमित सार्थकता के कारण ही प्रतिक्रियावादी साहित्यकार भी समकालीन जीवन के कुछ मर्मों को छू लेते हुए मालूम पड़ते हैं। उदाहरण के लिए, आधुनिक जीवन के एक तीखे अनुभव-आत्म-निर्वासन की यूरोपियन साहित्य में अभिव्यक्ति को लिया जा सकता है। प्रतिक्रियावादी साहित्यकारों ने भी इसे अपने ढंग से प्रस्तुत किया है और प्रगतिशील साहित्यकारों ने भी। जहाँ तक प्रतिक्रियावादी साहित्यकारों की रचनाएँ इस अनुभव को केन्द्र में रखती हुई दिखायी देती हैं, हमें वे प्रभावशाली नज़र आने लगती हैं, किन्तु जिस दृष्टिकोण से इस अनुभव को प्रस्तुत किया जाता है। उससे यह विकृत रूप में ही हमारे सामने आ पाता है। प्रतिक्रियावादी साहित्यकार या तो इसके मूल कारणों में जायेंगे ही नहीं या फिर उनकी ग़लत व्याख्या प्रस्तुत करेंगे और उसका मूल कारण—पूँजीवादी व्यवस्था में व्याप्त मेहनतकश जनता का शोषण उन्हें दिखायी ही नहीं देगा। इस अनुभव से बाहर निकलने का सही रास्ता भी वे नहीं दिखा पायेंगे और इसे मानव-निर्यात का एक अनिवार्य पक्ष मान कर ही छुट्टी ले लेंगे। किन्तु उनकी रचनाओं से इतना अवश्य स्पष्ट हो जाता है कि प्रतिक्रियावादी दृष्टिकोण अपनाकर भी एक साहित्यकार कुछ महत्त्वपूर्ण जीवनानुभवों को चाहे विकृत रूप में ही सही, अपनी रचनाओं के माध्यम से व्यक्त कर सकता है, यदि उन्हें शब्दबद्ध करने की साहित्यिक क्षमता उसमें यथेष्ट रूप में विद्यमान हो। इस सम्बन्ध में हम इस निष्कर्ष पर पहुँचते हैं कि साहित्यिक कृति के माध्यम से व्यक्त होने वाले किसी भी अनुभव में विचारधारा एक आधारभूत आयाम के रूप में विद्यमान होती है और रचना के मूल्यांकन में इस आयाम का महत्त्वपूर्ण स्थान होता है, किन्तु रचना में व्यक्त होने वाले अनुभव को हमें उसकी समग्रता में देखना चाहिए और उसकी सार्थकता को केवल उसमें अन्तर्निहित विचारधारा के स्वरूप के आधार पर ही नहीं आँकना चाहिए। एक ही प्रकार की विचारधारा के आधार पर ऐसी रचनाएँ दी जा सकती हैं जो बौद्धिक क्षमता, संवेदन-शक्ति और अभिव्यक्ति माध्यम पर अधिकार की दृष्टि से एक-दूसरे से काफ़ी भिन्न हों। इन रचनाओं का मूल्यांकन करते समय हमें इन सभी बातों की ओर ध्यान देना पड़ेगा।

साहित्य और सर्वहारा

•

मैनेजर पाण्डेय

"Philosophers have only interpreted the world in various ways, the point is .... to change it."
–Marx

एक

संस्कृति और उसके विभिन्न रूपों की मूलगामी ऐतिहासिक मीमांसा का उद्‌देश्य केवल विचार के लिए विचार करना या आत्मतोष के लिए चिन्तन करना नहीं है, बल्कि समाज-व्यवस्था और सामाजिक सम्बन्धों के बुनियादी बदलाव के लिए आवश्यक चेतना जगाना है, सामाजिक सम्बन्धों की समग्रता का बोध जगा कर परिवर्तन की प्रेरणा देना है। संस्कृति सम्बन्धी चिन्तन में केवल व्याख्या को चिन्तन का उद्‌देश्य वे समझते हैं, जो वर्तमान को शाश्वत मानते हैं; लेकिन जो शोषणयुक्त समाज-व्यवस्था को बदल कर शोषणमुक्त समाज-व्यवस्था कायम करने की कोशिश करते हैं, जो मानव-समाज के बेहतर भविष्य की चिन्ता करते हैं, वे बुनियादी बदलाव की अनिवार्यता की पहचान को सम्भव बनाने के लिए व्याख्या और विश्लेषण का सहारा लेते हैं। साहित्य को जीवन और समाज की केवल व्याख्या कहना अगर उसके महत्त्व को घटाना है तो उसे जीवन की केवल आलोचना कहना अपर्याप्त है। साहित्य सामाजिक जीवन की व्याख्या और आलोचना से आगे बढ़ कर बुनियादी बदलाव का साधन बन कर ही मानव-मुक्ति के संघर्ष की व्यापक प्रक्रिया का अंग बन सकता है। साहित्य को बुनियादी बदलाव का साधन समझना उसके महत्त्व को घटाना नहीं, वास्तव में, उसके महत्त्व को बढ़ाना और उसे अधिक गम्भीरता से लेना है।

साहित्य मनुष्य की सामाजिक चेतना और सामाजिक चिन्ता की देन है, इसलिए उसमें मानव-जीवन की वास्तविकता और सम्भावना की अभिव्यक्ति होती है। वह यथार्थ और चेतना के सम्बन्ध-बोध का माध्यम ही नहीं, सामाजिक चेतना के

निर्माण और सामाजिक जीवन की रूपान्तरणशीलता का साधन भी है। साहित्य को सामाजिकता और सामाजिक प्रयोजनशीलता को साहित्य की आभिजात्यवादी धारणा के समर्थक भी अब किसी-न-किसी रूप में स्वीकार करने लगे हैं लेकिन साहित्य को जनवादी धारणा के अन्तर्गत साहित्य की सामाजिकता और प्रयोजनीयता का मूलगामी अर्थ उसे बुनियादी बदलाव का साधन मानने में निहित है।

साहित्य की किसी बुनियादी समस्या पर विचार करते समय साहित्य, समाज और इतिहास-प्रक्रिया के सम्बन्धों पर ध्यान देना आवश्यक है। साहित्य के स्वरूप, उद्देश्य और विकास का सामाजिक विकास से गहरा सम्बन्ध है। साहित्य मानव-समाज के विकास का परिणाम है और प्रमाण भी। वह मनुष्य की सामाजिक चेतना की उपज है और सामाजिक चेतना को उपजाने वाला भी। साहित्य में मनुष्य की ऐतिहासिकता और मानवीयता, दोनों की अभिव्यक्ति होती है। उसमें कभी-कभी ऐतिहासिक के विरुद्ध मानवीयता की पुष्टि, समर्थन और व्यंजना का प्रयत्न होता है। मनुष्य अपनी अस्तित्त्वात्मक आवश्यकताओं से ऊपर उठ कर, अपनी मानवीयता के प्रति सजग हो कर ही, अपने इन्द्रियबोध, भाव और चिन्तन को साहित्य और कला में व्यक्त करता है। मनुष्य की चेतना उसके सामाजिक-भौतिक अस्तित्त्व से निर्धारित होती है लेकिन मनुष्य की चेतना अपने परिवेश की सीमाओं और दबावों से मुक्ति के प्रयत्न में बार-बार साहित्य और कला का सहारा लेती है। लेकिन यह भी सच है कि वास्तविक मुक्ति सामाजिक-भौतिक परिवेश के बुनियादी बदलाव पर निर्भर है, केवल चेतना की मुक्ति पर नहीं। साहित्य सारतः समाज-व्यवस्था के ऊपरी ढाँचे का एक अंग है और ऊपरी ढाँचे का चरित्र आधार के चरित्र से कमोबेश प्रभावित होता ही है। शासक वर्ग अपना प्रभुत्व बनाये रखने के लिए संस्कृति और साहित्य का एक साधन के रूप में उपयोग करता है लेकिन यह भी सच है कि साहित्य शोषक समाज-व्यवस्था के विरुद्ध मुक्तिकामी वर्ग के वैचारिक संघर्ष का एक शक्तिशाली माध्यम और हथियार भी होता है। साहित्य की आन्तरिक द्वन्द्वात्मक प्रक्रिया की एक विशेषता यह है कि एक ओर वह सामाजिक यथार्थ, सामाजिक सम्बन्धों और समाज में सक्रिय भौतिक-वैचारिक शक्तियों की क्रियाशीलता का प्रतिबिम्बन करता है तो दूसरी ओर अपने प्रभावी रूप में सामाजिक परिवर्तन की प्रेरक शक्ति और चेतना का निर्माता भी होता है। यह साहित्य का प्रतिबिम्बात्मक और सृजनात्मक प्रवृत्तियों का द्वन्द्वात्मक सम्बन्ध है।

समाज की विकास-प्रक्रिया और उस विकास-प्रक्रिया के अन्तर्गत सक्रिय भौतिक-वैचारिक शक्तियों के स्वरूप को समझने के लिए इतिहास को द्वन्द्वात्मक भौतिकवादी विकास-प्रक्रिया की समझ आवश्यक है। किसी समाज के विकास के दौरान उस समाज-व्यवस्था का चरित्र एक ओर उसके भौतिक-सामाजिक आधार और

उस आधार को समर्थन प्रदान करने वाली समानधर्मी विचारधारा में व्यक्त होता है तो दूसरी ओर, उस आधार और ऊपरी ढाँचे के विरुद्ध संघर्षशील भौतिक-वैचारिक शक्तियों के सम्बन्ध से भी निर्धारित होता है। साहित्य का सम्बन्ध समाज और जीवन के यथार्थ से होता है और यथार्थ का चरित्र समाज-व्यवस्था के चरित्र से बनता है, इसलिए यथार्थ का स्वरूप समाज-व्यवस्था के ऐतिहासिक स्वरूप से निर्धारित होता है। यही कारण है कि कला और साहित्य में व्यक्त यथार्थ का एक अनिवार्य आयाम उसकी ऐतिहासिकता का होता है। इतिहास की विकास-प्रक्रिया में वर्ग-संघर्ष केन्द्रीय और निर्णायक कारण होता है। इस वर्ग-संघर्ष की अभिव्यक्ति विभिन्न विचारधारात्मक रूपों में होती है लेकिन जैसे समाज-व्यवस्था के आधार और ऊपरी ढाँचे का सम्बन्ध सीधा, सरल और एकपक्षीय नहीं होता। वैसे ही वर्ग-संघर्ष और विचारधारात्मक रूपों का सम्बन्ध भी सीधा, सरल और एकपक्षीय नहीं होता। एंगेल्स ने लिखा है कि, 'विचारधारा इतिहास-प्रक्रिया की देन ही नहीं होती, वह इतिहास-प्रक्रिया को प्रभावित भी करती है, दोनों का सम्बन्ध कार्य-कारण जैसा नहीं होता, उनमें परस्पर क्रिया-प्रतिक्रिया भी होती है।' साहित्य को सारतः विचारधारात्मक रूपों के अन्तर्गत मानने का तात्पर्य है, उसकी ऐतिहासिकता को स्वीकार करना और कला तथा साहित्य को विचारधारात्मक रूपों के अन्तर्गत न मानने का तात्पर्य है उसकी इतिहास सापेक्षता की उपेक्षा करके उसे इतिहास निरपेक्ष मानना। यह एक आश्चर्यजनक बात है कि कुछ मार्क्सवादी आलोचक मार्क्स की इस स्थापना को तो स्वीकार करते हैं कि कला और साहित्य का भौतिक-सामाजिक आधार होता है लेकिन वे मार्क्स के इस निष्कर्ष को अस्वीकार करते हैं कि कला और साहित्य सारतः विचारधारात्मक रूपों के अन्तर्गत आते हैं। वास्तव में ऐसी मौलिकता का एक कारण तो यह है कि वे विचारधारा को 'मिथ्या चेतना' ही समझते हैं, 'वर्ग-चेतना' नहीं। दूसरे वे कला और साहित्य के वर्गगत स्वभाव के बदले उनके वर्गातीत स्वभाव को अधिक महत्त्व देते हैं।

दो

वर्ग-संघर्ष को इतिहास-प्रक्रिया का केन्द्रीय कारण समझने, कला और साहित्य के वर्गगत स्वरूप को स्वीकारने और साहित्य को बुनियादी बदलाव तथा मानव-मुक्ति का साधन मानने के बाद ही साहित्य और सर्वहारा के सम्बन्ध पर विचार करने की सम्भावना बनती है। सर्वहारा वर्ग पूँजीवादी समाज-व्यवस्था की उपज है। पूँजीवादी व्यवस्था में बुर्जुआ वर्ग और सर्वहारा वर्ग का संघर्ष इतिहास-प्रक्रिया की अनिवार्यता है। इस अनिवार्यता को पहचानते हुए सिद्धान्त और व्यवहार की एकता कायम रख कर क्रियाशील होने से ही बुनियादी बदलाव सम्भव होता है। जो शोषण मुक्त

समाज-व्यवस्था की स्थापना के लिए प्रतिबद्ध हैं, वे सर्वहारा के पक्षधर इसलिए हैं कि पूँजीवादी समाज-व्यवस्थाओं में सर्वाधिक शोषित और सब कुछ हारा हुआ सर्वहारा वर्ग ही सर्वाधिक क्रान्तिकारी वर्ग भी है, वह वर्ग चेतन है, वह मानव-मुक्ति के अपने ऐतिहासिक दायित्व के प्रति सजग है, इतिहास-प्रक्रिया में उसका ही भविष्य है, उसके भविष्य के हाथों में मानव-समाज का भविष्य सुरक्षित है और उसके भविष्य के साथ ही कला और साहित्य का भविष्य भी जुड़ा हुआ है। सर्वहारा वर्ग में बुनियादी बदलाव के लिए संघर्ष के नेतृत्व की क्षमता को समझना तथा उसे मज़बूत बनाना ही बुनियादी बदलाव के लिए प्रतिबद्ध साहित्यकारों-कलाकारों का काम है।

बुनियादी बदलाव के लिए वस्तुगत परिस्थितियों के साथ-साथ आत्मगत तैयारी की भी ज़रूरत होती है। जो लोग केवल वस्तुगत परिस्थितियों के अभाव का रोना रोते हैं और आत्मगत तैयारी की जाने-अनजाने उपेक्षा करते हैं, वे या तो भ्रम में जीते हैं या बुनियादी बदलाव की प्रक्रिया को नहीं समझते या फिर भारी धोखेबाज़ हैं। केवल वस्तुगत परिस्थितियों पर बुनियादी बदलाव की सारी ज़िम्मेदारी डाल कर किसी शुभ दिन का इन्तज़ार करने वाले यह भूल जाते हैं कि मार्क्स ने कहा है कि मनुष्य इतिहास की उपज है लेकिन मनुष्य अपना इतिहास स्वयं बनाता है। मानव और मानव-समाज का इतिहास वस्तुगत परिस्थिति और चेतना के द्वन्द्वात्मक विकासशील सम्बन्ध का इतिहास है। बुनियादी बदलाव की प्रक्रिया में साहित्य की भूमिका यह है कि साहित्य समाज की वस्तुगत परिस्थितियों, सामाजिक सम्बन्धों, जीवन के यथार्थ और चेतना के स्वरूप का प्रामाणिक यथार्थवादी चित्रण करके समाज-व्यवस्था और उनके अन्तर्गत मनुष्य की जीवन-दशा का वास्तविक रूप सामने ला कर जनता की जीवन की वास्तविकता का बोध कराता है और दूसरी ओर क्रान्तिकारी वर्ग और उसकी सहायक शक्तियों को पहचानते हुए क्रान्तिकारी चेतना को मज़बूत करने तथा संघर्ष को दिशा और दृष्टि देने का काम करता है।

बुनियादी बदलाव के प्रयत्न का केन्द्र तो राजनीतिक-आर्थिक संघर्ष ही होता है लेकिन शोषक सत्ता के सांस्कृतिक-वैचारिक प्रभुत्व को तोड़ने के लिए सांस्कृतिक-वैचारिक संघर्ष की आवश्यकता होती है। साहित्य इस सांस्कृतिक-वैचारिक संघर्ष का साधन बन कर ही बुनियादी बदलाव में मदद करता है। सर्वहारा वर्ग के संघर्ष के उद्‌देश्य से अपनी रचनाशीलता को जोड़ कर रचना करने वाले साहित्यकार ही बुनियादी बदलाव के सहायक होते हैं। दुनिया भर के कला और साहित्य के इतिहास से यह सिद्ध होता है कि हर युग के महान रचनाकार अपनी रचना में पतनशील वर्ग की निर्मम आलोचना करते हैं और प्रगतिशील वर्ग से सहानुभूति व्यक्त करते हैं। यह वास्तव में, अपने युग के सामाजिक जीवन के यथार्थ की सही समझ और उसकी ईमानदार प्रामाणिक अभिव्यंजना के कारण सम्भव होता है। दूसरे शब्दों

में, हर युग का महान साहित्य वह होता है जिसमें अपने युग के सामाजिक-मानवीय यथार्थ के ऐतिहासिक स्वरूप की प्रामाणिक व्यंजना होती है, जिसमें समाज में संघर्षशील शक्तियों में से प्रगतिशील शक्तियों की पहचान होती है और जिसमें उस युग की समाज-व्यवस्था के अमानवीय चरित्र के विरुद्ध संघर्ष करने वाली जनता की आशा-निराशा, विजय-पराजय, वास्तविकता और आकांक्षा के द्वन्द्व के रूप में उसकी मानवीयता प्रकट होती है।

वर्तमान में पूँजीवादी युग में बुर्जुआ और सर्वहारा वर्ग का संघर्ष और सर्वहारा की विजय-यात्रा मानव इतिहास की प्रक्रिया की अनिवार्यता है। जो साहित्यकार सर्वहारा की विजय में मानव-समाज का भविष्य देखते हैं, वे सर्वहारा की विचारधारा, उद्देश्य और संघर्ष से अपनी रचनाशीलता को जोड़ते हैं। आज के ज़माने में यह कहना पर्याप्त नहीं है कि रचनाकार की विचारधारा चाहे जो हो, अगर उसे यथार्थ की सही पहचान है और वह अपनी कला में कुशल है तो वह महत्त्वपूर्ण रचनाकार हो सकता है। एक तो सही विश्वदृष्टि के अभाव में यथार्थ की सही पहचान कठिन है और दूसरे, इतिहास-प्रक्रिया और उसमें सर्वहारा की क्रान्तिकारी भूमिका की समझ भी असम्भव है। पूँजीवाद के इस दौर में रचनाकार का केवल यथार्थवादी होना ही पर्याप्त नहीं है, उसका जनवादी होना भी ज़रूरी है।

लेकिन सर्वहारा की विचारधारा, संघर्ष और उद्देश्य के साथ तादात्म्य की बात करना सरल है, उसे जीवन-व्यवहार में उतारना कठिन है। पूँजीवादी समाज-व्यवस्था अपने अस्तित्त्व की सुरक्षा के लिए जान-बूझ कर सर्वहारा वर्ग के सांस्कृतिक उत्थान को दबाती है और उसके साहित्य व कला का दमन करती है। पूँजीवादी व्यवस्था के क्रूर शोषण और अमानवीय चरित्र के कारण श्रमिक अपने श्रम, परिवार, समाज और अन्ततः अपने मानवीय स्वभाव से अलगाव की ज़िन्दगी जीता हुआ विवशता, निरर्थकता, अकेलेपन और आत्म-परायेपन का शिकार होता है। ऐसी स्थिति में जबकि वह अपनी ज़िन्दगी की अस्तित्त्वात्मक समस्याओं से ही जूझता रहता है, उसे अपने सांस्कृतिक विकास और रचनात्मक क्षमता के उपयोग का अवकाश और अवसर कहाँ मिल पाता है? यही कारण है कि आवश्यकता और सम्भावना के बावजूद सर्वहारा वर्ग से ऐसे रचनाकार उभर कर सामने नहीं आ पाते जो अपने वर्ग की विचारधारा, चेतना, उद्देश्य और संघर्ष की कलात्मक अभिव्यक्ति कर सकें। दूसरे वर्गों से आये हुए रचनाकार अपने वर्गगत संस्कारों, विचारों और प्रवृत्तियों से प्रायः मुक्त नहीं हो पाते। भारत जैसे देश में, जहाँ पूँजीवाद के साथ-साथ सामन्ती समाज के अवशेष बचे हुए हैं, रचनाकार का भावात्मक-वैचारिक आत्म-संघर्ष अधिक जटिल और कठिन हो जाता है। मध्य वर्ग या पेटो-बुर्जुआ वर्ग से आये हुए रचनाकारों को अपनी 'मिथ्या चेतना' से मुक्त होकर सर्वहारा की 'वर्ग-चेतना' को

अपनाने के लिए कठोर आत्म-संघर्ष से गुज़रना होगा। सर्वहारा के पक्षधर लेखकों के लिए संघर्ष का कोई विकल्प नहीं हो सकता, सुविधावादियों के लिए वहाँ कोई जगह नहीं है। सर्वहारा के पक्षधर रचनाकारों को अपने अतीत की मानसिकता से मुक्ति और कलात्मकता के मोह से बचने के लिए अपना ही दुश्मन बनना पड़ता है, आत्मालोचन और आत्म-संघर्ष से गुज़रना पड़ता है। मध्यवर्ग से आये हुए रचनाकार जब सर्वहारा की वर्ग-चेतना को ठीक से अपना नहीं पाते हैं तो उनकी आकांक्षा और उपलब्धि के बीच अन्तराल आ जाता है और अन्ततः रचना और पाठक या साहित्यकार और जनता के बीच की खाई बनी रहती है। यह सच है कि लोकप्रिय सर्वहारा साहित्य सर्वहारा वर्ग के वर्ग चेतन रचनाकारों की रचनाशीलता से सम्भव होता है, लेकिन यह भी एक सच्चाई है कि बुनियादी बदलाव की अनिवार्यता को पहचानने वाले और सर्वहारा वर्ग के उद्देश्यों से गहरी सहानुभूति रखने वाले दूसरे वर्गों के रचनाकार भी सहयोगी शक्ति के रूप मे काम करते हैं या कर सकते हैं। काडवेल के अनुसार, सर्वहारा वर्ग के साथ बुर्जुआ वर्ग के रचनाकारों के सम्बन्ध के तीन रूप हो सकते हैं : एक—विरोध, दो—सहयोग, और तीन—आत्मसात्करण। सर्वहारा का विरोध करने वाले प्रतिक्रियावादी होते हैं क्योंकि वे इतिहास प्रक्रिया में नये के बदले पुराने का समर्थन करते हैं। सर्वहारा वर्ग से सहयोग करने वाले कुछ लेखक सर्वहारा से महज़ बौद्धिक सहानुभूति रखते हैं, इसलिए ऐसे लोग सर्वहारा को एक अत्यन्त पीड़ित वर्ग के रूप में देखते हैं, उसे क्रान्तिकारी वर्ग के रूप में नहीं देखते। जो लेखक अपने वर्गीय विचारों और उद्देश्यों में मुक्त होकर समाज और जीवन के प्रति सर्वहारा के दृष्टिकोण को आत्मसात करते हैं, वे सर्वहारा के विश्वनीय रचनाकार बन पाते हैं, लेंकिन ऐसे रचनाकार जब अपनी रचना में अन्तर्वस्तु और रूप के अन्तर्विरोध के शिकार होकर जनवादी अन्तर्वस्तु और बुर्जुआ कला-रूप में एकता स्थापित करने की कोशिश करते हैं तो वे सर्वहारा से दूर पड़ जाते हैं और इस तरह रचना में 'अभिप्राय और प्रभाव की एकता' खण्डित होती है। साहित्य और कला के क्षेत्र में प्रगतिशीलता, जनवादिता और क्रान्तिकारिता में अन्तर, वास्तव में साहित्य और सर्वहारा के सम्बन्ध के रूप पर निर्भर है। सच्चे सर्वहारा साहित्य और कला की सम्भावना समाजवादी समाज में ही हो सकती है, क्योंकि वहाँ समाज-व्यवस्था और सर्वहारा की चेतना में संघर्ष नहीं, एकता होती है। पूँजीवादी समाज में, सर्वहारा साहित्य में बुर्जुआ व्यवस्था के विरुद्ध सर्वहारा वर्ग के संघर्ष की व्यंजना होती है, इसलिए पूँजीवादी समाज में सर्वहारा साहित्य प्रायः विरोध का साहित्य बन जाता है। लेकिन सर्वहारा साहित्य केवल विरोध का साहित्य या आन्दोलनकारी साहित्य नहीं होता, क्योंकि उसमें सामाजिक सम्बन्धों की जटिल समग्रता की व्यंजना होती है, पूँजीवादी सामाजिक सम्बन्धों में खोयी हुई मानवीयता की खोज होती है और

उसमें बुर्जुआ साहित्य तथा कला से बेहतर साहित्य और कला के निर्माण का प्रयत्न भी होता है। यह याद रखना होगा कि केवल मार्क्सवादी शब्दावली और मुहावरों के उपयोग से कोई रचना जनवादी नहीं बन जाती, उसका वास्तविक महत्त्व उसमें चित्रित सामाजिक यथार्थ और सामाजिक सम्बन्धों की एकाग्रता की प्रामाणिकता पर निर्भर होता है। शब्द कर्म से बचाव का नहीं, लगाव का साधन है। भाषा, कर्म और चिन्तन के बीच मध्यस्थता करके ही सार्थक होती है।

किसी रचनाकार की चिन्ता का मुख्य विषय जीवन का यथार्थ है और जीवन का यह यथार्थ बहुआयामी होता है। रचनाकार सामाजिक यथार्थ और सामाजिक सम्बन्धों की समग्रता का कर चित्रण करते समय मानव-सम्बन्ध के वैयक्तिक, सामाजिक और मानवीय पक्षों का उद्‌घाटन करता है, वह मनुष्य की वैयक्तिक, सामाजिक और मानवीय संवेदनशीलता की व्यंजना करता है। रचना में जीवन-जगत के यथार्थ के प्रति रचनाकार की संवेदनशीलता, जिसमें इन्द्रियबोध, भावबोध और चिन्तन का योग होता है, व्यक्त होती है। यह संवेदनशीलता रचना-प्रक्रिया के दौरान विशेष से सामान्य में बदलती है और पुनः रचना में विशेष के माध्यम से उसका सामान्यीकरण या साधारणीकरण होता है। रचनाकार विशेष व्यक्तियों, घटनाओं और वस्तुस्थितियों के माध्यम से जो जीवनानुभव प्राप्त करता है, उनका वह सामान्यीकरण करता है, फिर अभिव्यक्ति के दौरान वह विशेष व्यक्तियों, घटनाओं और वस्तुस्थितियों के माध्यम से व्यक्त करता है। यहाँ यह कहना आवश्यक है कि रचना में अभिव्यंजित व्यक्तियों, घटनाओं और वस्तुस्थितियों में विशिष्टता और सामान्यता या वैयक्तिकता और प्रतिनिधिकता का संश्लेष होता है। रचना के रूप में पाठक जब लेखक के जीवनानुभव का पुनः अनुभव करता है तो उस अनुभव का एक बार फिर सामान्यीकरण या साधारणीकरण होता है। रचनाकार रचना-प्रक्रिया में व्यक्ति की वैयक्तिकता के साथ-साथ उसकी सामाजिकता की भी व्यंजना करता है, लेकिन वैयक्तिक संवेदन के निजीपन और सामाजिक संवेदन की समकालीनता तथा ऐतिहासिकता तक ही वह सीमित नहीं रहता, बल्कि वह मानव-संवेदन के मानवीय पक्ष का भी उद्‌घाटन करता है, जिसके कारण रचना ऐतिहासिकता की सीमा के परे भी प्रभावकारी सिद्ध होती है। साहित्य में मनुष्य की ऐतिहासिकता और मानवीयता का द्वन्द्व वास्तव में, उसके अस्तित्त्व और सत्व का द्वन्द्व है। मनुष्य अपने अस्तित्त्व की सीमाओं से मुक्त होकर अपनी मानवीयता की रक्षा, अभिव्यक्ति और सम्प्रेषण की कोशिश करता है। मार्क्स ने जिसे 'समग्र मनुष्य का बोध और 'मानवीय यथार्थ का आविर्भाव' कहा है, वही साहित्य में मनुष्य की वैयक्तिकता और सामाजिक-ऐतिहासिकता के अतिरिक्त उसकी मानवीयता की अभिव्यंजना में प्रकट होता है। पूँजीवादी समाज-व्यवस्था में मनुष्य की यह मानवीयता नष्ट हो जाती है। यहाँ लगभग सब कुछ अमानवीयकरण की प्रक्रिया

का शिकार हो जाता है, पूँजीवादी समाज-व्यवस्था और उसके साथ-साथ व्यक्तिगत सम्पत्ति के जन्म के बाद ही मनुष्य की मनुष्यता पुनः प्रतिष्ठित होती है। साहित्य पूँजीवादी व्यवस्था के अमानवीयकरण की प्रक्रिया के विरुद्ध संघर्ष का साधन भी होता है। यहाँ यह भी कहना ज़रूरी है कि किसी समाज की वास्तविकता और उसमें मौजूद मानव सम्बन्धों के चित्रण में मानव सम्बन्धों की वैयक्तिकता, सामाजिकता और मानवीयता के अभाव का चित्रण उतना ही महत्त्वपूर्ण है जितना आविर्भाव का। बशर्ते कि उस चित्रण में सच्चाई, व्यापकता, गहराई और ईमानदारी हो। 'जो है' उसके आधार पर 'जो कुछ' हो सकता है, उसकी सम्भावना व्यक्त करना एक सृजनशील रचनाकार का काम है लेकिन 'जो कुछ' नहीं है, उसके आधार पर 'सब कुछ' की कल्पना कर लेना किसी कल्पनाविलासी स्वप्नजीवी का काम हो सकता है।

साहित्य में सामाजिक यथार्थ और सामाजिक सम्बन्धों की समग्रता, जनता के सामाजिक संघर्ष और इतिहास-प्रक्रिया की दिशा का चित्रण करके रचनाकार जनता का यथार्थ बोध विकसित करता है, जिससे जनता की चेतना तीव्र और जाग्रत होती है। चेतना के जागरण का अर्थ है, अपनी सामाजिकता और मानवीयता का बोध और जाग्रत सामाजिक चेतना ही अग्रगामी परिवर्तनकारी चेतना बनती है। लेकिन इसके लिए यह आवश्यक है कि रचनाकार की विश्वदृष्टि और पाठक की विश्वदृष्टि में साझेदारी की सम्भावना हो, क्योंकि विश्वदृष्टि से ही यथार्थ बोध अनुशासित होता है। जहाँ रचनाकार और पाठक की विश्वदृष्टि में सामंजस्यपूर्ण सम्बन्ध का अभाव होगा, वहाँ रचना में व्यक्त यथार्थ का पाठकीय बोध मुश्किल हो जायेगा। रचनाकार और पाठक की विश्वदृष्टि में एकता के अतिरिक्त यह भी आवश्यक है कि रचनाकार की कलात्मक चेतना और सामाजिक चेतना में एकता हो। सामाजिक चेतना के ऐतिहासिक आयाम का बोध ही वर्ग-चेतना का बोध है। रचनाकार की रचनाशीलता सामाजिक चेतना के ऐतिहासिक आयाम के बोध तक ही समाप्त नहीं होती बल्कि वह इतिहास की प्रक्रिया और दिशा का बोध प्राप्त कर ऐतिहासिक दृष्टि से प्रगतिशील वर्ग की उस चेतना के स्वरूप की पहचान भी करती है जिसे जॉर्ज लुकाच ने 'सम्भावित चेतना' कहा है। यह 'सम्भावित चेतना' उस वर्ग की चेतना होती है जिसका वर्ग-संघर्ष में भविष्य होता है। निश्चय ही पूँजीवादी समाज-व्यवस्था में चलने वाले वर्ग-संघर्ष में ऐसी 'सम्भावित चेतना' सर्वहारा वर्ग की चेतना होती है क्योंकि उसी का भविष्य होता है। पूँजीवादी समाज में वही रचना महान होगी जिसमें इस 'सम्भावित चेतना' की भी पहचान हो। सच्चा सर्वहारा साहित्य व्यक्ति को वैयक्तिक चेतना की संकुचित सीमा से मुक्त कर उसकी सामाजिक चेतना को जगाता है और मानवीय चेतना को अधिक व्यापक और गहन बनाता है।

पूँजीवादी समाज में सर्वहारा वर्ग की स्थिति और उसके वर्ग-संघर्ष के उद्देश्य

के सन्दर्भ में साहित्य की सहायक और उपयोगी भूमिका पर विचार करते हुए यह कहा जा सकता है कि सर्वहारा के पक्षधर साहित्य का उद्देश्य है—(1) पतनशील बुर्जुआ जीवन-पद्धति और मरणोन्मुख बुर्जुआ संस्कृति की वास्तविकता की छानबीन करना और उसकी कमज़ोरियों का चित्रण करना, (2) समाज के सम्पूर्ण जीवन के साथ बुर्जुआ जीवन-पद्धति की असंगति और समाज के भावी विकास में बुर्जुआ समाज-व्यवस्था और जीवन-पद्धति के बाधक स्वरूप का उद्घाटन करना, (3) बुर्जुआ वर्ग के सांस्कृतिक और राजनीतिक प्रभुत्व के टूटने की प्रक्रिया और तोड़ने के तरीक़ों का वर्णन करना, (4) सामाजिक सम्बन्धों की समग्रता के बीच सर्वहारा के जीवन-संघर्ष का चित्रण करना, (5) सर्वहारा दृष्टिकोण के अनुरूप एक से अधिक मानवीय संसार की रचना की कोशिश करना, (6) सामाजिक जीवन के यथार्थ का चित्रण करते समय वर्ग-संघर्ष की प्रक्रिया और रूप को समझना तथा वर्ग-संघर्ष के प्रत्येक रूप के राजनीतिक प्रयोजन को पहचानना, क्योंकि 'प्रत्येक वर्ग-संघर्ष राजनीतिक संघर्ष होता है, (7) सर्वहारा के सामाजिक संघर्ष का चित्रण करते हुए, सर्वहारा वर्ग की एकता को मज़बूत करने और उसे आगे बढ़ाने की कोशिश करना (8) सर्वहारा को 'मिथ्या चेतना' से मुक्त करने और उसकी वर्ग-चेतना और मानवीय चेतना को विकसित करने का प्रयत्न करना और (9) सर्वहारा की इतिहास-प्रक्रिया की दिशा और गति का बोध कराते हुए उसके ऐतिहासिक दायित्व का बोध जगाना।

सर्वहारा साहित्य के स्वरूप पर विचार करते समय साहित्य की लोकप्रियता और कलात्मक श्रेष्ठता का आपसी सम्बन्ध भी विचारणीय है। प्रायः लोकप्रियता और कलात्मक श्रेष्ठता को परस्पर विरोधी प्रवृत्तियों के रूप में उपस्थित किया जाता है। लोकप्रियता को समकालीनता से जोड़ा जाता है और कलात्मक श्रेष्ठता को कालातीतता से। कभी कलात्मक श्रेष्ठता को लोकप्रियता का आधार माना जाता था, लेकिन अब पूँजीवादी व्यवस्था की व्यक्तिवादिता के कारण कलात्मक श्रेष्ठता और लोकप्रियता का पार्थक्य स्थापित हो गया है। कुछ व्यक्तिवादी रचनाकार आत्माभिव्यक्ति को ही पर्याप्त समझते हैं, वे सम्प्रेषण को आवश्यक मानते हैं। कुछ अन्य लेखकों के अनुसार, अभिव्यक्ति के लिए अब कुछ भी शेष नहीं है। कुछ ऐसे भी रचनाकार हैं जो सम्प्रेषण को असम्भव मानते हैं। ज़ाहिर है, रचना सम्बन्धी ऐसे दृष्टिकोण के वातावरण में लोकप्रियता के लिए कोई जगह नहीं हो सकती। लोकप्रियता का प्रश्न वहीं पैदा होता है जहाँ सम्प्रेषण की आवश्यकता और सम्भावना में आस्था हो। कोई भी जनवादी रचनाकार सम्प्रेषण की आवश्यकता और लोकप्रियता की कामना से मुँह नहीं मोड़ सकता। कलात्मक श्रेष्ठता और लोकप्रियता के बीच की दूरी किसी जनवादी रचनाकार की मजबूरी हो सकती है, उसकी उपलब्धि कदाचित् नहीं। लेकिन पूँजीवादी समाज में लोकप्रियता न तो कलात्मक श्रेष्ठता पर निर्भर होती है और न

वह कला की सहज विशेषता रह जाती है। यहाँ लोकप्रियता पूँजीवादी व्यवस्था के नियमों का शिकार होती है। पूँजीवाद व्यवस्था में हर चीज़ का व्यापारीकरण होता है, हर चीज़ ख़रीद-बिक्री की वस्तु बन जाती है। व्यापारीकरण की इस प्रक्रिया के परिणामस्वरूप सस्ता बाज़ारू साहित्य लोकप्रिय हो जाता है और कलात्मक श्रेष्ठता की उपेक्षा होती है। पूँजीवादी समाज-व्यवस्था में अगर सस्ता बाज़ारू साहित्य लोकप्रिय हो जाता है तो उसके अनेक कारण हैं। पहला कारण तो विज्ञापन की कला और कला का विज्ञापन ही है, जो व्यापारीकरण की प्रक्रिया का अंग है। दूसरा कारण यह है कि पूँजीवादी व्यवस्था लोकप्रियता की अपनी चालाकी और चालबाज़ी से ख़रीद को घटाने-बढ़ाने की साज़िश करती है। जनवादी रचनाओं के दमन और बुर्जुआ व्यवस्था के हितों की सुरक्षा करने वाली रचनाओं को लोकप्रिय बनाने के लिए तरह-तरह के साधनों का उपयोग होता है। बाज़ारू साहित्य की लोकप्रियता का तीसरा कारण यह है कि मानव-व्यक्तित्त्व के भावात्मक और वैचारिक अंश से गहरे स्तर से जुड़ा हुआ साहित्य उतना लोकप्रिय नहीं होता जितना सनसनीख़ेज, वासना उत्तेजक साहित्य। प्रेमचन्द के शब्दों में कहें तो 'सुलाने वाला साहित्य' 'जगाने वाले साहित्य' से अधिक लोकप्रिय हो जाता है, क्योंकि वह बाज़ार की प्रकृति के अनुकूल होता है। बुर्जुआ व्यवस्था की विचारधारा के शिकार लोग चेतना को झकझोरने वाले, बेचैन करने वाले साहित्य के बदले मनोरंजक साहित्य को अधिक पसन्द करते हैं। जनवादी साहित्य की अलोकप्रियता का कारण केवल उसके ख़िलाफ़ पड्यन्त्र ही नहीं है, जनता की अशिक्षा और कला चेतना का पिछड़ापन भी है, जो पूँजीवादी व्यवस्था का ही फल है। श्रेष्ठ कलात्मक जनवादी साहित्य को लोकप्रिय बनाने के लिए यह आवश्यक है कि पूँजीवादी समाज-व्यवस्था का अन्त हो और समाजवादी समाज की स्थापना हो, जिसमें जनवादी संस्कृति और कला के विकास और लोकप्रियता की सम्भावना उत्पन्न हो। लेनिन ने टॉलस्टॉय की महान रचनाओं की रूसी जनता में अलोकप्रियता पर विचार करते हुए कहा था कि टॉलस्टॉय की रचनाओं को लोकप्रिय बनाने के लिए संघर्ष करने और पूँजीवादी समाज-व्यवस्था की जगह समाजवादी समाज की स्थापना की ज़रूरत है। यह एक विचित्र बात है कि हिन्दी के कुछ मार्क्सवादी आलोचक मुक्तिबोध जैसे रचनाकार की रचनाओं को लोकप्रिय बनाने के लिए बुर्जुआ व्यवस्था के ख़िलाफ़ संघर्ष करना अपना कर्तव्य समझते हैं। विचार करने की बात यह भी है कि 'जनता में लोकप्रिय साहित्य' की माँग करते समय 'जनता' और 'लोकप्रिय' का तात्पर्य क्या है? क्या 'जनता' से हमारा तात्पर्य शोषित किन्तु वर्ग-चेतनाहीन अशिक्षित जनता से और 'लोकप्रिय' का तात्पर्य सरल, सुबोध और सपाट साहित्य से है? जी नहीं। 'जनता' से हमारा तात्पर्य वर्ग चेतन संघर्षशील जनता से है और 'लोकप्रिय' वह है जिसमें बोधगम्यता और कलात्मकता की एकता हो। ब्रेख़्त से

जनता में लोकप्रिय साहित्य के स्वरूप पर विचार करते हुए लिखा है कि जनता से हमारा तात्पर्य ऐसी जनता से है जो इतिहास-प्रक्रिया में निर्णायक भूमिका निभा रही हो, जो इतिहास का निर्माण कर रही हो और दुनिया को बदलने के साथ-साथ अपने को भी बदल रही हो। ब्रेख़्त ने जुझारू जनता के सन्दर्भ में लोकप्रियता की जुझारू धारणा पर विचार करते हुए लिखा है—''लोकप्रिय वह साहित्य या कला है जो व्यापक जनता के लिए बोधगम्य हो, जिसमें जनता के अभिव्यंजना-रूपों को अपनाया और समृद्ध बनाया गया हो, जिसमें जनता के दृष्टिकोण के स्वीकार, समर्थन और सुधार का प्रयत्न हो, जिसमें जनता के सर्वाधिक प्रगतिशील वर्ग का ऐसा चित्रण हो, जिससे उसकी नेतृत्व की क्षमता प्रकट हो और इस प्रकार वह (रचना) दूसरे वर्गों के लिए भी बोधगम्य हो सके, जिसमें परम्परा से सम्बद्धता हो और विकास का प्रयत्न भी, और जिसमें नेतृत्व करने वाले वर्ग की उपलब्धियों की नेतृत्व के लिए संघर्ष करने वाले वर्ग को जानकारी दी गयी हो।''

लेनिन के अनुसार, लोकप्रिय लेखन वह है जिसमें विचारों की गहराई हो, जो पाठक की चिन्तन शक्ति को गति दे और जो पाठक के मन में नये प्रश्न पैदा करने में सक्षम हो। सारांश यह कि लोकप्रिय लेखक अपने पाठकों को बेवक़ूफ़ नहीं समझता। ब्रेख़्त और लेनिन के विचारों के प्रकाश में यह कहा जा सकता है कि लोकप्रियता कलाहीन नहीं होती। लोकप्रिय यथार्थवादी जनवादी रचना में क्रान्तिकारी अन्तर्वस्तु और लोकप्रिय रूप की एकता होती है, उसमें अभिप्राय और प्रभाव की एकता होती है। कलात्मक श्रेष्ठता, ग्राम्शी के शब्दों में, केवल 'अन्तर्वस्तु के सौन्दर्य' या 'रूप के सौन्दर्य' में नहीं होती, वह वस्तु और रूप की सामंजस्यपूर्ण एकता में प्रकट होती है।

सर्वहारा साहित्य के सन्दर्भ में कलात्मक श्रेष्ठता और लोकप्रियता के सम्बन्ध पर विचार करते समय या दोनों की एकता का व्यवहार करते समय दो अतिवादी दृष्टिकोणों से बचाव आवश्यक है। लोकप्रियता की उपेक्षा करके कलात्मक श्रेष्ठता को अधिक महत्त्व देने से कलावादी आग्रहों और सौन्दर्यवादी रुझानों के शिकार होने का ख़तरा है, जिससे रचना दुर्बोध होने के कारण जनता से अलग-थलग पड़ जाती है। फलतः जनवादी रचना के प्रयोजन की पराजय की सम्भावना उत्पन्न होती है। दूसरी ओर कलात्मकता की उपेक्षा करके केवल लोकप्रियता को महत्त्व देने से कलात्मकता का ह्रास होता है और जनता की कला-चेतना का विकास नहीं हो सकता। सुबोध के नाम पर ऐसे सस्ते, सरल और सपाट साहित्य की बाढ़ आती है जिसमें सामाजिक यथार्थ और सामाजिक सम्बन्धों की जटिलता का चित्रण सम्भव नहीं होता। इसलिए ऐसे साहित्य का प्रभाव भी क्षणिक होता है। इस सन्दर्भ में यह स्मरणीय है कि मानव सभ्यता के विकास के इतिहास में सर्वहारा साहित्य और कला को बुर्जुआ साहित्य और कला की तुलना में विकास

की उच्चतर अवस्था का प्रमाण देना है, अधिक समृद्ध कला, कला-संवेदना और सौन्दर्यबोध का विकास करना है।

सर्वहारा और साहित्य के सम्बन्ध पर विचार करते समय यह एक सवाल सामने आता है कि क्या 'सर्वहारा कला' या 'सर्वहारा साहित्य' जैसी कोई धारणा मार्क्सवादी सौन्दर्यशास्त्र के अन्तर्गत बनायी जा सकती है? इस सवाल का दूसरा रूप यह है कि 'जनवादी कला' या 'जनवादी साहित्य' की धारणा और 'सर्वहारा कला या साहित्य' में क्या सम्बन्ध है? हिन्दी में 'जनता का साहित्य', 'आम आदमी का साहित्य' और 'दलित साहित्य' को बहस का विषय बनाया गया है, लेकिन 'सर्वहारा कला या साहित्य' की धारणा पर पर्याप्त विचार नहीं हुआ है।

मानव-समाज के इतिहास से यह सिद्ध सत्य सामने आता है कि वर्गों में विभाजित समाज-व्यवस्था में एक वर्ग शोषकों का और दूसरा शोषितों का होता है। शासक वर्ग ही शोषक वर्ग है और शोषित वर्ग 'जनता' है। इस प्रकार 'जनता' की धारणा में हर युग की शोषित जनता आ जाती है। सामन्ती समाज में शोषित जनता के अन्तर्गत किसान और दूसरे शोषित वर्ग आते हैं। पूँजीवादी समाज-व्यवस्था में शोषित जनता के अन्तर्गत सर्वहारा और दूसरे शोषित वर्ग सम्मिलित होते हैं। सामन्ती समाज में किसान और दूसरे शोषित वर्गों में अन्तर शोषण की मात्रा में अन्तर के कारण नहीं, शोषण के रूप में अन्तर के कारण होता है। पूँजीवादी समाज में सर्वहारा सर्वाधिक शोषित और सब कुछ हारा हुआ वर्ग होता है। जैसे सामन्ती समाज के क्रूर शोषण और दमन के ख़िलाफ़ जनता के संघर्ष का प्रतिनिधित्व किसान वर्ग करता है, वैसे ही पूँजीवादी समाज में शोषण और दमन के ख़िलाफ़ जनता के संघर्ष का नेतृत्व सर्वहारा वर्ग करता है। जनता के संघर्ष का नेतृत्व करने वाला वर्ग अपने मित्र वर्गों से पृथक् नहीं होता। पूँजीवादी समाज-व्यवस्था से सर्वहारा वर्ग की मुक्ति वास्तव में, सम्पूर्ण समाज की मुक्ति है। इसलिए सर्वहारा का मुक्ति-संघर्ष सारे समाज का मुक्ति-संघर्ष होता है। यह मुक्ति-संघर्ष सर्वहारा के नेतृत्व और उसकी वर्ग-चेतना की व्यापक जनता में स्वीकृति से सफल होता है, इसलिए सर्वहारा के उद्देश्य से शेष शोषित वर्गों का उद्देश्य भिन्न नहीं होता। पूँजीवादी समाज में सर्वहारा एक मूर्त ऐतिहासिक धारणा है जबकि 'जनता' की धारणा में व्यापकता के बावजूद अमूर्तता की सम्भावना रहती है। हिन्दी साहित्य में हाल के कुछ वर्षों में 'आम आदमी' या 'आम जनता' की जो चर्चा हुई है, उसमें जनता की धारणा में निहित अमूर्मता का लाभ उठा कर ही प्रगति-विरोधी लोगों ने 'आम आदमी' या 'आम जनता' को अमूर्त, अपरिभाषित और अज्ञेय तक कहा है। सर्वहारा की धारणा में इस प्रकार के भ्रम फैलाने की कोई सम्भावना नहीं है। दूसरी बात यह है कि चूँकि सर्वहारा वर्ग ही पूँजीवाद के विरुद्ध संघर्ष का नेतृत्व करने वाला वर्ग है, वह अपने

ऐतिहासिक दायित्व के प्रति सजग होता है और वही, क्रान्तिकारी वर्ग है। इसलिए सर्वहारा कला और सर्वहारा साहित्य या सर्वहारा संस्कृति की धारणा वर्तमान की आवश्यकता ही नहीं, भविष्य की सम्भावना की ओर भी संकेत करती है। 'जनता' कहने से कभी-कभी वर्ग-चेतना-विहीन पूर्णतः आत्म-निर्वासित, मिथ्या चेतना का शिकार और निष्क्रिय भीड़ का बोध होता है, लेकिन सर्वहारा की धारणा में उस भ्रान्ति की सम्भावना समाप्त हो जाती है।

'सर्वहारा कला' या 'सर्वहारा साहित्य' के सन्दर्भ में कुछ ज्ञानी मार्क्सवादी यह आपत्ति उठाते हैं कि 'मार्क्स की रचनाओं में सर्वहारा क़ला की आवश्यकता और सम्भावना का कोई उल्लेख नहीं है।' इस आपत्ति के उत्तर में यह कहा जा सकता है कि मार्क्स और एंगेल्स ने अपनी रचनाओं में कला के वर्गगत स्वरूप, कलाकृतियों में वर्गगत मूल्यों की स्थिति और कला के विचारधारात्मक रूप का विवेचन किया है। मार्क्स ने एक वर्ग के राजनीतिक और साहित्यिक प्रतिनिधियों के उस वर्ग के साथ सम्बन्ध का विश्लेषण किया है। मार्क्स ने शेली के बारे में कहा था कि वह पक्का क्रान्तिकारी था और अगर जीवित रहता तो समाजवादी हरावल (सर्वहारा) का साथ देता। एंगेल्स ने सर्वहारा युग के आगमन का संकेत देने वाले दाँते की आकांक्षा व्यक्त की है, उन्होंने इंग्लैण्ड के सर्वहारा वर्ग और साहित्य के सम्बन्ध पर विचार किया है। क्या इन प्रमाणों के आधार पर यह कहना उचित नहीं है कि मार्क्स और एंगेल्स ने 'सर्वहारा कला' और 'सर्वहारा साहित्य' की 'आवश्यकता और सम्भावना' पर विचार किया है? इस प्रसंग में यह स्मरणीय है कि लेनिन ने सर्वहारा संस्कृति की चर्चा की है। उन्होंने वर्गीय पक्षधरता के विरोधी साहित्यिक अतिमानवों की आलोचना करते हुए कहा है कि साहित्य को निश्चित रूप से सर्वहारा के सामान्य उद्‌देश्य का अंग बनाना चाहिए। वर्ग-संघर्ष और उसकी अनिवार्य परिणति 'सर्वहारा के अधिनायकत्व' को स्वीकार करने वाले सर्वहारा संस्कृति और सर्वहारा कला की 'आवश्यकता और सम्भावना' को अस्वीकार नहीं कर सकते।

इसी प्रसंग में कुछ दूरदर्शी मार्क्सवादी यह आशंका भी व्यक्त करते हैं कि चूँकि वर्ग-संघर्ष का उद्‌देश्य अन्ततः वर्गविहीन समाज की स्थापना है, इसलिए वर्गविहीन समाज में सर्वहारा कला की क्या स्थिति होगी? या सर्वहारा कला की धारणा की क्या सार्थकता रहेगी? इस प्रकार की आशंका व्यक्त करने वाले सर्वहारा साहित्य या कला के केवल आन्दोलनकारी रूप को महत्त्व देते हैं और उसकी सम-सामयिकता पर ही विचार करते हैं। वे यह भूल जाते हैं कि सर्वहारा साहित्य का एक ऐतिहासिक पहलू होता है तो दूसरा मानवीय पहलू भी होता है, इसलिए वर्गविहीन समाज में भी क्रान्तिकालीन सर्वहारा कला या साहित्य की सार्थकता और महत्ता समाप्त नहीं हो जाती। सामाजिक यथार्थ और मानवीय सम्बन्धों की जटिल समग्रता के चित्रण

में ऐतिहासिकता के साथ-साथ मानवीयता की व्यंजना के कारण ही हर युग का महान साहित्य युगीन और युगातीत, दोनों होता है। इस सन्दर्भ में यह भी कहना ज़रूरी है कि सच्चे लोकप्रिय सर्वहारा कला की सम्भावना वर्गविहीन समाज में ही होगी, क्योंकि उसमें सर्वहारा चेतना और मानवीय चेतना का पार्थक्य हो जायेगा।

सर्वहारा कला और सर्वहारा साहित्य के सन्दर्भ में यह सवाल भी विचारणीय है कि क्या बुनियादी बदलाव के दौर में रचित सर्वहारा साहित्य में सर्वहारा के अतिरिक्त दूसरे शोषित वर्गों का समावेश नहीं होगा? इस प्रश्न के उत्तर में यह कहा जा सकता है कि बुनियादी बदलाव के लिए संघर्ष में सर्वहारा के सभी सहयोगी वर्गों का समावेश होना चाहिए क्योंकि एक तो बुनियादी बदलाव केवल सर्वहारा वर्ग की आवश्यकता नहीं है। दूसरे, बुनियादी बदलाव की प्रक्रिया में सम्पूर्ण शोषित जनता शामिल होती है। सर्वहारा साहित्य में सर्वहारा के दृष्टिकोण से सामाजिक सम्बन्धों की समग्रता का चित्रण होता है, इसलिए सर्वहारा के मित्र वर्गों की उपेक्षा नहीं हो सकती। जिन देशों में पूँजीवाद के साथ-साथ सामन्ती समाज के अवशेष भी कायम हैं, उन देशों में बुनियादी बदलाव में मज़दूर और किसान वर्ग की समान महत्त्वपूर्ण भूमिका होगी और बुनियादी बदलाव से सहानुभूति रखने वाले मध्यवर्ग और पेटी-बुर्जुआ वर्ग को भी सर्वहारा साहित्य में स्थान मिलेगा। वास्तव में, अब तक का सारा साहित्य अल्पमत का साहित्य रहा है, लेकिन सर्वहारा साहित्य सच्चे अर्थों में बहुमत का साहित्य होता है क्योंकि इसमें सभी शोषित वर्गों के जीवन-संघर्ष और चेतना की व्यंजना होती है। अगर किसी साहित्य में सभी शोषित वर्गों का समावेश होता है, लेकिन उसमें सर्वहारा के क्रान्तिकारी रूप और भूमिका की व्यंजना होती है, तो ऐसे साहित्य को जनवादी या सर्वहारा साहित्य कहने से कोई ख़ास फ़र्क़ नहीं पड़ता।

सर्वहारा और साहित्य के सम्बन्ध पर विचार करते समय अन्त में श्रम और कला तथा कलाकार के श्रमिक रूप और श्रमिक के कलाकार रूप के सम्बन्ध पर विचार करना आवश्यक है। श्रम के माध्यम से मनुष्य की सामाजिकता ही नहीं, उसकी मानवीयता का भी विकास होता है। श्रम की प्रक्रिया में, मार्क्स के शब्दों में, मानवीय इन्द्रियों और इन्द्रियों की मानवीयता (अर्थात् इन्द्रियबोध) का विकास और निर्माण होता है। इस प्रक्रिया में ही मनुष्य प्रकृति को मानवीय बनाता है। श्रम की प्रक्रिया में मनुष्य अपने अस्तित्त्व और चेतना को वस्तु के रूप में बदलता है और मानवीय अस्तित्त्व और चेतना के विषयीकरण की इस प्रक्रिया में ही सौन्दर्यनुभूति का भी विकास होता है, क्योंकि मनुष्य श्रम के सहारे जो कुछ पैदा करता है, उसे वह केवल अपने अस्तित्त्व की आवश्यकताओं के लिए ही पैदा नहीं करता बल्कि, मार्क्स के शब्दों में, ''सौन्दर्य के नियमों के अनुसार, भी पैदा करता है।'' इस प्रकार मनुष्य द्वारा उत्पादित वस्तुओं का केवल उपयोगितावादी मूल्य ही नहीं होता, उनका

सौन्दर्यबोधी मूल्य भी होता है। श्रम और कला, दोनों के स्वाभाविक विकास के लिए स्वतन्त्रता और सृजनशीलता की आवश्यकता होती है। इन दोनों के माध्यम से ही मनुष्य अपने अस्तित्त्व और सत्व की व्यंजना का प्रयत्न करता है, ये दोनों ही स्वतन्त्र और रचनात्मक मानवीय क्रियाएँ हैं। कला-रचना एक विशिष्ट प्रकार का श्रम है जिसमें मनुष्य अपने अस्तित्त्व से अधिक सत्व को महत्त्व देता है। स्वतन्त्रता और सृजनशीलता ऐसी मानवीय विशेषताएँ हैं जिनके अभाव में श्रम और कला की स्वाभाविकता और मानवीयता नष्ट हो जाती है, लेकिन पूँजीवादी समाज इन दोनों का दुश्मन है। इसीलिए मार्क्स ने कहा था कि पूँजीवाद कला का दुश्मन है। पूँजीवादी समाज में हर चीज़—चाहे वह कलाकृति हो या श्रम से उत्पन्न कोई दूसरी चीज़—व्यापार की वस्तु बन जाती है। उसका विनिमय मूल्य शेष सभी प्रकार के मूल्यों से अधिक महत्त्वपूर्ण होता है। पूँजीवादी समाज में श्रम का कलात्मक रूप नष्ट हो जाता है, श्रमिक की स्वतन्त्रता और रचनाशीलता समाप्त हो जाती है और कलाकार मज़दूरी पर जीवन गुज़ारने वाला मज़दूर बन जाता है। पूँजीवादी व्यवस्था में श्रमिक जिस अलगाव की प्रक्रिया से गुज़रता है, उसका शिकार कलाकार भी होता है। इस प्रकार दोनों ही अपने अस्तित्त्व के लिए अपने सत्व को खो देने को मजबूर होते हैं। मार्क्स ने लिखा है कि, "निश्चय ही लेखक को जीने के लिए जीविका की ज़रूरत होती है लेकिन वह केवल अपनी जीविका के लिए जीना और लिखना नहीं चाहता। लेखक अपनी रचना को कभी भी साधन (जीविका का साधन) नहीं समझता। अगर आवश्यक हो तो वह अपनी रचनाओं के अस्तित्त्व के लिए अपने अस्तित्त्व का बलिदान कर देता है।" पूँजीवादी समाज में जीने वाले, अपनी रचनाओं में पूँजीवादी समाज की अमानवीयता की व्यंजना करने वाले और पूँजीवादी समाज के बाज़ारूपन से अपने सत्व की रक्षा करने वाले दुनिया भर के अनेक जनवादी रचनाकारों ने अपनी रचना के अस्तित्त्व के लिए अपने-अपने अस्तित्त्व का बलिदान किया है। हिन्दी साहित्य में 'निराला' और 'मुक्तिबोध' इस प्रकार के जानलेवा संघर्ष और आत्मबलिदान के ज्वलन्त उदाहरण हैं।

पूँजीवादी समाज और कला के परस्पर विरोधी सम्बन्ध को ध्यान में रख कर अगर विचार किया जाये तो यह स्पष्ट हो जायेगा कि पूँजीवादी व्यवस्था और कलाकार के बीच लगभग छह प्रकार के सम्बन्धों की सम्भावना है—ऐसे सम्बन्धों का पहला रूप वह है जिसमें कलाकार पूँजीवादी सत्ता, संस्कृति और विचारधारा के प्रति आत्मसमर्पण करता है या ग्राम्शी के शब्दों में, पूँजीवादी व्यवस्था का 'आवयविक बुद्धिजीवी' बन कर उसके विचारों, हितों और उद्‌देश्यों का समर्थन, संचालन और संगठन करता है। इसे ही मुक्तिबोध ने 'रावण के घर पानी भरना' कहा है। सम्बन्ध का दूसरा रूप वह है जिसमें लेखक पूँजीवादी व्यवस्था की विकृतियों से ऊब कर

आध्यात्मिकता या रहस्यलोक की ओर पलायन करता है। ऐसा करके वह अपने को उस समाज के बन्धनों से मुक्त मानता है जिसमें वह जीता है। यह पूँजीवाद से बचने के प्रयत्न में सामन्तवाद की गोद में जाना है। पूँजीवाद से कलाकार के सम्बन्ध का तीसरा रूप वह है जिसमें वह पूँजीवादी व्यवस्था को अस्वीकार करता हुआ अन्तर्मुखी होकर 'कला के लिए कला' की रचना करता है। इस कछुआधर्मी प्रवृत्ति की सुविधा वही होती है जहाँ कलाकार अपने अस्तित्त्व सम्बन्धी चिन्ताओं से किसी-न-किसी कारण से मुक्त होता है। पूँजीवादी समाज के साथ लेखक के सम्बन्ध का चौथा रूप वह है जिसमें वह अपने व्यक्तित्व का विभाजन करता है। वह अपने कलात्मक व्यक्तित्त्व को व्यावसायिक व्यक्तित्त्व से पृथक करता है और एक ओर कलात्मक लेखन और दूसरी ओर व्यावसायिक लेखन करता है। कलात्मक लेखन से वह अपने सत्व की रक्षा करता है और व्यावसायिक लेखन से अपने अस्तित्त्व की। लेकिन व्यक्तित्त्व के इस विभाजन का प्रभाव अन्ततः उसके लेखन पर पड़ता है। उसका कलात्मक लेखन उसके व्यावसायिक लेखन से प्रभावित होता है। कुछ लेखक पूँजीवादी समाज-व्यवस्था की वास्तविकता को समझ कर उससे विद्रोह करते हैं। वे बुर्जुआ समाज-व्यवस्था और सामाजिक सम्बन्धों की निर्मम आलोचना करते हैं लेकिन उनकी दृष्टि में बुर्जुआ व्यवस्था से मुक्ति का कोई मार्ग नहीं होता। ऐसे रचनाकार जब अपनी रचना में बुर्जुआ समाज की वास्तविकता की यथार्थवादी अभिव्यंजना करते हैं, बुर्जुआ मानव-सम्बन्धों और मूल्य-व्यवस्था की आलोचना करते हैं तो रचना महान होती है। लेकिन जब वे समझौतावादी समाधान प्रस्तुत करते हैं तो रचना कमज़ोर होती है। यह पूँजीवाद और उस समाज में जीने वाले लेखक के सम्बन्ध का पाँचवाँ रूप है। पूँजीवादी समाज-व्यवस्था और लेखक के सम्बन्ध का छठा रूप वह है जिसमें लेखक बुर्जुआ-व्यवस्था, उसकी संस्कृति और विचारधारा के ख़िलाफ़ विद्रोह करता है, वह इतिहास की प्रक्रिया और दिशा को समझ कर संघर्षशील क्रान्तिकारी सर्वहारा वर्ग के उद्देश्यों के साथ एकता स्थापित करता है और सर्वहारा के दृष्टिकोण से पूँजीवादी समाज को देखता है। ऐसा लेखक पूँजीवादी व्यवस्था के अन्त को मानव-मुक्ति की शुरुआत समझता है।

मार्क्स ने पूँजीवादी समाज में अपनी श्रम-शक्ति बेच कर मज़दूरी के सहारे जीने वाले श्रमिक और कलाकार, दोनों को सर्वहारा कहा है क्योंकि दोनों के पास अपने जीवन-निर्वाह के लिए श्रम-शक्ति के अतिरिक्त और कोई पूँजी नहीं होती। पूँजीवादी समाज-व्यवस्था के अमानवीयकरण और अलगाव की प्रक्रिया के शिकार होकर दोनों सर्वहारा बन जाते हैं, लेकिन प्रश्न यह है कि दोनों की मुक्ति का उपाय क्या है? निश्चय ही दोनों की मुक्ति का रास्ता एक ही है और वह है, सर्वहारा की वर्ग-चेतना का बोंध। सर्वहारा की वर्ग-चेतना के बोध का अर्थ है उसके संघर्ष और

उद्देश्यों से एकता कायम करना। श्रमिक और कलाकार की मुक्ति अलग-थलग नहीं हो सकती। सर्वहारा की मुक्ति से ही सम्पूर्ण समाज की मुक्ति हो सकती है। 'मुक्तिबोध' ने इस सम्पूर्ण प्रक्रिया की प्रामाणिक, प्रभावशाली और काव्यात्मक अभिव्यंजना इस प्रकार की है—

"अरे : जन-संग-ऊष्मा के
बिना, व्यक्तित्त्व के स्तर जुड़ नहीं सकते।
प्रयासी प्रेरणा के स्रोत,
सक्रिय वेदना की ज्योति,
सब साहाय्य उनसे लो।
तुम्हारी मुक्ति उनके प्रेम की होगी।
कि तद्गत लक्ष्य में से ही।
हृदय के नेत्र जागेंगे,
वह जीवन-लक्ष्य उनके प्राप्त
करने की क्रिया में से
उभर-ऊपर
विकसते जायेंगे निज के
तुम्हारे गुण
कि अपनी मुक्ति के रास्ते
अकेले में नहीं मिलते।"

तीन

इस लेख के प्रारम्भ में मार्क्स का जो कथन उद्धृत किया गया है, उसमें निश्चय ही 'व्याख्या' से अधिक बुनियादी 'बदलाव' की आवश्यकता पर बल दिया गया है। यह भी कहा जा सकता है कि उसमें 'सिद्धान्त' से अधिक 'व्यवहार' को महत्त्व दिया गया है। इस बात पर विवाद हो सकता है कि साहित्य को 'सिद्धान्त' के अन्तर्गत रखा जाये या 'व्यवहार' के, लेकिन यह स्वीकार करने में शायद बहुत कठिनाई नहीं होगी कि साहित्य वैचारिक प्रक्रिया का परिणाम होने के कारण मुख्यतः सैद्धान्तिक क्रिया है। साहित्य की यात्रा रचनाकार की चेतना से पाठक की चेतना तक होती है, इस प्रकार साहित्य को व्यापक अर्थ में 'सिद्धान्त' के अन्तर्गत रखा जा सकता है। साहित्य को 'सिद्धान्त' के अन्तर्गत मानने के बाद यह विचारणीय हो जाता है कि बुनियादी बदलाव में उसकी भूमिका क्या है? बुनियादी बदलाव मुख्यतः भौतिक-सामाजिक रूपान्तरण होता है, केवल वैचारिक बदलाव नहीं। सारतः बुनियादी बदलाव मनुष्य के बाह्य जगत और अन्तर्जगत् का मूलगामी रूपान्तरण का

परिणाम होता है। बुनियादी बदलाव के लिए मुख्य संघर्ष भौतिक-सामाजिक क्षेत्र में होता है, केवल लोगों के दिलो-दिमाग़ में नहीं। लेकिन यह ध्यान रखना होगा कि मार्क्स के अनुसार, 'विचारधारात्मक रूपों' में जनता को अपने संघर्ष का बोध होता है और वह विजय तक संघर्षशील रहती है। इस प्रकार साहित्य वैचारिक संघर्ष का साधन तो है ही, वह उसके बोध का भी साधन है। दूसरे, वह वैचारिक-भावात्मक चेतना, चेतना को जगाने और बनाने का काम भी करता है। साहित्य 'सिद्धान्त' का अंग होने के बावजूद भौतिक शक्ति जैसा प्रभावशाली होता है। मार्क्स ने लिखा है "सिद्धान्त जब जनता के दिलो-दिमाग़ पर छा जाता है तो वह एक भौतिक शक्ति बन जाता है।" लेकिन साहित्य की प्रभावशीलता एक ओर साहित्य के स्वरूप और दूसरी ओर जनता की ग्रहणशीलता से सीमित होती है। इसलिए बुनियादी बदलाव में साहित्य की सीमित भूमिका से ही सन्तोष करना उचित जान पड़ता है। कुछ लोग बुनियादी बदलाव में साहित्य की भूमिका को पूर्णतः अस्वीकार करते हैं तो इसके विपरीत कुछ दूसरे लोग बुनियादी बदलाव के सन्दर्भ में साहित्य से अतिरिक्त उम्मीद कर बैठते हैं। बुनियादी बदलाव के लिए क्रान्तिकारी सिद्धान्त ही नहीं, क्रान्तिकारी व्यवहार की भी आवश्यकता होती है, बल्कि दोनों की एकता की आवश्यकता होती है। साहित्य की उपेक्षा करने वालों और साहित्य से अतिरिक्त अपेक्षा करने वालों को मार्क्स के इस कथन पर ध्यान देना चाहिए–

"The weapons of criticism can not, of course, replace criticism of weapons, Material force must be overthrown by material force."

यथार्थवाद : समाजवादी यथार्थवाद, उद्भव और विकास

•

डॉ. शिवकुमार मिश्र

पश्चिमी जगत में 'यथार्थवाद' सम्बन्धी विवेचन प्रधानतः दो भूमियों पर उपलब्ध होता है। एक तो दर्शन की भूमि पर और दूसरे साहित्य-रचना तथा कला-चिन्तन की भूमि पर। दर्शन की भूमि पर यथार्थवाद सम्बन्धी विवेचन का एक अत्यन्त सम्पन्न तथा सुदीर्घ इतिहास है, जिसकी सुस्पष्ट छाप यथार्थवाद सम्बन्धी कला तथा साहित्य-चिन्तन की भूमि पर हुए विवेचन में प्राप्त होती है। दर्शन की भूमि पर किये गये यथार्थवाद-सम्बन्धी विवेचन के विस्तार में जाने का मोह संवरण कर निष्कर्षतः हम इतना ही कहना चाहते हैं कि यथार्थवादी कला-चिन्तक और यथार्थवादी दार्शनिक, दोनों यह मान कर चलते हैं कि बाह्य जगत का अस्तित्त्व हमारी इच्छा-अनिच्छा से परे एक स्वतन्त्र, वस्तुगत अस्तित्त्व है, जो ज्ञेय पदार्थों की सत्ता ज्ञाता से स्वतन्त्र है। जहाँ तक साहित्य तथा कला-रचना का प्रश्न है, यथार्थवादी विचारकों का सुस्पष्ट अभिमत है कि उसका सम्बन्ध इसी बाह्य जगत और उसके नाना रूप-व्यापारों से है, और रहा है। साहित्य एवं कला के क्षेत्र में एक आन्दोलन के रूप में, अथवा साहित्य तथा कला-रचना के एक सुसंगत दृष्टिकोण के रूप में 'यथार्थवाद' का उद्भव भले ही सामाजिक और बौद्धिक जीवन के विकास के एक ख़ास दौर में हुआ हो, किन्तु साहित्य तथा कला-रचना की सहज और अन्तर्निहित प्रवृत्ति के रूप में उसकी स्थिति बराबर बनी रही है। बोरिस सुखोव ने इसी मत की पुष्टि करते हुए कहा है—''कला की रचना-प्रक्रिया मनुष्य के बौद्धिक और मानसिक व्यापार का सर्वाधिक महत्त्वपूर्ण अंग है। इस रचना-प्रक्रिया का सारभूत तत्त्व है—बिम्बों अथवा रूपों में ही बाह्य जगत और उसके पदार्थों का ग्रहण। यह बाह्य जगत प्रत्यक्षीकरण के क्रम में स्वभावतः अपने रूपों और बिम्बों को हमारे मन पर अंकित करता रहता है। यहाँ तक कि कला-सर्जक जब ऐसी किसी वस्तु को आविष्कृत करना चाहता है, जिसे कि वह सम्भावना की परिधि से बाहर समझता है, सही अर्थों में, वह और

कुछ नहीं करता, उसी समग्र के अंगीभूत अंशों को रूप में व्यवस्थित और पुनर्प्रस्तुत करता है, जिसे हम यथार्थ कहते हैं।''[1]

कला-रचना की एक सहज तथा अन्तर्निहित प्रवृत्ति के रूप में 'यथार्थवाद' की स्थिति को अर्थात् यथार्थ के प्रति मनुष्य के सहज-स्वाभाविक रुझान को सामाजिक विकास के प्रत्येक युग में लक्ष्य किया जा सकता है। सभ्यता के उषाकाल में भी, जबकि मनुष्य पहली बार कलात्मक बिम्बों अथवा रूपों से परिचित हो रहा था, न केवल उसकी कला सामाजिक अनुभवों से वंचित थी, वरन् जीवन को समझने और अपने ढंग से उसे व्याख्यायित करने के क्रम में उसने यथार्थ के प्रति अपने इस सहज-स्वाभाविक रुझान को स्पष्टतः व्यक्त किया था। प्राचीन युग के गुफा-चित्रों तक में इस कथन के उदाहरण देखे जा सकते हैं।

साहित्य तथा कला-रचना के एक सुसंगत दृष्टिकोण के रूप में अथवा एक रचनात्मक पद्धति के रूप में, अवश्य ही, 'यथार्थवाद' का उद्भव मनुष्य के बौद्धिक विकास के एक ख़ास दौर में हुआ जबकि मनुष्य ने संजीदगी से अनुभव करना आरम्भ किया कि उसके लिए सामाजिक विकास की प्रकृति तथा दिशाओं का संज्ञान आवश्यक है। यही नहीं, इसी क्रम में उसे यह भी अनुभव हुआ कि मानवीय क्रियाएँ और भावनाएँ अन्धी वासना अथवा किन्हीं दैवी इशारों से संचालित न होकर यथार्थ अथवा भौतिक कारणों द्वारा नियमित होती हैं। यह सही है कि मनुष्य इस निष्कर्ष तक एकबारगी नहीं पहुँचा, और अपने बौद्धिक विकास के दौरान उसने शनैः-शनैः ही इस तथ्य का परिज्ञान प्राप्त किया, किन्तु इससे इतना तो स्पष्ट होता ही है कि सामाजिक विकास के दौरान मनुष्य कोरी भावनामूलकता को लेकर ही आगे नहीं बढ़ा वरन् अपने परिवेश तथा स्वतः अपने को नियमित तथा गतिशील करने वाले कारणों तथा नियमों की खोज तथा उनके संज्ञान के प्रति उसकी दिलचस्पी बराबर बनी रही।

अपनी तथा जगत की सत्ता के विषय में क्रमशः जो परिज्ञान मनुष्य को प्राप्त हुआ, उसके मूल में यों तो समय-समय पर सामने आने वाली नाना दार्शनिक चिन्तनाओं एवं वैज्ञानिक निष्पत्तियों का योग है, किन्तु सबसे ज़बर्दस्त योग उन वास्तववादी दार्शनिक विचारों तथा वैज्ञानिक आविष्कारों का है जो संसार की भौतिक सत्ता को प्रतिपादित करते हुए 18वीं, 19वीं तथा बीसवीं शताब्दियों में सामने आये और जिन्होंने भाववादी दार्शनिकों की इस मान्यता को करारी चोट पहुँचायी कि वस्तुजगत और उसके यथार्थ का अस्तित्त्व मानसिक है, कि मनुष्य तथा जगत के कार्य-व्यापारों का संचालन कोई पारलौकिक सत्ता करती है, कि उसके नियमों का संज्ञान मनुष्य के बस की बात नहीं है आदि।

18वीं शताब्दी में देकार्त्त और बेकन जैसे दार्शनिकों के चिन्तन ने मानवीय अस्तित्त्व को धर्मशास्त्र तथा वितण्डावाद के अनापेक्षित प्रभावों से मुक्त करने में

महत्त्वपूर्ण भूमिका निभायी। इनके विचारों ने मनुष्य को संसार की वस्तुगत तथा भौतिक सत्ता का बोध कराते हुए उसके दिमाग़ पर चढ़ रही रूढ़ियों की परतों को एक बड़ी सीमा तक साफ़ किया। बेकन के चिन्तन की सीमाओं को पहचानते हुए भी एंगेल्स ने लिखा है कि संसार की भौतिक सत्ता को प्रतिपादित करने वाला वह पहला अंग्रेज़ दार्शनिक था।[2] बेकन के कृतित्त्व को रेखांकित करते हुए हर्जन का कथन है कि "बेकन ने अन्धसूत्रवाद की जड़ें हिला दीं, पुराने अधिभूतवाद के लिए अब इज़्ज़त के साथ सिर उठाना सम्भव न रहा। बेकन के बाद हर कहीं, ज्ञान के सभी क्षेत्रों में वितण्डावादियों के इन्द्रिय बोधातीत सिद्धान्तों के विरुद्ध प्रतिक्रिया की बाढ़-सी उमड़ पड़ी।"[3] इन विचारकों के ही चिन्तन का परिणाम है कि जो यथार्थवाद यथार्थ के प्रति एक सहज-स्वाभाविक रुझान के रूप में दैनन्दिन जीवन-व्यवहारों के चित्रण तक ही सीमित था, 18वीं शताब्दी में उसने सामाजिक अस्तित्त्व के चित्रण के क्षेत्र में प्रवेश किया।

18वीं शताब्दी में एक अन्य महत्त्वपूर्ण घटना घटी, और वह थी फ्रांस की प्रसिद्ध राज्य-क्रान्ति। इस राज्य-क्रान्ति के फलस्वरूप न केवल सामन्तवादी समाज-व्यवस्था का वैचारिक तथा आर्थिक ढाँचा पूरी तरह चरमरा कर धराशायी हुआ, वरन् एक नयी व्यवस्था तथा बुर्जुआ वर्ग का उदय भी हुआ। 18वीं शताब्दी में इस बुर्जुआ वर्ग ने अभूतपूर्व प्रगति की। नागरिक स्वाधीनता का नारा देते हुए उसने मानव-समाज के समक्ष विकास की नयी दिशाएँ उद्घाटित कीं। लेखकों तथा दर्शनिकों की एक समूची पंक्ति बुर्जुआ आदर्शों की हिमायत करती हुई सामने आयी और उसने इस बुर्जुआ समाज-व्यवस्था को एक पूर्ण और आदर्श समाज-व्यवस्था के रूप में गौरवान्वित किया। किन्तु जैसे-जैसे बुर्जुआ वर्ग आर्थिक और भौतिक प्रगति के पथ पर आगे बढ़ता गया, उसके अपने अन्तर्विरोध और उसके द्वारा स्थापित व्यवस्था की असंगतियाँ भी स्पष्ट होने लगीं और 19वीं शताब्दी तक पहुँचते-पहुँचते तो वे सतह पर उतरा उठीं। 18वीं शताब्दी के यथार्थवादी लेखन में जहाँ एक ओर सामन्ती आदर्शों, सामन्ती विचारों तथा सामन्ती नैतिकता के ढोंग का पर्दाफ़ाश किया गया है, वहाँ दूसरी ओर बुर्जुआ समाज-व्यवस्था की असंगतियों को भी अपने ढंग से पहचानने और विश्लेषित करने का प्रयास उसमें लक्षित होता है। शेक्सपियर जैसी मानव-मन की गहराइयों मे पैठ जाने वाली तथा परिवेश की बारीकियों मे उतर जाने वाली गहरी दृष्टि अथवा रेबेलेस और सर्वेण्टीज़ जैसी कल्पनात्मक उड़ान तो उनमें नहीं है, किन्तु युग-सत्य को जिस साहस तथा निर्भीकता से उन्होंने उद्घाटित किया है, वह अपने में एक मिसाल है। रिचर्डसन, डेफ़ो, फ़ील्डिंग तथा स्मॉलेट आदि के उपन्यासों में इस कथन के प्रमाण देखे जा सकते हैं।

यथार्थवादी रचना-दृष्टि की परिपक्वता तथा एक भरे-पूरे कलान्दोलन के रूप

में उसके उदय और विकास की दृष्टि से 19वीं शताब्दी अतिशय महत्त्वपूर्ण भूमिका अदा करती है। समूचे मानव-इतिहास को क्रान्तिकारी मोड़ देने का श्रेय इस शताब्दी को प्राप्त है। इस शताब्दी में ज्ञान तथा विज्ञान के क्षेत्र में अद्‌भुत युगान्तर उपस्थित हुआ जिसने परम्परा से चले आते हुए चिन्तन तथा कर्म की दिशा ही बदल दी। हेगेल, फ़ायर बाख़, मार्क्स तथा एंगेल्स जैसे दार्शनिक चिन्तन के मनीषियों के अतिरिक्त न्यूटन तथा डार्विन जैसे वैज्ञानिकों की क्रान्तिकारी दार्शनिक तथा वैज्ञानिक निष्पत्तियाँ भी इसी शताब्दी में सामने आयीं। पूँजीवादी व्यवस्था अपने सारे अन्तर्विरोधों तथा असंगतियों को उजागर करती हुई एक ह्रासशील और शोषक सत्ता के रूप में इसी शताब्दी में पहचानी गयी। संसार तथा समाज के विकास-नियमों की क्रान्तिकारी तथा वैज्ञानिक समझ मार्क्सवादी विचार-दर्शन के रूप में इसी शताब्दी में स्पष्ट हुई। यही नहीं, इतिहास के प्रति एक गम्भीर वैज्ञानिक रुख़ इसी शताब्दी में विकसित हुआ और उसकी गति को परखने और पहचानने के संजीदा प्रयास शुरू हुए।

ज़ाहिर है कि 19वीं शताब्दी में ज्ञान और विज्ञान के क्षेत्र में होने वाली इस क्रान्तिकारी प्रगति का इस युग के साहित्य तथा कला-रचना पर ज़बर्दस्त प्रभाव पड़ा। यथार्थवादी विचारणा, जो अभी तक अन्योन्य विचारधाराओं के समानान्तर जीवन तथा कला सम्बन्धी आयामों पर अपनी अभिव्यक्ति कर रही थी, अब साहित्य तथा कला रचना की प्रधान प्रेरक शक्ति बन कर सामने आयी। मार्क्स और एंगेल्स के द्वारा प्रतिपादित द्वन्द्वात्मक भौतिकवादी तथा ऐतिहासिक भौतिकवादी दार्शनिक चिन्तन ने जहाँ भाववादी दर्शन के विविध रूपों को पृष्ठभूमि में करते हुए दार्शनिक चिन्तन के क्षेत्र में अपना वर्चस्व स्थापित किया, वहाँ यथार्थवादी रचना-दृष्टि ने शास्त्रीयतावाद तथा स्वच्छन्दतावाद को गत की वस्तु बनाते हुए अपने अपराजेय अस्तित्त्व का शंखनाद कर दिया। अलेक्ज़ेण्डर हर्जन ने यथार्थवादी विचारणा के इस शंखनाद का स्वागत करते हुए लिखा है–"ठीक उस समय जबकि क्लासिसिज़्म और रोमाण्टिसिज़्म के बीच संघर्ष चल रहा था... तब एक अन्य शक्तिशाली चीज़ उभर रही थी, और बल प्राप्त कर रही थी... एक पाँव क्लासिसिस्टों के कन्धों पर रखे और दूसरा रोमाण्टिसिस्टों के, वह उन दोनों से कहीं अधिक ऊँची थी, मानो समस्त शक्ति उसी के हाथों में हो।... क्लासिसिज़्म और रोमाण्टिसिज़्म, दोनों को स्वीकार करना पड़ा कि उन दोनों के बीच कोई तीसरी चीज़ आ खड़ी हुई है... जो उन दोनों में से, किसी को शह देने को तैयार नहीं है... क्लासिसिज़्म और रोमाण्टिसिज़्म, अतीत के दो महान युगों की उपज थे। उन्हें जिलाने के लिए चाहे कितना भी प्रयत्न किया जाये, वे अतीत की प्रेत-छायाएँ ही बने रहेंगे, जिनके लिए आज की दुनिया में कोई जगह नहीं हो सकती।"[4]

19वीं शताब्दी में एक शक्तिशाली रचना-दृष्टि तथा चित्रण पद्धति के रूप में

यथार्थवाद का जो रूप उभरा, साहित्य समीक्षा में उसे आलोचनात्मक यथार्थवाद (क्रिटिकल-रियलिज़्म्) का नाम दिया गया है। ज़रूरी है कि इस नाम की संगति को पहचानते हुए उन परिस्थितियों का ज़िक्र किया जाये जो यथार्थवाद के इस रूप को सामने लाने में सहायक सिद्ध हुईं, यही नहीं, जिन्हें पूँजीवादी व्यवस्था के, समाजवादी व्यवस्था में रूपान्तरण, फलतः एक नयी यथार्थ-दृष्टि के उद्भव का श्रेय भी प्राप्त है। इन परिस्थितियों का ज़िक्र करते हुए स्वभावतः हमारा ध्यान फ्रांस की उस प्रसिद्ध राज्य-क्रान्ति की ओर चला जाता है, जिसका उल्लेख हम पिछले पृष्ठों में कर चुके हैं।

ज़ाहिर है कि फ्रांस की इस राज्य-क्रान्ति ने आम आदमी के मन में ही नहीं, अपने समय के प्रबुद्ध दार्शनिकों तथा संवेदनशील लेखकों तथा कलाकारों के मन में भी भविष्य की अनेकानेक सुनहली सम्भावनाओं को जन्म दिया था। किन्तु जैसे-जैसे पूँजीवादी समाज की असंगतियाँ स्पष्ट होती गयीं, लोगों को अनुभव होता गया कि न केवल स्वतन्त्रता, समानता और बन्धुत्व जैसी क्रान्ति की सारी पवित्र उद्घोषणाएँ खोखली हैं, वरन् सामन्तवादी ज़ंजीरों से कहीं अधिक मज़बूत शिकंजों में समूची मनुष्यता को जकड़ दिया गया है। जिसे वे एक आदर्श व्यवस्था समझ बैठे थे, वह कदाचित् मानव-इतिहास की सर्वाधिक क्रूर और अमानवीय व्यवस्था है। यह एक ज़बर्दस्त मोहभंग था जिससे युग के संवेदनशील लेखक-वर्ग को भी गुज़रना पड़ा। एंगेल्स ने पूँजीवादी व्यवस्था की इस अमानवीयता तथा उससे उपजे मोहभंग को बड़ी विशदता के साथ स्पष्ट किया है।

''जिस राज्य को 'विवेक' के आधार पर कायम किया गया था, वह बिल्कुल ढह गया। रूसो के सामाजिक समझौते की परिणति आतंक राज्य में हुई और पूँजीपति वर्ग ने, जिसे अपनी राजनीतिक योग्यता में विश्वास न रह गया था, इस आतंक से बचने के लिए पहले तो 'डाइरेक्टरेट' के भ्रष्टाचार का सहारा लिया और फिर नेपोलियन की स्वेच्छाचारिता की शरण ली। जिस शाश्वत शान्ति की प्रतिश्रुति दी गयी थी, वह प्रभुता और अधिकार के लिए निरन्तर युद्ध में बदल गयी।... पूँजीवादी आधार पर उद्योग के विकास ने मेहनतकश जनता की ग़रीबी और मुसीबत को समाज के अस्तित्त्व की शर्त बना दिया। कार्लाइल के शब्दों में, आदमी-आदमी का एकमात्र सम्बन्ध नगद लेन-देन ही रह गया...। ज़ोर, ज़ुल्म, ज़बर्दस्ती की जगह भ्रष्टाचार ने ले ली। बन्धुत्व का क्रान्तिकारी आदर्श होड़ के छल-कपट और ईर्ष्या-द्वेष के रूप में फलीभूत हुआ। खड्ग की जगह स्वर्ण समाज का प्रथम उत्तोलक बन गया। पहली रात बिताने का अधिकार सामन्ती प्रभुओं के हाथ से निकल कर पूँजीवादी कारख़ानेदारों के हाथ में आ गया। वेश्यावृत्ति अभूतपूर्व रूप से बढ़ गयी।... संक्षेप में, दार्शनिकों ने जो सुन्दर आशाएँ बँधा दी थीं उनकी तुलना मे 'विवेक की विजय' द्वारा उत्पन्न सामाजिक तथा राजनीतिक संस्थाएँ घोर निराशाजनक थीं, और इन आशाओं का

मख़ौल भर थीं। कमी केवल उन लोगों की थी जो इस निराशा को वाणी दे सकें। अट्ठारहवीं शताब्दी का अन्त होते-होते ऐसे लोग भी आ गये।"[5]

एंगेल्स का इतना लम्बा उद्धरण देने में हमारा आशय फ्रांस की बुर्जुआ राज्य-क्रान्ति के वास्तविक चरित्र को उद्घाटित करना है। हमारा दृढ़ मत है कि पूँजीवाद की इस असलियत से परिचित होकर ही 19वीं शताब्दी के यथार्थवाद से परिचित हुआ जा सकता है।

ऐतिहासिक प्रक्रिया के जिन मूलभूत कारणों की खोज न तो 18वीं शताब्दी के यथार्थवादी कर सके थे और न 19वीं शताब्दी के स्वच्छन्दतावादी उन्हें शनैः-शनैः 19वीं शताब्दी के यथार्थवादियों ने पहचाना। 18वीं शताब्दी के यथार्थवादियों की तुलना में क्रान्ति के बाद के सामाजिक सम्बन्धों की 'डाइलेक्टिक्स' को समझने के लिए तथा इतिहास की गति को नियमित करने वाले कारणों की पड़ताल के लिये, उन्होंने नये माध्यमों तथा नये साधनों का प्रयोग किया।[6]

19वीं शताब्दी में यथार्थवाद का जो रूप विकसित हुआ, उसमें स्वच्छन्दतावाद की क्रान्तिकारी आस्था को अनेक आयामों पर देखा जा सकता है। उसकी प्रारम्भिक बुनावट में स्वच्छन्दतावादी तत्त्वों का ऐसा मिश्रण है कि कभी-कभी दोनों को अलग से पहचान पाना कठिन हो जाता है। किन्तु जैसे-जैसे पूँजीवाद की विकृति स्पष्ट होती गयी तथा वैज्ञानिक चिन्तन की नयी भूमिकाएँ उद्घाटित होती गयीं, ये स्वच्छन्दतावादी तत्त्व उसमें विरल होते गये, गोकि पूरी तरह निःशेष नहीं हुए। एक सीमा तक, कुछ समय, प्रगतिशील स्वच्छन्दतावाद तथा यथार्थवाद की ये धाराएँ समान आदर्शों को लिए हुए, समानान्तर बहती रहीं, किन्तु कालान्तर में विकासशील यथार्थवादी चेतना ने दूसरी को अन्तर्भूत कर लिया। पुश्किन, बाल्ज़क, डिकेन्स, स्कॉट, गोगल, स्टेण्ढल 19वीं शताब्दी के यथार्थवाद के वे पुरस्कर्ता हैं, जिनके कृतित्त्व में स्वच्छन्दतावादी तत्त्वों को सरलतापूर्वक परखा जा सकता है, किन्तु जैसा कि बोरिस सुखोव का कथन है, पुरिकन तथा वॉल्टर स्कॉट का कृतित्त्व इस तथ्य को भी प्रमाणित करता है कि स्वच्छन्दतावाद की एकांगी जीवन-दृष्टि से अपने को क्रमशः मुक्त करते हुए किस प्रकार एक सर्वथा नये प्रकार के यथार्थवाद का जन्म हुआ और युग-जीवन के कतिपय ऐसे क्षणों को पहली बार स्पर्श किया गया, जिन तक न तो स्वच्छन्दतावादियों की ही दृष्टि पहुँच सकी थी और न पूर्ववर्ती यथार्थवादियों की।[7]

सत्य के प्रति निष्कंप निष्ठा तथा ज्ञान की अनुपम पिपासा को 19वीं शताब्दी के यथार्थवादियों की आधारभूत विशेषता माना जा सकता है। ये वे लेखक थे जिन्होंने पूँजीवाद की असंगतियों के उद्घाटन तथा जीवन-सत्यों की खोज और उसके चित्रण के सिलसिले में बुर्जुआ समाज-व्यवस्था के प्रति निर्मम आलोचना का रुख़ ग्रहण किया। यही कारण है कि 'यथार्थवाद' के इतिहास में उनके यथार्थवाद को

'आलोचानात्मक यथार्थवााद' के नाम से अभिहित किया गया है। 19वीं शताब्दी के अंग्रेज़ उपन्यासकारों की प्रशस्ति में मार्क्स ने अपना जो अभिमत प्रकट किया है, उसे इस शताब्दी के समूचे यथार्थवादियों पर लागू किया जा सकता है।[8]

वर्ग-संघर्ष, सामाजिक असमानता, अमीर और ग़रीब में समाज का विभाजन, ये सब पूँजीवादी उत्पादन पद्धति का परिणाम थे। पूँजीवाद की इस असलियत पर प्रहार करते हुए तथा काल्पनिक समाजवादियों की सदिच्छाओं को अव्यावहारिक ठहराते हुए मार्क्स और एंगेल्स के द्वारा जिस वैज्ञानिक समाजवाद की प्रतिष्ठा हुई, उसने वैज्ञानिक पद्धति पर शोषणविहीन एक नये समाज तथा नयी दुनिया के लिए संघर्ष का पथ प्रशस्त कर दिया। 1917 ई. में रूस में हुई महान समाजवादी क्रान्ति ने पहली बार मानवीय शोषण के सारे औज़ारों को दफ़न करते हुए मज़दूरों के समाजवादी राज्य को जन्म दिया। समाजवादी क्रान्ति की सफलता ने विश्व भर के शोषित जन-समाज के मन में अपने भविष्य के प्रति एक नयी आस्था को जन्म दिया, फलतः समूची दुनिया में पूँजीवाद की चूलें हिल गयीं। इस समाजवादी क्रान्ति के पीछे जो विचारधारा कार्य कर रही थी, समाज विकास के नियमों की जो वैज्ञानिक समझ निहित थी, उसने लेखकों और कलाकारों को भी सामाजिक यथार्थ की नयी दृष्टि प्रदान की; इसका परिणाम यथार्थवादी साहित्य तथा कलान्दोलन में एक नये और क्रान्तिकारी मोड़ में स्पष्ट हुआ। समाजवादी समाज की स्थापना ने जिस नये यथार्थ को प्रस्तुत किया, उसके सन्दर्भ में 19वीं शताब्दी के आलोचनात्मक यथार्थवाद की अपर्याप्तता तथा एकांगिता को लक्ष्य करते हुए यथार्थ के प्रति एक रचनात्मक दृष्टिकोण की आवश्यकता का अनुभव किया गया, फलतः समाजवाद की धरती से एक नये प्रकार की यथार्थवादी सौन्दर्य-दृष्टि का अभ्युदय हुआ, जिसे उसके प्रस्तोताओं ने 'समाजवादी यथार्थवाद' का नाम दिया।

बावजूद इसके कि बींसवीं शताब्दी में 'आलोचनात्मक यथार्थवाद' की धारा प्रवाहित रही। इस शताब्दी को 'समाजवादी यथार्थवाद' को जन्म देने और उसे विकास के नये-नये आयामों तक पहुँचाने का श्रेय प्राप्त है। इस समाजवादी यथार्थ-दृष्टि के जन्म के मूल में मार्क्सवादी विचार-दर्शन के अलावा रूस के बेलिंस्की, चर्निशवस्की, दोब्रोल्युबोव तथा अलेक्ज़ेण्डर हर्जन जैसे उन क्रान्तिकारी प्रजातन्त्रवादियों के दार्शनिक-सामाजिक चिन्तन का भी सक्रिय योग है, जो एक-दूसरे ही स्रोत से उसी लक्ष्य की ओर इंगित कर रहा था जिसे मार्क्सवादी विचार-दर्शन ने साकार किया।

यह पश्चिमी साहित्य में 'यथार्थवाद' के उदय और विकास का एक सर्वेक्षण मात्र है, जो इस तथ्य की पुष्टि करता है कि एक सहज-स्वाभाविक रुझान के रूप में सभ्यता के प्रत्येक युग में अपनी स्थिति की सूचना देने के बावजूद एक रचनात्मक सौन्दर्यशास्त्रीय दृष्टि तथा चित्रण-पद्धति के रूप में 'यथार्थवाद' का आन्दोलनबद्ध

विकास 19वीं शताब्दी में, और वह भी सन् 1840 के बाद में हुआ। 19वीं शताब्दी के मध्य से लेकर बीसवीं शताब्दी के इस चरण तक का साहित्य इसी यथार्थवाद की मूल प्रेरणा को लेकर रचा गया है। 'यथार्थवाद' की महान उपलब्धियों का श्रेय भी इन्हीं दो शताब्दियों को है। कदाचित् ही, विश्व के सर्जनात्मक साहित्य को, यथार्थवाद से बड़ी देन किसी अन्य माध्यम से प्राप्त हुई हो।

'यथार्थवाद' की अपनी इस चर्चा में हमने जान-बूझ कर 'प्रकृतिवाद' तथा 'मनोवैज्ञानिक यथार्थवाद' अथवा 'अन्तश्चेतनावादी यथार्थवाद' के नाम से जानी-पहचानी जाने वाली कला दृष्टियों को छोड़ दिया है। जहाँ 'प्रकृतिवाद' अपनी आधारभूत जीवशास्त्रीय प्रेरणा के कारण हमारे द्वारा 'यथार्थवाद' की परिधि में स्वीकार नहीं किया गया, वहाँ तथाकथित मनोवैज्ञानिक अथवा अन्तश्चेनावादी यथार्थवाद को 'यथार्थवाद' की सीमा में हम इस कारण परिगणित नहीं कर सके हैं कि उसके मूल में यथार्थवाद सम्बन्धी उस दार्शनिक दृष्टिकोण का अस्वीकार निहित है, जिसका उल्लेख हमने प्रारम्भ में किया है। अस्तु-

अगले पृष्ठों में हम यथार्थवादी साहित्यान्दोलन के दो प्रधान स्तम्भों के रूप में क्रमशः 'आलोचनात्मक यथार्थवाद' तथा 'समाजवादी यथार्थवाद' की कुछ विशद चर्चा करेंगे।

आलोचनात्मक यथार्थवाद

'आलोचनात्मक यथार्थवाद' की चर्चा करते हुए अर्न फिशर ने लिखा है कि "पूँजीवादी दुनिया में हर उल्लेखनीय कलाकार तथा लेखक की यह सामान्य प्रवृत्ति मानी जा सकती है कि वह अपने चारों ओर के सामाजिक यथार्थ से समझौता कर पाने में कतई असमर्थ रहा है। यों तो हर सामाजिक व्यवस्था के अपने वकील तथा विरोधी, दोनों रहे हैं, किन्तु यह केवल पूँजीवादी समाज-व्यवस्था ही है, जिससे हर कला ने, सामान्यता की एक हद से ऊपर, महज़ विद्रोह और विरोध की कला के रूप में अपना परिचय दिया है।"[9]

19वीं शताब्दी तक स्पष्ट हो जाने पर पूँजीवाद की असंगतियों तथा उससे उत्पन्न मोहभंग का ज़िक्र हम कर चुके हैं। वस्तुतः 18वीं शताब्दी के मध्य तक समाज-व्यवस्था तथा लेखक-वर्ग के बीच असामंजस्य की असहनीय स्थिति न आ पायी थी। लेखक मनुष्य की, जिस रूप में वह था, देख सकने में और उसे सम्पूर्णता में प्रस्तुत कर सकने में बहुत दिक्कत का अनुभव न करता था, किन्तु पूँजीवाद की असंगतियों के क्रमशः उद्घाटित होने के साथ-साथ समाज-व्यवस्था तथा लेखक वर्ग के बीच असन्तुलन बढ़ता गया, और एक स्थिति यह आयी कि लेखक का रचना-धर्म ही संकट में पड़ गया। जैसा कि रॉल्फ़ फ़ॉक्स ने लिखा है—समूची 19वीं शताब्दी

के दौरान हम लेखक वर्ग को व्यवस्था तथा उससे सामंजस्य बिठाने के असफल प्रयास में संघर्षरत देखते हैं, उसे एक ऐसी व्यवस्था से जूझते हुए पाते हैं जो उसे ऐसे नियमों तथा कानून-कायदों में बाँध कर जीवित रखना चाहती है, जिन्हें स्वीकार करने में वह कतई असमर्थ था। यह वह व्यवस्था थी जिसने उसे बुरी तरह धोखा दिया था, उससे उसकी स्वतन्त्रता ही नहीं, आत्मसम्मान के साथ जीने का सारा अधिकार छीन लिया था, जिसने कला तथा मनुष्य को महज़ ख़रीदे तथा बेचे जाने वाले माल के रूप में बदल दिया था। रूसो, शेली, बायरन सब अपने-अपने ढंग से इस अमानवीय व्यवस्था को धिक्कार चुके थे, किन्तु अब एक ऐसी स्थिति आ गयी थी कि विद्रोह, मृत्यु अथवा समाज से सम्पूर्ण पलायन के अतिरिक्त उनके सामने कोई रास्ता ही शेष न बचा था। कुछ ने विरोध, विद्रोह तथा धिक्कार की अपनी प्रखरता कायम रखी, किन्तु शेष को या तो 'कला-कला के लिये' का नारा लगाते हुए समाज से पलायन करना पड़ा अथवा आत्महत्या तथा मृत्यु के लिए विवश होना पड़ा।[10] फ़्लॉवेयर के पत्र तथा डायरी के अंश संवेदनशील लेखकों की उस दयनीय नियति का प्रमाण हैं, जिसे परिस्थितियों ने उन पर थोप दिया था।[11]

किन्तु इन संवेदनशील, ईमानदार तथा प्रतिभा-सम्पन्न लेखकों का व्यवस्था के ख़िलाफ़ विद्रोह वस्तुतः इनके अपने 'आत्म' का उस व्यवस्था के अतिचार के ख़िलाफ़ विद्रोह था जिसने उन्हें चारों ओर से काट कर अकेलेपन में घुटने और तड़पने के लिए छोड़ दिया था। इसी बिन्दु पर अर्न फिशर की टिप्पणी है—'आलोचनात्मक यथार्थवाद' पूँजीवाद व्यवस्था के ख़िलाफ़ इसी अकेले 'आत्म' के रोमानी विद्रोह तथा बुर्जुआ मूल्यों के प्रति एक ऐसे विलक्षण 'अस्वीकार' का प्रतिफल है, जिसमें अभिजात तथा ग़ैर-अभिजात, दोनों प्रकार की मानसिकता घुली-मिली है। कहने की आवश्यकता नहीं कि बुर्जुआ समाज-व्यवस्था के ख़िलाफ़ कलाकार के अकेले 'आत्म' का यह विद्रोह व्यापक और प्रगाढ़तर ही होता गया है, गोकि इस क्रम में विद्रोह करने वाले आत्म का स्वरूप ज्यों का त्यों रहा है।[12] अर्न फिशर का इशारा यहाँ इस तथ्य की ओर है कि 'आलोचनात्मक यथार्थवाद' में उसके जन्म से ही रोमानी क़िस्म की प्रतिक्रियाएँ निहित हैं। इस भूमि पर वे स्वच्छन्दतावाद को 'आलोचनात्मक यथार्थवाद' का एक प्रारम्भिक दौर मानने के लिए भी तैयार हैं, गोकि दोनों की पद्धतियों में अन्तर को स्वीकृति देते हैं। इसके विपरीत बोरिस सुखोव दृष्टिकोण के स्तर पर भी स्वच्छन्दतावाद से प्रारम्भिक यथार्थवाद को अलग करते हैं। उनके अनुसार, यथार्थवाद में स्वच्छन्दतावाद जैसी एकांगिकता का अभाव है। 'आलोचनात्मक यथार्थवाद' के पुरस्कर्ताओं में उन्होंने पुश्किन का नाम दिया है और कहा है कि धीमी गति से विकसित होने वाले पूँजीवाद के अपने अनुभवों के कारण पुश्किन नये सामाजिक सम्बन्धों के निर्माण और उसकी प्रतिष्ठा को सम्पूर्णता अथवा विस्तार में

भले चित्रित न कर पाये हों, किन्तु एक नये प्रकार के यथार्थवाद की नींव डालने का श्रेय उन्हें है, जो अपनी प्रकृति में आलोचनात्मक है तथा मनुष्य और उसके अपने परिवेश तथा मनुष्य और समाज के बीच के पारस्परिक सम्बन्धों के चित्रण में संश्लेषात्मक है।[13] आलोचनात्मक यथार्थवाद की उसी पद्धति को बाल्ज़ाक, स्टेण्ढेल, डिकेन्स, ब्रान्ती बहिनों तथा गोगोल आदि के द्वारा किये गये सामन्तवाद की ढूह पर पनपने वाले नये पूँजीवादी सम्बन्धों में निहित असंगतियों के उद्‌घाटन और चित्रण में देखा जा सकता है। बुर्जुआ यथार्थवादी धारणा से 'आलोचनात्मक यथार्थवाद' इस अर्थ में विशिष्ट है कि उसके विपरीत उसमें मनुष्य की ज़िन्दगी को सामाजिक सन्दर्भता से अलगाकर नहीं, उसके साथ संयुक्त करके देखा गया है, तथा केवल समाज से सही मनुष्य की ज़िन्दगी ही नहीं, सामाजिक असंगतियों का भी चित्रण किया गया है। 'आलोचनात्मक यथार्थवाद' के पुरस्कर्ताओं ने अपनी पैनी दृष्टि के बल पर सामाजिक असंगतियों को पहचानते हुए बुर्जुआ चेतना तथा उसके द्वारा अनुकूलित सामाजिक व्यवस्था का विश्लेषण भी किया है। इन बिन्दुओं पर भी 'आलोचनात्मक यथार्थवाद' स्वच्छन्दतावाद के विपरीत नयी लीकों की सृष्टि करता है, और इस कारण उससे विशिष्ट है।

पूँजीवादी समाज-व्यवस्था की असंगतियों के प्रति तथा उसके समूचे कर्म के प्रति एक आलोचनात्मक रुख़ इन यथार्थवादियों के लिए एक विवशता भी बन गया था। इस सन्दर्भ में बाल्ज़ाक ने लिखा है—"जनता हमसे सुन्दर चित्रों की माँग करती है, किन्तु उनके नमूने इस समाज-व्यवस्था में हैं कहाँ? आपके घिनौने वस्त्र, आपकी अपरिपक्व क्रान्तियाँ, आपका बातूनी बुर्जुआ, आपका मृतधर्म, आपकी निकृष्ट शक्ति, बिना सिंहासन के आपके बादशाह, ये सब क्या इतने काव्यात्मक हैं कि इनका चित्रण किया जाये? हम अधिक-से-अधिक इन मख़ौल उड़ा सकते हैं।"[14]

सत्य की निष्ठा से गयी शोध तथा ज्ञान की उत्कट पिपासा आलोचनात्मक यथार्थवाद के प्रत्येक समर्थ पुरस्कर्ता की केन्द्रीय विशेषता है। अपने रचना धर्म के प्रति अद्‌भुत ईमानदारी बरतते हुए ये अपनी इन केन्द्रीय विशेषताओं को स्थिर रख सके हैं। इसी सन्दर्भ में एंगेल्स ने बाल्ज़ाक पर लिखते हुए उसके कृतित्त्व को यथार्थवाद की महान विजय (Trimph of Realism) का उदाहरण माना है, और कहा है कि तत्कालीन समाज के बारे में उन्होंने बाल्ज़क से इतना कुछ पाया है जो उन्हें उस युग के सारे पेशेवर इतिहासकारों, अर्थशास्त्रियों तथा सांख्यिकीकारों का कृतित्त्व सम्मिलित रूप से भी नहीं दे सका है।[15] लेनिन ने टॉलस्टॉय की रचनात्मक ऊँचाई की चर्चा करते हुए लगभग यही बातें कहीं हैं और उनके कृतित्त्व को रूसी क्रान्ति के दर्पण की संज्ञा दी है।[16]

यह सही है कि 'आलोचनात्मक यथार्थवाद' के पुरस्कर्ताओं में समाज तथा

ज़िन्दगी के प्रति रुख़ को लेकर कुछ अन्तर है, उनकी राजनीतिक आस्थाएँ भी एक नहीं हैं, किन्तु उनके लक्ष्य में, अर्थात् सामाजिक जीवन और उसके विकास के सन्दर्भ में मनुष्य के चित्रण, अमानवीयता की हद तक पहुँची हुई पूँजीवादी व्यवस्था की विकृतियों के उद्घाटन तथा उस व्यवस्था में पिसते सामान्यजन के प्रति अतिशय संवेदनशील तथा आत्मीय भाव में, कहीं भी पार्थक्य नहीं है। उनकी कला वस्तुतः प्रजातान्त्रिक कला है जो शैली, माध्यमों तथा पद्धतियों का अन्तर स्वीकार करते हुए चलती है।[17]

'आलोचनात्मक यथार्थवाद' की रचनागत उपलब्धियों का यह एक संक्षिप्त सर्वेक्षण है। वस्तुतः युग की दूसरी रचनात्मक प्रवृत्तियों तथा विचार दृष्टियों के समानान्तर, वरन् उन्हें पीछे छोड़ते हुए 'आलोचनात्मक यथार्थवाद' ने यथार्थवादी कला को उसकी महान ऊँचाइयों तक पहुँचाया है। 19वीं तथा 20वीं शताब्दी का पूँजीवाद तथा अपनी समूची सड़ान्ध के साथ समाप्त होती हुई सामन्तवादी व्यवस्था अपने एकदम नग्न तथा घिनौने रूप में यहाँ विद्यमान है। अपने रचना धर्म के प्रति एक निहायत ईमानदार रुख़, प्रखर यथार्थ बोध, गहरा सामाजिक लगाव तथा समर्थ चित्रण शैली, 'आलोचनात्मक यथार्थवाद' के पुरस्कर्ताओं की विशिष्ट उपलब्धियाँ हैं। इन रचनाकारों का मूल स्वर विरोध, विद्रोह, अनास्था तथा अस्वीकार का स्वर है। इनके कृतित्त्व में व्यवस्था के विनाश का उद्बोधन है, उसकी अमानवीयता की भर्त्सना है, उसके खोखले आदर्शों का मख़ौल है। सामान्य जीवन के प्रति इन लेखकों की निष्ठा, जनता के दुःखी जीवन के प्रति इनकी संवेदना, व्यवस्थाजन्य विकृतियों एवं उनका पोषण करने वाले सुविधाभोगी वर्गों के प्रति उनका आक्रोश, परिवर्तन की उत्कट आकांक्षा वे बातें हैं जो इन रचनाकारों की यथार्थ-दृष्टि को सार्थक बनाती हैं और उसे प्रकृतिवादियों तथा मनोवैज्ञानिक यथार्थवादियों की छद्म यथार्थ-दृष्टि से अलग करती हैं।[18] यह सही है कि इन रचनाकारों के पास वैज्ञानिक दृष्टिकोण का अभाव रहा है और ये दुखी मनुष्यता के भविष्य को उस वैज्ञानिक दृष्टिकोण के सन्दर्भ में नहीं देख सके हैं, किन्तु फिर भी, इनकी यथार्थ-दृष्टि ने आगे की पीढ़ियों के लिए ऐसा बहुत कुछ उद्घाटित कर दिया है जो मनुष्य के उज्ज्वल भविष्य की संरचना में उनका सम्बल बन सके। इन्होंने यथार्थवाद की कला को महाकाव्य की ऊँचाइयों तक पहुँचाया है, और यथार्थवाद के रचनात्मक विकास को ज़बर्दस्त बल प्रदान किया है।

'आलोचनात्मक यथार्थवाद' की इन्हीं उपलब्धियों के सन्दर्भ में जॉर्ज लुकाच ने 'आलोचनात्मक यथार्थवाद' तथा यथार्थवादी कला के अगले विकास 'समाजवादी यथार्थवाद' के बीच सन्धि की चर्चा की है।[19] 'समाजवादी यथार्थवाद' की चर्चा के क्रम में हम इस प्रश्न पर ग़ौर करेंगे।

समाजवादी यथार्थवादी

'समाजवादी यथार्थवाद' यथार्थवादी आन्दोलन का नव्यतम विकास है। सन् 1934 ई. में सोवियत लेखकों की यूनियन के पहले अधिवेशन में अपनी रिपोर्ट प्रस्तुत करते हुए मैक्सिम गोर्की ने सर्वप्रथम उसका नाम लिया और उसकी रूपरेखा स्पष्ट की।[20] उन्होंने उसे सोवियत साहित्य के एकमात्र सौन्दर्यशास्त्रीय प्रतिमान के रूप में स्वीकार करने के लिए लेखक-वर्ग का आह्वान किया। तब से लेकर आज तक न केवल सोवियत लेखकों और कला-चिन्तकों के बीच, वरन् यथार्थवादी कलान्दोलन की सर्वोत्तम उपलब्धि के रूप में वह समूचे विश्व के प्रबुद्ध यथार्थवादी रचनाकारों एवं विचारकों के मध्य चर्चा का विषय बना हुआ है।

वस्तुतः सन् 1917 ई. की सफल समाजवादी क्रान्ति के उपरान्त रूस में जिस नये समाज की स्थापना हुई और जो नयी वास्तविकता सामने आयी, उसे समझने और चित्रित करने के लिए एक नयी कला-दृष्टि और नयी रचनात्मक पद्धति की आवश्यकता अनुभव हुई, फलतः यथार्थवाद के दायरे के भीतर चिन्तन और मनन के क्रम में 'समाजवादी यथार्थवाद' का रूप उभरा और उसे मान्यता प्राप्त हुई।

नयी यथार्थ-दृष्टि की आवश्यकता तथा खोज के बीच स्वभावतः पूर्ववर्ती आलोचनात्मक यथार्थ-दृष्टि भी चर्चा का विषय बनी। उसके गौरवमय इतिहास तथा जीवन्त उपलब्धियों के बावजूद समाजवादी कला-चिन्तकों का मत था कि आलोचनात्मक यथार्थवादी दृष्टि नयी वास्तविकता के चित्रण हेतु नयी रचनाशील पीढ़ी के लिए इस कारण प्रेरणा का स्रोत नहीं बन सकती कि नयी वास्तविकता को कलात्मक अभिव्यक्ति देने के लिए जिस 'पॉजीटिव', सक्रिय तथा रचनात्मक दृष्टिकोण की आवश्यकता है, उसका 'आलोचनात्मक यथार्थवाद' में सर्वथा अभाव है, अतएव, विरासत के रूप में उसकी सार्थक प्रेरणा को स्वीकार करते हुए भी उसका अनुगमन सम्भव नहीं है।[21]

वस्तुतः 'आलोचनात्मक यथार्थवाद' अपने समय की ऐतिहासिक आवश्यकता थी, किन्तु नयी वास्तविकता नये दृष्टिकोण की माँग कर रही थी और उसके प्रति वही रुख़ नहीं रखा जा सकता था जो सामन्तवादी-पूँजीवादी व्यवस्थाओं के प्रति 'आलोचनात्मक यथार्थवाद' में स्पष्ट हुआ था। जहाँ तक सोवियत लेखकों का प्रश्न है, जो नयी वास्तविकता अपने चित्रण के लिए उनकी रचनाशीलता को आमन्त्रण दे रही थी, उसके सन्दर्भ में समाजवादी यथार्थ-दृष्टि का स्वीकार उनके लिए आवश्यक था, किन्तु एक दूसरा सवाल था कि वे लेखक जो अभी भी पूँजीवादी व्यवस्था में रह रहे थे, वास्तविकता के बारे में वे कौन-सा रुख़ अपनाएँ? इस सवाल का उत्तर इस रूप में सामने आया कि ऐसे लेखक विद्यमान पूँजीवादी व्यवस्था के प्रति अपने

कठोर आलोचनात्मक रुख़ को कायम रखें, साथ ही वैज्ञानिक समाजवाद ने उन्हें जो नयी समझ दी है, उसके प्रकाश में समाज में उभर रही उन प्रगतिशील ताक़तों को अपना दृढ़ समर्थन प्रदान करें, इतिहास देर-सवेर जिनके पक्ष में निर्णय देने वाला है।

यह प्रश्न हमने यहाँ इसलिए उठाया है कि 'समाजवादी यथार्थवाद' के अन्तर्गत निहित यथार्थ-दृष्टि को लेकर स्वयं उन लोगों में भी कुछ दृष्टिभेद है, जो उसके पुरस्कर्ता हैं। दृष्टिभेद का मूलभूत मुद्दा यही है कि समाजवादी यथार्थ-दृष्टि से सही आशय क्या है? समाजवादी वास्तविकता का चित्रण करना उसका लक्ष्य है अथवा वास्तविकता का समाजवादी दृष्टि के आधार पर चित्रण करना उसका साध्य है? लूनाचार्स्की उन विचारकों का प्रतिनिधित्व करते हैं जो समाजवादी वास्तविकता के चित्रण को 'समाजवादी यथार्थवाद' का लक्ष्य घोषित करते हैं,[22] जबकि चारु यांग 'समाजवादी यथार्थवाद' से यह आशय लेते हैं कि वास्तविकता का उसके क्रान्तिकारी विकास-क्रम के अनुरूप ईमानदारी से चित्रिण किया जाये।[23] जहाँ तक हमारा अभिमत है, ऊपर के मन्तव्यों में जो दृष्टिभेद हमें लक्षित होता है, वह बहुत तात्विक नहीं है। तात्विक बात यह है कि वैज्ञानिक समाजवाद द्वारा प्रदत्त समझ की अनुकूलता में लेखक अपने चारों ओर फैली वास्तविकता का ईमानदारी तथा सच्चाई से चित्रण करें। यदि उसकी समझ साफ़ है, पूँजीवादी व्यवस्था के प्रति उसका आलोचनात्मक रुख़ वही नहीं रहेगा, जैसा कि वैज्ञानिक समाजवाद की समझ के अभाव में आलोचनात्मक यथार्थवाद के अन्तर्गत उसका रूप उभरा है। ऐसी स्थिति में दृष्टिभेद और विवाद के लिए वस्तुतः कोई गुंजाइश नहीं रह जाती। फिर, 'समाजवादी यथार्थवाद' आलोचनात्मक रुख़ से सर्वथा शून्य हो, ऐसी बात भी नहीं है। सर्वहारा-संस्कृति के निर्माण के प्रति रचनात्मक दृष्टि पर बल देते हुए सोवियत लेखकों की पहली कांग्रेस में ही फ़ेदेयेव ने रचनाकारों को चेतावनी देते हुए कहा था कि पूर्ववर्ती यथार्थवाद के विषय में गोर्की के दृष्टिकोण को सम्पूर्णतः स्वीकार करने का कोई सवाल नहीं है। उन्होंने स्पष्टतः घोषित किया कि 'समाजवादी यथार्थवाद' न केवल सामाजिक सम्बन्धों के नये रूपों पर बल देता है, वह सर्वाधिक आलोनात्मक क़िस्म का यथार्थवाद भी है।[24] नयी वास्तविकता के प्रति रचनात्मक दृष्टि के साथ-साथ आलोचनात्मक रुख़ रखने का स्पष्ट संकेत करते हुए लेनिन ने भी कहा कि नयी संस्कृति का निर्माण पूँजीवादी मानसिकता में ढले व्यक्ति ही, नयी वास्तविकता के सन्दर्भ में, शनैः शनैः अपने को बदलते हुए करेंगे। क्रान्ति के तुरन्त बाद रूसी समाज नयी समाजवादी मूल्यवत्ता ग्रहण न कर लेगा। अपने ह्रासशील संस्कारों का क्रमशः परित्याग करते हुए लोग शनैः शनैः ही समाजवादी नैतिकता तथा समाजवादी मूल्यों को प्रश्रय देंगे। कहने का मतलब यह कि क्रान्ति के उपरान्त भी रूस में ऐसा कुछ बचा रहेगा जो आलोचना की अपेक्षा रखता हो। ऐसी स्थिति में रचनात्मक और विधेयात्मक तत्त्वों

से आधारतः निर्मित होते हुए भी 'समाजवादी यथार्थवाद' के लिए ज़रूरी है कि वह आलोचनात्मक रुख़ का भी परित्याग न करे।

इस प्रकार की धाराणाएँ ही पूर्ववर्ती 'आलोचनात्मक यथार्थवाद' तथा 'समाजवादी यथार्थवाद' के बीच एक रिश्ता कायम करती हैं, और जॉर्ज लुकाच ने उन्हीं के सूत्रों को उठाते हुए इस रिश्ते को कायम रखने पर बल दिया है।

इसके पहले कि हम 'आलोचनात्मक यथार्थवाद' तथा 'समाजवादी यथार्थवाद' के इस रिश्ते को स्पष्ट करें, हम 'समाजवादी यथार्थवाद' के सिद्धान्त पक्ष पर एक सरसरी दृष्टि डालना आवश्यक समझते हैं।

'समाजवादी यथार्थवाद' रचनाकार से इस समझ की अपेक्षा रखता है। कि वह सामाजिक विकास-नियमों को उनकी मूल द्वन्द्वात्मकता में परखे और पहचाने, सामाजिक विकास की मूलवर्ती दिशा को उसकी सम्पूर्ण ऐतिहासिक प्रकृति के साथ समझे, ताकि अन्तर्विरोधों तथा असंगतियों के बीच से होने वाले समाज के गुणात्मक विकास के प्रति उसकी दृष्टि धुँधली न होने पाये। 'समाजवादी यथार्थवादी' की यह वैज्ञानिक समझ रचनाकार को वस्तुगत यथार्थ को उसके क्रान्तिकारी तथा वैज्ञानिक विकास के साथ देखने की प्रेरणा देती है। समाजवादी यथार्थ-दृष्टि से युक्त लेखक की यह समझ उसे यह बोध देती है कि इतिहास की गति अदृश्य शक्तियों द्वारा संचालित न होकर कतिपय नियमों से निर्धारित होती है, और उन नियमों को समझा और परखा जा सकता है। इतिहास की गति का नियमन करने वाले नियमों के भौतिक आधार की यह पहचान ही उसे इस निष्कर्ष पर पहुँचाती है कि मनुष्य इतिहास और परिस्थितियों का दास नहीं, वरन् उनका निर्माता है। वह अपने सार्थक तथा संगठित प्रयास से इतिहास तथा परिस्थितियों को बदल सकता है। इतिहास के अपने नियम उसका बन्धन न होकर उसके सहायक हैं। मनुष्य द्वारा अपनी शक्ति तथा क्षमता का यह एहसास समाजवादी यथार्थ-दृष्टि की बहुत बड़ी विशेषता है, जिसे 'समाजवादी यथार्थवाद' के सिद्धान्तकारों ने 'ऐतिहासिक आशावाद' का नाम दिया है। ज़ाहिर है कि यह आशावाद रोमांटिकों के आशावाद से इस कारण भिन्न है कि जहाँ रोमांटिकों का आशावाद उनकी भोली कल्पना के अलावा कुछ नहीं है। वहाँ इस आशावाद की जड़ें समाज तथा इतिहास के विकास-नियमों की समझ में गहराई से जमी हैं। रोमाण्टिकों का थोथा आशावाद जहाँ मोह भंग की नियति पाता है, वहाँ यह आशावाद मनुष्य के उज्ज्वल भविष्य को साकार उपस्थिति में अपनी प्रामाणिकता सूचित करता है।

'समाजवादी यथार्थवाद' लेखक से अपेक्षा रखता है कि वह समाज-विकास की वैज्ञानिक समझ को आत्मसात करके ही यथार्थ-चित्रण में अग्रसर हो। रॉल्फ़ फ़ॉक्स के अनुसार, 'उसे निरे वर्णन या आत्मगत विश्लेषण से ही नहीं, बल्कि परिवर्तन से,

कार्य-कारण सम्बन्ध से, संकट और द्वन्द्व से सरोकार रखना चाहिए।[25] 'समाजवादी यथार्थवाद' का आग्रह है कि लेखक वस्तुगत यथार्थ को उसकी सम्पूर्णता में, उसके क्रान्तिकारी विकास के साथ उद्‌घाटित करे, न कि उसे खण्डशः अथवा जड़ रूप में चित्रित करे। समाजवादी यथार्थ के लेखक की ऐतिहासिक समझ इस प्रकार की हो कि वह जान सके कि इतिहास का विकास पुराने को सुरक्षित रखने से और उसे नष्ट होने से रोकने से नहीं, वरन् नये द्वारा पुराने का स्थान ग्रहण करने से होता है। उसका कर्तव्य है कि वह समाज में उभरने वाले नये आर्थिक-सामाजिक रूप को देखे, नयी वर्ग-शक्तियों का अध्ययन करे, पुरानों की तुलना में, पुरानों के साथ उनका संघर्ष दिखाते हुए नये विचारों तथा नये व्यक्तियों को प्रतिबिम्बित करे।[26]

'समाजवादी यथार्थवाद' जीवित चरित्रों के चित्रण पर बल देता है। रॉल्फ़ फ़ॉक्स के अनुसार, ''आज मानव हमारी समाज-व्यवस्था के भरभरा कर ढह जाने के साथ उत्पन्न होने वाली बाह्य वस्तुगत विभीषिकाओं के ख़िलाफ़, बेकारी और कृषि के ह्रास के ख़िलाफ़, मशीन के प्रभुत्व के ख़िलाफ़ लड़ने पर बाध्य है। साथ ही, उसे अपने मस्तिष्क के अन्दर इन सब चीज़ों के मनोगत प्रतिबिम्ब के ख़िलाफ़ भी लड़ना है। उसे लड़ना है दुनिया को बदलने के लिये, सभ्यता को बचाने के लिये। और, साथ ही उसे मानव-आत्मा में पूँजीवादी अराजकता को ख़त्म करने के लिए भी लड़ना है।''[27] इस दोहरे संघर्ष में ही, जिसमें प्रत्येक पक्ष बारी-बारी से एक-दूसरे को प्रभावित करता और एक-दूसरे से प्रभावित होता है, अन्तर्मुखी और बहिर्मुखी यथार्थवाद के बीच के पुराने तथा कृत्रिम विभाजन का अन्त होगा।''[28]

'समाजवादी यथार्थवाद' के पुरस्कर्ताओं ने चरित्र-चित्रण के अन्तर्गत जीवित तथा सक्रिय चरित्रों की प्रस्तुति का विशेष रूप से आग्रह किया है और ऐसे चरित्रों का स्रोत जन-जीवन को माना है, जिसका गहरा परिचय और जिससे अत्यन्त घनिष्ठ सम्पृक्ति समाजवादी यथार्थ के लेखक के लिए अनिवार्य है। इसी क्रम में उन्होंने सक्रिय नायकों की चर्चा की है, जो विपरीत परिस्थितियों के बीच संघर्ष करते हुए अपने लक्ष्य तक पहुँचते हैं।

'समाजवादी यथार्थवाद' के अन्तर्गत लेखक की भविष्य-दृष्टि अर्थात् उस 'विज़न' की चर्चा विशेष रूप से हुई है, जो उसकी कृति के बीच में उभरता हुआ उसकी समाजवादी यथार्थ-दृष्टि को सार्थक बनाता है। समाजवादी यथार्थवाद के प्रवक्ता इस भविष्य-दृष्टि को यथार्थ-विरोधी नहीं मानते और उसे रोमाण्टिकों के 'हवाई स्वप्नों' से इस आधार पर एकदम भिन्न मानते हैं कि यह भविष्य-दृष्टि लेखन के समाज-विकास-सम्बन्धी वैज्ञानिक तथा ऐतिहासिक समझ के अनुकूल साकार होने वाली एक जीवित सच्चाई है,[29] जिसका आधार वर्तमान का यथार्थ ही है। यथार्थ मात्र वही नहीं है जो कि हमारे समक्ष अथवा हमारे चारों ओर विद्यमान है, वह भी

उतना ही जीवित यथार्थ है, जो कि वर्तमान के गर्भ से, उसकी ऐतिहासिक तथा वैज्ञानिक परिणति के रूप में सामने आता है।

'समाजवादी यथार्थवाद' के सिद्धान्त पक्ष की यह एक सामान्य रूपरेखा है, जिसे सूत्र रूप में हम निम्नलिखित तरीक़े से प्रस्तुत कर सकते हैं–

1. वस्तुगत यथार्थ का उसके क्रान्तिकारी विकास की अनुरूपता में, समाजवादी दृष्टि के आधार पर चित्रण।

2. समाज-विकास की द्वन्द्वात्मक तथा ऐतिहासिक प्रक्रिया के बीच प्रगतिशील तथा प्रतिगामी शक्तियों की परख एवं उनका चित्रण।

3. ऐतिहासिक विकास की मूलभूत अन्तर्धाराओं का ज्ञान, नयी और उभरती हुई वास्तविकता को समर्थन देते हुए जर्जर तथा ह्रासमूलक शक्तियों का विरोध। जीवन के रचनात्मक पक्ष पर विशेष बल और सम्पूर्ण कलात्मक क्षमता के साथ उसका चित्रण।

4. समाज में व्याप्त वर्ग-संघर्ष तथा वर्गीय असंगतियों का गहरा और सूक्ष्म विश्लेषण तथा उद्घाटन।

5. मनुष्य के सम्पूर्ण व्यक्तित्त्व का चित्रण, जीवित, सक्रिय तथा सामाजिक मनुष्य की प्रतिष्ठा। साथ ही, सक्रिय नायक की सृष्टि।

6. भविष्य के एक क्रान्तिकारी, रचनात्मक तथा तर्क-सम्मत 'विज़न' का मूर्तिकरण।

7. सर्वहारा विश्व-दृष्टिकोण के साथ सम्पूर्ण वैचारिक तादात्म्य।

'समाजवादी यथार्थवाद' की उक्त आकृति को मूर्त करने का दावा करती हुई जो रचनाशीलता, उसके उद्भव के साथ सामने आयी, कुछ तो लेखकों की अपनी रचनागत असामर्थ्य, सतही कलात्मक समझ तथा दृष्टिगत यान्त्रिकता और बहुत कुछ सत्ता के शीर्ष पर बैठे हुए लोगों के अवांछित हस्तक्षेपों और भ्रान्त मार्गदर्शन के कारण, वह रचनाशीलता समाजवादी यथार्थ-दृष्टि को उसके वास्तविक आशयों एवं सम्पूर्ण कलात्मकता के साथ मूर्त नहीं कर सकी। उसका दावा अधिकांशतः निःसार साबित हुआ। सरलीकृत, यान्त्रिक दृष्टि समर्थ से समर्थ रचनाशीलता को भी किस तरह गुमराह कर सकती है, एक नहीं, अनेक आयामों पर उसके उदाहरण स्पष्ट हुए। स्टालिन-जदानोव युग की रूस की सर्जना को देख कर हमारे उक्त कथन की असलियत को परखा जा सकता है।

आर्थिक-भौतिक आधार में परिवर्तन होते ही उसके ऊपर स्थित समूची बाह्य-संरचना भी कमोबेश उसी तेज़ी के साथ रूपान्तरित हो जाती है, इसका अर्थ यह लगाया गया कि समाजवादी क्रान्ति की सफलता के साथ ही रूस में समाजवादी व्यवस्था भी अपनी सम्पूर्णता में आ गयी, फलतः उस व्यवस्था के, उस व्यवस्था

में रहने और कार्य करने वालों के ऐसे आदर्श चित्र प्रस्तुत किये गये गोया किसी जादू से रातों-रात लोगों की मानसिकता बदल गयी हो। रूस के समाज में पुराने संस्कारों का लेश मात्र भी न रह गया हो, रातों-रात अपनी सारी असंगतियों से मुक्त वह एक समाजवादी समाज में ढल गया हो। आदर्श तथा सक्रिय नायकों के ऐसे पुतले खड़े किये गये जिन्हें देख कर पुराने महाकाव्यों के महामानवों का भ्रम होता था। भविष्य का ऐसा क्रान्तिकारी 'विज़न' प्रस्तुत किया गया, गोया 'समाजवादी यथार्थवाद' यथार्थवादी कलान्दोलन का नहीं, रोमाण्टिक कलान्दोलन का अगला विकास हो। समाजवादी व्यवस्था में जन्म लेने वाली कला पूँजीवादी व्यवस्था में पनपने वाली कला से श्रेष्ठ होगी, इस स्थापना का आधार लेते हुए अपनी सर्जना की तुलना में पूर्ववर्ती युगों की समस्त सर्जना को हल्की घोषित किया गया। ऐसे विषयों को लेकर सर्जना की गयी जो कला रचना के लिए सर्वथा अनुपयुक्त थे। कहने का तात्पर्य यह है कि एक ख़ास दौर में रूस में ऐसी सर्जना की बाढ़-सी आ गयी जो न केवल समाजवादी यथार्थ-दृष्टि की जीवन्त सम्भावनाओं से शून्य थी, वरन् जो अपने कलात्मक-व्यक्तित्त्व की दृष्टि से भी बहुत दरिद्र थी। कुछेक सशक्त अपवादों को छोड़ कर स्टालिन-जदानोव युग में रूस में कला-सर्जना का औसत रूप इसी प्रकार का रहा। स्थूल सिद्धान्तों का जामा पहन कर सामने आने वाली इस निर्जीव रचनाशीलता के विरोध में एक तीख़ी प्रतिक्रिया का उठना स्वाभाविक था, और परिस्थितियों के अनुकूल होते ही, इस प्रकार की प्रतिक्रिया सामने आयी भी। न केवल वरिष्ठ रचनाकारों तथा साहित्य चिन्तकों ने इस स्थिति के प्रति चिन्ता व्यक्त की, नयी पीढ़ी के रचनाकार विचारकों ने भी उसके ख़िलाफ़ आवाज़ उठायी।[30]

किन्तु एक ख़ास दौर की रचनाशीलता के आधार पर ग़ैर-समाजवादी देशों के निहित-स्वार्थ कला-चिन्तकों तथा रचनाकारों का इस रचनाशीलता के साथ-साथ स्वतः समाजवादी यथार्थ-दृष्टि को नकारने का प्रयास कहीं अधिक चिंत्य है। औसत रचनाशीलता की बात छोड़ दी जाये तो काव्य, कथा-साहित्य, नाटकों तथा अन्य कला-माध्यमों के क्षेत्र में समाजवादी यथार्थ-दृष्टि की उपलब्धियाँ इतनी भास्वर हैं, कि निहित स्वार्थ व्यक्तियों द्वारा समाजवादी कला-दृष्टि पर लगाये जाने वाले आरोप अपनी सारी अहमियत खो देते हैं। अपनी सशक्त सर्जना के बल पर ही गोर्की, शोलोख़ोव, फ़ेदेयेव, फेदिव, मायकोवस्की, आस्त्रावस्की जैसे रूस के सर्जनाकार ही नहीं, वरन् लुई अरागा, नाज़िम हिक़मत, पाब्लो नेरुदा जैसे विश्व के दूसरे देशों के रचनाकार भी विश्व-स्तर की ख्याति अर्जित कर सके हैं। इनकी सर्जनागत सामर्थ्य समाजवादी यथार्थ-दृष्टि की सामर्थ्य तथा कलात्मक क्षमता को ही प्रमाणित करती है। समाजवादी यथार्थ-दृष्टि की सामर्थ्य समाजवादी यथार्थ-दृष्टि की सामर्थ्य के आधार पर ही जॉर्ज लुकाच ने 'आलोचात्मक यथार्थवाद' के साथ उसके घनिष्ठ सम्बन्धों पर

बल दिया है, ताकि यथार्थवादी कलान्दोलन का यह नव्यतम विकास अपनी समूची कलात्मक तथा दृष्टिगत सम्भावनाओं को चरितार्थ कर सके।

आलोचनात्मक यथार्थवाद तथा समाजवादी यथार्थवाद

'समाजवादी यथार्थवाद' की श्रेष्ठता को लुकाच ने परिप्रेक्ष्य के प्रश्न से जोड़ा है।[31] 'समाजवादी यथार्थवाद' का परिप्रेक्ष्य निश्चित रूप से समाजवाद के लिए संघर्ष है। अतः 'समाजवादी यथार्थवाद' आलोचनात्मक यथार्थवाद से महज़ इस कारण ही भिन्न नहीं है कि वह एक ठोस समाजवादी परिप्रेक्ष्य पर आधारित है, वरन् इस कारण भी भिन्न है कि वह समाजवाद की स्थापना के लिए संघर्षरत शक्तियों का चित्रण करने के लिए इस परिप्रेक्ष्य का इस्तेमाल एक भीतरी ताक़त के रूप में भीतर से करता है। इसके लिए समाजवादी समाज पूँजीवादी समाज से जुड़ा न रह कर अपने में एक स्वतन्त्र सत्ता रखता है, यह आलोचनात्मक यथार्थवादियों की भाँति पूँजीवादी उलझनों से मुक्ति पाने का शरण स्थल न होकर उसके अपने जीवन की सच्चाई है।[32] 'आलोचनात्मक यथार्थवाद' का लेखन यदि समाजवाद का चित्रण करता भी है, तो एक बाहरी व्यक्ति के रूप में। समाजवाद का परिप्रेक्ष्य लेखन को इतिहास तथा समाज को इस रूप में देखने की दृष्टि देता है, जिसमें उसकी अपनी चरितार्थता निहित है। साहित्य-सर्जना के क्षेत्र में यह बात एक अत्यन्त लाभकारी और नये अध्याय की सृष्टि करती है, किन्तु चूँकि सामाजिक तथा ऐतिहासिक यथार्थ की सही सौन्दर्यशास्त्रीय समझ 'यथार्थवाद' की अनिवार्य पूर्व शर्त है, और इसका सम्बन्ध आलोचनात्मक तथा समाजवादी, दोनों प्रकार की यथार्थ-दृष्टियों से है, अतएव किसी भी यथार्थवादी लेखन का इस कसौटी पर खरा उतरना आवश्यक है। आलोचनात्मक यथार्थवादी लेखकों में अनेक इस दृष्टि से सफल रहे हैं, और उन्होंने समाज को उसकी सम्पूर्णता में देखने और चित्रित करने में दूर तक सफलता प्राप्त की है। ये बातें बावजूद 'भीतर से' किये गये चित्रण के अभाव के, 'आलोचात्मक यथार्थवाद' को 'समाजवादी यथार्थवाद' से एकदम पृथक् नहीं करतीं। ये कुछ ऐसे सूत्र प्रस्तुत करती हैं कि दोनों के बीच सम्बन्ध कायम किया जा सके। लुकाच के अनुसार, इन दोनों यथार्थवादी दृष्टियों के बीच सन्धि का एक ठोस सैद्धान्तिक आधार सत्य के प्रति समाजवाद का उत्कट आग्रह है। यथार्थ के सही चित्रण को जितनी केन्द्रीयता मार्क्सवाद में प्राप्त है, उतनी किसी भी सौन्दर्यशास्त्र में नहीं।[33] सत्य के प्रति यह निष्ठा ही समाजवाद को यथार्थवाद से जोड़ती है, और यही प्रकारान्तर से 'समाजवादी यथार्थवाद' और 'आलोचनात्मक यथार्थवाद' को एक-दूसरे के निकट लाती है। सौन्दर्यशास्त्र के अन्तर्गत 'यथार्थवाद' की प्रभुता स्थापित करने के संघर्ष में समाजवादी यथार्थ के सिद्धान्तविदों ने आलोचनात्मक यथार्थवादियों को सदैव

अपने सहायकों के रूप में स्वीकार किया है। अ-यथार्थवादियों दृष्टियों के विरोध में दोनों सबसे आगे रहे हैं। यह तथ्य भी इन दोनों यथार्थवादी दृष्टियों के बीच एकता की आवश्यकता का प्रतिपादन करता है।[34] लुकाच के अनुसार, यह 'समाजवादी यथार्थवाद' के हित में है कि वह इस एकता के सूत्र को दृढ़ करे।

सर्वहारा वर्ग के द्वारा सत्ता छीन लेने के उपरान्त आलोचनात्मक और समाजवादी यथार्थवाद के सम्बन्ध की क्या स्थिति हो सकती है, इन प्रश्न का उत्तर देते हुए भी लुकाच ने कुछ महत्त्वपूर्ण बातें कही हैं। उनके अनुसार, इस बात को सदैव ध्यान में रखना चाहिए कि जनता के संस्कार सत्ता के बदलते ही आप से आप नहीं बदल जाते। सत्य यह है कि यथार्थ के रूपान्तरण के क्रम में ही मनुष्य अपने को बदलता है। ऐसी स्थिति में बुर्जुआ प्रगतिशील आलोचनात्मक यथार्थवादियों का रूपान्तरण भी, यथार्थ के नये सन्दर्भों में शनैः शनैः होगा। कहने का तात्पर्य यह कि नये समाजवादी समाज में 'आलोचनात्मक यथार्थवाद' के लिए गुंजाइश रहेगी। जैसे-जैसे समाज नये समाजवादी आदर्शों के अनुरूप ढलता जायेगा, 'आलोचनात्मक यथार्थवाद' के लेखक की सत्य तथा यथार्थ-निष्ठा उसे इस नये यथार्थ के चित्रण के लिए प्रेरित करेगी। कारण, तब समाजवाद उसके लिए मात्र एक परिप्रेक्ष्य के रूप में न रह कर उसके अपने अस्तित्त्व के आधार के रूप में होगा।[35] अतएव, समाजवादी यथार्थवाद को 'आलोचनात्मक यथार्थवाद' से अलग हटाने की ज़रूरत नहीं है वरन् सच्ची मार्क्सवादी दृष्टि का आधार वस्तुगत यथार्थ का अन्वेषण ही है, अतः यह 'समाजवादी यथार्थवाद' के अपने हित में है कि वह 'आलोचनात्मक यथार्थवाद' से गहरा रिश्ता कायम करे। 'समाजवादी यथार्थवाद' का सम्बन्ध भविष्य के विषय में ही एक नये दृष्टिकोण से नहीं, अतीत के भी, समाजवादी दृष्टिकोण से किये गये मूल्यांकन तथा विश्लेषण से है।

समग्रतः कहा जा सकता है कि समाजवादी समाज की स्थापना के साथ शनैः-शनैः 'आलोचनात्मक यथार्थवाद' अपना रूपान्तरण करता जायेगा, और एक स्थिति ऐसी आयेगी जब वह अपने पुराने सन्दर्भों में रह ही न जायेगा।

यथार्थवादी कलान्दोलन के इन दो प्रधान स्तम्भों की रचनागत उपलब्धियों के विषय में, प्रस्तुत निबन्ध में, हम विशेष चर्चा नहीं कर सके हैं, किन्तु बाल्ज़क, डिकेन्स, रोमा, रोलाँ स्टेण्ढेल, अनातोले फ्रांस, दोस्ताएवस्की, गोगल, टॉलस्टॉय, एण्टन चेख़व तथा गोर्की, शोलोख़ोव, फ़ेदेयेव, आस्त्रावस्की, फ़ेदिन, लुई अरगाँ, पाब्लो नेरुदा, मायकोवस्की आदि नाम हैं, जिनके रचनात्मक कृतित्त्व ने विश्व को क्लासिक की कोटि में रखी जाने वाली देन दी है। इन रचनाकारों के कृतित्त्व में 'यथार्थवाद' की शिखर-उपलब्धियों के दर्शन किये जा सकते हैं। पूँजीवादी सभ्यता के महान गद्य रूप उपन्यास को 'यथार्थवाद' ने महाकाव्य की ऊँचाइयों तक पहुँचाया है। दो विराट

सभ्यताओं के उत्कर्ष तथा ह्रास का सारा इतिहास इन उपन्यासों में मूर्त है। इनके खण्डहरों पर आकृति ग्रहण करती हुई एक महान सभ्यता की जीवन्त छवि भी इनमें है। शताब्दियों की अवधि में मनुष्यता के विराट प्रयास, उसके हर्ष-विषाद, आशाएँ, आकांक्षाएँ, सब इनमें बड़े यथार्थ सन्दर्भों में उभरी हैं। उपन्यास ही नहीं, कविता, नाटक तथा अन्य कला-माध्यमों में भी यथार्थवादी दृष्टि ने अपनी कलात्मक क्षमता को समूचे उत्कर्ष के साथ प्रस्तुत किया है।

'यथार्थवाद' बाह्यजगत की भौतिक सत्ता को स्वीकार करने वाला दर्शन है, और 'यथार्थवाद' की कला-चेतना भी इसी दार्शनिक विचार की देन है। यथार्थवादी जीवन दृष्टि तथा कला-दृष्टि का विकास विज्ञान द्वारा अनुमूलित और पुष्ट है। चूँकि विज्ञान स्वतः अपनी अनन्त सम्भावनाओं के साथ आज विकासशील है, अतः उससे नया आलोक प्राप्त करते हुए 'यथार्थवाद' की विकास-यात्रा भी अबाध गति से जारी रहेगी।

हमारा युग-जीवन आज विभीषिकाओं से आक्रान्त है। सामन्तवादी-पूँजीवादी दमन चक्र आज भी मनुष्यता के एक बड़े भाग को पीस रहा है। आणविक युद्ध की धमकी देकर आक्रान्तकारी शक्तियाँ समूची मनुष्यता को आतंकित कर रही हैं। किन्तु, इसके साथ-साथ शान्ति की शक्तियाँ भी सक्रिय हैं, वरन् युद्ध की शक्तियों की अपेक्षा वे अधिक प्रबल हैं। दुःख और दैन्य से सन्त्रस्त मनुष्य को उबारने के लिए मनुष्य की ही संगठित शक्ति आगे आ गयी है। यथार्थवादी साहित्य तथा कला को, इस सारे परिदृश्य को समेटना और अभिव्यक्ति देना है। वही, इस भूमिका का सही मायने में निर्वाह भी कर सकती है। उसे संघर्ष करना है मनुष्य के निःशेष और निःस्वत्व कर देने वाली व्यवस्थाओं से, उसे संघर्ष करना है युग की तमाम बीमार और ह्रासशील दार्शनिक तथा कलात्मक रुझानों से, और कहने की आवश्यकता नहीं कि यह कार्य आसान नहीं है। दृढ़ प्रतिज्ञ, समर्थ तथा हर प्रकार का जोखिम उठाने के लिए तैयार रचनाकार ही उसे सम्पादित कर सकते हैं।

सवाल, वास्तविकता की तेज़ आँच से घबरा कर प्राप्त की जाने वाली क्षणिक सुरक्षा का नहीं, बाहर निकलने और जोखिम उठाने का है, खुले दिल और दिमाग़ से वास्तविकता के साक्षात्कार का है, समाज और जीवन के भीतर प्रविष्ट होकर सारे उलझावों के बीच रास्ता ढूँढ़ने, रास्ता बनाने और रास्ता बताने का है। पिछली दो शताब्दियों के यथार्थवादी रचनाकार अपनी यह निर्णायक भूमिका निभा रहे हैं, और आज, जबकि मिटती हुई व्यवस्थाएँ अधिक उग्र होकर मनुष्यता के हित को रौंद देना चाहती हैं, उन्हें अपनी कर्मठता को नये आयाम देने हैं।[36] यथार्थ-दृष्टि रचनाकारों के पास महान पूर्ववर्तियों का उदाहरण है, उनके पास समर्थ वैज्ञानिक दृष्टि तथा सक्षम रचनाशीलता है, अतएव आश्वस्त होकर कहा जा सकता है कि वे अपने दायित्व को निभायेंगे तथा यथार्थवादी कला की पताका ऊँची रखेंगे। जॉर्ज लुकाच के शब्दों

में—"समूची दुनिया की निगाहें आज एक ऐसे साहित्य की प्रतीक्षा में लगी हुई हैं जो एक शहतीर की भाँति हमारे अपने समय के उलझावों से भरे जंगल के भीतर तक बिंधता चला जाये। महान यथार्थवादी साहित्य ही यह भूमिका निभा सकता है। वही, राष्ट्रों के प्रजातान्त्रिक पुनर्जन्म की अगुवाई भी कर सकता है।[37]

सन्दर्भ

1. बोरिस सुखोव, हिस्ट्री ऑफ़ रियलिज़्म, पृ. 5
2. मार्क्स-एंगेल्स, संकलित रचनाएँ, भाग-3, प्रगति प्रकाशन, मॉस्को, पृ. 40
3. अलेक्ज़ेण्डर हर्जन, दर्शन, साहित्य और आलोचना, अनु. नरोत्तम नागर, पृ. 127
4. वही, पृ. 100
5. मार्क्स-एंगेल्स, संकलित रचनाएँ, भाग-3, पृ. 67-69
6. बोरिस सुखोव, हिस्ट्री ऑफ़ रियलिज़्म, पृ. 79
7. वही
8. कार्ल मार्क्स, दि न्यूयॉर्क ट्रिब्यून, 1854 ई.।
9. अर्न फिशर, दि नेसेसिटी ऑफ़ आर्ट, पृ. 101
10. रॉल्फ़ फ़ॉक्स, दि नावेल एण्ड दि पीपुल, पृ. 87-88
11. वही, पृ. 110
12. अर्न फिशर, दि नेसेसिटी ऑफ़ आर्ट, पृ. 103
13. बोरिस सुखोव, हिस्ट्री ऑफ़ रियलिज़्म, पृ. 101
14. वही, पृ. 104
15. एंगेल्स-मागरिट हार्कनेस को लिखे गये पत्र से उद्धृत, रॉल्फ़ फ़ॉक्स, दि नावेल एण्ड दि पीपुल, पृ. 111-112
16. लेनिन, लियो टॉलस्टॉय, रूसी क्रान्ति का दर्पण।
17. अर्न फिशर, दि नेसेसिटी ऑफ़ आर्ट, पृ. 107
18. जॉर्ज लुकाच, स्टडीज़ इन यूरोपियन रियलिज़्म, पृ. 6
19. जॉर्ज लुकाच, दि मीनिंग ऑफ़ कण्टेम्परेरी रियलिज़्म, पृ. 108
20. मैक्सिम गोर्की, ऑन लिटरेचर, पृ. 264
21. वही, पृ. 264
22. ए. लूनाचर्स्की, सोशलिस्ट रियलिज़्म इन लिटरेचर एण्ड आर्ट, पृ. 57
23. चाऊ यांग, चाइनाज़ न्यू लिटरेचर एण्ड आर्ट, पृ. 95
24. अलेक्ज़ेण्डर फ़ेदेयेव, सोशलिस्ट रियलिज़्म इन लिटरेचर एण्ड आर्ट, पृ. 17
25. रॉल्फ़ फ़ॉक्स, दि नावेल एण्ड दि पीपुल, पृ. 134
26. चाऊ यांग, चाइनाज़ न्यू लिटरेचर एण्ड आर्ट, पृ. 99
27. रॉल्फ़ फ़ॉक्स, उपन्यास और लोक जीवन, अनु. नरोत्तम नागर, पृ. 101
28. वही, पृ. 101
29. अलेक्ज़ेण्डर फ़ेदेयेव, सोशलिस्ट रियलिज़्म इन लिटेरचर एण्ड आर्ट, पृ. 67
30. मोएसाइकगान, सोशलिस्ट रियलिज़्म इन लिटरेचर एण्ड आर्ट, पृ. 166
31. जॉर्ज लुकाच, दी मीनिंग ऑफ़ कण्टेम्परेरी रियलिज़्म, पृ. 93

32. वही
33. वही
34. वही, पृ. 102
35. वही, पृ. 107
36. हॉवर्ड फास्ट, लिटरेचर एण्ड रियलिटी, पृ. 7
37. जॉर्ज लुकाच, स्टडीज़ इन यूरोपियन रियलिज़्म, पृ. 19

साहित्य में 'वस्तु' और 'रूप'

•

सत्यप्रकाश मिश्र

मार्क्सवादी सौन्दर्यशास्त्र में 'सुन्दरता' की धारणा का विकास 'साधन, भाषा और सहयोग' पर निर्भर माना जाता है।[1] मनुष्य की सौन्दर्य-चेतना, जो कला और साहित्य में विभिन्न रूपों में अभिव्यक्त होती है वह उसकी सामाजिक चेतना का अमूर्तन ही है। प्रागैतिहासिक चित्रों में मनुष्य के अस्तित्त्व के लिए अनिवार्य स्थितियों की ही कल्पना निहित है। भाषा और मस्तिष्क, दोनों का विकास श्रम प्रक्रिया में उत्पादन की शर्तों के द्वारा हुआ है। प्रकृति और मनुष्य के संघर्ष का इतिहास औज़ारों और सहयोग के द्वारा उसके मस्तिष्क का इतिहास है।[2] सुन्दरता की धारणा का विकास प्राणिज वातावरण से सामूहिकता के अनुभव के द्वारा होता है। मनुष्य के अस्तित्त्व की अनिवार्य शर्तें और उसके लिए किये जाने वाले उत्पादन के मध्य के सामूहिक और वैयक्तिक अनुभव सौन्दर्यबोध और मूल्यबोध दोनों का निर्माण करते हैं। मार्क्सवादी दृष्टि से यदि कलाकृति कलात्मक है तो वह नैतिक भी होगी।[3] अर्थात् लोगों को शिक्षित करेगी एक विशेष प्रकार के उद्देश्य के लिए तैयार भी करेगी। प्रत्येक सौन्दर्य-चेतना चूँकि विकसित होती रहती है इसलिए अपने सन्दर्भ में वह भौतिक उत्पादन के तर्क से नये वस्तुतत्त्वों का सृजन करती है। निरन्तर संस्कारित होते हुए तकनीकी विकास जिस प्रकार से उत्पादन शक्तियों में वृद्धि कर देते हैं उसी प्रकार से सौन्दर्य-चेतना भी संस्कारित होकर साहित्य को संस्कारित करती है। साहित्य का साम्प्रदायिक मूल्य दृश्य बोध में बदल जाता है।[4] अभिव्यक्ति के नये रूपों और साधनों का प्रयोग तकनीकी प्रगति के कारण अनिवार्य हो जाता है। उदाहरण के लिए, गद्य विद्या का वर्तमान रूप और नये अतुकान्त छन्द। "भौतिक उत्पादन के बदलते ही बौद्धिक उत्पादन का चरित्र भी बदल जाता है—विचारों का इतिहास यही सिद्ध करता है।"[5] साहित्य के सन्दर्भ में भी यही सत्य है। इस सिद्धान्त के विरोधी चाहे वे

जो भी हों—श्लोवस्की से लेकर आज के 'भाषा मौनवादी' तक, उनका उत्तर दिया जा चुका है।[6] इस प्रकार की रचनाओं और आलोचनाओं के सामाजिक कारणों पर प्लेखानोव, ट्राटस्की, गोर्की के मतों का यहाँ उल्लेख करना पृष्ठवृद्धि के लिए उचित नहीं है। ट्राटस्की का 'लिटरेचर एण्ड रेवोल्यूशन' तथा प्लेखानोव का 'आर्ट एण्ड सोशल लाइफ़' तथा 'दि मोनिस्ट व्यू ऑफ़ हिस्ट्री' उन ग्रन्थों में प्रमुख हैं। एक ही प्रमुख प्रश्न है कि वे लोग भी मनुष्य हैं, भाषा का प्रयोग करते हैं और इस भौतिक संसार में ही रहते हैं। क्या वे इससे इनकार करते हैं? यदि हाँ तो उनका लेखन महज़ एक चालाकी पूर्ण बकवास, छिपाव और पलायन है और यदि नहीं तो ध्यान देने की आवश्यकता ही नहीं है क्योंकि वे स्वीकार करते हैं कि मनुष्य नहीं है।

'वस्तुतत्त्व' पुराने साहित्य के सन्दर्भ में ही अपना रूप ग्रहण करता है। साहित्य का समग्र विकास जब एक समय के अपने क्रान्तिकारी या प्रगतिशील चरित्र का स्थरीकरण करके शोषक वर्ग से सम्बद्ध होकर उसकी विचारधाराओं की अभिव्यक्ति करने लगता है तो धीरे-धीरे सामाजिक शक्ति के कारण उसके मध्य से ही नयी सम्भावनाएँ उत्पन्न होने लगती हैं। मनुष्य के जीने की शर्त के बदलते ही मनुष्य की चेतना बदल जाती है जिसके कारण साहित्य के आधारभूत तत्त्व सामाजिक वातावरण और चेतना, दोनों के बदलाव से साहित्य का वस्तुतत्त्व बदल जाता है। "मनुष्य जब उन विचारों के बारे में बात करता है जो समाज को क्रान्तिकारी बनाते हैं तो वे यही कहते हैं कि पुराने समाज के भीतर नये समाज के तत्त्व निर्मित हो गये हैं। यहाँ तक कि पुराने विचारों की समाप्ति अस्तित्त्व की पुरानी शर्तों की समाप्ति के साथ पद प्रति पद होती है।"[7] इसके लिए सामाजिक जीवन ही महत्त्वपूर्ण आधार हो सकता है क्योंकि कलात्मक रूप तो विचारों और अनुभवों को सम्पोषित और सम्प्रेषित करने के साधन हैं। चूँकि वे बौद्धिक उत्पादन के साधन हैं इसीलिए अर्थ में उत्पादन शक्ति दोनों हैं। इसलिए कुछ समय तक उन पुराने कलात्मक रूपों का प्रयोग नये वस्तुतत्त्व के लिए वैसे ही होता है जैसे कि पुराने विकसित साधनों और संस्थाओं का प्रयोग होता है। कालान्तर में जब नये वस्तुतत्त्व के प्रभाव से धीरे-धीरे समाज की अन्तर्वस्तु का गुणात्मक स्वरूप बदल जाता है जो कलात्मक रूप भी बदलता है। वस्तुतः वस्तुतत्त्व और कलात्मक रूप का सम्बन्ध मूलाधार और अधिरचना से है। प्लेखानोव के अनुसार, मूलाधार और अधिरचना के बीच सम्बन्ध का सार तत्त्व मार्क्स और एंगेल्स के अनुसार, इस प्रकार से है—

1. उत्पादन शक्तियों के विकास की स्थिति।
2. इन शक्तियों के द्वारा निर्धारित आर्थिक सम्बन्ध।
3. प्राप्त आर्थिक आधार पर विकसित सामाजिक-राजनीतिक व्यवस्था।

4. उस समाज में रहने वाले लोगों के सोचने की आदत, जो कुछ तो सीधे प्राप्त आर्थिक स्थितियों से और कुछ उस समग्र सामाजिक, राजनीतिक व्यवस्था से जो उस आर्थिक नींव पर खड़ा है, निर्धारित होती है।

5. विभिन्न विचारधाराएँ, जो उस सोचने की प्रणाली के मूल गुणों को बताती हैं।[8]

प्लेखानोव का यह निष्कर्ष साहित्य के सन्दर्भ में यही सिद्ध करता है कि साहित्य में 'वस्तुतत्त्व' मात्र भौतिक परिस्थिति के सन्दर्भ में मनुष्य की स्थिति और सामाजिक सम्बन्धों के द्वन्द्वात्मक परिणतियों का पर्याय ही नहीं होता है बल्कि उसमें उस काल विशेष का समग्र ऐतिहासिक विकास, आधार और अधिरचना के सभी गुणात्मक परिवर्तनों की प्रतीति भी विद्यमान रहती है। मनुष्य स्वयं भी भौतिक परिस्थिति का अंग होता है। उसके द्वारा अर्जित ज्ञान राशि और अभिव्यक्ति के सभी माध्यम—साहित्य, कला आदि वस्तुतत्त्व के निर्माण में उसी प्रकार से सहायक होते हैं, जैसे मज़दूर श्रम प्रक्रिया के विभिन्न तार्किक परिणतियों के परिणामस्वरूप स्वयं भी उत्पादन शक्ति होता है। पूर्ण यथार्थ की दृष्टि से केवल एक स्थिति का वर्णन वस्तुतत्त्व की अपूर्णता का कारण है। अकेलेपन और मानवीयता की निरन्तर हानि, श्रमिक का निरन्तर मशीन के बेजान पुर्ज़ों में बदलते जाना आदि ऐसी स्थितियाँ हैं जो वस्तुओं के नामांकन के बजाय वस्तुतत्त्व का प्रमुख आधार होती हैं, क्योंकि साहित्य की दृष्टि से वस्तुतत्त्व का तात्पर्य है वह वस्तु जो मनुष्य ही हो—मनुष्य का पर्याय हो। घोषित मनुष्यता या प्रचारित मनुष्यता के तत्त्व वस्तु के बजाय वस्तुतत्त्व को छिपाने के साधन भी हो सकते हैं। इसलिए इस लक्ष्य को ध्यान में रख कर जिस प्रकार के साहित्य की रचना होगी, उसमें एक प्रकार का आदर्शवादी और वैचारिक वस्तुतत्त्व होगा। परिणामस्वरूप उसका रूप तत्त्व भी उसी प्रकार से यथार्थ को अधिक छिपाने के तत्त्व से युक्त होगा। प्रतीकों और चिन्हों का प्रयोग अधिक होगा। सामाजिक सम्बन्ध की दृष्टि से विकास की ऐतिहासिक अवस्था में जो मानवीय होता है, वह प्राणिज (जानवर) और जो प्राणिज होता है, वह मानवीय हो जाता है।[9] क्यों और कैसे होता है, इसी का सम्बन्ध यथार्थ से है। यदि वस्तु-तत्त्व इस क्यों की खोज का परिणाम होगा तो वह साहित्य को 'जन प्रिय और यथार्थवादी', दोनों बनायेगा और अगर इससे भिन्न हुआ जो वह निरन्तर अमूर्त होता जायेगा। वस्तुतः वस्तुतत्त्व साहित्य में 'मनुष्य के होने' का प्रमाण है। मार्क्स के अनुसार, वह 'समाज तत्त्व' का पर्याय है और रूप मनुष्य के रहने के विभिन्न तरीक़ों का रूपान्तरण है।[10]

'मनुष्य के होने' का तात्पर्य वस्तुओं से सम्बन्ध होना, सामाजिक होना है। उत्पादन में लीन व्यक्ति ही श्रम प्रक्रिया के तर्क से सामाजिक होता है क्योंकि वह कई ग्रुप मनुष्यों के साथ मशीन को चलाने और गतिशील रखने में हिस्सा लेता है। इसलिए उसकी संवेदनाएँ अनुत्पादक व्यक्तियों से भिन्न होती हैं। मज़दूर और

पूँजीपति की संवेदनाओं में इसी कारण से अन्तर पड़ता है क्योंकि एक भोक्ता होता है दूसरा, आनन्द का अनुभव करने वाला। एक को मार्क्स ने सामाजिक और दूसरे को असामाजिक कहा है। उनके अनुसार, "सामाजिक व्यक्ति की संवेदनाएँ असामाजिक व्यक्ति से भिन्न होती हैं।"[11] इसी अर्थ में और इन्हीं कारणों से साहित्य भी सामाजिक और असामाजिक, दो प्रकार का होता है। एक का सम्बन्ध शोषित वर्ग से है दूसरे का शोषक से। दोनों प्रकार के साहित्यों में भौतिक शक्तियों के तर्क से अन्तर रहना लाज़िमी है क्योंकि 'जो वर्ग भौतिक शक्तियों का स्वामी होता है वही, बौद्धिक उत्पादन का भी स्वामी होता है।'[12] परन्तु शासक वर्ग में स्थिरता रहने के कारण अमूर्तन की प्रक्रिया उस वर्ग के अस्तित्त्व के तर्क से बढ़ती जाती है जबकि उभरते हुए इस क्रान्ति वर्ग के साहित्य में नवीनता के कारण यथार्थ का जीवित स्पन्दन रहता है। इस वर्ग में कलात्मकता तो उतनी नहीं रहती है। इस प्रकार का अनगढ़पन पाया जाता है, पर जो नये वर्ग के वस्तुतत्त्व और चेतना के कारण होता है। परन्तु धीरे-धीरे द्वन्द्वात्मकता के तर्क से वह वस्तुतत्त्व भी कलात्मक रूपों को वैसे ही ग्रहण करता है जैसे रूस ने पूँजीवादी औद्योगिक साधनों को ग्रहण कर लिया। फिर जैसे-जैसे नया तत्त्व रूप ग्रहण करता है, संगठित होता है, वैसे-वैसे उस तत्त्व के स्वरूप में भी परिवर्तन होता है। कच्चे माल के 'प्रयोग मूल्य' को 'विनिमय मूल्य' के सन्दर्भ में बदलने पर यह सही है कि दोनों में 'सापेक्ष मूल्य' अन्ततः 'प्रयोग मूल्यों' के स्वरूप पर ही निर्भर करता है, फिर भी प्रयोग मूल्य बदल जाता है। साहित्य का वस्तुतत्त्व और रूप तत्त्व का सम्बन्ध भी ऐसा ही है। लेफ़ब्रे ने इन्हें वस्तुतत्त्व और रूप तत्त्व के रूप में स्वीकार भी किया है।[13] रचनाकार के लिए भी इस समाज से ही कच्चा माल प्राप्त होता है जिसे वह विशेष प्रकार के ग्राहक को ध्यान में रख कर विनिमय मूल्यों (रूपाकारों) के सन्दर्भ में बदल कर प्रस्तुत करता है।

इन्द्रिय बोध से बुद्धि संगत ज्ञान तक और फिर बुद्धि संगत ज्ञान से 'क्रान्तिकारी छलाँग' तक का सिद्धान्त साहित्य के सन्दर्भ में अत्यन्त महत्त्वपूर्ण है।[14] साहित्य के निर्माण की प्रक्रिया साहित्य के निजी स्वरूप सन्दर्भ में भी इसी प्रकार की होनी चाहिए। ऐसी चेतना से सम्पन्न व्यक्ति जब ज़िन्दगी को देखता है तो उसे वह समग्र परिदृश्य बदला हुआ प्रतीत होता है। वह ज़िन्दगी में ठहराव और बदलाव, दोनों का अनुभव करता है। संसार के प्रत्यक्ष की वास्तविकता का कारण समझने का प्रयास करता है। वह उसे जान कर ही बदल सकता है। इसलिए वस्तुतत्त्व किसी प्रकार के आदर्शों या नियमों के आधार पर निर्मित नहीं होता है बल्कि मनुष्यों के होने की स्थिति और शर्तों से सम्बद्ध होकर वह मनुष्य के होने को और अधिक प्रमाणित करता है। इसीलिए साहित्य में बाहरी सिद्धान्त या आदर्श के आधार पर साहित्य के वस्तुतत्त्व की काल्पनिक रचना, चाहे वह मार्क्सवाद के सिद्धान्त के आधार पर

ही क्यों न हो, एक प्रकार का आदर्शवादी सिद्धान्त है। ऐसे लोग यह मान कर चलते हैं कि 'विचार के द्वारा अस्तित्त्व का निर्धारण होता' है। 'तमस', 'प्रतिबद्ध', 'नौजवान' और 'अपना मोर्चा' ऐसी ही रचनाएँ हैं। सिद्धान्त के प्रकाश में दुनिया को देखने से और दुनिया की दृष्टि से सिद्धान्त को परखने से भिन्न प्रकार की रचनाओं का निर्माण होता है। पहली प्रक्रिया रूपवादी है, दूसरी प्रक्रिया वस्तुवादी है। अनेक मार्क्सवादी रचनाकार इस द्वन्द्व से परेशान रहे हैं। मुक्तिबोध और शमशेर का द्वन्द्व आप इससे समझ सकते हैं। निराला की कविता उनके जीवनानुभव का प्रयोग है, भले ही उसका वस्तुतत्त्व प्रतिक्रियावादी हो। मुक्तिबोध का अनुभव और सिद्धान्त का द्वन्द्व उनकी कविताओं में भी है। 'अँधेरे में' कविता इसीलिए महत्त्वपूर्ण है क्योंकि उसमें वस्तुतत्त्व का अतिरेक रूप का निर्धारण करता है। वास्तविक रचना ही वही, है जिसमें रूप का अनुभव हो ही नहीं। इसीलिए निरन्तर यथार्थ को ही महत्त्वपूर्ण माना गया है। लासाल को लिखे हुए मार्क्स और एंगेल्स के पत्र इस तथ्य को प्रमाणित करते हैं। मार्क्स ने 'चरित्रों को समकालीन सिद्धान्तों के लिए भोंपू के रूप में बदलने को भयानक कमी के रूप में स्वीकार किया है।[15]

एंगेल्स के अनुसार, 'स्पष्ट कथन के बजाय समस्याओं का हल स्थितियों और क्रियाकलापों के प्रकाशन से ही होना चाहिए। लेखक को भविष्य में होने वाले सामाजिक संघर्ष की विषय-वस्तु का वर्णन करके पाठक के प्रति कृतज्ञ नहीं होना चाहिए।[16] एक दूसरे पत्र में उनके ही अनुसार, 'यथार्थ को लेखक की राय के बग़ैर ही रचना में झलकना चाहिए। जितना रचनाकार की राय छिपी रहती है, उतना ही साहित्य के लिए बेहतर होता है।[17] ब्रेख़्त ने एंगेल्स की ही भाँति वस्तुतत्त्व के निर्माण या चयन अथवा रूप तत्त्व के प्रश्न पर और भी स्पष्टता से अपना मत व्यक्त किया है जो हिन्दी में प्रेमचन्द या मुक्तिबोध आदि को ही 'आदर्श' मानने वाले लेखकों के लिए महत्त्वपूर्ण है। वस्तु शून्य से शून्य ही पैदा होता है अर्थात् वस्तुतत्त्व को निरन्तर दोहराया जाता रहना जड़ता का प्रतीक है। अनेक कहानीकारों और उपन्यासकारों के उपन्यासों में चरित्रों के वर्ग सम्बन्ध और उनकी प्रवृत्तियों का चित्रण प्रायः 20 वर्षों के लेखन के बाद आज भी वैसा ही बना हुआ है। हिन्दी में प्रेमचन्द, यशपाल आदि अभी तक आदर्श के रूप में स्वीकार किये जाते हैं, परन्तु जो वस्तुतत्त्व इनकी रचनाओं में अभिव्यक्त है, वह आज हमारे काल का वस्तुतत्त्व नहीं हो सकता है क्योंकि वस्तुतत्त्व का सम्बन्ध सदा उस काल विशेष के मानवीय सम्बन्धों और उत्पादन शक्तियों से ही होता है। कल का यथार्थ आज का यथार्थ नहीं हो सकता है। ब्रेख़्त के अनुसार, 'किसी काल विशेष के ऐतिहासिक उपन्यासों से सम्बद्ध यथार्थ का वर्णन करने से, चाहे वह टॉलस्टॉय या बाल्ज़ाक से ही सम्बन्धित क्यों न हो, बचना चाहिए। क्योंकि यह एक प्रकार का शुद्ध कलात्मक

और साहित्यिक यथार्थ ही होगा। हमें केवल उसी प्रकार के यथार्थ से अपने को सीमित नहीं करना चाहिए जहाँ लोग देख सकें, सुन सकें, सूँघ सकें या महसूस कर सकें। जहाँ वातावरण का इस प्रकार से निर्माण हुआ हो और कहानियाँ इस प्रकार से वर्णित हों कि चरित्र अपने को शारीरिक रूप से उतार सके। यथार्थ के बारे में हमारी धारणा व्यापक और राजनीतिक सौन्दर्यात्मक विधि 'निषेधों' से मुक्ति होनी चाहिए।[18] किसी भी समय का साहित्यिक रूपाकार तब तक ध्वस्त नहीं होता है जब तक कि उसके आधारभूत समाज में ही परिवर्तन की स्थितियाँ न पैदा हो जायें। और जब उस मूलभूत सामाजिक सम्बन्धों और उत्पादन शक्तियों में किसी प्रकार का संघर्ष उत्पन्न होता है तो भी साहित्य के वस्तुतत्त्व में परिवर्तन होता है। इसका प्रमाण साहित्य में व्यक्त विद्रोह आदि की भावनाओं से मिल सकता है, परन्तु वह विद्रोह वर्ग के अन्तर्गत एक प्रकार के सुधार की इच्छा का परिणाम होता है। उससे रूपाकार में परिवर्तन नहीं होता है। छायावादी, प्रयोगवादी और तथाकथित विद्रोही सभी का वस्तुतत्त्व इस तथ्य को प्रमाणित करता है कि उत्पादन शक्तियों और सामाजिक सम्बन्धों में एक प्रकार का अन्तर्विरोध उत्पन्न हो गया है। यह पता हमें धूमिल आदि की कविताओं से भी चलता है, जिसका तात्पर्य प्लेखानोव के शब्दों में इतना ही है कि उनके सम्बन्ध अपने वर्ग से अच्छे नहीं हैं। परन्तु यह वस्तुतत्त्व और उस पर आधारित कलात्मक रूप, दोनों तभी बदलते हैं, जब उत्पादन शक्तियों के ही स्रोत से नये प्रकार के सम्बन्ध विकसित होते हैं। लू सुन के अनुसार, 'जब तक क्रान्ति की सफलता की सम्भावना नहीं पैदा हो जाती है, केवल तभी जब कि क्रान्ति का परिणाम निकट हो और मनुष्य को मुक्त साँस लेने का अवसर मिले तभी नये क्रान्तिकारी लेखक पैदा हो सकते हैं। क्योंकि जब पुराना समाज नष्ट होने वाला हो, उस समय क्रान्तिकारी लगने वाली रचनाएँ प्रायः प्राप्त होती हैं लेकिन वे वास्तव में, क्रान्तिकारी नहीं होती हैं। उदाहरण के लिए, आदमी पुराने समाज से घृणा कर सकता है परन्तु उसके पास घृणा के अलावा भविष्य की दृष्टि नहीं रहती है।[19]

साहित्य में वस्तु और रूप निश्चय ही इतने भिन्न नहीं हैं न ही इन्हें परस्पर विरोधी समझा जा सकता है, परन्तु इतना अवश्य है कि सामाजिक परिवर्तन की स्थिति और कभी-कभी संक्रमण की स्थिति में यह स्वरूप भी दिखायी देता है। जब उत्पादन शक्तियों की बुद्धि, जिसमें मनुष्य की विकसित चेतना भी शामिल है, नये सामाजिक सम्बन्धों का निर्माण करने लगती है जिसके कारण गड्ड-मड्ड की स्थिति उत्पन्न होती है। तब उस स्थिति में पुराने वस्तुतत्त्व के भीतर ही नये की सम्भावना उत्पन्न हो जाती है लेकिन इससे कभी भी रूप नहीं बदलता है, बल्कि इस स्थिति में वह उस परिवर्तन को रोकने से बाध्य भी करता है। यह बाध्यता, भाषा छन्द और कथ्य सभी दृष्टियों से पैदा की जाती है। साहित्य के निश्चित प्रतिमान और

धारणाएँ एक निश्चित वर्ग से सम्बद्ध होते हैं, जो उन धारणाओं के विकास के साथ-ही-साथ शासन में आता है और शोषक वर्ग की स्थिति में वह पुनः अधिरचना की अमूर्त और सर्वव्यापकता की भ्रम मूलक प्रकृति के कारण उस प्रकार की धारणाओं को निरन्तर इस अर्थ में अमूर्त करता जाता है ताकि वे सार्वजनिकता का भ्रम उत्पन्न कर सकें। इसे इस प्रकार की 'साहित्यिक नैतिकता' कहते हैं जो शासक वर्ग की विचारधारा के अमूर्तन का परिणाम होती है और उसकी रक्षा करती है, परन्तु मार्क्स के अनुसार, "जैसे-जैसे उत्पादन शक्तियाँ और सामाजिक व्यवस्था में अन्तर्विरोध तेज़ होता जाता है वैसे-वैसे शासक वर्ग की विचारधारा शब्दाडम्बर से मुक्त होती जाती है। जीवन के द्वारा जितना ही विचारधारा का असत्य उद्घाटित होता जाता है, उतना ही उस वर्ग की भाषा में गुणात्मकता और आभिजात्यता का भाव पैदा होता है।"[20] उत्पादन शक्तियों के परिवर्तन से उत्पादन की प्रक्रिया में जो नये सम्बन्ध बनते हैं, उससे नये प्रकार का सामाजिक सम्बन्ध बनता है और वही, एक प्रकार से पुराने को बदलने का आग्रह करता उस वर्ग के द्वारा रचे हुए साहित्य में उसी प्रकार के वस्तुगत उत्पादन का अमूर्तन पाया जायेगा। नये प्रकार के वस्तुतत्त्व का सम्बन्ध भी इस प्रक्रिया से है। युवा लेखकों की रचनाओं में भले ही सामाजिक सम्बन्धों के अल्प परिवर्तन के कारण रूप तत्त्व न बदले परन्तु उनका सार तत्त्व प्रायः पुरानों से भिन्न होता है। इसका कारण वस्तुतः उनके सामने प्रस्तुत विकसित उत्पादन शक्तियों से ही होता है। इसीलिए नया तत्त्व रूपाकार को भी बदलने का प्रयत्न करता है। इन सन्दर्भों में सिद्धों, सन्तों और भक्तों की रचनाओं का विश्लेषण सम्भव है और किया जाना चाहिए।

साहित्य का वस्तुतत्त्व अपने सन्दर्भ की तुलना में यदि भिन्न नहीं है तो बासीपन के कारण वह कभी भी साहित्य नहीं हो सकता है। साहित्य में वह यथार्थ का अमूर्तन और प्रस्तुतीकरण, दोनों ही हो सकता है, परन्तु अमूर्तन और प्रस्तुतीकरण दोनों का सम्बन्ध दृष्टा की विकसित चेतना से होता है। चुनाव का प्रश्न इसी चेतना के सन्दर्भ में ही उठता है। इसीलिए 'ध्येय' महत्त्वपूर्ण होता है। मुक्तिबोध का तीसरा क्षण प्रथम क्षण के द्वन्द्वात्मक परिणति का ही परिणाम है। इसी तीसरे क्षण में ही 'संवेदनात्मक ज्ञान' और 'ज्ञानात्मक संवेदना' के परिणामस्वरूप अनुभव एक विशेष ध्येय के अनुसार, वस्तुतत्त्व में परिवर्तित होकर रूप ग्रहण करता है।[21] रूप ग्रहण के प्रसंग में यह ध्यान देने की बात है कि यह प्रक्रिया भी उसी ध्येय से सम्बद्ध होती है। लेखक की वर्गीय स्थिति और वर्ग-चेतना उसके ध्येय में महत्त्वपूर्ण भूमिका का कार्य करते हैं। ऐसी स्थिति में उसके ध्येय में लक्ष्यीभूत श्रोता भी निहित रहता है अर्थात् रचना किसके लिए, किस वर्ग के लिए का समाधान भी वस्तुतत्त्व के रूप ग्रहण करने में महत्त्वपूर्ण क़दम होता है। वस्तुतः संवेदन, इन्द्रिय-बोध और अनुभव में भाषा

निहित ही होती है। उसके द्वारा ही हम उस ज्ञान को समाज से प्राप्त करते हैं और उसी के द्वारा सम्भव भी बनाते हैं। अर्थात् वस्तुतत्त्व और रूप ग्रहण में समाज स्वयं ही विद्यमान रहता है। इसे एक प्रकार का समाजीकरण कहते हैं। इस अनुभव की प्रक्रिया के कारण ही पुराने रूपों की अपर्याप्तता का अनुभव होता है और धीरे-धीरे करके उस काल के माल (Commodity) की प्रकृति के ही अनुसार, स्वयं भाषा की प्रवृत्ति बदलती है।[22] वह भी प्रभाव डालती है। धीरे-धीरे उस रूप के सामाजिक चेतना के रूप में बदल जाने पर साहित्य में पूर्णरूपेण परिवर्तन घटित होता है।

साहित्य की यह रचनात्मक प्रक्रिया यथार्थ या चेतना की द्वन्द्वात्मकता का प्रकाशन ही है। यदि ऐसा नहीं है तो निश्चय ही साहित्य में आदर्शवादी पद्धति के अनुसार, किसी सिद्धान्त या विचार के अनुकूल उदाहरण लिखे गये हैं जैसे रीतिकाल में लक्षण ग्रन्थों के आधार पर लक्ष्य ग्रन्थों की रचना होती थी। इसे हम साहित्य की रीतिकालीन प्रवृत्ति ही कह सकते हैं। अधिकांश लेखक—नये और पुराने इस प्रवृत्ति के अन्तर्गत आयेंगे। मनुष्य को भगवान बनाने की प्रवृत्ति और उसे वस्तु के रूप में चित्रित करने की प्रवृत्ति निश्चय ही सामन्ती और पूँजीवादी उत्पादन प्रणाली का प्रभाव ही है, परन्तु ये दोनों स्थितियाँ साहित्य की दृष्टि से निरर्थक हैं। वस्तुतः यान्त्रिक भौतिकवादिता अथवा अतिरूपवादिता या अधिरचनावादिता, दोनों ही द्वन्द्वात्मक भौतिकवाद की दृष्टि से ग़लत हैं।[23] साहित्य मात्र वस्तुओं का इन्द्रिय संवेदन नहीं, बल्कि विभिन्न प्रकार की वस्तुओं को देखने से प्राप्त वस्तुओं का 'सार तत्त्व' है। इसी से सामाजिक सार तत्त्व को पहचानने की दृष्टि प्राप्त होती है जो राजनीति के क्षेत्र में सामाजिक परिवर्तन के आधार का और साहित्य में अन्तर्वस्तु का कार्य करती है।

साहित्य वस्तु और रूप तत्त्व के आपसी सम्बन्धों के आधार पर साहित्य का विश्लेषण तभी सम्भव है जब यह माना जाये कि साहित्य जो कुछ भी कहता, वही, अन्ततः यह भी निर्धारित करता है कि वह ठीक कहा गया है या नहीं है। इस विश्लेषण की प्रक्रिया भी द्वन्द्वात्मक होती है। एक बार कथ्य के आधार पर रचना को पुनः परखा जाता है फिर वही, कथ्य उस माध्यम की पर्याप्तता और अपर्याप्तता को भी व्याख्यायित करता है। लूनाचार्स्की ने इस सन्दर्भ में तीन आधार बताये हैं। पहले दूसरे लगभग एक ही हैं। पहला तो यह कि पाठक पर उस कथ्य को, जिसको ध्यान में रख कर रचना की गयी है, पूर्णतम अभिव्यक्ति प्रदान करते हुए जहाँ तक सम्भव हो सके, रूप तत्त्व को वस्तुतत्त्व का अत्यधिक निकटता से आनुषंगिक होना चाहिए। दूसरे, रूपाकार को भाव या वस्तुतत्त्व के साथ घुल कर एक इकाई होना चाहिए। तीसरे, यदि सम्भव हो सके तो अत्यन्त सजगता के साथ रचना के रूप में सार्वभौमिकता के बारे में भी सोचना चाहिए।

लूनाचार्स्की ने इसके अलावा विचारों की संश्लिष्टता और कलात्मक रूप की सरलता को भी यशस्वी रचनाकार का गुण माना है।[24] निश्चय ही यह किसी भी साहित्य का महत्त्वपूर्ण गुण अवश्य है, परन्तु इसके साथ-ही-साथ यह भी महत्त्वपूर्ण सवाल है कि जो कुछ कहा जा रहा है वह किस लिए और किसके लिए है, क्योंकि अन्ततः रचना मात्र ध्येय रहित नहीं हो सकती है। मनुष्य का दिमाग़ निष्कर्षात्मक और ध्येयात्मक ही गतिमान हो सकता है। लूनाचार्स्की ने इस सम्बन्ध में साहित्य के रचनात्मक सम्बन्धों पर चर्चा करते हुए इन उत्पादन शक्तियों पर चर्चा नहीं की है। वस्तुतः साहित्य मात्र की रचनात्मक शक्ति वही होते हैं जो प्रकृति को अपना बनाते हुए, जड़ को चेतन करते हुए, वस्तु को मनुष्य के रूप में बदलते हुए अपने को और समाज को बदल रहे हैं। लेनिन उन्हें 'सर्वहारा' और मेहनतकश कहते हैं तथा माओ-त्से-तुंग उन्हें मज़दूर, किसान, निम्न पूँजीपति वर्ग और सैनिक कहते हैं।[25] वस्तुतः इसका तात्पर्य है, श्रम की प्रक्रिया में लगे वे सभी लोग जो अतिरिक्त मूल्य का निर्माण कर रहे होते है। इसलिए इस बात का विवेचन अवश्य ही होना चाहिए कि जो कथ्य है, क्या वह इस प्रकार के लोगों और प्रक्रियाओं का जीवित संवेदन है या नहीं। क्योंकि अत्यन्त कलात्मक रूप के द्वारा प्रतिक्रियावादी वस्तुतत्त्व भी सम्प्रेषित होता है और अत्यन्त प्रगतिशील वस्तु का अभिव्यक्ति रूप कलात्मक नहीं भी हो सकता है। इसलिए मात्र वस्तु और कलात्मक रूपों के सम्बन्ध ही नहीं बल्कि उन तत्त्वों की भी विवेचना होनी चाहिए। आजकल के 'शैली विज्ञानियों' और 'नये आलोचकों' की तरह से 'भाषा की विभिन्न सूक्ष्म इकाइयों का विश्लेषण करके मौन रह जाना' बिना यह देखे हुए कि विण्टेगेस्टाइन, ऐयर और रसेल आदि उन्हीं के क्षेत्र के विद्वानों ने भाषा और यथार्थ के बारे में क्या कहा है, अधकचरेपन और जड़ता का ही लक्षण है। साहित्य वस्तु का एकमात्र आधार यदि कोई भी हो सकता है तो इहलोक ही हो सकता है। इसलिए साहित्य की 'रचनात्मक शक्तियों' का विवेचन अत्यन्त महत्त्वपूर्ण है क्योंकि बग़ैर उसके बौद्धिक उत्पादन का कोई मतलब नहीं है। वस्तु शून्य साहित्य अत्यन्त सुन्दर मृत शरीर की भाँति है। वस्तुतत्त्व तो सामाजिक तत्त्व ही है। इसीलिए 'अनुभव और पूर्णता' का प्रश्न उठाया गया है। यह पूर्णता है हर वर्ग के चित्रण से सम्बन्धित उस सामाजिक पर्यावरण की जिसमें और जिसके कारण हम हैं और यह है मनुष्य का परिश्रम। इसीलिए गोर्की के शब्दों में यही कहा जा सकता है कि परिश्रम में लीन मनुष्य—काम करता हुआ आदमी ही वस्तुत्त्व का प्रमुख केन्द्र हो सकता है।[26] इससे जो विचार अमूर्तन की प्रक्रिया में रचना में आयेगा, अगर वह सही है तो वह सत्य से दूर नहीं होगा, बल्कि उसके निकट होगा। प्राकृतिक नियमों के तत्त्वों और मूल्यों का अमूर्तन संक्षेप हर प्रकार के वैज्ञानिक अमूर्तन प्रकृति को अधिक गहराई, सत्यता और पूर्णता के साथ अभिव्यक्त

करते हैं।' साहित्य में भी यदि उसके अनुभव का संसार श्रम का संसार है तो वह अमूर्तन के बावजूद सत्य से युक्त होगा।[20] इस प्रकार विषय-वस्तु और सत्य वस्तु की एकता का सम्बन्ध वस्तुतः भौतिक जगत और उस जगत के होने के पीछे वर्तमान कारणों से है। अर्थात् साहित्य में घटना नहीं, घटना हेतुओं और उनके परिवर्तन का दृष्टिकोण भी होना चाहिए।

वस्तुतः वस्तु सत्य भिन्न-भिन्न नहीं हो सकते हैं, परन्तु शासक वर्ग उसे अपनी प्रकृति के अनुसार, व्याख्यायित करता है। पूँजीपति वर्ग के लिए इसके द्वारा भ्रमात्मक चेतना का निर्माण करने में सुविधा होती है। प्लेखानोव के अनुसार, यदि 'कलात्मक उत्पादन यथार्थ को विकृत करता है तो वह कला के रूप में नाकामयाब होता है।'[28]

साहित्य के सन्दर्भ में इन तत्त्वों का विवेचन करते समय साहित्य के ऐतिहासिक और वर्गीय विकास को ज्ञान के द्वन्द्वात्मक नियमों और उत्पादन शक्तियों तथा उत्पादन सम्बन्धों के अन्तर्विरोधों को भी ध्यान में रखना चाहिए। उसका विवेचन साहित्य के ऐतिहासिक विकास की मंज़िलों और भौतिक जगत के विकसित सन्दर्भों में भी होना चाहिए। माओ ने इसके लिए 'राजनैतिक' और 'कलात्मक', दोनों मापदण डों के प्रयोग अनिवार्य माने हैं।[29] कोई चाहे तो इन्हें सामाजिक और साहित्यिक, दोनों कह सकता है। यद्यपि राजनीतिक शब्द में बदलने की इच्छा भी निहित रहती है। साहित्यिक कथ्य, सामाजिक तथ्य का पर्याय इस दृष्टि से भले ही न हो, परन्तु उसमें उसकी झलक अनिवार्य है। प्लेखानोव के अनुसार, 'वस्तु सत्य' लोगों का विचार न होकर प्रकृति और समाज में व्याप्त वे सम्बन्ध होते हैं जो उन विचारों में व्यक्त होते हैं। सत्य का मापदण्ड मुझ में नहीं बल्कि उन सम्बन्धों में रहता है जो मेरे बाहर हैं। वही विचार सही हैं जो उन सम्बन्धों को व्यक्त करते हैं। स्वयं मार्क्स के ही अनुसार, 'विचार तो सत्य, असत्य, उहात्मक और ठोस कई प्रकार के होते हैं। परन्तु विचार वही सत्य होते हैं जो आर्थिक आधार से सम्बद्ध होते हैं।''[30] शोलोख़ोव ने सौन्दर्यशास्त्र के दो ही मूल नियम साहित्य के वस्तुतत्त्व के सन्दर्भ में स्वीकार किये हैं, 'जनता के साथ रहना और जनता के बीच रहना'।[31] लेनिन और माओ के विचार इस सन्दर्भ में प्रसिद्ध ही हैं कि साहित्यकार को किसानों, मज़दूरों और सैनिकों के बीच में रहना चाहिए। मार्क्स ने भी विचारों की वास्तविकता और अवास्तविकता पर विद्वतापूर्ण बहसों को निरर्थक कहा है जब तक कि उसका सम्बन्ध अभ्यास से न हो।[32] माओ ने प्रत्यक्ष अनुभव के साथ-ही-साथ दूसरों के अनुभव को भी महत्त्वपूर्ण माना है परन्तु इसके लिए 'रूपान्तरण या सर्वहाराकरण' की अनिवार्यता भी बतायी है।[33]

मार्क्सवादी दृष्टि से साहित्य में वस्तुतत्त्व और कलात्मक रूप का सम्बन्ध मात्र सैद्धान्तिक ही नहीं, व्यवहारात्मक भी है। लू सुन ने लिखने के ढंग पर विचार करते

हुए चार नियम निर्धारित किये हैं। उसमें वस्तुतत्त्व और रूप तत्त्व पर अलग से नहीं बल्कि एक साथ विचार किया गया है। वे नियम हैं—

1. सभी प्रकार की वस्तुओं पर सूक्ष्म रूप से ध्यान दो, उनका ज़्यादा-से-ज़्यादा निरीक्षण करो और अगर आप ने केवल बहुत थोड़ा निरीक्षण किया है, तो उनके बारे में मत लिखो।

2. जब आपके पास कहने के लिए कुछ न हो तो उस समय अपने को लिखने के लिए बाध्य मत करो।

3. कोई चीज़ लिखने के बाद कम-से-कम दो बार उसको अवश्य दोहराओ और उसमें से अनावश्यक शब्दों, वाक्यों और पैराग्राफ़ों को बिना किसी अफ़सोस के बाहर निकाल दो। समूचे उपन्यास की सामग्री को एक रेखाचित्र में भर दो, लेकिन रेखाचित्र की सामग्री को बढ़ा कर उपन्यास के रूप में कभी मत पेश करो।

4. ऐसे नये-नये विशेषणों या अन्य शब्दों को मत गढ़ो जो आपके सिवाय और किसी के लिए बोधगम्य न हों।[34]

मनुष्य का प्रकृति से निरन्तर संघर्ष और उसके परिणाम उसकी विजय और शक्ति को ही प्रमाणित करते हैं। इसलिए साहित्य में 'सामाजिक मनुष्य' को दिखायी पड़ना चाहिए। मार्क्सवाद के आचरण प्रमुख हैं। रचना को कर्म से कर्म तक होना चाहिए, न निराशा और न शून्यता होनी चाहिए, यद्यपि इसके भी कारण सामाजिक सम्बन्धों में ही निहित रहते हैं। वस्तुतत्त्व और कलात्मक रूप का सम्बद्ध श्रम की प्रक्रिया में प्रयुक्त औज़ारों सहित मनुष्य से है। वास्तविक साहित्य मनुष्य को ही प्रतिष्ठापित करता है। मानवीय वस्तु और वस्तु युक्त मानव की द्वन्द्वात्मक परिणतियाँ ही साहित्य को मूल्यवत्ता प्रदान करती हैं। वस्तुतत्त्व और रूप की एकता, लोकप्रियता और स्तरात्मकता की भावना से युक्त होने पर साहित्य को महत्त्वपूर्णता और मूल्यवत्ता प्रदान करती है। जनता को यदि वह नयी दृष्टि देता है या जागरूक बनाता है तो वह उत्पादक शक्ति भी होता है। अन्त में माओ-त्से-तुंग के शब्दों में, जिस चीज़ की माँग मार्क्सवादी सौन्दर्यशास्त्र करता है वह है राजनीति और कला की एकता, विषय-वस्तु और रूप की एकता, क्रान्तिकारी राजनीतिक विषय-वस्तु और यथासम्भव अधिक पूर्ण कलात्मक रूप की एकता। वे कलाकृतियाँ, जिनमें कलात्मक प्रक्रिया का अभाव होता है, बिल्कुल शक्तिहीन होती हैं, चाहे वे राजनीतिक दृष्टि से कितनी ही प्रगतिशील क्यों न हों। इसलिए हम ऐसी कलाकृतियों के सृजन का, जिनका राजनीतिक दृष्टिकोण ग़लत होता है तथा 'पोस्टरबाज़ी व नारेबाज़ी जैसी शैली' वाली उन कलाकृतियों के सृजन का, जिनका राजनीतिक दृष्टिकोण तो सही होता है लेकिन जिनमें कलात्मकता का अभाव होता है, दोनों ही प्रवृत्तियों का विरोध करते हैं।[35]

सन्दर्भ

1. जॉर्ज थॉम्पसन, 'स्पीच एण्ड थॉट' लेख संकलित मार्क्सिस्ट ऑन लिटरेचर एन एन्थोलॉजी, पृ. 25, मार्क्स ने भाषा को विचारों की सीधी वास्तविकता कहा है मार्क्स-एंगेल्सः कलेक्टेड वर्क्स वॉल्यूम 3।
2. वही, पृ. 21
3. डिक्शनरी ऑफ़ फ़िलॉसफ़ी, सं. रोजेन्थाल एण्ड पी. यूदिन, पृष्ठ 9 'एस्थेटिक एण्ड एथिक'।
4. वही, पृष्ठ 12, 'एस्थेटिक एण्ड टेक्नोलॉजी' और वॉल्टर बेंजामिन का लेख—दि वर्क ऑफ़ आर्ट इन दि एज ऑफ़ मैकेनिकल रिप्रोडक्शन' 'इल्यूमिनेशन्स' में पृ. 226
5. मार्क्स-एंगेल्स, मैनिफ़ेस्टो ऑफ़ दि कम्युनिस्ट पार्टी, पृ. 72
6. दे. लियोन ट्राटस्की, दि फ़ार्मलिस्ट स्कूल ऑफ़ पोयट्री एण्ड मार्क्सिज़्म-लिटरेचर एण्ड रिवोल्यूशन में।
7. मार्क्स-एंगेल्स, मेनिफ़ेस्ट्रो ऑफ़ दि कम्युनिस्ट पार्टी, पृ. 72
8. प्लेखानाब, फण्डामेण्टल प्रॉब्लम ऑफ़ मार्क्सिज़्म पार्टी, पृ. 70
9. मार्क्स एंगेल्स, कलेक्टेड वर्क्स वॉल्यूम 3, पृ. 275
10. वही, पृ. 298-99
11. वही, पृ. 301
12. जर्मन आइडियोलॉज़ी, पृ. 37-38
13. लेफब्रे, दि सोशियोलॉजी ऑफ़ मार्क्स, पृ. 93, 204
14. लेनिन, कलेक्टेड वर्क्स, वॉल्यूम-14, पृ. 103 से 107 तक और माओ-त्से-तुंग की चुनी हुई कृतियाँ भाग एक, 'लेख व्यवहार के बारे में' पृ. 362-63
15. मार्क्स, लैटर टू लसाले 19 अप्रैल, 1859 में। और एंगेल्स, लेटर टू लासाले 18 मई, 1859।
16. एंगेल्स, लैटर टू मिन्ना काउत्स्की 26 नवम्बर, 1885 ई.।
17. एंगेल्स, लैटर टू मार्गरेट हार्कनेस अप्रैल, 1888।
18. ब्रेख़्त : दि पॉपुलर एण्ड दि रियलिस्टिक लेख संकलित 'मार्क्सिस्ट ऑफ़ लिटरेचर एन एन्थोलॉजी, पृ. 423-24। इस सन्दर्भ में लेनिन का 'जर्नल स्वोबोद' के सन्दर्भ में लिखा लेख भी महत्त्वपूर्ण है। इसमें लेनिन लोकप्रियता और भ्रष्टता में अन्तर स्पष्ट करते हुए लिखता है कि "लोकप्रिय रचनाकार पाठक को विचारों की पूर्णता, व्यापक अध्ययन को प्रोत्साहित करता है।" दे. लेनिन : कलेक्टेड वर्क्स वॉल्यूम 5, पृ. 311-12। माओ-त्से-तुंग ने भी जनता के स्तर उठाने की चर्चा लोकप्रियता के सन्दर्भ में की है। इसका सम्बन्ध लक्ष्यपूर्ण नये वस्तुतत्त्व से है।
19. लू सुन, सम थॉट्स ऑन अवर न्यू लिटरेचर 'मार्क्सिस्ट ऑफ़ लिटरेचर एन एन्थोलॉजी' में संकलित, पृ. 396
20. दे. फण्डामेण्टल प्रॉब्लम ऑफ़ मार्क्सिज़्म, पृ. 77
21. मुक्तिबोध, एक साहित्यिक की डायरी, पृ. 79
22. लेफब्रे, सोशियोलॉजी ऑफ़ मार्क्स पृ. 204
23. माओ-त्से-तुंग की चुनी हुई कृतियाँ भाग एक 'अन्तर्विरोध के बारे में, पृ. 399
24. ए. लूनाचार्स्की, ऑन लिटरेचर एण्ड आर्ट, पृ. 15 से 18
25. लेनिन, कलेक्टेड वर्क्स, वॉल्यूम-10, पृ. 48-49 लेख-पार्टी ऑर्गेनाइज़ेशन एण्ड पार्टी लिटरेचर तथा माओ-त्से-तुंग की चुनी हुई कृतियाँ, भाग-3, पृ. 100
26. मैक्सिम गोर्की, ऑन लिटरेचर, पृ. 254
27. लेनिन, कलेक्टेड वर्क्स वॉल्यूम, पृ. 254

28. प्लेखानोव, आर्ट एण्ड सोशल लाइफ़, पृ. 70
29. माओ-त्से-तुंग की चुनी कृतियाँ, भाग-3, पृ. 117
30. प्लेखानोव, दि मोनिस्ट व्यू ऑफ़ हिस्ट्री, पृ. 364
31. शोलोख़ोव, ए क्रिटिकल एप्रिशियेशन्स लेव याकिमेन्को, पृ. 364
32. (मार्क्स : थीसिस ऑन फ़ायरबाख़ II) लेनिन कलेक्टेड वर्क्स वॉल्यूम-14, पृ. 104
33. माओ-त्से-तुंग की चुनी हुई कृतियाँ, पृ. 94-95
34. वही, पृ. 85, माओ द्वारा उद्धृत 'घिसे-पिटे पार्टी लेखन का विरोध करो'।
35. माओ की चुनी हुई कृतियाँ, भाग-3, 'साहित्य और कला के सम्बन्ध में येनान गोष्ठी के समक्ष भाषण, पृ. 119

आर्थिक और राजनीतिक परिवर्तनों के सन्दर्भ में कला और साहित्य

•

आनन्द प्रकाश

उन्नीसवीं शताब्दी के मध्य से ही विश्वस्तर पर पूँजीवाद-विरोध का सार्थक दौर शुरू हो गया था, क्योंकि अपनी लम्बी ऐतिहासिक यात्रा के दौरान प्राकृतिक साधनों से संघर्ष करते हुए अन्ततः मनुष्य ने इतनी सामर्थ्य अर्जित कर ली थी कि अपनी सामूहिक श्रम-शक्ति का नियोजित इस्तेमाल करते हुए सामान्य पार्थिव आवश्यकताओं पर विजय प्राप्त कर ले। इतिहास की इस लम्बी संघर्ष यात्रा के दौरान मनुष्य ने न केवल अपनी उत्पादक शक्ति बढ़ायी, बल्कि उसकी निरन्तर वृद्धि के अनुरूप अपने सामाजिक सम्बन्धों को भी परिवर्तित और विकसित किया। यह मनुष्य के कठिन प्रयत्नों का ही फल था कि पूँजीवादी उत्पादन के विकास के साथ इतिहास में फिर एक ऐसी स्थिति पैदा हो गयी कि मनुष्य की उत्पादक-शक्ति बिलकुल नये सामाजिक सम्बन्धों की माँग करने लगी ताकि, इस नयी उत्पादक-शक्ति का नियोजन अन्ततः मानव समाज के सबसे आधुनिक और समर्थ वर्ग (सर्वहारा) के अपने हाथों ही पूरे समाज की मूल पार्थिव आवश्यकताओं की पूर्ति के लिए होने लगे। अर्थात् सामाजिक सम्बन्धों का स्वरूप पहले की अपेक्षा अधिक जनवादी, विवेकपूर्ण, व्यापक और मानवीय हो, इस आवश्यकता को रेखांकित किया गया। समाजवादी संघर्ष की दिशा में पहला क़दम उत्पादन शक्ति और सामाजिक सम्बन्धों की इसी वास्तविक और अनिवार्य लड़ाई का परिणाम था। उत्पादन शक्ति और सामाजिक सम्बन्धों के मध्य इस तरह के कम या अधिक संघर्षपूर्ण यथार्थ को हम संक्षेप में 'इस युग की आर्थिक स्थिति' कह सकते हैं।

आर्थिक स्थिति दूसरे शब्दों में मनुष्य का भौतिक सामाजिक परिवेश ही है और इसकी मुख्य विशेषता यह है कि यह स्थिति मनुष्य की इच्छा, उसकी चेतना, उसकी अपेक्षाओं और आशाओं आदि के फ्रेमवर्क से बाहर अपनी स्वतन्त्र सत्ता

लिए रहती है। इस कारण प्रारम्भ से ही हमें यह मान कर चलना होगा कि अपनी आर्थिक या सामाजिक स्थिति में हम अपनी सामाजिक भूमिका तो अदा कर सकते हैं और ऐसा करते हुए सामाजिक यथार्थ के कुछ सामान्य नियमों और निष्कर्षों के विषय में प्राप्त ज्ञान के आधार पर उक्त स्थिति को वास्तविक सीमाओं के भीतर तथा अपनी राजनीतिक क्षमताओं के अनुपात में बदल भी सकते हैं लेकिन इसके सन्दर्भ में निरंकुश और मुक्त व्यवहार नहीं कर सकते—आर्थिक स्थिति की मूर्त या सम्भावित सीमाओं को लाँघ कर मानव-व्यवहार की कल्पना करना मात्र स्वप्नशीलता और नकली रूमानियत ही कहा जायेगा।

आर्थिक स्थिति के समकक्ष ही यानी उसके व्यापक परिप्रेक्ष्य में एक विशेष वर्ग समाज की राजनीतिक क्रिया चलती है। यह सही है कि एक ही आर्थिक स्थिति के परिपेक्ष्य में राजनीति कई और परस्पर भिन्न स्वरूप अपना सकती है और हमें बहुत समय तक अपनी विविधता के कारण उलझाती रहती है। लेकिन राजनीति की यह विविधता आमतौर पर उन तबकों की विशेष और अपेक्षतया भिन्न सामाजिक स्थिति पर निर्भर करती है जो अलग-अलग रूपों में मूल सामाजिक उत्पादन से जुड़े होते हैं। दूसरे, एक पूरा का पूरा समूह स्वयं को मूल उत्पादन से पृथक करके मात्र राजनीति को स्वतन्त्र क्रिया के रूप में भी चलाने लगता है और हम में इस भ्रम की भी सृष्टि करता है कि शायद असल में समाज को ये ही लोग शासित कर रहे हैं। कहने की आवश्यकता नहीं कि बूर्ज्वा जनतन्त्र में आम जनसमाज लम्बे समय तक यही सोचता रहता है कि उनकी समस्याओं और कठिनाइयों का मुख्य कारण शासन तथा राजनीति को चलाने वाले व्यक्ति हैं जो अपनी बेईमानी, आलस या अकर्मण्यता के कारण कठिनाइयों का समाधान नहीं कर रहे हैं। तभी बहुत दिनों तक वे यह भी सोचते रहते हैं कि एक बेहतर योजना बनाने वाले और उसे लागू करने वाले लोग जैसे ही शासन और राजनीति सँभालेंगे, उनकी समस्याएँ सुलझ जायेंगी।

लेकिन राजनीति के इस ऊपर स्वरूप की असलियत अपेक्षतया अलग तथा अधिक गहरी होती है—वह है राजनीतिक दलों की क्रिया, सोच, नीतियों, उनके सामाजिक विश्लेषण और प्रचार के मूल में काम करने वाली तथा शासक वर्गों के आर्थिक हितों से जुड़ी हुई व्यवहार-दृष्टि। इस व्यवहार-दृष्टि को पहचानने-परखने की असमर्थता ही हमें प्रायः एक विशिष्ट राजनीतिक क्रिया के विषय में उलझा देती है। विभिन्न दलों की क्रिया को हम शासक वर्ग के आर्थिक रूप से अधिक अथवा कम विकसित हिस्सों को किंचित भिन्न प्रकार की ऐसी सामाजिक अभिव्यक्ति न मान कर जो मूल रूप में एक व्यापक तथा सामान्य वर्ग-दृष्टि से निर्धारित-परिचालित होती है, यह मान लेते हैं कि उसमें से प्रत्येक किसी-न-किसी समय अवश्य ही पूरे

समाज के हितों को सही रूप में पूरा करने की क्षमता रखती है। अर्थात् ऐसा सोचते हुए हम उनके ऊपरी सामाजिक प्रचार की तह में काम करने वाले मूल वर्ग हितों तक पहुँचने की वैचारिक सामर्थ्य नहीं रखते।

आर्थिक और राजनीतिक परिवर्तन की धुरी का निश्चित रूप से समाज के उत्पादन-वितरण सम्बन्ध हैं, जिसका संकेत ऊपर किया गया है। यहाँ यह देखना आवश्यक है कि ज्यों-ज्यों श्रम-शक्ति और सामाजिक सम्बन्धों के बीच खिंचाव संघर्ष बढ़ता है, शासक-वर्गीय राजनीति अनायास ही अधिक सक्रिय, प्रचारशील, कठोर और असहिष्णु हो जाती है। अर्थात् परिवर्तन की सम्भावना जहाँ श्रमिक वर्ग को दिशा-संकेत देने लगती है, वहाँ शासक-वर्ग के विभिन्न तबकों को भी शंकालु और भयभीत बनाती है। भयग्रस्त ये तबक़े उस अवस्था में अधिक सुनियोजित-सुविचारित ढंग से क्रियाशील होने का निर्णय लेते हैं और अपने बीच के मामूली भेदभाव मिटा कर एक सुसंगठित और अनुशासित वर्ग-सचेतता विकसित करने लगते हैं। ऐसी स्थिति में सम्भव है कि उत्पादन-साधनों पर स्वामित्व कायम किये हुए लोगों का एक तबका अपनी लम्बी राजनीतिक परम्परा और अनुभव की परिपक्वता के कारण पूरे वर्ग को नेतृत्व प्रदान करने के लिए सामने आ जाये और शासक वर्गों में से ही नेतृत्व के इच्छुक दूसरे कम अनुभवी या कमज़ोर तबक़े को बलपूर्वक दबा दे। लेकिन इसके विपरीत यह भी हो सकता है कि शासक वर्ग के विभिन्न हिस्सों के हितों के बीच सामंजस्य बनाये रखने की बजाय कोई एक हिस्सा अनावश्यक रूप में महत्त्वाकांक्षी हो जाये और थोड़े समय के लिए राजनीतिक सत्ता को हथियाने में सफल होकर सामाजिक सन्तुलन को झटका दे दे। अर्थात् कमोबेश एक ही तरह की आर्थिक स्थिति अनेक राजनीतिक विकल्पों को प्रश्रय देती हुई अन्ततः उस वर्ग के व्यापक हितों को लगातार चलाती रह सकती है जिसके हाथ में उत्पादन साधनों का स्वामित्व होता है।

यहाँ पर राजनीति का अर्थ मात्र वह क्रिया नहीं है, जो एक समाज के राजनीतिक परिवेश (संसद, पालिका की सामान्य शासकीय गतिविधियाँ आदि) में नेताओं के नीति-सम्बन्धी निर्णय, स्थानीय, राष्ट्रीय अथवा अन्तरराष्ट्रीय स्तर पर होने वाले राजकीय कार्यों आदि के इर्द-गिर्द घूमती नज़र आती है, बल्कि वह सम्पूर्ण क्रिया है जिसके मध्य विभिन्न दल लगातार आम जनता से निरन्तर संवाद करते हुए उसे कुछ-कुछ अलग तरह के विचारों, जीवन-मूल्यों, आदर्शों, सीमित संघर्षों आदि के लिए प्रेरित करते रहते हैं जो इस तरह उपरोक्त विचारों और आदर्शों में निहित मूल वर्ग हितों को ही पुष्ट करते हैं। असल में राजनीतिक क्रिया इतनी व्यापक है कि जीवन का कोई भी महत्त्वपूर्ण हिस्सा इससे अछूता नहीं रह पाता, वह भी नहीं जिसे हम आमतौर पर अपने निजी सन्दर्भों में नितान्त व्यक्तिगत कहते हैं। कारण

यह है कि व्यक्ति और समूह रूप में हमारी सम्पूर्ण व्यवहार-क्रिया जिस नैतिकता, विचार प्रणाली और मूल्य-व्यवस्था के अधीन चलती है, उन सबके बीच केन्द्रीय तत्त्व तत्कालीन विशिष्ट समाज के उत्पादन साधनों के स्वामियों की व्यापक राजनीतिक दृष्टि का होता है।

इसका यह अर्थ नहीं कि एक विशिष्ट वर्ग-समाज की राजनीति में आम जनता के जीवन की झलक नहीं मिलती अथवा आम जनता की गतिशीलता, जीवन्तता और उसके विचारों का न्यूनाधिक प्रभाव विद्यमान नहीं रहता। उत्पादन-क्रिया के अधीन संगठित जनता अपने राजनीतिक जीवन में एक लम्बे समय तक अवश्य असंगठित रहती है, फिर भी समय-समय पर अपने सामाजिक दबावों के विरुद्ध उसकी प्रतिक्रियाएँ और संघर्ष दिखते रहते हैं। अर्थात् आम जनता सामाजिक रूप से इतनी निष्क्रिय कभी नहीं रहती कि शासक वर्गों द्वारा प्रचारित आदर्शों और विचारों को बिना सन्देह और अविश्वास के सीधे-सीधे स्वीकार करती रहे। यदि ऐसा होता तो विभिन्न समाजों का शासक वर्ग दमनकारी तन्त्र विकसित करने के लिए अपने मुनाफ़े का बड़ा हिस्सा व्यय करने की आवश्यकता न समझता। लेकिन यह स्पष्ट रूप से मानना होगा कि वर्ग-समाज की राजनीतिक क्रिया से लम्बे समय तक आम जनता के संघर्ष प्रायः मात्र प्रतिक्रियात्मक, स्वतः स्फूर्त, कमज़ोर और सीमित-संकुचित होते हैं और उनके संघर्षों का यह रूप सीमित इसलिए होता है कि उनकी चेतना में सक्रिय विचार और मूल्य उनके अपने न होकर समाज के ऊपरी सीमित हिस्से के होते हैं।

जैसा कि प्रारम्भ में कहा है, आर्थिक उत्पादन की विकासशीलता एक विशेष अवस्था में पहुँच कर संकटग्रस्त हो जाती है, चूँकि पूँजी और मानव-श्रम के बीच परस्पर विरोध की दशा अत्यधिक गम्भीर स्वरूप धारण कर लेती है। यह वह समय होता है जब मानव-श्रम की जीवन्तता नये समाधान खोजने की ओर अनिवार्य रूप से प्रवृत्त होती है और पूँजी उसका विरोध करने के लिए अतिशय नकारात्मक और प्रतिगामी हो जाती है। कारण यह है कि पूँजी और मानव-श्रम शक्ति का यह संघर्ष दोनों के ही लिए जीवन-मरण का संघर्ष बन जाता है—एक के जीवन में दूसरे की मृत्यु अनिवार्य रूप में निहित होती है। तब एक ओर मानव-श्रम नये सामाजिक सम्बन्ध विकसित करने की क्रान्तिकारी भविष्योन्मुखी दिशा ढूँढ़ता है और पूरी आम जनता को सर्वहारा के नेतृत्व में सार्थक रूप से एकबद्ध करने की बात सोचता है, और दूसरी ओर पूँजी सभी पुरातनपन्थी और प्रतिगामी तबकों को अपने नेतृत्व में एकबद्ध करके आम जनता पर सांस्कृतिक, वैचारिक, सामाजिक और राजनीतिक प्रहार करने का निर्णय लेती है। यही नहीं, विश्व स्तर पर संगठित रूप से सक्रिय पूँजी पूरे विश्व के मानव-श्रम के विरुद्ध संघर्ष चलाने के लिए अत्यधिक नियोजित

रूप में, विविध प्रकार से तथा अनेक कोणों से आक्रमण करने के लिए तैयारी शुरू कर देती है। आमतौर पर उन्नीसवीं सदी के मध्य से और विशेष रूप से बीसवीं सदी के प्रारम्भ से विश्व के हर समाज के आर्थिक और सामाजिक परिवर्तन का व्यापक फ्रेमवर्क अन्तरराष्ट्रीय पूँजी और अन्तरराष्ट्रीय मानव-श्रम के बीच यही अपरिहार्य और ऐतिहासिक रूप से निर्णायक संघर्ष है। कहने का अर्थ यह है कि पूँजी और श्रम के मध्य इस जीवन-मरण के संघर्ष की शुरुआत के साथ-साथ पूँजीवाद इतना नकारात्मक, विध्वंसकारी और विवेकहीन हो गया है कि अब उससे किसी भी प्रकार के सार्थक विकास की अपेक्षा करना रूमानीपन कहलायेगा। साथ ही, बीसवीं सदी में अन्तरराष्ट्रीय स्तर पर पूँजी पर इतने गहरे और निर्णायक प्रहार हुए हैं कि सफल समाजवादी संघर्षों के ऐतिहासिक दौर में जनतन्त्र, मानव स्वतन्त्रता, समानता आदि को लेकर उसका आदर्शवादी और रूमानी शब्दजाल भी प्रायः अपनी प्रतिष्ठा और प्रभावात्मकता खो बैठा है। तभी कितने ही तथाकथित, विकसित और विकासशील समाजों में पूँजी का स्वरूप निरन्तर अधिक दमनकारी, नियन्त्रक और नकारात्मक होता जा रहा है। कहना न होगा कि यदि एक तरफ़ विश्व स्तर पर संगठित पूँजी के विकसित-अविकसित स्थानीय रूपों का वास्तविक राजनीतिक स्वरूप धीरे-धीरे स्पष्ट होता गया है तो दूसरी तरफ़ विश्व का मानव-श्रम स्थानीय तथा अन्तरराष्ट्रीय स्तर पर संघर्षशील होकर मूल सम्बन्धों को परिवर्तित करने के लिए अपेक्षित राजनीतिक कटिबद्धता की आवश्यकता को रेखांकित कर रहा है।

सामाजिक सम्बन्धों के सन्दर्भ में राजनीतिक गतिविधि को अधिरचनात्मक तत्त्वों में शामिल करते हुए मार्क्स ने कहा है कि वैचारिक, राजनीतिक, वैधानिक, दार्शनिक, सांस्कृतिक आदि क्षेत्रों में मनुष्य अपने मूलभूत सामाजिक द्वन्द्व के विषय में समझ प्राप्त करते हैं और गतिशील तथा जीवन्त श्रम-शक्ति के पक्ष में पुराने सम्बन्धों के विरुद्ध इस उद्देश्य में संघर्ष करते हैं कि उस द्वन्द्व को समाप्त किया जा सके। यह एक महत्त्वपूर्ण उक्ति है क्योंकि इससे आर्थिक और राजनीतिक पक्षों के परस्पर सम्बन्ध की क्रान्तिकारी प्रकृति का पता चलता है, और यह भी कि सचेत राजनीतिक कार्य की सार्थकता का अनुपात तत्कालीन आर्थिक सच्चाई की समझ से जुड़ा होता है। अर्थात् यह स्पष्ट है कि आर्थिक सच्चाई वस्तु-जगत का वह परिवेश है जो मनुष्य की इच्छाओं, आकांक्षाओं तथा चेतना से बाहर और स्वतन्त्र है, तथा दूसरी ओर राजनीति मनुष्य की चेतना से प्रचलित वह सामाजिक व्यवहार है जिसके बीच व्यक्ति धीरे-धीरे किन्तु अनिवार्यतः अपने मूल ऐतिहासिक कर्म की समझ विकसित करते हैं और उस कर्म को सम्पन्न करने की दिशा में प्रवृत्त होते हैं।

परिवर्तनशील और द्वन्द्वात्मक सामाजिक जीवन के सन्दर्भ में कला और साहित्य की भूमिका को नज़रअन्दाज़ नहीं किया जा सकता। यह दूसरी बात है कि कला

और साहित्य का क्षेत्र अपनी मूल प्रकृति में राजनीतिक और आर्थिक सच्चाई से कुछ अधिक विस्तृत परिप्रेक्ष्य लिए रहता है। इस प्रकार कला का क्षेत्र एक और जहाँ स्थानीय तथा अन्तरराष्ट्रीय संस्कृति की लम्बी परम्परा की दिशा में उन्मुख और उससे जुड़ा रहता है वहाँ हर विशिष्ट सम्बन्ध में उसकी शक्ति मूल सामाजिक सम्बन्धों और उनके बीच कटु संघर्ष करते मनुष्यों के अनुभवों से आती है। साथ ही, कला और साहित्य की विकास-परम्परा मनुष्य की उस कल्पनाशीलता की भी प्रतीक है जिसके आधार पर विभिन्न मानव समाजों ने अपने समय के दबावों के समानान्तर एक परिकल्पनात्मक अनुभव-संसार की रचना की और इस तरह अपनी सौन्दर्य-चेतना को न केवल बनाये रखा ये बल्कि उसे लगातार विकसित भी किया।

असल में मनुष्य की कला-चेतना उसकी सृजन शक्ति के ही एक रूप में प्रतिफलित होती रही है। सृजन शक्ति चूँकि कल्पना, प्रयोगशीलता, भविष्योन्मुखता और गहरी उद्‌देश्यपरकता जैसे तत्त्वों के बल पर अपने भौतिक परिवेश से टक्कर लेने की मानव-क्षमता है, इसलिए कला-चेतना की प्रकृति और उसकी भूमिका को भी भौतिक परिवेश और मानवीय सृजनशक्ति के बीच चलने वाले द्वन्द्व से ही जोड़ कर देखना उपयोगी होगा। अर्थात् कला के मूल में लम्बी तथा व्यापक सांस्कृतिक परम्परा की संघर्षशीलता से जीवन्त रूप में जुड़ कर और साथ ही अपने समय के गहरे भौतिक सन्दर्भों से टक्कर लेने की आधारभूत मानव-क्षमता को ही स्वीकार करना होगा।

व्यापक कला चेतना की बात करते हुए यह याद रखना आवश्यक है कि यद्यपि इसके मूल में मानवीय सृजनशक्ति है, फिर भी विभिन्न कलाएँ अपने समय के भौतिक और वैचारिक यथार्थ से किंचित भिन्न रूप में जुड़ी होती हैं और उनके जुड़ने की भिन्नता के मूल में उनका अपना माध्यम केन्द्रीय भूमिका निभाता है अर्थात् वे सब बातें जो हम सामान्य रूप से साहित्य के विषय में कहते हैं, चित्रकला, नृत्य, संगीत आदि पर सीधे-सीधे लागू नहीं होतीं। यह प्रायः देखने में आता है कि नृत्य और संगीत में कलाकार की सामाजिक प्रतिबद्धता स्पष्ट स्वरूप ग्रहण नहीं कर पाती और इसीलिए एक वर्ग विभक्ति समाज में इन कला-रूपों तथा राजनीतिक-आर्थिक द्वन्द्वों के बीच किंचित अलगाव और दूरी बनी रहती है। यही नहीं, एक वर्ग-विभक्त समाज का शासक वर्ग इन कलाकारों को अपना संरक्षण प्रायः अधिक आसानी से देता है, चूँकि एक ओर रूपों के सामाजिक इस्तेमाल में अधिक कठिनाई नहीं होती और दूसरे, शासक वर्ग अपनी कलाप्रियता को सिद्ध करके समाज के अधिक संवेदनशील तबकों का समर्थन और स्वीकृति भी शीघ्र ही प्राप्त कर लेता है। तीसरे, इतिहास में कला-रूपों और माध्यमों के विकास में विभिन्न शासक वर्गों के संरक्षण का भी अपना विशिष्ट योगदान रहा है, जिसके अभाव में शायद लम्बी सांस्कृतिक परम्परा

लोक संस्कृति से अलग शायद विकसित ही न हो पाती, यानी विभिन्न इतिहास खण्डों के शासक वर्गों ने मानो मानव-संस्कृति की आवश्यकता को अपने वस्तुपरक व्यवहार में फलीभूत करते हुए कला-परम्परा को जीवित रखा है। शायद इसी कारण कितने ही कला-रूप और माध्यम आज भी सामाजिक द्वन्द्व के प्रति इतना सचेत और सार्थक रुख़ नहीं अपना पाते जितना साहित्य के क्षेत्र में दिखायी पड़ता है।

इन साहित्येतर कला-रूपों तथा सामाजिक परिवेश के बीच द्वन्द्वात्मक सम्बन्ध को समझने के लिए एक तरफ़ तो हमें इनकी विशिष्ट कृतियों और तत्कालीन विशिष्ट सामाजिक स्पन्दनों के बीच आदान-प्रदान को रेखांकित करना होगा और दूसरी तरफ़ कलाकार के सामाजिक व्यवहार तथा रुख़ को ध्यान से विश्लेषित करके यह जानना होगा कि सामाजिक जीवन स्पन्दनों को पकड़ने की कितनी वैचारिक और संवेदनात्मक क्षमता कलाकार ने विकसित की है।

साहित्येतर विशिष्ट कलाकृतियाँ अपने माध्यम (जो ऐतिहासिक परम्परा में विकसित हुआ है) के अनुशासन में बँध कर जीवन के संवेगों, उसकी गतिपरकता, तारतम्यता, अनुभव-पैटर्न, लय आदि की पहचान करती दिखलायी पड़ती हैं और एक विशिष्ट जन-समाज की भाव-दशाओं को अपने माध्यम का सृजनधर्मी प्रयोग करती हुई घनीभूत रूप में प्रस्तुत करती हैं। तभी शायद पूरे युग में प्रायः सभी प्रतिभावान कलाकार कुछ नव विकसित सामान्य जीवन स्पन्दनों और भाव दशाओं को पकड़ कर एक सर्वसामान्य कला -परम्परा का विकास करते हैं, और इसके दौरान अपनी सृजन-क्षमता के बल पर भिन्न-भिन्न स्तरों की कलाकृतियों की रचना करते हैं।

विभिन्न ऐतिहासिक युगों में यह देखा गया है कि एक समूची कला-परम्परा कुछ सामान्य सांस्कृतिक संवेगों के आधार पर खड़ी हुई अलग-अलग कलाकारों के हाथों में उसकी सृजनात्मक विशिष्टता के कारण रचना-क्षमता और कला उत्कर्ष के अलग-अलग आयाम और विकास बिन्दु छूती है। अर्थात् एक कला-परम्परा के विकास का सामान्य सन्दर्भ उस समय-विशेष का सामाजिक-सांस्कृतिक परिवेश माना जा सकता है जब समर्थ कलाकारों का एक पूरा समूह अपनी सामाजिकता में जीता हुआ अपने परिवेश के सामान्य संवेगों के साथ रचनात्मक संघर्ष करता है। विभिन्न कला-रूप तब मानो तत्कालीन समय के जीवन स्पन्दनों का वहन करने लगते हैं और उसी सीमा तक सौन्दर्य तथा उत्कर्ष के आयाम छू पाते हैं जिस सीमा तक उन्होंने जीवन की केन्द्रीय उत्पादन-वितरण क्रिया से उद्भूत और अनुशासित अनुभव-पैटर्नों, संवेगों और स्पन्दनों के प्रति गहरी ग्रहणशीलता अर्जित कर ली है।

साहित्येतर कला-रूपों के सृजन के सन्दर्भ में दूसरा बहुत महत्त्वपूर्ण आयाम वह सामाजिक रवैया है जो एक कलाकार अपने वैचारिक व्यवहार-कर्म के दौरान लगातार विकसित करता है। इसका महत्त्व पहले तो इसीलिए है कि कोई भी कला-परम्परा

स्वतः स्फूर्त तथा यान्त्रिक रूप से चलने वाली मानव क्रिया नहीं होती जिसमें व्यक्ति सिर्फ़ माध्यम, दृष्टा या उत्प्रेरक तत्त्व के रूप में प्रचलित होते हैं। इसके विपरीत हर सांस्कृतिक-सामाजिक सन्दर्भ में विभिन्न कलाकार सामान्य अनुभवों की मूल प्रकृति को पकड़ने के लिए और उनके आधारभूत पक्षों का यथोचित माध्यम द्वारा कलात्मक सृजन करते हुए भीषण वैचारिक संघर्ष करते हैं चूँकि आर्थिक, राजनीतिक, वैचारिक तथा सांस्कृतिक संश्लेष की जटिलता के बीच से एक समाज के मूल जीवन स्पन्दनों को पकड़ पाना आसान नहीं होता। इसी कारण सामाजिक दृष्टिकोण का महत्त्व स्वीकार करना होता है। अपने सामाजिक जीवन में विभिन्न वस्तुओं के प्रति लगातार जिज्ञासा, सन्देहशीलता, प्रयोगधर्मिता तथा वैचारिक विश्लेषण का रुख़ अपनाता हुआ कलाकार स्वयं को उन शासकीय विचार-ग्रंथियों और रूढ़ियों से मुक्त करने में समर्थ होता है जो उसके तथा सामाजिक सच्चाई के बीच बाधा बनी रहती हैं। जितनी बेबाक़ी और निर्भीकता से, जितनी आलोचनात्मकता और विवेकशीलता से कलाकार अपने समाज को लम्बे संघर्षमय ऐतिहासिक परिप्रेक्ष्य से देख सकता है, मूल जीवन स्पन्दनों की प्रकृति की उसकी पहचान भी उतनी ही तीख़ी होती है।

दूसरे, उक्त कला-रूपों के बीच विकासशीलता और ह्रासोन्मुखता के तत्त्व पहचानने के लिए भी जहाँ विशिष्ट कृतियों तथा कला-परम्परा का सामना तत्कालीन ऐतिहासिक परिवेश से कराना आावश्यक होता है। वहाँ विशिष्ट कलाकारों के व्यवहार-दर्शन और दृष्टिकोण के विश्लेषण से भी हमें काफ़ी मदद मिलती है। कारण यह है कि अमूर्त कलाएँ अपने आप में समाज-निरपेक्ष या ह्रासोन्मुखी नहीं होती, बल्कि ये तत्त्व उनमें कलाकार के सचेत अथवा अनजाने व्यवहार-कर्म से आते हैं। आज के सन्दर्भ में यदि अमूर्त कलाओं में प्रवृत्त कलाकार जन-जीवन की ऐतिहासिक आवश्यकताओं की ओर उन्मुख न होकर पूँजीवादी अर्थ-प्रणाली से जुड़ी मानसिकता तथा व्यावहारिकता अपनाते हैं तो उनकी अपनी कृतियाँ अनायास ही ताल, लय, पैटर्न या संयोजन का मात्र यान्त्रिक निर्माण कर पाती हैं और पुरानी कला परम्पराओं को और यान्त्रिक रूप से लौटती हुई शासक-वर्गों तथा उनकी सांस्कृतिक गिरफ़्त में आयी जनता की प्रतिगामी सौन्दर्य-चेतना को ही प्रायः सन्तुष्ट कर पाती हैं।

अमूर्त कलाओं के सन्दर्भ में कभी-कभी हम स्वयं भी सही दृष्टिकोण नहीं अपनाते और पुरानी कलाकृतियों अथवा परम्पराओं के प्रति कलात्मक आसक्ति या संवेदनशीलता को ह्रासोन्मुखी सौन्दर्यबोध की संज्ञा देने लगते हैं। कारण शायद यह है कि न तो हम पुरानी कला-परम्पराओं और कृतियों को उनके अपने समय के जीवन स्पन्दनों और संवेगों की शक्तिशाली अभिव्यक्ति के रूप में देख पाते हैं और न ही उस समय के सामाजिक सम्बन्धों और सांस्कृतिक भावरूपों के साथ अपने ऐतिहासिक जुड़ाव की बात समझ पाते हैं। असल में हमारा परिप्रेक्ष्य यह

होना चाहिए कि मानव-इतिहास के अन्तर्गत अत्यन्त कठिन परिवेश में भी धर्म, कला, संस्कृति, अटूट विश्वास और आस्था आदि अनुभव-तत्त्वों के बल पर मनुष्य ने अपना संघर्षमय मार्ग प्रशस्त किया है और सौन्दर्य-चेतना का लगातार विकास करते हुए अपनी असम्भव-प्रायः जीवन-स्थितियों के कुछ क्षणों को प्रकाशित करने की क्षमता दिखायी है। यदि पुरानी कलाकृतियाँ और सृजन परम्पराएँ आज भी हमें सुखद प्रतीत होती हैं तो शायद इसलिए कि मनुष्य की ऐतिहासिक सौन्दर्य-चेतना में उनका महत्त्वपूर्ण स्थान बन गया है। साथ ही, यदि मानव इतिहास के अत्यन्त भ्रष्ट, निम्नतम और अन्तिम नकारात्मक इस पूँजीवादी युग के वर्तमान दशकों में बेहद पतनशील, यान्त्रिक और उथले कला-रूपों से ऊब कर लोग कभी क्षणिक रूप से पुरानी कला-परम्पराओं में सौन्दर्य और आनन्द खोजने के लिए प्रवृत्त हो जाएँ तो इसे ह्रासोन्मुखी सौन्दर्यबोध कहना उचित प्रतीत नहीं होता। सर्वहारा की लम्बी मानवीय कला-परम्परा का उत्तराधिकार स्वीकार करके उसके जीवन्त और सुखद स्वरूप को संरक्षण देना होगा और उसके सकारात्मक पक्ष को आज की कलात्मक आवश्यकता से जोड़ना होगा। अर्थात् यदि अमूर्त कलाओं के पुरातन स्वरूप के प्रति हम में आसक्ति दिखलायी देती है तो इसलिए नहीं कि हमारी सौन्दर्य-चेतना है, बल्कि शायद इसलिए कि हमारे समय के कलाकारों ने अपनी सांस्कृतिक परम्परा के श्रेष्ठतम स्वरूप को आत्मसात् करके तथा वैचारिक संघर्ष की तीव्र प्रक्रिया से गुज़रते हुए आज के जीवन-संवेगों और केन्द्रीय स्पन्दनों से सही सम्बन्ध स्थापित नहीं किया है और इस तरह ऐसी कलाकृतियों के सृजन के लिए आवश्यक पृष्ठभूमि तैयार नहीं की है जो सर्वहारा के अनुभवों और सौन्दर्यात्मक भावों की सही पहचान विकसित करा सके।

साहित्य भी यद्यपि मानवीय सृजनशक्ति का कलात्मक प्रतिफलन है, फिर भी भाषा-माध्यम के कारण उसका महत्त्व बाक़ी कला-रूपों से काफ़ी अधिक तथा विशिष्ट हो जाता है। भाषा के कारण उसे एक ओर जहाँ मानव-इतिहास के दौरान विकसित होने वाली वैचारिक समृद्धि से द्वन्द्व करना पड़ता है तथा संस्कृति की पूरी अर्थ-परम्परा और अनुभव मूर्तता की निरन्तरता को आगे बढ़ाना होता है, वहाँ हर कालखण्ड में समाज-सत्य की अभिव्यक्ति का जोख़िम भी झेलना होता है। अर्थात् जहाँ बाक़ी कलाएँ अपनी अमूर्तता या आंशिक अमूर्मता के कारण प्रायः सामाजिक और वर्गीय निरीक्षण तथा अनुशासन से बच जाती हैं तथा सामाजिक अनुभवों के अर्थायाम से कुछ अलगाव रखती हुई 'सौन्दर्य सिद्धि' कर लेती हैं, वहाँ साहित्य एक अपेक्षाकृत स्पष्ट सामाजिक रवैया प्रतिच्छवित करने की सार्थक मजबूरी झेलता है। तभी साहित्येतर कलाओं में प्रवृत्त होने वाले कलाकार अपनी साधना करते हुए तब तक अतिरिक्त रूप से नहीं चौंकाते जब तक वे अपने सामाजिक जीवन में भाषा

के माध्यम से अपना दृष्टिकोण स्पष्ट रूप से अभिव्यक्त न कर दें। इसके विपरीत साहित्य अपने आधारभूत माध्यम के कारण प्रायः हर कृति के साथ सामाजिक रुचि और व्यापक आलोचना को आमन्त्रित करता है।

भाषा-माध्यम की उपरोक्त कठिनाई असल में कोई नकारात्मक कठिनाई नहीं, बल्कि साहित्य की अतिरिक्त विशेषता है जिसके कारण साहित्यकार अपनी रचनात्मक भूमिका अधिक प्रभावी ढंग से निभाता है। जिन केन्द्रीय अनुभव-संवेगों और जीवन स्पन्दनों को साहित्येतर कला-रूप शुद्ध गतिमयता या अमूर्त परिवर्तनधर्मिता में पकड़ते हैं, साहित्य उन स्पन्दनों को आर्थिक और राजनीतिक परिवेश के द्वन्द्वों के बीच पहचान हर मनुष्य की चेतना से टकराता है। तभी मनुष्य की सांस्कृतिक क्षमता कितने ही अन्य मूर्त सामाजिक पक्षों से जुड़ती है और मानव चेतना को भावात्मक या वैचारिकता से सम्पृक्त संवेदनात्मक झटके देकर उसकी राजनीतिक क्रिया और सामाजिक परिवर्तनधर्मिता को पुष्ट करती है।

अर्थात् साहित्य के सन्दर्भ में दो आयामों को लेकर सोचना होगा—उसके सौन्दर्यपरक कला-रूप को लेकर तथा अर्थपरक उद्देश्यशीलता को लेकर। कला के रूप में साहित्य जीवनानुभवों को उनकी लयात्मकता या विशिष्ट तालबद्धता के ज़रिये पकड़ कर अथवा अनुभवों के अन्तर्विरोधों को लयात्मकता और तालबद्धता की सृजनधर्मी सामर्थ्य के बल पर सामंजस्य प्रदान करता हुआ सौन्दर्य तथा कलागत सन्तोष की सृष्टि करता है और इस पूरी प्रक्रिया में पाठक-श्रोता की सांस्कृतिक क्षमता और संवेदनशीलता को पैनापन तथा विस्तार प्रदान करता है। ऐसे लेखन में अर्थशीलता या व्याख्याधर्मिता की भूमिका हो सकती है। श्रेष्ठ मानवीय लेखन में वह पर्याप्त मात्रा में मिलती ही है, लेकिन इसमें अर्थ का अनुशासन कलागत सन्तोष के हाथ में रहता है और साहित्य का प्रभाव अन्ततः सौन्दर्यमूलक बना रहता है। साथ ही, यह साहित्य पाठक वर्ग पर बहुत व्यापक प्रभाव डालता है, क्योंकि अन्तर्विरोधों के सृजनात्मक सामंजस्य की पृष्ठभूमि में लेखक की वस्तुपरक सृष्टि निहित रहती है जो समाज-सत्य के विविध आयामों की बीच उन केन्द्रीय स्पन्दनों को पकड़ पाती है जो उत्पादक शक्तियों तथा समाज सम्बन्धों के बीच विद्यमान सार्थक द्वन्द्व के अधीन पूरी ऐतिहासिक समाज-परम्परा के सन्दर्भ में उद्भूत होते हैं। कितने ही सौन्दर्यसृष्टा लेखक अपनी सृजन प्रतिभा के बल पर उन मूल अनुभव-सूत्रों को पकड़ लेते हैं, जिनके परिप्रेक्ष्य में विभिन्न सामाजिक विकृतियों की सार्थक व्याख्या सम्भव होती है, और जिनके कारण लेखक सामाजिक अन्तर्विरोधों के बीच परिकल्पनात्मक तारतम्य की सृष्टि करते हैं।

दूसरी ओर विभिन्न समाजों के इतिहास में ऐसे साहित्य-लेखन की भी लम्बी परम्परा देखने को मिल सकती है जिसमें लेखकों ने मूलरूप से सामाजिक सच्चाई

और अर्थशीलता से बँध कर अपने समय के जन-समुदाय को नयी व्याख्याएँ प्रदान कीं और उनकी वैचारिकता को जागृत तथा पुष्ट करने के लिए अपनी सृजनात्मक क्षमता का इस्तेमाल किया। इस साहित्य-परम्परा का मूल उद्‌देश्य पाठक-श्रोता-दर्शक वर्ग को सौन्दर्य-चेतना सम्प्रेषित करना नहीं रहा, बल्कि अपने सामाजिक सम्बन्धों, नियमों-उपनियमों, रुचियों तथा मूल्यों की लगातार विवेकपूर्ण टिप्पणी और विश्लेषण के माध्यम से समझना और समझाना रहा। इस अर्थ में यह साहित्य परम्परा प्रायः अपने समय की सामाजिक सच्चाई और राजनीति धारा से रचनात्मक द्वन्द्व स्थापित करती हुई जन-समाज की दृष्टि को व्यापक तथा जागरूक बनाने में प्रवृत्त रही। साथ ही, चूँकि परिकल्पनात्मक अभिव्यक्ति को प्रस्तुत माध्यम के रूप में इस्तेमाल किया जा सकता था जिसके आधार पर आवश्यक पक्षों के चित्रण में यथोचित चुनाव और काट-छाँट का भी सहारा लिया जा सकता, इस लेखन परम्परा ने अपने समय के बारे में उस लेखन-अध्ययन से किंचित अधिक सूक्ष्म और सही बातें भी कहने की सामर्थ्य दिखायी जिसे आमतौर पर इतिहास लेखन के नाम से जाना जाता है। शायद इसी कारण गेटे, बाल्ज़ाक, स्टैण्ढल, डिकेंस, टॉलस्टॉय, प्रेमचन्द आदि के लेखन में अपने-अपने समाज के आधारभूत पक्षों का जो सही और सूक्ष्म चित्रण मिलता है, उसके सामने इतिहास लेखन के नाम से आने वाली कृतियों का अध्ययन आमतौर पर मात्र औपचारिक और किताबी दिखलायी पड़ता है।

अपने समय के तार्किक विश्लेषण, सैद्धान्तिक विवेचन, सामाजिक चिन्तन, वैज्ञानिक विकास, आर्थिक प्रचार-प्रसार, राष्ट्रीय तथा अन्तरराष्ट्रीय टकरावों के बीच से केन्द्रित सूत्रों को पकड़ता हुआ और समाज के मूल पक्षों के प्रति स्पष्ट रुख़ अपनाकर विशिष्ट प्रश्नों को समर्थन अथवा विरोध प्रदान करता हुआ यह साहित्य लेखन निरन्तर संघर्षशील भूमिका निभाता रहा। इसका अर्थ यह नहीं कि इस लेखन ने जीवन के सौन्दर्यात्मक पक्षों की ओर पीठ फेरे रखी या शब्द-चयन, शैली, तकनीक आदि के प्रति उदासीनता बरती अथवा समाज के मूल संवेगों और अमूर्त स्पन्दनों को पकड़ने की वस्तुपरक आकांक्षा और क्षमता का अपनी कृतियों में प्रदर्शन नहीं किया, बल्कि यह कि, जैसा ऊपर कहा गया है, इस लेखन का मूल और अनुशासनात्मक बिन्दु अपने समाज के अन्तर्विरोधों के सन्दर्भ में उद्‌देश्यपरक भूमिका निभाना बन गया और कला के अमूर्त और अपेक्षतया सूक्ष्म पक्षों को उद्‌देश्य की सम्पूर्णता से प्रचालित होने वाले घटक के रूप में द्वितीयक महत्त्व प्राप्त हुआ।

स्पष्ट है कि अमूर्त कलाओं की मूल प्रकृति और सामाजिक उद्‌देश्यपूर्णता से प्रत्यक्षतः सम्बद्ध मानव-चिन्तन के बीच विकसित होने वाली ये दो साहित्यधाराएँ न तो एक-दूसरे से पूर्णतया भिन्न होती हैं और न ही एक-दूसरे के पूर्णतः विरोध में खड़ी होती हैं, यद्यपि इनके बीच एक तरह का खिंचाव या तनाव लगातार बना रहता

है। कारण यह है कि इतिहास-धारा के एक विशिष्ट कालखण्ड में उत्पादन-वितरण की तथा मूल सामाजिक सम्बन्धों के विरोध अथवा आंशिक एकत्व की धुरी पर पूरे ऐतिहासिक यथार्थ के परिवेश में जो वस्तुपरक स्पन्दन और संवेग बनते तथा प्रवाहित होते हैं–दोनों साहित्य-प्रवृत्तियों की शक्ति उन्हीं की सही पहचान और पकड़ में निहित होती है। तभी अनेक लेखक अपनी सांस्कृतिक परम्परा के महत्त्वपूर्ण तत्त्वों को आत्मसात करके या तो व्यापक सौन्दर्य-चेतना को अपने सन्दर्भ में विकसित करने का ज़िम्मा लेते हैं और इस तरह नये वस्तुपरक जीवन स्पन्दनों के साथ सृजनात्मक तादात्म्य स्थापित करते हुए मूल मानव-अनुभावों की गरिमा और सुन्दरता को नया आयाम देने की सोचते हैं, या अपने तात्कालिक सन्दर्भ में मानव-व्यवहार को परिवर्तन-प्रक्रिया से सीधे जोड़ कर संघर्षशील सामाजिक भूमिका निभाने की मानवीय आवश्यकता पर बल देते हैं। इस तरह इन दो साहित्य-प्रवृत्तियों का अपना किंचित् पृथक महत्त्व है जो व्यापक ऐतिहासिक परिप्रेक्ष्य में मनुष्य की सृजनधर्मिता और विवेकशीलता के बीच विद्यमान सार्थक द्वन्द्व का ही विशिष्ट सांस्कृतिक प्रतिफलन है और उससे परिचालित-अनुशासित होता है।

विभिन्न साहित्यों के इतिहास को दृष्टि में रख कर एक और सामान्य बात यहाँ कही जा सकती है, यद्यपि उसके एकाध अपवाद भी इधर-उधर मिल जायेंगे। वह है, इन दो तरह की साहित्य-धाराओं तथा सामाजिक गतिशीलता के बीच स्थापित होने वाले सम्बन्ध को लेकर। यह प्रायः देखा गया है कि राजनीतिक और आर्थिक परिवर्तनों के लिए पृष्ठभूमि तैयार होने पर जन-समुदाय अतिशय गतिशील हो उठता है और अपने विचारकों, नेताओं, लेखकों आदि से सीधी और स्पष्ट भूमिका की अपेक्षा करने लगता है। कितने ही नये प्रश्न तब अपनी व्याख्या के लिए मानव समुदाय के सम्मुख प्रस्तुत होते हैं और चिन्तकों के लिए चुनौती बन जाते हैं। पुरानी चीज़ें तब सहसा अर्थहीन हो उठती हैं और सामान्य जनता उन्हें नष्ट करने के लिए उद्यत होने लगती है। सामाजिक द्वन्द्वों के तेज़ होने से पुरानी व्यवस्था कमज़ोर पड़ जाती है, क्योंकि एक नयी और बेहतर व्यवस्था का सार्थक सूत्रपात हो चुका होता है। नयी परिवर्तनकारी शक्तियों के सामने तब सभी अर्थहीन सम्बन्धों, नकारात्मक प्रवृत्तियों, विचारों, मूल्यों आदि को अस्वीकार करने तथा सकारात्मक सम्बन्धों तथा मूल्यों के विकसित करने का महत्त्वपूर्ण कार्य प्रस्तुत होता है। जब भी मानव-इतिहास के परिवर्तन की प्रक्रिया तेज़ हुई है और पुरानी और नयी समाज प्रणालियों के बीच द्वन्द्व बढ़ा है, तब साहित्य में वैचारिक तथा व्याख्यात्मक पक्षों की भूमिका महत्त्वपूर्ण हो गयी है। ऐसे काल में साहित्य का इतना विस्तार हो जाता है कि दर्शन, सिद्धान्त, विज्ञान, वैधानिक नियम, सामाजिक कानून, राजनीतिक प्रश्न, सामाजिक विश्लेषण आदि के तत्त्व उसकी परिधि में विशिष्ट स्थान प्राप्त करने लगते हैं। एक तरह से

तब साहित्य अपने समाज-सत्य के नये तथा अधिक परिवर्तनशील मूल स्पन्दनों, संवेगों आदि से तादात्म्य स्थापित करने के लिए अर्थशीलता तथा वैचारिकता का माध्यम पहले से अधिक अपनाता है और गहरे अर्थों में राजनीतिक और उद्देश्यपूर्ण हो जाता है। इससे लेखन की अर्थपरक धारा प्राथमिक धारा बन जाती है और कलाओं की अमूर्तता की ओर उसका झुकाव कम हो जाता है। यही नहीं, बल्कि शायद सामान्य सौन्दर्य-चेतना की प्रकृति में भी बदलाव आता है और अमूर्त कलाओं की लयात्मकता, हार्मनी, संयोजन आदि में तेज़ी और तनाव पहले की अपेक्षा अधिक महत्त्वपूर्ण हो उठते हैं।

इसके विपरीत, अपेक्षाकृत स्थायी और शान्त कालखण्डों में राजनीतिक, दार्शनिक तथा सांस्कृतिक अधिरचना के विभिन्न तत्त्व विशेषीकरण और पृथक्करण की दशा में प्रवृत्त होते हैं और कलाओं का स्वरूप आमतौर से आत्म-विश्लेषण, अन्तर्मुखी, सौन्दर्यात्मक और शिल्पधर्मी होता है। इन कालखण्डों की कलाकृतियों में मानव अनुभव के उन पक्षों की प्रधानता रहती है जो ज़्यादा व्यापक, स्थायी और गहरे होते हैं। तब न केवल अमूर्त कलाओं में जीवन-पद्धति में तादात्म्य की प्रकृति धीमी और आत्मविश्वस्त होती है, बल्कि साहित्य में भी अर्थ का स्थान स्वर, ताल, लय, घटना-संयोजन और शैल्पिक प्रयोगशीलता को मिलने लगता है। इसका यह अर्थ नहीं कि ऐसे समय में कलाओं या साहित्य का ह्रास होने लगता है, बल्कि यह कि उनकी मूल प्रकृति में कुछ अन्तर आ जाता है। साहित्यिक क्षेत्र में ऐसे कालों में कितनी ही ऐसी कविताएँ या गद्य रचनाएँ भी लिखी गयी हैं, जिनका महत्त्व न केवल आने वाले लम्बे समय तक कायम रहा है, बल्कि जिनके शब्द तथा अर्थ संयोजन की संश्लिष्टता ने नये कालखण्डों में पाठकों की चेतन में नये-नये अर्थों की सृष्टि करके अपनी अतिरिक्त सृजन-क्षमता सिद्ध की है।

असल में, साहित्य के कला-रूप अथवा अर्थशीलता की ओर झुकन का अभिप्राय उसकी प्रकृति के केन्द्रीय अनुशासनात्मक तत्त्व में परिवर्तन से है न कि एक में दूसरे का नकार दिखाने से। अर्थात् कला-रूप और अर्थ का सम्बन्ध बहुत ही सार्थक और एक-दूसरे को समृद्ध करने का सम्बन्ध है। अर्थमूलक रचना अपनी कला-क्षमता और सृजनात्मकता के प्रयोग के कारण जीवन-स्थितियों की समग्रता को मूर्तरूप में पकड़ती है और इसी तरह सौन्दर्यमूलक रचना जीवन के अन्तर्विरोधों से उद्भूत तथा अनुशासित संवेगों और स्पन्दनों से तीव्र वैचारिकता तथा ऐतिहासिक विवेकशीलता के बल पर ही सौन्दर्यात्मक तादात्म्य स्थापित करने में सफल होती है। इसलिए किसी कालखण्ड में यदि साहित्य अथवा अमूर्तकलाओं में ह्रास के तत्त्व उभरने लगते हैं तो इसका सम्बन्ध उनकी उस असमर्थता में ढूँढ़ना चाहिए जो अपने समय की वास्तविक स्थितियों, भावदशाओं, संवेगों आदि को समझाने और पकड़ने में लक्षित

होती है और जिसका कारण है, उन कृतियों में कला-रूप तथा अर्थशीलता के बीच सही द्वन्द्वात्मक सम्बन्ध की अनुपस्थिति।

ह्रासशील पूँजीवाद के वर्तमान चरण में साहित्य तथा अन्य कलाओं को लेकर अर्थशीलता तथा कलाधर्मिता के उपरोक्त द्वन्द्वात्मक सम्बन्ध पर लगातार चोट की गयी है। एक ओर, यदि साहित्य को ऐतिहासिक अर्थशीलता से काट कर मात्र सीमित अनुभवों की ग़ैर-सामाजिक और शिल्प केन्द्रित अभिव्यक्ति बना दिया गया है जिसकी परिणति आधुनिक लेखन के विभिन्न तकनीकी और शिल्प प्रयोगों में होती देखी जा सकती है तो दूसरी ओर, अमूर्त कलाओं का सामना अपने समय के वास्तविक सन्दर्भों से सही रूप में नहीं हो पा रहा, जिसके कारण उनकी लयात्मकता और गतिशीलता यान्त्रिक, निर्जीव और उबाऊ हो गयी लगती है। दिलचस्प बात यह है कि साहित्य तथा कलाओं में नयी शक्ति का संचार करने के लिए जिन नये तरीक़ों, संयोजनों, तकनीकी लटकों और अतिनाटकीय पैंतरों का सहारा लिया जा रहा है, उनसे मानव-सृजन के ये पक्ष एक क्षणिक-सा चमत्कार ही पैदा कर पाते हैं। लेखन और कलाओं को ऐतिहासिक विवेक और गहरी सिद्धान्तशीलता से काटने का ही यह परिणाम है कि सृजनधर्मी क्षेत्रों में जीवन-सन्दर्भों की केन्द्रीय सच्चाई का अहसास नहीं मिलता।

पतनशील पूँजीवादी समाज-व्यवस्था के अन्तर्गत, जो विश्व स्तर पर काफ़ी लम्बे समय से मानव-विरोधी और विध्वंसात्मक हो गयी है, कलाओं और साहित्य का सामान्य ह्रास एक व्यापक सच्चाई है। यह जीवन-प्रणाली विश्व के सभी ग़ैर-समाजवादी देशों के सर्वहारा वर्ग के लिए एक गम्भीर चुनौती के रूप में प्रस्तुत है और व्यापक जन-समुदाय की विचारशीलता और सौन्दर्य-धर्मिता को कुण्ठित करने के लिए योजनाबद्ध रूप में सक्रिय है। सांस्कृतिक क्षेत्र में इसका सबसे कारगर हथियार है, सृजन और ऐतिहासिक विवेक के बीच अलगाव और विरोध स्थापित करके साहित्य तथा अन्य कलाओं को कमज़ोर बनाना। सर्वहारा वर्ग से गहरे रूप में जुड़ा हुआ लेखक या कलाकार किस तरह अपनी सृजनधर्मिता और वैचारिकता को परस्पर सम्बद्ध करके मूल सामाजिक परिवर्तन में साहित्य तथा अन्य कलाओं का मार्ग प्रशस्त करता है, यह देखना बाक़ी है।

वाम साहित्य का सौन्दर्यशास्त्र

•

अलख नारायण

व्यापकतः सौन्दर्यशास्त्र कला विषयक शास्त्र है। विज्ञान या शास्त्र दो पैरों से चलता है। एक क़दम पर वह ऑब्जर्वेशन अथवा अभाव में एक्सपेरिमेण्ट करता है और इस तरह तथ्य संग्रह करता है तथा दूसरे क़दम पर इनफ़ेरेंस करता हुआ तथ्यों की व्याख्या—कारण निर्देश करता है। इन दोनों के समन्वय से अधिकृत विषय का सत्य निर्णीत होता है। दाएँ पैर के उठते ही बाएँ पैर को स्थिर रहना होता है, फिर बाएँ पैर के चलने पर दायाँ पैर चलना बन्द कर देता है। तब इनका मेल कहाँ और किस तरह होता है? दाहिना पैर जब उठता है और आगे बढ़ता है उसकी गति की 'सेण्टर ऑफ़ ग्रेविटी' को बायाँ पैर धारण किये रहता है। यदि दाहिना पैर अस्वीकार करता है अथवा बायाँ पैर कोई गड़बड़ी करता है तो निश्चित रूप से गतिरोध उत्पन्न होगा। जैसे कि यदि मिट्टी को अच्छी तरह छान न लिया जाये तो जो मूर्ति उससे बनेगी वह अवश्य टूट जायेगी। उसी तरह मूर्ति गढ़ने की क्षमता के अभाव में मिट्टी का लोंदा भर बन सकेगा, मूर्ति नहीं। सामान्य और विशेष के संयोग से ही पदार्थ का स्वरूप प्रकट होता है। इसे ही वैज्ञानिक दृष्टि कहा है।

इस शताब्दी के आरम्भ से ही किसी भी दार्शनिक विचार के सन्दर्भ में 'भाषा' के विश्लेषण को गुरुत्वपूर्ण स्थान दिया गया है। दार्शनिक चिन्तन और भाषा विश्लेषण अभिन्न हैं—यह धारणा शताब्दी के आरम्भ से आज तक काफ़ी प्रभाव विस्तार कर चुकी है। बोल भाषा और शास्त्रीय भाषा जिस प्रकार विशिष्ट होकर दार्शनिक समस्याओं का स्वरूप उद्घाटित कर सकी, उसी प्रकार सौन्दर्यशास्त्र भी विश्लेषण की इस पद्धति का आश्रय ग्रहण कर पुराने तात्पर्य और प्रत्यय से आगे बढ़ गया है। 'सौन्दर्यशास्त्र' में दो बहुव्यवहृत प्रत्यय हैं—शिल्प और सौन्दर्य। इसकी संज्ञा और तात्पर्य के स्थिरीकरण के साफल्य के सम्बन्ध में अनेक सौन्दर्यशास्त्री सन्दिग्ध हैं। क्लाइव बेल जैसे विचारक, जो 'शिल्प' में उसके स्वाभाविक गुण खोजना चाहते हैं

किंवा जो शिल्पकर्म के मध्य उस गुण को ही पकड़ने जाते हैं, जिस गुण के कारण शिल्प-वस्तु अन्य 'वस्तुओं' से स्वतन्त्र रह कर अपनी सौन्दर्य और शिल्प-भावना को सुरक्षित रख लेती है, भ्रान्त मानते हैं।

शिल्प क्या है? सौन्दर्य क्या है? जैसे प्रश्नों को कोई चाहे तो अवान्तर भी कह सकता है, क्योंकि ऐसे प्रश्नों का कोई सामयिक उत्तर देना सम्भव प्रतीत नहीं होता। जिस शिल्प-वस्तु को हम युगों से 'सुन्दर' कहते रहे हैं और आज भी कह रहे हैं, उसके साधारण गुण वा वैशिष्ट्य (कॉमन डिनोमिनेटर) की खोज करने पर वे हमें अत्यन्त तुच्छ प्रतीत होते हैं। विश्वविख्यात भाषाविद् और सौन्दर्यशास्त्री विटगिन्सटाइन का प्रभाव ऐसे कथनों पर देखा जा सकता है। इनका ही अनुसरण करते हुए वेट्ज और ज़िफ़ ने कहा है कि 'शिल्प' और 'सौन्दर्य' को समझने के लिए हमें इन शब्दों के प्रयोग को तथा इस प्रयोग या व्यवहार स्रोतों के बीच सादृश्य है या नहीं—वही, सादृश्य जो एक परिवार के विभिन्न सदस्यों के बीच होता है, को देखना होगा।

शिल्प-साहित्य और सौन्दर्य का सार अनुसन्धान अत्यन्त श्रमसाध्य कार्य है। आधुनिक काल में विश्व के मार्क्सवादी सौन्दर्यशास्त्रियों-चिन्तकों ने ही यह श्रमसाध्य कार्य भी पूरा किया है, जिस पर आगे कहूँगा। अट्ठारहवीं शताब्दी में थॉमस रीड ने शिकायत करते हुए कहा था कि, "येट ऑफ़ ब्यूटी देअर इज़ ए ग्रेटर डाइवरसिटी नॉट ओनली ऑफ़ डिग्री बट ऑफ़ काइण्ड, दि ब्यूटी ऑफ़ म्युज़िक, दि ब्यूटी ऑफ़ ए फ़ाइन वूमन, एण्ड मेनी मोर दैन वी नेम्ड, आर डिफरेण्ट काइण्ड ऑफ़ ब्यूटी, वी हैव नेम्स टु डिस्टिंग्यूस देम बट दि नेम्स ऑफ़ डिफरेण्ट आब्जेक्ट्स टु ह्विच दे बिलांग।" रीड के कहने का अभिप्राय था कि सौन्दर्यशास्त्रियों ने इतने विलक्षण विषय के सम्बन्ध में गम्भीर अध्ययन-मनन अवश्य किया है किन्तु सरलता के प्रति दुर्बलता या आसक्ति के कारण ही मात्र कई सुन्दर विषयों को आदर्श मान कर बहुत ही कम नीतियों की सहायता से इस विलक्षणता की व्याख्या करने की चेष्टा की थी। एक-दूसरे चिन्तक डुगाल्ड स्टेवर्ट ने विषय को भाषा सम्पर्कित दार्शनिक आलोचना के स्तर से देखते हुए कहा है, "इनस्टेड ऑफ़ सर्चिंग फ़ार दि कॉमन आइडिया एण्ड एसेन्स ह्विच दि वर्ड ब्यूटी डिनोट्स ह्वेन अप्लाइड टु कलर्स, टु फॉर्म्स, टु साउण्ड्स, टु कम्पोज़िशन इन वर्ड्स एण्ड प्रोज़, टु मैथेमेटिकल थियोरम्स एण्ड टु मोरल क्वालिटीज़, अवर अटेंशन इज़ डाइरेक्टेड टु दि नेचुरल हिस्ट्री ऑफ़ दि ह्यूमेन माइण्ड, एण्ड टु इट्स नेचुरल प्रोग्रेस इन दि इमप्लॉयमेण्ट ऑफ़ स्पीच।"

इसी सदी के तीसरे दशक से सौन्दर्यशास्त्र के सम्बन्ध में नये कोण से विचार आरम्भ हुआ। क्रोचे के अनुयायियों के रोमाण्टिसिज़्म तथा ब्रैडले के भाववाद के प्रतिवाद में ही इस नयी चिन्तन पद्धति का विकास हुआ। इन नये विचारकों ने अनुभव की प्रामाणिकता को आधार बनाया तथा सामान्यीकरण का विरोध किया।

इन्होंने संगीत, चित्रकला, कविता, नाटक आदि प्रत्येक शिल्पकर्म के विशेष वैशिष्ट्य के सम्बन्ध में सचेतनता बरती और प्रतिपादित किया कि सौन्दर्यशास्त्र का उत्पादन शिल्पकर्म की उपभोग जनित अनुभूति व सौन्दर्य की उपलब्धि नहीं, इस शास्त्र का आलोच्य उपकरण 'शिल्पबोध' है जिसे आलोचकों की भाषा में व्यवहृत वर्णनमूलक शब्द और प्रत्यय कहते हैं।

इस तरह एक धारणा सौन्दर्यशास्त्र के साथ हमारी अभिज्ञता की बनी अर्थात्, शिल्प के सौन्दर्य उपभोग मात्र के सम्बन्ध को स्वीकार नहीं किया। यह एक प्रकार से अतीत का वर्तमान के साथ सम्बन्ध-विच्छेद था। एक-दूसरी धारणा सौन्दर्यशास्त्र के सम्बन्ध में सिनथेटिक फ़िज़ियोलॉजी स्कूल के विचारकों द्वारा पेश की गयी जहाँ स्नायुतन्त्र के उच्चतम अंश अर्थात् 'ब्रेन' के समस्त मानसिक क्रियाकलापों का आधार मान कर चला गया। सेचनोव ने केन्द्रीय स्नायुतन्त्र—फ़ेनोमेनन ऑफ़ इनहिबिशन का आविष्कार किया और इस दिशा में कार्य करते हुए पावलोव ने कण्डीशण्ड रिफ़लेक्स' का सिद्धान्त प्रतिपादित किया। कण्डीशण्ड रिफ़लेक्स के तत्त्वों द्वारा मनोविज्ञान, पदार्थ विज्ञान तथा रसायनशास्त्र की तरह एक 'नेचुरल साइंस' का रूप प्रतिपादित हुआ जिसकी मौलिक नीति 'प्रिन्सिपल ऑफ़ डिटरमिनेशन' बनी। इन चिन्तकों ने सौन्दर्यशास्त्र की समस्या पर नितान्त नये दृष्टिकोण से प्रकाश डाला है और कहा है कि शिल्पकर्म मनुष्य के जीवन कर्म का ही एक विशेष रूप है, जीवनपर्यन्त मनुष्य बाह्यजगत की प्रतिकूलता के बीच अपने को जीवित रखने का जो संघर्ष करता है, वह एक नितान्त जटिल कर्म है और उसी की एक अभिव्यक्ति का रूप है, उसका शिल्पकर्म। शिल्पकर्म भी एक कण्डीशण्ड रिफ़लेक्स है। इसमें भी बाह्य स्टिमूलस की कारकता खोजी जा सकती है। किन्तु ध्यान में रखने की बात है कि विज्ञान में मात्र स्ट्रक्चर होता हैं, टेक्सचर नहीं। शिल्प-साहित्य के सौन्दर्यशास्त्र के सन्दर्भ में स्ट्रक्चर और टेक्सचर, दोनों का अध्ययन होता है।

अन्य क्षेत्रों की तरह सौन्दर्यशास्त्र के क्षेत्र में भी मार्क्सवादी विचारकों ने एकदम नये ढंग से प्रवेश किया। क्रिस्टोफ़र काडवेल ने इस दिशा में पहल की थी, किन्तु उनकी मान्यताओं की चर्चा हम बाद में करेंगे। मार्क्सवादी चिन्तकों में जॉर्ज लुकाच का नाम सौन्दर्यशास्त्र सम्बन्धी मान्यताओं के लिए भी विवादास्पद है। दरअसल, लुकाच की सौन्दर्यशास्त्र सम्बन्धी अवधारणा के पीछे विस्तृत अध्ययन की पृष्ठभूमि है। उन्होंने अपनी सौन्दर्यशास्त्र मान्यता की नींव समालोचित हेगेल व तरुण मार्क्स की कृतियों में उपलब्ध एलियनेशन के तत्त्वों पर रखी। यह एक प्रकार से समस्त पूर्ववर्ती सौन्दर्यशास्त्र सम्बन्धी मान्यताओं से एक निश्चित प्रस्थान था। विच्छिन्नता (एलियनेशन) की हेगेलीय व्याख्या से पृथक् मार्क्स ने 'श्रम' की विच्छिन्नता की बात कही थी। मार्क्स की स्थापना थी कि पूँजीवादी समाज में श्रमिक विच्छिन्न

है, उसका श्रम विच्छिन्न है, वस्तुतः जिससे आदर्श समाज की स्थापना होती है। मनुष्य इस बूर्ज्वा समाज में जिस सुषमा, सौन्दर्य और पूर्णता से वंचित है, वह और कुछ नहीं, पूँजीवादी व्यवस्था का अन्य नाम है जिसे मार्क्सवादी सचेतनता द्वारा ही दूर किया जा सकता है। नये सौन्दर्यशास्त्र की दिशा में कार्य करते हुए लुकाच ने साहित्यालोचन में 'समाजवादीय यथार्थ' संज्ञा के दुरुपयोग तथा अनेक समाजवादी विषयों की सन्दर्भहीनता पर करारा प्रहार किया तथा मार्क्सवादी सौन्दर्यशास्त्र की संकीर्ण वामपन्थी व्याख्या का प्रत्याख्यान भी किया।

'सौन्दर्यशास्त्र के सिद्धान्त' ग्रन्थ में लुकाच ने शिल्प-साहित्य के मूल्यांकन सम्बन्धी मानदण्ड के निर्धारण के सिलसिले में मार्क्स, एंगेल्स, लेनिन के साथ ही गेटे की कविताओं का भी हवाला दिया है। लुकाच के सौन्दर्यशास्त्र की दो मौलिक समस्याएँ हैं—प्रतिफलन और प्रतिरूप। इन्हीं दोनों पदों के अर्थ, निरूपण में वे नियोजित रहे हैं। 'शिल्प एवं वस्तुमय सत्य' शीर्षक लेख में अपने सौन्दर्यशास्त्रीय तत्त्वों की व्याख्या करते हुए उन्होंने लिखा है कि वस्तु का सहज अनुकरण या इमिटेशन कला की सिद्धि नहीं है, क्योंकि ऐसा करने से वस्तु की 'बाह्याकृति' या एपीयरेन्स मात्र व्यक्त होगी। 'बूर्ज्वा सौन्दर्यशास्त्र में प्रतिफलन के तत्त्व' लेख में उन्होंने दिखाया है कि सत्य की इस भाववादी तथा एकांगी आकृति की सीमाबद्धता से बूर्ज्वा सौन्दर्यशास्त्री भी असन्तुष्ट हैं। सत्य का जटिल रूप उनकी रचनाओं में अनायत्त है। शिला की तरह विपरीत बिन्दु की भ्रान्ति के वशीभूत बूर्ज्वा रचनाकार 'वस्तु' से हट कर शैल्पिक काल्पनिकता तक खिसक जाते हैं। इन रचनाकारों की कृतियों के सौन्दर्यशास्त्रीय विश्लेषण के सिलसिले में लुकाच ने एमिल जोला, एम्पैथी के तत्त्व तथा वारिंगर के एब्सट्रैक्शन या विमूर्तन की चर्चा की है।

यथार्थ मात्र बाह्याकृत्ति नहीं है, एक मात्रा या दिशा नहीं है। इसके अनेक उपादान हैं, अनेक मात्राएँ हैं और उनके मध्य निरन्तर द्वन्द्व चलता रहता है फिर एकता स्थापित होती है। 'सौन्दर्यशास्त्र के प्रसंग में मार्क्स एवं एंगेल्स' लेख में लुकाच ने सिद्ध किया है कि इन दोनों चिन्तकों ने विक्षिप्त एवं आकस्मिक उक्तियों अथवा व्यक्तिगत पसन्द-नापसन्द को आधार नहीं बनाया है, बल्कि उनकी धारणा के अनुसार, सामाजिक और ऐतिहासिक तत्त्व के भीतर से ही 'सौन्दर्य' के 'प्रतिमान' युक्तिसंगत रूप में अस्तित्त्व ग्रहण करते हैं। आज जब समकालीन साहित्य के मूल्यांकन के लिए नये सौन्दर्यशास्त्र की आवश्यकता पर ज़ोर दिया जा रहा है तो इस सन्दर्भ में मार्क्सवादी सौन्दर्यशास्त्रियों में व्याप्त वैमत्य का विश्लेषण करते हुए उन तत्त्वों का खण्डन और परित्याग नितान्त अनिवार्य है जिनमें व्यक्तिगत पसन्द और रुचिबोध के आधार पर मूल्यांकन की मान्यताएँ स्थिर की गयी हैं तथा मार्क्स की स्थापनाओं का विकृत रूप में उपयोग किया गया है। लुकाच ने सौन्दर्यशास्त्र के प्रतिमान निर्धारण

के निमित्त मार्क्स और लेनिन के 'प्रतिफलन' के उन तत्त्वों का उपयोग किया जिनकी स्थापना मार्क्स ने बाल्ज़ाक तथा लेनिन ने टॉलस्टॉय की रचनाओं को प्रतिफलन का विषय बनाकर एक विशिष्ट क़िस्म की व्याख्या की अवधारणा की है। आवश्यक नहीं है कि बाल्ज़ाक और टॉलस्टॉय की दृष्टि को स्वीकार किया जाये, किन्तु इस तथ्य को अस्वीकार करने की ज़मीन सहज-सुलभ नहीं है कि इन्होंने अपने युग की वास्तविकता को समग्रता में प्रतिफलित किया है। लुकाच द्वारा प्रतिष्ठित आलोचना में समग्रता, आलोचनात्मक यथार्थ, समाजवादी यथार्थ, प्रतिफलन, प्रतिरूप आदि पदों का निश्चित प्रयोग सौन्दर्यशास्त्र को विकसित करने के सिलसिले में किया गया है। लुकाच ने लिखा है कि, ''समाजवादी मानवता ही प्रगतिवादी सौन्दर्यशास्त्र एवं वस्तुवादी ऐतिहासिक चेतना का सार है। यह वस्तुवादी चेतना सामग्रिक भाव से मूलाधार का सन्धान करती है किन्तु पुष्प के आह्लादकारी सौन्दर्य की उपेक्षा नहीं करती बल्कि ठीक इसके विपरीत इतिहास की वस्तुवादी चेतना एवं प्रगतिवादी सौन्दर्यशास्त्र इस मूलाधार एवं फल के सजीव सम्पर्क को अविच्छेद मानने के पक्ष को मज़बूत बनाता है।''[1]

लुकाच ने काफ़्का, मुसिल, बेकेट या फ़ाकनर जैसे रचनाकारों की आलोचना इसलिए की है कि ये लेखक जीवन के समग्र रूप, उसका द्वन्द्व, उसकी नियत परिवर्तनशीलता के प्रति ग़ाफ़िल रहे हैं, असचेत रहे हैं। इन लेखकों में इतिहास चेतना का अभाव है। आज जब हम हिन्दी साहित्य के सन्दर्भ में नये सौन्दर्यशास्त्र की माँग और चर्चा का रहे हैं तो अनिवार्य है कि हम इस बात के प्रति भी सचेत रहें। हिन्दी के उन बुजुर्ग या समकालीन रचनाकारों के प्रति सख़्त दृष्टि अपनायी जाये जिनमें इतिहास चेतना का अभाव है, जो व्यक्ति सर्वस्वता के शिकार हैं। इसके साथ ही हमें 'मार्क्सवादी समीक्षा की समस्याओं पर प्रबन्ध' में व्यक्त लुनाचार्स्की के इस मन्तव्य को भी दृष्टिपथ में रखना चाहिए। 'सार्वभौमिकता की कसौटी' को गम्भीरता से लागू करना चाहिए। हमारे प्रकाशन एवं प्रचारात्मक साहित्य का विस्तार नितान्त लोकप्रिय स्तर से लेकर अत्यन्त जटिल पत्र-पत्रिकाओं तक है जो पाठक से काफ़ी समझ की अपेक्षा रखता है। इसी तरह हम तमाम साहित्य को उन किसानों या मज़दूरों के स्तर तक नहीं गिरा सकते जो अब तक असंस्कृत हैं। यह बहुत गम्भीर भूल होगी। किसी भी शिल्प में विषय अथवा वस्तु का मानवीयकरण होता है जिसमें विषयी और विषय, सत्य और सौन्दर्य की द्वैतता के लोप हो जाने से मनुष्य यूटोपिया वर्जित समग्र यथार्थ की धारणा प्राप्त करता है अर्थात् प्रकृत वैज्ञानिक प्रतिफलन। इस प्रतिफलन में यूटोपिया एवं भाववादी व्यक्तिनिष्ठता जिस तरह अग्राह्य होती है उसी तरह फ़ोटोग्रैफ़िक हू-ब-हूपन तथा नेचुरलिज़्म भी। लुनाचार्स्की और लुकाच, दोनों जहाँ एक ओर बूर्ज्वा शिल्प की निन्दा करते हैं वहाँ दूसरी ओर प्रगतिवादी सरलीकरण की भी।

क्रिस्टोफ़र काडवेल, जिन्हें 'सौन्दर्यशास्त्र की आधारभूत समस्याओं के मार्क्सवादी समाधान के प्रथम प्रयास' करने का श्रेय दिया गया है, की चर्चा पहले की जानी चाहिए थी कि किन्तु जान-बूझ कर काडवेल की चर्चा मैंने यहाँ की है। यह एक निर्विवाद तथ्य है कि ही पहले आलोचक हैं जिन्होंने शिल्प साहित्य पर पूरी यथार्थवादी दृष्टि और पूर्णतः मार्क्सवादी दृष्टिकोण से विचार किया। काडवेल ने अपनी आलोचना में मार्क्सवाद के उन संघटक तत्त्वों को स्पष्ट किया है जिनसे मार्क्सवादी सौन्दर्यशास्त्र की रूपरेखा बनती है। डेविड मार्गोलिज़ ने जॉर्ज थॉमसन का हवाला देते हुए कहा है, "थॉमसन का कहना ठीक है कि काडवेल ने मार्क्सवादी सौन्दर्यशास्त्र को सुव्यवस्थित रूप में प्रस्तुत नहीं किया, वह अभी 'खान' के रूप में ही है, लेकिन सुव्यवस्थित न होते हुए भी काडवेल कृतित्त्व अंग्रेज़ी भाषा में किया गया मार्क्सवादी सौन्दर्यशास्त्र का सर्वाधिक आधारभूत योगदान है।"[2] काडवेल की महत्ता इस बात में है कि यह जानते हुए भी कि अरस्तू के 'काव्यशास्त्र' की तरह मार्क्स और एंगेल्स की रचनाएँ सौन्दर्यशास्त्र का सुव्यवस्थित निर्माण नहीं करतीं, उन्होंने यह प्रमाणित किया कि उनकी रचनाएँ सौन्दर्यशास्त्र का आधार बन सकती हैं। काडवेल ने ही इस तथ्य की ओर भी संकेत किया कि मार्क्सवादी सौन्दर्यशास्त्र मार्क्स और एंगेल्स के साहित्यिक निष्कर्षों की 'प्रतिध्वनि' मात्र नहीं, वह द्वन्द्वात्मक भौतिकवाद पर ही आधारित होगा। काडवेल ने बड़ी जीवन्तता और विद्वतापूर्वक सौन्दर्यशास्त्र की समस्या को सुलझाने सम्बन्धी मार्क्स की धारणा के साथ ही इस कथन को अपनी आलोचना का आधार बनाया, "अपने जीवन के सामाजिक उत्पादन में मनुष्य ऐसे निश्चित सम्बन्धों में बँधते हैं जो अपरिहार्य एवं उनकी इच्छा से स्वतन्त्र होते हैं। उत्पादन के ये सम्बन्ध उत्पादन की भौतिक शक्तियों के विकास की एक निश्चित मंज़िल के अनुरूप होते हैं। इन उत्पादन सम्बन्धों का पूर्ण समाहार ही समाज का आर्थिक ढाँचा है—वह असली बुनियाद है, जिस पर कानून और राजनीति का ऊपरी ढाँचा खड़ा हो जाता है और जिसके अनुकूल ही सामाजिक चेतना के निश्चित रूप होते हैं। भौतिक जीवन की उत्पादन पद्धति जीवन की आम सामाजिक, राजनीतिक और बौद्धिक प्रक्रिया को निर्धारित करती है। मनुष्यों की चेतना उनके अस्तित्त्व को निर्धारित नहीं करती, बल्कि उल्टे उनका सामाजिक अस्तित्त्व उनकी चेतना को निर्धारित करता है।"[3] इस कथन के आलोक में ही काडवेल ने 'साहित्य के कार्य' को एक सामाजिक कार्य के रूप में ग्रहण किया। उन्होंने यह सिद्ध किया कि साहित्य और समाज की सत्ता द्वन्द्वात्मक एकत्व पर आधारित है और यह कि मात्र सामाजिक सत्ता साहित्य का निर्धारण नहीं करती, साहित्य भी समाज को प्रभावित करता है। यह कोई 'विचित्र संयोग' नहीं है कि काडवेल और लु शुन साहित्य को सामाजिक दृष्टि के कार्यपरक मानते थे और कहते थे कि जो साहित्य मानवीय स्वतन्त्रता का

विकास नहीं करता, उसका कार्य उचित व प्रांसगिक नहीं है; इसका एकमात्र कारण सिद्धान्त और अभिरुचि ऐक्य है। लु शुन ने लिखा है, "क्या साहित्य समालोचकों में कोई ऐसा समालोचक मिल सकता है जिसका कोई निजी मानदण्ड न हो? हर किसी का होता है। किसी का सौन्दर्य, किसी का सत्य और किसी का प्रगति। किन्तु सच्चा आलोचक वह है जिसका कोई निजी मानदण्ड नहीं है।"[4] वाम साहित्य के सौन्दर्यशास्त्रीय मानदण्ड निर्धारण के सिलसिले मे ल शुन और काडवेल ने जहाँ एक ओर बहुत ही अच्छी तरह यह समझाया कि अच्छा साहित्य प्रगतिशील क्यों होता है वहीं दूसरी ओर प्रगतिशीलों के इस अनङ अन्तर्विरोध को भी साफ़ किया जिसके तहत डी. एच. लॉरेंस जैसे लेखकों की प्रतिक्रियावादी राजनीतिक दृष्टिकोण के कारण निन्दा की जाती है किन्तु उनकी रचनागत महत्ता का कायल हुआ जाता है। (हिन्दी में इस सन्दर्भ में डॉ. भगवतशरण उपाध्याय की अज्ञेय सम्बन्धी आलोचना द्रष्टव्य है।) इन्होंने इस सिलसिले में मार्क्सवादी आलोचना के नाम पर एक नौसीखिये उग्रपन्थी का मूल्यांकन-माध्यम अपनाने और पुस्तक को कूड़ेखाने में फेंक कर विशुद्ध क्रान्तिकारी होने का अभिनय करने (लु शुन) तथा तथ्यों को समझे बिना, गम्भीर तथा कठिन श्रम किये बिना ही अनायास लक्ष्य बने-बनाये निष्कर्षों के कारण अपने कम्युनिज़्म की डींग हाँकने के वहम पाल लेने (लेनिन) की प्रवृत्ति के प्रति भी सचेत किया है। शिल्प साहित्य को शिल्प-साहित्य की ही तरह देखने का आग्रह लुकाच, लुनाचार्स्की, प्लेखानोव प्रभृति मार्क्सवादी सौन्दर्यशास्त्रियों ने किया किन्तु इससे ही काडवेल का साहित्य विषयक कार्यपरक सिद्धान्त खण्डित हुआ, ऐसा मानना अप्रासंगिक होगा; क्योंकि काडवेल की ख़ुद की धारणा थी कि, "साहित्य, साहित्य के रूप में ही मनुष्य जीवन में कार्य करता है, इसके लिए उसे समाजशास्त्र नहीं बनना पड़ता।"[5] हिन्दी में नये वाम साहित्य के सौन्दर्यशास्त्र की अनिवार्यता पर विचार करते समय इन तथ्यों पर अनिवार्यतः ध्यान रखना इसलिए भी प्रासंगिक है कि अपव्याख्याओं का शिकार होने से बचा जा सके।

समकालीन लेखन के सन्दर्भ में वाम साहित्य के सौन्दर्यशास्त्र के निर्माण के समय इन समस्याओं पर विचार अनिवार्य है : (1) शिल्प-साहित्य क्या है? (2) वाम पक्ष का साहित्य क्या है? (3) साहित्य का सामाजिक कार्य क्या है? (4) साहित्य की आन्तरिक व बाह्य संरचना का स्वरूप (5) शिल्प साहित्य की सामाजिक स्थिति, और (6) शिल्प साहित्य, आधार और अधिरचना का सन्दर्भ।

सौन्दर्यशास्त्र को मार्क्सवाद के प्रभाव क्षेत्र में लाने का जैसा संघर्ष काडवेल ने किया था, कुछ वैसा ही संघर्ष रोज़र गारोदी ने 'मिथक' को मार्क्सवाद के प्रभाव क्षेत्र में लाने के लिए किया, किन्तु उनका मार्क्सवादी आधार आत्मविरोधी माना गया। अन्सर्ट फिशर ने भी अपने सौन्दर्यशास्त्र की नींव मार्क्सवाद पर ही रखी है किन्तु

कला-मूल्यांकन के निमित्त जिन सन्दर्भों को उन्होंने लपेटा है, उनकी सारी प्रतिभा स्थापनाओं के बावजूद उन्हें पूर्णतया स्वीकार नहीं किया गया। गारोदी ने अपने सौन्दर्यशास्त्र निर्माण के प्रयास की दिशा में प्रस्थान करते हुए कहा कि "मिथक सहभागिता नहीं अपितु सृजन है; मार्क्स के अनुसार, मिथक का स्वरूप वह नहीं है जो फ्रायड के अनुसार, है, आकांक्षा की उदात्तीकृत अभिव्यक्ति भी नहीं। मार्क्स के मत में मिथक श्रम का एक रूप है।"[6] इसकी व्याख्या करते हुए गारोदी आगे कहते हैं कि श्रम को मिथक का—यहाँ तक कि प्रकृति के विपरीत संस्कृति का ही—आधार बनाने से, हमें अवसर मिलता है कि हम स्वप्न प्रतीकों तथा मिथक प्रतीकों में विभाजक रेखा खींच सकें। स्वप्न प्रतीक आकांक्षा की अभिव्यक्ति हैं जबकि मिथक प्रतीक मानव द्वारा मानव की अनवरत सृष्टि का एक रूप हैं। मिथकों के बारे में हम सब अच्छी तरह जानते हैं। राम, कृष्ण, सीता, राधा, कैकेयी, सूर्पनखा, द्रौपदी, अहिल्या, रावण, हिरण्यकश्यप के साथ ही एलोरा, अजन्ता व कोणार्क के मिथकों से हमारा परिचय है। प्रेमेथ्यूस, इकेरस, अन्तिगोने, इलियड, ओडसी की चर्चा करते हुए गारोदी का कहना है, "कि ऐसे भी मिथक हैं जो हमारे लिए उपयोगी नहीं हैं या फिर हानिप्रद हैं। वे हमें कहीं भी नहीं ले जाते। दूसरे हैं जो हमें अपने सृजन केन्द्रों तक पहुँचाते हैं, जो लगातार नये क्षितिजों का उद्घाटन करते हैं और अपनी ही सीमाओं को पार करने में हमारी सहायता करते हैं। कुछ बन्द मिथक होते हैं और कुछ खुले मिथक। इनमें से दूसरे ही सही मायने में असली मिथक होते हैं।" गारोदी मिथक सम्बन्धी अपेक्षतया इस नये दृष्टिकोण को 'महान सौन्दर्यशास्त्रीय आन्दोलन' कहते हैं और इसी के आधार पर मार्क्सवादी सौन्दर्यशास्त्र की रचना करने की माँग करते हैं।

जॉर्ज लुकाच की सौन्दर्यशास्त्र अवधारणाओं का विरोध बर्तोल्त ब्रेष्ट ने उनके रूपवादी रुझानों के कारण किया और कहा, "चूँकि कलाकार को निरन्तर रूप-समस्याओं से उलझना पड़ता है इसलिए लेखक को यह ठोस तौर पर स्पष्ट करना चाहिए कि रूपवाद से उसका क्या अभिप्राय है अन्यथा कलाकार के पास उसका कोई अर्थ नहीं पहुँचता। अगर अभिप्राय ऐसे रूप से है जो कलाकृति को 'यथार्थवादी रूपवाद' में तब्दील कर देता है तो केवल सौन्दर्यशास्त्रीय आधार पर रूपवाद की स्थापना करना ग़लत है।"[7] ब्रेष्ट ने नये सौन्दर्यशास्त्र की सम्भावना के सन्दर्भ में लोकप्रिय कला और यथार्थवाद के उदारतापूर्ण मानदण्ड निर्धारण की बात कही है क्योंकि विद्यमान यथार्थवादी कृतियों और लोकप्रिय कृतियों के आधार पर मानदण्ड निर्धारित करने से रूपवादी मानदण्डों तक ही पहुँचा जा सकता है। जीवन्त और लड़ाकू साहित्य के निर्माण के लिए यथार्थ के निरन्तर विकास के साथ हाथ-से-हाथ मिला कर चलना अनिवार्य है। इस स्थिति के बावजूद यह माना गया

है कि लुकाच की समीक्षा के सौन्दर्यशास्त्रीय तत्त्वों ने उन लोगों की शिकायत दूर कर दी जिनकी धारणा थी कि मार्क्सवादी समीक्षा में शिल्प साहित्य के कला पक्ष के विवेचन की उपेक्षा की जाती है।

रोज़र गारोदी की सौन्दर्यशास्त्रीय मान्यताओं पर प्रहार करते हुए जी. नेदोसिडिन ने लिखा कि गारोदी ने इस सिलसिले में मार्क्सवादी की बुनियादी अवधारणा को ही खण्डित कर दिया है। सच्चाई तो यह भी है कि गारोदी ने शिल्प-भावना के सम्बन्ध में लेनिन के प्रतिफलन के तत्त्वों की भी उपेक्षा की है। गारोदी ने जिस 'सीमाहीन वास्तविकता' की स्थापना करते हुए 'अतिकथा' या 'प्रेमेथ्यूस' के पौराणिक यथार्थ की चर्चा की है, नेदोसिडिन की दृष्टि में वह यथार्थ विषयमुख यथार्थ को परिलक्षित नहीं करता, बल्कि वह एक वास्तव निरपेक्ष स्वाधीन रूपकल्प का निर्माण करता है। इस सच्चाई से कैसे इनकार किया जा सकता है कि हिन्दी में यथार्थवाद की शिल्पसम्मत अभिव्यक्ति के लिए नये शिल्प माध्यम, प्रकरण और कथन पद्धति की दिशा में अनेक प्रचेष्टाएँ की गयी हैं।

विश्व में जो कुछ जीवन्त और सृष्टिशील है, वह किसी की प्रतीक्षा और अपेक्षा में चुपचाप बैठ नहीं सकता उसी प्रकार यथार्थवाद—वस्तुवाद भी स्वतः ही विकसित होता चलता है और नयी-नयी समस्याओं तथा मनुष्य के अनुसन्धित्सु चिन्तन के प्रगतिशील विकास के साथ संगति रखता हुआ क्रमशः समृद्ध हो उठता है। उदाहरण के लिए, जीवन के तात्पर्य की व्याख्या में स्थान कालबद्ध कविता के प्रकरण की भी एक परिवर्तनशील और विकासमान भूमिका होती है। युगजीवन के जटिल संघर्ष के मर्म तक पहुँचने के लिये हमारे इस क्रान्तिकारी समय को प्रतिफलित करने के लिये अनेक रचनाकार रूपक, बिम्ब व इसी तरह अन्य किसी माध्यम का आश्रय ग्रहण करते हैं, कुछ पौराणिक रूपकल्प और उसके साथ सामंजस्यपूर्ण रचना-शैली का भी आलम्बन ग्रहण करते हैं। नेदोसिडिन का गारोदी के विरुद्ध अभियोग यह है कि उसने जिस पौराणिक यथार्थ की स्थापना सौन्दर्यशास्त्र के क्षेत्र में करनी चाही है, उसका उपर्युक्त आधुनिक शिल्प की प्रवणता से कोई सम्बन्ध नहीं है बल्कि उसकी वास्तविकता का मूल दोष यह है कि उसने यह नहीं बताया कि पौराणिक शिल्प साहित्य जीवन के सत्य को किस तरह प्रतिभाषित करता है, यहाँ तक कि उसने 'यथार्थ सत्य' के दृष्टिकोण से पौराणिक शिल्प साहित्य का मूल्यांकन भी नहीं किया है। फलस्वरूप, गारोदी का सिद्धान्त समूह प्रगतिशील, वास्तविक यथार्थवादी शिल्प एवं यथार्थ को रहस्यमय करने के उद्देश्य से जहाँ 'ख़ामख़याली कल्पना' का व्यवहार और यथार्थ का विकृत रूपकल्प निर्मित किया जाता है उस तथाकथित आधुनिक घपले से युक्त शिल्प, दोनों को मिला कर गड्ड-मड्ड कर देता है।

मतादर्शगत सौन्दर्यशास्त्रीय इन दो विरोधी अवस्थानों के फलस्वरूप जो मौलिक

सीमारेखा मायकोवस्की की 'रहस्यमय पीतवर्ण' में उभरती है, उससे तुलना करने पर मारिनेति के 'पुराण' की असलियत समझ में आ जाती है, ठीक वैसे ही जैसे ब्रेष्ट की 'जेचुयान की रमणी' से जेम्स जायस की 'यूलीसिस' की तुलना करने से आती है। गारोदी ने जिस 'सीमाहीन यथार्थ' की स्थापना करनी चाही है, उसमें सारे विरोधी अवस्थान धुल गये हैं, ब्रेष्ट और जायस का भेद मिट गया है। लेनिन ने जो दो संस्कृति वाली बात कही है, उससे भी गारोदी ने कोई सरोकार नहीं रखा है। शिल्प विषय के सन्दर्भ में द्वन्द्वमूलक दृष्टि का गारोदी ने अवज्ञामूलक प्रत्याख्यान किया है। विचित्र स्थिति है कि गारोदी की सौन्दर्यशास्त्र मान्यताओं की प्रशंसा में बूर्ज्वा लेखक पंचमुख हैं तो उसको 'सीमाहीन मार्क्सवाद की ताईद करते हुए अन्सर्ट फिशर का कहना है कि, 'सृजनशील मार्क्सवाद' के नमूने के तौर पर गारोदी की अवधारणा को देखा जाना चाहिए।'

तथ्यतः वैप्लिविक द्वन्द्वमूलक तत्त्वों के अस्त्र से सुसज्जित सृजनशील मार्क्सवाद कभी भी जीवन के विरोध वैपरीत्य के मूल केन्द्र में साहस के साथ अनुसन्धान व प्रयोग करने अथवा शिल्प के सामाजिक विश्लेषण से विमुख नहीं हुआ। एक साथ अतिसरलीकरण और अतिक्रान्तिकारिता के स्थूल-अनड़ विश्वास के विरुद्ध खड़ा होकर सृजनशील मार्क्सवाद आधुनिक संस्कृति में सच्चे शिल्पगत मूल्यबोध के अविचल रक्षक की तरह संग्राम-तत्पर है जिससे सर्वापेक्षा अधिक परिमाण में सौन्दर्यशास्त्रीय स्पन्द व मूल्यबोध को पूँजीवाद के अस्त्र की जगह समाजवादी हथियार के रूप में परिणत करना सम्भव हो सके।

सन्दर्भ

1. जॉर्ज लुकाच, समकालीन यथार्थ, प्रतिफलन के तत्त्व और परिदृश्य बोध, अलख नारायण आलोचना 30 जुलाई-सितम्बर, 1974
2. काडवेल और साहित्य की सामाजिक वृत्ति, आलोचना 13, अनुवाद : विश्वनाथ त्रिपाठी।
3. कार्ल मार्क्स, प्रिफ़ेस टु ए कण्ट्रीब्यूशन टु द क्रिटिक ऑफ़ पॉलिटिकल इकोनॉमी, पृ. 182
4. लु शुन, समालोचकों के समालोचक निबन्ध, 17 जनवरी 1934।
5. क्रिस्टोफ़र काडवेल, इल्यूज़न एण्ड रियलिटी में।
6. रोज़र गारोदी, मार्कसिज़्म इन ट्वेंटियेथ सैंचुरी में।
7. जॉर्ज लुकाच के विरोध में, बर्तोल्त ब्रेष्ट, आलोचना 32, अनु : नामवर सिंह।

मार्क्सवाद के परिप्रेक्ष्य में रचना और विचार-स्वातन्त्र्य का सवाल

•

अतुलवीर अरोड़ा

आदमज़ाद की गतिविधियों का लेखा-जोखा, उसकी विचार-शृंखला, दार्शनिक सूझ-बूझ, मनुष्य की रचनात्मक-सृजनात्मक तकलीफ़ों-तनावों का ब्यौरा, उसका श्रम-कर्म... भले ही वह मिट्टी के मामूली बर्तन बनाने का हो या लोहे-लकड़ी के हथियार बनाने का, शहरों-महानगरों के निर्माण-शिल्प का हो अथवा मोटी तकनीकी खोजों से पैदा होने वाले अलगावों और अजनबीयत का... मार्क्सवादी विचारधारा ने इसकी शिनाख़्त दूसरी चिन्तन-प्रक्रियाओं और विचारधाराओं की बनिस्बत कुछ बेहतर और अधिक आधारभूत ढंग से स्पष्ट करने की कोशिश की है। यह शायद इसलिए भी सम्भव हो सका है कि मार्क्सवादी चिन्तन में मनुष्य की आधारभूत संस्कृति की सार्वभौमिक और प्राकृतिक पहचान का शास्त्र अन्तर्निहित है। 'कम्युनिस्ट घोषणापत्र' में दिया गया मार्क्स-एंगेल्स का सीधा और बेलाग कथन इस शास्त्र की बुनियाद है। जैसे इस एक कथन ने आदिम-संस्कृति से लेकर वर्तमान मानव-इतिहास तक की कुंजी हमारे हाथ में थमा दी है... यह कहते हुए कि तमाम वे समाज जो अस्तित्त्व में हैं, उनका इतिहास वर्ग-संघर्ष का इतिहास है।

वर्ग-संघर्ष की प्रकृति के जिस विस्तृत मण्डल का आभास अपने आधारभूत रूप में हम तक मार्क्स-एंगेल्स के ज़रिये पहुँचा है और जिसे लेनिन और माओ-त्से-तुंग ने आगे विकसित और विश्लेषित किया है, जो इतिहास की प्रक्रिया में लगातार अपनी मुद्राएँ बदलती रही है, हालाँकि जिसका मूलभूत चेहरा एक ही रहा है, उसे हमारे भाषाई अवगुण्ठनों, दार्शनिक जटिलताओं, कलात्मक अमूर्तताओं और शिल्पी अनैसर्गिकताओं के प्रवेश ने अस्पष्ट और धुँधला भी किया है। समूचे रचनाकर्म जो केवल नैसर्गिक मानव-क्रियाकलापों से ही नहीं, बल्कि अनैसर्गिक मानव क्रियाकलापों के ज़रिये भी उपजाये गये हैं, वर्ग-संघर्ष की बुनियादों को एक धुँधलका सौंपते रहे

हैं—हालाँकि यह भी सच है कि दार्शनिक सत्ता-चरित्रों ने इस धुँधलके की चादर को सांस्कृतिक क्रान्तियों के माध्यम से जगह-जगह छेदने की कोशिश की है और राजनैतिक परिधियों को साहित्य, कला एवं संगीत तक विस्तृत करते हुए नैसर्गिक रचना-कर्म तथा अनैसर्गिक रचना-कर्म पर अपने विचार प्रकट किये हैं। अनेक मार्क्सवादी चिन्तकों ने, जो एक-दूसरे से अनेक स्तरों पर मतभेद भी रखते हैं, कुल मिला कर कलाओं का एक ठोस मार्क्सवादी सौन्दर्यशास्त्र निर्मित करने में सहयोग दिया है। प्लेखानोव, एडोर्नो, वाल्टर बेन्जामिन, लुकाच, क्रिस्टोफ़र कॉडवेल, अर्नेस्ट फिशर, ट्रॉट्रस्को, ग्राम्शी, हर्बट मार्क्यूज़, रोज़र गारोदी, रेमण्ड विलियम्स, लूसियन गोल्डमान आदि नामों के साथ जुड़ी हुई वैचारिक विविधता का एक ही मूलभूत चिन्तन-पद्धति और अनुशासन के अन्तर्गत एक विराट सौन्दर्यशास्त्र के निर्माण की सम्भावना को आन्तरिक संकल्प के रूप में उभारना शायद इसलिए भी सम्भव हो सका है कि मार्क्सवादी चिन्तन-पद्धति में विचार और कर्म के सम्बन्ध पर बहुत विस्तार से बहस हुई है, हो रही है और हो सकती है। मार्क्सवादी सन्दर्भों में विचार-शास्त्र के अभाव में कर्म के अन्धे होने की बात भी शायद इसीलिए रेखांकित की जाती है और कर्म के अभाव में विचार-शास्त्र के बंजर होने को भी इसीलिए ज़ोर देकर स्पष्ट किया जाता रहा है। मात्र इ.ने से ही स्पष्ट है कि मार्क्सवाद कर्म और विचार के अन्योन्याश्रय में विकसित हुआ है।

मार्क्सवाद, जो रचना अथवा कर्म—यदि रचना को कर्म की अन्तिम परिणति मान लिया जाये, तो—को हमेशा उसके परिणामों की मुद्रा में तौलता-पहचानता है। इस दृष्टि से मानव-समष्टि के लिए यह अधिक उपादेय, व्यावहारिक और ग्राह्य है। दरअसल, पृष्ठभूमि में एक विज्ञान-सम्मत संगति भी निहित है। समूचा ज्ञान सत्य की खोज के हेतु है, सत्य की खोज उसका ध्येय है। इसलिए सत्य को व्यवहार के माध्यम से खोजने की, उसे व्यवहार के माध्यम से पकाने की, उसकी शिनाख़्त करने को और अन्ततः उसे और आगे विकसित करने की बात भी इस सन्दर्भ में की जाती है। माओ-त्से-तुंग ने अपने एक लेख 'ऑन प्रैक्टिस' में इस विषय पर विस्तार से विचार किया है। उनके लिए यह प्रक्रिया कुछ इस प्रकार थी—व्यवहार—ज्ञान—फिर व्यवहार—और फिर ज्ञान...। इस प्रक्रिया का एक अन्तहीन चक्र है। उसमें अन्तर्निहित दूसरे अन्तहीन चक्र हैं और हरेक चक्र के साथ व्यवहार और ज्ञान सीढ़ी-दर-सीढ़ी प्रगति करता है। मार्क्सवादी सन्दर्भ में कुछ भी 'जानना' और 'करना' उनके लिए इस चक्र से बाहर नहीं है।

अब चूँकि मार्क्सवादी विचारक इतिहास के प्रति विशेष तौर पर जागरूक होता है, इसलिए उसे हरेक विचार को कर्म से जोड़ना और उसके प्रभावों की सम्भावनाओं का अधिकांश पूर्व-कल्पनाओं सहित जीना होता है। उसे समय या कालखण्ड की

ऐतिहासिक आवश्यताओं को इतिहास की प्रक्रिया में समझते-पहचानते हुए आगे बढ़ना होता है। वह सामाजिक-ऐतिहासिक कार्य-कारणों की निरन्तर खोज की परिधि से बाहर नहीं आ सकता, इसलिए उसकी दृष्टि में हरेक 'रचना-कर्म' अपने मूलभूत 'विचार' सहित जब अन्तिम तौर पर सामने आता है तो वह प्रायः स्वयमेव स्पष्ट कर देता है कि वह अमुक न होकर अमुक क्यों और कैसे है और अमुक क्यों और कैसे नहीं है। रचना या विस्तार, जो रचना में निहित होते हैं, रचना या विचार के बाहर स्थित और गतिशील समाज से मेल क्यों और कैसे नहीं खाते और मेल खाते हैं तो क्यों और कैसे? यही नहीं, रचना में निहित समष्टि और रचना से बाहर सामाजिक समष्टि के बीच अन्तर्बाह्य साम्य के बावजूद रचना-कर्म में जो अतिरिक्त चेतना उजागर होती दिखायी पड़ती है, जो पूरे बाह्य वातावरण पर टिप्पणी ही नहीं करती, बल्कि अपेक्षित चोट भी मारती है; उसमें केवल परिमार्जन का संकल्प ही उपलब्ध नहीं होता, बल्कि इस विशेष प्रकार के यथार्थ में परिवर्तन का ठोस कार्यक्रम-कारण-कार्य-न्याय के संकेत एवं दिशा भी उपलब्ध होते हैं तो रचना या कर्म अथवा रचना एवं विचार के स्वतान्त्र्य का सवाल अपना महत्त्व रेखांकित करता हुआ सामने आ जाता है। केवल सवाल ही सामने नहीं आता, बल्कि सवाल के साथ जुड़े हुए सैद्धान्तिक-व्यावहारिक और वैयक्तिक एवं मानवी संवेदन के संकट भी अपनी-अपनी मुद्राओं में खड़े हो जाते हैं। इस सवाल और इससे जुड़े हुए विभिन्न प्रकार के संकटों का प्रवेश आमतौर पर दो ही रास्तों से होता है। एक, मूलभूत विचारधारा की अन्तश्चेतना से उपजे हुए मूल्य अथवा दैनिक सामान्य जीवन में पकाये-पचाये संवेदन-तत्त्वों के माध्यम से तथा दूसरे, पार्टी द्वारा लागू किये गये सिद्धान्तों के माध्यम से। दोनों में दो प्रकार की अतियों की सम्भावनाएँ बनी रहती हैं और दोनों ही दो विभिन्न प्रकार की चेतना भी निर्मित करते हैं। एक में विघटन और विकार आ जाने से पूरा साहित्य, पूरी कलाएँ अपना सामाजिक अर्थ, मूल्य और विधान खो देती हैं तो दूसरा कला, संगीत और साहित्य की नींवों पर व्यवस्थागत जकड़न बन कर खड़ा होता है। यही कारण है कि रचना या कर्म अथवा विचार और चिन्तन के स्वातन्त्र्य के सवाल को मार्क्सवाद के सन्दर्भ में आज तक प्रायः प्रतिक्रियावादी दृष्टिकोण को बढ़ावा देने के अर्थों में ही समझा और विश्लेषित किया गया है। इसका आत्यान्तिक विकास तो यहाँ तक खिंच गया है कि इस दृष्टिकोण के तहत खुद मार्क्सवादी भी एक-दूसरे के लिए प्रतिक्रियावादी और विघटित होते जा रहे हैं। यह एक ऐसी दुर्घटना है जो निश्चय ही मार्क्सवादी चिन्तन-पद्धति के विकास-मार्ग में प्रश्नचिन्ह की तरह खड़ी है। इस प्रश्नचिन्ह की शिनाख़्त अगर ऐतिहासिक सूझ-बूझ के साथ अपेक्षित समय में नहीं की गयी तो पूरी चिन्तनधारा में गत्यावरोध के संकट पैदा होने की पूरी सम्भावनाएँ हो सकती हैं।

इसमें सन्देह नहीं कि लेखन के सन्दर्भ में रचना और विचार-स्वातन्त्र्य का सवाल आधुनिक विचारधाराओं के अजीबोग़रीब घालमेल के साथ अक्सर छद्म अस्तित्त्ववादी भंगिमाओं के साथ उपस्थित हुआ है जो मार्क्सवाद का विरोध करती हैं। इस समय सही अस्तित्त्ववादी दर्शन और छद्म अस्तित्त्ववादी दर्शन में फ़र्क़ करना उतना ही सार्थक हो सकता है जितना छद्म प्रगतिशील लेखन और सही मार्क्सवादी लेखन में। मार्क्सवादी विचारकों को मार्क्सवाद के परिप्रेक्ष्य में रचना और विचार-स्वातन्त्र्य के सवाल पर शिनाख़्त और विश्लेषण की निगाह डालते हुए हमेशा उस गाली-गलौज से बचना चाहिए जो वे प्रतिक्रियावादिता के मुलम्मे से किसी भी संवेदनशील बुद्धिजीवी को सुसज्जित करते हुए देने लगते हैं। मार्क्सवाद का यह ग़ैर-ज़रूरी, सख़्त रवैया बुद्धिजीवियों के बीच एक शीत-युद्ध का कारण बनता जा रहा है जिसका फ़ायदा छद्म बुद्धिजीवी उठा रहे हैं और सही मायनों मैं सोच-विचार की ख़ुराक पर जीने वाले मनुष्यों का एक बड़ा वर्ग मार्क्सवाद के इस रवैये की वजह से ही विघटित हो-होकर स्वतन्त्र क़िस्म की द्वीप रचनाओं में मग्न होता जा रहा है। मार्क्सवादी सोच को परिपक्वता देने के लिए कुछ चिन्तकों ने सम्भवतः इसीलिए बुर्जुआ संस्क्रृति में भी प्रगतिशील परम्पराओं की सम्भावनाओं को नकारा नहीं है। उन्होंने लेनिन और गोर्की के उन कथनों की परीक्षा भी की है जिनमें क्रमशः यह बताया गया है कि बुर्जुआ लोकतान्त्रिक क्रान्ति और समाजवादी क्रान्ति के बीच कोई चीनी दीवार नहीं है, अथवा यह कि मार्क्सवादियों द्वारा संस्कृति के इतिहास की रचना जब भी की जायेगी तो इस सम्भावना के लिए जगह बनी रहेगी कि संस्कृति की रचना में बुर्जुआजी द्वारा अदा की गयी भूमिका का मूल्यांकन भी सही ढंग से हो—ख़ासकर साहित्य और दूसरी कलाओं के सन्दर्भ में। इसका मूल कारण यह है कि कला या साहित्य को मूल्य प्रदान करने वाला तत्त्व उसमें निहित सत्य का प्रतिपादन करने वाला संवाद या चेतन विचारधारा उतनी नहीं होती जितना जीवन की वह ठोस और प्रगल्भ अभिव्यक्ति होती है जो उसे उसकी सम्पूर्ण जटिलताओं में प्रस्तुत करती है।

इसमें क्या सन्देह है कि एक अकेले व्यक्ति के रूप में भी हमारा जीवन मुख्य सामाजिक धारा से राजनीतिक रूप में कभी अछूता नहीं रहता, रह ही नहीं सकता। इसलिए मुख्य सामाजिक धारा का राजनीतिक प्रभाव अकेली इकाई पर भी पड़ता है और अकेली इकाई की अन्यमनस्कता या अलगाव या विरक्ति या विघटन—हर प्रकार से मुख्य सामाजिक धारा की गति में अवरोध बनने की सम्भावना हमेशा बनाये रखती है। अतः ऐतिहासिक और सांस्कृतिक स्तर पर समाज और व्यक्ति किसी-न-किसी व्यवस्था के समर्थन या विरोध में रहते ही हैं। इससे बड़ा सच और क्या होगा कि कोई भी संस्कृति तटस्थ संस्कृति होती ही

नहीं है और मात्र इस सच के नंगे हो जाने से हरेक व्यक्ति की ऐतिहासिक एवं सांस्कृतिक भूमिका अपने आप अनावृत्त हो जाती है। सम्भवतः यहीं से मार्क्सवाद के सन्दर्भ में प्रतिबद्ध विचारधारा का सवाल और अधिक महत्त्वपूर्ण होकर सामने आने लगता है जो स्वतः मार्क्सवाद के परिप्रेक्ष्य में रचना और विचार-स्वातन्त्र्य के सवाल की सीमाएँ भी निर्धारित कर देता है।

अगर एंगेल्स द्वारा दी गयी स्वतन्त्रता की परिभाषा को मान्य समझ लिया जाये तो इन सीमाओं के निर्धारण को एक विस्तार उपलब्ध हो जाता है। अगर स्वतन्त्रता को उसके अनुसार, आवश्यकता की खोज करने वाली अन्तर्दृष्टि का नाम मान लिया जाये तो साहित्य, कलाएँ और दूसरे सौन्दर्य-सृष्टि के विचारकर्मों को एक खुला आकाश उपलब्ध हो जाता है। समस्या केवल यह रह जाती है कि इस आवश्यकता को इतिहास और मनुष्य के सन्दर्भों और परिप्रेक्ष्यों से विलग न होने दिया जाये। लेकिन स्वयं मार्क्सवादी भी स्वतन्त्रता को इस सन्दर्भ में देखने से प्रायः इनकार कर जाते हैं। साधारण लोग तो ख़ैर इसकी समझ ही नहीं रखते। किसी भी चीज़ से मुक्ति, जैसा चाहें वैसा करने की इच्छा ही उनके लिए 'अन्तर्दृष्टि'(?) का काम करने लगती है। शोषण की दैत्याकृति, स्वभाव या प्रकृति से उनका कोई ख़ास परिचय नहीं होता। होता भी है तो अपने से बाहर की मोटी ताक़तों के सन्दर्भ में ही। उस शोषण का उन्हें एहसास तक नहीं होता जिसकी प्रक्रिया वे ख़ुद अपने से अपने-आप तक, अपने और दूसरों तक नीयत या बिना किसी नीयत के साथ करते रहते हैं। साहित्य और दूसरी कलाओं को, रचना और विचार को इस हद तक जाकर अर्थात् मनुष्य की इतिहास के साथ साझेदारी में नीयतों, बदनीयतों, संकल्पों, आभासों, आकांक्षाओं, स्वप्नों, यथार्थों और फंतासियों तक जाकर इसकी परीक्षा करनी ज़रूरी है, क्योंकि ये मानवी जटिलताएँ ही आदमी को 'आदमी' बनाये हुए हैं, 'दृष्टिकोण' या 'विचार' नहीं।

मार्क्सवाद, जो सैद्धान्तिक और व्यावहारिक, दोनों स्तरों पर एक औसत श्रमिक और एक औसत व्यवसायी की मानसिकता से जूझता है, उन्हें जिस रूप में वे हैं, उस रूप में उनके वैसा होने के लिए जो भौतिक, राजनीतिक, सांस्कृतिक और ऐतिहासिक कारण हैं, जो कुल मिला कर हर प्रकार से राजनीतिक ही हैं, उन्हें कुरेदता है। उन तमाम धारणाओं को झकझोरता है जो दो विशेष प्रकार की मानसिकताओं की उपज होती हैं। उन मानसिकताओं के पीछे काम करने वाली छद्म चेतना, अन्धविश्वास और काली शक्तियों का खुलासा मार्क्सवाद हमेशा तैयार रखता है ताकि संस्कृति की पक्षधरता लगातार स्पष्ट होती रहे। यह एक ज़हीन काम है जिसकी पहल मार्क्सवाद ने की है। अतः उसे दृष्टिकोण और विचार, कर्म और रचना के स्तर पर मानवीय आवश्यकताओं को इतिहास के विस्तृत सन्दर्भों से जोड़ कर उनकी खोज करने के

लिए एक ऐसी अन्तर्दृष्टि विकसित करनी होगी जो मार्क्सवादी सोच और समझ को और अधिक सौन्दर्य प्रदान कर सके। यह इसलिए और भी ज़रूरी है कि आज का मनुष्य जिस आधुनिक संस्कृति के तनाव झेल रहा है। उसकी बनावट मशीन और प्रविधि के भारी सहयोग से तैयार हुई है। यह संस्कृति ही खुद-ब-खुद कुछ इस ढंग से पनपी-पनपायी गयी है कि इसमें बुर्जुआ मनोवृत्ति के प्रति ललक को अवकाश मिल जाता है। मार्क्सवाद के लिए इन सब की तहें खोलते हुए उन जड़ों पर चोट करना लाज़िमी है जो मनुष्य को दीप-रचनाओं के संकल्पों की ओर ले जा रही हैं या उस प्रलोभन को बढ़ावा दे रही हैं जो रचना और विचार को ख़ामख़याली और मानसिक ऐय्याशी में बदल देता है।

साहित्य, चित्रकला, मूर्तिकला, संगीत, रंगमंच, रेडियो, फ़िल्म-टेलीविज़न, खेल-कूद, रेलवे, हवाई-समुद्री मार्ग, स्काई-स्क्रैपर्ज़, प्लेनेटेरियम्स, एटॉमिक पावर स्टेशन, पूजाघर, गिरजे, गुरुद्वारे, मस्जिदें, सेक्रेटेरियट, इमारतें, कृत्रिम झीलें, चिड़ियाघर, अजायबघर, पुस्तकालय, आरामगाहें, पुष्पोद्यान, राजमार्ग और न जाने क्या-क्या—इन सभी का निर्माण मनुष्य की मनोवृत्ति, आकांक्षा, स्वप्न और संकल्प को मद्देनज़र रखते हुए आन्तरिक तथा बाह्य प्रकृति के बीच इनकी तार्किक संगति और अर्थवत्ता-अर्थहीनता देखते-समझते हुए किया जाता है। कुल मिलाकर ये सारा कुछ एक विराट राजनीति का हिस्सा होता है जो और आगे कई प्रकार की राजनीतियों को विकसित-विघटित करता चलता है। आधुनिक विचारधाराओं ने मार्क्सवादी चिन्तन की आधारभूत भूमिकाओं की समझ के साथ जब-जब इन कार्यवाहक संस्थानों, सांस्कृतिक केन्द्रों, परिवहन और संचार माध्यमों की ओर रुख़ किया है, आधुनिक मनुष्य को संकटयुक्त, त्रस्त और उदासीन पाया है। इसका मूल कारण यह है कि पूँजीवादी शक्तियाँ, जो अन्ततः साम्राज्यवादी शक्तियों से प्रभावित और उनकी हिमायती होती हैं और जिनका चेहरा फ़ासिस्ट चेहरे के क़रीब रहता है, औसत जन-मानस पर व्यावसायिक कलाओं के ज़रिये एक अँधेरा फेंकने, तानने और उसे विस्तृत करते जाने में काफ़ी हद तक सफल रहती हैं। इनकी सफलता की वजह से साहित्य और दूसरी कलाएँ भी एक भयानक दुर्घटना का शिकार हो जाती हैं। विचारों के छद्म और रचना की व्यावसायिक मुद्राओं ने कम-से-कम हमारे यहाँ जिस तरह नियति, मोहभंग, सन्त्रास, अलगाव तथा अजनबीयत के मुहावरों को घटिया और कुण्ठित कर दिया है, वह निश्चय ही सभ्य मानव-समष्टि के लिए अपमानजनक है। रचना और विचार के स्वातन्त्र्य के नाम पर हमारे यहाँ और बाहर भी ज़िन्दगी को जिस कदर अर्थहीन और विसंगत बताया गया है, मनुष्य और मनुष्य के बीच जिस क़िस्म की सम्प्रेषण की समस्या खड़ी की गयी है। उसे जटिल ही नहीं, बल्कि असम्भव साबित करने की कोशिश की गयी है, यथार्थ को वस्तुनिष्ठ न रख कर निरा विषयी बनाया गया है,

साधारण को मूर्ख, अपढ़, जाहिल और बदतमीज बताया गया है, किसी भी क़िस्म के वस्तु सत्य के अस्तित्त्व से जिस बेशर्मी के साथ सरासर इनकार किया गया है, उसे देखते हुए हैरत होने लगती है। इन शक्तियों के समर्थक चिन्तक केवल यहीं नहीं रुके हैं। 'मोहभंग' और 'अँधेरे' का इस कदर भयानक संसार खड़ा करने के बाद ये लोग आत्महत्या को रेखांकित करना भी नहीं भूले। येसेनिन और मायकोवस्की, सिल्विया प्लॉथ और वर्ज़ीनिया वूल्फ़, यूकियो मिशिमा और अकूतागावा रयूनोसके की आत्महत्याओं को मनुष्य के विपक्ष में इस्तेमाल करते हुए इन्होंने इस धारणा को बलवान बनाने में अपने सादे पेचोख़म इस्तेमाल किये कि व्यवस्था कोई भी हो, मनुष्य की 'मुक्ति' कभी नहीं हो सकती और 'मुक्ति' इन्हें कभी 'बीटनिक पीढ़ी', कभी 'हंग्री जेनरेशन', कभी 'एंग्री यंगमैन' और कभी 'हिप्पी कल्ट' के साथ साक्षात्कार करने के लिए विवश करती रही। ये हरेक संस्कृति के समानान्तर एक प्रति-संस्कृति खड़ी करने के पक्षधर बने रहे और 'क्रान्तिकारी संस्कृतियाँ'(!) इनके पक्ष में आधारभूत क्रान्ति के अभाव में भी आ-आकर नतमस्तक होती रहीं। कला की यह अवस्था, साहित्य की यह क़द्र अर्थहीन और बेमतलब है। ऐसी कलाएँ जो विनाश की मनोवृत्ति को आधारभूत मनोवृत्ति स्वीकार करके मनुष्य को विश्लेषित करती हैं, मनुष्य के विरुद्ध एक संगठित षड्यन्त्र हैं। ये सिर्फ़ संरचना में संघर्षरत जीवन्त मूल्यों पर कुठाराघात ही नहीं करतीं, बल्कि हरेक व्यवस्था के प्रति नकार की शर्मनाक मुद्रा अख़्तियार करते हुए बड़े पैमाने पर छद्म कलाओं के जन्म और विकास की महामारी फैलाती हैं। ऐसे विकार भरे माहौल में लगातार कलात्मक अनुशासन की दृष्टि बनाये रखना, समाजवादी मूल्यों की सुरक्षा कर पाना, आत्मिक-सामाजिक आलोचना का ठोस कार्यक्रम तैयार करना किसी भी कलाकार, बुद्धिजीवी या दार्शनिक के लिए उसकी अपनी विचार और कर्म-दृष्टि की सार्थकता निश्चित करने के लिए ज़रूरी है लेकिन इसके साथ-ही-साथ यह बिल्कुल भी ज़रूरी नहीं है कि साहित्य और कलाएँ रचना और विचार का जो माहौल खड़ा करें, वे पूरी तरह पार्टी के दिशा-निर्देशों, अनुशासन और नियन्त्रण में ही तैयार हों क्योंकि राजनेता और संवेदना की आधारभूत भूमिका में उपजने वाला रचनाकार, दोनों की भूमिकाएँ अलग-अलग हैं। उनका वैचारिक अन्त एक हो सकता है लेकिन उनके माध्यम उस अन्त तक पहुँचने के लिए अलग-अलग हैं। राजनेता का कर्म कला की समीक्षा नहीं हो सकता। इसलिए जब वह कला को एक तयशुदा सांस्कृतिक संसार की उपज बनाना चाहता है तो कलाकार के लिए कई तरह के दबाव पैदा होने स्वाभाविक हैं। ग्राम्शी ने इस संकट का एहसास बहुत पहले करवा दिया था और कहा था कि अगर एक सांस्कृतिक संसार, जिसके लिए हम संघर्ष कर रहे हैं, वह ज़िन्दा है और ऐसी सच्चाई है जो तेज़ी से हमारी अपेक्षाओं, आवश्यकताओं और ज़रूरियात का हिस्सा

बन रही है तो उसके लिए अभिव्यक्ति ख़ुद-ब-ख़ुद निर्बन्ध हो जायेगी। उसे अपने लिए कलाकार ख़ुद-ब-ख़ुद मिल जायेंगे। और अगर बावजूद राजनीतिक दबावों के, उसे कलाकार अथवा साहित्यकार उपलब्ध नहीं होते तो इसका अर्थ यही है कि हम एक काल्पनिक और छद्म राजनीतिक एवं सांस्कृतिक संसार के साथ ख़रीद-फ़रोख़्त में मशगूल हैं, एक निहायत ठस्स दिमाग़ी कर्म में लगे हैं जो केवल काग़ज़ काले करने के अलावा दूसरी कोई संज्ञा नहीं पा सकता।

हिन्दी का मार्क्सवादी सौन्दर्यशास्त्रीय चिन्तन

●

डॉ. रामकृपाल पाण्डेय

हम सभी जानते हैं कि मार्क्स और एंगेल्स ने सौन्दर्यशास्त्र पर किसी ग्रन्थ की रचना नहीं की है और न तो उनके योग्यतम शिष्य लेनिन ने ही किसी ऐसे ग्रन्थ की रचना की है। अतः यह कहना निराधार न होगा कि मार्क्स, एंगेल्स और लेनिन ने प्रत्यक्षतः किसी सौन्दर्यशास्त्र की रचना नहीं की है। लेकिन इस आधार पर यह समझना कि उनके पास कोई अपनी मौलिक सौन्दर्यशास्त्रीय दृष्टि नहीं थी, बिल्कुल ग़लत होगा। इसके विपरीत यह समझना कि उनके पास अपने विश्व दृष्टिकोण के अनुरूप एक सुव्यवस्थित सौन्दर्यशास्त्रीय दृष्टि थी, बिल्कुल सही होगा।

सौन्दर्य-दृष्टि तो सभी में होती है, लेकिन उस दृष्टि के पीछे सौन्दर्यशास्त्र भी हो, यह ज़रूरी नहीं है। आमतौर पर लोगों के पास सौन्दर्य-दृष्टि तो होती है, पर सौन्दर्यशास्त्र नहीं होता। ऐसे लोगों की सौन्दर्य-दृष्टि को हम सौन्दर्यशास्त्रीय दृष्टि नहीं कह सकते। ऊपर हमने मार्क्स, एंगेल्स और लेनिन की सौन्दर्य-दृष्टि को सौन्दर्यशास्त्रीय दृष्टि कहा है। इसका आशय यही है कि उनकी सौन्दर्य-दृष्टि के पीछे एक सुव्यवस्थित सौन्दर्यशास्त्र छिपा हुआ है जिसका दार्शनिक आधार है– 'द्वन्द्वात्मक और ऐतिहासिक भौतिकवाद'। इसी छिपे हुए सौन्दर्यशास्त्र को खोज निकालने, व्यवस्थित करने और युगानुरूप विकसित करने के प्रयास विश्व के तमाम मार्क्सवादी कला एवं साहित्य चिन्तक निरन्तर करते चले आ रहे हैं।

मार्क्स, एंगेल्स और लेनिन की विपुल रचनाओं में जीवन और कला के सम्बन्धों तथा अनेक साहित्यिक कृतियों एवं साहित्यकारों पर विशेष रूप से प्रकाश डालने वाली सौन्दर्यशास्त्र सम्बन्धी प्रचुर सामग्री मौजूद है, जिसे संकलित और सुव्यवस्थित करके प्रसारित करने का सफल प्रयास विभिन्न देशों के, विशेषकर रूस के मार्क्सवादी विचारकों ने किया है। आज विश्व का मार्क्सवादी सौन्दर्यशास्त्र कृतियों और विचारकों की दृष्टि से पर्याप्त सम्पन्न है। हिन्दी के मार्क्सवादी सौन्दर्यशास्त्रीय चिन्तन पर विचार

करते समय हमें यह मान कर आगे बढ़ना होगा कि हम मार्क्सवादी सौन्दर्यशास्त्र की विषय-वस्तु और मुख्य स्थापनाओं से सुपरिचित हैं।

हिन्दी में मार्क्सवादी सौन्दर्यशास्त्रीय चिन्तन की शुरुआत चौथे दशक के उत्तरार्द्ध में हुई। तब तक हिन्दी का आधुनिक रचनात्मक और आलोचनात्मक साहित्य भारतेन्दु से प्रारम्भ होकर महावीर प्रसाद द्विवेदी से होता हुआ आचार्य शुक्ल तक पहुँच चुका था। इन युग निर्माता महापुरुषों ने अपने मौलिक, सशक्त और महत्त्वपूर्ण यथार्थवादी चिन्तन के बल पर हिन्दी-साहित्य चिन्तन को अब तक उस स्तर तक अवश्य पहुँचा दिया था जिसके बिना हिन्दी साहित्य चिन्तन के क्षेत्र में मार्क्सवादी सौन्दर्यशास्त्र के शिशु-पादप की जड़ नहीं जम सकती थी।

दार्शनिक दृष्टिकोण से आचार्य शुक्ल सुसंगत भौतिकवादी नहीं कहे जा सकते और प्रत्यक्षतः मार्क्सवाद से प्रभावित भी नहीं लगते; लेकिन उनकी साहित्यिक चिन्तन पद्धति निःसन्देह भौतिकवादी और द्वन्द्वात्मक है। वस्तुतः वे यथार्थवादी- वस्तुवादी विचारक हैं। मौलिक चिन्तक की जितनी गहन क्षमता आचार्य शुक्ल में थी, उतनी अन्य किसी आलोचक-विचारक में न थी। यही कारण है कि उनकी समूची सौन्दर्य-दृष्टि मार्क्सवादी सौन्दर्य-दृष्टि के इतने अधिक नज़दीक है जितनी कि उनके समकालीन किसी अन्य साहित्यालोचक की नहीं, यहाँ तक कि उनके परवर्ती आलोचक आचार्य हज़ारी प्रसाद द्विवेदी और प. नन्द दुलारे बाजपेयी की सौन्दर्य-दृष्टियाँ भी नहीं। यही नहीं, अनेक मार्क्सवादी आलोचकों की तुलना में भी उनकी सौन्दर्य-दृष्टि मार्क्सवाद के कहीं अधिक नज़दीक है। यह अद्भुत है, पर पूरी तरह सही है। डॉ. रामविलास शर्मा का यह कथन सौ फ़ीसदी सच है कि—"जो लोग वैज्ञानिक भौतिकवाद के नाम पर त्रिकाल-सत्य सौन्दर्य और सदाबहार प्रगतिशीलता की बातें करते हैं, उनसे शुक्ल जी के विचार कहीं ज़्यादा वैज्ञानिक हैं।" (लोकजीवन और साहित्य, पृ. 8-9)

निबन्ध की सीमा की मजबूरी के कारण आचार्य शुक्ल की सौन्दर्यशास्त्रीय मान्यताओं का उल्लेख करना यहाँ सम्भव नहीं है (और हम सभी क़रीब-क़रीब उनसे परिचित भी हैं)। यहाँ सिर्फ़ इतना ही कहना आवश्यक है कि आचार्य शुक्ल ने हिन्दी साहित्य-चिन्तन को इतना उर्वर और समुन्नत बना दिया था कि मार्क्सवादी सौन्दर्यशास्त्र की स्थापनाएँ हमें परायी और अजीब नहीं लगतीं, वरन् ऐसा लगता है कि मानो मार्क्सवादी सौन्दर्यशास्त्र आचार्य शुक्ल के हिन्दी सौन्दर्यशास्त्र का ही सहज विकसित, उन्नत और परिष्कृत रूप है। अब हम सीधे हिन्दी के मार्क्सवादी सौन्दर्यशास्त्र की चर्चा करेंगे।

सन् 1917 ई. में रूस में समाजवादी क्रान्ति हुई। उसका प्रभाव समूचे विश्व में पड़ना शुरू हुआ। उसके प्रभाव से भारत में एक नयी चेतना की लहर उठी और स्वाधीनता संग्राम प्रखर हो उठा। सन् 1925 ई. में भारतीय कम्युनिस्ट पार्टी की

स्थापना हुई। मज़दूरों और किसानों का संगठन शुरू हुआ। मार्क्सवादी विचारधारा राजनीति के अलावा अन्य क्षेत्रों में भी अंकुरित और विकसित होने लगी। सन् 1936 ई. में 14 फरवरी को प्रगतिशील लेखकों ने 'प्रगतिशील लेखक संघ' स्थापित करने का निश्चय किया और उसी वर्ष 9-10 अप्रैल को महान लेखक प्रेमचन्द की अध्यक्षता में उसकी स्थापना हो गयी। अपने अध्यक्षीय भाषण में प्रेमचन्द ने रीतिकालीन साहित्य, दरबारी साहित्यिक अभिरुचि और सौन्दर्यबोध तथा सामन्ती परम्परा पर कठोर प्रहार किया और जनता के साहित्य के पक्ष में अपनी ज़बर्दस्त आवाज़ बुलन्द की। अतः प्रेमचन्द से हिन्दी में मार्क्सवादी सौन्दर्यशास्त्रीय चिन्तन का अध्ययन प्रारम्भ करना चाहिए।

लेकिन तमाम लोग प्रेमचन्द को गाँधीवादी मानते हैं। इस देश के चलन को देखते हुए वे बेचारे कोई बहुत बड़ी मूर्खता नहीं करते हैं। जहाँ तमाम लोग पत्थर को भगवान मानते हों और इनसान को पत्थर, वहाँ प्रेमचन्द को गाँधीवादी मानना कोई ख़ास बात नहीं है। सवाल यह है कि स्वयं प्रेमचन्द अपने को क्या मानते हैं? सन् 1936 ई. के प्रेमचन्द को छोड़ दीजिए और पहले सन् 1919 ई. के प्रेमचन्द को देखिये, जब इस देश में कम्युनिस्ट और सोशलिस्ट पार्टियों का जन्म भी न हुआ था। फरवरी 1919 ई. में 'ज़माना' में उन्होंने लिखा था, ''आने वाला ज़माना अब किसानों और मज़दूरों का है। दुनिया की रफ़्तार इसका साफ़ सबूत दे रही है।'' आप कह सकते हैं कि किसानों और मज़दूरों की बात तो गाँधी ने भी की है, तो इन्क़लाब की बात देखिए। इसी लेख में उन्होंने रूसी इन्क़लाब की भी चर्चा की थी। ''इन्क़लाब के पहले कौन जानता था कि रूस की पीड़ित जनता में भी इतनी ताक़त छिपी हुई है?'' इतने पर भी विश्वास न हो तो इसी समय लिखी गयी उनकी एक चिठ्ठी का यह वाक्य ध्यान से पढ़ लीजिए—''मैं अब क़रीब-क़रीब बोल्शेविक उसूलों का कायल हो गया हूँ।'' (चिट्ठी-पत्री खण्ड-1, पृ. 93) ये सन् 1919 ई. की बातें हैं। सन् 1936 के प्रेमचन्द को जानना चाहते हैं तो मृत्यु-शय्या पर पड़े-पड़े उन्होंने अपनी ज़िन्दगी का जो आख़िरी लेख लिखा था, उसे पढ़ लीजिए। शीर्षक है—'महाजनी सभ्यता।' साम्राज्यवादी प्रचारतन्त्र नवोदित रूसी समाजवादी सभ्यता पर मनगढ़न्त आरोपों की बौछार कर रहा था। इस लेख में उन्होंने उसी का पर्दाफ़ाश करते हुए लिखा—''निःसन्देह इस नयी सभ्यता ने व्यक्ति-स्वातन्त्र्य के पंजे, नाख़ून और दाँत तोड़ दिये हैं। उसके राज्य में अब एक पूँजीपति लाखों मज़दूरों का ख़ून पीकर मोटा नहीं हो सकता। उसे अब यह आज़ादी नहीं है कि अपने नफ़े के लिए साधारण आवश्यकता की वस्तुओं के दाम चढ़ा सके। दूसरे, अपने माल की खपत कराने के लिए युद्ध करा दे, गोला-बारूद और युद्ध सामग्री बना कर दुर्बल राष्ट्रों का दमन कराये।''

इस कथन से असन्दिग्ध रूप से प्रमाणित है कि सन् 1936 ई. में अपने जीवन

के अन्तिम क्षणों तक प्रेमचन्द बोल्शेविक उसूलों के कायल थे। फिर भी, कोई उन्हें गाँधीवादी मानता है तो माने। मैं उन्हें भारत के मार्क्सवादियों की पहली पीढ़ी का प्रारम्भिक मार्क्सवादी मान कर (जिसमें असंगतियों एवं कमियों का होना लाज़िमी है) यहाँ उनके सौन्दर्यशास्त्रीय चिन्तन की चर्चा करूँगा।

कुछ लोग साहित्य का जीवन से कोई सम्बन्ध नहीं मानते। प्रेमचन्द के ज़माने में भी ऐसे लोग थे। स्वयं उन्हीं के शब्दों में, ''हमारे साहित्यकार कल्पना की सृष्टि खड़ी कर उसमें मनमाने तिलिस्म बाँधा करते थे। कहीं फसाना-ए-अजायब की दास्तान थी, कहीं बोस्तान-ए-ख़याल की और कहीं चन्द्रकान्ता सन्तति की। इन आख्यानों का उद्‌देश्य केवल मनोरंजन था और हमारे अद्‌भुत रस-प्रेम की तृप्ति। साहित्य का जीवन से कोई लगाव है, यह कल्पनातीत था। कहानी-कहानी है, जीवन-जीवन, दोनों परस्पर विरोधी वस्तुएँ समझी जाती थीं।'' लेकिन प्रेमचन्द की नज़र में साहित्य और जीवन परस्पर विरोधी और विच्छिन्न नहीं है। 'जीवन में साहित्य का स्थान' शीर्षक निबन्ध में उनके पहले दो वाक्य हैं—''साहित्य का आधार जीवन है। इसी नींव पर साहित्य की दीवार खड़ी होती है।'' आधार और इमारत का वह रूपक उनका अपना है और मार्क्स द्वारा प्रतिपादित 'आधार और ढाँचा' (Basis and Super Structure) सिद्धान्त की दिशा में उठाया गया एक महत्त्वपूर्ण क़दम है।

प्रेमचन्द के मतानुसार, 'साहित्य, जीवन की आलोचना है, चाहे वह निबन्ध के रूप में हो चाहे कहानियों के, या काव्य के, उसे हमारे जीवन की आलोचना और व्याख्या करनी चाहिए।'' सभी जानते हैं कि साहित्य को जीवन की आलोचना और व्याख्या बताने वाला यह सूत्र प्रसिद्ध यथार्थवादी कवि आलोचक मैथ्यू ऑर्नोल्ड (Mathew Arnold) का है। डॉ. रामविलास शर्मा के कथनानुसार, आचार्य महावीर प्रसाद द्विवेदी ने भी अपने एक लेख में साहित्य को जीवन की आलोचना कहा है। पतन और पराधीनता की जकड़ से छूटने तथा उन्नति और स्वाधीनता की प्राप्ति के लिए संघर्षशील भारतीय जनता की मूलभूत आवश्यकता के अनुरूप आचार्य द्विवेदी और प्रेमचन्द सजगतापूर्वक साहित्यिक सिद्धान्तों का ग्रहण कर रहे थे, यह अनुमान सहज ही लगाया जा सकता है। ऑर्नोल्ड अपने ज़माने के एक प्रगतिशील यथार्थवादी साहित्य-चिन्तक थे। उन्होंने साहित्य को मनोरंजन का साधन न मान कर सामाजिक-नैतिक सुधार एवं उत्थान के औज़ार के रूप में बदल दिया था। निःसन्देह, ऑर्नोल्ड का यह सिद्धान्त मार्क्सवादी दृष्टिकोण के अनुकूल है।

प्रेमचन्द जीवन और साहित्य का सम्बन्ध इतना घनिष्ठ मानते हैं कि वे उस रचना को साहित्य मानने के लिए तैयार नहीं जिसमें जीवन की सच्चाई न हो। उनका स्पष्ट कथन है—''साहित्य उसी रचना को कहेंगे, जिसमें कोई सच्चाई प्रकट की गयी हो और जिसमें दिल और दिमाग़ पर असर डालने का गुण हो और साहित्य में यह

गुण पूर्णरूप से उसी अवस्था में उत्पन्न होता है, जब उसमें जीवन की सच्चाइयाँ और अनुभूतियाँ व्यक्त की गयी हों।''

प्रतिबिम्बन (Reflection) का सिद्धान्त मार्क्सवादी सौन्दर्यशास्त्र में यान्त्रिक रूप में स्वीकार नहीं किया जाता है, किन्तु द्वन्द्वात्मक रूप में वह स्वीकृत होता है। साहित्य को जीवन से विच्छिन्न और अलौकिक मानने की तुलना में उसे समाज और जीवन का प्रतिबिम्ब मानना निश्चय ही अधिक सही और वैज्ञानिक है। प्रेमचन्द का सुस्पष्ट कथन है–''साहित्य अपने देश-काल का प्रतिबिम्ब होता है।'' यही कारण है कि उनकी दृष्टि में–''साहित्य ही सच्चा इतिहास है, क्योंकि उसमें अपने देश और काल का जैसा चित्र होता है, वैसा कोरे इतिहास में नहीं हो सकता। घटनाओं की तालिका इतिहास नहीं है और न राजाओं की लड़ाइयाँ ही इतिहास है। इतिहास जीवन के विभिन्न अंगों की प्रगति का नाम है, और जीवन पर साहित्य से अधिक प्रकाश और कौन वस्तु डाल सकती है?''

कहना न होगा कि प्रेमचन्द प्रतिबिम्ब सिद्धान्त को स्वीकार करते हैं और कमाल यह कि यान्त्रिक रूप में नहीं। जो साहित्य को सच्चा इतिहास कहे, घटनाओं की तालिका और राजाओं की लड़ाइयों को सच्चा इतिहास न माने, उसकी दृष्टि को यान्त्रिक कहना मानवीय विवेक का परिचय देना न होगा, बल्कि अपने को ही विवेकशून्य यन्त्र सिद्ध करना होगा।

प्रेमचन्द सोद्देश्य साहित्य के पक्षधर थे। निम्नलिखित उद्धरणों पर ध्यान दीजिए–

1. ''साहित्य का उद्देश्य हमारी अनुभूतियों की तीव्रता को बढ़ाना है।''
(कुछ विचार)

2. ''नीतिशास्त्र और साहित्यशास्त्र का लक्ष्य एक ही है–केवल उसकी विधि में अन्तर है।'' (वही, पृ. 9)

3. ''अब तो हमें उस कला की आवश्यकता है, जिसमें कर्म का सन्देश हो।''
(वही, पृ. 14)

4. ''साहित्यकार का लक्ष्य केवल महफ़िल सजाना और मनोरंजन जुटाना नहीं है। उसका दरजा इतना न गिराइये। वह देशभक्ति और राजनीति के पीछे चलने वाली सच्चाई भी नहीं बल्कि उसके आगे मशाल दिखाती हुई चलने वाली सच्चाई है।''
(वही, पृ. 9)

5. ''साहित्यकार का काम केवल पाठकों का मन बहलाना नहीं है। यह तो भाटों और मदारियों, विदूषकों और मसख़रों का काम है। साहित्यकार का पद इससे कहीं ऊँचा है। वह हमारा पथ-प्रदर्शक होता है, वह हमारे मनुष्यत्व को जगाता है, इसमें सद्भावों का संचार करता है, हमारी दृष्टि को फैलाता है। कम-से-कम उसका सही उद्देश्य होना चाहिए।'' (वही, पृ. 47)

इन उद्धरणों से सुस्पष्ट है कि प्रेमचन्द निरुद्देश्य तथा सिर्फ़ मनोरंजन करने वाली रचना को साहित्य नहीं मानते, अपितु वे साहित्य के कन्धों पर गम्भीर मानववादी दायित्व सौंपते हैं। डॉ. रामविलास शर्मा ने ठीक लिखा है कि—''प्रेमचन्द सोद्देश्य साहित्य के हामी थे, लेकिन हर तरह के उद्देश्य के नहीं''। उन्होंने ''अपने साहित्य का उद्देश्य घोषित किया था- स्वतन्त्रता प्राप्ति'' (प्रेमचन्द और उनका युग, पृ. 128) प्रमाण के लिए डॉ. शर्मा ने सन् 1930 में 'विशाल भारत' में प्रकाशित प्रेमचन्द का कथन उद्धृत किया है, ''मेरी अभिलाषाएँ बहुत-सीमित हैं। इस समय सबसे बड़ी अभिलाषा यही है कि हम अपने स्वतन्त्रता संग्राम में सफल हों। मैं दौलत और शोहरत का इच्छुक नहीं हूँ। खाने को मिल जाता है। मोटर और बंगले की मुझे हविस नहीं है। हाँ, यह ज़रूर चाहता हूँ कि कि दो-चार उच्चकोटि की रचनाएँ छोड़ जाऊँ, लेकिन उनका उद्देश्य भी स्वतन्त्रता-प्राप्ति ही हो।''

साहित्य की सोद्देश्यता तो इस उद्धरण से स्पष्ट है ही, उसकी सामयिकता भी स्पष्ट है। इसी सामयिकता ने ही उनके साहित्य को स्थायित्व प्रदान किया है। यदि वे सामयिकता निरपेक्ष किसी शाश्वत उद्देश्य के चक्कर में पड़े होते तो उनके साहित्य में स्थायित्व की यह शक्ति न आयी होती जो स्वतन्त्ता प्राप्ति को उद्देश्य बनाने से आयी है।

प्रेमचन्द ने अपने अध्यक्षीय भाषण में कला की उपयोगिता का भी सवाल उठाया है। उन्होंने कहा है कि, ''मुझे यह कहने में हिचक नहीं कि मैं चीज़ों की तरह कला को भी उपयोगिता की तुला पर तौलता हूँ। निःसन्देह कला का उद्देश्य सौन्दर्यवृत्ति की पुष्टि करना है और वह हमारे आध्यात्मिक आनन्द की कुंजी है, पर ऐसा कोई रुचिगत मानसिक तथा आध्यात्मिक आनन्द नहीं है, जो अपनी उपयोगिता का पहलू न रखता हो।'' (कुछ विचार, पृ. 15)

जो व्यक्ति सन् 1930 ई. की भारतीय परिस्थितियों में अपने साहित्य का उद्देश्य स्वतन्त्रता प्राप्ति घोषित करे और कर्म का सन्देश देने वाली कला की ज़ोरदार माँग करे, वह कला के बारे में उपयोगहीनता का दृष्टिकोण नहीं अपना सकता। लेकिन एक स्थल पर प्रेमचन्द ने लिखा है कि ''साहित्य का सबसे ऊँचा आदर्श यह है कि उसकी रचना केवल कला की पूर्ति के लिए की जाये। 'कला के लिए कला' इस सिद्धान्त पर किसी को आपत्ति नहीं हो सकती...।'' (वही, पृ. 47) इस वाक्य से यह भ्रम हो सकता है कि प्रेमचन्द 'कला-कला के लिये' सिद्धान्त के मानने वाले हैं जो कला का कोई अन्य उद्देश्य स्वीकार नहीं करता। सच्चाई यह है कि प्रेमचन्द ने यहाँ निरुद्देश्य कला की वक़ालत नहीं की है, यह बात सम्बन्धित स्थल को ध्यानपूर्वक पढ़ने से मालूम होती हैं। उसी निबन्ध में ऊपर उद्धृत अंश के बाद प्रेमचन्द ने यह भी लिखा है कि, ''कला के लिए कला' का समय वह होता है, जब देश सम्पन्न

और सुखी हो। जब हम देखते हैं कि हम भाँति-भाँति के राजनीतिक और सामाजिक बन्धनों में जकड़े हुए हैं। जिधर निगाह उठती है, दुःख और दरिद्रता के भीषण दृश्य दिखायी देते हैं, विपत्ति का करुण क्रन्दन सुनाई देता है, तो कैसे सम्भव है कि किसी विचारशील प्राणी का हृदय न दहल उठे?'' (वही, पृ. 48)

क्या इस कथन से यह साफ़ ध्वनित नहीं हो रहा है कि कोई हृदयहीन मूर्ख ही ऐसी विपन्न स्थिति में 'कला के लिए कला' सिद्धान्त की उपासना करेगा। वास्तव में, प्रेमचन्द ने इस स्थल पर अद्‌भुत वाद कौशल का परिचय दिया है। 'कला के लिए कला' सिद्धान्त को उन्होंने पहले थोड़ा-सा स्वीकार करके उसके उपासकों को फुसलाया है और फिर परिस्थिति की विपन्नता का हृदयद्रावक हवाला देकर उन्हें भी अपने पक्ष में कर लेने की क़ाबिलेतारीफ़ कोशिश की है। वे 'कला के लिए कला' के उपासकों से मानो कह रहे हैं कि अरे भाई, देश अगर सुखी और सम्पन्न होता तो तुम्हारी उपासना ठीक भी होती, लेकिन देश दुःखी, दरिद्र और पराधीन है। अतः ऐसी दशा में तुम्हारी यह उपासना सर्वथा अनुचित, अमानवीय और मूर्खतापूर्ण है।

प्रसंग है, कला और साहित्य द्वारा किसी 'वाद' के प्रचार के औचित्य का। पहले प्रेमचन्द यह स्वीकार कर लेते हैं कि, ''जब साहित्य की रचना किसी सामाजिक, राजनीतिक और धार्मिक मत के प्रचार के लिए की जाती है, तो वह अपने ऊँचे पद से गिर जाता है—इसमें कोई सन्देह नहीं।'' (वही, पृ. 47) लेकिन फिर आधुनिक युग की विशिष्ट परिस्थितियों का उल्लेख करते हुए विचार या वाद-प्रचार की अनिवार्यता सिद्ध करते हुए कहते हैं, ''आजकल भारतवर्ष के ही नहीं, यूरोप के बड़े-बड़े विद्वान भी रचना द्वारा किसी 'वाद' का प्रचार कर रहे हैं।'' (वही, पृ. 47) इतना माहौल बना लेने के बाद तो वे पूछने लगते हैं कि ''यह क्योंकर मान लिया जाये कि जो उपन्यास किसी विचार के प्रचार के लिए लिखा जाता है, उसका महत्त्व क्षणिक होता है? विक्टर ह्यूगो का 'ला मिज़रेबल' टॉलस्टॉय के अनेक ग्रन्थ, डिकेन्स की कितनी रचनाएँ विचार-प्रधान होते हुए भी उच्चकोटि की साहित्यिक हैं और अब तक उनका आकर्षण कम नहीं हुआ। आज भी शॉ, वेल्स आदि बड़े-बड़े लेखकों के ग्रन्थ प्रचार ही के उद्‌देश्य से लिखे जा रहे हैं।'' (वही, पृ. 48)

प्रेमचन्द की उक्त तर्कयोजना पर गौर करें तो उसमें विरुद्धों की एकता और संघर्ष की प्रतिच्छवि दिखायी देगी। उनका कहना कुछ इस प्रकार है—हाँ-हाँ यह ठीक है कि किसी वाद के प्रचार के लिए की गयी रचना प्रायः ऊँचे पद से गिर जाती है, लेकिन तेज़ी के साथ बदलते हुए और नये-नये विचारों के द्वारा आन्दोलित हो रहे आज के समाज में विचारों और वादों से बच कर रहा भी तो नहीं जा सकता, और फिर यह कोई ज़रूरी नहीं है कि विचारों के प्रचार के उद्‌देश्य से लिखी गयी रचना साहित्यिक दृष्टि से हीन स्तर की हो। अनेक पुराने और नये लेखक ऐसे हैं

जिनकी अनेक रचनाओं में विचारों की प्रधानता है, लेकिन वे हीन कोटि की नहीं है।

निःसन्देह प्रेमचन्द की तर्कयोजना में अद्‌भुत कलात्मकता और विरोधियों को भी (Convince) सन्तुष्ट कर देने की क्षमता विद्यमान है।

जनता और कम्युनिस्ट पार्टी के साथ प्रतिबद्धता और पक्षधरता का सिद्धान्त मार्क्सवादी सौन्दर्यशास्त्र का सर्वोच्च शिखर है, जिसका प्रतिपादन महान क्रान्तिकारी चिन्तक लेनिन ने सन् 1925 ई. में किया था। प्रेमचन्द में इस सिद्धान्त का शिशु रूप मौजूद है, इसमें सन्देह नहीं। सुस्पष्ट शब्दों में उन्होंने लिखा है–"जो दलित है, पीड़ित है, वंचित है–चाहे वह व्यक्ति हो या समूह–उसकी हिमायत और वक़ालत करना उसका (साहित्य का) फ़र्ज़ है।" (वही, पृ. 10) इस कथन से बिल्कुल साफ़ है कि प्रेमचन्द शोषित-उत्पीड़ित जनता के तरफ़दार हैं और उनकी दृष्टि में ऐसी तरफ़दारी साहित्य और साहित्यकार का फ़र्ज़ है। कम्युनिस्ट पार्टी के पक्षधरता की बात उन्होंने नहीं कही है। प्रेमचन्द के युग को ध्यान में रखने पर यह कमी, नहीं लगती, और फिर असली महत्त्व की चीज़ जनता ही है। कम्युनिस्ट पार्टी भी जनता के लिए ही होती है। जनता की पक्षधरता अगर सही है तो वह कम्युनिस्ट पार्टी के ख़िलाफ़ नहीं जाती, बशर्ते किसी देश की कम्युनिस्ट पार्टी या पार्टियाँ ग़लत नेतृत्व आदि के कारण ग़लत नीतियाँ अपनाकर कला और जनता के ख़िलाफ़ न हो जायें।

प्रेमचन्द अमीरों की श्रेणी में अपनी गिनती नहीं कराना चाहते। वे चाहते हैं कि कोई भी कलाकार धन-वैभव का भूखा न हो। उनका कहना है कि, "जिन्हें धन्-वैभव प्यारा है, साहित्य-मन्दिर में उनके लिए स्थान नहीं है। यहाँ तो उन उपासकों की आवश्यकता है, जिन्होंने सेवा को ही अपने जीवन की सार्थकता मान लिया हो, जिनके दिल में दर्द की तड़प हो और मुहब्बत का जोश हो।" (वही, पृ. 21) इसलिए वे अपने जैसों के बारे में कहते हैं–"हम तो समाज के झण्डा लेकर चलने वाले सिपाही हैं और सादी ज़िन्दगी के साथ ऊँची निगाह हमारे जीवन का लक्ष्य है।" (पृ. 21) 'झण्डा लेकर चलने वाले समाज के सिपाही' का जुमला उनकी जुझारू भावना की पताका फहरा रहा है, और सिपाही भी वे उस समाज के हैं जिससे अमीरों को बहिष्कृत कर दिया गया है। कहिये, प्रेमचन्द किधर हैं? अमीरों-उत्पीड़कों की ओर या उत्पीड़ित-ग़रीब समाज की ओर? और यह पक्षधरता कैसी है, लेनिन द्वारा प्रतिपादित पक्षधरता से मिलती-जुलती या उसकी विरोधी? प्रेमचन्द की पक्षधरता निष्क्रिय नहीं, जुझारू पक्षधरता है। उनके जुझारूपन को लक्ष्य कर डॉ. रामविलास शर्मा ने अत्यन्त सार्थक टिप्पणी की है कि, 'वह स्वाधीनता संग्राम के सैनिक-साहित्यकार थे।' (प्रेमचन्द और उनका युग, पृ. 128)

जिन्हें प्रेमचन्द की पक्षधरता पर अब भी सन्देह हो, वे निम्नलिखित पैराग्राफ़ ध्यान से पढ़ें और मनन करें–

"हमें सुन्दरता की कसौटी बदलनी होगी। अभी तक यह कसौटी अमीरी और विलासिता के ढंग की थी। हमारा कलाकार अमीरों का पल्ला पकड़े रहना चाहता था, उन्हीं की क़द्रदानी पर उसका अस्तित्त्व अवलम्बित था और उन्हीं के सुख-दुःख, आशा-निराशा, प्रतियोगिता और प्रतिद्वन्द्विता की व्याख्या कला का उद्देश्य था। उसकी निगाह अन्तःपुर और बँगलों की ओर उठती थी। झोंपड़े और खण्डहर उसके ध्यान के अधिकारी न थे। उन्हें वह मनुष्यता की परिधि के बाहर समझता था। कभी इनकी चर्चा भी करता था तो इनका मज़ाक़ उड़ाने के लिए, ग्रामवासी की देहाती वेश-भूषा और तौर-तरीक़े पर हँसने के लिये, उसका शीनक़ाफ़ दुरुस्त न होना या मुहावरों का ग़लत उपयोग उसके व्यंग्य-विद्रूप की स्थायी सामग्री थी। वह भी मनुष्य है, उसका भी हृदय है और उसमें भी आकांक्षाएँ हैं—यह कला की कल्पना के बाहर की बात थी।" (कुछ विचार, पृ. 16-17)

अगले पैराग्राफ़ में प्रेमचन्द कहते हैं—"उसकी दृष्टि अभी इतनी व्यापक नहीं कि जीवन-संग्राम में सौन्दर्य का परमोत्कर्ष देखे। उपवास और नम्रता में भी सौन्दर्य का अस्तित्त्व सम्भव है, इसे कदाचित् वह स्वीकार नहीं करता। उसके लिए सौन्दर्य सुन्दर स्त्री में है, उस बच्चों वाली ग़रीब रूपरहित स्त्री में नहीं, जो बच्चों को खेत की मेड़ पर सुलाये पसीना बहा रही है। उसने निश्चय कर लिया है कि रंगे होंठों, कपोलों और भौंहों में निःसन्देह सुन्दरता का वास है—उसके उलझे हुए बालों, पपड़ियाँ पड़े हुए होंठों और कुम्हलाये हुए गालों में सौन्दर्य का प्रवेश कहाँ?" (वही, पृ. 17)

प्रेमचन्द का कहना है, "यह संकीर्ण दृष्टि का दोष है। अगर उसकी सौन्दर्य देखने वाली दृष्टि में विस्तृति आ जाये तो वह देखेगा कि रंगे होंठों और कपोलों की आड़ में अगर रूप-गर्व और निष्ठुरता छिपी है, तो इन मुरझाये हुए होंठों और कुम्हलाये गालों के आँसुओं में त्याग, श्रद्धा और सहिष्णुता है।" (वही, पृ. 17)

'सुन्दरता की कसौटी बदलनी होगी' का नारा (Slogan) विलासितामयी सामन्ती सौन्दर्य-दृष्टि पर जीवन संग्राम में प्रतिक्षण जूझती हुई भारत की किसान जनता की ओर से प्रेमचन्द द्वारा वज्रप्रहार है। सौन्दर्यबोध के वर्गीय आधार की गहरी जानकारी अगर प्रेमचन्द को न होती तो यह नारा देने की क्षमता भी उनमें नहीं आ सकती थी। उनका समूचा साहित्य इस बात का अकाट्य प्रमाण है कि उनके सौन्दर्यबोध का वर्ग-आधार प्रमुखतः सामन्तों द्वारा उत्पीड़ित किसान हैं और गौणतः सर्वहारा मज़दूर। सामन्तों और पूँजीवादी-साम्राज्यवादी सौन्दर्यबोध के वे जागरूक शत्रु हैं।

सौन्दर्य है क्या? यह प्रश्न भी प्रेमचन्द ने उठाया है और उसका उत्तर दिया है कि—"जहाँ सामंजस्य या हम-आहंगी है, वही सौन्दर्य है, वही सत्य है, वही, हक़ीक़त है। जिन तत्त्वों से जीवन की रक्षा होती है, जीवन का विकास होता है, वही हुस्न है।" (कुछ विचार, पृ. 76) एक अन्य स्थल पर उन्होंने लिखा है, "सामंजस्य

सौन्दर्य की सृष्टि करता है।'' (कुछ विचार, पृ. 12) सौन्दर्य रहता कहाँ है? इस प्रश्न के उत्तर में उनका कहना है, ''राजा के महल में, रंक की झोंपड़ी के शिखर पर, गन्दे नाले के अन्दर, उषा की लाली में, सावन-भादो की अँधेरी रात में। और यह आश्चर्य की बात है कि रंक की झोंपड़ी में जितनी आसानी से सुन्दर, मूर्तिमान दिखायी देता है, महलों में नहीं। महलों में तो यह खोजने से मुश्किलों से मिलता है।'' (कुछ विचार, पृ. 85)

इस उद्धरण के आधार पर कहा जा सकता है कि प्रेमचन्द सौन्दर्य की वस्तुगत सत्ता स्वीकार करते हैं। एक जगह उन्होंने लिखा है—''वह (सौन्दर्य या हुस्न) वास्तव में, हमारी आत्मा की बाहरी सूरत है। हमारी आत्मा अगर स्वस्थ है तो वह हुस्न की तरफ़ बेअख़्तियार दौड़ती है।'' (कुछ विचार, पृ. 76) यहाँ पहले वाक्य से तो यह आभासित होता है कि उनके लिए हुस्न आत्मा की बाहरी सूरत के सिवा कुछ भी नहीं, लेकिन दूसरे वाक्य में जब स्वस्थ आत्मा हुस्न की ओर दौड़ने लगती है तो साफ़ ज़ाहिर हो जाता है कि आत्मा के बाहर हुस्न का अपना वजूद है।

सौन्दर्यानुभूति का सम्बन्ध मनुष्य की स्थिति-परिस्थिति से होता है अतः वह निरपेक्ष नहीं हो सकती। प्रेमचन्द को इस बात का पता है। वे कहते हैं—''आसमान पर छायी लालिमा निःसन्देह बड़ा सुन्दर दृश्य है, परन्तु आषाढ़ में अगर आकाश पर वैसी लालिमा छा जाये तो हमें प्रसन्नता देने वाली नहीं हो सकती। उस समय तो हम आसमान पर काली-काली घटाएँ देख कर ही आनन्दित होते हैं।'' (कुछ विचार, पृ. 15)

साहित्य में वस्तु और रूप का क्या सम्बन्ध और महत्त्व है, इस प्रश्न पर प्रेमचन्द ने सीधे विचार नहीं किया है। लेकिन एक स्थल पर उन्होंने लिखा है—''हमारा विचार है कि साहित्य में केवल एक रस है और वह श्रृंगार है। कोई रस साहित्यिक दृष्टि से रस नहीं रहता है और न उस रचना की गणना साहित्य में की जा सकती है, जो श्रृंगारविहीन और असुन्दर हो।'' (कुछ विचार, पृ. 84) साफ़ है कि यहाँ श्रृंगार से प्रेमचन्द का आशय कलात्मकता से है। कलात्मकता रहित किसी भी रस की वस्तु सामग्री से रचित रचना को यहाँ वे साहित्यिक मानने के लिए तैयार नहीं हैं। इससे यह निष्कर्ष निकाला जा सकता है कि वे वस्तु और रूप का परस्पर सामंजस्य चाहते हैं।

यथार्थवाद मार्क्सवाद सौन्दर्यशास्त्र की एक प्रमुखतम अवधारणा है। देखना चाहिए कि प्रेमचन्द का यथार्थवाद से कैसा रिश्ता है और वे यथार्थवादी हैं या आदर्शवादी? डॉ. रामविलास शर्मा जैसे कुछ गिने-चुने लोग उन्हें यथार्थवादी कहते हैं, अन्य तमाम लोग उन्हें आदर्शवादी कहते हैं और उनसे भी ज़्यादा संख्या ऐसे लोगों की है जो उन्हें आदर्शोन्मुख यथार्थवादी कहते हैं। मेरा दृढ़ मत है कि अगर आदर्शवाद को उसकी दार्शनिक पृष्ठभूमि के साथ सही मायने में भावनावाद के अर्थ

में ग्रहण किया जाये तो प्रेमचन्द को आदर्शवादी या आदर्शोन्मुख यथार्थवादी कहना बिल्कुल ग़लत है। और अगर आदर्शवाद को महज़ सुलक्ष्यवाद या सदुद्देश्यवाद के साधारण अर्थ में ग्रहण किया जाये तो उन्हें आदर्शोन्मुख यथार्थवादी कहना ठीक होगा। स्वयं प्रेमचन्द ने आदर्शवाद को सदुद्देश्यवाद के साधारण अर्थ में ग्रहण किया है, दार्शनिक अर्थ में नहीं। अतः उन्होंने 'आदर्शोन्मुख यथार्थवाद' का सिद्धान्त, प्रस्तुत किया है। उन्होंने लिखा है—"वही उपन्यास उच्चकोटि के समझे जाते हैं, जहाँ यथार्थ और आदर्श का समावेश हो। उसे आज 'आदर्शोन्मुख यथार्थवाद' कह सकते हैं।" (कुछ विचार, पृ. 46)

उन्होंने लिखा है—"भारत का प्राचीन साहित्य आदर्शवाद ही का समर्थक है। हमें भी आदर्श ही की मर्यादा का पालन करना चाहिए। हाँ, यथार्थ का उसमें ऐसा सम्मिश्रण होना चाहिए कि सत्य से दूर न जाना पड़े।" (वही, पृ. 28)

लेकिन आदर्शवाद (Idealism) जैसी व्यापक दार्शनिक अवधारणा को सदुद्देश्यवाद के साधारण अर्थ में ग्रहण करना एक बहुत बड़ी बुनियादी ग़लती है। यह ग़लती प्रेमचन्द ने की। इसी का परिणाम है कि उन्हें आज आदर्शोन्मुख यथार्थवादी समझा जा रहा है, यथार्थवादी नहीं।

यही नहीं, प्रेमचन्द ने यथार्थवाद का भी अर्थ ग़लत लगाया। उसे उन्होंने बुराइयों के नग्न चित्रण के संकीर्ण अर्थ में ग्रहण किया। यही कारण है कि उन्हें यथार्थवाद में आदर्शवाद मिला कर 'आदर्शोन्मुख यथार्थवाद' का नुस्ख़ा तैयार करने की ज़रूरत पड़ी। उन्होंने अपने एक निबन्ध में लिखा है—"यथार्थवादी अनुभव की बेड़ियों में जकड़ा होता है और चूँकि संसार में बुरे चरित्रों की ही प्रधानता है—यहाँ तक कि उज्ज्वल चरित्र में भी कुछ-न-कुछ दाग़-धब्बे रहते हैं इसलिए यथार्थवाद हमारी दुर्बलताओं, हमारी विषमताओं और हमारी क्रूरताओं का नग्न चित्र होता है। और इस तरह यथार्थवाद हमको निराशावादी बना देता है, मानव चरित्र पर से हमारा विश्वास उठ जाता है। हमको अपने चारों तरफ़ बुराई ही बुराई नज़र आने लगती है।" (कुछ विचार, पृ. 45)

कहने में संकोच नहीं होना चाहिए कि प्रेमचन्द की यथार्थवाद की सैद्धान्तिक समझदारी संकीर्ण और ग़लत है। वस्तुतः यथार्थवाद के अनुसार, वास्तविकता (Reality) जड़ या स्थिर न होकर सतत् गतिशील होती है। अतः यथार्थवादी वास्तविकता को उसकी गतिशीलता में चित्रित करता है। वास्तविकता के सुन्दर और कुरूप, रोचक और घृणास्पद दोनों पहलू होते हैं, किन्तु वह चित्रण कारण-कार्य की व्यवस्था के साथ दोनों ही का करता है। उसका दृष्टिकोण स्वस्थ होता है। वह कुरूपता का समर्थन नहीं, विरोध करता है। वह हमें निराशावादी नहीं बनाता, अपितु हम में आशा का संचार करता है। वह हमें निराशावादी नहीं बनाता, अपितु

हम में आशा का संचार करता है और बुराई की ख़िलाफ़त के लिए हमें प्रेरणा और शक्ति देता है।

अगर यथार्थवाद का यह वैज्ञानिक स्वरूप प्रेमचन्द को ज्ञात होता तो उन्हें आदर्शोन्मुख यथार्थवाद का नुस्ख़ा तैयार करने की ज़रूरत न महसूस हुई होती।

यह स्थिति थी उनकी यथार्थवाद सम्बन्धी सैद्धान्तिक समझदारी की, लेकिन वे जो कुछ लिख रहे थे वह वास्तव में, यथार्थवाद था। उन्होंने 'सेवासदन' से लेकर 'गोदान' तक यथार्थवाद को निरन्तर विकसित किया है और हिन्दी साहित्य में यथार्थवाद की इतनी गहरी और मज़बूत नींव जमा दी है कि आदर्शवादियों (भावनावादियों) की लाख कोशिशों के बावजूद वह रत्ती भर भी नहीं हिलेगी।

अब तक के विवेचन के आधार पर कहा जा सकता है कि प्रेमचन्द की सौन्दर्य-दृष्टि पर मार्क्सवादी सौन्दर्यशास्त्र की गहरी छाप अवश्य पायी जाती है, किन्तु उसमें आद्यन्त संगति का निर्वाह नहीं है। सौन्दर्यबोध, उसके उद्गम, श्रम और सामाजिक विकास आदि के पारस्परिक सम्बन्धों आदि का कोई विवेचन भी उनमें नहीं मिलता। वस्तुतः वे सृष्टा कथाकार थे, सौन्दर्यशास्त्री नहीं। अपने युग और स्रष्टा कथाकार की सीमाओं से वे बँधे हैं, तथापि हिन्दी में मार्क्सवादी सौन्दर्यशास्त्र के विकास के इतिहास में उनका स्थान अद्वितीय और अक्षुण्ण है, क्योंकि वे बुनियाद हैं।

मार्क्सवादी साहित्य-चिन्तन के भारतीय सन्दर्भ

•

राजेश्वर सक्सेना

हिन्दी में मार्क्सवादी साहित्य-विचार, भारतीय राजनीत्यार्थिकी (Political Econmy) की दो परस्पर विरोधी ऐतिहासिक परिस्थितियों से गुज़र कर आज अपनी सुनिश्चित आकृति बना चुका है। वह हिन्दी-प्रदेश की द्वन्द्वपूर्ण चेतना में अनिवार्य रूप से प्रगति का कारक बन चुका है। खड़ी बोली की क्रान्तिकारी प्रकृति के अनुरूप मार्क्सवादी विचार जनमत की सहज कलात्मक अभिव्यक्ति की विविध शैलियों में प्रस्तुत होने लगा है।

हिन्दी भाषा और साहित्य के प्रगतिशील सन्दर्भ भारत के राष्ट्रीय आन्दोलन में जनवादी भावना को एक निश्चित दिशा देने वाले रहे हैं। हिन्दी के प्रगतिवादी आन्दोलन की उपयोगिता को कम करके अथवा नज़रअन्दाज़ करके जो लोग आधुनिक हिन्दी रचना का मूल्यांकन करना चाहते हैं, वे न तो खड़ी बोली की प्रकृति को समझते हैं और न भारत के बदलते हुए आधुनिक परिदृश्य को पहचानते हैं। खड़ी बोली के विकास का रिश्ता जितना प्रेमचन्द, निराला और मुक्तिबोध से है, उतना प्रसाद, महादेवी और अज्ञेय से नहीं रहा है। प्रेमचन्द ने जनजीवन के यथार्थ को कलात्मक रूप में प्रस्तुत करके खड़ी बोली की जनोन्मुखी प्रसरणशीलता को बढ़ाया, उसकी अभिधा सम्पदा को समृद्ध किया (भाषा की अभिधा को तेज़ व पैना करने से ही उसकी अर्थगत प्रासंगिकता अनेकमुखी व्यंग्यों में उपस्थित होती है)। प्रेमचन्द ने खड़ी बोली में भारत के मूक इतिहास को, ग्रामीण समाज को, मज़दूर समाज को वाणी दी, उसे मिथकों से मुक्त किया, राष्ट्रीय स्तर पर मुखरित किया। प्रेमचन्द की खड़ी बोली ने जन संवेदना को स्थापित किया और उसे मूल्यवान बनाया। इसी भाषिक कर्म की मदद से महात्मा गाँधी को हिन्दी प्रदेश में जन-सहयोग सुलभ हो सका। भारत के राष्ट्रीय आन्दोलन की हर मुद्रा खड़ी बोली की अभिव्यंजना-मुद्रा थी। अतः आधुनिक भारतीय इतिहास के स्वतन्त्रता पूर्व दौर में, खड़ी बोली की

जनवादी चेतना ही स्वतन्त्रता प्राप्ति की गहरी और अनिवार्य इच्छा, आकांक्षा और उद्देश्य का रूप ले सकी।

लेकिन आज़ादी के बाद के राजनीतिक सन्दर्भों में खड़ी बोली की जन संवेदना अंग्रेज़ी ज़ेहन के अधीन होने लगी। उसमें विदेशीपन आने लगा और वह पुनः मूक होने की परिस्थितियों में पहुँचने लगी। इसके अनेक ऐतिहासिक कारण थे। यूरोप द्वितीय विश्वयुद्ध में संज्ञाविहीन-सा हो गया था, युद्ध और शान्ति के यूरोपीय सन्दर्भ बोझिल हो चुके थे। इधर अहिंसा नीति के मार्ग से भारत स्वतन्त्रता के संघर्ष में विजयी रहा—अतः गाँधीवाद तथा पण्डित नेहरू के आदर्शवादी व्यक्तित्त्व ने पश्चिमी चिन्तन को प्रभावित किया। एक ओर यूरोप के सामान्य व्यक्ति की रुचि भारत में बढ़ी, दूसरी ओर राजनीतिक प्रभाव क्षेत्र में भारत की हिस्सेदारी ज़रूरी थी—एशिया का सबसे प्रमुख और होनहार देश होने के नाते भारत के प्रति बेरुख़ी नहीं बरती जा सकती थी। और फिर अमेरिका को नवोदित राष्ट्र का बाज़ार भी चाहिए था, जिसमें उसके न केवल व्यावसायिक हित सुरक्षित थे, बल्कि राजनीतिक हित भी छिपे थे। (उस समय रूस द्वितीय विश्वयुद्ध के भारी नुकसान की पूर्ति में लगा था। उसके ख़िलाफ़ तृतीय विश्वयुद्ध की धमकी दी जा रही थी। पुनः निर्माण के कार्य में दत्तचित्त होकर उसने अपनी समाजवादी-समाज-संरचना के पुनर्गठित किया, इसलिए अन्तरराष्ट्रीय राजनीति में रूस की दिलचस्पी भिन्न प्रकार की थी) समूचे पूँजीवादी यूरोप की रुचि भारत में बढ़ने लगी। साथ ही, राष्ट्रीय सरकार ने अपनी आज़ादी की ख़ुशी में पश्चिमी दुनिया को भरपूर सम्मान दिया। इस सम्मान में राष्ट्रीय आन्दोलन की वीभत्सताओं को भुला दिया गया। देश का पुराना दुश्मन जश्न का नया मेहमान बन गया। भारत कॉमन-वेल्थ की शोभा बन गया। इतिहास के इस पहलू को देखने से लगता है कि आज़ाद भारत में पश्चिम के प्रति अतिरिक्त मोह था, जो बढ़ रहा था—यहीं से खड़ी बोली पर अंग्रेज़ी का दबदबा होने लगता है। भारत में अंग्रेज़ी राज्य का सामन्तवाद तो टूट रहा था लेकिन उसी के भीतर से पूँजीवादी महत्त्वाकांक्षा बढ़ रही थी।

पश्चिम के सहभागी होकर भारत में जिन उद्योगों का विकास हुआ, जिस टेक्नोलॉजी का विकास हुआ, उससे राष्ट्रीय आन्दोलन की जनभावना और सहभावना खण्डित होने लगी। भारत में उधारी की पूँजी आयी, उपभोक्ता का माल का बाज़ार गर्म होने लगा। इस पूँजी के वैशिष्ट्य से वंश की, जाति की, आभिजात्य की और अंग्रेज़ी की महिमा-गहिमा बढ़ने लगी। हमारी संस्कृति में अमेरिकी ऐश्वर्य झलकने लगा। अमेरिका ने इस स्थिति का पूरा लाभ उठा कर समूचे सरकारी तन्त्र पर अपने डॉलर की प्रभुता कायम कर ली। फलस्वरूप, आज़ाद भारत में बुनियाद तथा ऊपरी संरचना की द्वन्द्वात्मकता क्षीण होने लगी, दोनों के सम्बन्धों को कृत्रिम बनाने

में अमेरिका बहुत दूरी तक सफल हुआ और कुछ ही दिनों में नये अंग्रेज़ीपरस्त हिन्दुस्तान का जन्म हुआ, जिसे बाद में नौकरशाह के नाम से निन्दित किया गया। भारतीय जन संस्कृति के मध्य इस अंग्रेज़ीनुमा नये वर्ग ने जो पार्ट अदा किया, वही, दुःखान्त का कारण बना। इसी के सहारे अमेरिका और यूरोप ने भारतीय संस्कृति में अपना प्रभाव बनाये रखा—इसी के द्वारा अर्थव्यवस्था और राजनीति के सम्बन्धों में लॉबी बढ़ी। नेता, व्यापारी और नौकरशाह के स्वार्थपूर्ण सम्बन्ध बने, दलाली शुरू हुई। इस तरह आज़ाद भारत पूँजी-भ्रष्टाचार का अंग बन गया। भारतीय पूँजीवाद ने तथाकथित मध्यवर्ग को अनुकूल बना कर उससे अपनी संस्कृति का प्रचार कराया, अपने हित साधे। 'मोनोपोली हाउस' ने मध्यवर्गीय राष्ट्रीय बुर्जुआ के द्वारा सरकार में अपनी स्थिति मज़बूत बना ली।

वे लोग जो महात्मा गाँधी के साथ थे, कुछ तो मौन हो गये, कुछ उदासीन हो गये और उनमें से कुछ नये पूँजीवादी भ्रष्टाचार के हिस्सेदार हो गये। देश में अराजकता को बढ़ी और इस अराजकता को बढ़ाने में भारत के जर्जर सामन्तवाद तथा नवअंकुरित पूँजीवाद का विशेष हाथ था। महात्मा गाँधी की जनवादी-दृष्टि तथा स्वातन्त्र्योत्तर भारत की इस राजनीति में कोई आन्तरिक सम्बन्ध नहीं रहा। बढ़ते हुए असन्तुलन के कारण समूचे देश में ग़ैर-ज़िम्मेदार विचार महत्त्वपूर्ण होने लगा। इसी का पूरा-पूरा लाभ उठा कर हिन्दी साहित्य में प्रयोगवाद अवतरित हुआ—'तारसप्तक' के आचार्य अज्ञेय का प्रादुर्भाव हुआ। हिन्दी का प्रयोगवाद भारतीय जनवाद और पूँजीवाद अराजकतावाद के असन्तुलन की अतिव्यक्तिवादी धारा थी। खड़ी बोली की वह जनवादिता, जिसे प्रेमचन्द ने विकसित किया था, अज्ञेय के आचार्यत्व में व्यक्तिवादी हो गयी। अज्ञेय ने भारत में पूँजी की सुरक्षा के निमित्त नये साहित्य की संस्कृति के सूत्र बनाये और एक ऐसा 'स्कूल' बनाया, जिसने तरुणों को न केवल छला, बल्कि उनकी प्रतिभा को उनके परिवेश से अलग कर दिया। अज्ञेय ने स्वातन्त्र्योत्तर भारत की परिस्थितियों से लाभ उठा कर खड़ी बोली की प्रगतिशीलता को कुण्ठित कर दिया।

इसी समय अमेरिका ने भारत के सामन्ती-पूँजीवादी हलक़ों को आकृष्ट किया और यहाँ के अगणित 'मिडियॉकर्स' को बुला कर उन्हें प्रशिक्षित कर पुनः भारत भेजा। यह समय था जब भारत में ज्ञान-विज्ञान की शाखाओं-प्रशाखाओं के संस्थान खुल रहे थे—विश्वविद्यालय खुल रहे थे। अमेरिका ने इन संस्थानों, विश्वविद्यालयों पर अपना प्रभुत्व जमा लिया और अमेरिका द्वारा प्रशिक्षित भारतीयों को बड़े-बड़े पद और कुर्सियाँ दिला दी गयीं।

इसके गहरे दुष्परिणाम हुए, जिनके ख़िलाफ़ आज तक संघर्ष नहीं छिड़ पाया है। हर बड़े विश्वविद्यालय में विज्ञान, टेक्नोलॉजी के संस्थानों में पूँजी सुरक्षा के

आभिजात्यपूर्ण कार्यक्रम बनने शुरू हुए। विश्वविद्यालयों में हिन्दी साहित्य के पठन-पाठन की जो व्यवस्था हुई, वह क्लासिक और रोमाण्टिक थी। उसमें पाण्डित्य था, वह शुद्धतावादी थी। इन विश्वविद्यालयों ने खड़ी बोली को अंग्रेज़ीनुमा बना कर उसकी मूल चेतना को समाप्त करने में कोई कसर न छोड़ी। मैं तो यहाँ तक कहूँगा कि प्रेमचन्द की हत्या आज़ाद भारत के विश्वविद्यालयों में हुई। उनकी उर्वर सृजनात्मकता को कुंजियों में जकड़ दिया गया। दृष्टिहीन प्राध्यापकों ने उनके कृतित्त्व को इतिहास से काट कर क्लासिक्स में बदल दिया। खड़ी बोली को संस्कारित करने में तथा उसकी संवेदना को कुण्ठित करने में हमारे विश्वविद्यालयों के हिन्दी विभाग का हाथ रहा है। यहाँ खड़ी बोली की लोक दृष्टि क्षीण होती रही है। विश्वविद्यालयों की खड़ी बोली में क्लासिक्स का आभिजात्य झलकता है, जो रचना को मात्र एकेडेमिक बना देता है। इस तरह हम देखते हैं कि छायावाद की जड़ें, अज्ञेय (वाद) की जड़ें शैक्षणिक जगत में जमने लगती हैं।

लेकिन आज़ादी के बाद भारत का इतिहास आज़ादी के पूर्व के भारत के इतिहास की अपेक्षा अधिक द्वन्द्वपूर्ण, यथार्थ और संघर्षमुखी रहा है। जहाँ एक ओर आर्थिक उत्पादन में एकाधिपत्य दिखायी देता है, वहीं दूसरी ओर आर्थिक सम्बन्धों में वर्ग-संघर्ष बढ़ने लगता है। भारत में मज़दूर वर्ग, किसान वर्ग तथा इन दोनों के भीतर से ऊपर उठता हुआ तथाकथित मध्यवर्ग पूँजी के चंगुल में आ जाता है। कशमकश शुरू हो जाती है, और सारे देश में हड़तालों, जुलूसों, हिंसा, अराजकता का वातावरण हो जाता है। यही वह समय था कि जिसमें अमेरिका-प्रशिक्षित भारतीयों ने, जो बड़े-बड़े संस्थानों और विश्वविद्यालयों की आरामकुर्सियों में जमे थे, एकजुट होकर जन-मन के यथार्थ आक्रोश को विरूपित करना शुरू किया और उसे व्यवस्थित नहीं होने दिया, वाममुखी नहीं होने दिया। सारी अराजकता प्रतिक्रियावादियों के कारण प्रतिक्रियावादी शैली में दिखायी देती है।

परिणामस्वरूप, कांग्रेसी सत्ता में दरारें पड़ने लगती हैं। बड़े-बड़े किसान और पूँजीपतियों के हितैषी एकजुट होकर कांग्रेस की प्रगतिशील नीतियों पर हमला करने लगते हैं। लेकिन तात्कालिक परिस्थितियों के दबाव के कारण पूँजी हित के हिमायती अपने द्वारा निर्मित सत्ता में गिर जाते हैं और हम देखते हैं कि भारत का संविधान, जिसे ऊँचे आदर्शों से प्रेरित होकर रिनासाँ संस्कारी उदार देशभक्तों ने बनाया था, आज़ाद भारत के बदलते हुए परिवेश और परिप्रेक्ष्य के यथार्थ के सम्मुख कमज़ोर पड़ने लगता है, टूटने लगता है।

बात को समेटते हुए इतना ही कहना ठीक है कि आज भारतीय सत्ता और भारतीय जनता में रिनासाँ संस्कार धूमिल हो चुके हैं। दोनों में सामाजिक यथार्थ के प्रति रुचि पैदा हुई है और जागरूकता आयी है और ऐसी हालत में संघर्ष की

परिस्थितियाँ स्पष्ट हुई हैं। अब आधुनिक भारतीय राजनीति और अर्थनीति के अन्तर्विरोधों को भ्रमित नहीं किया जा सकता। जब-जब सामाजिक परिस्थितियों में अन्तर्विरोध अपनी समूची आन्तरिक शक्तियों के साथ उभरता है, तब-तब भारतीय समन्वयवादी उसके उभार को समाप्त करने में सफल होते रहे हैं। अन्तर्विरोधों को भ्रमित करना और समन्वय करना, एक ही मतलब रखता है।

किन्तु आज भारत की राजनीत्यार्थिकी में जो गहरा संकट आया है, वह बहुत कुछ निर्णायक सिद्ध हुआ है। राष्ट्रीय सरकार को समाजवादी संरचना की योजनाएँ बनानी पड़ी हैं। यह इतिहास की माँग है, परिस्थितियों का दबाव है। आज़ाद भारत के लगभग तीस वर्षों के उत्पादन स्रोतों और उत्पादन सम्बन्धों की वैमनस्यपूर्ण असामंजस्यता का परिणाम था, उसी के साथ भारत में पुनः प्रगतिशील मार्क्सवादी विचारों का भविष्य स्वस्थ दिखायी देने लगता है। एक तथ्य ज़रूर ध्यान में रखना चाहिए कि इन तीस वर्षों में राजनीत्यार्थिकी के पहलू पूँजीवाद-प्रतिक्रियावाद-समाजवाद-प्रगतिवाद के दो शिविरों में खुले रूप से उपस्थित हो गये हैं। आज का प्रतिक्रियावादी अपने विपरीतों को पहचानता है और सावधान है। उसी प्रकार आज का प्रगतिवादी अपने विपरीतों के प्रति पूरी तरह सजग है। फिर भी, समूचे देश का माहौल अभी भी प्रतिक्रियावादी है। इस माहौल में किसी भी तरह का प्रगतिशील तर्क एक घटना के रूप में दिखायी देता है, जिसे प्रतिक्रियावादी आकस्मिक मानता है और प्रगतिशील अनिवार्य आकस्मिकताओं के चलते ह्विम्स (Whims) का जन्म होता है और इस प्रकार की फासीवादी हिंसा की मुद्रा बनने लगती है। हिन्दी की प्रगतिवादी विचारधारा में इस प्रतिक्रियावादी हिंसा का सजग और सशक्त विरोध दिखायी देता है।

ऐसी हालत में साहित्य और कला में नयी प्रगतिशील उमंग का पैदा होना स्वाभाविक है। और फिर अभी-अभी सामाजिक क्रान्ति की शैली में उभरते हुए प्रतिक्रियावाद (जे. पी. आन्दोलन) का पर्दाफ़ाश हुआ है। इससे और अधिक स्पष्टता आयी है, विश्वास पनपा है। आज तो प्रगतिशील चिन्तन की बुनियाद अपेक्षाकृत अधिक गहरी, सुदृढ़ और व्यापक है। लेकिन हिन्दी के प्रगतिशील विचार की वस्तुगत परिस्थितियाँ अभी तक कुहासे से मुक्त नहीं हो सकी हैं। अभी तक हिन्दी के रचनाकार और समीक्षक को प्रेमचन्द की विरासत का पूरा लाभ नहीं मिल पाया है। प्रेमचन्द को और अधिक ठोस रूप में स्वीकार करना पड़ेगा। नहीं तो यह उमंग सक्रिय गति में नहीं आ सकेगी।

विश्वविद्यालयों, महाविद्यालयों की स्थिति बदस्तूर है। इनके कैम्पस की चिन्तन प्रक्रिया में कोई गुणात्मक अन्तर नहीं आया है। लगता है, देश भर की मानसिक दरिद्रता हमारे विश्वविद्यालयों और महाविद्यालयों में सिमट कर रह गयी है। इतना

अवश्य है, इन शैक्षणिक संस्थानों से बाहर के विचारक अधिक क्रियाशील और रचनात्मक दृष्टि सम्पन्न हैं। वे सामाजिक परिवेश से पूर्णतया सम्बद्ध है तथा अपने निश्चित उद्‌देश्य और गन्तव्य को जानते हैं।

हिन्दी के मार्क्सवादी-समाजवादी काव्य-चिन्तन का भविष्य भी इन्हीं स्वतन्त्र रचनाधर्मियों के प्रयासों पर निर्भर है। कुछ एक प्राध्यापकों में भी सजगता आयी है, किन्तु अभी एक वस्तुपरक और आलोचनात्मक इतिहास-बोध का निर्माण नहीं हो सका है। वैसे तो भारतीय इतिहास-बोध रुग्ण है, यह मिथकीय और अन्तर्मुखी प्रकृति का है और आधुनिक युग के बदलते परिवेश में मृतप्राय है। समाजवादी कला चिन्तन का पहला कार्य तो भारतीय इतिहास को स्वस्थ करके जीवन्त बनाना है, उसे जनवादी बनाना है मठों और मन्दिरों, मसीही इलहामों, पुरोहितों, पण्डितों तथा विशिष्ट वंशों की परम्पराओं से मुक्त कराना है। हमें अपने इतिहास की चेतना में व्यक्ति की जगह समाज को प्रतिष्ठित करना है। क्योंकि यह व्यक्ति समय-समय पर बहुरूपिये की तरह भक्त और भगवान में रूपान्तरित होता रहा है। यह 'व्यक्ति' ब्राह्मण और शूद्र के रूपों में नाटकीय ढंग से रंग बदल कर उपस्थित होता रहा है। हमें अपने इतिहास में इस व्यक्ति के दिव्य और राक्षसीय इरादों की योजनाओं को रद्‌द करना होगा। इसके लिए हमारे प्रयास फ़िलहाल एक आलोचनात्मक यथार्थवादी और क्रान्तिकारी-रोमाण्टिक जैसे ही होंगे।

इतिहास-बोध को दुरस्त करने के लिए भरपूर संघर्ष की तैयारी करनी पड़ेगी। और यह तैयारी रिनासाँ संस्कारी मार्क्सवादियों तथा वैष्णवधर्मी मार्क्सवादियों से नहीं हो सकेगी। वस्तुपरक धरातल पर खड़े होकर यथार्थ की भौतिकवादी मान्यता द्वारा भारतीय संस्कृति के विषम और वैमनस्यपूर्ण विपरीतों को स्पष्ट करना होगा। हिन्दी के कुछ प्रगतिशील कला विचारक इन विपरीतों की संघर्षयोजना से बचते नज़र आते हैं, कन्नी काटने लगते हैं। लेकिन हिन्दी में मार्क्सवादी-सौन्दर्यशास्त्र की रचना के लिए आवश्यक है कि हिन्दी साहित्य के दीर्घकालीन इतिहास की भौतिकवादी, जनवादी मान्यताओं को उजागर किया जाये। लोक भाषा में, लोकदृष्टि के उन्नयन की ऐतिहासिक परिस्थितियों के यथार्थ का सन्धान करना होगा। सभी ब्रज, अवधी, राजस्थानी के लोक भावों में जातीय मन की संगति बिठायी जा सकेगी और समूचे हिन्दी प्रदेश की अन्तर्वस्तु को एकरूपी शिल्प में सम्बोधित किया जा सकेगा। ऐसा करके ही हम खड़ी बोली की ऐतिहासिक विरासत और स्पष्ट कर सकेंगें, अन्यथा मध्ययुगीन रास और लीला के सम्मोहन में, भाषाई सौष्ठव में समूचे साहित्येतिहास की व्यक्तिवादी अतिरंजनाओं पर ही टिके रहेंगे। मध्ययुगीन वैष्णव आन्दोलन, निर्गुण आन्दोलन तथा शृंगार साहित्य में, भाषा और भावों के सम्बन्धों में द्वन्द्वात्मक चक्र को लागू करके हम इतिहास की भूल-भूलैयों को, जिसकी रचना सामन्तवाद

के कारण हुई थी, पार कर सकेंगे। इस तरह भौतिकवादी भूमिका पर पुराण-बोध और इतिहास-बोध स्पष्ट हो सकेगा। हिन्दी के मार्क्सवादी कला-चिन्तक जब तक मध्ययुगीन इतिहास के द्वन्द्वात्मक नियमों को स्पष्ट नहीं करेंगे, तब तक आधुनिक रचना और सिद्धान्त सम्बन्धी उनका समग्र कार्य भाषा और भाव के जातीय इतिहास से कटा हुआ रहेगा और वह लोक सिद्ध नहीं हो सकेगा।

आज हिन्दी के मार्क्सवादी समीक्षक परिपक्व समाजवादी यथार्थवाद की ऊँची-ऊँची दलीलें देने लगे हैं। लेकिन इनमें अधिकांश की दलीलें समृद्ध समाज के विचार (affuculsocicty) तथा कल्याणकारी राज्य (Welfare State) के विचार से Confused हैं। और इस तरह समाजवादी समाज की रचना सम्बन्धी दृष्टि अनेक प्रकार के भ्रमों से ग्रस्त है। उक्त तीनों स्थितियाँ विपरीत अवस्थाओं तथा विपरीत अधिसंरचना की द्योतक हैं। परिपक्व समाजवादी समाज संरचना की स्थिति के स्वीकार से भारतीय सन्दर्भों में दृष्टिदोष पैदा होने लगता है। भारत के आर्थिक और राजनीतिक परिवेश में उक्त तीनों संज्ञानों में घोटाला दिखायी देता है। हिन्दी मार्क्सवादी विचारकों को पूँजीवादी-यूटोपियन वैलफेयर राज्य, अमेरिकी समृद्ध समाज और परिपक्व समाजवादी समाज संरचना के भेद को पूरी तरह से समझ लेना चाहिए। नहीं तो मार्क्सवादी विचारधारा वैष्णवी समन्वयवाद में समाप्त हो जायेगी। मार्क्सवाद एक डॉग्मा (Dogma) बन जायेगा।

आज हिन्दी का प्रगतिशील विचारक अधिक पढ़ा-लिखा और गुणी है। वह अपनी स्थिति को सुरक्षित रखते हुए मार्क्सवादी संघर्ष में हिस्सेदारी का दावा करता है। व्यवहारकुशल होकर निजी अवसरों को पकड़ने तथा उसी व्यवहारकुशलता से मार्क्सवादी होने में वह अधिक होशियार है। कहने का तात्पर्य है कि हिन्दी के मार्क्सवादी समीक्षक आधुनिक हिन्दी रचना की परिस्थितियों को ध्यान में रखने के बाद भी परिपक्व-समाजवादी-यथार्थवाद की बात कैसे कर लेते हैं? हिन्दी रचना के ऐतिहासिक-सामाजिक-राजनीतिक सन्दर्भ अभी व्यक्तिमुखी अधिक हैं। उन पर सामन्ती श्रेणीबद्धता और पूँजीवादी अलगाव का प्रभाव है और भारतीय जन चेतना भी बहुभंगी है। क्या इतिहास और समाज के धरातल पर संघर्ष किये बग़ैर समाजवादी यथार्थवाद की सौन्दर्यपरक चेष्टाओं का चित्रण हो सकता है? यदि हाँ, तो हमारे प्रगतिशील सौन्दर्यशास्त्री कृत्रिम दुनिया में नशीले सुख भोग के ख़याल में जीने लगे हैं।

दृष्टव्य है कि नकली समाजवादी-यथार्थवाद आलोचनात्मक यथार्थवाद से ज़्यादा बुरा, ख़तरनाक और हानिकर है। हिन्दी रचना यदि अपने इतिहास से जुड़ी है, अपने बदलते हुए सामाजार्थिक राजनीत्यार्थिकी के पहलुओं से प्रभावित है, तो उसमें परिपक्व समाजवादी यथार्थवाद की कोई भी स्थिति प्रकट नहीं हो सकती। हमने अभी संघर्ष

किया ही कहाँ है और हमारी तैयारी भी तो पूरी नहीं हुई है। नेतृत्व और संगठन के लिए हमारे प्रयास ईमानदार नहीं हैं। 'धूमिल' की कविताओं में, 'रागदरबारी' में जो व्यंग्य है, यथार्थपरक गहरी चुभन है, वह आलोचनात्मक यथार्थवाद तक की सजग यात्रा की द्योतक है। मुक्तिबोध की रोमाण्टिक फैण्टेसी उनकी तीख़ी मार्क्सवादी विश्वदृष्टि के साथ छेड़ख़ानी करती है। मुक्तिबोध की रचना में शिल्प और वस्तु के द्वन्द्वात्मक सम्बन्ध प्रखर और गतिशील होते हुए भी भाषा संवेदन पूर्णतया वस्तुपरक नहीं है, हो भी नहीं सकता। हिन्दी भाषा के ऐतिहासिक विकास की वर्तमान स्थिति में समाजवादी-समाजवाद की चेतना को नैसर्गिक रूप से उतारा भी नहीं जा सकता और इसीलिए मुक्तिबोध का समूचा रचना प्रयास एक ईमानदार जुझारू की तरह है।

हमें भारतीय ज़िन्दगी के यथार्थ को समझना है। रूसी, चीनी अथवा किन्हीं दूसरे समाजवादी देशों के यथार्थ को उतारना नहीं है। हमें अपना सत्य प्रकट करना है लेकिन अनूदित सत्य को अपनाना नहीं है। हिन्दी समीक्षा के स्तर पर यह कमज़ोरी आज भी देखने को मिलती है जो नये रचनाकार के लिए अशुभ है। हिन्दी का प्रगतिशील समीक्षक आज भी हमारे रचनाकार को नकली बना रहा है। भारतीय ज़िन्दगी के यथार्थ धरातल अभी बहुत कच्चे हैं, ज़िन्दगी जोखिमों से भरी है। रचनाकार और समीक्षक को भारतीय जीवन की यथार्थ संवेदना को कुरेदना पड़ेगा। उसके सृजनशील स्रोतों को उजागर करना होगा। अतः लुकाच और रॉल्फ़ फ़ॉक्स का यथार्थवाद अभी हमारी परिस्थितियों में बहुत आगे का लगता है। इन बड़े-बड़े नामों की देख-रेख में हिन्दी रचना अभी छोटी लगेगी। यद्यपि पूँजीवादी, प्रतिक्रियावादी रचना आयामों को समझने और काटने के लिए लुकाच और रॉल्फ़ फॉक्स जैसे विचारकों के मूल मन्तव्यों की समझ ज़रूरी है। फिर भी, हमें भारतीय जन-मन को जाग्रत करने के लिए अपने ही परिवेश की प्रगतिशील शैली के प्रतिमानों को गढ़ना पड़ेगा। लुकाच एक भिन्न प्रकार की ऐतिहासिक-सामाजिक परिस्थितियों का मार्क्सवादी सौन्दर्य विचारक है। हिन्दी के रचनाकार और समीक्षक को जितनी सही और जागरूक प्रेरणा लेनिन से मिल सकती है, उतनी लुकाच से नहीं। लुकाच को पकड़ कर हिन्दी का मार्क्सवादी समीक्षक अपने व्यक्तित्त्व को प्रभावशाली बना सकता है, लेकिन मेहनतकश जनता के साथ होकर जूझने, ख़तरा मोल लेने, उसके दुःख-दर्द में सक्रिय हिस्सेदार होने का कोई आधार नहीं पकड़ सकता। परन्तु लेनिन की रचना दृष्टि के सहारे वह हिन्दी रचना को क्लासिक्स बनने से बचा सकता है।

आज लुकाच की सौन्दर्य-दृष्टि को लेकर हिन्दी के मार्क्सवादी समीक्षक कैम्पस की बहसों में लगे हैं। रचनाकार भी चौंधियाया-सा नज़र आता है। हालत साफ़ है, चूँकि हिन्दी का प्रगतिशील रचनाकार अपने परिवेश की संघर्षशील चेतना को चित्रित करने में लगा है, अतः उसे समीक्षक लुकाच के प्रतिमानों की चिन्ता नहीं

है। अभी तो वह लेनिन और मार्क्स को समझने में लगा है। ये बड़े-बड़े कैम्पस के समीक्षक लुकाच की सौन्दर्य मान्यताओं से हिन्दी की प्रगतिशील और यथार्थवादी चेतना को समझने में लगे है। कुल मिला कर वे सैद्धान्तिक बहसों में लगे हैं। अपने व्यक्तित्त्व-वैशिष्ट्य को निर्धारित करने में लगे हैं।

इन लुकाच प्रेमी समीक्षकों से पूछा जाये कि अक्टूबर क्रान्ति के बाद की कला, कविता के ऐतिहासिक विकास में पाये जाने वाले विचार-संघर्ष को समझने की कोशिश की है? निम्न पूँजीवादी मार्का समाजवादी रचनाकारों ने तत्कालीन रूस की पंचवर्षीय योजनाओं पर बुरा प्रभाव डाला था। ट्रॉटस्की के कारण समूची समाजवादी व्यवस्था में अन्तर्विरोध पैदा होने लगा था। लुकाच की सैद्धान्तिक मान्यताओं से उस समय के रूसी काव्य और कलाओं के द्वन्द्वपूर्ण उतार-चढ़ाव को तो स्पष्ट किया जा सकता है लेकिन हिन्दी के लुकाच प्रेमी प्रगतिशील विचारक आधुनिक हिन्दी कथा-दृष्टि और काव्य-दृष्टि का जायज़ा लें तो उनके उधारी के प्रतिमान खोटे सिद्ध होंगे।

भारत में समाजवादी कार्यक्रम की अभी बुनियादें पड़ी हैं। उसके प्रति भावना पैदा करना, विश्वास बढ़ाना तथा रचनाकार की दृष्टि को इस नवोदित परिप्रेक्ष्य में सही दिशा देना अधिक संगत होगा और ऐसा करके ही समीक्षक यथार्थ-दृष्टि को मज़बूत बना सकेंगे। हमें अपने समाजवाद की मूल प्रकृति, चेष्टा और शैली को समझना होगा। क्या कोई लुकाच प्रेमी प्रगतिशील समीक्षक वर्तमान भारत की परिस्थितियों को इतिहास के नैसर्गिक कारण में बदलने, उसके भीतर की संगति और विसंगति को स्पष्ट करने तथा प्रतिक्रियावाद और समाजवाद में संघर्ष की रूपरेखा तैयार करने के जोखिम को उठाना चाहेगा?

आज मार्क्सवादी विचार के शिक्षण की व्यवस्था पर संघर्षशील क़दम उठाना आवश्यक हो गया है। जनता के मन में द्वन्द्वात्मक चक्र की समझ पैदा करना है। उसे एक सही दृष्टि देनी है। अतः आवश्यक है कि श्रमजीवी प्रकृति के अथवा सर्वहारा प्रकृति के आलोचनात्मक यथार्थवाद को चिन्तन और व्यवहार की पद्धति बना लेने पर ही सामाजिक सन्दर्भों में दिलचस्पी पैदा हो सकेगी और सहभागिता की इच्छा पनप सकेगी। हिन्दी के मार्क्सवादी चिन्तक को बुर्जुआ प्रकृति के आलोचनात्मक यथार्थवाद तथा सर्वहारा के आलोचनात्मक यथार्थवादी दृष्टिकोण के भेद को समझना होगा। बुर्जुआ प्रकृति के नववामपन्थी आलोचनात्मक यथार्थवाद में सरलीकृत बौद्धीकरण की प्रवृत्ति होती है। इसीलिए ये विपरीतों और अन्तर्विरोधों में समन्वय खोजते है। वस्तुस्थिति की भीतरी तहों में निहित संघर्ष को छोड़ देते हैं। लेकिन सर्वहारा प्रकृति के आलोचनात्मक यथार्थवाद में परत-दर-परत घुसते हुए संघर्षशील सत्य को उसके वस्तुपरक परिवेश में उपस्थित किया जाता है। हिन्दी में यह कार्य धूमिल ने बड़ी सफलता के साथ किया। यद्यपि उनकी कोई राजनीतिक दृष्टि स्पष्ट न थी।

हिन्दी समीक्षा की रचनात्मकता और उसकी मौलिकता कमज़ोर है, उद्धरण टंकित है, शोभाधर्मी है। हिन्दी समीक्षा की रचनात्मकता का प्रश्न भी उसकी सामाजिक सन्दर्भिता और प्रासंगिकता से सम्बद्ध है। बुर्जुआ यथार्थवादी सम्बद्धता तथा सर्वहारा यथार्थवाद की सम्बद्धता में समीक्षा का आचरण और उसकी मानसिकता बदल जाती है। सर्वहारा प्रकृति के जीवन-यथार्थ से सम्बद्ध समीक्षा का आचरण सही मायने में प्रगतिशील होगा जो किसी भी हालत में बुर्जुआ यथार्थ की समीक्षा को पनपने नहीं देगा। जीवन को उसके ऐतिहासिक परिप्रेक्ष्य में रख कर यथार्थ की पहचान कराने वाली समीक्षा में समय व स्थान के समूचे वातावरण की द्वन्द्वात्मकता रहती है। ऐसी समीक्षा ज़िम्मेदार अनुशासन के रूप में होती है और उससे जनजीवन की परिस्थितियाँ स्पष्ट होती हैं और ऐसी समीक्षा में टकराव नहीं होता, वह निरपेक्ष नहीं होती।

रचना जिस रूप में है, जिस स्थिति की देन है, बुर्जुआ यथार्थवादी समीक्षक इतने तक रुक जाना चाहता है। ऐसी हालत में रचनाकार अपनी सृजनशील भूमिका पर अतिरिक्त रूप से विशिष्ट हो जाता है। वह प्रजापति होने लगता है। उसकी भागीदारी और सम्बद्धता समाप्त होने लगती है। ऐसी हालत में यदि समीक्षक अनुभवित-रचना-पदार्थ की उन परिस्थितियों को खोजता है जिनमें वह विशिष्ट आकृति पा सकी है, यदि वह रचना के norms, attitudes तथा उसकी अन्तर्वस्तु को युग और वातावरण के दबाव की अनिवार्य निष्पत्ति मानता है तो रचनाकार की अभिरुचि, उसकी मनोकामना तथा perspective भी विश्लेषण का विषय हो जायेगा। रचना एक अनुशासन बन जायेगी। बुर्जुआ यथार्थवादी समीक्षक के लिए रचना जनवादी-यथार्थ-संवेदन का अनुशासन नहीं रह जाती। वह बुनियाद और ऊपरी संरचना के संघर्ष से बाहर उसकी स्थिति मानने लगता है। सर्वहारा प्रकृति के यथार्थवाद पर केन्द्रित समीक्षक रचनाकार के perspective को पकड़ता है और यहीं पर समीक्षक रचना के मूल्यांकन में उसकी अल्पप्राणता को, कच्चेपन को उघाड़ देता है। समीक्षक रचना की अल्पप्राणता की पूर्ति करता है। वह अनुभवित, रचना-पदार्थ को अधिक पूर्ण और यथार्थ परिप्रेक्ष्य में रख कर उसकी पुनः रचना करता है। कवि और समीक्षक का यह अन्तरंग और गहरा रिश्ता मुक्तिबोध में दिखायी देता है।

समीक्षा में रचना का पुनः सृजन तभी सम्भव है, जब वह मूल-संवेदन की रचना परिस्थिति तथा उसके विषम और अन्तर्विरोधी कारकों की छानबीन अधिकाधिक रूप में कर सके और ऐसी हालत में समीक्षक का दर्जा रचनाकार से अधिक गम्भीर और महत्त्वपूर्ण हो जाता है। क्योंकि समीक्षक ही रचना की ऐतिहासिकता को, उसकी युगसापेक्ष मानवीय गरिमा को, उसकी दृष्टि सम्भावनाओं तथा वृहत् प्रभाव क्षमता को उद्‌घाटित करता है। रचना के वस्तुपरक स्वीकार में समीक्षक एक सही परिप्रेक्ष्य बनाता है, अतः उसका दर्जा रचनाकार से कम नहीं होता।

हिन्दी की प्रगतिशील समीक्षा का अधिकांश बुर्जुआ आभिजात्य की शब्दावली को समृद्ध करने में लगा है। डॉ. रमेश कुन्तल 'मेघ' लोकायत हैं लेकिन उनके ग्रन्थ विश्वविद्यालयी कैम्पस की समझ के हैं। उनका यथार्थवादी चिन्तन देशी परिस्थितियों और देशी पुस्तकों की देन नहीं। उनकी विचार-शैली पर विदेशी प्रभाव गहरा है और शब्दों में विदेशी गन्ध है। उनके ग्रन्थ भारतीय सर्वहारा की समझ बाहर हैं। फिर भी, वे एक ऊँचे और विद्वान मार्क्सवादी हैं। एक संस्कारी मार्क्सवादी हैं। वे यथार्थवाद की रथयात्रा के संयोजक हैं। इनसे जनवादी यथार्थ को सुकून नहीं मिलता। इनके लेखन में यान्त्रिकता है, सहज गति नहीं। डॉ. शिवकुमार मिश्र भी यही सोचते-सोचते अचानक भावुक हो जाते हैं। वे समाजवादी यथार्थवाद की चर्चा को आगे बढ़ाना चाहते हैं, लेकिन रामचन्द्र शुक्ल को यथार्थवादी (अन्यों की भाँति) मानते हैं। हिन्दी की प्रगतिशील यथार्थवादी दृष्टि में शुक्ल जी की वापसी एक दुर्घटना होगी।

हिन्दी में साहित्य और जीवन के रिश्ते इतने मज़बूत हो गये हैं कि शुक्ल जी की विरासत का कोई लाभ नहीं मिलेगा। उनका समूचा शब्दकोश प्रतिक्रियाओं जैसा है। शुक्ल जी के चिन्तन में मध्ययुगीन यूटोपिया है। शुक्ल जी रूपवादी उतने ही हैं जितने नीतिपरक—सोद्‌देश्य मूलकतावादी। उनका वाच्यार्थ, उनका लोकहृदय, लोकमंगल और उसकी साधनावस्था, यह सब कुछ उस तरह का वस्तुपरक नहीं है कि जो यथार्थवाद में अपेक्षित है। शुक्ल जी का मूल मन्तव्य आदर्शवादियों जैसा है। क्योंकि 'रामचरितमानस' के बहुत बड़े सामाजिक फलक पर वे अपने समीक्षा प्रतिमानों को सँजोते हैं, अनेक तरह के पात्रों से वे रचना के मन्तव्य को स्पष्ट करते हैं, इसीलिए वे वाच्यार्थ और लोकहृदय की बात करते हैं, छायावाद के विरोध में उनकी यह दलील उस समय बड़ी उपयोगी दिखायी देती है। उनके लोकवाद और लोक हृदय की रूपरेखा शुद्ध तावादी है। देखना है वे किस लोक हृदय की पहचान करते हैं और उस लोक हृदय की किस ऐतिहासिकता को स्पष्ट करते हैं? शुक्ल जी का इतिहास-बोध मिथकीय है। शुक्ल जी यथार्थ से, प्रगतिशील यथार्थ से दूर और बहुत दूर हैं। शुक्ल जी आत्मपरक प्रत्ययवाद के विरोधी थे लेकिन वे पूरी तरह से रूपसापेक्ष पौराणिक-वस्तुवादी थे। उनमें रूप और वस्तु के शुद्ध अथवा पवित्र सम्बन्धों की सामाजिकता मिलती है, जो द्विवेदी युग के बहिर्मूलक रिनासाँ संस्कारों के समाहार में फलीभूत होती है। रूप की सत्ता के उपासक शुक्ल जी पदार्थ की ऐतिहासिक स्थिति को पौराणिक आदर्शों में, पदार्थ की परिस्थिति सापेक्ष द्वन्द्वात्मक गतिशीलता को और उसकी गुणात्मक चेतना को यान्त्रिक नीतिवाद और साधुवाद से जड़ीभूत कर देते हैं।

यथार्थ, जो मनुष्य की चेतना को प्रतिस्थापना के मार्ग से निरन्तर विकासमान रखता है, उसका सम्बन्ध विवेक, तर्क और संवेदन से होता है। शुक्ल जी संस्कारवादी थे। संस्कारवादी मानवतावाद परिमार्जित और उदार लगता है। देखने पर तो उसमें

सबको समाहित करने की दिव्य और चमत्कारपूर्ण विभूतियाँ होती हैं, लेकिन वास्तव में, वह स्वभाव, कर्म और विचार के स्तरों पर वर्ण और वर्ग के पार्थक्य को बनाये रखता है। यथार्थ की कच्ची और हीन स्थिति में ही संस्कारवादी मानवतावाद आकर्षक होता है और इसीलिए उसकी प्रभाव क्षमता निरपेक्ष होती है। शुक्ल जी का समूचा चिन्तन ऊपरी संरचना के ताम-झाम का है, उसका सम्बन्ध बुनियाद से लाज़िमी तौर पर क्षीण हो जाता है। इसीलिए शुक्ल जी तुलसी के युग में कबीर की उपस्थिति को महत्त्व नहीं देते।

'राम' तुलसी की चरित्र-रचना-शिल्प और 'होरी' प्रेमचन्द की चरित्र-रचना-शिल्प के दो प्रतिनिधि उदाहरण हैं। होरी प्रेमचन्द के समूचे इतिहास ज्ञान का निचोड़ है। यदि यथार्थवादी दृष्टि से तुलना की जाये तो 'राम' की अपेक्षा 'होरी' अधिक शक्तिशाली दिखायी देता है। राम की रचना में बाह्य संरचना और संस्कार-अनुष्ठानों का योगदान है। उनके चरित्र विकास की परिस्थितियाँ पूर्व निर्धारित-सी हैं। उनमें अनुमान, आकस्मिक संयोगों और अपार्थिव-तत्त्व-योजना का सहारा लिया गया है जबकि होरी बुनियाद की संघर्षशील विषमताओं से निर्मित है। उसकी रचना सामाजिक सम्बन्धों को निर्धारित करने वाले कारणों से होती है। होरी के चरित्र में बुनियाद और अधिसंरचना की द्वन्द्वात्मकता है। होरी ऐतिहासिक भौतिकवाद के विकास का परिणाम है। 'होरी' रचना-प्रक्रिया के स्तर पर बुनियाद का तथा प्रभाव के स्तर पर प्रतिनिधि (type) संस्कृति का प्रतीक है। उसके जीवन सन्दर्भ भी विषम, अनेकमुखी और वृहत् हैं, किन्तु वह 'राम' की तरह रचना में पूर्व निर्धारित संस्कार नहीं बन पाया। होरी में सम्पूर्ण द्विवेदी-युग छोटा पड़ जाता है, अतः रचना की दृष्टि से राम की अपेक्षा होरी अधिक जीवन्त पात्र है। होरी प्रतिपक्ष और अन्तर्विरोधों की अन्तर्वस्तु है। वह एक संस्कृति है। उसका जीवन महाकाव्यात्मक है। उसकी तुलना में राम पूर्वस्थापनाओं से सजते-सँवरते हुए आगे बढ़ते हैं। वे एक प्रतिष्ठान हैं। राम के चरित्र निर्माण की परिस्थितियों में इतिहास को अर्थशास्त्र से अलग रखा गया है। इसलिए उनका विकास अति मानवीय रूपों में हो सका है। इसलिए आवश्यक है कि समीक्षा में इतिहास की समझ गहरी, साफ़ और व्यापक हो।

आज नवोदित प्रगतिशील उमंग के समय हिन्दी लेखन में बुर्जुआ संस्कृति विस्तार पा रही है। बुर्जुआ संस्कृति का लहज़ा खड़ी बोली में घुल-मिल गया है। यह बुर्जुआ संस्कार दोहरे चरित्र का होता है। वह एक ओर प्रतिक्रियावाद से जुड़ता है, तो दूसरी ओर प्रगतिशील विचार से। हिन्दी के प्रगतिशील बुर्जुआ चिन्तन के विविध आयाम हैं। हिन्दी भाषा और साहित्य की मूल चेतना में बुर्जुआ भाव बहुत गहराता जा रहा है। यह खुशी का विषय है कि नये रचनाकार ने इसके विरुद्ध संघर्ष छेड़ दिया है यह संघर्ष हिन्दी कहानी में मुख्य रूप से दिखायी देता है।

नववामपन्थी बुर्जुआ के टेक्नोलॉजिकल बौद्धीकरण से भारतीय (किसान और मज़दूर) सर्वहारा की पारिभाषित संज्ञा तक नहीं पहुँचा जा सकता। यहाँ का मध्यवर्ग इसी बुर्जुआ प्रगतिशीलता के कारण ऐतिहासिक संघर्ष के अनिवार्य नियमों से अपरिचित है, उसके प्रति उदासीन है। अतः अब इस उदासीनता को दूर करने के लिए सुनिश्चित सांस्कृतिक कार्यक्रम बना कर क्रान्तिकारी चेतना को विकसित करना ज़रूरी हो गया है।

अब यह ज़रूरी हो गया है कि समाजवादी कार्यप्रणाली से सम्बद्ध होकर जनता के पास पहुँचा जाये। तभी मार्क्सवादी विचार की उचित शिक्षा-दीक्षा और प्रशिक्षण के लिए रास्ता खुल सकेगा। वैसे यह सत्य है कि कांग्रेस में तत्कालीन समस्याओं के दबाव से दक्षिणपन्थ और वामपन्थ का उतार-चढ़ाव आता रहा है। नये प्रगतिशील रचनाकार को इस उतार-चढ़ाव की संगति और विसंगति को समझना बहुत ज़रूरी है। मार्क्सवादी प्रशिक्षण के लिए अनुकूल समय है। हमें मार्क्सवादी परिप्रेक्ष्य को भारतीय जनता में तथा रचनाकार में नैसर्गिक रूप से उतारने का प्रयास करना होगा अन्यथा भारतीय वाम की नियति टुकड़ों में बँट कर लड़ने-झगड़ने तक सीमित रहेगी और वह अपनी संघर्ष शक्ति के प्रति बेख़बर रहेगा।

देश के प्रगतिशील कार्यक्रम में पृथकतावादी प्रतिक्रियावादी भी चोला बदल कर घुसपैठ में लगे हैं। उन्होंने अपनी सुरक्षा के निमित्त नये कार्यक्रम में अपनी हिस्सेदारी का बयान प्रस्तुत कर दिया है। अतः मार्क्सवादी प्रगतिशील विचारक को इस नाटकीय बहुरूपियेपन का स्पष्ट ज्ञान होना चाहिए, ताकि नये कार्यक्रम धूमिल न हो सकें।

हिन्दी के प्रगतिशील विचार को आलोचनात्मक यथार्थवाद के बुर्जुआ और सर्वहारा परिप्रेक्ष्य तथा समाजवादी यथार्थवाद की विकासशील दशाओं के परिप्रेक्ष्य में वर्तमान भारतीय परिस्थितियों को ध्यान में रखना ज़रूरी है अन्यथा इसके निष्कर्ष भी यथार्थ नहीं होंगे। अन्तिम बात यह है कि मार्क्सवादी साहित्य चिन्तक को मार्क्सवादी साहित्यिक निष्पत्तियों तक सीमित नहीं होना चाहिए। वह एक विकासशील जीवन दर्शन है। जब तक इसकी अन्य शाखाओं-प्रशाखाओं का ज्ञान नहीं होगा, जब तक इसकी व्यावहारिकता का अनुभव नहीं होगा, तब तक यथार्थ की छिपी हुई और अव्यक्त स्थितियों को उजागर तथा उसकी बनावट को समझने और उन्हें समाजवादी रूप में प्रतिपादित करने का वस्तुपरक दृष्टिकोण नहीं बन सकेगा। रचनाकारों और समीक्षकों को मार्क्सवादी विचार की समग्रता का ज्ञान होना चाहिए। नहीं तो उनमें वह साहस नहीं आ सकेगा जिससे संघर्ष की निश्चयात्मक तैयारी होती है। मार्क्सवादी क्रान्तिकारिता को चेतना में पूरी तरह उतारने के लिए मार्क्सवाद की साहित्येतर निष्पत्तियों में गहरी दिलचस्पी और जानकारी आवश्यक है।

हिन्दी की वाम कविता का सौन्दर्यशास्त्र

•

मोहदत्त

एक

कबीर और निराला अपने-अपने युग की वाम कविता के श्रेष्ठ उदाहरण हैं। उनकी कविता का वामपक्ष उनके युग की सीमाओं को लाँघ कर सार्वकालिक हो गया है। कविता का वामपक्ष एक ऐसी साहसी रचना प्रवृत्ति है जो हर युग में और हर जगह अपने चुनौती भरे अस्तित्त्व की विशिष्टता से जानी-पहचानी जाती है। वाम कविता का अपना एक जोखिम है और उसकी रचना जोखिम और चुनौती की रचना है। इस संसार में जो कुछ श्रेष्ठ तथा सुन्दर है और जो मनुष्य तथा समाज को श्रेयस्कर है, उस सबका सरोकार वाम कविता से है और जो अकल्याणकारी, निकृष्ट, जघन्य तथा निम्नतम है; जो शोषण, दमन के घेरे में वाबस्ता है; जो आदमी को पशुवत और यन्त्रवत दासत्व के घेरे में बाँधता है; उस सबका विरोध-प्रतिरोध वाम कविता ही करती है और उस सबके ख़िलाफ़ आवाज़ उठाना, जनमत तैयार करना तथा दुनिया भर के पीड़ित, दलित और शोषितों को उनके ख़िलाफ़ खड़े करने का काम भी वाम कविता ही करती है। वाम कविता रूढ़ियों को तोड़ती है, संस्कारों को जन्म देती है, परम्परा को संरक्षण और संस्कृति को गति प्रदान करती है। वाम कविता को परिभाषित भले ही किया जा सके मगर इसे छायावाद, अकविता, नयी कविता जैसे 'वादों' के घेरे में बाँध पाना असम्भव है। इसका अध्ययन और पठन-पाठन काव्यशास्त्रीय केंचुल चढ़ाये हुए रूढ़िवादी आलोचकों की संक्षिप्त टीकाओं के माध्यम से नहीं किया जा सकता। इस कविता के कलाधर्म को जाँचने-परखने के लिए एक जागरूक सौन्दर्यशास्त्रीय समालोचक की दृष्टि चाहिए जिसकी राजनीतिक समझ स्पष्ट और पैनी हो और जिसका दिल-दिमाग़ हर तरफ़ की ताज़ा हवाओं की खुनक को महसूस कर सके।

दो

वाम कविता के सौन्दर्यशास्त्रीय प्रतिमान मार्क्सवादी कला सम्बन्धी मान्यताओं-कलाओं के उद्भव और विकास की मूल स्थापनाओं, सौन्दर्य और सौन्दर्यबोध, समाजवादी यथार्थ चित्रण की रीति-नीति, नैतिकता और सोद्देश्यता, वस्तु और रूपतत्त्व, प्रतिबद्धता और पक्षधरता, कलाकार एवं वर्ग संघर्ष, पार्टी और पार्टी साहित्य आदि विचारों और सिद्धान्तों पर आधारित हैं। यह एक निर्विवाद सत्य है कि ये आधारभूत मान्यताएँ और स्थापनाएँ पाश्चात्य और भारतीय सौन्दर्यशास्त्रियों की दृष्टि की तुलना में कलाओं और साहित्य को वैज्ञानिक प्रणाली से जाँचने-परखने में एक ठोस समाजशास्त्रीय और सौन्दर्यशास्त्रीय आधार प्रस्तुत करती हैं। अतः इन्हीं तमाम स्थापनाओं और मान्यताओं के आधार पर जहाँ एक ओर समसामयिक हिन्दी कविता के वामपक्ष का अध्ययन, सर्वेक्षण और मूल्यांकन करने का प्रयास किया गया है, वहीं दूसरी ओर एक ऐसे सौन्दर्यशास्त्रीय ढाँचे को खड़ा करने का दुस्साहस भी किया गया है जो वाम कविता के सृजन और विकास में सहायक हो तथा जिससे हिन्दी कविता के क्षेत्र में व्याप्त अराजक, भ्रामक, छद्म तथा मसीहाई प्रवृत्तियों का डट कर मुक़ाबला किया जा सके।

मार्क्सवादी चिन्तन कलाओं को दैवीय और ईश्वरीय वस्तु न समझ कर इसी जगत के आर्थिक, भौतिक और सामाजिक परिवेश की उपज मानता है। वेलिंस्की ने कलाओं का उद्देश्य 'चित्रित करना' और 'शब्दों, ध्वनियों, रेखाओं और रंगों में प्रकृति के सार्वभौम जीवन को पुनः मूर्त करना' माना है।[1] सौन्दर्य तत्त्व कलाओं का मूलाधार है और इन्द्रियों से जिस सौन्दर्य की अनुभूति हम करते हैं 'उसकी वस्तुगत सत्ता है'।[2] वास्तविक जगत से बाहर किसी अन्य भावलोक में कोई सौन्दर्य नहीं होता—यदि कोई दैवीय या ईश्वरीय कल्पना है भी तो उसका तर्कपूर्ण विवेचन असम्भव है। कलाओं के माध्यम से हम अपने आसपास के संसार को जानते-पहचानते हैं और ज़रूरत पड़े तो हम उसको बदल भी सकते हैं। कला में रूप-कुरूप जैसा कुछ भी नहीं होता। "कला केवल उन वस्तुओं की ही रूप सृष्टि नहीं करती जिनमें प्रकृत सौन्दर्य है... कुरूप वस्तुएँ भी आती हैं, वे शक्तियाँ भी जो जीवन को कुणिठत और उत्पीड़ित करती हैं और वे भी, जो जीवन का समर्थन करती हैं।"[3] एक सच्चे कलाकार का यह दायित्व होता है कि वह कुरूप और कुलित को अभिव्यक्ति भले प्रदान करे, मगर हमें उनसे घृणा करना सिखाये और उनका विरोध करे और 'जीवन का समर्थन' करने वाली शक्तियों को बल प्रदान करे।

कलाओं का उद्भव और विकास श्रम की ऐतिहासिक प्रक्रिया के अन्तर्गत हुआ है—यह एक मूलभूत मार्क्सवादी स्थापना है। श्रम की यह ऐतिहासिक प्रक्रिया लाखों

वर्षों तक चलती रही और इसके अन्तर्गत कला और उसके मनोगत संघटकों का विकास होता रहा। मार्क्स के अनुसार, श्रम प्रक्रियाओं के अन्तर्गत ही सौन्दर्यानुभूति के साथ-साथ 'संगतिधर्मा कान' (musical ears) और 'रूपदृष्टा आँख' (from conscious eye) की चेतना जगी और इनका विकास हुआ।[4] एंगेल्स ने 'वानर के नर' बनने की प्रक्रिया में 'हाथ' की भूमिका को बड़ा महत्त्वपूर्ण माना है। उनके मतानुसार, इसी हाथ की बदौलत कालान्तर में "राफ़ेल की-सी चित्रकारी, थोर्वाल्दसेन की-सी मूर्तिकारी और पागानीनी का-सा संगीत अविर्मूत हो सका।"[5] इस प्रकार हम देखते हैं कि मनुष्य की चेतनाओं और इन्द्रियों का निवास श्रम प्रक्रियाओं के अन्तर्गत ही हुआ और वह अपनी श्रम की विशिष्टता के कारण ही प्रकृति से संघर्ष करके उस विजय प्राप्त कर सका। मनुष्य अन्य जीवधारियों की तुलना में इसलिए श्रेष्ठ माना गया है क्योंकि "अन्य जीवधारी अपनी आवश्यकताओं और माप के अनुरूप ही उत्पादन करते हैं किन्तु मनुष्य अपने अतिरिक्त अन्य जीवजातियों के माप और आवश्यकता के अनुरूप उत्पादन करना जानता है। मनुष्य सौन्दर्य नियमों के अनुसार, ही सृजन करता है।"[6] अर्नेस्ट फिशर ने कला को 'काम' की संज्ञा दी है और कला को उतनी प्राचीन माना है जितना कि स्वयं मनुष्य। काडवेल के अनुसार, कविता 'एक आर्थिक क्रिया' ही है और इसका जन्म 'आदिम मनुष्य के समूह गीत और नृत्य' से हुआ है। बाद में श्रम विभाजन और वर्ग भेद के फलस्वरूप कला और कविता के इस 'समूह रूप' में परिवर्तन हुआ और आधुनिक युग तक आते-आते कलाओं ने अपने विकास का एक लम्बा सफ़र तय किया है और सैकड़ों उत्थान-पतन देखे हैं।

इस विवेचन से यह स्पष्ट हो जाता है कि मनुष्य ने शनैः शनैः यह अनुभव किया और जाना कि वस्तु में उपयोगिता के साथ-साथ और भी कुछ होता है और इस 'और भी कुछ' का सम्बन्ध सौन्दर्य तत्त्व और सौन्दर्यबोध से उत्पन्न आनन्द से है। मार्क्स ने कला के इस 'सौन्दर्य-तत्त्व को मानव जाति का ऐसा क्रियाकलाप' कहा है "जिसे वह सामाजिक-ऐतिहासिक प्रक्रियाओं के अन्तर्गत आत्मोपलब्धि की दिशा में सद् प्रगति के रूप में सम्पन्न करता है।"[7] यही सौन्दर्य वेलिंस्की के शब्दों में "सामाजिक जीवन के जीवन्त यथार्थ का ऐसा प्रतिबिम्ब है जो हमें आनन्द ही नहीं देता, प्रगतिशील होने की प्रेरणा भी देता है।"[8] इस सन्दर्भ में गोर्की की यह मान्यता भी दृष्टव्य है कि "संसार में जो कुछ सुन्दर तथा श्रेष्ठ है, वह सब मानव-श्रम की उपज है।"[9] मनुष्य और समाज को केन्द्र में रख कर की गयी सौन्दर्य की इन यथार्थवादी और प्रगतिशील परिभाषाओं की तुलना में बहुत-से पाश्चात्य विद्वानों ने सौन्दर्य को 'चिन्तनशील धारणा का आनन्द' (काँट), 'आइडियल की अभिव्यक्ति का प्रयास' (हीगेल) और 'ईश्वर की विभूति' (रस्किन) माना है।[10] इन दो भिन्न

दृष्टियों में अन्तर स्पष्ट है; अन्तर ही नहीं वरन् मार्क्सवादी दृष्टि की श्रेष्ठता और वैज्ञानिकता भी स्वतः प्रमाणित हो जाती है। इसका एक और श्रेष्ठ प्रमाण हमें मार्क्स के सौन्दर्यबोध के विकास के वैज्ञानिक विवेचन में मिलता है। उनका कहना है कि, ''मानवजाति अपनी कर्मगत दक्षता को विकसित करने और आचार एवं विचार में भौतिक दुनिया पर अपना प्रभुत्व कायम करने की प्रक्रिया के दरम्यान अपने सौन्दर्यबोध को विकसित और परिष्कृत करती है।'' वास्तव में, मनुष्य अपनी प्रकृति से ही कलाकार है और 'कलात्मक ढंग' से वस्तुओं का निर्माण करता है। उसकी वस्तु संरचना में 'मानदण्ड' और 'अनुपात' निहित होता है लेकिन 'रंग, ध्वनि, रूप आदि के प्रति रागबोध तब प्रकट होता है जब सौन्दर्यबोध अत्यधिक सचेतन, सुनिश्चित और अपेक्षतया स्वायत्त हो जाता है।'[11]

मार्क्स की दृष्टि में कला 'सामाजिक चेतना का विशिष्ट रूप है।' 'कलाकार नये सिरे से संस्कृति का संस्कार करने की कोशिश करता है और उसका यह कार्य यथार्थ को समग्रता में प्रस्तुत करने की प्रक्रिया में होता है।'[12] एंगेल्स ने इसी यथार्थ का उद्देश्य ''प्रतिनिधि दशाओं में प्रतिनिधि पात्रों की सृष्टि' बतलाया है। और जॉर्ज लुकाच के अनुसार, 'यथार्थवाद की केन्द्रीय सौन्दर्यशास्त्रीय समस्या सम्पूर्ण मानव व्यक्तित्त्व का पर्याप्त मात्रा में समुचित प्रस्तुतीकरण'' है। उन्होंने वास्तविकतावादी कला की दो प्रमुख विशेषताएँ मानी हैं–1. 'टाइप' का सृजन और 2. विवेकपूर्ण परिप्रेक्ष्य। ''टाइप इस बात से बनता है कि वे सभी निर्धारक तत्त्व, जिन्हें व्यक्तिगत एवं सामाजिक रूप से सारभूत माना जा सके–उसमें अपने विकास के चरम बिन्दु पर विद्यमान हों–ऐसे बिन्दु पर, जहाँ उनकी आन्तरिक सम्भावनाएँ एकदम उद्घाटित हो उठें और वस्तुपरक धरातल पर विवेकपूर्ण परिप्रेक्ष्य किसी भी ऐतिहासिक प्रक्रिया के प्रमुख प्रवाहों को परिलक्षित करता है।''[13] लुकाच के अनुसार, एक वास्तविकतावादी कलाकार वाल्ज़ाक और टॉलस्टॉय की तरह 'जीवन की वास्तविकताओं के पैटर्न' पकड़ने का प्रयास करता है और जन-समुदाय की सबसे महत्त्वपूर्ण और जीवन्त समस्याओं को अपनी कलाकृतियों में अभिव्यक्ति प्रदान करता है। एक यथार्थवादी रचनाकार वास्तविक और सत्य चित्रण को ईमानदारी और निष्ठा से करता है और इसके लिए कोई भी शैली, शिल्प या वस्तु का चुनाव कर सकता है। इसकी पुष्टि हमें सोवियत कलाकारों के अखिल संघीय कांग्रेस के नाम सोवियत संघ की कम्युनिस्ट पार्टी की केन्द्रीय कमेटी द्वारा दिये गये सन्देश से होती है–''समाजवादी यथार्थवाद की रीति-नीति किसी भी तरह की रूढ़ि और योजना को स्वीकार नहीं करती। वह तो सृजनात्मक व्यक्तित्व के साहसपूर्ण उदय और अनेक शैलियों और विधाओं के लिए व्यापकतम सम्भावनाओं के द्वार उन्मुक्त करती है।''[14] यहाँ एक यथार्थवादी रचनाकार को यह सतर्कता बरतनी चाहिए कि यथार्थ के नाम पर किये जाने वाले

समस्त विद्रूप और विरूप चित्रण तथा घिनौने और कुरूप के प्रति घृणा के स्थान पर प्रेम सिखाने वाले चित्रण को अपनी रचनाओं में स्थान नहीं देना चाहिए। समाजवादी यथार्थवाद की कृतियों के नायक जीवन के निर्माता होते हैं और सच्चे श्रम के प्रतीक के रूप में चित्रित किये जाते हैं। वेलिंस्की ने हर रचनाकार को एक सजीव यथार्थवादी चित्रण का दिशा निर्देश इन शब्दों में दिया है—''यदि कोई कलाकृति केवल चित्रण के लिए ही जीवन का चित्रण करती है, यदि उसमें वह आत्मगत शक्तिशाली प्रेरणा नहीं है जो युग में व्याप्त भावना से निःसृत होती है। यदि वह पीड़ित हृदय से निकली कराह या चरम उल्लसित हृदय से फूटा गीत नहीं है, यदि वह कोई सवाल या किसी सवाल का जवाब नहीं, तो वह निर्जीव है।''[15]

मार्क्सवादी मान्यताओं में कलाओं में अन्तर्निहित नैतिकता और सोद्देश्यता सम्बन्धी प्रश्न बड़ी अहमियत रखते हैं। यह आग्रह सदा से रहा है कि, ''समस्त कला नैतिक कथ्य से परिपूर्ण होनी चाहिए।'' नैतिकता का मानदण्ड मार्क्सवादी कला के वे 'सकारात्मक नामक' हैं जो मनुष्य के 'सर्वोत्तम गुणों से सम्पन्न' होते हैं।[16] एंगेल्स ने सभी प्रामाणिक और सच्ची रचनाओं में उस 'प्रकट सोद्देश्यता' की प्रशंसा की है जिसके द्वारा कलाकार मिशनरी की तरह वर्तमान के गर्भ से भविष्य को निकाल कर पाठकों की दृष्टि के आगे कर देता है।'[17] सोद्देश्यता कला के स्थायित्व की एक निर्णायक कसौटी कही जा सकती है जिसके अन्तर्गत समस्त कलात्मक मूल्य (रूप-विधान, बिम्ब, प्रतीक, मिथक आदि का कलात्मक संयोजन और समायोजन), सर्वोच्च मानव मूल्य और मानव की पूर्ण अभिपुष्टि की अभिव्यक्ति तथा वैचारिक प्रगतिशीलता आदि के मूल्य निहित हैं।

इन समस्त मूल्यों में प्राथमिकता 'कला के सार्वभौम मानव मूल्यों' को दी गयी है जो कि कला के वस्तुतत्त्व में परिलक्षित होते हैं। इसीलिए मार्क्सवादी सौन्दर्यशास्त्रियों की दृष्टि में कला का वस्तुतत्त्व महत्त्वपूर्ण और प्रमुख है और 'शैली को कलाकृति का व्यक्तिगत गुण' माना गया है। कला के वस्तुतत्त्व को प्रमुख मानने का यह अर्थ कदापि नहीं है कि रूप तत्त्व को नकारा गया हो या उसका महत्त्व कम आँका गया हो। दरअसल 'वस्तु की कलात्मक अभिव्यक्ति' ही अभीष्ट है। 'मार्क्सवाद के लिए जितनी अपरिचित रूप से रहित वस्तु की कल्पना है, उतनी ही वस्तु से रहित रूप की।'[18] वस्तु और रूप तत्त्व की यह 'अन्योन्याश्रित स्थिति' मार्क्स की ग्रीक कला के प्रति रुझान में स्पष्ट देखी जा सकती है। वस्तुपरक यथार्थ जितने महान सार्वभौम मानव मूल्यों से उत्प्रेरित होता है, उतने ही बड़े पैमाने पर कलात्मक रूप-विधान का भी कलाकृतियों में समायोजन होना चाहिए। इस सम्बन्ध में मुक्तिबोध की यह मान्यता सत्य प्रतीत होती है कि 'वस्तुतत्त्व में इतनी शक्ति होती है कि वह स्वयं अपने रूप को लेकर आता है'।[19]

वैचारिक प्रगतिशीलता के मूल्य स्थूल रूप से उन बहुचर्चित बहस-मुबाहिसों से जुड़े हुए हैं जिन्हें हम प्रतिबद्धता, कलाकार और वर्ग संघर्ष, पार्टी और पार्टी साहित्य, पार्टी अनुशासन और व्यक्तिगत स्वतन्त्रता आदि के रूप में सुनते-पढ़ते रहते हैं। इन सब मुद्दों की जड़ में मार्क्स का कम्युनिज़्म की स्थापना का वह स्वप्न है जिसमें मार्क्स ने एक अलगाव रहित समाज की कल्पना की थी जिसमें श्रम के आधार पर किया गया समस्त उत्पीड़क विभाजन समाप्त हो जायेगा और व्यक्ति की क्षमताओं का पूर्ण विकास सम्भव हो सकेगा। यह एक ऐसे 'आदिम समुदाय' का अथवा 'भविष्य की मुक्त मानवता' का स्वरूप है और स्वतन्त्रता तथा समतापूर्ण समाज का एक ऐसा चित्र है, जिसमें सर्वहारा क्रान्ति ही रंग भर सकती है। अतः प्रत्येक प्रगतिशील रचनाकार का यह दायित्व हो जाता है कि वह अपने आपको इस सर्वहारा क्रान्ति का पक्षधर घोषित करे और पार्टी के निर्देश में सर्वहारा द्वारा छेड़े गये वर्ग-संघर्ष में एक सक्रिय भूमिका निभाने के लिए प्रतिबद्ध हो।

यहाँ यह बात ग़ौरतलब है कि कला की प्रकृति कुछ ऐसी है कि उसे किसी आम हथियार के रूप में इस्तेमाल नहीं किया जा सकता। वह अधिक-से-अधिक विचारों और भावनाओं को प्रत्यक्ष या परोक्ष रूप में प्रभावित करने की सामर्थ्य रखती है। साहित्य एवं कलाएँ "मनुष्य को अधिक मानवीय, अधिक प्रखर, अधिक पूर्ण और अधिक संवेदनशील बनने में मदद देती हैं—वे मनुष्य को सामाजिक जीवन के अन्तर्विरोधों तथा ऐसी शक्तियों से परिचित कराती हैं जो सही दिशा में विकसित होते हुए जीवन के लिए छेड़े गये अभियान में बाधा स्वरूप हैं—वे उसे उन शक्तियों तथा सम्भावनाओं का अहसास भी कराती हैं जो सामाजिक जीवन के क्रान्तिकारी विकास की सही शक्तियाँ तथा सही सम्भावनाएँ है।"[20] कला की इसी सामर्थ्य को ध्यान में रखते हुए प्रगतिशील जनवादी लेखकों, कवियों और कलाकारों से यह अपेक्षा की जाती है कि वे 'सर्वहारा को पहचानें, उसके संघर्ष का अध्ययन करें तथा उन शक्तियों का समर्थन करते हुए, जो सर्वहारा को गति दे रही हैं, उन अत्याचारपूर्ण शक्तियों की भर्त्सना करें जो उसके संघर्ष में रोड़ा बन रही हैं, उसे कमज़ोर कर रही हैं।'[21] पार्टी के निर्देश में छेड़े गये सर्वहारा के इस वर्ग-संघर्ष में किसी भी कलाकार का सक्रिय सहयोग उसकी व्यक्तिगत स्वतन्त्रता पर कोई आँच नहीं आने देता क्योंकि वह सर्वहारा क्रान्ति के लक्ष्यों को दृष्टिगत कर सामाजिक यथार्थ के माध्यम से किसी भी शैली शिल्प, रूप-विधान, बिम्ब, विषय-वस्तु आदि का चयन और चुनाव करने में सर्वथा स्वतन्त्र और मुक्त होता है। इस सम्बन्ध में पार्टी के निर्देश कला की स्वायत्तता और कलाकार की व्यक्तिगत स्वतन्त्रता में कभी बाधक नहीं होते।

इस सन्दर्भ में लेनिन के 'कठोर पार्टी सिद्धान्त' को, जिसका विकास रूस की तत्कालीन अराजक स्थितियों में किया गया था, 'स्थूल राजनीतिक समझ' के आधार

पर कुछ हठी और कट्टर पार्टी कार्ड होल्डरों ने बड़े ग़लत तरीक़े से लागू किया है। यह एक ऐतिहासिक सत्य है कि उन अराजक स्थितियों में लेनिन इतना तक कहने के लिए बाध्य हुए थे कि, "हर कोई बिना किसी रोक के जो चाहे लिखने के लिए स्वतन्त्र है मगर हर स्वैच्छिक संगठन (यहाँ तक कि पार्टी भी) उन सदस्यों को संगठन से बहिष्कृत करने के लिए भी स्वतन्त्र है जो पार्टी विरोधी काम के लिए पार्टी के नाम का इस्तेमाल करते हैं।"[22] दरअसल कवियों, लेखकों और कलाकारों से एक ऐसी 'पार्टी समझ' की अपेक्षा की जाती रही है जो उनके स्वतन्त्र निर्णय लेने के स्थान पर पार्टी द्वारा लिए गये निर्णयों के अधीन काम करने के लिए प्रेरित करती हो। लेनिन ने कवियों, लेखकों और कलाकारों को 'अपनी आँखों के सामने हमेशा मज़दूरों और किसानों की आकृति' रखने की जो सलाह दी थी, वह भी पार्टी की माँग के अनुसार, लिखी जाने वाली राजनीतिक रचनाओं पर लागू होती है। ये रचनाएँ जनवादी साहित्य की परम्परा में प्रसारित-प्रचारित की जानी चाहिए जिससे कि अशिक्षित, अपढ़ सर्वहारा के बौद्धिक और सांस्कृतिक स्तर को ऊँचा उठाने, सुसंस्कृत करने और एक ऐसे बौद्धिक वातावरण को बनाने में मदद मिल सकती है जिसमें सर्वहारा द्वारा सुरुचिपूर्ण एवं स्तरीय ललित कलाओं का आस्वाद सम्भव हो सकता है।

इस सैद्धान्तिक विवेचन से वाम कविता के जो सौन्दर्यशास्त्रीय प्रतिमान उभर कर सामने आते हैं वे कविता के शाश्वत प्रतिमान हैं और मनुष्य सत्य तथा मानव मूल्यों की हिमायत करने वाली वाम कविता में परिलक्षित होने ही चाहिए। ये प्रतिमान सम-सामाजिक सन्दर्भों में ही अर्थवान और मूल्यवान नहीं हैं वरन् सार्वकालिकता और सार्वदेशीयता के दृष्टिकोण से भी असन्दिग्ध हैं। यह भी एक निर्विवाद सत्य है कि ये प्रतिमान समस्त महानता और विशिष्टता तथा उच्चतम और सुन्दरतम आदर्शों से ओत-प्रोत हैं। इनको सार्थकता प्रदान करना ही एक श्रेष्ठ कवि कर्म है।

तीन

वाम कविता के सौन्दर्यशास्त्रीय प्रतिमानों के साथ-साथ प्रगतिवादी धारा के अवशेष के रूप में और नयी कविता की एक कड़ी की शक्ल में कुछ एक जाने-माने प्रतिभावान कवियों, जिनमें नागार्जुन, केदारनाथ अग्रवाल, त्रिलोचन, शमशेर बहादुर सिंह और मुक्तिबोध के नाम प्रमुख हैं, की ऐतिहासिक विरासतों का जायज़ा लिए बिना वाम कविता की जाँच-पड़ताल एक तरह से अधूरी रहेगी। ये सभी अपनी शैली और कथ्य की विभिन्नता एवं विशिष्टता के कारण प्रगतिशील और वामपन्थी खेमे में एक उपलब्धि के रूप में देखे जाते रहे हैं।

जिस युग में इनकी काव्य यात्रा के विभिन्न पड़ाव रहे हैं, उसकी अपनी एक

कहानी है। स्वतन्त्रता प्राप्ति के वाद प्रगतिवाद में विघटन अपने चरम बिन्दु पर प्रकट हुआ और उसी बिन्दु से प्रतिक्रियावादी ताक़तों ने प्रयोगवाद की दिग्भ्रमित पूँजीवादी और साहित्यिक राजनीति से जोड़-गाँठ शुरू की। मुक्तिबोध और शमशेर को कलात्मकता की आड़ में सप्तकीय परम्परा में शामिल करके इसी राजनीति के तहत नागार्जुन, त्रिलोचन और केदारनाथ अग्रवाल के साहित्य के देश निकाले की साज़िश भी की गयी। बहुत से कवियों को अज्ञेय ने अपने सप्तकों की क़ब्र में दफ़्न कर दिया मगर 'अज्ञेय के हाथों दफ़न होने से नागार्जुन ने सायास अपने को बचाया और मुक्तिबोध अपनी अदम्य शक्ति से वह क़ब्र फोड़ कर बाहर निकल आये।'[23] इनमें से लगभग प्रत्येक ने एक अविस्मरणीय उपेक्षा भोगी है। जहाँ एक ओर मुक्तिबोध ने अपनी मृत्यु से गौरव प्राप्त किया, वहाँ दूसरी ओर शमशेर बहादुर सिंह अपनी ख़ामोशी और उदासीनता के बल पर अब तक प्रतिष्ठित हैं। आज तक इन कवियों का (मुक्तिबोध को छोड़ कर) छुटपुट लेखों के अलावा कोई समग्र मूल्यांकन नहीं हो पाया और भविष्य में इन सबको एक जगह इकठ्ठा करके होगा भी, यह ठीक से नहीं कहा जा सकता।

इन कवियों की काव्यगत विशिष्टताओं का सम्मिलित जायज़ा अगर लिया जाये तो वाम कविता की एक भरी-पूरी तस्वीर उभर कर सामने आती है। गँवई गाँव के ठेठ भदेसपन से लेकर शुद्ध वैचारिक और कलात्मक फैण्टेसी की बुनावट तक इनका कविता का संसार फैला हुआ है। नागार्जुन, त्रिलोचन, केदारनाथ अग्रवाल और मुक्तिबोध के साहित्य का उद्‌देश्य शमशेर बहादुर सिंह की राय में, ''वर्ग-संघर्ष के सामाजिक मर्म को उघारते जाना'' है।[24] कमोबेश सबमें यह ललक है और इसे सबने अपने अनुभव को सीधे सामान्य जन से जोड़ कर हासिल किया है। केदारनाथ अग्रवाल की पूरी काव्य यात्रा में अपने युग की रूढ़ियों, अन्ध-विश्वासों और अर्द्धसामन्ती ज़मींदारों के ख़िलाफ़ शोषितों की बुलन्द आवाज़ों के चटख़ रंग बोलते हैं। नागार्जुन का पैनापन भिन्न स्तर का है। उनके सामाजिक यथार्थ की सशक्त अभिव्यक्ति व्यंग्य के माध्यम से तराशती चली जाती है। त्रिलोचन में ऐसा कुछ नहीं हैं—न उतने चटख़ रंग, न धारदार पैनापन—सिर्फ़ सादगी। त्रिलोचन के शब्द अक्सर 'जी से बतियाने' लगते हैं। मुक्तिबोध एक ज़िम्मेदार, प्रतिबद्ध और 'सीरियस' कवि के रूप में संघर्ष के भीम को लेकर आगे बढ़े। कवि शमशेर की 'काव्यकृतियाँ सामाजिक दृष्टि से कुछ बहुत मूल्यवान' भले न हों[25] और सीधे-सीधे वर्ग-संघर्ष के सामाजिक मर्म के दायरे में न आती हों, फिर भी उन्होंने 'अपनी प्रेरणाओं को कुछ ऐतिहासिक सत्यों से जोड़ने की, उनके मर्म को अपनी धड़कन के साथ व्यक्त करने की कोशिश की' है।[26] उनकी कविता का मुहावरा उनके अपने उर्दू-हिन्दी संस्कारों की देन है।

इन कवियों की जहाँ एक ओर अनेकानेक उपलब्धियाँ रूप शिल्प और प्रयोग के क्षेत्र में अद्वितीय कही जा सकती हैं; वहीं, इनमें से प्रत्येक की अपनी-अपनी सीमाएँ भी रही हैं जिसके कारण ये उतनी उत्कृष्ट ऊँचाइयों तक पहुँचने में सफल नहीं हो पाये। मगर यह बात तय है कि नागार्जुन के व्यंग्य (मन्त्र कविता, प्रेत का बयान) और माटी की सोंधी गन्ध के चित्र (अकाल और उसके बाद), त्रिलोचन का 'नगयी महरा' के माध्यम से तराशा हुआ रूढ़िग्रस्त और परम्पराओं को ढोता हुआ निम्न मध्यमवर्गीय देहाती भावबोध, केदारनाथ अग्रवाल की लयपूर्ण गीतात्मक वास्तविकता (जब बाप मरा तब यह पाया। भूखे किसान के बेटे ने। घर का मलबा, टूटी खटिया। कुछ हाथ भूमि/वह भी परती।) और प्रकृति के सलोने चित्र (धूप चमकती है चाँदी की साड़ी पहने, या फिर—दिन हिरण-सा चौकड़ी भरता चला गया। धूप की चादर सिमट कर खो गयी), शमशेर की प्रतीकात्मक ऐन्द्रीय अभिव्यक्ति (एक आदमी दो पहाड़ों को कुहनियों से ठेलता) और गंगा-जमुनी सलीस भाषा तथा मुक्तिबोध की वैचारिक धरातल पर आन्तरिक दबावों और तनावों के विरोध, विद्रोह की फन्तासी जन्य गाथाएँ ('अँधेरे में' विशेष रूप से)—यदि इन सबको किसी एक रचना में प्रतिस्थापित किया जा सके तो बहुत हद तक हमारी एक सही और सार्थक रचना की तलाश पूरी हो सकती है।

चार

समसामयिक हिन्दी वाम कविता सन् 62 के उपरान्त राष्ट्र और साहित्य में उत्पन्न मोहभंग की स्थिति से लेकर सन् 75 में घोषित 'अनुशासन पर्व' के दौरान फ़ली-फूली और परवान चढ़ी है। यह 13, 14 सालों का एक छोटा-सा कालखण्ड एक बहुत बड़े राजनीतिक, सामाजिक और आर्थिक उथल-पुथल का युग रहा है। देश एक ओर तो ऐसी एतिहासिक क्रिया-प्रक्रियाओं, विध्वंस और निर्माण, अराजकता और व्यवस्था की खोखली जोड़-तोड़, नकली आदर्शों और टुच्चेपन, कुनबापरस्ती, भ्रष्टाचार और मुनाफ़ाख़ोरी, रिश्वत आदि के दोराहों पर भटकता रहा तो दूसरी ओर एक ऐसे विनोबा के अहिंसा, भूदान और सर्वस्वदान वग़ैरह के दिग्भ्रमित और दिशाहीन सँकरे मोड़ से गुज़रा कि आम आदमी को अपने अस्तित्त्व की पहचान बनाये रखना और दो रोटियों के सीमित लक्ष्य तक जीवन निर्वाह करना भी दूभर हो गया। देशव्यापी शोषण, दमन, आतंक और घुटन की एकजुट मुहिम के ख़िलाफ़ लड़ते-लड़ते सामान्य जन का शरीर और आत्मा, दोनों ही टूट कर बिखर गये। जहाँ एक ओर हमारे सपनों का हिन्दुस्तान 62, 65 और 70 के युद्धों और इनके फलस्वरूप फैली बेकारी, बेरोज़गारी, मुद्रास्फीति और महँगाई की चपेट में आकर टूट रहा था और ऊपर से तस्करी और जमाख़ोरी की प्रवृत्तियाँ ताबूत में कील ठोंक रही थीं, वहीं दूसरी ओर राजनीतिक मंच पर दल-बदल, तरह-तरह के चुनावी गठबन्धन, मिली-जुली विरोधी

दलों की सरकारें, नारे, जुलूस, हड़तालें, घेराव, तालाबन्दी, आगज़नी और लूटपाट और ऐसी ही न मालूम कितनी वामपन्थी और दक्षिणपन्थी गतिविधियों और कार्रवाइयों के कारण साँस लेना भी दुश्वार था। इन सबके साथ-साथ नक्सलपन्थी-गुरिल्ला झड़पें, गुज़रात का छात्र आन्दोलन और जयप्रकाश के नेतृत्व में सम्पूर्ण क्रान्ति के मसीहाई रंग भी देखने में आये। साहित्य और समाज में एक-दूसरे ही प्रकार से मूल्यहीनता की स्थिति पैदा हुई—जो कुछ निकृष्ट, नकली, फ़र्ज़ी और ग़ैर-ज़रूरी था, वह चमकदार मुलम्मे की आड़ में चलन में आया और इस खोटे सिक्के ने असली, मूल्यवान और ज़रूरी को चलन से बाहर कर दिया। गरज़ इस लम्बे-चौड़े देश में हर जगह, हर क्षेत्र में कुछ-न-कुछ ऐसा घटित होता रहा जो आदमी और आदमीयत के बरख़िलाफ़ पाशविक और अमानवीय घटनाक्रम कहा जा सकता है। इस सबका एक ऐसा मिला-जुला प्रभाव आम आदमी और साधारण जन पर पड़ा कि वह असुरक्षित, बेसहारा, दिशाहीन-सा राशनकार्ड हाथ में थामे, दीवारों पर टँगे पोस्टर अथवा सलीब पर लटके हुए शरीर की तरह 'मेफ़ेस्टोफ़िलिस' रूपी भूख के हाथों अपनी आत्मा गिरवी रख कर नरक की यातनाएँ सहने के लिए विवश था। इस सब दारुण दुःख की गाथा कुछ एक लम्बी कविताओं में देखने-पढ़ने को मिली है—पटकथा—धूमिल, नाटक जारी है—लीलाधर जगूड़ी, खण्ड-खण्ड पाखण्ड पर्व—मणि मधुकर, दुखान्त समारोह—जयसिंह नीरज आदि। इन सबमें किसी एक कविता के चुनाव का सवाल हो तो निश्चय ही 'पटकथा' एक ऐसा ऐतिहासिक दस्तावेज़ है जिसमें 'कानून की भाषा' बोलते हुए 'अपराधियों के संयुक्त परिवार' को बेनक़ाब किया गया है और कुछ न कर सकने की विवशता से उत्पन्न 'ऊब को आकार' देने की एक कारगर कोशिश की गयी है जबकि अन्य रचनाओं के सिद्धान्त प्रणेता 'भाषा के पीछे शब्दों को साँड़ की तरह' दौड़ाने के अभ्यस्त-से लगते हैं।

आज की हिन्दी वाम कविता ने इन्हीं विगत 13, 14 वर्षों के घटित-अघटित के बीच से अपनी ज़मीन को तलाशा और कोई हल खोजना चाहा एवं अपनी दिशाएँ ढूँढ़नी शुरू कीं तथा उस चेहरे को पहचानना चाहा जो कि उसका अपना चेहरा था। चीज़ों को उनके सही नाम से पुकारने का यह काम बड़ा दुश्वार और जोखिम भरा था। यह इसलिए और भी कठिन हो गया कि इन विगत वर्षों में एक ऐसा 'पालतू लेखन' लिखा गया जो ज़रूरी नहीं था और "साठोत्तरी लेखकों में से मान्यता केवल उन्हीं लेखकों और कवियों को दी गयी जो अपने लेखन में पूरी तरह रोमाण्टिक थे यानी कौवों-कवेलों को मान्यता दी गयी और इस तरह एक ज़िम्मेदार और ज़रूरी लेखन को सीधे-सीधे साहित्यिक लगाव या साहित्यिक छद्म के नाम पर नकारा गया और एक ऐसे लेखन को मान्यता दी गयी जो ख़ूबसूरत था, जो अच्छा था लेकिन ज़रूरी नहीं था जो प्रासंगिक नहीं था।"[27] इस प्रकार जब ज़रूरी और ग़ैर-ज़रूरी

गड्ड-मड्ड हो रहा था तो वाम कवियों की सबसे बड़ी फ़िक्र अपनी कविता को परिभाषित करने की रही। कुछ इस तरह से इन्होंने कविता की नयी परिभाषाएँ गढ़ीं—

1. यह कविता नहीं पत्थर है—बिल्कुल ठीक जगह फेंके जाने को तना।

('पटना 18 मार्च 74'- ज्ञानेन्द्रपति)

2. मेरे हाथों में यह जो क़लम है... कल की लड़ाई का नक्शा तैयार करने में लगी है। ('परेड के घोड़े'—कुमारेन्द्र पारसनाथ सिंह)

3. यह कविता नहीं है। यह गोली दाग़ने की समझ है।

(गोली दाग़ो पोस्टर—आलोक धन्वा)

4. कविता। घेराव में। किसी बौखलाये हुए आदमी का। संक्षिप्त एकालाप है।

अथवा

शब्दों की अदालत में। मुजरिम के कठघरे में खड़े। बेकसूर आदमी का। हलफ़नामा है। (धूमिल)

5. दुनिया का सबसे अर्थवान शब्द है। वियतकांग ...सबसे विद्रोही कविता।

('जनशक्ति'—विजेन्द्र)

6. मेरे पास तो। मेरी कविताएँ हैं जो। अच्छी तरह जानती हैं कि। दिल्ली-दिल्ली है और भीकाकुलम-भीकाकुलम। (वेणुगोपाल)

इस तरह से देखा जाये तो ये सारी परिभाषाएँ और व्याख्याएँ अधूरी हैं अथवा वाम कविता के सत्य को देखने-परखने के ये विभिन्न कोण हैं, मगर इन सबमें वाम कविता का जो जुझारु चरित्र उभर कर सामने आया है वह बड़ी अहमियत रखता है। कविता का यह जुझारू चरित्र एक बहुत बड़े सामाजिक और राजनीतिक परिवर्तन की माँग करता रहा है। इन सारी माँगों के पीछे विरोध, विद्रोह और क्रान्ति की एक ऐसी आस्था रही है जो अकविताई आत्यन्तिक क्रोध और घृणा से भरी हुई है। फलस्वरूप, बहुत-सी कविताएँ महज़ चीख़-पुकार, नारेबाज़ी और शोरगुल की शक्ल में तब्दील होकर रह गयीं। यह फ़र्ज़ी और नकली क्रान्ति के तेवर महज़ एक गाल बजाने जैसी स्थिति और गाली-गलौज का माहौल पैदा करने जैसी हरकत के रूप में सामने आया। कुछ लोगों की बौखलाहट इस हद तक बढ़ी कि उन्होंने 'आक्रमण का वक़्त तय' कर लिया था ('क्रोध के परे' ज्ञानेन्द्रपति)। तो कुछ लोग सिर्फ़ 'दिल में आग' के सहारे अपने दाँत, नाख़ून, छैनी, निहाई और बसूला के बल पर ही हर लड़ाई जीतने के लिए तैयार थे ('नंगे सवालों के आमने-सामने'—मनमोहन)। कुछ लोगों के सिरों पर एक जंगल और हाथ में क़लम के नाम पर सिर्फ़ माचिस थी और उनका यह विश्वास था इस माचिस की 'सिर्फ़ एक तीली'। एक अग्नि छुअन इस बूढ़े जंगल को। दावानल में बदल देगी।... और फिर सुखी ज़िन्दगी, बहती हवा, खुला आकाश' ('सिर्फ़ एक तीली और'—वेणुगोपाल)। कुछ लोग 'लोहे और ख़ून

और बारूद के उजाले में' नष्ट होते जन्म लेते जन्म-जन्मान्तर तक 'सुरंगों के पार' चलने का आह्वान कर रहे थे ('नष्ट होते जन्म लेते'—पंकज सिंह)। कुछ लोगों ने तो अपनी रूमानी ख़ब्त की सारी सीमाएँ लाँघ कर ऐसी भविष्यवाणियाँ तक कर डालीं कि 'जिस क्रान्ति की यह शुरुआत है वह सन् 1978 ई. तक मुकम्मल हो जायेगी'[28] मगर इस आवेशपूर्ण और उत्तेजनात्मक बौखलाहट के विपरीत कुछ लोग बड़ी संजीदगी के साथ एक ठण्डी भाषा में 'सोये हुए शहर को जगाने में' लगे थे और यह कह रहे थे कि 'तुम मेरी आवाज़ में अपने स्वर को मिलाने की कोशिश करो। जिससे हम दोनों की आवाज़ सारे शहर की आवाज़ बन सके' (गुड्डी बेटी के नाम—सव्यसाची)। कुछ लोग इन्हीं आवाज़ों के साथ बड़े कलात्मक और प्रतीकात्मक ढंग से 'अपनी ऊब को आकार' (धूमिल) देने में लगे थे और 'ख़ूनी नदी को बाँधने के लिये' (कुमार विकल) उसके मुहाने तक पहुँचने की तैयारी में जुटे हुए थे। गरज़ यह है कि इस तरह की ढेर सारी रूमानी, आवेशपूर्ण और बौखलाहट भरी युक्तियाँ वाम कविता में भरी पड़ी हैं जो उस ज़माने के फ़ैशन के अनुरूप लिखी गयीं। उस ज़माने में एक क्रान्तिकारी और वामपन्थी कवि होने का मतलब था—ज़्यादा-से-ज़्यादा गोला-बारूद, आग-तोप, गन्धक-तेज़ाब की बात करना। ज़ाहिर है, ये सब तौर-तरीक़े और तर्ज़ेबयान मार्क्सवादी सर्वहारा क्रान्ति से मेल खाते हुए नहीं हैं। लिहाज़ा इनसे उस अलगाव रहित समाज की स्थापना का वह स्वप्न साकार नहीं हो सकता जोकि मार्क्स ने देखा था।

इसी से मिलती-जुलती एक और प्रवृत्ति जो आमतौर से देखने में आती है, वह है—स्त्री को सत्ता और व्यवस्था की प्रतीक मान कर अपने क्रोध का निशाना बनाना। वाम कविता में इस व्यवस्था की जो निरकुंश, ख़ूँखार, स्वेच्छाचारी और तानाशाही तस्वीर उभर कर सामने आती है, वह मुकम्मिल नहीं है क्योंकि इस व्यवस्था के द्वारा काम में लाये जाने वाले छल-छद्म, जोड़-तोड़ और शतरंजी शातिरपने के रंग इस तस्वीर में साफ़ नज़र नहीं आते। व्यवस्था के ऐसे अनेकानेक पहलुओं और इसकी जटिलाओं का एक भरा-पूरा चित्रण धूमिल की रचना 'हत्यारे' में मिलता है। ये 'हत्यारे एकदम सामने नहीं आते'। इनके पास 'हैं कई-कई चेहरे। कितने ही अनुचर और टोलियाँ। एक से एक आधुनिक, सभ्य और निरापद तरीक़े। ज़्यादातर वे हथियार की जगह तुम्हें विचार से मारते हैं। वे तुम्हारे भीतर एक दुभाषिया पैदा कर देते हैं।' गरज़ कैसी भी तस्वीर हो, यहाँ समझने की चीज़ यह है कि हमारे देश में राजनीतिक व्यवस्था से ज़्यादा जटिल सामाजिक व्यवस्था है और इसकी जड़ें बहुत गहरे आडम्बर, पाखण्ड, लोक दिखावा, रूढ़िग्रस्तता, अन्धविश्वास और अज्ञानता के दलदल में पैठी हुई हैं। धर्म और परम्परा इसके संरक्षक हैं। इस सामाजिक व्यवस्था पर कभी कोई संगठित प्रहार नहीं किया गया। इसकी जड़ों में अगर बारूद बिछा कर धमाका किया जाता तो कई अच्छे परिणाम सामने आ सकते थे। कुछ ऐसा सीधा और

सरल लिखा जा सकता था जो इसे कमज़ोर करता, गँवई गाँव और कस्बाई जनता में चेतना और जागृति के आसार दिखायी दे सकते थे। मगर इस अहम् तात्कालिक ज़रूरत के मुक़ाबले में व्यवस्था के राजनीतिक अंग पर एक फ़र्ज़ी और फ़िज़ूल-सा शाब्दिक आक्रमण किया गया जो बेमानी साबित हुआ। इस सम्बन्ध में डॉ. नामवर सिंह की यह टिप्पणी कि, ''अपने आसपास की ज़िन्दगी और वास्तविकता के प्रति आलोचनात्मक स्वचेतना (critical consciousness) को जाग्रत और विकसित करना कहीं अधिक आवश्यक है,''[29] एक बड़ी नेक सलाह के रूप में ली जानी चाहिए। दुर्भाग्यवश, राजनीतिक परिवर्तन से पहले जिस सामाजिक और सांस्कृतिक परिवर्तन की ओर काम किया जाना चाहिए, वह वाम कविता में बहुत कम हुआ है और इस तरह प्राथमिकता के क्रम में गड़बड़ी हो जाने के कारण हम ने बहुत कुछ अपनी शक्ति और सामर्थ्य का दुरुपयोग किया है।

वाम कविता के आतंकवादी तेवर और आक्रोशपूर्ण मुद्रा का जन्म जिस युगीन साक्षात्कार के फलस्वरूप हुआ है, वह सौ फ़ीसदी प्रामाणिक ही नहीं है वरन् किसी भी युग की कविता की 'अनुभूति की प्रामाणिकता' को एक चुनौती भी है। हमारे समय की प्रायः सभी महत्त्वपूर्ण और जीवन्त समस्याओं, स्थितियों और परिस्थितियों की वास्तविकताओं के पैटर्न तथा मध्यवर्गीय, निम्न मध्यवर्गीय, किसानों और मज़दूरों और शोषितों के उत्पीड़न का यथार्थ चित्रण वाम कविता में मिलता है। सिलसिलेवार तरीक़े से देखें तो उस सुबह ने 'जो बेहद बदनाम सूरज के साथ आयी। दिन नहीं ला सकी' ('अपनी परिभाषा खोजते हुए'—कुमारेन्द्र पारसनाथ सिंह) हमारे देश में एक ऐसी व्यवस्था को जन्म दिया, जिसने 'किसी चीज़ को सही जगह नहीं रहने दिया है' ('पटकथा'—धूमिल) और 'जनता, मतदाता, बालिग़ नागरिक। हिन्दुस्तानी।' को 'काली भेड़ों' ('निर्णय'—ऋतुराज) की शक्ल में तब्दील करके रख दिया है। इस व्यवस्था ने आदमियों को दो भागों में बाँटा। एक वे जो 'केवल खा रहे हैं। बिना यह जाने कि ये रोटियाँ। कहाँ से आ रही हैं। और अगर ये सब्ज़ियाँ हरी हैं। तो वे लोग कैसे हैं जो इन्हें उगाते हैं।' ('आम आदमी' 1973 लीलाधर जगूड़ी)। इन उगाने वालों की स्थिति यह है कि 'अन्धे मैदानों में कभी जुतते हैं। कभी चौमासे तक में नहीं मरियल हल' ('जन गण मन अधिनायक जय हे'—हेमन्त शेष) और ये लोग एक ऐसे क़र्ज़ और ब्याज के उलझे हुए गणित में फँसे है कि 'पन्द्रह वर्ष का बूढ़ा। जब पचास वर्ष का बूढ़ा होकर मरा। तो पचास रूपये का क़र्ज़। ब्याज और चक्रवृद्धि ब्याज लगा कर। कितना होकर उसकी सन्तान के सिर चढ़ा।' ('गाँव या स्कूल'—मनमोहन) यह कर्ज़ और ब्याज का गणित अन्त में इन उगाने वालों को 'एक बेगार बना देता है।' ('खचेरा और उसकी फ़ैण्टेसी'—अशोक चक्रधर)। विजेन्द्र की जनशक्ति में बुन्देलखण्डी किसान मज़दूरों की दारुण कथा कही गयी

है जिनके 'गलपटों पर कठोर श्रम के धूमापित दाग़ है' इनके पास 'ओड़े-भोड़े कृषियन्त्र। टटपूँजिया साधन हैं। इनकी कोई हिस्सेदारी नहीं। कोई मिल्कियत नहीं।' इनके अतिरिक्त अन्य प्रमुख रचनाओं में मध्यवर्गीय और निम्न मध्यमवर्गीय चरित्र का दस्तावेज़ श्रीराम तिवारी की 'लोकवार्त्ता', गाँव के हाल-चाल की एक सपाट फ़ोटोग्राफ़िक कॉपी मनमोहन की 'शेष कुसल है', एक शरीफ़ बाल-बच्चेदार आदमी से साक्षात्कार ज्ञानेन्द्रपति की 'एक वक्तव्य' आदि के नाम गिनाये जा सकते हैं।

इस यथार्थ चित्रण के साथ-साथ प्रतिनिधि स्थितियों और पात्रों की रचना के कई सफल उदाहरण भी दिये जा सकते हैं। धूमिल का मोचीराम और लीलाधर जगूड़ी का बलदेव खटिक अपने पेशे से बड़ी ईमानदारी के साथ जुड़े हुए लोग हैं। मोचीराम 'एक समझदार चुप' हैं। और बलदेव खटिक 'एक इनकार से भरी चीख़'। मोचीराम को जो स्थितियाँ दर्शन बघारने पर मज़बूर करती हैं, वे समाज के बीच की हैं और उस परिवेश से पैदा हुई हैं जिसके बीच वह रहता है मगर बलदेव खटिक का पागल विद्रोह लाल फीताशाही से जुड़ा हुआ है जिसे 1974 की राजनीति से जोड़ कर बलदेव खटिक को भिन्न स्थितियों में प्रतिनिधि मात्र बनाने की चेष्टा की गयी है। बलदेव खटिक से कहीं ज़्यादा सजीव उसी कविता का एक और पात्र है—रंगलू, जो 'कल राशन की लूट में शरीक़ था' यह हमारे देश के उस ऐतिहासिक प्रवाह का प्रतिनिधित्व करता है जो एक कभी न भुला सकने वाली संगदिल हक़ीक़त कही जा सकती है। बलदेव खटिक से मिलता-जुलता एक और पात्र मोदनाथ प्राश्रित का 'नेपाली बहादुर' है (पक्षधर प्रवेशांक) जो 'टाटा-बिड़ला के राजदूतों' के यहाँ पीढ़ी-दर-पीढ़ी की गुलामी करता हुआ गाँव लौटता है। नेपाली बहादुर की गुलामी मध्यकालीन युग की गुलामी से किसी कदर भी भिन्न नहीं है। दोनों कविताओं का अन्त बन्दूक की नली से निर्मित आशावान भविष्य पर होता है। वर्ग चरित्र की दृष्टि से दो अन्य पात्र अशोक चक्रधर का खचेरा (खचेरा और उसकी फेण्टेसी) तथा दूधनाथ सिंह का कृष्णकान्त (कृष्णकान्त की खोज में दिल्ली यात्रा) विचारणीय हैं। खचेरा सर्वहारा का प्रतिनिधित्व करता है और कृष्णकान्त व्यवस्था से चिपके हुए सुविधाभोगी दलाल का। इन प्रतिनिधि पात्रों के अतिरिक्त अन्य उल्लेखनीय पात्रों में श्रीराम तिवारी की 'लोकवार्ता' का रमुआ, जुगमन्दिर तायल की 'रम्मो चमारिन', ज्ञानेन्द्रपति का 'अपना बधवा' और शशि प्रकाश का 'निताई बापू' (यात्रा में सुदर्शन भाई से कविता संवाद—भंगिमा कविता विशेषांक) आदि के नाम गिनाये जा सकते हैं। 'प्रतिनिधिक पात्रों के निर्माण के लिए जिस मर्मभेदी दृष्टि और तुलनात्मक विवेक की आवश्यकता[30] पर जो बल दिया गया है, उसका अभाव इन रचनाओं में कहीं भी नहीं दिखायी देता। इस सबके ठीक विपरीत सतही अनुभव से उभरे नग्न प्रकृतिवादी और कुत्सित समाजशास्त्रीय यथार्थ चित्रण की भी कोई कमी नहीं है

जिसमें भावुक अतिरेक, अमूर्तता और अकविताई घृणा उगालदान में भरे हुए पीक की तरह बजबजाते हैं, मगर इस सम्बन्ध में कुछ न कहते हुए ख़ामोशी अख़्तियार करना ही बेहतर है।

सामाजिक-राजनीतिक परिवर्तन, व्यवस्था और सामाजिक यथार्थ रूप में वाम कविता का जो वस्तुतत्त्व छोटे-मोटे किसान मजूर से लेकर अन्तरराष्ट्रीय स्तर पर वियतनाम तक और रूप-विधान—सपाट वक्तव्य से लेकर प्रतीकात्मक बिम्बधर्मी फन्तासी तक—उभर कर सामने आये हैं, उनमें पर्याप्त विविधता है और कुछ एक रचनाओं को स्पष्ट रूप से वर्गीकृत भी किया जा सकता है। हालाँकि इस प्रकार का वर्गीकरण एक ग़लत और जोखिम भरा काम है क्योंकि बहुत-सी कविताओं की बुनावट कुछ इस प्रकार की होती है कि उन्हें किसी एक वर्ग में क़ैद कर देना अन्याय होगा। फिर भी वस्तुगत स्पष्टता के आधार पर निम्न शीर्षकों के अन्तर्गत कुछ कविताओं को रखा जा सकता है—

(अ) जनतन्त्र, व्यवस्था और सामाजिक-राजनीतिक वात्याचक्र-जंगल गाथा (वेणुगोपाल), ख़ूनी नदी की यात्रा (कुमार विकल), जनता का आदमी (आलोक धन्वा), रजत जयन्ती पर तुम्हारा हाथ और मैं (लीलाधर जगूड़ी), एक हिमालय और एक सूर्य (शलभ श्रीराम सिंह), विलम्बित रचना (ऋतुराज), हत्यारे (धूमिल) आदि।

(ब) जनता, आम आदमी, मध्यवर्गीय भावबोध—नंगे सवालों के आमने-सामने (मनमोहन), एक मामूली आदमी का बयान (रमेश गौड़), लोकवार्ता (श्रीराम तिवारी)।

(स) सर्वहारा किसान मजूर, वर्ग चरित्र प्रधान—'संरचना' और 'जनशक्ति' (विजेन्द्र), एक सामरिक चुप्पी (कुमार विकल), दिग्भ्रम (नीलम श्रीवास्तव), रोटी (कुमारेन्द्र पारसनाथ सिंह), फ़ैसला (विजेन्द्र अनिल), वंशज (ज्ञानेन्द्रपति),

(द) समसामयिक स्थितियाँ, आतंक, दमन—मनबोध (श्रीराम तिवारी), अभियोग पत्र (प्रकाश चन्द्रायन), आत्मनिर्वासन (राजीव सक्सेना), लाशों का बयान (श्री हर्ष), चवरी (कुमारेन्द्र पारसनाथ सिंह)

(य) कविता के चरित्र और पहचान सम्बन्धी—जो कानों पर ढोल बजाते हैं (विजेन्द्र), मिट्टी का बर्तन (ऋतुराज), शब्द यहाँ सक्रिय हैं (धूमिल), मेरी आस्था मेरी कविता (नीलम श्रीवास्तव) मेरी कविता (प्रभात)।

विजेन्द्र की 'संरचना' सर्वहारा वर्ग की एक प्रतिनिधि रचना है और 'जनशक्ति' हिन्दी की 'माच्चू-पिच्चू का शिखर' कही जा सकती है। 'जंगल गाथा' समाजतन्त्र के ख़िलाफ़ खड़े होने के साहस को सँजोये हुए है। 'नंगे सवालों के आमने-सामने' में 'छः पेटों से बने अपने पेट' की भूख का विकराल स्वरूप है तो 'एक मामूली आदमी का बयान' यह हलफ़नामा है जो रमेश गौड़ का न होकर इस देश की 80 फ़ीसदी आबादी का हलफ़नामा कहा जा सकता है। श्रीहर्ष का 'लाशों का बयान'

'कील ठुके जूतों के आतंक' की कहानी है और विजेन्द्र अनिल का 'फ़ैसला' इस बात को लेकर लिखा गया है कि 'कौन-सी जिन्स तुम्हारी है और कौन-सी हमारी यह देश किसका है तुम्हारा या हमारा'। राजीव सक्सेना के 'आत्म निर्वासन' की जो परिस्थितियाँ सन् 65 में थीं वे आज भी ज्यों की त्यों बनी हुई हैं। गरज़ यह है कि समसामयिक हिन्दी वाम कविता के अनगिनत कवि 'विषय-वस्तु की परती को' (मेरी कविता–प्रभात) खोदने में लगे हैं जहाँ 'कविता के मर्म का सोता दबा हुआ है' और 'हठी और प्रचण्ड अँधेरे के ख़िलाफ़। अपनी कविता का सावित्री मन्त्र। सिद्ध कर रहे हैं।' (मेरी आस्था में मेरी कविता–नीलम श्रीवास्तव)।

वाम कविता के भाषा पक्ष को छोड़ते हुए (जिसकी एक तवील और मुकम्मिल जाँच-पड़ताल कुमारेन्द्र पारसनाथ सिंह के लेख ''काव्यभाषा का वाम पक्ष''–आलोचना नवांक 34-35 में की गयी है) रूप तत्त्व के अन्तर्गत किये गये विभिन्न शैली शिल्प और रूप प्रयोगों का इस्तेमाल आम तरीक़े से देखने में आया है। कुछ के प्रकारों को निम्न रूप में तालिकाबद्ध किया जा सकता है–

1. वार्तालाप एवं संवाद शैली–यात्रा में–सुदर्शन भाई से कविता–संवाद (शशि प्रकाश), दो शराबियों की बातचीत का एक टुकड़ा–(कुमार विकल)

2. वक्तव्यपूर्ण–एक वक्तव्य (ज्ञानेन्द्रपति), सम्राज्ञी आ रही है (पंकज सिंह)

3. तर्कपूर्ण–पावलाव और गाँधी (वेणुगोपाल), क्या है–(ऋतुराज)

4. कथा शैली–एक सामरिक चुप्पी (कुमार विकल), बलदेव खटिक (जगूड़ी)

5. पत्र शैली–शेष कुशल है–(मनमोहन)

6. प्रतीकात्मक और बिम्बात्मक–रेलगाड़ी (मनमोहन), आज़ादी (भूपेन्द्र कौशिक), बारिश (राजीव सक्सेना), युद्ध (मनमोहन), घोड़ा (प्रकाश चन्द्रायन), रामलीला (लीलाधर जगूड़ी)।

इनके अलावा भी सूक्तियाँ, सामरिक युक्तियाँ, ख़बर देने का अन्दाज़, तुकों की लटकेबाज़ी, मज़मेबाज़ मुद्राएँ, शब्दों के साथ चुहल आदि की शक्ल में वाम कविता का काफ़ी मशहूर तर्ज़ेबयान रहा है, मगर इन सबमें एक प्रकार की विरूपता और विद्रूपता रही है जो वाम कविता के चरित्र को उदात्त होने से रोकती रही है। विषय-वस्तु के अन्तर्गत

उन नायकों का भी अभाव रहा है जो 'जीवन के निर्माता' कहे जाते हैं। आज ज़रूरत इस बात की है कि कविता को उसके कविता धर्म से जोड़ कर ऐसी सही और सार्थक रचना की तलाश की जाये जो तत्कालीन सन्दर्भों में ही नहीं, वरन् दीर्घकालीन ज़रूरतों की शक्ल में भी मनुष्य के स्वप्न, सामर्थ्य और संघर्ष की नियति से जुड़ी हुई हो।

और अन्त में जनवादी रचनाओं के बारे में...। ये जनवादी रचनाएँ पार्टी की

राजनीतिक माँग के अनुसार, जनजागरण के उद्देश्य से लोक परम्परा में लिखी जानी चाहिए। इनसे सर्वहारा में बौद्धिक और सांस्कृतिक चेतना का प्रचार और प्रसार करने में सहायता मिलती है। इनकी सौन्दर्यशास्त्रीय बुनावट विशिष्ट, संस्कारी अथवा शास्त्रीय रचनाओं की तुलना में भिन्न स्तर की होती है। इन्हीं रचनाओं की सीढ़ियों पर चढ़ कर अपढ़, अशिक्षित सर्वहारा विशिष्ट कलात्मक मूल्यों की पहचान कर सकता है और उनका आस्वादन भी। अतः ये दोनों प्रकार की रचनाएँ एक-दूसरे के पूरक के रूप में देखी जानी चाहिए। इस प्रकार के श्रेणी विभाजन का इशारा अर्नेस्ट फिशर ने लेनिन को उद्धृत करते हुए इन शब्दों में दिया है–"लेनिन ने 'पार्टी समझ' की माँग सामान्य साहित्य के लिए नहीं, बल्कि राजनीतिक रचनाओं के लिए की थी।"[31] यहाँ 'राजनीतिक रचनाओं' का तात्पर्य जनवादी से ही है जो कि पार्टी की माँग और प्रोग्राम के अनुसार, लिखी जाने के कारण राजनीतिक चरित्र की होती हैं। इस परम्परा में सबसे पहला नाम नागार्जुन का लिया जा सकता है जिनकी बहुत-सी रचनाएँ–'यह चुनाव का प्रहसन', 'अन्न-पचीसी', 'काले धन की बैसाखी पर' आदि काफ़ी प्रसिद्धि पा चुकी हैं। अन्य रचनाकारों में शलम श्रीराम सिंह (ज़माने को बदलना है, ज़िन्दाबाद इन्क़लाब), रमेश रंजक (दमन की चक्की, नहीं चाहिए सरकार सयानी), रमेश दीक्षित (अब नहीं आवाज़ जनता की दबेगी), मुद्राराक्षस (डाकू नौटंकी), अशोक चक्रधर (हक़ की लड़ाई) आदि प्रमुख हैं।

पाँच

आज हम चढ़े हुए सैलाब से उतर जाने के बाद नदी के उफ़ान के अवशेषों की तरह किनारों पर खड़े हैं और वह उबलता, उफ़नता, तहस-नहस करने वाली मुद्राओं का सैलाब इतिहास की धरोहर बन गया है। अब हम बड़ी पुख़्तमिज़ाजी से एक नये सफ़र की तैयारी शुरू कर सकते हैं और अपने विकास की दिशाएँ तय कर सकते हैं, उस सब सामर्थ्य और ताक़त के साथ जो हमें विगत 13, 14 वर्षों के संक्रान्ति काल के छोटे-बड़े कवियों ने प्रदान की है। भविष्य की वाम कविता ज़िन्दगी के महान और उदात्त चरित्र की ही कविता नहीं होगी, बल्कि वह जीने की और उँचा उठने की प्रेरणा भी देगी तथा उन स्थायी मूल्यों के सृजन करने में भी मदद देगी जिन पर आने वाली नस्लें गर्व कर सकें।

सन्दर्भ

1. दर्शन, साहित्य और आलोचना, नरोत्तम नागर, पी. पी. एच., पृ. 16
2. सौन्दर्य की वस्तुगत सत्ता और सामाजिक विकास, डॉ. राम विलास शर्मा, समालोचक-सौन्दर्यशास्त्र विशेषांक, पृ. 178

3. ''चर्नीशेव्सकी'' आलोचना के सिद्धान्त, शिवदान सिंह चौहान, पृ. 131
4. Problems of Modern Aesthetics, Progress Publisher, Moscow, p. 103
5. कार्ल मार्क्स फ्रेडरिक् एंगेल्स, संकलित रचनाएँ भाग-3, प्रगति प्रकाशन, मॉस्को, पृ. 9
6. Problems of Modern Aesthetics, Progress Publisher Moscow, p.178
7. मार्क्स और एंगेल्स के सौन्दर्यशास्त्रीय विचार, स्तेफान मोरव्सकी, आलोचना नवांक 15, पृ. 3
8. ''वेलिंस्की की मान्यताओं का विकास'' आलोचना अंक 9, अक्टूबर 1953।
9. मार्क्सवादी साहित्य चिन्तन-इतिहास तथा सिद्धान्त, डॉ. शिवकुमार मिश्र, पृ. 260
10. सौन्दर्यशास्त्र के तत्त्व, डॉ. कुमार विमल, पृ. 71-73
11. मार्क्स और एंगेल्स के सौन्दर्यशास्त्रीय विचार, डॉ. स्तेफान मोराव्सकी, आलोचना नवांक 15, पृ. 5
12. वही, पृ. 4
13. ''लुकाच का वास्तविकतावाद'', ओमप्रकाश ग्रेवाल, कथा-4, पृ. 51
14. मनुष्य और समाज, ओमप्रकाश मन्त्री, पी. पी. एच., पृ. 174
15. दर्शन, साहित्य और आलोचना, नरोत्तम नागर, पी. पी. एच.।
16. मनुष्य और समाज, ओमप्रकाश मन्त्री, पी. पी. एच., पृ. 178
17. मार्क्स और एंगेल्स के सौन्दर्यशास्त्री विचार, डॉ. स्तेफान मोराव्सकी, आलोचना नवांक 15, पृ. 10
18. यथार्थवाद, डॉ. शिवकुमार मिश्र, पृ. 92
19. नये साहित्य का सौन्दर्यशास्त्र, मुक्तिबोध, पृ. 62
20. यथार्थवाद, डॉ. शिवकुमार, पृ. 79
21. मार्क्सवादी साहित्य चिन्तन–इतिहास तथा सिद्धान्त, डॉ. शिवकुमार मिश्र, पृ. 235
22. "On Literature and Art" –V. I. Lenin, Progress Pub., Moscow, p. 25
23. भैरव प्रसाद गुप्त, निकेत नागार्जुन अंक, पृ. 18
24. आलोचना अंक 2 जुलाई-सितम्बर-67, पृ. 128
25. चुका भी हूँ नहीं मैं–आभार ज्ञापन, शमशेर।
26. कुछ और कविताएँ, भूमिका, शमशेर।
27. धूमिल, सीधी लेखक शिविर के दस्तावेज़, पृ. 74
28. शुरुआत–भूमिका, हंसराज रहवर।
29. सम्पादकीय आलोचना, नवांक 29, पृ. 5
30. समकालीन हिन्दी कविता में वाम–ओमप्रकाश ग्रेवाल–युगमरिबोध, मई 76, पृ. 10
31. पार्टी साहित्य और समाजवाद, आलोचना नवांक 13, पृ. 45

वैज्ञानिक यथार्थवाद और प्रतिबद्ध लेखन

•

राजकुमार सैनी

एक

खोज और विकास

वैज्ञानिक यथार्थवाद विज्ञान और कला के बीच, वस्तुजगत और भावजगत के बीच, भौतिक चेतना और सौन्दर्याभिरुचि के बीच, विचार और संवेदना की बीच, आपसी अन्तःसम्बन्धों और अन्तर्विरोधों को समझने, सुलझाने, उन्हें मस्तिष्कगत और हृदयगत करते हुए आत्मसात् करने और कलात्मक रूप से अभिव्यक्त करने की एक आधुनिक, प्रामाणिक, आत्यन्तिक रूप से विकसित और वास्तविक कला-प्रणाली है जो अपने अाविर्भाव, विकास और अन्तिम परिणतियों में एक साथ कलात्मक भी है और वैज्ञानिक भी। वैज्ञानिक यथार्थवाद कला और विज्ञान के रिश्तों और उनके बीच कभी न टूटने वाले सम्बन्धों के आदिम काल से चले आते स्वरूपों और विकासों की एक आधुनिक मंज़िल है। इण्ट्यूश्नल यथार्थवाद, आध्यात्मिक यथार्थवाद, काल्पनिक और भाववादी यथार्थवाद, बुर्जुवा यथार्थवाद, पैटी बुर्जुवा यथार्थवाद, आलोचनात्मक यथार्थवाद, सामाजिक यथार्थवाद, समाजवादी यथार्थवाद आदि विकास की विभिन्न मंज़िलों से गुज़रता हुआ, अपेक्षाकृत अधिक सामाजिक, अधिक प्रामाणिक और अधिक सुसंगत होता हुआ वह अपने विद्यमान स्वरूप को प्राप्त कर सका है जिसे वैज्ञानिक यथार्थवाद या द्वन्द्वात्मक ऐतिहासिक भौतिकवाद यथार्थवाद कह सकते हैं। जिस प्रकार द्वन्द्वात्मक ऐतिहासिक भौतिकवाद विज्ञान के क्षेत्र में मानव जाति की अब तक की उपलब्धियों में सर्वाधिक रूप से एक प्रामाणिक उपलब्धि है, उसी प्रकार कला के क्षेत्र में वैज्ञानिक यथार्थवाद मानव-जाति की अब तक की सभी कलात्मक उपलब्धियों में सबसे ज़्यादा वास्तविक और कलात्मक उपलब्धि है। जिस प्रकार द्वन्द्वात्मक ऐतिहासिक भौतिकवाद (मार्क्सवाद) अपने विकास की अनेक पूर्व

मंज़िलों (आदिम युग से लेकर आज तक) से गुज़रता हुआ और इस प्रकार क्रमिक और यकायक (Evolutionary and Revolutionary) रूप से विकसित होता हुआ अपने विद्यमान स्वरूप को प्राप्त कर सका है, वही स्थिति वैज्ञानिक यथार्थवाद की भी है। इस अर्थ में ये दोनों उपलब्धियाँ नया आविष्कार (New Invention) न होकर नयी खोजें (New Discoveries) हैं। वैज्ञानिक यथार्थवाद की अपने मूल रूप में द्वन्द्वात्मक ऐतिहासिक भौतिकवाद (मार्क्सवाद) की खोज के बाद हुई और अपने आविर्भाव, विकास और अन्तिम परिणतियों में द्वन्द्वात्मक ऐतिहासिक भौतिकवाद (मार्क्सवाद) के आविर्भाव विकास और उसकी अन्तिम परिणतियों का अनुवर्तन करती है। किन्तु अनुवर्तन यान्त्रिक (Mechanical) ग़ैर-सृजनात्मक (Non-creative) और अधीनस्थ (sub-ordinate) नहीं होता। यह अनुवर्तन सृजनात्मक और सापेक्ष (Mechanical) रूप से स्वतन्त्र (Independent) और स्वायत्त (Autonomous) होता है, किन्तु किसी भी स्थिति में यह अनुवर्तन परम-स्वतन्त्र (Sovereign) नहीं होता। वैज्ञानिक यथार्थवाद रचनाशीलता और मूल्यधर्मिता के पारदर्शी माणिभों (Tranrparent Crystals) के रूप में कला की सर्वश्रेष्ठ उपलब्धियों को जन्म देने में सक्षम है। वैज्ञानिक यथार्थवाद कलाकार को कलाकार नहीं बना सकता किन्तु कलाकार को महानतम् कलाकार बनाने में उसका आश्चर्यजनक रूप से सकारात्मक और निर्णायक योगदान होता है। यह धारणा विश्व-कला के विकास और इतिहास द्वारा पुष्ट हो चुकी है। नाज़िम हिक़मत, पाब्लो नेरुदा, गोर्की, मायकोवस्की, हार्वर्ड फ़ास्ट, काडवेल, लुकाच और बहुत कुछ सीमा तक सार्त्र का साहित्य, हमारे यहाँ फ़ैज़ अहमद फ़ैज़, प्रेमचन्द, राहुल सांकृत्यायन, निराला, यशपाल, रांगेय राघव, अली सरदार ज़ाफरी, क़ैफ़ी आज़मी, मुक्तिबोध, हरिशंकर परसाई आदि महान कलाकारों का साहित्य अपने-अपने भू-खण्ड के सर्वश्रेष्ठ आधुनिक साहित्य के रूप में मान्यता पा चुका है। इसका बहुत कुछ श्रेय वैज्ञानिक यथार्थवाद की इस भूमिका को भी है जिसका पालन इन सभी कलाकारों ने अपनी देश-काल-सम्भवा परिस्थितियों में यथासम्भव जागरूकता (Consciousness) और ईमानदारी (Conscientiousness) के साथ किया।

वैज्ञानिक यथार्थवाद के बीज यूँ तो यथार्थवादी पूर्व परम्पराओं में भी मिलते हैं—सोफ़ोक्लीज़ (Sophocles) की 'ओडिपियस : एक राजा' (Odepius the king) और एस्किलस (Aeschylus) की 'प्रीमिथियस बाउण्ड' जैसी ग्रीक त्रासदियों से लेकर शेक्सपियर की त्रासदियों में, बेकन के निबन्धों में, बाल्ज़ाक और गेटे की रचनाओं, टॉलस्टॉय, दोस्तोएवस्की और चेखव की कृतियों में, हमारे यहाँ कबीर से लेकर भारतेन्दु की रचनाओं में, वैज्ञानिक यथार्थवाद के पूर्वरूप बिखरे पड़े हैं। किन्तु अपने आविर्भाव के सर्वथा प्रामाणिक उत्स के रूप में वैज्ञानिक यथार्थवाद का उद्गम स्रोत हैं—मार्क्स,

एंगेल्स, लेनिन, प्लेखानोव, गोर्की और लूनाचार्स्की के कला और साहित्य सम्बन्धी लेख, विचार और वक्तव्य। रचनात्मक साहित्य के क्षेत्र में वैज्ञानिक यथार्थवाद की खोज सर्वप्रथम मैक्सिम गोर्की ने की और वैज्ञानिक यथार्थवाद की सबसे महत्त्वपूर्ण कृति उनका उपन्यास 'माँ' ही है जो वैज्ञानिक यथार्थवाद के अनेक पहलुओं को पहली बार रचनात्मक स्तर पर कला और विचाराधारा के अ-पारदर्शी क्रिस्टलों के रूप में प्रस्तुत करता है। साहित्य के क्षेत्र में वैज्ञानिक यथार्थवाद के विविध पहलुओं को अपने देशकाल सम्भव परिस्थितियों में रचनात्मक स्तर पर चरितार्थ करना ही प्रतिबद्ध लेखन की ओर अग्रसर होना है। वैज्ञानिक यथार्थवादी साहित्यकार को ही प्रतिबद्ध साहित्यकार कहते हैं। गोर्की के 'माँ' शीर्षक उपन्यास की प्रशंसा करते हुए लेनिन ने रचना के स्तर पर पारदर्शी प्रतिबद्ध लेखन के शुभारम्भ की उद्घोषणा की थी। अपने निबन्ध 'एक महान शुरुआत' (The Great Beginning) में उन्होंने इस 'नये यथार्थवाद' (जो आज के सन्दर्भ में नया नहीं रहा। अतः हम उसे 'वैज्ञानिक यथार्थवाद' कहना अधिक पसन्द करते हैं) की रूपरेखा स्पष्ट की थी। कविता के क्षेत्र में उसे रचनात्मक स्तर पर उतारते हुए महान कवि मायकोवस्की ने कहा था कि 'सच्चा काव्य अनिवार्य रूप से जीवन से आगे होगा, चाहे वह एक घड़ी ही आगे क्यों न हो'। वैज्ञानिक यथार्थवाद को पूर्व यथार्थवाद प्रवृत्तियों से अलगाते हुए उन्होंने लिखा—

> *"हम यथार्थवादी तो हैं*
> *किन्तु जुगाली करने वाले ढोर नहीं*
> *कि पालतू होकर चिपके रहें*
> *(वर्तमान से)*
> *हम भविष्य में रहते हैं*
> *हम संघर्ष में जीते हैं*
> *(संघर्ष, जो भविष्य के लिये...)*
> *साम्यवाद के लिये*
> *साम्यवाद जो*
> *बिजली-सा द्युतिमान"*[1]

दो

मूल्य और रचना के अन्तःसम्बन्ध और अन्तर्विरोध

पूँजीवाद ने अपनी ह्रासोन्मुखी और क्षयग्रस्त स्थिति में आकर (मरता क्या न करता) मानवीय मूल्यों और मानव संस्कृति के बीच खाइयाँ खोदनी प्रारम्भ कर दीं। विज्ञान

मानव की सबसे बड़ी उपलब्धि के रूप में एक मानवीय मूल्य है; कला का उद्देश्य यह है कि वह इस सबसे बड़े मानवीय मूल्य और अन्य मूल्यों के प्रति मानव ज़ाति के रुचि वैशिष्ट्य को अधिक संवेदनशील और अधिक ग्रहणशील (Receptive) बनाये। गोर्की ने एक बार कहा था[2] कि हमें यह भी जानना चाहिए कि 'पुरानी दुनिया' में केवल विज्ञान ही ऐसा मूल्य है जो मानवीय है, अतः हमें उसकी इस अविवाद्य मूल्यवत्ता की रक्षा करनी है। द्वन्द्वात्मक ऐतिहासिक भौतिकवाद विज्ञानों का विज्ञान (Science of Sciences) है और वैज्ञानिक यथार्थवाद ऐसे ही मानवीय मूल्यों की पुनर्रचना का, या यूँ कहें, कि कलाओं का विज्ञान (Sciences of Arts) है। मूल्यधर्मिता और रचनाशीलता के बीच इस गहरे रिश्ते की अभिव्यक्ति ही कला की अभिव्यक्ति है। इस रिश्ते के बिना कोई भी कलाकृति या साहित्य-सृजन छद्म कला (Fake Art) या छद्म साहित्य (Fake Literature) का नमूना ही बन जाती है। कलात्मकता और कलाबाज़ी के इस अन्तर्विरोध को समझना एक कलाकार और कला के मूल्यांकन-कर्ता के लिए अत्यन्त अनिवार्य होता है। केशव और बिहारी कलाबाज़ कवि हैं किन्तु कबीर और तुलसी सच्ची कलात्मकता वाले कवि हैं। कारण यही है कि कबीर और तुलसी अपने युग की देशकाल सम्भव मूल्यधर्मिता और रचनाशीलता के बीच के रिश्ते का अपने-अपने ढंग से जागरूकता (Consciousness) और ईमानदारी (Conscientiousness) के साथ निर्वाह करते हैं। इस अर्थ में वे यथार्थवादी पूर्व परम्पराओं के बहुत निकट हो जाते हैं। चाहे उनकी यथार्थवादी चेतना कई प्रकार के युग-भ्रमों (Illusions of Epoch) से ग्रस्त रहती है। यहाँ इस अन्तर्विरोध को स्पष्ट करना अनिवार्य होगा कि वे चेतन-अवचेतन स्तरों पर (At Conscious and Sub-conscious levels) अपने युग-भ्रमों से मुक्त होने के लिए छटपटाते हैं और सामाजिक यथार्थ का साक्षात्कार करते रहने के लिए आतुर दिखायी देते हैं, वे महान इसलिए हैं; इसीलिए नहीं, कि उक्त भ्रमों के शिकार हैं। अक्सर निहित स्वार्थ उनकी महानता के असली कारण न बता कर उनके भ्रमों को (उनकी कमज़ोरियों को) ग्लोरिफाई करते हैं और अपना उल्लू सीधा करते हैं। तुलसी की 'रामराज्यपरक' कल्पना को उनकी तात्कालिक परिस्थितियों में विद्यमान आततायी और मूल्य विरोधी राज्य के कंट्रास्ट में देखने और परखने की बजाय वे उसे अध्यात्मिक कल्पना द्वारा महिमामण्डित करते रहते हैं। पौराणिक कथा के एक नायक को अपने आदर्श चरित्र के रूप में चुनने मात्र से वे अतीतधर्मी नहीं हो जाते। देखना यह चाहिए कि तुलसी ने जिन मानवीय मूल्यों और मानवीय सम्बन्धों का चित्रण किया वे अतीतमुखी न होकर भविष्यमुखी ही थे। तुलसी ने जिस 'रामराज्य' की पूर्वकल्पना की थी, वह सोवियत यूनियन में लगभग वास्तविकता बनता जा रहा है।

कला और वास्तविकता

कला और वास्तविकता के अअन्तःसम्बन्धों की पहचान का अभाव कला की क्षति करता है जबकि उनका पूरा-पूरा अहसास कला के उत्कर्ष का कारण होता है। इस सम्बन्ध में गोर्की के सम्बन्ध में दो रोचक उदाहरण हैं जिनका उल्लेख करना अप्रासंगिक न होगा। एक बार गोर्की से उनकी '26 पुरुष और एक लड़की' शीर्षक कहानी की चर्चा करते हुए लियो टॉलस्टॉय[3] ने कहा था—"तुम्हारा तन्दूर उस तरह नहीं खड़ा जैसे कि उसे होना चाहिए था।" टॉलस्टॉय के इस मज़ाक़ का संकेत कहानी में तन्दूर (भट्‌ठी) सम्बन्धी उस विवरण से था जिसमें कहानीकार ने कहा था कि तन्दूर (भट्‌ठी) की आग रोटी सेंकने वालों के चेहरे को रोशन कर रही है। गोर्की ने बाद में स्वयं स्वीकार किया कि यह विवरण वास्तविकता से दूर था, इसीलिए टॉलस्टॉय ने 'कला की क्षति' के रूप में उसका उल्लेख किया है। इसी प्रकार गोर्की की 'फ़ोमा गोरदेयेब' शीर्षक रचना में मेदिनस्काया नामक स्त्री पात्र के बारे में चेख़व[4] ने मज़ाक़ करते हुए उनसे (गोर्की से) एक बार कहा कि "ऐसा लगता है मानो उसके तीन कान हैं, एक शायद उसकी ठोड़ी पर भी है..." गोर्की ने बाद में स्वयं स्वीकार किया मेदिनस्काया को प्रकाश की ओर मुँह किये हुए जिस ढंग से चित्रित किया गया था, वह वास्तविकता से मेल नहीं खाता था। ये उदाहरण उस कलाकार की आत्म-स्वीकृति के हैं जो वस्तुजगत की विशेषज्ञता में (कला के क्षेत्र में) अपना सानी नहीं रखता। जब इतने बड़े यथार्थवादी कलाकार से भी ऐसी ग़लतियों की सम्भावना हो सकती है, तो यह विचारणीय हो जाता है कि साधारण प्रतिभा के अयथार्थवादी कलाकार कितनी ग़लतियाँ करते होंगे। इस सन्दर्भ में यह भी उल्लेखनीय है कि गोर्की वस्तुजगत के वास्तविक चित्रण में सबसे अधिक सावधानी बरतते हैं। वस्तुजगत और कला जगत के अन्तःसम्बन्धों का सही-सही निर्वाह करते वाले आधुनिक युग के महानतम कथाकारों में उनकी गणना होती है, किन्तु प्रतिबद्ध कलाकार जितना जागरूक (Conscious) होता है उतना ही ईमानदार (Conscientious) भी। इसीलिये, वे अपनी छोटी-छोटी भूलों को क़बूल कर लेते हैं जबकि ग़ैर-प्रतिबद्ध कलाकार इतना फ़ितरती होता है कि अपनी भूलों, कमज़ोरियों को कलाबाज़ी जता कर महिमामण्डित करता रहता है। अपनी 'मैटामॉरफ़ोसिस' (Matamorphosis) शीर्षक कहानी में काफ़्का आदमी को कॉकरोच के रूप में कायाकल्पित होता हुआ दर्शाते हैं और मानव की इस अपमानजनक झूठी नियति को 'कला' के रूप में प्रस्तुत करते हैं। अस्तित्त्ववादी कलाकारों ने ऐसी कितनी ही अपनी कमज़ोरियों को कलाबाज़ी के रूप में महिमा-मण्डित करने की बेईमानी की है। कला जब ह्रासोन्मुख होती है, वास्तविकता से उसका रिश्ता टूट जाता है तभी वह कलाबाज़ी के टोटके अपनाती है।

काफ़्का ने अपने युग की वास्तविकता को प्रामाणिक ढंग से समझने का प्रयास किया होता तो वे आदमी के व्यक्तित्त्वोत्तर की प्रक्रिया की सकारात्मक सम्भावनाओं को भी देख पाते और उनकी कला ह्रासोन्मुख होने से बच जाती। कई आलोचक कहते हैं कि काफ़्का आकर्षित करता है, मन को छूता है, अभिभूत करता है। अक्सर मरणासन्न आदमी की बातें भी हमारा ध्यान आकर्षित करती हैं; मन को छूती हैं, अभिभूत करती हैं, वे याद भी रहती हैं, किन्तु वे इसी से जीवन्त मानवता का उदाहरण नहीं हो जातीं। पश्चिमी यूरोप की मरणासन्न कला के आत्म प्रलाप के रूप में काफ़्का और कामू आदि की कला पाठकों को अभिभूत करती है किन्तु वह विकासोन्मुख जीवन्त कला के उत्कर्ष से कोसों दूर है। मरते हुए आदमी की तरह वह कौतूहल और करुणा (Pity) जगाती है। हिन्दी के एक उपन्यासकार बदीउज़्ज़मा ने भी इसी काफ़्काई अन्दाज़ में आदमी को चूहे में 'अन्तरिक' होते हुए दिखाया है। क्या मानव का भविष्य 'चूहे में अन्तरित' होना है? वह भी उस समय का जो पूँजीवादी तन्त्र के चूहेखाने और साम्राज्यवादी तन्त्र के 'मुहाफ़िज़खाने' के ख़िलाफ़ संघर्ष करने के लिए कृत-संकल्प है। वियतनाम, कम्बोडिया और अंगोला की घटनाएँ और पूरे अन्तरराष्ट्रीय स्तर पर होते हुए बदलाव की प्रक्रियाएँ, क्या आने वाले समय में मानव के सकारात्मक व्यक्तित्त्वान्तर की सम्भावनाओं को रेखांकित नहीं करतीं? आदमी के निराशाजनक कायाकल्प की आशंकाओं से अंकित होकर, उसके भविष्य के केवल नकारात्मक पहलुओं को रेखांकित करना, उसी तक सीमित हो जाना, वास्तविकता का साक्षात्कार करने की बजाय उससे आँखें मूँदना है। ऐसे नियतिवादी दुराग्रहों से कला की क्षति होती है। 'चूहे की मौत' हिन्दी उपन्यास कला का ह्रासोन्मुख परिणति का एक उदाहरण है। ऐसे उदाहरण कई और भी है, किन्तु सबका उल्लेख करना यहाँ सम्भव न होगा।

मानव को चूहे में अन्तरित करने जैसी प्रवृत्तियों के ठीक विपरीत मुक्तिबोध ने मानव के भावी व्यक्तित्त्वान्तरण के रूप में 'आलोक-स्नात पुरुष' की कल्पना की थी। इसीलिए उनकी 'अँधेरे में' कविता विकासोन्मुख होती हुई कला के उत्कर्ष की स्थिति का उदाहरण बन चुकी है। कला का उत्कर्ष मानव-भविष्य की उज्ज्वलतम सम्भावनाओं की पुनर्रचना में निहित है। इन सम्भावनाओं को नकारने वाली हर रचना ह्रासोन्मुख (decadent) और क्षतिग्रस्त कला का नमूना ही हो सकती है। फिर चाहे वह कामू की 'प्लेग' शीर्षक रचना हो या काफ़्का की 'कैसल' शीर्षक कृति हो। वास्तविकता से कतरा कर सामन्ती आश्रयों में सिर छिपा कर फफकने वाला अतीतमुखी और उच्छ्वसित मौन ही अज्ञेय की 'असाध्य वीणा' कविता को ह्रासोन्मुख होती हुई मरणासन्न कला का दयनीय दृष्टान्त बना देता है।

बहिर्जगत और अन्तर्जगत के अन्तर्विरोध और अन्तःसम्बन्ध

बहिर्जगत और अन्तर्जगत के अन्तर्विरोध द्वन्द्वात्मक ऐतिहासिक भौतिकवादी दृष्टि के बिना शत्रुतापूर्ण होने लगते हैं, क्योंकि पूँजीवादी प्रचार तन्त्र द्वारा फैलाये गये भ्रम और खोदी गयी खाइयाँ बहिर्जगत और अन्तर्जगत के बीच मित्रतापूर्ण संवाद की हर गुंजाइश को असफल बना देती हैं। इसीलिए यह देखा गया है कि एक प्रतिबद्ध कलाकार भी वैज्ञानिक यथार्थवाद की जागरूकता में कमी रह जाने के कारण इन अन्तर्विरोधों को सुलझाने में असावधानी बरत लेता है, जिसका निर्णायक परिणाम होता है—कला का क्षतिग्रस्त हो जाना। यशपाल जैसे सशक्त और प्रतिबद्ध लेखक का भी सबसे ज़्यादा कमज़ोर उपन्यास 'क्यों फँसे' इसका एक उपयुक्त उदाहरण है। बहिर्जगत और अन्तर्जगत के अन्तर्विरोधों की मित्रतापूर्ण प्रकृति की उपेक्षा कर, यशपाल इस उपन्यास में दोनों में एक-दूसरे के विपरीत शत्रुतापूर्ण प्रतिद्वन्द्विता के साथ काउण्टर पोज़ करते हैं। स्त्री-पुरुष प्रेम (अन्तर्जगत का मूल्य) और सन्तान-उत्पत्ति (बहिर्जगत का मूल्य) के बीच के अन्तर्विरोधों को जागरूकता द्वारा सुलझाया जा सकता है, किन्तु यशपाल उन्हें एक ऐसी समस्या के रूप में पेश करते हैं मानो उक्त दोनों मूल्य एक-दूसरे से टकरा रहे हों। ज़ाहिर है कि यहाँ वे पूँजीवादी भ्रम के शिकार हो जाते हैं जिसका अनिवार्य परिणाम यह होता है कि 'क्यों फँसे' उपन्यास एक क्षयग्रस्त कला का उदाहरण बन जाता है। मित्रतापूर्ण अन्तर्विरोधों को शत्रुतापूर्ण ढंग से और शत्रुतापूर्ण अन्तर्विरोधों को मित्रतापूर्ण ढंग से पेश करना ह्रासोन्मुख और क्षयग्रस्त होते हुए पूँजीवाद की विशेषता है। यह विशेषता कला पर हावी होते ही उसे भी ह्रासोन्मुख और क्षयग्रस्त बना देती है, फिर चाहे वह कला प्रतिबद्ध कलाकार की हो चाहे ग़ैर-प्रतिबद्ध कलाकार की। द्वन्द्वात्मक या वैज्ञानिक यथार्थवाद की समझ बहिर्जगत और अन्तर्जगत के अन्तःसम्बन्धों और अन्तर्विरोधों की प्रकृति के बारे में रचनाकार को एक जागरूक और ईमानदार दृष्टि अपनाने में सहायक होती है। मुक्तिबोध की कविताएँ उक्त अन्तःसम्बन्धों और अन्तर्विरोधों की सही पहचान, उनके सही-सही अहसास की कविताएँ हैं, इसीलिए वह समकालीन कविता के उत्कर्ष की अद्वितीय मिसाल हैं। चंचल चौहान ने अपनी मुक्तिबोध विषयक पुस्तक में उन्हें प्रतिबद्ध कला का प्रतीक कह कर जो सम्मानित किया है, वह युक्तियुक्त ही है।

बहिर्जगत और अन्तर्जगत के अअन्तःसम्बन्धों और अन्तर्विरोधों के प्रति वैज्ञानिक यथार्थवादी दृष्टि न अपनाने के कारण ही अज्ञेय का 'शेखर जीवनी' उपन्यास मूल्यों की क्षति के साथ-साथ कला की क्षति का भी एक नमूना बन जाता है। उक्त अन्तःसम्बन्धों और अन्तर्विरोधों के प्रति नासमझी का यह परिणाम होता है कि

रचनाकार भाई और बहन के बीच कामुक मुद्राओं का चित्रण करते हुए भाई से कहलवाता है—"क्या होता है, शशि?" और बहन से यह उत्तर दिलवाता है, "सुख मिलता है शेखर, सुख"। समकालीन यथार्थ की उपेक्षा करने वाले रचनाकार को जब कोई बौद्धिक, तार्किक और मार्मिक समाधान नहीं सूझता तो वह घिसी-पिटी, दकियानूसी और ग़ैर-आधुनिक हिडोनिज़्म (Hedonism) की अवैज्ञानिक, अकलात्मक, छिछली भावुकतापूर्ण कामुक मुद्रा में शशि की परिवेशगत परिस्थिति (बहिर्जगत) और उसकी मनःस्थिति (अन्तर्जगत) के बीच के सारे अन्तःसम्बन्धों और अन्तर्विरोधों के प्रति आत्ममुग्ध उपेक्षा भाव अपनाने लगता है; परिणाम स्पष्ट है रचनाकार की कला भी मानो शशि की ही तरह क्षयग्रस्त होने लगती है। शशि का क्षयरोग रचनाकार की रचना का ही क्षयरोग बन जाता है जो नायिका की उक्त नियति के रूप में प्रतिफलित होता है। कला की जड़ता और ठहराव का दूसरा उदाहरण उनका 'नदी के द्वीप' शीर्षक उपन्यास है। रचनाकार की खोज है कि द्वीप समुद्र में ही नहीं होते, नदी में भी होते हैं। नदी की धारा (विचारधारा?) से कतरा कर ढूहों और टीलों की तरह सिर उठाने वाले ये नदी-द्वीप मानवों के रहने लायक नहीं हैं। ये टीले कीड़ों और मकोड़ों के रेंगने लायक स्थल ही हैं। 'नदी के द्वीप' उपन्यास हमें इस तथ्य से अवगत कराता है कि उपन्यासकार की कला 'मानवीय भू-खण्डों' से पलायन कर 'ढूहों और टीलों' तक सीमित हो गयी है। कला का आयाम संकीर्णतर और संकीर्णतम होता जा रहा है। धर्मवीर भारती का 'गुनाहों का देवता' उपन्यास भी बहिर्जगत और अन्तर्जगत के अन्तःसम्बन्धों के प्रति नितान्त अयथार्थवादी, अवैज्ञानिक, झूठा, निष्क्रिय और रोमानी रवैया अपनाता है और हिन्दी उपन्यास कला के बढ़ते हुए क्षयरोग की आत्मपीड़ित और आत्मदया (Self pity) पूर्ण स्थिति को ही हमारे सामने पेश करता है। इसी प्रकार 'कनुप्रिया' में भी जब रचनाकार एक चिपचिपी, लिजलिजी, चिकनी-चुपड़ी, छिछोरी, छिछली रोमानी दृष्टि के कारण उक्त अन्तर्विरोधों को नहीं सुलझा पाता तो समकालीन वास्तविकताओं से आँखे मींच कर, इतिहास विरोधी मुद्राएँ ओढ़ता हुआ तथा उस पर 'राधा-कृष्ण' के मिथिकल रोमांस का मुलम्मा लेपता हुआ क्षयग्रस्त कलाबाज़ी को ही कला के रूप में प्रस्तुत कर देता है। 'सोवियत यथार्थ' को 'सबसे बड़ा अयथार्थ' कहने के दुःसाहसी रचनाकार का अपना साहित्य अयथार्थवादी-रोमानी दृष्टि लिए हुए है और वैज्ञानिक यथार्थवाद विश्व दृष्टि के प्रति प्रतिक्रियावाद के दुराग्रहों से ग्रस्त है। यही कारण है कि वह भौतिक चेतना और सौन्दर्य-चेतना के बीच के सारे अन्तःसम्बन्धों और अन्तर्विरोधों को नज़रअन्दाज़ करता हुआ कला के उत्कर्ष का तो कहीं भी कोई आदर्श प्रस्तुत नहीं कर पाता, किन्तु कलाबाज़ी के सारे नमूनों के ढेर के ढेर लगा देता है। 'अन्धा युग' मानव जाति के इतिहास में न कभी आया है न आयेगा। अगर समाज के विकास के नियमों का पता हो, इतिहास

की समझ हो, वैज्ञानिक यथार्थवादी विश्व दृष्टि हो, उच्चकोटि की कलात्मक प्रतिभा हो, तो पूरे इतिहास में आधुनिक युग आँखें खोल कर आगे बढ़ता हुआ, उसे नज़र आयेगा। किन्तु इसके लिए वैज्ञानिक यथार्थवाद की समझ ज़रूरी होती है। जिसके पास वैज्ञानिक यथार्थवादी कला नहीं है विश्व दृष्टि नहीं है, तो आधुनिक युग एक अन्धा युग ही दिखायी देगा, और कुछ दिखायी दे भी तो कैसे?

अन्तर्जगत और बहिर्जगत के अन्तःसम्बन्धों पर मुक्तिबोध की थीसिस का उल्लेख किये बिना यह प्रसंग अधूरा ही रहेगा। अपने 'कलात्मक अनुभव' शीर्षक निबन्ध में वे कहते हैं–"इस मनोमय जीवन में बाह्य की सामग्री है, बाह्य के तत्त्व हैं। तो क्या अन्तर के तत्त्व हैं ही नहीं? अवश्य हैं!! लेकिन वस्तुतः वे उसकी आभ्यन्तर शक्तियाँ हैं–संवेदना, बोधशक्ति, कल्पना और इच्छाएँ, ये उसकी अन्तर की चेतना के अंगभूत हैं। इन सभी शक्तियों या प्रवृत्तियों का बाह्य से जब सम्मिलन होता है, तब वह प्रक्रिया शुरू होती है जिसे मैं बाह्य का आभ्यन्तरीकरण कहता हूँ!! वह शुरू से ही जीवन-जगत का आभ्यन्तरीकरण करता आया है। इस आभ्यन्तरीकरण के दौरान ही, वह बाह्य से शिक्षा व संस्कार भी प्राप्त करता है। साथ ही, वह अपनी प्रवृत्ति के अनुसार, जीवन-जगत से प्राप्त मानवीय मूल्यों द्वारा उसी जीवन-जगत की आलोचना भी करता है, आत्मालोचन भी करता है। यदि उसके संस्कार बुरे हैं तो निश्चय ही उसकी मूल्य-दृष्टि भी विकृत होगी।"[5] मुक्तिबोध की थीसिस का सारांश यह है कि कलाकार अन्तर्जगत की आभ्यन्तर शक्तियों (संवेदन, बोधशक्ति, कल्पना और इच्छाओं) द्वारा अपने बहिर्जगत की ही पुनर्रचना करता है। इसी निबन्ध में मुक्तिबोध 'निजबद्धता' की स्थिति से उभरने की स्थिति को कलात्मक अनुभव की पूर्व स्थिति बताते हैं। यह निजबद्धता से मुक्त होने की पूर्व स्थिति ही प्रतिबद्धता की स्थिति के सबसे ज़्यादा समीप होती है।

पाँच

निजबद्धता, मुक्त-दशा, रसदशा और प्रतिबद्धता

शायद अपने ढंग से प्रतिबद्धता की इस भूमिका को ही मुक्तिबोध निजबद्धता से उबरने की स्थिति मानते हैं और आचार्य शुक्ल अपने ढंग से इसी स्थिति को मुक्त दशा का नाम देते हैं। मुक्त-दशा ही शुक्ल जी के अनुसार, रस-दशा हो जाती है। ('हृदय की मुक्ति-दशा का नाम रस-दशा है।') मुक्तिबोध भी निजबद्धता से उबरने के बाद की स्थिति को कलात्मक अनुभव की स्थिति मानते हैं। शुक्ल और मुक्तिबोध दूसरे शब्दों में व्यक्तिगत राग, द्वेष, स्वार्थ, अहंकार, लोलुपता, आत्मरति आदि से मुक्त होने की स्थिति को क्रमशः मुक्त-दशा और निजबद्धता से उबरने

की स्थिति मानते हैं। मैं इसे अपने शब्दों में यूँ कहूँगा कि 'व्यक्तिवाद' से उबरने की स्थिति, व्यक्तिवादी प्रवृत्तियों से मुक्त होने की स्थिति ही मुक्तिबोध के शब्दों में निजबद्धता से उबरने या मुक्त-दशा को प्राप्त करने की स्थिति है। 'हृदय की यह मुक्त-दशा ही रस-दशा कहलाती है।' व्यक्तिवाद से मुक्त होकर समाजवाद के प्रति ग्रहणशील होने की स्थिति 'प्रतिबद्धता' की स्थिति कहलाती है। इस प्रकार हम देख सकते हैं कि प्रतिबद्धता के क्षण कलात्मक अनुभवों या रसात्मक अनुभवों के सर्वाधिक निकट होते हैं।

प्रतिबद्धता, बीजभाव और साधारणीकरण

शुक्ल जी ने 'लोक मंगल की साधनावस्था' शीर्षक अपने महत्त्वपूर्ण निबन्ध में जिस 'बीजभाव' का उल्लेख किया है, उसकी संकल्पना भी प्रतिबद्धता की संकल्पना के बहुत नज़दीक है। शुक्ल जी 'बीजभाव' के रूप में करुणा और प्रेम दो भावों का ज़िक्र करते हैं। वे इन्हें स्थायी भाव, संचारी भाव, उद्दीपन और आलम्बन आदि भावों से ऊँचा दर्जा देते हैं। करुणा और प्रेम-शीर्षक बीजभाव, स्थायीभाव आदि सभी भावों पर हावी रहते हैं। शुक्ल जी 'करुणा' को 'प्रेम' की तुलना में अधिक तरजीह देते हैं, फिर करुणा को सामाजिक करुणा के रूप में व्याख्यायित करते हैं। इस सामाजिक करुणा को असहाय स्थिति से अलगाते हुए, व्यक्तिगत-पारिवारिक स्वार्थों से मुक्त करते हुए जन-समुदाय को रक्षा में तत्पर होती हुई करुणा के रूप में विश्लेषित करते हैं। वे कहते हैं–"करुणा की गति रक्षा की ओर होती है।" (चिन्तामणि, पृष्ठ 223)। कुछ आगे चल कर कहते हैं–"यदि बीजभाव की प्रकृति मंगलविधायिनी होती है तो उसकी व्यापकता और निर्विशेषता के अनुसार, सारे प्रेरित भाव तीक्ष्ण और कठोर होने पर भी सुन्दर होते हैं" (चिन्तामणि, पृष्ठ 222)। शुक्ल जी का यह बीजभाव प्रतिबद्धता की स्थिति के काफ़ी अनुकूल पड़ता है। वे आगे कहते हैं–"पर बीज रूप में अन्तःसंज्ञा में स्थित करुणा यदि इस ढब की होगी कि इतने पुरवासी, इतने देशवासी या इतने मनुष्य पीड़ा पा रहे हैं तो उसके द्वारा प्रवर्तित तीक्ष्ण या उग्र भावों का सौन्दर्य उत्तरोत्तर अधिक होगा।" (चिन्तामणि, पृष्ठ 223)। करुणारूपी बीजभाव की व्यक्तिवादी, परिवारवादी या स्वार्थवादी प्रवृत्तियों को ग़ैर-कलात्मक प्रवृत्तियों के रूप में चित्रित करते हुए वे इस बीजभाव की सामाजिकता पर प्रकाश डालते हुए कहते हैं–"यदि किसी काव्य में वर्णित दो पात्रों में से एक तो अपने भाई को अत्याचार और पीड़ा से बचाने के लिए अग्रसर हो रहा है और दूसरा किसी बड़े जनसमूह को, तो गति में बाधा डालने वालों के प्रति दोनों के प्रदर्शित क्रोध के सौन्दर्य के परिणाम में बहुत अन्तर होगा" (चिन्तामणि, पृष्ठ 223)। यहाँ शुक्ल जी की करुणा जनसमूह को पीड़ा और अत्याचार से बचाने वाले क्रोध

को जन्म देती है। हमें इस बात में ज़रा भी सन्देह नहीं है कि शुक्ल जी अपनी देश-काल-सम्भव परिस्थितियों की सीमा में 'बीजभाव' के द्वारा प्रतिबद्धता की ही पूर्व-अवस्था पर विचार कर रहे हैं। दूसरे शब्दों में, 'बीजभाव' की स्थिति ही अपनी देश-काल-सम्भव परिस्थितियों में विकसित होती तथा गुणात्मक रूप से परिवर्तित होती हुई, प्रतिबद्धता की ही स्थिति का पर्याय हो जाती है।

शुक्ल जी ने बीजभाव के रूप में ऐसी 'करुणा' की चर्चा की है जो 'आत्मदया' (self pity) से कोई वास्ता नहीं रखती। शोषित वर्ग के प्रति समर्पित करुणा का यह स्वरूप क्रोध, आक्रोश, युद्धोत्साह के प्रचण्ड भावों को जगाता है। इसके मूल में लोक-कल्याण (लोक-मंगल) का संकल्प है। इस संकल्प के साथ जो साहित्य सृजन किया जाता है उसे शुक्ल जी लोक-मंगल की साधनावस्था का साहित्य कहते हैं और उसे सबसे ऊँचा दर्जा देते हैं। कहना ही होगा कि यह मनःस्थिति प्रतिबद्धता के सर्वथा अनुकूल और सबसे ज़्यादा नज़दीक है। इतना ही नहीं, यह संकल्पधर्मी मनःस्थिति साधारणीकरण के सर्वथा उपयुक्त है। शुक्ल जी का यह कथन इस सन्दर्भ में कितना प्रासंगिक है—"क्रोध, युद्धोत्साह आदि प्रचण्ड और उग्र वृत्तियों की तह में यदि इन दोनों में से (इन दोनों से शुक्ल जी का आशय सामाजिक करुणा और प्रेम के बीजभावों से है—ले.) कोई भाव बीज रूप में स्थित होगा, तभी सच्चा साधारणीकरण और पूर्ण सौन्दर्य का प्रकाश होगा।"[6] बीजभाव की यह स्थिति प्रतिबद्धता के संकल्प के बिना नितान्त असम्भव है। प्रतिबद्धता का यह संकल्प 'साहित्येतर' नहीं हो जाता, जैसा कि प्रतिक्रियावादी लेखक अक्सर कहा करते हैं। यह संकल्प नितान्त साहित्यधर्मी होता है, क्योंकि रसदशा और साधरणीकरण के वह सर्वथा उपयुक्त होता है। जयशंकर प्रसाद ने भी साहित्य के मूल प्रयोजन के रूप में जिस 'संकल्पनात्मक अनुभूति' की चर्चा की है, उसका यदि साहित्यिक (धार्मिक नहीं) और सामाजिक विश्लेषण किया जाये तो वह भी प्रतिबद्धता की अनुभूति से काफ़ी मेल खाती है। यह शायद संयोग नहीं है कि 'संकल्पात्मक अनुभूति' को साहित्य का मूल प्रयोजन मानने वाले साहित्यकार ने शायद हिन्दी आलोचना में सबसे पहले एक निबन्ध लिख कर 'यथार्थवाद' की चर्चा की थी (देखें 'काव्य और कला तथा अन्य निबन्ध' शीर्षक पुस्तक में 'यथार्थवाद और छायावाद' शीर्षक निबन्ध)। इतना ही नहीं, अपनी इस देश-काल-सम्भव यथार्थवादी समझ को प्रसाद जी ने रचना में भी उतारने की कोशिश की थी। 'तितली' और 'कंकाल' जैसे उपन्यास और 'बेड़ी' और 'गूदड़ी का लाल' जैसी कहानियाँ इसका प्रमाण हैं।

सम्प्रेषण, प्रतिबद्धता, संवेदना और उत्तेजना

भाव को सम्प्रेषणीय होने के लिए यह आवश्यक है कि वह संवेदनात्मक हो अथवा

उत्तेजनात्मक। भाव जब उत्तेजनात्मक होते हैं तो वे दैहिक प्रतिवर्त (Physiological Reflex) के अधिक निकट हो जाते हैं किन्तु जब वे संवेदनात्मक होते हैं तो मानसिक प्रतिवर्त के (Phychological Reflex) अधिक निकट हो जाते हैं। मानसिक प्रतिवर्त भी एक प्रकार से दैहिक प्रतिवर्तों के ही विकसित, जटिल और गुणात्मक रूप से परिवर्तित परिणाम ही होते हैं। कला या साहित्य सृजन के स्रोत ये विकसित, जटिल और गुणात्मक रूप से विकसित मानसिक प्रतिवर्त ही होते हैं। अतः मानसिक प्रतिवर्त ही कलात्मक होते हैं। प्रतिबद्धता की मनःस्थिति संवेदनाओं के अत्यधिक निकट होती है, उत्तेजनाओं से दूर होती है। संवेदनाओं के निकट होने से वह मानसिक प्रतिवर्तों से अपना रिश्ता बनाये रखती है, अतः वह अधिक कलात्मक होती है। दूसरे शब्दों में, प्रतिबद्ध साहित्य कलात्मक सम्प्रेषणीयता के सर्वथा उपयुक्त होता है। प्रतिबद्धता की अनुभूति उत्तेजना की बजाय संवेदना के अधिक निकट क्यों होती है? क्योंकि उत्तेजना के मूल में 'आत्मरति' होती है जबकि संवेदना के मूल में मानवीय सहानुभूति होती है। ग़ैर-प्रतिबद्ध साहित्य के आत्मरतिपरक होने की सम्भावनाएँ ज़्यादा हैं, प्रतिबद्ध साहित्य के आत्मरतिपरक होने की सम्भावनाएँ लगभग नगण्य हैं। आत्मरति उत्तेजना जगा सकती है, अधिक-से-अधिक आत्मदया (Self - pity) जगा सकती है, वह हमें आत्ममुग्धता का मूड दे सकती है किन्तु संवेदना जगाकर हमें अधिक कलात्मक बनाने की क्षमता उसमें बहुत कम, बल्कि लगभग नगण्य है। यही कारण है कि ग़ैर-प्रतिबद्ध व्यक्तिवादी कलाकार जब मानवीय संवेदना नहीं जगा पाते तो अपनी कला को 'ग़ैर-कलात्मक ढंग से' सम्प्रेषणीय बनाने के लिए 'सेक्स-उत्तेजना' और अन्य प्रकार की 'उत्तेजनाओं' का इस्तेमाल करते हैं। कभी-कभी इस ग़लती के शिकार प्रगतिशील लेखक भी हो जाते हैं। कमलेश्वर की 'मांस का दरिया' शीर्षक कहानी में शोषित वेश्या के प्रति उत्तेजनापरक दृष्टि कला को क्षयग्रस्त बना देती है। यदि इस कहानी में ग़ैर-उत्तेजनात्मक ढंग से मानवीय संवेदना को उभारने की कोशिश की जाती तो वह कहानी हिन्दी कहानी कला के उत्कर्ष का चरम बिन्दु हो सकती थी। भारतीय काव्य शास्त्र में शायद इसी स्थिति को रसाभास की स्थिति (रस कोटि की अधम अवस्था) कहा गया है। जो कलाकार सामाजिक यथार्थ से मुँह-दर-मुँह नहीं हो पाते, वे सच्ची सामाजिक संवेदना (संवेदना हमेशा सामाजिक ही होती है) नहीं जगा पाते। वे प्रायः उत्तेजना के स्तर की ही रस-निष्पत्ति कर पाते हैं। शायद यही कारण है कि अमेरिका (यू.एस.ए) और पश्चिमी यूरोप का आधुनिक साहित्य, उनकी फ़िल्में, उनकी पत्रिकाएँ सेक्स स्कैण्डल, हत्या-स्कैण्डल जैसे उत्तेजनापरक विवरणों से भरी होती हैं, जबकि समाजवादी देशों का साहित्य उत्तेजना के छिछले, सस्ते और बाज़ारू प्रसंगों के समावेश से 'सरस' और 'सम्प्रेष्य' होने की बजाय गहरी और व्यापक संवेदना जगाने वाले मार्मिक, सामाजिक और मानवीय प्रसंगों के समावेश

से ही कलात्मक उत्कर्ष को छूता हुआ सरस, सम्प्रेष्य और संकल्पधर्मी होता है।

प्रतिबद्धता, जागरूकता और ईमानदारी

क्योंकि प्रतिबद्धता की भूमिका वैज्ञानिक यथार्थवाद को समझने, आत्मसात् करने और उसे कलात्मक अभिव्यक्ति प्रदान करने में निहित है, अतः यह मानवीय जागरूकता (Human Consciousness) की सबसे बेहतर भूमिका है। इतना ही नहीं, मानव के बहुमत के सुन्दर भविष्य के प्रति समर्पित होने के कारण वह मानवीय ईमानदारी (Human Consciousness) की भी सबसे ज़्यादा बेहतरीन भूमिका के निकट है (सम्पत्तिविहीन मेहनतकश वर्ग ही संसार में मानव जाति का बहुमत वर्ग है)।

प्रतिबद्धता (वैज्ञानिक यथार्थवाद) की त्रिआयामी भूमिका

प्रतिबद्धता (वैज्ञानिक यथार्थवाद) सामाजिक यथार्थ की द्वन्द्वात्मक प्रक्रियाओं (यानी उनकी क्रिया-प्रतिक्रियाओं, अन्तःसम्बन्धों और अन्तर्विरोधों) को समझने, सुलझाने, आत्मसात् करने और उन्हें कलात्मक अभिव्यक्ति प्रदान करने में तो सहायक होती ही है, साथ ही वह उन प्रक्रियाओं के ऐतिहासिक (भूत-वर्तमान-भविष्य) पहलुओं को समझने, सुलझाने, आत्मसात् करने और कलात्मक अभिव्यक्ति प्रदान करने में भी सहायक होती है। द्वन्द्वात्मक ऐतिहासिक भौतिकवाद की खोज से पूर्व इतिहास की एक-आयामी (अतीत-मुखी) संकल्पना ही मानव करता आया था। वह इतिहास को समझने का अर्थ यही समझता था कि मात्र अतीत (Past) को ही जान लिया जाये। किन्तु द्वन्द्वात्मक ऐतिहासिक भौतिकवाद (मार्क्सवाद) ने इतिहास की त्रिआयामी (भूत-वर्तमान-भविष्य) व्याख्या प्रस्तुत की। चूँकि वैज्ञानिक यथार्थवाद की खोज द्वन्द्वात्मक ऐतिहासिक भौतिकवाद की ही कलात्मक परिणति के रूप में हमें हासिल हुई है। अतः वह भी सामाजिक यथार्थ की त्रिआयामी दृष्टि से लैस होती है। वैज्ञानिक यथार्थवादी भूमिका ही प्रतिबद्धता की भूमिका है। अतः प्रतिबद्ध कलाकार की दृष्टि पुराने यथार्थवादियों की तरह (या दूसरे यथातथ्यवादियों की तरह) केवल वर्तमान की आलोचना-प्रत्यालोचना तक ही संकुचित और सीमित नहीं रहती, वह अतीत का मिथ और ऐतिहासिक घटित तथ्यों के रूपों में—तथा भविष्य का—स्वप्न और फैण्टेसी के रूपों में भी साक्षात्कार करती है। तुलसीदास के शब्दों को उधार लेकर कहें तो कह सकते हैं कि प्रतिबद्ध कलाकार त्रिकालज्ञ होता है और विश्व की संकल्पना (एक बेर की तरह नहीं) पारदर्शी माणिभ (Transparent Crystal) की तरह उसकी हथेली पर रखी होती है (तुम त्रिकालज्ञ मुनि नाथा, विश्वबदर जिमि तुम्हरे हाथा)।

गोर्की के उपन्यास 'माँ' का मुख्यपात्र पावेल एक ऐसे रूसी युवक का चित्रण करता है जो भूत, वर्तमान और भविष्य के बीच के क्रमिक और क्रान्तिकारी सम्बन्धों

के प्रति जागरूक, ईमानदार और सक्रिय दृष्टिकोण अपनाता है। इस अर्थ में वह भावी युग के भावी मानव का पूर्व रूप (protype) है। गोर्की भविष्य की इस पूर्वकल्पना को तीसरी वास्तविकता (third reality)[7] कह कर पुकारते हैं। हिन्दी में मुक्तिबोध और हरिशंकर परसाई के साहित्य में इस 'तीसरी वास्तविकता' के फ़्लैशेज़ चमक-चमक उठते हैं। 'अँधेरे में' कविता में सामाजिक यथार्थ के इस तीसरे स्वरूप की कल्पना की गयी है, उस भावी यथार्थ की, जिसकी अन्तर्वस्तु (essence) तो जन्म ले चुकी है किन्तु जिसका पूर्ण स्वरूप आगे चल कर स्पष्ट होगा–

"मैं उन स्वप्नों का खोजता हूँ आशय
अर्थों की वेदना घिरती है मन में
अजीब झमेला
घूमता है मन उन अर्थों के आसपास
आत्मा में चमकीली प्यास भर गयी है
जग भर दीखती हैं सुनहरी तस्वीरें मुझको"[8]

निष्कर्ष रूप में कहा जा सकता है कि वैज्ञानिक यथार्थवाद सामाजिक यथार्थ के द्वन्द्वात्मक, ऐतिहासिक, गत्यात्मक, विकासात्मक और परिमाणात्मक तथा गुणात्मक रूपों में परिवर्तित होते हुए भूत, वर्तमान और भावी स्वरूपों तथा उनकी अन्तर्वस्तुओं, उसकी स्थानीय (Local) और विश्वजनीन (universal) क्रिया-प्रतिक्रियाओं की कलात्मक पुनरर्चना में निर्णायक और सकारात्मक भूमिका अदा करता है। उसका विकास यूनानी ग्रीक त्रासदियों की यथार्थपरक प्रवृत्तियों से लेकर शेक्सपियर की त्रासदियों, फिर बाल्ज़ाक और गेटे की कृतियों से गुज़रता है। रूस में वह पुश्किन, गोगोल, तुर्गनेव, दोस्ताएवस्की, टॉलस्टॉय, चेखव की कृतियों में विकसित, परिवर्द्धित और परिवर्तित होता हुआ गोर्की और मायकोवस्की की कृतियों में गुणात्मक रूप से अन्तरित होता हुआ अपने वर्तमान विकास की मंज़िल को छू लेता है। वह अपने हर विकास की मंज़िल में सापेक्ष रूप से विकसित होता है, वह निरपेक्ष रूप से सर्व-देश-काल-स्वभाव, सनातन और शाश्वत नहीं होता। आने वाली शताब्दियों में उसका स्वरूप और अधिक विकसित, और अधिक वैज्ञानिक तथा और अधिक कलात्मक होता रहेगा। उसका उज्ज्वलतम गौरव उसका अतीत न होकर उसका भविष्य ही होगा।

छह

वैज्ञानिक यथार्थवाद का हिन्दी साहित्य में विकास

हिन्दी साहित्य की यथार्थवादी परम्पराओं के बीज कबीर और तुलसीदास के साहित्य में बिखरे पड़े हैं। आधुनिक रूप में पहले यथार्थवादी लेखक भारतेन्दु हरिशचन्द्र हैं

जो अपने युग के सामाजिक यथार्थ से मुँह-दर-मुँह होते हैं। उनके 'अँधेर नगरी' और 'भारत दुर्दशा' हिन्दी के प्रारम्भिक यथार्थवादी नाटक हैं। 'अँधेर नगरी' से लेकर 'अँधेरे में' (मुक्तिबोध) तक की साहित्य-परम्परा यथार्थवाद से वैज्ञानिक यथार्थवाद के विकास की सूचक है।

भारतेन्दु के बाद जयशंकर प्रसाद दूसरे महत्त्वपूर्ण यथार्थवादी लेखक हैं। 'तितली' और 'कंकाल' जैसे उनके सशक्त उपन्यास हिन्दी में यथार्थवादी उपन्यास लेखन की शुरुआत करते हैं। उनकी 'बेड़ी' और 'गुदड़ी में लाल' जैसी कहानियाँ यथार्थवादी कहानियों की स्वस्थ परम्परा का सूत्रपात करती हैं। 'काव्य और कला तथा अन्य निबन्ध' में प्रसाद जी ने यथार्थवाद की चर्चा की है और हिन्दी में भारतेन्दु को पहला यथार्थवादी लेखक माना है।

प्रेमचन्द यथार्थवादी साहित्य के गौरव हैं। उनका 'गोदान' शीर्षक उपन्यास हिन्दी का सर्वश्रेष्ठ उपन्यास है। 'कफ़न' और 'पूस की रात' जैसी उनकी कहानियाँ हिन्दी की प्रारम्भिक और श्रेष्ठ कहानियाँ हैं। प्रेमचन्द आदर्शवाद से यथार्थवाद और यथार्थवाद से वैज्ञानिक यथार्थवाद की ओर अग्रसर होने वाले हिन्दी के पहले साहित्यकार हैं।

प्रेमचन्द के अतिरिक्त राहुल सांकृत्यायन, रांगेय राघव और यशपाल हिन्दी के महानतम कथाकारों में से है। 'वोल्गा से गंगा' (राहुल), 'महागाथा' (रांगेय राघव) और 'झूठा सच' (यशपाल) आदि कृतियाँ 'गोदान' के बाद हिन्दी कथा साहित्य की सार्थक उपलब्धियाँ हैं।

निराला, नागार्जुन, भीष्म साहनी, भैरवप्रसाद गुप्त, अमरकान्त, मार्कण्डेय, शेखर जोशी, ज्ञानरंजन, रवीन्द्र कालिया, सतीश जमाली, इसराइल, काशीनाथ सिंह, रमेश उपाध्याय, योगेश गुप्त, स्वयंप्रकाश, पंकज बिष्ट, असगर वजाहत, नमिता सिंह आदि कथाकारों की उज्ज्वल परम्परा वैज्ञानिक यथार्थवादी कथा साहित्य की ही प्रतिनिधि प्रतिभाओं के विकास की लड़ी है।

'गोदान', 'वोल्गा से गंगा', 'महागाथा', 'झूठा सच', 'तमस' आदि रचनाएँ विश्व के किसी भी कथा-साहित्य का गौरव हो सकती हैं। भैरवप्रसाद गुप्त की 'श्रम' शीर्षक कहानी मौजूदा सामाजिक व्यवस्था (पूँजीवादी व्यवस्था) में अमानवीय 'श्रम' के भयावह परिणामों का अहसास करने वाली एक श्रेष्ठ कहानी है। मार्कण डेय की 'बीच के लोग' वर्ग-सहयोग के अनैतिहासिक पाखण्ड पर चोट करने वाली एक सार्थक कहानी है। अमरकान्त की 'कम्युनिस्ट' कहानी वर्ग-चेतना के अत्यन्त कलात्मक और पारदर्शी क्रिस्टल के रूप में हिन्दी कथा-साहित्य की एक विशिष्ट उपलब्धि है। शेखर जोशी की 'मेण्टल' एक महत्त्वपूर्ण कहानी है जो मेहनतकश वर्ग के स्वाभिमान और सहनशीलता का द्वन्द्वात्मक चित्र प्रस्तुत करती हुई शोषक वर्ग की हृदयहीनता (callousness) को रेखांकित करती है। ज्ञानरंजन की 'घण्टा' शीर्षक

कहानी मध्यमवर्गीय बुद्धिजीविता और छद्म-बौद्धिक मूल्यों की विडम्बना को उभारती हुई उन पर एक साथ व्यंग्यात्मक और आत्मालोचनात्मक टिप्पणी करने वाली एक सशक्त कहानी है। नीरज सिंह की 'किस लिए किसके लिये' कहानी सामाजिक भ्रष्टाचार और बेरोज़गारी के भयावह यथार्थ को चित्रित करती है। इसराइल की 'कहानी फिर उसी कहानी की' ह्रासोन्मुख व्यवस्था के वहशी चरित्र का आँखों-देखा हाल बयान करती है। मधुकर सिंह की 'भुनेसर मास्टर' कहानी अर्ध-सामन्ती और पूँजीवादी व्यवस्था के घृणित कृत्यों की कुरूपताओं के प्रति हमें आगाह करती है। स्वयंप्रकाश की 'सूरज कब निकलेगा' शीर्षक कहानी प्रतीक शैली द्वारा समाजवादी भविष्य के सूर्योदय की ओर अपने पाठकों का ध्यान ले जाती है। प्रेमचन्द की 'पूस की रात' और 'कफ़न' शीर्षक कहानियों तथा जयशंकर प्रसाद की 'बेड़ी' और 'गुदड़ी में लाल' शीर्षक कहानियों की परम्परा में हिन्दी की ये समकालीन कहानियाँ यथार्थवादी कला के विकास की ही परिचायक हैं। प्रतिबद्ध विश्वदृष्टि रचना को किस प्रकार विकासोन्मुख बनाती है, ह्रासोन्मुख होने से बचाती है और कला को उत्कर्ष प्रदान करती है, इन रचनाकारों के साहित्य को पढ़ कर यह आसानी से समझा जा सकता है। यह संयोग मात्र नहीं है कि ये सभी कथाकार हिन्दी कथा साहित्य की उज्ज्वलतम सम्भावनाओं के साक्षी हैं, प्रतिबद्ध भी हैं और श्रेष्ठ भी। प्रतिबद्धता और कलात्मक श्रेष्ठता में कोई अन्तर्विरोध नहीं है। वैज्ञानिक यथार्थवादी दृष्टि से लिखी गयी ये रचनाएँ इसी तथ्य को रेखांकित करती है।

कविता के क्षेत्र में भारतेन्दु, निराला, नागार्जुन, शमशेर, केदारनाथ अग्रवाल, मुक्तिबोध, त्रिलोचन, राजीव सक्सेना, धूमिल, कुमारेन्द्र पारसनाथ सिंह, श्रीराम तिवारी, जुगमन्दिर तायल, विजेन्द्र, वेणुगोपाल, कुमार विकल, रमेश गौड़, श्री हर्ष, सव्यसाची, चंचल चौहान, मंगलेश, विश्वनाथ त्रिपाठी, विष्णु चन्द्र शर्मा, पंकज सिंह, इब्बार रब्बी, श्याम कश्यप, शशि प्रकाश, केवल गोस्वामी आदि की कविताएँ यथार्थवाद से वैज्ञानिक यथार्थ की ओर अभिमुख होती हुई हिन्दी कविता की विकासोन्मुख दिशा का संकेत करती हैं। समकालीन रचनाओं में राजीव सक्सेना की 'मुक्तिगीत' कविता मानव के ऐतिहासिक भौतिकवादी विकास का इतिहास प्रस्तुत करने वाली एक कलात्मक संरचना है। राजीव सक्सेना की ही 'आत्मनिर्वासन' कविता द्वन्द्वात्मक भौतिकवादी दर्शन को कविता में पुनर्रचना द्वारा चरितार्थ करती हुई, पाठकों को नये कवि की नयी दृष्टि का साक्षात्कार कराती है। कुमारेन्द्र पारसनाथ सिंह की वियतनाम सम्बन्धी कविताएँ हिन्दी में वैज्ञानिक यथार्थवादी काव्य की परम्परा में विश्व-राजनीति और विश्व कविता की पारदर्शियाँ हैं।

शमशेर यद्यपि पुरानी पीढ़ी के रचनाकार हैं किन्तु 'अमन का राग', 'अंगोला' जैसी कविताओं की रचना कर उन्होंने नयी पीढ़ी के नये हस्ताक्षरों का दिशा-निर्देशन

भी किया है। इन सभी रचनाओं द्वारा पुनः इस तथ्य की पुष्टि होती है कि रचना और विचारधारा के अन्तःसम्बन्ध जितने आदिम हैं, उतने ही अद्यतन भी।

आलोचना के क्षेत्र में आचार्य रामचन्द्र शुक्ल, डॉ. रामविलास शर्मा, डॉ. शिवदान सिंह चौहान, भगवतशरण उपाध्याय, प्रकाशचन्द्र गुप्त, अमृत राय, मुक्तिबोध, डॉ. नामवर सिंह, डॉ. रमेश कुन्तल मेघ, डॉ. शिवकुमार मिश्र, श्री राजीव सक्सेना, डॉ. विश्वनाथ त्रिपाठी, डॉ. ओमप्रकाश अग्रवाल, चन्द्रभूषण तिवारी, सव्यसाची, चंचल चौहान, डी. प्रेमपति, सुधीश पचौरी, डॉ. कमला प्रसाद पाण्डेय, कर्ण सिंह चौहान, डॉ. मैनेजर पाण्डेय आदि आलोचक–समीक्षक यथार्थवादी और प्रगतिशील परम्परा से जुड़े आलोचक-समीक्षक हैं। कुछ सीमाओं के बावजूद डॉ. नामवर सिंह को इस सूची से बहिष्कृत नहीं किया जा सकता।

गजानन्द माधव मुक्तिबोध और हरिशंकर परसाई का विशेषोल्लेख किये बिना यह लेख अधूरा ही रहेगा। प्रतिबद्ध कला का चरमोत्कर्ष यदि देखना है तो समकालीन साहित्य के प्रत्येक पाठक को इन दोनों साहित्यकारों का गम्भीरतापूर्वक अध्ययन करना होगा। दोनों कलाकारों का तुलनात्मक अध्ययन हमें इस निष्कर्ष तक पहुँचाता है कि प्रतिबद्ध साहित्य किसी विशेष शैली, किसी विशेष कला-विद्या या किसी विशेष शिल्प-विधि तक सीमित नहीं है। वह क्लिष्ट से क्लिष्ट और सरल से सरल होकर भी अपनी कलात्मकता और प्रभावोत्पादकता के नये से नये आयाम ढूँढ़ लेता है। मुक्तिबोध और परसाई, दोनों प्रतिबद्ध साहित्यकार हैं किन्तु दोनों की कला-विधियों में ज़मीन और आसमान का अन्तर है। कला, स्टाइल और अभिव्यक्ति की दृष्टि से परसाई मुक्तिबोध के एण्टीथीसिस हैं। मुक्तिबोध अनुभूतियों को जटिल बनाते हुए मस्तिष्क और हृदय की शिराओं में तनाव भर देते हैं, हमें संगीन रूप से गम्भीर मनःस्थिति में ले आते हैं और इस पद्धति द्वारा पाठक को शॉक-ट्रीटमेण्ट (shock treatment) देते हुए उसकी मानसिक रुग्णता का इलाज करते हैं। दूसरी ओर परसाई जी ठीक इसके उलट जटिल अनुभूतियों का सहजीकरण करते हुए मस्तिष्क और हृदय की शिराओं को तनाव से मुक्त कर देते हैं और हमें हँसाते और सहज मनःस्थिति में ले आते हैं। किन्तु दोनों साहित्यकार अपने प्रभाव में और अपने प्रत्यायन (persuasion) में आश्चर्यजनक रूप से एक ही लक्ष्य की पूर्ति में सफल होते हैं। वह लक्ष्य है–अपने पाठकों को अपने परिवेश के प्रति उत्तरोत्तर अधिक जागरूक (conscious) और अधिक ईमानदार (conscientious) बनाते चलना। दोनों साहित्यकार 'आँख मिचौनी' खेलने वाले 'साहित्य' के विरुद्ध 'आँखें खोल देने वाले साहित्य' के स्रष्टा और पक्षधर हैं। मुक्तिबोध असाधारण गाम्भीर्य के रचनाकार हैं तो परसाई सहज व्यंग्य के।

मुक्तिबोध बहुमुखी विधाओं के प्रतिबद्ध रचनाकार हैं। 'चाँद का मुँह टेढ़ा है'

शीर्षक कविता संकलन विश्व-प्रतिबद्ध कविता के सर्वश्रेष्ठ संकलनों में गिना जा सकता है। उनकी कहानियाँ ('सतह से उठता हुआ आदमी', 'काठ का सपना' आदि कहानी संग्रहों में संगृहीत) प्रतिबद्ध कथा साहित्य की श्रेष्ठ मिसाल हैं। 'कामायनी : एक पुनर्विचार', 'नयी कविता का आत्मसंघर्ष' और 'नये साहित्य का सौन्दर्यशास्त्र' आदि पुस्तकें उन्हें एक आदर्श मार्क्सवादी चिन्तक और आलोचक के रूप में प्रतिष्ठित करती हैं। जयशंकर प्रसाद के बाद हिन्दी में बहुमुखी प्रतिभा से सम्पन्न इतना बड़ा कोई दूसरा कलाकार नहीं हुआ। उनके द्वारा हिन्दी कविता, हिन्दी कहानी और हिन्दी की व्यावहारिक तथा सैद्धान्तिक आलोचना में गुणात्मक बदलाव आया। हिन्दी प्रगतिशील साहित्य एक सरलीकृत लोक से हट कर उत्कर्ष के नये-नये आयाम ढूँढ़ पाया है, तो इसके लिए अकेले मुक्तिबोध का योगदान कई साहित्यकारों के योगदान के बराबर है। दूसरी ओर, हरिशंकर परसाई ने हिन्दी साहित्य की एक बहुत निर्धन विधा–'व्यंग्य' को सम्पन्न विधा का स्वरूप प्रदान किया है। वे हिन्दी के सर्वश्रेष्ठ और महानतम व्यंग्यकार है। उन्होंने हिन्दी के पाठकों की रुचि को, चेतना को एक गुणात्मक मंज़िल तक विकसित करने में विशेष योगदान किया है। 'जैसे उनके दिन फेरे', 'हँसते हैं, रोते हैं', 'तब की बात' (कथा संग्रह), 'तट की खोज', 'ज्वाला और जल' (लघु उपन्यास), 'रानी नागफनी की कहानी' (व्यंग्य उपन्यास) 'भूत के पाँव पीछे' (निबन्ध संग्रह), 'सदाचार का ताबीज़' (व्यंग्य लेख), 'वैष्णव की फिसलन' (राजनीतिक और सामाजिक व्यंग्यों का संग्रह) आदि उनकी कितनी ही कृतियाँ हैं जो इस तथ्य की परिचायक हैं कि उन्होंने परिमाण और गुण, दोनों दृष्टियों से महान रचनाकार के दायित्व की पूर्ति की है। मुक्तिबोध की कहानियों की ही तरह परसाई की कहानियाँ अपनी विशेषताओं के कारण अलग पहचान रखती हैं। वे विधा की मिथक-सीमाओं और रूढ़ियों को तोड़ती हुई नये-नये सृजनशील प्रयोगों के अन्वेषण का रास्ता अपनाती हैं। इन दोनों रचनाकारों ने कहानी विधा को दुर्लम्यता (rigidity) से मुक्त कर उसे सहज, विविधात्मक और लचीला (flexible) बनाने में महत्त्वपूर्ण योगदान किया है। ये कहानियाँ कविता-निबन्ध-कहानी के त्रिभुज में बीच के किसी सम्मिलन (concurrent) बिन्दु पर अवस्थित होती हैं तथा अपने में तीनों विधाओं का समाहार लिए होती हैं। पंचतन्त्र की कहानियों या ईसप की कहानियों की तरह परसाई की व्यंग्य कथाएँ अपने युग के व्यापक गहन और विविध पक्षीय सामाजिक यथार्थ का इतिहास प्रस्तुत करती हैं और उन्हीं की तरह वे भावी युगों में आख्यानों (legends) का रूप ले लेंगी। जन साहित्य और लोक साहित्य का सबसे अच्छा आधुनिक उदाहरण हरिशंकर परसाई की व्यंग्य कथाएँ ही हैं। विचारधारा और रचना के, सामाजिक चेतना और सौन्दर्य-चेतना के, रचनाशीलता और मूल्यधर्मिता के अन्तःसम्बन्धों और अन्तर्विरोधों को पारदर्शित करने वाले

माणिभों (transparent crystals) के रूप में उनकी व्यंग्य कथाएँ इस सत्य का शंखनाद करती हैं कि वैज्ञानिक यथार्थवादी दृष्टि से सम्पन्न होकर जाने वाली साहित्य सर्जना ही कला का पारदर्शी (transparent) क्रिस्टल बन पाती है। अप्रतिबद्ध कला लाख क़िस्म की कलाबाज़ियों के बावजूद पारभासक (translucent) बनी रहती है, पारदर्शी (transparent) नहीं हो पाती।

सन्दर्भ

1. V. Mayakovsky, Collected Works, Vol. 7, Moscow 1958, p. 209 (in Russian) [Quoted by VLADIMIR SHCHERBINA in his famous book Lenin and Problems of Literature on p. 58, dition 1974.]
2. 'Maxim Gorky on Literature', Progress Publishers, Moscow, p. 41
3. Ibid, p. 55
4. Ibid, p. 56
5. 'नये साहित्य का सौन्दर्यशास्त्र, मुक्तिबोध ('कलात्मक अनुभव' शीर्षक निबन्ध) पृ. 150-151 (संस्करण-1971)
6. चिन्तामणि, आचार्य रामचन्द्र शुक्ल (काव्य में लोक मंगल की साधनावस्था' शीर्षक निबन्ध) पृ. 225 (संस्करण-1958)
7. 'Lenin and Problems of Literature', Progress Publishers, Moscow, p. 63
8. 'चाँद का मुँह टेढ़ा है', मुक्तिबोध ('अँधेरे में' शीर्षक कविता) पृ. 268 (संस्करण-1975)

खण्ड तीन

विचारक

चर्नीशेवस्की : यथार्थवाद की विकास-प्रक्रिया

•

डी. प्रेमपति

निकोलायी गार्वीलोविच चर्नीशेवस्की सन् 1828-89 ई. मार्क्स-पूर्वी वस्तुवाद (भौतिकवाद) के अन्यतम रूसी विचारक थे। युग था ज़ारशाही का। समाज के सामन्ती उत्पादन सम्बन्धों पर पूँजीवाद का दबाव कारगर हो रहा था, लेकिन पतनशील सामन्तवाद कुछेक सामन्तोन्मुख सुधार ला कर आख़िरी साँसें ले रहा था। एक ओर पूँजीवाद का अभ्युदय और पूँजीवादी उत्पादन सम्बन्धों का ज़ारशाही और सामन्तवाद पर दबाव, और दूसरी ओर क्रीमिया युद्ध सन् 1853-56 ई. में ज़ारशाही की करारी हार। इस दोहरी मार से बच निकलने के लिए जब सामन्तों ने अपने वर्गहित में भूमि सुधार किये तो क्रान्तिकारी-गणतान्त्रिक माँगें ज़ोर पकड़ने लगीं। समूचे रूस में जन आन्दोलन की एक नयी लहर दौड़ पड़ी। सन् 1861 से 1863 के बीच लगभग दो हज़ार किसान उपद्रव देखे गये। यह ठीक है कि किसानों के स्वयं स्फूर्त, विच्छिन्न उपद्रव कामयाब नहीं हो सके; लेकिन इतना अवश्य हुआ कि तत्कालीन क्रान्तिकारी गणतान्त्रिक बौद्धिक वर्ग किसानों के इस व्यापक आक्रोश से बहुत कुछ प्रभावित हुआ। लिहाज़ा, रूसी क्रान्तिकारी आन्दोलन के इस ख़ास चरण का नेतृत्व इसी बौद्धिक वर्ग के हाथों आया—ऐसे बौद्धिक, जो अमीर-उमराव नहीं हुआ करते थे, जो प्रायः पेटी बुर्जुआ व्यापारी और निचले वर्ग के पादरी और किसान हुआ करते थे। सन् 1861 ई. के आसपास से रूसी क्रान्तिकारी आन्दोलन के इतिहास में बुर्जुआ गणतान्त्रिक आन्दोलन का नया किन्तु ज़रूरी अध्याय जुड़ गया जो लगभग सन् 1895 तक चलता रहा। क्रान्ति के इस स्तर पर प्रगतिशील बौद्धिकों के नेतृत्व में पीटर्सबर्ग, मॉस्को, क़जान आदि केन्द्रों में विद्यार्थी उपद्रव, गुप्त राजनीतिक संगठनों का निर्माण और अवैध साहित्य का वितरण आदि काम संगठित तरीक़े से होने लग गये।

सन् 1861 के तथाकथित सुधार से किसानों की स्थिति और ख़राब हो गयी।

हुआ यह कि जनसाधारण में भू-स्वामियों के भूमि सम्बन्धी अधिकारों को और साथ-साथ ज़ारशाही को ख़त्म करने की क्रान्तिकारी विचारधारा घर कर गयी। लगभग उसी अनुपात में उदारपन्थी राजतन्त्रवादियों ने किसानों की इस बढ़ती हुई क्रान्तिकारी भावना को गुमराह करना चाहा। लेकिन ज़ारशाही और सामन्तवाद, और इन दोनों के अनन्य सेवक उदारपन्थी राजतन्त्रवादियों के ख़िलाफ़, चर्नीशेवस्की ने तथाकथित भूमिसुधार के सामन्ती चरित्र को बताया और समझाया। क्रान्तिकारी गणतान्त्रिकों में चर्नीशेवस्की अग्रणी थे। अचरज की बात नहीं थी कि तत्कालीन सामन्ती और उदारपन्थी लोग चर्नीशेवस्की से नफ़रत करने लग गये थे। वे ज़ार से निवेदन करने लग गये कि इतने ख़तरनाक व्यक्ति को जल्द से जल्द नज़रबन्द कर लिया जाये। उनको इससे काफ़ी बल मिला कि सन् 1859-61 की क्रान्तिकारी स्थिति क्रान्ति में विकसित नहीं हो सकी थी। क्रान्ति कैसे आती? उस समय तक रूस में वैसा सामाजिक वर्ग बन नहीं पाया था जिसमें एक सफल सामाजिक क्रान्ति लाने की क्षमता रही हो। आमतौर पर चर्नीशेवस्की को छठे दशक के सामाजिक क्रान्तिकारी आन्दोलन के साथ जोड़ा जाता है। छठे दशक के बाद भी वह जीवित रहे—लेकिन वह दूसरी ज़िन्दगी थी—जेल की, निर्वासन की, और यातना की। इस दृष्टि से इस क्रान्तिकारी योद्धा का जीवन असाधारण रूप से दुखमय रहा। बचपन और जवानी उन्होंने सन् 1828-46 ई. सारातोव में बितायी बाद के पाँच वर्ष सन् 1846-50 ई. सेण्ट पीटर्सबर्ग विश्वविद्यालय के इतिहास और दर्शन के निकायों में पढ़ते रहे। स्नातक होने के बाद क़रीब ढाई वर्ष सन् 1851-53 ई. सारातोव ने एक जिमनेसियम में पढ़ाने का काम किया। सन् 1853 ई. में पीटर्सबर्ग में वापस आ बसे और सुविख्यात पत्रिका 'सोवरेमेनिक' में लगातार लिखना शुरू किया। कुछ ही समय बाद इसके सम्पादक बना दिये गये। तत्कालीन गणतान्त्रिक आन्दोलन को इस पत्रिका ने नेतृत्व दिया। उनकी विख्यात साहित्य समीक्षाएँ—रूसी साहित्य के गोगोल युग पर—लेसिंग और पुश्किन पर—इसी पत्रिका में छपीं। 'जुलायी राजतन्त्र' शीर्षक क्रान्तिकारी लेख इसी में छपा। 'दर्शन में नेतृत्वशास्त्रीय सिद्धान्त' शीर्षक लेख और अंग्रेज़ दार्शनिक जे. एस. मिलकी राजनीतिक अर्थसत्ता पर टिप्पणियाँ इसी में छपीं। चूँकि चर्नीशेवस्की चिन्तन और कर्म, दोनों ही क्षेत्रों के सेनानी थे, अतः उन्होंने जहाँ दार्शनिक समस्याओं का मूर्त अध्ययन किया, वहाँ संगठनात्मक पहलू पर भी ध्यान दिया। सन् 70 के प्रारम्भ में चर्नीशेवस्की, हर्जन आदि विचारकों ने एक गुप्त राजनीतिक संगठन 'भूमि और स्वातन्त्र्य' के निर्माण में सहयोग दिया। चर्नीशेवस्की के सहयोग से सेण्ट पीटर्सबर्ग में लिटरेरी फण्ड (साहित्य कोश संस्थान—विपन्न लेखकों, वैज्ञानिकों और उनके परिवारों की सहायता के लिये) स्थापित किया गया। सहायता देने के बहाने आयोजकों ने बौद्धिक वर्ग के प्रगतिशील, क्रान्तिकारी अंश

को संगठित किया। विद्यार्थियों को संगठित करने के लिए इसी क़िस्म की एक संस्था बनायी गयी। चर्नीशेवस्की की कोशिश से साहित्यकारों को संगठित करने के लिए चेस क्लब सन् 1862 ई. में स्थापित किया गया। सिर्फ़ छह महीने के बाद ज़ारशाही ने इसे बन्द कर दिया। सन् 1862 ई. में चर्नीशेवस्की गिरफ़्तार कर लिए गये और सेण्ट पीटर एण्ड पॉल क़िले में बन्द कर दिये गये। वहाँ उन्होंने अपना सुप्रसिद्ध उपन्यास, 'व्हाट इज़ टु बी डन्?' लिखा, जो कई पीढ़ियों तक क्रान्तिकारियों के लिए पाठ्यपुस्तक जैसा बन गया। उनका दूसरा उपन्यास 'प्रोलोग' भी इसी क्रान्तिकारी महत्त्व का था। सन् 1864 ई. में ज़ारशाही ने उन्हें आमरण कारावास की सजा दी। 61 वर्ष की उम्र में 17 अक्टूबर, 1889 ई. को उनकी मृत्यु हुई।

सामन्तविरोधी क्रान्तिकारी गणतान्त्रिक भूमिका की वजह से आमरण कारावास, साइबेरिया में निर्वासन भोगने वाले साहित्य शिल्पी और चिन्तक चर्नीशेवस्की का सौन्दर्यशास्त्र क्या होगा? लेनिन के शब्दों में, जो व्यक्ति प्रेस नियन्त्रण के समस्त अवरोधों के बावजूद अपनी कृषक क्रान्ति के माध्यम से युग की समस्त राजनीतिक घटनाओं पर अमिट क्रान्तिकारी छाप छोड़ गया है, उसका सौन्दर्यशास्त्र, चाहे जो हो, एकांगी और संकीर्ण नहीं हो सकता है। लेनिन के ही शब्दों में, जिस व्यक्ति की विश्वदृष्टि अभिन्न रूप से जुड़ी हुई थी सम्पूर्ण दार्शनिक वस्तुवाद से और जिसने नव-कान्तवादियों (निओ-काण्टियन), प्रत्यक्षवादियों (पॉजिटिविस्ट) और मैचवादियों की हर आदर्शवादी बक-झक का जम कर मुक़ाबला किया हो, उस क्रान्तिकारी गणतान्त्रिक, चर्नीशेवस्की का सौन्दर्यशास्त्र, चाहे जो हो, न अप्रासंगिक होगा और न वायवी, न अमूर्त और कोरा भावात्मक आदर्शवादी। जिसने क्रान्तिकारी गणतान्त्रिक आचरण की मूर्त आवश्यकताओं के मुताबिक दार्शनिक समस्याओं को समझने-बूझने की कोशिश की हो और जिसने अपने युग के यथार्थ का वैज्ञानिक विश्लेषण किया हो, उसका सौन्दर्यशास्त्र जीवन से अलग नहीं होगा, जीवन को लेकर होगा, फलक उसका उतना ही विस्तृत, जितना स्वयं जीवन होगा।

क्रान्तिपूर्व रूस की राष्ट्रीय संस्कृति में दरअसल दो राष्ट्रीय संस्कृतियाँ रहीं—भू-स्वामियों और बुर्जुआ की अलग और जनसाधारण की अलग। यदि दो विरोधी हित हों तो दो विरोधी संस्कृतियाँ होंगी ही, चाहे क्रान्तिपूर्व रूस की बात हो अथवा क्रान्तिपूर्व अन्य किसी देश की बात हो। तत्कालीन समाज का सबसे बड़ा अन्तर्विरोध था, किसानों और सामन्तों के बीच और जो जितना महान और साहसी चिन्तक होगा वह उतने की बड़े अन्तर्विरोध पर अपना सारा ध्यान फ़ोकस करेगा। जब उस युग के निरंकुश सत्ताधरियों ने तथाकथित भूमिसुधार लागू किये तो उनके सामन्ती चरित्र को समझाने और बताने वाले चिन्तकों में चर्नीशेवस्की सबसे आगे थे। अपने कई लेखों में, तथ्यों की मदद से, चर्नीशेवस्की ने किसानों

को क्रमशः लूटने की सरकारी नीति का पर्दाफ़ाश किया। और इस प्रक्रिया में उदारपन्थियों, जो सामन्ती भू-स्वामियों के ज़ड़ख़रीद गुलाम हुआ करते थे, की घृणित भूमिका का उद्‌घाटन किया। इस प्रकार चर्नीशेवस्की, हर्जन, दोब्रोल्योबोव जैसे क्रान्तिकारी गणतान्त्रिक चिन्तक और दूसरी ओर तत्कालीन उदारपन्थी चिन्तक रूस की दो ऐतिहासिक धाराओं के परस्पर विरोधी व्याख्याकार थे; एक धारा थी गणतान्त्रिक, समाजवादी, क्रान्तिकारी धारा और दूसरी धारा थी, बुर्जुआ उदारपन्थी। इन क्रान्तिकारी गणतान्त्रिकों ने अपने युग की सबसे ज़्यादा बुनियादी समस्याओं को लिया और क्रान्तिकारी गणतन्त्रीकरण के तहत उन्हें हल करना चाहा। जिनका फलक इतना गूढ़ और व्यापक हो वे अर्थनीति, इतिहास, दर्शन आदि से बच कैसे सकते हैं? ज़ारशाही और सामन्तवाद के ख़िलाफ़ इस सीधे संघर्ष में उन्होंने देखा कि आदर्शवाद और उदारपन्थ शोषकों के चिर-परिचित हथियार हैं और वस्तुवाद के सम्यक् विकास में ही शोषितों की मुक्ति की सम्भावना है। उन्नीसवीं सदी के रूसी वस्तुवादियों के दार्शनिक और सौन्दर्यात्मक विचारों पर लिखे अपने कई लेखों में (जैसे 'इन मैमरी ऑफ़ हर्जन', 'दि पेजण्ट रिफ़ॉर्म एण्ड दि प्रोलिटेरिएट-पेजण्ट रेवोल्यूशन', 'कन्सर्निंग वेखी' आदि में) लेनिन ने बताया कि उन्नीसवीं सदी में, विशेषकर उत्तरार्द्ध में वस्तुवादी विकास का सीधा सम्बन्ध मुक्ति संग्राम से रहा है।

यद्यपि चर्नीशेवस्की रूसी सोशल डेमोक्रेसी के विलक्षण प्रणयकों में से एक थे और उन्नीसवीं सदी के उत्तरार्द्ध में क्रान्तिकारी गणतान्त्रिक आन्दोलन के मुख्य प्रेरणा स्रोत और नेताओं में से थे, लेकिन ऐतिहासिक कारणों से उनका समाजवाद यूटोपियाई समाजवाद था। बावजूद इस यूटोपियाई समाजवाद के, लेनिन ने बताया कि चर्नीशेवस्की पूँजीवाद के अत्यन्त प्रखर आलोचक थे। चर्नीशेवस्की ने न केवल यह स्थापित किया कि निरंकुश और सामाजिक भू-स्वामी व्यवस्था क्षयिष्णु है, बल्कि यह भी कि विपन्न और पिछले रूस की परिस्थितियों में पूँजीवाद श्रमिक वर्ग के हितों के ख़िलाफ़ है और बुर्जुआ 'स्वातन्त्र्य' की दुहाई हेतु रहना नितान्त भ्रामक है। स्वातान्त्र्य के सिलसिले में बुर्जुआ गणतान्त्रिकों के बारे में उन्होंने जो कुछ कहा, उसकी प्रामाणिकता आज भी गूँजती है।

"मैं इन भले लोगों को कतई नहीं पसन्द नहीं करता हूँ जो स्वतान्त्र्य, स्वातन्त्र्य का रट्टा लगाये रहते हैं, और स्वातन्त्र्य को शब्द के उच्चारण तक और कानून के अन्तर्गत लिख देने तक सीमित कर देते हैं लेकिन जीवन में उसे लागू नहीं करते, सीमित कर देते हैं। असमानता की चर्चा करने वाले कानूनों के ख़ात्मे तक लेकिन उस सामाजिक व्यवस्था को ख़त्म नहीं करना चाहते हैं जिसकी वजह से दस में से नौ लोग गुलाम हैं, सर्वहारा हैं। सवाल यह नहीं है कि ज़ार रहेगा अथवा नहीं, यह

भी नहीं कि विधान होगा कि नहीं, सवाल है सामाजिक सम्बन्धों का, सवाल है क्या एक वर्ग दूसरे वर्ग का ख़ून चूसता रहेगा?''

वर्गों से परे 'विशुद्ध विज्ञान', विशुद्ध दर्शन', 'विशुद्ध कला' के अस्तित्त्व तक वह स्वीकारते नहीं थे। अक्सर वे कहा करते थे, ''मुझे कितना घिनौना लगता है जब कोई पहल करता है कि वह दृढ़तापूर्वक निष्पक्ष है, किसी दल का नहीं है, यह मुमकिन कैसे है कि कोई व्यक्ति किसी दल का न हो, किसी निकाय का न हो?'' बराबर ही वह सैद्धान्तिक विवेचन की वर्गवस्तु को उघाड़ कर सामने रखते थे। इसी से वह मार्क्स-पूर्वी दर्शन के इतिहास में पहले चिन्तक हैं जिन्होंने रेखांकित किया कि दर्शन राजनीति पर कितनी बुरी तरह से निर्भर है। लेनिन के शब्दों में, उनकी कृतियाँ वर्ग-संघर्ष की सारवस्तु में साँसें लेती हैं।

आधुनिक मार्क्सवादी दार्शनिकों ने बताया कि चर्नीशेवस्की का दर्शन मार्क्स-पूर्वी वस्तुवाद का एक ऐतिहासिक प्रारूप है और उन्नीसवीं सदी के रूस का सामन्तवाद से पूँजीवाद के संक्रमण का, और इस ऐतिहासिक प्रक्रिया की जो उन्नत्तर विचारधारा है अर्थात् प्रगतिशील सामाजिक विचाराधारा का प्रतिनिधि है। इसी धारा का अग्रगामी विकास हुआ, मार्क्सवाद में, किन्तु विकास के भिन्न-भिन्न ऐतिहासिक चरणों से देखा गया कि मार्क्सवादी वस्तुवाद अनैतिहासिक वस्तुवाद से कितना भिन्न है। दर्शन के इतिहास में द्वन्द्वात्मकता की परम्परा की खोज की जाये तो हम पायेंगे कि यह परम्परा अर्थात् द्वन्द्वात्मक चिन्तन, द्वन्द्वात्मक कॉन्सेप्ट और कैटेगरी की परम्परा अरस्तू, लिपनित्स, हेगल, हर्जन, चर्नीशेवस्की आदि विचारकों में विकास के भिन्न-भिन्न चरणों में पायी जाती है। इसमें कोई शक़ नहीं है कि चर्नीशेवस्की मार्क्सवाद के अग्रदूत हैं गणतान्त्रिक क्रान्ति (कार्यक्रम : दासप्रथा का विरोध, समाज के गणतन्त्रीकरण का अभियान, जनसाधारण की माली हालत को सुधारने का संघर्ष। वैचारिक मुद्दे : क्रान्तिकारी गणतन्त्रवाद, तत्कालीन रूस में उपलब्ध विरोधी सामाजिक सम्बन्धों और वर्ग-संघर्ष का तीव्र बोध, जनसाधारण की क्षमता में अपार आस्था) समाजवादी क्रान्ति की अग्रदूत है।

चर्नीशेवस्की के युग भाववादी आदर्शवादी चिन्तन बड़े व्यापक पैमाने पर रूस में छाया हुआ था। इस थोथे चिन्तन के ख़िलाफ़ उन्होंने वस्तुवाद को विकसित किया। (चर्नीशेवस्की के लेख 'यथार्थ और कला के सौन्दर्यात्मक सम्बन्ध', 'दर्शन में नृतत्त्वशास्त्रीय सिद्धान्त', 'कारपेण्टरकृत एनर्जी इन नेचर की भूमिका और उस पर टिप्पणियाँ' आदि दृष्टव्य हैं।) उन्होंने यह स्थापित किया कि प्रत्येक दार्शनिक निकाय किसी वर्ग विशेष के ख़ास स्वार्थ से बँधा होता है। अपनी वस्तुवाद की इस परम्परा में उन्होंने आत्मपरक आदर्शवादी दर्शन की प्रतिक्रियावादी सारवस्तु को पहचाना और तत्कालीन नव-कान्तवादियों का जम कर मुक़ाबला किया। इतना ही

नहीं, बल्कि प्रत्यक्षवाद और आत्मपरक आदर्शवाद के अन्य रूपान्तरों के ख़िलाफ़ जम कर मोर्चाबन्दी की। लोकोत्तर अनुभवातीत दर्शन (ट्रान्सैंडेंटल फ़िलॉस्फ़ी) के खिलाफ़ संघर्ष किया। कान्त के अज्ञेयवाद (एग्नास्टिज़्म) और व्यक्तिवाद के आकलन में वह द्वन्द्वात्मक भौतिकवाद के बिल्कुल क़रीब आ गये थे। लेनिन की दृष्टि में चर्नीशेवस्की एंगेल्स की तुलना में कुछ ही नीचे पड़ते हैं क्योंकि वह अपनी पारिभाषिक शब्दावली में वस्तुवाद और आदर्शवाद के बीच के विरोध को समझने में गड़बड़ा गये। चर्नीशेवस्की ने वस्तुवाद और आदर्शवाद के विरोध को आधिभौतिकी (मेटाफिज़िकल) विचार और द्वन्द्वात्मक चिन्तन का विरोध समझ लिया। इसके बावजूद उन्होंने कान्त की आलोचना यथार्थवाद की वजह से नहीं, बल्कि अज्ञेयवाद और व्यक्तिवाद की वजह से की; "वस्तु अपने आप में" (थिंग इन इटसेल्फ़) की पहचान के लिए नहीं, बल्कि इस वस्तुपरक स्रोत से ज्ञान पाने की असामर्थ्य के लिए की। अतएव, लेनिन का निष्कर्ष था कि कई मौलिक पहलुओं में एंगेल्स के बराबर होने के बावजूद चर्नीशेवस्की तत्कालीन रूसी समाज के पिछड़ेपन के कारण द्वन्द्वात्मक भौतिकवाद की ऊँचाई तक पहुँच नहीं पाये। हेगल की द्वन्द्वात्मक विधि को चर्नीशेवस्की ने यथार्थवादी आधार देने की कोशिश की। द्वन्द्वात्मक विधि को सर्वप्रथम विकास देने वाले हेगल में भी द्वन्द्ववाद अपनी सम्पूर्ण सम्भावनाओं को प्राप्त नहीं कर सका, क्योंकि हेगलीय निकाय में द्वन्द्वात्मक विधि को वास्तविकता के तहत नहीं, बल्कि कॉन्सेप्ट्स (विचारों) के तहत; अतीत पर, न कि वर्तमान और भविष्य पर लागू किया गया था। चूँकि मार्क्स-पूर्वी वस्तुवादियों (स्पिनोजा, दीदरो, हर्जन, चर्नीशेवस्की आदि) का वस्तुवाद आधिभौतिकी विधि से प्रभावित रहा, इसलिए वे प्रकृति, समाज और चिन्तन के सामान्य विकास को पकड़ने में असमर्थ रहे और अन्ततः समझ नहीं सके कि विकास का मूलस्रोत और सारवस्तु उपलब्ध है प्रतिकूल तत्त्वों के संघर्ष और एकता में। इतनी स्पष्ट सीमा के बावजूद मार्क्स-पूर्वी दार्शनिकों में चर्नीशेदस्की ही पहले चिन्तक हैं जिन्होंने द्वन्द्वात्मक विधि को यथार्थ की दिशा में विकसित करने की कोशिश की। एक मिसाल लें। सामाजिक सम्बन्धों की प्रक्रिया की गवेषणा में फ्रांसीसी एनूलाईटेनमेण्ट के चिन्तकों ने पाया कि विशुद्ध हित अथवा स्वार्थ ही मनुष्य के विचार व कर्मों की प्राथमिक प्रेरक शक्ति हैं। यहाँ तक कि उसी निकाय के चिन्तक हॉलबाच की स्थापना थी कि प्यार और नफ़रत की तह में व्यक्तिगत लाभ और हित की प्रेरणा ही होती है। लेकिन चर्नीशेवस्की ने अपनी 'रीज़नेबल इगोइज़्म' की स्थापना से बताया कि जहाँ यह सच है कि नैतिकता की बुनियाद स्वहित हुआ करती है वहाँ यह ज़रूरी नहीं है कि भिन्न-भिन्न स्वहित आपस में विरोधी भी हों। सामान्य कल्याण के सिद्धान्त के अनुसार, विरोधी तत्त्व वर्गबद्ध हो जाते हैं

प्रस्तुत लेख की शुरुआत में ही हमने पूछा था : आख़िर ऐसे चिन्तक का सौन्दर्यशास्त्र क्या होगा? वस्तुवाद को इतना सम्यक् विकास देने वाले वस्तुवादी कलाकार का सौन्दर्यशास्त्र होगा—जीवन सापेक्ष, यथार्थवादी। हेगल समेत तमाम आदर्शवादी विचारकों की दृष्टि में मनुष्य को वही, सुन्दर लगता है जो वह किसी ख़ास भाव व विचार की सम्पूर्ण प्राप्ति के रूप में स्वीकारता है। चूँकि यह सम्भव नहीं है इसलिए कला, जिसका लक्ष्य है पूर्णता अपने निजस्व में मिथ व भ्रान्ति का कुछ अंश लिए होती है। इस मिथकीय अंश को विज्ञान उत्तरोत्तर ख़त्म करता जा रहा है और उसी अनुपात में कला क्षयग्रस्त होती जा रही है। यथार्थ में अपूर्णता है, इसलिए कला का सम्पूर्ण सौन्दर्य बग़ैर मिथ के प्राप्त नहीं किया जा सकता है। आदर्शवादियों के इन थोथे, यथार्थ विरोधी तर्कों के ख़िलाफ़ चर्नीशेवस्की ने कहा-

"यथार्थ स्वप्नों से महत्तर हुआ करता है और सारमूलक महत्त्व काल्पनिक आत्मप्रदर्शन से कहीं ज़्यादा महत्त्वपूर्ण हुआ करता है।" इसी वजह से कलाकार यथार्थ से असम्पृक्त किसी आदर्शमूलक कल्पना में सौन्दर्य की खोज नहीं करता है, बल्कि वह सौन्दर्य खोजता है यथार्थ की सारवस्तु में ही।

"जिन आकांक्षाओं को मनुष्य जतन से सँजोये रखता है उनमें सर्वाधिक वैश्विक और जो इस दुनिया की अन्य किसी भी आकांक्षा की तुलना में ज़्यादा-से-ज़्यादा आकांक्षित है, वह स्वयं जीवन ही है, ज़्यादा-से-ज़्यादा वैसा ही जीवन जैरा मनुष्य जीना चाहेंगे; लेकिन हर दूसरे प्रकार का जीवन भी जिसे मनुष्य जीना चाहेगा, क्योंकि हर हालत में जीवित रहना जीवित नहीं रहने से कहीं ज़्यादा बेहतर है और तमाम सजीव प्राणी अपनी मूल प्रकृति से मृत्यु, अवसान के आसार से भयभीत रहते हैं, और वे सभी जीवन से प्यार करते हैं।"

"सुन्दर जीवन ही है" यही थी चर्नीशेवस्की की मूल स्थापना, क्योंकि हममें जिन तमाम तरीक़ों से सौन्दर्यबोध जन्मता है, उस संशिष्ट और संकुल प्रक्रिया को यह स्थापना यथेष्ट व्याख्यायित करती है। वस्तुवादी सौन्दर्यशास्त्र की यह व्याख्या सिद्धान्ततः कला की अन्तर्वस्तु के यथार्थवादी बोध को स्थापित करती है। चर्नीशेवस्की का निष्कर्ष कि कला लक्ष्य जीवन है—जीवन अपनी समग्रता में और सिर्फ़ सुन्दर और अन्य सौन्दर्यात्मक रूप ही नहीं—साहित्य में गहराते और विकासशील यथार्थवाद की व्यापक सम्भावनाओं को प्रशस्त करता है। इसी मूल स्थापना का संगत मूर्त विकास चर्नीशेवस्की अपने सौन्दर्यशास्त्र और साहित्य में आजीवन करते रहे।

"सुन्दर वे तमाम चीज़ें हैं जिनमें हम वैसा जीवन पाते हैं जो जीवन हम अपनी संकल्पनाओं के अनुसार, अभीष्ट समझते हैं।"

"सुन्दर वह वस्तु है जो जीवन को व्यक्त करती है अथवा जीवन की याद दिलाती है।"

कला का मूलभूत कार्य क्या है? चर्नीशेवस्की इस ऐतिहासिक बहस को दो टूक इस प्रकार समाप्त करते हैं–

''कला का कार्य है उस हरेक वस्तु को प्रतिरूपित करना जो मनुष्य को जीवन में महत्त्वपूर्ण लगती हो।''

लेकिन प्रतिरूपन का यह सौन्दर्यात्मक कार्य तभी पूरा नहीं समझा जायेगा जब कलाकार, चेतन अथवा अचेतन रूप से, अपने विचार भी व्यक्त करता हो और तभी, इसी ख़ास वजह से, ''कला मनुष्य का नैतिक क्रियाकलाप बन जाती है।'' कलाकृति का महत्त्व उसी अनुपात में आँका जाना चाहिए जिस अनुपात में रचनाकार जीवन की समस्याओं का मुक़ाबला करता है और साथ-साथ सुलझाने की कोशिश करता है। इसका हरग़िज आशय यह नहीं होना चाहिए कि कलाकार प्रकृति में जो कुछ सुन्दर है, सिर्फ़ उसे ही प्रतिरूपित करता रहे।

''किसी आकृति को सुन्दरतापूर्वक चित्रित करना अलग वस्तु है और किसी सुन्दर आकृति को चित्रित करना अलग वस्तु है।''

कला का सारवस्तु के रूप में चर्नीशेवस्की का जीवनबोध गतिशील है, द्वन्द्वात्मक है' वह दरअसल जीवन का समूचा संघर्ष है, जीवन जैसे वह वास्तव में, है, न कि स्वप्निल सुखों का जीवन।

''उस हरेक वस्तु को प्रतिरूपित करना जो मनुष्य को जीवन में महत्त्वपूर्ण लगती हो में शामिल हैं घिनौनी और सुन्दर वे शक्तियाँ, जो जीवन को पराजित करती हैं और खड़ा भी करती हैं, मृत्यु और जीवन भी।''

''किसी आकृति को सुन्दरतापूर्वक चित्रित किया गया है'' का अर्थ है कि कलाकार ने जो कुछ व्यक्त करना चाहा, उसमें वह सफल रहा। लेकिन यह रूपवाद नहीं है क्योंकि सौन्दर्य को 'रूप की पूर्णता' के अर्थ में अथवा 'भाव और बिम्ब की एकता' के अर्थ में स्वीकारते हुए भी चर्नीशेवस्की रूप की पूर्णता को यथार्थवादी आयाम दे देते हैं, 'रूप की पूर्णता (भाव और रूप की एकता), 'ललित कला' के सौन्दर्यात्मक अर्थ में, कला की चारित्रिक विशेषता हुआ नहीं करती है। भाव और बिम्ब की एकता अथवा किसी भाव की परिपूर्ण प्राप्ति के अर्थ में कला–इस पद के व्यापकतम सम्भव अर्थ में–का ध्येय होता है, सौन्दर्य। हर हुनर (स्किल) का यही लक्ष्य होता है। मनुष्य के तमाम व्यवहार्य क्रियाकलाप का यही लक्ष्य होता है।' हर 'हुनर', हर 'व्यवहार्य क्रियाकलाप' के साथ कला को जोड़ कर चर्नीशेवस्की ने रूप और कथ्य की एकता को यथार्थवादी दृष्टि से स्थापित किया। इसी दिशा में, आगे बढ़ कर, वह इस प्रक्रिया को जाँचते हैं कि कला किस ख़ास तरीक़े से यथार्थ को प्रतिरूपित करती है। यथार्थ की व्याख्या गणित अपने तरीक़े से करता है, यथार्थ की अनेकता को अमूर्त नियमों में वर्गीकृत कर देता है, जबकि कला यथार्थ को बिम्बों के माध्यम से प्रतिरूपित करती है।

'सुन्दर एक व्यक्ति है, जीवन्त पहलू है, न कि अमूर्त चिन्तन।' विशिष्ट व वस्तु विशेष की सम्पूर्ण सम्पदा को सामान्य पा नहीं सकता है और बिना सामान्य को समझे विशिष्ट की अतुल सम्पदा पायी नहीं जा सकती है। चुनांचे 'सुन्दरतापूर्वक चित्रित करने' का आशय है विशिष्ट को व्यक्त करना ताकि, वह सामान्य महत्त्व पा सके। वह इसलिए कि कला में विशिष्ट बन जाता है सामान्य और सामान्य प्रकट होता है विशिष्ट में, और विशिष्ट और सामान्य की एकता ही कथ्य और रूप की एकता में व्यक्त होती है और इसी से कला बन जाती है, महत्त्वपूर्ण अनुभूति का अक्षय स्रोत।

चर्नीशेवस्की की दृष्टि में रचनाधर्मिता अपने सर्वोच्च स्तर—यथार्थवाद पर तब पहुँचाती है जब रचनाकार वास्तविक को उदात्त मनोवेग और प्रगतिशील विचार से जोड़ता है। और यही बना परवर्ती सोवियत समाजवादी यथार्थवाद का क्लासिकी आधार। यथार्थवाद की व्याख्या करते हुए चर्नीशेवस्की लिखते हैं—

''वास्तविक जीवन से हमारा आशय महज़ इतना है कि वस्तुपरक संसार की वस्तुओं और प्राणियों के साथ मनुष्य के सम्बन्ध क्या हैं? इतना ही नहीं, बल्कि उसका आन्तरिक जीवन भी है। कभी-कभी मनुष्य अपने सपनों के भरोसे जीवित रहता है। उसके स्वप्न उस हालत में उसके लिए वस्तुपरक अर्थ हासिल कर लेते हैं (किसी निश्चित सीमा तक और किसी निश्चित अवधि तक के लिये); बल्कि अपेक्षाकृत ज़्यादा निरन्तर यह देखा जाता है कि कोई-कोई मनुष्य अपनी भावनाओं की दुनिया में रहता है, मस्तिष्क की ये दशाएँ भी यदि महत्त्वपूर्ण बन जाएँ तो कला में प्रतिरूपित की जाती हैं।''

अपनी प्रतिरोपन (रिप्रोडक्शन) की थ्योरी को चर्नीशेवस्की ने बड़ी स्पष्ट भाषा में व्याख्यायित किया और बताया कि प्राचीन सौन्दर्यशास्त्रियों, विशेषकर अरस्तू की अनुकरण (इमीटेशन) थ्योरी से वह कितनी भिन्न है। 'मार्क्सिज़्म एण्ड मॉडर्न आर्ट' पुस्तक मे एफ़. डी. क्लिंगजेण्डर प्रतिरोपन की थ्योरी की बड़ी विशद व्याख्या करते हैं। यथार्थवाद की बाबत चर्नीशेवस्की का आग्रह बहुत साफ़ था, अर्थात् यथार्थवादी कला मनुष्य को जीवन में जो महत्त्वपूर्ण लगे, उसे प्रतिरूपित और व्याख्यायित करे। इसका मतलब साफ़ है कि कलाकार अपने ख़ास यथार्थबोध के मामले में स्वतन्त्र है। चर्नीशेवस्की की स्थापना के सम्बन्ध में यह कहना ग़लत नहीं होगा कि वह उस समय फ़ायरबाख़ से प्रभावित थे जिन्होंने कला की हेगलीय धारणा की आलोचना की थी। फ़ायरबाख़ के वस्तुवाद की आलोचना मार्क्स और एंगेल्स ने की, जो प्रकारान्तर से चर्नीशेवस्की पर भी लागू होती है। इस सम्बन्ध में अपनी 'थीसिस ऑन फ़ायरबाख़' में मार्क्स ने लिखा, ''फ़ायरबाख़ तक को शामिल करते हुए आज तक के वस्तुवाद का प्रमुख दोष यही रहा कि विषय, यथार्थ, जिसका बोध हम अपनी इन्द्रियानुभूति के माध्यम से करते हैं, को समझा जाता है सिर्फ़

वस्तु अथवा चिन्तन के रूप में, लेकिन ऐन्द्रिय मानव सक्रियता, व्यवहार के रूप में नहीं, व्यक्तिपरक तरीक़े से नहीं।''

मार्क्स की यह आलोचना चर्नीशेवस्की के 'प्रतिरूपन' थ्योरी के मूल्यांकन के लिए काफ़ी महत्त्वपूर्ण है। फ़ायरबाख़ की तरह चर्नीशेवस्की यथार्थ को 'मनुष्य' से भिन्न एक अलग क्षेत्र समझते रहे। एक 'विषय', जिसे कलाकार इसलिए प्रतिरूपित करता है ताकि उसका 'मनुष्य' चिन्तन कर सके। लेकिन मार्क्स का तर्क था कि स्वयं मनुष्य जाति यथार्थ का अविच्छेद्य अंग है और हमारा सचेतन यथार्थ को बदलने की हमारी व्यावहारिक क्रिया का महज़ प्रतिबिम्बन है। समाज और दुनिया को बदलने की इस व्यावहारिक क्रिया में कला भी भागीदार है। किसी शाश्वत अपरिवर्तनशील प्रकृति, जिसका 'मनुष्य' चिन्तन करता रहे, को प्रतिरूपित करना तो दूर की बात है, कला दरअसल प्राकृतिक शक्तियों को नियन्त्रित करने के मानव संघर्ष को प्रतिबिम्बित करती है। इस संघर्ष का हिरावल होता है कलाकार, क्योंकि अन्य लोगों की अपेक्षा वह अपनी संवेदना की वजह से यथार्थ के नित नये पहलुओं का सन्धान कर पाता है। 'सौन्दर्य' चिरन्तन रूप से एक-सा नहीं होता है, नित बदलती सारवस्तु को खोजना, और फिर खोजना, ज़रूरी हो जाता है और उसे जनसमूह के समक्ष अभिव्यक्त करना पड़ता है। मार्क्स ने इसे यूँ रखा—

''कलाकृति—अन्य किसी उत्पाद के समान—एक ऐसे जनसमूह को तैयार करती है जो उसके (अर्थात् कलाकृति के) अपने विलक्षण सौन्दर्य के प्रति सचेत रहता है और जो उसके (अर्थात कलाकृति के) आस्वाद की सामर्थ्य रखता है।''

ज़ाहिर है कि फ़ायरबाख़ का 'आदमी' अमूर्त था, लेकिन फ़ायरबाख़ीय प्रभाव के बावजूद चर्नीशेवस्की में प्रमाण उपलब्ध है कि उनका 'आदमी' अमूर्तता का वैसा शिकार नहीं था। सौन्दर्य और जीवन बोध हर युग में और हर वर्ग में एक-सा नहीं होता। सुप्रसिद्ध सोवियत आलोचक लुनाचार्स्की के अनुसार, चर्नीशेवस्की के ग्रीक त्रासदी सम्बन्धी विचारों में मूर्त 'आदमी' का साक्ष्य उपलब्ध है। चर्नीशेवस्की के युग में रूस में त्रासद बोध का विचार वही था जो प्राचीन युग के सौन्दर्यशास्त्रियों का था। अपने 'काव्यशास्त्र' में अरस्तू ने त्रासदी के बुनियादी विचार की जो व्याख्या की, वह, चर्नीशेवस्की के अनुसार प्राचीन विश्वदृष्टि से भिन्न नहीं है। हेगल और अन्य सौन्दर्यशास्त्रियों ने अरस्तू के त्रासद बोध का ऐतिहासिक अध्ययन नहीं किया। उनकी व्याख्या यूँ थी : त्रासदी किसी महान और महत्त्वपूर्ण व्यक्ति, किसी विलक्षण व्यक्ति के प्रारब्ध को चित्रित करती है जो अपने त्रासद दोष की वजह से मारा जाता है। यह दोष क्या है? त्रासदी का नायक असाधारण रूप से शक्तिशाली होता है, लेकिन परिवेश के साथ समझौता कर नहीं पाता है। परिवेश के साथ द्वन्द्व अपने जिस दोष की वजह से हो जाता है, वह है अहंकार व दर्प, जिसे अरस्तू ने ह्यू ब्रिस

बताया। अपनी विलक्षण शक्ति, उत्कृष्ट सामाजिक स्थान और ओजपूर्ण व्यक्तित्त्व की वजह से नायक में ह्यू ब्रिस का जन्म होता है अर्थात् विलक्षणता में ही विध्वंस के बीज पड़े रहते हैं। नवजात ग्रीक प्रतातन्त्र को ऐसे विलक्षण व्यक्तियों से ख़तरा था, डर था कि व्यक्तिगत महत्त्वाकांक्षा की वजह से जनतन्त्र को ख़त्म कर देंगे। अतः जब ग्रीक त्रासदी सिर्फ़ 'किसी महान और महत्त्वपूर्ण व्यक्ति, किसी विलक्षण व्यक्ति' को चित्रित करना चाहती है तो वह युगीन विश्वदृष्टि से स्वतन्त्र नहीं है। इसी इतिहास बोध को रेखांकित करते हुए चर्नीशेवस्की ने बताया कि त्रासदी की ऐसी व्याख्या जनसाधारण को शाश्वत नियमों की आड़ में आतंकित करने की एक तरक़ीब है। जिस किसी व्यक्ति को चाहे कुछ भी हो सकता है। प्रारब्ध की बात से उनका मनोरंजन ही हुआ, और कुछ नहीं। ये शाश्वत नियम किसी वर्ग विशेष के अपने एकान्त हित में बनाये नियम हैं। त्रासदी पायी जाती है हर भयानक घटना में, हर भयानक अन्त में, मानव जाति की हर पीड़ा में—चाहे वे पात्र हों अथवा अपात्र। अमुक व्यक्ति दोषी है और बर्बाद हो जाता है तो त्रासदी हुई, और यदि वह दोषरहित है और बर्बाद हो जाता है तो यह त्रासदी क्यों नहीं हुई? चर्नीशेवस्की की इस व्याख्या से यह स्पष्ट है फ़ायरबाख़ के समान वह 'मनुष्य' को अमूर्त नहीं मानते थे। किसी स्तर पर उनके चिन्तन में द्वन्द्व बोध था और इतिहास-बोध भी, जो द्वन्द्वात्मक और ऐतिहासिक वस्तुवाद के विकास तक पहुँच नहीं पाया था।

इसलिए लूनाचर्स्की का निष्कर्ष था कि चर्नीशेवस्की का सौन्दर्यशास्त्र कला के विचार को हिकारत की निगाह से देखता है जो कला को यथार्थ नहीं, बल्कि यथार्थ की जगह स्थानापन्न वस्तु मानता है। यथार्थ के प्रति अटल निष्ठा और वास्तविक जीवन की वृद्धि, विकास और उत्कर्ष के प्रति उनकी वांछा शब्द-शब्द से फूट पड़ती है। जीवनहीनता के प्रति उनका नकारात्मक दृष्टिकोण समझौता करने के लिए तैयार नहीं है। उनकी स्थापना है कि कला यथार्थ के उन्हीं पहलुओं को प्रतिरूपित करती है जो मनुष्य के महत्त्व के हैं और दर्पण के समान हर वस्तु को प्रतिबिम्बित नहीं करती है। चर्नीशेवस्की की मूल स्थापना कि कला जीवन को मूल्यांकित करती है, समाजवादी नैतिकता का अविच्छेद्य अंग है। 'विशुद्ध कला', जो अपने आप को नैतिकता से परे और स्वतन्त्र देखना पसन्द करती है, को नैतिक क्रियाकलाप की सूरत में स्वीकारना मुमकिन नहीं है और इसीलिए ऐसी कला मनुष्य-महत्त्व की हो नहीं सकती है। समाजवादी क्रान्ति से पहले गणतान्त्रिक क्रान्ति के ऐतिहासिक चरण से निपटना पड़ता है; समाजवादी यथार्थवाद के पूर्व यथार्थवाद के ऐतिहासिक चरण से गुज़रना पड़ता है। चर्नीशेवस्की का सौन्दर्यशास्त्र है साहित्य के सामाजिक रोल का, साहित्य की रूपान्तरकारी शक्ति का, विशिष्ट और सामान्य की द्वन्द्वात्मक एकता का, ज्ञान-विज्ञान की सक्रिय समग्रता का, जनआकांक्षाओं के साथ नित

नये समीकरण बैठाने का और समाजवादी नैतिकता और सौन्दर्य की पूर्णता का सौन्दर्यशास्त्र है। स्वयं मार्क्स ने उनकी कृतियों का अध्ययन किया था। आदर और श्रद्धा से वह चर्नीशेवस्की को 'महान रूसी लेखक' बताया करते थे। लेनिन ने कहा था कि चर्नीशेवस्की सचमुच के महान रूसी लेखक हैं जो पाँचवें दशक से 1888 तक दार्शनिक वस्तुवाद को अपनी समग्रता में बनाये रखने में कामयाब रहे। कितनी घृणा और आक्रोश की बात है कि इस क्रान्तिकारी सौन्दर्यशास्त्री को हमारे विश्वविद्यालयों में जाना नहीं जाता है जबकि उन्हीं के समकालीन अंग्रेज़ कवि टेनिसन, जो मिथ्या नैतिक बोध और बेईमान विचारों की वजह से राजकवि बना दिया गया था, आज भी हम पर छाया हुआ है। उसी की वैचारिक बेईमानी की प्रतिक्रिया थी कि साहित्य में "कला, कला के लिये" आन्दोलन आ गया था। मूल बात यह थी कि घटिया, मिथ्या और झूठे विचारों की जगह यदि विचारहीनता हो तो बेहतर है। उन्नीसवीं सदी के उत्तरार्द्ध में संस्कृति की दो धाराएँ थीं—एक साम्राज्यवाद की और दूसरी गणतन्त्र की। गणतान्त्रिक धारा विकसित हुई चर्नीशेवस्की में, अतः इस सौन्दर्यशास्त्र की सन्दर्भधर्मिता आज, विकास के इस स्तर पर, अपने देश में स्वतः सिद्ध है।

नया सौन्दर्यशास्त्र : प्लेखानोव का योगदान

•

राजीव सक्सेना

पहले रूसी मार्क्सवादी, ज्यार्जी वालेन्तिनोविच प्लेखानोव, ने 19वीं सदी के अन्तिम चतुर्थांश में मार्क्सवाद के सिद्धान्तों और इतिहास की व्याख्या करने में अत्यन्त महत्त्वपूर्ण योगदान किया। उस समय रूस में मार्क्स-एंगेल्स की कृतियाँ अपने मूल रूप में या अनुदान में सुलभ न थीं, और उस पर यह कि शासक वर्ग एक ओर नंगे दमन से और दूसरी ओर मार्क्सवाद के विचारों को तोड़-मरोड़ कर पेश कर मज़दूर वर्ग में प्राथमिक रूप से और सामान्यतः बुद्धिजीवी वर्ग में उसकी प्रतिष्ठा गिराने का प्रयत्न कर रहे थे। तब प्लेखानोव पहले व्यक्ति थे जिन्होंने दमन और जेलों का मुक़ाबला करते हुए मार्क्सवाद की व्याख्या आम लोगों तक पहुँचाने में बड़ी सूझ-बूझ से काम लिया।

प्लेखानोव ने मार्क्स के इस सुप्रसिद्ध उद्धरण की विस्तृत व्याख्या की, 'अपने जीवन के सामाजिक उत्पादन के दौरान मनुष्य आपस में ऐसे सुनिश्चित सम्बन्ध स्थापित करते हैं जो अनिवार्य होते हैं और उनकी इच्छा से स्वतन्त्र होते हैं, और ये उत्पादन सम्बन्ध उनकी भौतिक उत्पादक शक्तियों के विकास के एक निश्चित चरण के अनुरूप होते हैं। उत्पादन के इन सम्बन्धों के कुल योग से समाज की आर्थिक बनावट, असली नींव बनती है जिस पर कानून की और राजनीति की अधिरचना खड़ी होती है और उसी के अनुरूप सामाजिक चेतना के निश्चित स्वरूप बनते हैं।'

सौन्दर्यबोध सामाजिक चेतना का अंग है। इसलिए मार्क्स के इस बुनियादी सिद्धान्त के विषय में प्लेखानोव की व्याख्या के लिए उनकी कृति 'इतिहास की एकत्ववादी व्याख्या' अत्यन्त महत्त्वपूर्ण है। इसमें प्लेखानोव ने उन विचारकों की भर्त्सना की जो मार्क्सवाद को एक आर्थिक नियमन का सिद्धान्त मात्र समझते थे। प्लेखानोव ने बताया कि अपनी भौतिक आवश्यकताओं के उत्पादन में उत्पादन के साधनों के विकास ने अनुरूप मनुष्य एक सामाजिक सम्बन्ध में बँधते हैं जिन्हें मार्क्स

उत्पादन के सम्बन्ध कहते हैं। इन सम्बन्धों के कुल योग से समाज की आर्थिक बनावट तैयार होती है जिससे लोगों के बीच सभी अन्य सामाजिक सम्बन्ध पैदा होते हैं। और इन सम्बन्धों के अनुरूप एक सामाजिक मनोविज्ञान बनता है और उन्हीं के अनुरूप सभी प्रकार के दार्शनिक, राजनीतिक कानूनी, कलात्मक आदि विचार ढलते हैं।

वर्गों में बँटे हुए समाजों में, शोषण पर आधारित समाजों में शासित और शासक वर्ग उत्पादन की प्रक्रिया में एक-दूसरे से टकराते है। प्लेखानोव ने बताया कि यही वह संघर्ष है जिसमें से विभिन्न राजनीतिक सिद्धान्त और वैचारिक अधिरचना पैदा और विकसित होती है। वर्गों के बीच संघर्ष का अध्ययन कर ही समाज के वैचारिक और आध्यात्मिक इतिहास को समझा जा सकता है। वर्ग विभक्त समाज में प्रभुत्वशील वर्ग की विचारधारा प्रभुत्वशील विचारधारा होती है। पूँजीवादी समाज में पूँजीवादी विचारधारा का प्रभुत्व स्थापित होता है और नवोदित मज़दूर वर्ग पूँजीपति वर्ग को हर क्षेत्र में चुनौती देता है और उत्पादन सम्बन्धों को तोड़ कर नये सम्बन्ध स्थापित करने का संघर्ष छेड़ता है। प्लेखानोव ने सामाजिक रूपान्तर में चेतना का अत्यन्त महत्त्व रेखांकित किया। उन्होंने कहा, 'जब तक ऐतिहासिक विकास की प्रेरक शक्तियाँ लोगों के पीठ पीछे, उनकी चेतना से स्वतन्त्र रूप में काम करती रहीं, तब तक लोगों ने अपने इतिहास का अचेत रूप से निर्माण किया, उन्हें करना पड़ा। मगर जब लोग इन शक्तियों की खोज कर लेते हैं, जिन नियमों से वे परिचालित होती हैं, उनका अध्ययन कर लेते हैं, तब वे उन्हें अपने हाथ में लेने लगते हैं और उन्हें स्वयं अपनी बुद्धि के अधीन बना लेते हैं। मार्क्स ने जो सेवा की, वह थी, इन शक्तियों की खोज करने और उनकी कार्य प्रणाली का गहनतम वैज्ञानिक अध्ययन करने की।' (अंग्रेज़ी में प्लेखानोव की चुनी हुई दार्शनिक कृतियाँ, खण्ड 1, पृ. 422)

वर्ग विभक्त समाज में सौन्दर्यशास्त्र के क्षेत्र में भी प्रभुत्वशील वर्गों की धारणाओं का शासन होता है। इनके विरुद्ध संघर्ष करने के लिए यह आवश्यक है कि इनके मूल और विकास के नियम समझे जायें। प्लेखानोव ने इस क्षेत्र में अनन्य योगदान किया है। इस क्षेत्र में उनका योगदान इसलिए और भी महत्त्वपूर्ण है कि इन प्रश्नों को स्वयं मार्क्स और एंगेल्स क्रमबद्ध नहीं कर पाये थे।

प्लेखानोव ने इस प्रश्न पर यहाँ से विचार शुरू किया; सौन्दर्यबोध जीव का सहज गुण है, इतना कहने से न तो यह स्पष्ट होता है कि एक समय विशेष में तथा एक समाज विशेष में ख़ास प्रकार की ही सौन्दर्य-अवधारणाएँ क्यों फैली हुई हैं और उनमें क्यों तथा कैसे परिवर्तन तथा विकास होता रहता है। और फिर, इस प्रश्न का उत्तर खोजने के लिए उन्होंने मार्क्स की ऐतिहासिक भौतिकवादी दृष्टि का तथा अपने समय की नृतत्त्व विज्ञान तथा समाज विज्ञान सम्बन्धी समस्त शोधों के

निष्कर्षों का उपयोग किया। यह उत्तर उनकी कृति 'बिना पते की चिट्ठियाँ' से मिलता है जो पत्र शैली में लिखी गयी है। एक अन्य कृति 'कला तथा सामाजिक जीवन' में उन्होंने इसी दृष्टि से समसामयिक साहित्य के अध्ययन से प्राप्त निष्कर्षों को आकलित किया है। आज से तीन-चौथाई सदी पहले प्रस्थापित उनके निष्कर्ष आज भी मार्क्सवादी सौन्दर्यशास्त्र का अध्ययन प्रारम्भ करने के लिए प्राथमिक सूत्र हैं।

'बिना पते की चिट्ठियाँ' में प्लेखानोव सौन्दर्यबोध के मूल और विकास के ज़िम्मेदार तत्त्वों की खोज के लिए आदिवासियों के जीवन से प्राप्त उदाहरणों का विश्लेषण करते हैं। इन उदाहरणों से स्पष्ट हो जाता है कि मनुष्य समाज की उत्पादक शक्तियों की अवस्था और उनसे उत्पन्न सामाजिक सम्बन्धों की एक विशेष स्थिति में एक विशेष सौन्दर्यबोध प्रतिफलित होता है। उन्होंने कहा, 'हमें पता है कि आदिम कबीले, मिसाल के लिए बुशमैन और ऑस्ट्रेलियाई आदिवासी अपने को कभी फूलों से नहीं सजाते, हालाँकि वे ऐसे देश में रहते हैं जहाँ फूल बेशुमार हैं।... आदिम समाज की, और निश्चित रूप से कहें तो शिकारजीवी लोगों की अलंकरण कला में पशु जगत से विषय-वस्तु चुनी जाती हैं। और आधुनिक विज्ञान इसका कारण उनके उत्पादन स्तर के अतिरिक्त और कुछ नहीं बताता। इसका मुख्य कारण यही है कि ये आदिवासी कृषि कर्म में लगे हुए नहीं थे।' (देखिये 'बिना पते की चिट्ठियाँ' और 'कला तथा सामाजिक जीवन' का संयुक्त अंग्रेज़ी संस्करण, पृ. 36, मॉस्को, 1957)

डार्विन का ख़याल था कि आदिम जातियों में सौन्दर्यबोध जटिल प्रत्ययों और विचारों से सम्पृक्त नहीं था, इसलिए वे इस मामले में बहुत पिछड़े थे। कुछ आदिम जातियों में जैसे वीभत्स आभूषण पहने जाते हैं और जैसा वीभत्स संगीत सराहा जाता है, उसको देख कर डार्विन ने घोषणा कर दी कि उन जातियों में सौन्दर्यबोध की क्षमता चिड़ियों तक से गयी-गुज़री थी। प्लेखानोव ने इस धारणा का खण्डन किया। प्लेखानोव ने बताया–

''यदि बर्बर अपने को चीते के चमड़े, दाँतों या नखों से या भैंसे के सींगों से सजाता है तो इसलिये कि वे उसकी अपनी शक्ति और फुर्ती का चिन्ह हैं। जिस व्यक्ति ने फुर्तीले को हराया, वह स्वयं फुर्तीला है, जिस व्यक्ति ने शक्तिवान को हराया, वह स्वयं शक्तिवान है। इसमें अन्धविश्वास का भी शामिल होना सम्भव है। स्कूलक्राफ़्ट (एक अमेरिकी नृतत्त्व वैज्ञानिक) ने बताया है कि पश्चिमी-उत्तरी अमेरिका के रेड इंडियन कबीले के लोग उस क्षेत्र के सबसे ख़ौफ़नाक हिंसक पशु, भालू के नखों से बने आभूषण के बड़े शौक़ीन हैं। इनके शूरवीरों का ख़याल है कि जो भी व्यक्ति उसके नख पहन लेता है, वह उसी भालू की तरह साहसी और ख़ौफ़नाक हो जाता है।''

प्लेखानोव ने इससे अत्यन्त महत्त्वपूर्ण निष्कर्ष निकाला, 'ऐतिहासिक रूप से

कहा जा सकता है कि अक्सर वस्तुओं के प्रति सचेत उपयोगितापरक रूप उनके प्रति सौन्दर्यपरक रूप से पहले पैदा होता है।' (वही, पृ. 111)। उन्होंने बताया कि रंतूजेल जैसे विद्वान, जो आदिम रीति-रिवाज़ों के विकास में मानव चेतना की भूमिका स्वीकार नहीं करते, ऐसी बातें स्वीकार करने के लिए विवश हैं जिनसे पूर्वोक्त धारणा पुष्ट होती है।

आदिम मानव के सौन्दर्यबोध के निर्धारण में एक और तत्त्व ने भूमिका अदा की, उसकी जीवन-पद्धति ने (वही, पृ. 113) अपने शत्रु को अधिक-से-अधिक भयंकर दिखायी देने की कामना से उसने अपने शरीर को अनेक रीतियों से सजाने और रँगने के उपक्रम किये। इसमें सर्वाधिक आम था, अपने को लाल रंग से रँगने का। अनेक आदिम जातियाँ युद्ध नृत्य के लिए तैयार होते समय लाल रंग से चेहरा रँगती हैं। स्पष्ट है, इनके पीछे युद्ध में शत्रु को मौत के घाट उतारने का भाव है जो रक्त के रंग से अभिव्यक्त किया जाता है।

डार्विन ने मनुष्य और पशुओं के मनोभावों की अभिव्यक्ति में 'विलोम के सिद्धान्त' की बड़ी भूमिका बतायी है। प्लेखानोव ने भी संवेदनों के प्रतिवर्त्त में इसकी भूमिका स्वीकार की है (वही, पृ. 24)। उन्होंने कई आदिम जातियों की रस्मों के उदाहरण से इसको स्पष्ट किया। जैसे, नीग्रो महिलाएँ आभूषण पहने बिना बाहर नहीं निकलतीं, मगर किसी की मृत्यु के बाद शोक प्रकट करने के लिए वे आभूषण उतार देती हैं। बोर्नियो के एक आदिवासी कबीले में शोकावस्था में सूती सरोंग के स्थान पर छाल के कपड़े पहन लिए जाते हैं जिन्हें वे पहले कभी पहना करते थे (वही, पृ. 25)।

इस सिलसिले में उन्होंने यह दिलचस्प तथ्य नोट किया कि शोकावस्था में ऑस्ट्रेलियाई कबीले अपने शरीर को सफ़ेद चूना मिट्टी से रँगते हैं। यानी काले ऑस्ट्रेलियाई के लिए शोक सूचक रंग सफ़ेद है जबकि यूरोप के गोरे लोगों के लिए यह रंग काला है। यहाँ भी 'विलोम का सिद्धान्त' लागू होता है। इसी तरह गोरी या गेहुआँ जातियों में शरीर को काले या नीले रंग से गोदा जाता है तो काली जातियाँ चमड़ी जला कर वहाँ सफ़ेद गोदने बना लेती है।

प्लेखानोव कहते हैं कि, 'इन सभी (शोक-दुःख के) मामलों में मनोभाव ऐसी कार्यवाहियों द्वारा अभिव्यक्त किये जाते हैं जो उन कार्यों के विपरीत होते हैं जिनको सामान्यतः जीवन में स्वाभाविक, आवश्यक, उपयोगी या सुखद माना जाता है।' (वही, पृ. 26)

नारी सम्बन्धी सौन्दर्यबोध पर विचार करते समय प्लेखानोव ने सबसे पहले इस तथ्य की ओर ध्यान आकर्षित किया कि आदिम समाज में सबसे पहला श्रम-विभाजन हुआ पुरुष और नारी के बीच। शिकार और लड़ाई के काम पुरुषों ने सँभाले और

स्त्रियों ने कृषि, कन्द-मूल-फल आदि जमा करने और बच्चों की देखभाल के काम। फलतः शिकार और युद्ध में विजय के चिन्हों से स्त्रियों को सजाने का कोई प्रश्न ही नहीं उठा। लेकिन शिकार के फलों से स्त्रियों को सजाने की प्रथा चल पड़ी थी। होंठ, कान, नाक, केश, बाँहों, पैरों आदि को हड्डियों, लकड़ियों के टुकड़ों आदि से सजाने का काम शिकारी अवस्था में होता रहा। बाद में लोहे के आविष्कार के बाद लौह आभूषणों का उपयोग होने लगा। ये आभूषण पति के या औरत के स्वामी की सम्पदा के भी चिन्ह थे। औरत जितने अधिक आभूषण पहनती थी, उतना ही अधिक उसके स्वामी को समृद्ध समझा जाता था। इस सम्बन्ध में प्लेखानोव ने स्थापना की–

''इस प्रकार महिलाओं के आभूषण कई 'कारणों' के प्रभाव से विकसित और परिवर्तित हुए, मगर ध्यान रहे, बाद के सभी रूप या तो आदिम समाज की उत्पादक शक्तियों की विशेष स्थिति के परिणामस्वरूप पैदा हुए (पुरुष द्वारा स्त्री को दासी बनाया जाना भी एक ऐसा 'कारण' था), या मानव प्रकृति के स्थायी पहलू होते हुए वे 'अर्थतन्त्र' के प्रत्यक्ष के कारण एक ख़ास तरह से विकसित हुए और किसी अन्य तरह नहीं–उदाहरण के लिये, एक ऐसा पहलू था पुरुष का दम्भ, जिससे वह अपनी औरतों की समृद्ध साज-सज्जा पर गर्व करने लगा; मानव चरित्र के ऐसे ही अन्य गुण थे।

'इसके लिए किसी प्रमाण की आवश्यकता नहीं कि धातु के आभूषणों का प्रेम तभी पैदा हुआ जब मनुष्य ने धातु कर्म की कला सीख ली और यह भी बड़ा स्पष्ट है कि अपने को, अपनी पत्नियों और दासियों को धातु के आभूषणों से विभूषित करने की आदत पैदा हुई अपनी दौलत पर घमण्ड करने की इच्छा से, और अगर आवश्यकता हो तो इसको भी कई उदाहरणों से स्पष्ट किया जा सकता है। किन्तु यह न समझें कि ऐसे आभूषण पहनने के लिए प्रेरित करने वाले किन्हीं और प्रयोजनों को बताना असम्भव है। इसके विपरीत, यह बहुत सम्भव है कि वे (मसलन, भुजाओं और पैरों में पहनी जाने वाली धातु की चूड़ियाँ, चूड़े) मूलतः इसलिए पहने गये थे कि उनके व्यावहारिक उपयोग थे; बाद में उन्हें न केवल व्यावहारिक उपयोग के लिए पहना गया बल्कि उसके स्वामी के सम्पदा सम्बन्धी घमण्ड की आकांक्षावश भी, जबकि इसके ही समानान्तर, मनुष्य की रुचि धीरे-धीरे विकसित हो गयी, यहाँ तक कि धातु की मुद्रिकाओं से सज्जित अंग सुन्दर लगने लगे।

'वस्तुओं को सौन्दर्य सुख की दृष्टि से देखे जाने से पहले था, उनको उपयोग की दृष्टि से देखे जाने का रुख़।' (वही, पृ. 126)

किन्तु क्या मनुष्य की बुनियादी शारीरिक आवश्यकताओं, जैसे यौन-सम्बन्ध और भूख-प्यास पर भी मानव समाज के उत्पादन सम्बन्धों का प्रभाव पड़ता है? प्लेखानोव ने यौन भावनाओं पर टीका की है–

'भौतिकवादी व्याख्या के किसी समर्थक के दिमाग़ में यह बात नहीं पैदा हुई कि मनुष्य के आर्थिक सम्बन्ध उसकी बुनियादी शारीरिक आवश्यकताओं को पैदा करते हैं। यौन भावनाएँ, निश्चय ही, हमारे वनमानुष जैसे पूर्वजों से उस सुदूर समय में भी अस्तित्त्ववान थीं जब वे उत्पादक गतिविधि के हल्के-से तत्त्व तक से अपरिचित थे।''

मनुष्य अपनी प्रकृतिवश कुछ अवधारणाएँ (या रुचियाँ, झुकाव आदि) ग्रहण करता है, किन्तु इस सम्भावना को यथार्थ में बदलना उसके आसपास की परिस्थितियों पर निर्भर करता है। इन्हीं परिस्थितियों के कारण उसकी कुछ विशेष रुचियाँ होती हैं, अन्य नहीं। इस तथ्य को दोहराते हुए उन्होंने एक रूसी भौतिकवादी दार्शनिक के ये विचार उद्धृत किये।

''पेट में जब काफ़ी खाना पहुँच जाता है तो वह पाचन के आम नियमों के अनुसार, काम करने लगता है किन्तु क्या इन नियमों से इस प्रश्न का उत्तर मिल सकता है कि क्यों स्वादिष्ट और पौष्टिक भोजन हर दिन आपके पेट में ही पहुँचता है और मेरे पेट में वह कभी-कभी ही मेहमान होता है? क्या उन नियमों से यह भी स्पष्ट हो सकता है कि क्यों कुछ लोग ढेर सारा खाते हैं जब कि कुछ लोग भूख से मर जाते हैं? स्पष्ट है, इसका स्पष्टीकरण किसी अन्य क्षेत्र में, किन्हीं अन्य क़िस्म के नियमों के लागू होने के क्षेत्र में, खोजा जाना चाहिए। यही स्थिति मनुष्य के मस्तिष्क की है। एक बार जब वह किसी परिस्थिति विशेष में पड़ जाता है, जब उसके परिवेश से उसे कुछ ख़ास क़िस्म के संवेदन प्राप्त होते हैं, तब वह उन्हें किन्हीं आम नियमों के अनुसार, संयुक्त करता है, और यहाँ भी परिणाम बिल्कुल भिन्न होते हैं जो प्राप्त प्रभावों के अनुसार, विचित्र होते हैं। किन्तु कौन-सी शक्ति है जो उस दिमाग़ को इस स्थिति में रखती हैं? नये प्रभावों के प्रवाह और चरित्र को क्या चीज़ निर्धारित करती है? यह प्रश्न है जिसको विचार क्रिया सम्बन्धी कोई नियम निर्धारित नहीं कर सकता।'' (वही, पृ. 230)

यथार्थ बोध या सौन्दर्यबोध कितनी जटिल प्रक्रिया है, इसको प्लेखानोव ने बड़े सटीक उदाहरण से समझाया है। उन्होंने कहा, 'कल्पना कीजिए कि एक इलास्टिक की गेंद ऊँची मीनार से फेंकी जाती है। उसकी गति मिकेनिक्स के सर्वविदित और सीधे-सादे नियम से निर्धारित होती है। मगर गेंद एक तिरछे तख़्ते पर गिरती है और उसकी गति एक और नियम के अनुसार, एक सीधे-साधे और सर्वविदित यान्त्रिक नियम से निर्धारित होती है। फलतः एक खण्डित रेखा बनती है जिसके बारे में हम कह सकते हैं और हमें कहना चाहिए कि वह उपरोक्त दो नियमों के संयुक्त क्रियान्वयन का फल है, मगर जिस तिरछे तख़्त पर वह गेंद गिरी, वह कहाँ से आया? यह बात न पहले, न दूसरे नियम से और न उनके संयुक्त क्रियान्वयन से स्पष्ट हो सकती है। यही बात मनुष्य के दिमाग़ के बारे में सच है।' (वही, पृ. 23-24)

प्लेखानोव ने कहा, 'मेरा सुदृढ़ विश्वास है कि विचारधारा का इतिहास सिर्फ़ वही, लोग समझ सकते हैं जिन्होंने इस सीधी-सादी सच्चाई को ग्रहण कर लिया है।'

समाजशास्त्री टारडे ने मनुष्य की अनुकरण-प्रवृत्ति को समाज की आत्मा माना था। प्लेखानोव ने कहा कि हमारे समस्त विचारों, रुचियों, रीति-रिवाज़ों के इतिहास में इस वृत्ति ने महत्त्वपूर्ण भूमिका अदा की है, मगर उससे अधिक विलोम की प्रवृत्ति की भूमिका रही है। वर्गों के टकराव से भिन्न प्रवृत्तियाँ पैदा हुईं, मगर शक्तिशाली या प्रभुत्वशाली वर्ग की प्रवृत्तियों के अनुकरण की प्रवृत्ति वास्तव में विरोध की प्रवृत्ति है। इसका एक उदाहरण उन्होंने 17वीं सदी के ब्रिटेन की अन्तर्विरोधी प्रवृत्तियों से दिया है। उन्होंने बताया—

'जब ब्रिटेन में अस्थायी रूप से स्टुअर्टों के पुनर्स्थापित होने के बाद पुराने सामन्ती सरदारों का शासन पुनर्जीवित हुआ तो सरदारों ने क्रान्तिकारी अर्द्धपूँजीवादी वर्गों के अतिवादी प्रतिनिधियों, प्यूरिटनों का अनुकरण करने की तनिक-सी भी प्रवृत्ति प्रदर्शित करने के बजाय ऐसी आदतों और अभिरुचियों के प्रति गहरा झुकाव प्रदर्शित किया जो प्यूरिटनों की जीवन-पद्धति के नियमों के बिल्कुल विरोधी थीं। प्यूरिटनों की पाबन्द नैतिकता के विरुद्ध अत्यन्त अकल्पनीय चरित्रहीनता बढ़ उठी। प्यूरिटन जिन बातों की मनाही करते थे, उन्हीं को पसन्द करना और उन्हीं को अमल में लाना अच्छा समझा जाता था। प्यूरिटनों ने नाटक और साहित्य का दमन किया, अतः उन्हीं प्यूरिटनों का पतन रंगमंच और साहित्य के प्रति नये और सशक्त सम्मोहन का चिन्ह बना। प्यूरिटन छोटे-छोटे बाल रखते थे और वेश-भूषा में नज़ाक़त की निन्दा करते थे। पुनर्स्थापन के बाद लम्बे बालों वाले विग तथा ऐश्वर्यशाली पोशाकें पहनने का फ़ैशन चालू हो गया। प्यूरिटनों ने ताश खेलने की मनाही की, पुनर्स्थापन के बाद जुआ खेलना प्रबल अभिरुचि बन गया। संक्षेप में, यहाँ जो नियम प्रचलित हुआ, वह अनुकरण का नहीं, अन्तर्विरोध का था जो स्पष्ट ही मनुष्य की प्रकृति के गुणों में गहरी जड़ें जमाये हुए है। मगर यह अन्तर्विरोध या विलोम की प्रवृत्ति, जो मनुष्य की प्रकृति के गुणों में जड़ें जमाये हुए है, 17वीं सदी के ब्रिटेन में पूँजीपति वर्ग तथा समान्ती अभिजात वर्ग के बीच सम्बन्धों में इतने सशक्त रूप से क्यों अभिव्यक्त हुई? इसलिए कि वह सामन्ती आभिजात्य तथा पूँजीपति वर्ग के बीच या और सही रीति से कहें तो सामन्ती आभिजात्य तथा सामान्यतः 'तीसरी जीवन-पद्धति' के बीच सख़्त संघर्ष की सदी थी। परिणामतः हम कह सकते हैं कि यद्यपि मनुष्य में निःसन्देह ही अनुकरण की प्रबल प्रवृत्ति होती है, मगर वह केवल किन्हीं विशेष सामाजिक सम्बन्धों में ही अभिव्यक्त होती है। उदाहरण के लिये, 17वीं सदी के फ्रांस में जो सामाजिक सम्बन्ध थे, उनमें पूँजीपति वर्ग बड़ी तत्परता से, हालाँकि कोई ख़ास सफलतापूर्वक नहीं, सामन्ती अभिजात वर्ग का अनुकरण

किया करता था। याद कीजिए मोलियर का नाटक 'वह सम्भ्रान्त पूँजीपति'। अन्य सामाजिक सम्बन्धों में अनुकरण की प्रवृत्ति गायब हो जाती है और इसकी विरोधी प्रवृत्ति पैदा हो जाती है जिसे मैं इस समय अन्तर्विरोध की प्रवृत्ति कहना चाहूँगा।

''मगर नहीं, मैं इस बात को सही ढंग से नहीं रख रहा हूँ। अनुकरण की प्रवृत्ति 17वीं सदी के अंग्रेज़ों में समाप्त नहीं हुई। वह शायद एक ही वर्ग के सदस्यों के आपसी सम्बन्धों में पहले जैसी शक्ति से प्रकट होती रही। उस काल में उच्चवर्गीय अंग्रेज़ों के बारे में लेखक बेलज़ामे ने लिखा था, ''ये लोग नास्तिक भी नहीं थे। वे प्राथमिक रूप से धर्म से इनकार करते थे ताकि उन्हें मूर्ख न माना जाये और उन्हें सोच-विचार का कष्ट न करना पड़े।'' बिना किसी ग़लती के भय के, उन लोगों के बारे में यह कहा जा सकता है कि वे अनुकरणवश धर्म से इनकार करते थे। मगर गम्भीरतर नास्तिकों का अनुकरण करते हुए वे प्यूरिटनों का विरोध या खण्डन कर रहे थे। इस प्रकार अनुकरण, विरोध का स्रोत था। मगर हम जानते हैं कि सामन्ती अभिजात वर्ग के कमज़ोर दिमाग़ वाले लोग अपने वर्ग के सशक्त दिमाग़ वालों की नास्तिकता का अनुकरण कर रहे थे तो इसलिए कि नास्तिकता अच्छी बात समझी जाती थी और उसने यह विशेषता पायी तो अपने विरोध गुण के कारण, प्यूरिटन पन्थ के विरुद्ध प्रतिक्रिया के कारण, एक ऐसी प्रतिक्रिया जो अपने तईं उपरोक्त वर्ग-संघर्ष के फलस्वरूप पैदा हुई थी। इसलिए इन सभी जटिल मानसिक संघटनाओं की द्वन्द्वात्मकता के मूल में सामाजिक प्रकृति के तथ्य हैं। (वही, पृ. 22)।

विलोम के सिद्धान्त के अनुसार, जो प्रवृत्तियाँ यहाँ पैदा होती हैं, उनमें सम्बन्धित वर्ग को अपने विरोधी वर्ग के विरुद्ध कोई सार्थक अस्त्र मिल जाये, यह कोई आवश्यक नहीं है; वह तो एक मनोवैज्ञानिक परिणाम होता है जिसको डार्विन के कथनानुसार प्लेखानोव ने सहसम्बन्धित विभेद कहा। ब्रिटिश इतिहास में सामन्ती आभिजात्य और पूँजीवाद के सन्दर्भ में प्लेखानोव ने कहा—

'उद्यम, धैर्य, गम्भीरता, किफ़ायतशारी, कड़ी घरेलू नैतिकता आदि जैसे गुण ब्रिटिश पूँजीपति वर्ग के लिए उस समय उपयोगी थे जब वह समाज में और अधिक उच्च स्थान प्राप्त करने का प्रयास कर रहा था। मगर पूँजीपति वर्ग के गुणों के विरुद्ध जो दुर्गण थे, वे ब्रिटिश सामन्ती अभिजात वर्ग के लिए पूँजीपति वर्ग के विरुद्ध अपने जीवन-मरण के संघर्ष में अनुपयोगी थे। उनसे उन्हें अपने संघर्ष के लिए कोई नया अस्त्र नहीं मिला और वे केवल मनोवैज्ञानिक परिणामस्वरूप पैदा हुए थे। ब्रिटिश अभिजात वर्ग के लिए जो कुछ उपयोगी था, वह पूँजीपति वर्ग के गुणों के विरोधी दुर्गुणों की ओर उनका झुकाव मात्र नहीं था, बल्कि वह मनोभाव था जिनमें वह झुकाव पैदा हुआ था यानी एक ऐसे वर्ग के प्रति घृणा का भाव, जिसकी पूर्ण विजय का अर्थ होता—अभिजात वर्ग के विशेषाधिकारों का उतनी ही पूर्णता के साथ उन्मूलन।'

उच्च वर्ग की साहित्यिक अवधारणाओं से साहित्य किस तरह प्रभावित होता है, इसका एक उदाहरण प्लेखानोव ने उसी काल के साहित्य से दिया है, 'हमें अंग्रेज़ी साहित्य के इतिहास से विदित है कि उच्च वर्ग की सौन्दर्य अवधारणाएँ विलोम के सिद्धान्त के उस मनोवैज्ञानिक क्रियान्वयन से प्रभावित होती हैं जो वर्ग-संघर्ष से पैदा हुआ करती हैं। अपने निर्वासन के बाद ब्रिटिश अभिजात वर्ग के जो लोग फ्रांस में रहते थे, वे फ्रांसीसी साहित्य और नाटक से परिचित हुए जो एक अत्यन्त सुसंस्कृत अभिजात समाज का अनुकरणीय और अनन्य उपज था और इसलिए एलिज़ाबेथ के काल के अंग्रेज़ी नाटक और साहित्य की तुलना में कहीं अधिक ब्रिटिश अभिजात वर्ग के रुझानों के साथ सामंजस्यपूर्ण थे। पुनर्स्थापन काल के बाद अंग्रेज़ी रंगमंच और साहित्य फ्रांसीसी अभिरुचियों के प्रभाव का शिकार हुआ। शेक्सपियर का उसी तरह तिरस्कार किया जाने लगा जैसे बाद में जब फ्रांसीसी लोग, जो अपनी क्लासिकीय परम्परा के अनुगामी थे, उनके नाटकों से परिचित हुए तो उन्होंने उनका तिरस्कार किया, यानी कि यह कह कर, कि वह 'मदहोश जंगली' था। शेक्सपियर के 'रोमियो एण्ड जूलियट' को 'बुरा' नाटक माना गया और 'मिडसयर नाइट्स ड्रीम' को हास्यापद और निस्वाद। उनका 'हेनरी एर्थ' बहुत सीधी-सादी चीज़ और 'ओथेलो' को कमीनी चीज़ कहा गया। यह प्रवृत्ति अगली सदी में भी विलीन नहीं हुई। ह्यूम का ख़याल था कि शेक्सपियर की नाटकीय प्रतिभा को सामान्यतः उसी तरह अधिक मूल्यवान समझा गया जैसे कुविकसित और अनुपातहीन शरीरों को देख कर उनके बहुत बड़े होने की धारणा पैदा होती है। उन्होंने इस महान नाटककार पर आरोप लगाया कि वह 'समस्त नाटकीय कला तथा व्यवहार से पूर्णतया ज्ञानहीन था।' पोप ने खेद प्रकट किया कि शेक्सपियर ने 'जनता के लिये' लिखा और 'अपने राजा के संरक्षण तथा राजदरबार के प्रोत्साहन' के बिना भी अपना काम चला लिया। यहाँ तक कि शेक्सपियर के ज़बर्दस्त प्रशंसक, स्वनामधन्य गैरिक ने भी अपनी 'मूर्ति' को 'सँवारने' का प्रयत्न किया। 'हेलमेट' को मंचस्थ करते समय उन्होंने क़ब्रें खोदने वालों के दृश्य को बड़ा अनगढ़ मान कर निकाल दिया। उन्होंने 'किंग लियर' नाटक को सुखान्त बना दिया, किन्तु अंग्रेज़ नाटक प्रेमी दर्शकों के जनवादी हिस्सों में शेक्सपियर के प्रति हार्दिक समादर बना रहा। गैरिक जानते थे कि उनके नाटकों में हेर-फेर कर वे जनता के इसी हिस्से की ओर से तूफ़ानी विरोध को निमन्त्रित करने का ख़तरा उठा रहे हैं। अपने पत्रों में उनके फ्रांसीसी मित्रों ने उनके उस 'साहस' की प्रशंसा की जिस के साथ वे वह ख़तरा उठा रहे थे। एक पत्र में कहा गया था, 'मैं अंग्रेज़ी भीड़ की मनोवृत्ति जानता हूँ।''

''17वीं सदी के उत्तरार्द्ध में अभिजात श्रेणी की नैतिकता सम्बन्धी ढिलाई, जैसा कि हम जानते हैं, अंग्रेज़ी रंगमंच पर भी प्रतिबिम्बित हुई जहाँ उसने अविश्सनीय रूप

धारण कर लिया। 1660 और 1690 के बीच इंग्लैण्ड में लिखी गयी सभी कॉमेडियाँ लगभग निरपवाद रूप से, एडवर्ड एंगेल के शब्दों में, अश्लीलता प्रधान थीं। इसको देखते हुए यह बात पूर्वनिष्कर्षतः कही जा सकती है कि विलोम के सिद्धान्त के अनुसार, इंग्लैण्ड में देर-सवेर ऐसी नाटकीय कृतियाँ प्रकट होना अनिवार्य था जिनमें घरेलू गुणों और नैतिकता की मध्यवर्गीय शुद्धता का चित्रण और गौरवगान किया जाता। और आगे चल कर ब्रिटिश पूँजिपति श्रेणी के बौद्धिक प्रतिनिधियों ने इस तरह का साहित्य पैदा किया।'' (वही, पृ. 28-29)

सामाजिक जीवन मूल्यों के प्रश्न पर ही नहीं, प्रकृति तक के संवेदन में युग विशेष के सामाजिक सम्बन्धों का भारी प्रभाव पड़ता है। इस तथ्य को सिद्ध करने के लिए प्लेखानोव ने समाजशास्त्री टेन की एक कृति से उद्धरण दिया, ''अपनी वाक्विदग्ध और दिलचस्प पुस्तक 'वायेज ऑफ़ पाइरेनीज़' में उन्होंने (टेन ने) अपने मेज़ के एक साथी श्रीमान पाल के साथ एक वार्त्तालाप का वर्णन दिया है जिसमें श्री पाल, सभी प्रकार से, लेखक के ही विचार व्यक्त करते हैं। श्री पाल कहते हैं, ''आप वर्सेलीज़ जा रहे हैं और आप 17वीं शताब्दी की अभिरुचियों का विरोध करते हैं। मगर एक क्षण के लिए आप आज की अपनी आवश्यकताओं तथा आदतों के अनुसार, निष्कर्ष निकालना बन्द कीजिए।... हम जब वन के दृश्यों की सराहना करते हैं तो हम सही हैं, उसी तरह जैसे वे लोग जब इस दृश्य पटल को देखते थे तो ऊब महसूस किया करते थे।... 17वीं शताब्दी में असली पहाड़ों से अधिक बदसूरत और कोई चीज़ नहीं थी। जो लोग अभी ही गृहयुद्ध और अर्द्धबर्बरता से निकले थे, उन्हें पहाड़ देख कर भूख की, घोड़ों पर वर्षा और हिमपात में लम्बी यात्राओं की, भूसे से मिश्रित घटिया काली रोटी की और कीड़ों-मकोड़ों से भरी रिहायशी जगहों की याद आती थी। वे बर्बरता से ऊबे हुए थे जैसे हम सभ्यता से ऊबे हुए हैं।...ये...पहाड़ हमें अपनी सड़कों, अपने दफ़्तरों, अपनी दुकानों से मुक्ति देते हैं। वन-दृश्य हमें इसीलिए अच्छे लगते हैं और अगर यह कारण न होता तो वह हमारे लिए उतने ही वितृष्णाकारी होते जैसे वे श्रीमती डे मेनेटेनो के लिए थे।''

प्लेखानोव ने स्मरण कराया है कि प्राकृतिक दृश्यों का चित्रकला तक में सदा स्थान नहीं रहा है। माइकल एंजेलो और उनके समसामायिक कलाकारों ने उसकी उपेक्षा की। ''न ही 17वीं और 18वीं सदी के फ्रांसीसी कलाकारों तक के लिए उसका स्वतन्त्र महत्त्व था। 19वीं सदी में इस समय स्थिति यकायक बदल गयी जब प्राकृतिक दृश्य चित्रण अपने आप में मूल्यवान हो गया, और फ़्लेर्स, कैबा, थ्योडोर रूसो जैसे युवा कलाकारों ने पेरिस, फॉण्टेनब्लो और मेलुन नगरों के परिवेश में प्रकृति की गोद में प्रेरणा प्राप्त करने का प्रयत्न किया, जिसकी सम्भावना के विषय में ले ब्रूव और बौखर जैसे कलाकारों ने सन्देह तक प्रकट नहीं किया था। क्यों?

क्योंकि उस समय फ्रांस में सामाजिक सम्बन्ध बदल चुके थे और इससे फ्रांसीसियों के मनोविज्ञान में परिवर्तन हो चुका था। इस प्रकार सामाजिक विकास के विभिन्न कालों में मनुष्य को प्रकृति से विभिन्न भिन्न प्रभाव प्राप्त होते हैं क्योंकि वह उसकी ओर विभिन्न दृष्टियों से देखता है।''

एक-दूसरे सन्दर्भ में प्लेखानोव ने अपनी कृति 'कला और सामाजिक जीवन' में बताया कि महान चित्रकार राफ़ेल (1483-1520) की मेडोना (ईसा मसीह की कुँवारी माँ) ईसाइयत और पादरियों के पारलौकिक आदर्श के ऊपर लौकिक आदर्श की विजय की सर्वाधिक कलात्मक अभिव्यक्ति है। ''उनके धार्मिक वाह्य के पीछे एक ऐसी जीवन्तता और विशुद्ध लौकिक जीवन जीने के स्वस्थ आनन्द का बोध होता है कि उनमें वाइज़ेण्टाइन आचार्यों की पवित्र माँ मेरी के चित्रों के साथ कोई समानता नहीं रह जाती।'' (वही, पृ. 175)

किन्तु साथ ही प्लेखानोव ने यह भी बताया कि अच्छे और बुरे यानी नैतिक और लाभदायक तथा अनैतिक और हानिकारक की भावना सदा धार्मिक तो नहीं होती, मगर कला सामाजिक महत्त्व उसी हद तक प्राप्त करती है जिस हद तक वह ऐसी क्रियाओं, मनोभावों और घटनाओं से साक्षात्कार कराती है या सम्प्रेषित करती है जो समाज के लिए बड़े महत्त्व की होती हैं। (वही, पृ. 110) उन्होंने रस्किन की उक्ति उद्धृत की जिसमें इस अंग्रेज़ी लेखक ने कहा था कि कोई कन्या अपने खोये हुए प्यार का गीत गा सकती है, मगर फिर कंजूस अपने खोये हुए धन का गीत नहीं गा सकता। श्री प्लेखानोव ने कहा कि रस्किन ने ''यह ठीक ही बल दिया कि किसी कलात्मक कृति की श्रेष्ठता उसमें अभिव्यक्त किये गये मनोभावों की उदारता ने निर्धारित होती है...कंजूस अपने खोये हुए धन का गीत क्यों नहीं गा सकता? सिर्फ़ इसलिए कि अगर वह इस क्षति का गीत गायेगा तो उससे कोई प्रभावित नहीं होगा, यानी कि वह उसके स्वयं अपने तथा व्यक्तियों के बीच सम्प्रेषण का माध्यम नहीं हो सकेगा।'' (वही, पृ. 172)

इसके अतिरिक्त प्लेखानोव ने यह भी बताया कि कोई आवश्यक नहीं कि कला सराहते समय कोई दर्शक या पाठक उस विषय की सामाजिक उपयोगिता के प्रति पूर्णतया सचेत हो। उन्होंने यह बात आदिम जातियों के नृत्यों का उदाहरण देकर समझायी। ये नृत्य आदिम जातियों के भौतिक जीवन और उत्पादन प्रणाली से घनिष्ठतः सम्बन्धित होते हैं, मगर जब उन्हें दर्शक देखता है तो उसके दिमाग़ में उनकी उपयोगिता की चेतना नहीं, उनके सौन्दर्य का बोध होता है। प्लेखानोव इस प्रश्न और नैतिक प्रश्नों में समानता देखते हैं; अगर कोई व्यक्ति ऐसा काम करता है जो नैतिक है और जिन्हें व्यक्ति अपने स्वार्थ की बलि चढ़ा कर पूरा करता है तो इसका अर्थ यह नहीं कि उस नैतिक कार्य का सामाजिक हित से कोई सम्बन्ध नहीं

है। इसके विपरीत, व्यक्ति का आत्म-बलिदान इसीलिए सार्थक है कि वह जाति या समाज के लिए लाभदायक है, इसीलिए प्लेखानोव काँट की उक्ति "सुन्दर वह है जो लाभ होने-न-होने के बावजूद हमें आनन्द दे" को ठुकरा देते हैं। मगर वे इसके स्थान पर यह भी नहीं कहना चाहते कि "सुन्दर वह है जो हमारे व्यक्तिगत लाभ के होने के बावजूद हमें आनन्द देता है।" इसको भी वे ग़लत मानते हैं और स्थापना करते हैं कि, "जिस तरह एक कलाकार के लिए—एक सामूहिक कलाकार तक के लिये—कला अपने आप में एक उद्देश्य है, इसी तरह जो लोग एक कलाकृति को सराहते हैं (चाहे एक सोफ़ोक्लीज़ का नाटक 'एण्टीगोन' हो या माइकल एंजेलो का चित्र 'रात' या 'मल्लाहों का नृत्य'), वे भी सामान्यतः सारे व्यावहारिक उद्देश्यों को और विशेष रूप से जाति की हितकारिता को भूल जाते हैं।"

इस सिलसिले में वे कला-बोध की प्रक्रिया को स्पष्ट करते हुए कहते हैं, "एक कलात्मक कृतित्त्व, फिर चाहे उसका माध्यम बिम्ब हो या ध्वनियाँ, हमारी चिन्तन क्षमता पर प्रभाव डालती है, हमारी तार्किक क्षमता पर नहीं और इसलिए जब किसी कलात्मक कृतित्त्व को देख कर हमारे अन्दर समाज के लिए उसके लाभकारी होने के अतिरिक्त और कोई भाव नहीं पैदा होता तो कोई सौन्दर्यगत आनन्द नहीं मिलता।" इसका अर्थ नहीं कि सामाजिक लाभ की भावना अनुपस्थित रहती है। हमें सिर्फ़ भ्रम होता है कि वह अनुपस्थित है और हमें जो चीज़ आनन्द दे रही है, वह कला है। यह इसलिए कि प्लेखानोव के शब्दों में, 'एक कलाकृति का रसास्वादन कर हमारे अन्दर लाभ का भाव प्रस्तुत कलात्मक बिम्ब से पैदा होता है और हम एक मनोवैज्ञानिक विभ्रम द्वारा यह विश्वास करते हैं कि हमें जो आनन्द प्राप्त हो रहा है, वह बिम्ब से प्राप्त हो रहा है जबकि वास्तव में, वह पैदा होता है उसके द्वारा जाग्रत विचारों से और परिणामतः उसकी जड़ें होती हैं हमारी तार्किक क्षमता की क्रिया में, न कि हमारी चिन्तन क्षमता में'। प्लेखानोव का मत है कि असली कलाकार हमारी चिन्तन क्षमता को अपील करने का प्रयत्न करता है, तार्किक क्षमता को नहीं।

इसी धारणा को आगे बढ़ा कर प्लेखानोव ने कलाकार और प्रचारक का भेद स्पष्ट किया। उन्होंने कहा कि, "कलाकार अपने विचार बिम्बों द्वारा व्यक्त करता है, प्रचारक अपने विचार को तार्किक निष्कर्षों की सहायता से रखता है।" दोनों ही कोई-न-कोई विचार अभिव्यक्त करते हैं, अन्तर केवल विधि का है। (वही, पृ. 171)

प्लेखानोव ने जहाँ यह देखा कि कलाकार केवल ऐसी बात, घटना या दृश्य से ही अनुप्रेरित हो सकता है जिससे लोगों के बीच संवाद, आदान-प्रदान या सम्प्रेषण सम्भव हो, वहाँ उन्होंने यह भी कहा कि, 'ऐसे आदान-प्रदान की सम्भावित सीमा कलाकार निर्धारित नहीं करता, बल्कि जिस सामाजिक इकाई का वह अंग होता है, उसके सांस्कृतिक स्तर से वह सीमा निर्धारित होती है। मगर वर्गों से विभक्त

समाज में उनका निर्धारण इन वर्गों के आपसी सम्बन्धों से और इसके अतिरिक्त, उस समय विशेष में प्रत्येक वर्ग के विकास के कारण से भी होता है।' (वही, पृष्ठ 187, ज़ोर मेरा रा.स.) इस सिलसिले में प्लेखानोव ने स्पष्ट किया कि, "शासक वर्ग की विचारधारा उस समय अपना निहित मूल्य खोने लगती है जबकि वह वर्ग अपने अन्त के लिए परिपक्व होने लगता है। उसके भावात्मक अनुभव से उत्पन्न साहित्य पतनोन्मुख हो जाता है।" (वही, पृ. 188) इसका उदाहरण स्वयं पूँजीपति वर्ग के उत्थान और पतन से मिलता है। जब पूँजीपति वर्ग सामन्ती व्यवस्था के विरुद्ध लड़ रहा था, यानी जब वह क्रान्तिकारी वर्ग था, तब उसके विचारक सामन्ती तत्त्वों को छोड़ कर सभी मेहनतकश जनता के, 'सारे राष्ट्र के', प्रतिनिधि थे। दूसरे शब्दों में उस समय पूँजीवादी दृष्टिकोण से सम्पृक्त कलात्मक कृतित्त्व की सम्प्रेषणीयता सापेक्षतः काफ़ी व्यापक थी। मगर जब पूँजीपति वर्ग स्वयं शासक और शोषक वर्ग बन गया तब उसकी कला का ह्रास होने लगा। प्रारम्भ में उसने सामाजिक उत्तरदायित्व की भावना का विरोध 'कला के लिए कला' के नारे के साथ किया, मगर ज्यों-ज्यों वर्ग-संघर्ष बढ़ता गया, त्यों-त्यों शासक वर्ग जनता की मुक्ति आकांक्षा के प्रति अपनी खुली घृणा प्रकट करने लगा। उसने अविवेक तथा रहस्यवाद पर आधारित अनेक नये दर्शनों को जन्म दिया और माँग की कि विचारधाराओं को मेहनतकश जनता के विरुद्ध बौद्धिक अस्त्र की तरह इस्तेमाल किया जाये।

कला, कला के लिए या उपयोगितामूलक साहित्य के नारे विद्रोहियों और प्रतिक्रियावादियों, दोनों ने ही दिये हैं। इस प्रश्न पर प्लेखानोव ने एक विचारणीय स्थापना की है, 'राजनीतिक सत्ता हमेशा कला के उपयोगितावादी दृष्टिकोण को तरजीह देती है, उस हद तक, जिस हद तक वह कला की तरफ़ ध्यान देती है। और यह समझ में आने वाली बात है, जिस लक्ष्य की वह सेवा करती है, उसके लिए समस्त विचारधाराओं को जीतना उसके अपने हित में है। और चूँकि राजनीतिक सत्ता, हालाँकि कभी-कभी क्रान्तिकारी होती है, अधिकांशतः रुढ़िपन्थी और प्रतिक्रियावादी तक होती है, इसलिए यह देखा जाना चाहिए कि यह सोचना ग़लत है कि कला का उपयोगितावादी दृष्टिकोण मुख्यतः क्रान्तिकारियों का या सामान्यतः उन्नत विचार वालों का होता है। रूसी साहित्य के इतिहास से बिल्कुल स्पष्ट देखा जा सकता है कि इससे हमारे 'रक्षक' तक दूर नहीं रहे। (वही, पृ. 164)

उदाहरण के लिए, ज़ार (रूस के सम्राट्) शिक्षामन्त्री ने सन् 1850 में ओस्त्रोवस्की को अपने पास भेजने के लिए मॉस्को के शिक्षा विभाग को आदेश देते हुए लिखा था कि, 'वे इस युवा नाटककार को समझाएँ कि प्रतिभा का उदात्त और उपयोगी उद्देश्य केवल हास्यापद और कुत्सित तौर-तरीक़ों के सजीव चित्रण में नहीं, उनकी न्यायपूर्ण निन्दा करने में हैं; सिर्फ़ उपहास करने में नहीं, उन्नत नैतिक मनोभावों

के प्रसार में है, परिणामतः (उसकी सार्थकता है) दुर्गुणों को गुणों से नष्ट करने में तथा हास्यास्पद तथा अपराध भावनाओं को ऐसे विचारों तथा कृत्यों से दूर करने में जिससे आत्मा उन्नत हो, और अन्ततः (उसकी सार्थकता है) आस्था को सुदृढ़ करने में जो सामाजिक तथा व्यक्तिगत जीवन के लिए अत्यन्त महत्त्वपूर्ण है और कुकर्म का यही पृथ्वी पर दण्ड मिलता है।'

प्लेखानोव बताते है कि जब क्रूर और दमनकारी ज़ार के सिद्धान्तकार साहित्यकार से सामाजिक दायित्व की माँग कर रहे थे तो यह आश्चर्यजनक नहीं था कि पुश्किन जैसे प्रगतिशील कवि ने 'कवि और भीड़', शीर्षक कविता में कहा, 'दूर हटो ओ नारकीयों! शान्तिपूर्ण कवि तुम्हारी कोई परवाह नहीं करता! जाओ, बहादुरी से पाप में डूबे रहो। बाँसुरी को तुमसे क्या लेना-देना है? ...कवि जीवन प्राप्त करता है तो किसी लौकिक उत्तेजना के लिए नहीं, किसी लौकिक लोभ या लड़ाई-भिड़ाई के लिए नहीं, बल्कि मधुर गीत के लिये, प्रेरणा के लिये, प्रार्थना के लिये।' इस सन्दर्भ में प्लेखानोव ने हमारा ध्यान एक तथ्य की ओर आकर्षित किया है जो पुराने साहित्य के मूल्यांकन के लिए अत्यन्त महत्त्वपूर्ण है। और वह यह कि पुश्किन ने अपनी कविता में, 'अभिजात श्रेणी की भीड़ की भर्त्सना की है, असली जनता की नहीं, जो उस समय तक रूसी साहित्य के दृष्टिक्षेत्र से पूरी तरह बाहर थी।' (वही, पृष्ठ 185)

उपरोक्त उदाहरण से प्लेखानोव ने निष्कर्ष निकाला कि, 'कला के लिए कला में विश्वास तब पैदा होता है और वह जड़ें जमा लेता है, जब कला में संलग्न लोग अपने सामाजिक परिवेश से बुरी तरह अपना असामंजस्य महसूस करते हैं। इस असामंजस्य का कलात्मक कृतित्त्व पर वहाँ तक अनुकूल प्रभाव पड़ता है जहाँ तक कलाकार को अपने परिवेश से ऊपर उठने में सहायता मिलती है।' (वही, पृ. 184)

इसके साथ प्लेखानोव ने उसका निर्बल पक्ष भी बताया, 'रूमानी विद्रोहियों की कलाकृतियों ने पूँजीवाद के विरुद्ध रचनाकार के विद्रोह से काफ़ी उपलब्ध किया, मगर इस तथ्यवश कि उस विद्रोह का कोई व्यावहारिक अर्थ नहीं था, उसकी (कलाकृतियों की) कोई कम क्षति नहीं हुई।' (वही, पृ. 178) मैं समझता हूँ कि सातवें दशक की हिन्दी कविता का मूल्यांकन करते समय भी हमें इस तथ्य को ध्यान में रखना होगा।

प्लेखानोव के ज़माने में रूस आर्थिक रूप से उतना ही पिछड़ा था, जितना स्वतन्त्रता के बाद का भारत। वहाँ सामन्ती अभिजात वर्ग का प्रभुत्व था। मगर फिर भी फ्रांस के क्रान्तिकारी पूँजीपति वर्ग के विचारों (जिन्हें एन्साइक्लोपीडिस्ट कहा जाता था) ने रूस के पढ़े-लिखे (अभिजात) वर्ग पर प्रभाव डाला। बाद में पूँजीवाद के पतनोन्मुख होने के बाद जो ह्रासोन्मुख प्रवृत्तियाँ पैदा हुई, उनका भी रूस में प्रभाव पड़ा, हालाँकि इसके लिए वहाँ उचित सामाजिक भूमि नहीं थी। कुछ यही स्थिति आज भारत की है जहाँ 'आधुनिकतावाद' के नाम पर अनेक

पश्चिमी ह्रसोन्मुख प्रभाव ग्रहण किये गये हैं। इनके लाभ-अलाभ पर प्लेखानोव की टिप्पणी विचारणीय है–

'फ्रांसीसी एन्साइक्लोपीडिस्टों के प्रति रूसी अभिजात लोगों के व्यामोह का कोई विशेष परिणाम नहीं हुआ। फिर भी वह लाभदायक था, इस अर्थ में कि उससे अभिजात श्रेणी के कुछ लोगों के दिमाग़ों से अभिजातीय पूर्वाग्रह साफ़ हुए। दूसरी ओर हमारे बुद्धिजीवियों के एक हिस्से में पतनोन्मुख पूँजीपति वर्ग के दार्शनिक विचारों और सौन्दर्यबोधगत अभिरुचियों के प्रति वर्तमान व्यामोह हानिकारक है, इस अर्थ में कि इससे उनके 'बुद्धिजीवी' मस्तिष्क पूँजीवादी पूर्वाग्रहों से भर जाते हैं जिनकी उपज के लिए हमारी रूसी भूमि को सामाजिक विकास ने अभी काफ़ी तैयार नहीं किया है। ये पूर्वाग्रह अनेक ऐसे रूसियों के दिमाग़ पर भी हमला कर रहे हैं जो सर्वहारा वर्ग के आन्दोलन से सहानुभूति रखते हैं। परिणाम यह है कि वे समाजवाद के और उस आधुनिकतावाद के, जिसको पूँजीवाद के पतन ने जन्म दिया है, विचित्र मिश्रण है। इस विभ्रम से कोई कम व्यावहारिक क्षति नहीं हो रही है। (वही, पृ. 250)

हमारे समय में 'कला के लिए कला' का नारा वास्तव में, 'कला धन कमाने के लिए' का नारा बन गया है। प्लेखानोव कहते हैं कि क्या हमें इसका कारण नहीं जानना चाहिए? इसकी समझ के लिए उन्होंने मार्क्स की पुस्तक 'दर्शन की दरिद्रता' से निम्नलिखित उदाहरण दिया हैं–

'एक समय था जैसे कि मध्य युग में, जब केवल अतिरिक्त का यानी उपभोग से बचे जिन्स का, विनिमय किया जाता था। फिर एक समय था जब न केवल अतिरिक्त जिन्स बल्कि सारी उपज, सारा औद्योगिक अस्तित्त्व व्यापारिक बन गया और सारा उत्पादन विनिमय पर निर्भर करने लगा।'

'अन्ततः एक समय आया जब हर ऐसी चीज़, जिसको मनुष्य अपने से अभिन्न मानता था, विनिमय की, लेन-देन की वस्तु बन गयी और अपने से अलग की जाने लगी। यही समय था जब सारी ऐसी चीज़ें, जिनको उस समय तक सम्प्रेषित किया जाता था मगर विनिमय नहीं किया जाता था, दिया जाता था मगर बेचा नहीं जाता था, हासिल किया जाता था मगर ख़रीदा नहीं जाता था, जैसे सद्‌गुण, प्रेम, विश्वास, ज्ञान, अन्तरात्मा आदि संक्षेप में, सभी चीज़ें व्यापार में ढलती गयीं। यही समय बना आम भ्रष्टाचार का, सार्वभौमिक बेईमानी का, यानी अगर उसको राजनीतिक-अर्थशास्त्रीय शब्दावली में कहें तो यही समय बना जब हर भौतिक या नैतिक सामग्री एक व्यापार योग्य मूल्य बन गयी और उसका सबसे सही मूल्य जानने के लिए उसको बाज़ार में लाया जाने लगा।'

इस सत्य को अनेक पूँजीवादी विचारक जानते-समझते हैं, मगर वे उसके विरुद्ध

रोष या क्रोध नहीं प्रकट करते। कलाकार को इस कुत्सित स्थिति के विरुद्ध विद्रोह करना चाहिए और अनेक बुद्धिजीवी इस स्थिति को पहचान कर पूँजीपति वर्ग से नाता तोड़ कर मज़दूर वर्ग के पक्ष में आ खड़े होते हैं। प्लेखानोव ने इस स्थिति के विषय में 'कम्युनिस्ट घोषणा-पत्र' से यह उद्धरण दिया—"ऐसे समय में जब वर्ग-संघर्ष निर्णयकारी घड़ी के निकट पहुँच जाता है, तब शासक वर्ग के अन्दर, पुराने समाज के अन्दर, हर क्षेत्र में विघटन की निरन्तर जारी प्रक्रिया ऐसा उग्र और सुस्पष्ट चरित्र ग्रहण कर लेती है कि शासक वर्ग का एक छोटा-सा हिस्सा अपने को उससे अलग कर लेता है और उस क्रान्तिकारी वर्ग में शामिल हो जाता है जो अपने हाथ में भविष्य सँभाले होता है। इसलिए जैसे पहले सामन्ती अभिजात वर्ग का एक हिस्सा पूँजीपति वर्ग के पक्ष में चला गया था, वैसे ही अब पूँजीपति वर्ग का एक भाग सर्वहारा वर्ग के पक्ष में चला जाता है और विशेषकर इनमें पूँजीवादी विचारकों का एक अंश होता है जिन्होंने सर्वांग ऐतिहासिक आन्दोलन को सैद्धान्तिक रूप से समझ लेने के स्तर तक अपने को उठा लिया होता है।" (वही, पृ. 223)

जो पूँजीवादी विचारक सर्वहारा वर्ग के पक्ष में चले आते हैं, उनमें कलाकार क्यों कम होते हैं, इसका कारण बताते हुए प्लेखानोव ने कहा कि विचारक लोग ही हैं जो मार्क्स के शब्दों में "सर्वांग ऐतिहासिक आन्दोलन को सैद्धान्तिक रूप से समझ लेने के स्तर तक अपने को उठा लेने" में समर्थ हो सकते हैं मगर आधुनिक कलाकार, रिनेसां युग के महान कलाकारों के विपरीत, बहुत कम चिन्तन करते हैं। प्लेखानोव के समय से स्थिति बहुत बदल गयी और पूँजीपति वर्ग इतना चतुर हो गया है कि उसने कलाकार को और भी कई अदृश्य सूत्रों में बाँध रखा है। जो भी हो, प्लेखानोव का यह कहना आज भी सही है कि, "विश्वास के साथ कहा जा सकता है कि अगर कमोवेश हर एक प्रतिभाशाली कलाकार हमारे युग के मुक्तिदायी विचारों को आत्मसात कर ले तो उसकी क्षमता काफ़ी बढ़ जायेगी। सिर्फ़ यही है कि उन विचारों को उसके हाड़-मांस का अंग बन जाना चाहिए और उनको एक कलाकार की भाँति सही रीति से अभिव्यक्त करना चाहिए।" यहाँ पर प्लेखानोव ने फुटनोट में फ्रांसीसी विद्रोही उपन्यासकार फ़्लाबेर का (जो मज़दूर आन्दोलन का विरोधी बन गया था) एक उद्धरण दिया और कहा, 'मुझे यहाँ फ्लाबेर का उद्धरण देते सन्तोष हो रहा है।' उसने ज्यार्ज सेंड को एक पत्र में लिखा था, "मेरा विश्वास है कि रूप और तत्त्व दो ऐसी इकाइयाँ हैं जिनका कभी एक-दूसरे से अलग अस्तित्त्व नहीं होता।" इसके आगे स्वयं प्लेखानोव ने जोड़ा, "जो यह समझता है कि कला रूप को 'विचार के लिये' बलि चढ़ाया जा सकता है, वह अगर कभी कलाकार रहा है तो इसके बाद कलाकार नहीं रह जाता।"

मार्क्सवादी आलोचना की समस्याएँ

•

लूनाचार्स्की

एक

हमारा साहित्य अपने विकास के एक निर्णायक दौर से गुज़र रहा है। हमारे देश में एक नये जीवन का निर्माण हो रहा है और साहित्य—हालाँकि अभी तक अपरिभाषित और असन्तुलित रूपों में—इस नये जीवन को प्रतिबिम्बित करने के लिए अधिक-से-अधिक सीख रहा है; यह बिल्कुल स्पष्ट है कि आगे चल कर निर्माण की इस प्रक्रिया के राजनीतिक और विशेषकर नैतिक प्रभाव को ज़्यादा दक्षता के साथ प्रस्तुत कर सकेगा।

यद्यपि हमारे देश में अन्य देशों की अपेक्षा पृथक् वर्गों में विरोध नहीं के बराबर है, फिर भी यह सोचना कि हमारा देश पूरे तौर पर वर्गहीन है—अभी असम्भव है। किसानों और श्रमजीवियों के पक्षधर साहित्य की अपरिहार्यता को मानने वालों के अलावा देश में ऐसे भी तत्त्व मौजूद हैं जिन्होंने पुरानी मनोवृत्ति को बनाये रखा है तथा जिन्होंने अभी तक अपने को सर्वहारा के अधिनायकत्व में मिलाया नहीं है या जो श्रमजीवी जनता द्वारा निर्मित किये जा रहे समाजवाद की बुनियादी विचारधारा को अपनाने में ख़ुद को अक्षम पाते हैं।

पुराने और नये के बीच संघर्ष जारी है। पुराने शासक वर्ग का अवशेष, अतीत, यूरोप और नये मध्य वर्ग का प्रभाव, जो एक निश्चित सीमा तक नयी आर्थिक नीति के भीतर घुसा हुआ है, अपने को लचीला बना रहा है। ये विभिन्न तत्त्व केवल व्यक्ति समूहों और व्यक्तियों के प्रचलित मिज़ाज में ही नहीं दिखायी देते बल्कि हर चीज़ में घुले-मिले हैं। यह याद रखा जाना चाहिए कि पूँजीवाद की घोषित, साफ़ और सुनियोजित शत्रुतापूर्ण विचारधारा के अलावा एक और भी तत्त्व है जो कि शायद ज़्यादा ख़तरनाक है और जिसे पराजित करना बहुत मुश्किल है—वह है रोज़ के जीवन में घुसी निम्न पूँजीवादी मनोवृत्ति जिसने सर्वहारा और यहाँ तक कि

साम्यवादियों के भी रोज़मर्रा के व्यवहार में कहीं गहरे तक घर कर लिया है। इससे स्पष्ट हो जाता है कि एक नये जीवन दर्शन के संघर्ष के रूप में—जिस पर सर्वहारा के समाजवादी आकांक्षा की छाप कम होने के बजाय अपने पूर्व उत्साह के बनाये हुए हैं—वर्ग-संघर्ष पहले से अधिक गहन और सूक्ष्म स्तर पर उत्तरदायित्व ग्रहण कर रहा है। यही वह परिस्थिति है जो कला की विधाओं—विशेष रूप से साहित्य को आज के समय में नितान्त महत्त्वपूर्ण बनाती है। यही परिस्थितियाँ सर्वहारा व सजातीय साहित्य के साथ-साथ शत्रुतापूर्ण साहित्य के निस्सरण का कारण भी बनती हैं—इससे मेरा तात्पर्य केवल सचेतन और विशेष रूप से शत्रुतापूर्ण तत्त्वों से ही नहीं बल्कि अकर्मण्यता, निराशावाद, व्यक्तिवाद, द्वेषपूर्ण पूर्वाग्रह, विकृत, मिथ्या वर्णन आदि अचेतन रूप में शत्रुतापूर्ण और विरोधी तत्त्वों से भी है।

दो

इन हालात के तहत जिसमें साहित्य को महत्त्वपूर्ण भूमिका अदा करनी है—मार्क्सवादी आलोचना पर भी विचारणीय ज़िम्मेदारी आ जाती है। साहित्य के साथ-ही-साथ बिना किसी सन्देह के अब इस बात पर भी ध्यान दिया जाना चाहिए कि नवमानव नव जीवनदर्शन के निर्माण की प्रक्रिया में आलोचना का पूरी प्रबलता और ऊर्जा के साथ साझीदार होना है।

तीन

मार्क्सवादी आलोचना, अन्य सभी प्रकार की साहित्यिक आलोचनाओं से मुख्यतः इस तथ्य के आधार पर विशिष्ट है कि मार्क्स और लेनिन के समाजशास्त्र पर आधारित वह अपनी प्रकृति में समाजशास्त्रीय है। बहुधा साहित्यिक इतिहासकार और साहित्यिक आलोचक के काम में अन्तर माना जाता है। यह माना जाता है कि इतिहासकार का काम अतीत और वर्तमान के विश्लेषण का उतना नहीं जितना कृति के उद्गम, स्थान, सामाजिक बनावट और प्रभाव के विश्लेषण का है जबकि साहित्यिक आलोचक का कार्य कृति का विशुद्ध तात्विक और सामाजिक गुण-दोष की दृष्टि से मूल्यांकन करना है।

मार्क्सवादी आलोचक के लिए इस प्रकार का अन्तर उसकी मान्यताओं को भटकाने वाला है यद्यपि 'आलोचना' शब्द के सुनिश्चित बोध में यह कार्य अवश्य ही मार्क्सवादी आलोचना का एक अंग होना चाहिए किन्तु समाजशास्त्रीय विश्लेषण इससे भी अधिक अनिवार्य व बुनियादी तत्त्व है।

चार

एक मार्क्सवादी आलोचक समाजशास्त्रीय विश्लेषण का कार्य किस प्रकार करता है? मार्क्सवाद सामाजिक जीवन को एक संघटित इकाई के रूप में मानता है जिसमें विभिन्न घटक एक-दूसरे पर आश्रित होते हैं तथा भौतिक व आर्थिक सम्बन्ध, जिसमें श्रम के प्रकार प्रमुख हैं, अपनी निर्णायक भूमिका अदा करते हैं। उदाहरण के लिये, एक युग के सामान्य विश्लेषण के लिए एक मार्क्सवादी आलोचक उस युग के सम्पूर्ण सामाजिक विकास का पूरा ख़ाका प्रस्तुत करने का प्रयास करेगा। किन्तु जब केवल एक लेखक पर या किसी कृति विशेष पर बहस हो तब यह ज़रूरी नहीं कि मूलभूत आर्थिक-सामाजिक स्थितियों का विश्लेषण किया जाये। यहाँ सदैव प्रामाणिक सिद्धान्त—जिसे हम प्लेखानोव का सिद्धान्त कहते हैं, अपने पूरे विस्तार के साथ लागू किया जा सकता है। वह बतलाता है कि एक प्रदत्त समाज में कोई कृति सीधे उत्पादन सम्बन्धों पर नितान्तन गण्य सीमा तक आधारित होती है। वह उत्पादन सम्बन्धों पर—समाज के वर्गीय ढाँचे और सामाजिक मनोविज्ञान, जो कि वर्गीय हितों के परिणामस्वरूप बनता है—की अन्तर्वर्ती कड़ियों के माध्यम से निर्भर होती है। एक साहित्यिक कृति सदैव चेतन अथवा अचेतन रूप में उस वर्ग के मनोविज्ञान को, जिसका कि लेखक प्रतिनिधि होता है, प्रस्तुत करती है, अन्यथा जैसा कि अक्सर होता है, वह लेखक पर पड़ने वाले विभिन्न वर्गों के प्रभाव के मिश्रण को प्रतिबिम्बित करती है। यही मार्क्सवादी आलोचक के सूक्ष्म विश्लेषण का विषय है।

पाँच

कला की प्रत्येक विधा में वर्ग विशेष या विशाल जन समूह की वृहत्तर सामाजिक प्रवृत्तियों का मनोवैज्ञानिक सम्बन्ध प्रधानतया उनकी विषय-वस्तु द्वारा निर्धारित होता है। साहित्य, जो कि विचार औरशब्द की कला है—कला के अन्य रूप से 'रूप' की तुलना में विषय-वस्तु द्वारा महत्त्वपूर्ण तरीक़े से अलग है। साहित्य में कलात्मक विषय-वस्तु विचारों के प्रवाह और संवेदना बिम्बों द्वारा या बिम्बों से जुड़ी हुई—कृति की पूर्णता का निर्णायक तत्त्व होती है—यह साफ़ देखा जा सकता है। विषय-वस्तु स्वयं ही एक निश्चित रूप धारण करने का प्रयास करती है। यह कहा जा सकता है कि एक निश्चित विषय-वस्तु का उसी के अनुरूप आदर्श रूप होगा। एक लेखक अधिक या कम सामर्थ्य के साथ अपने विचारों, घटनाओं और अनुभावों के अनुरूप ही अभिव्यक्ति का रूप अपनाता है जो विषय-वस्तु को पूरी स्पष्टता के और गहरे प्रभाव के साथ उन पाठकों तक सम्प्रेषित करती है जिनके लिए उसने कृति की रचना

की है। इस प्रकार मार्क्सवादी आलोचक सबसे पहले अपने विश्लेषण का आधार कृति की विषय-वस्तु और उसके द्वारा पड़ने वाले सामाजिक प्रभाव को बनाता है। वह विशेष सामाजिक समूह के साथ कृति के सम्बन्ध को निर्धारित करता है जिसका प्रभाव पूरे सामाजिक जीवन पर पड़ सकता है। इसके बाद वह रूप की ओर आता है और रूप का विश्लेषण मुख्यता इस दृष्टि से करता है कि रूप विशेष अपने उद्‌देश्य में कितना सफल रहा है यानी वह कृति को किस सीमा तक सम्भव रूप में प्रभावकारी और ग्राह्य बनाता है।

छह

यह असम्भव है कि साहित्यिक रूपों के विश्लेषण के ख़ास काम की उपेक्षा कर दी जाये। मार्क्सवादी आलोचक को यक़ीनन इस ओर से आँख नहीं मूँद लेनी चाहिए। सच तो यह भी है कि किसी कृति का रूप न केवल उसकी विषय-वस्तु द्वारा, बल्कि अन्य तत्त्वों द्वारा भी निर्धारित होता है। एक निश्चित वर्ग या वर्ग समूहों—जिसने कृति पर प्रभाव डाला है—का मनोविज्ञान, विचार-प्रक्रिया और संवाद, सामाजिक संस्कृति का सामान्य भौतिक स्तर, पड़ोसियों का प्रभाव, अतीत के संस्कार, पुनर्नवीकरण के प्रयास जो जीवन के सभी पक्षों में हो सकते हैं—सभी मिलकर रूप को प्रभावित करते हैं या सहायक कार्कों के रूप में उसे प्रभावित करते हैं। प्रायः रूप का सम्बन्ध न केवल कृति से वरन् एक पूरे वाद या काल से जुड़ा होता है। रूप एक ऐसी शक्ति भी होती है जो विषय-वस्तु की विरोधी या हानिकारक हो। कभी-कभी वस्तु से अलग होकर रूप अमूर्त एवं अलगाव की प्रवृत्ति धारण कर लेता है। यह तब घटित होता है जब कोई साहित्यिक कृति वास्तविक जीवन से डर कर अपने वर्ण्य विषय से अलग हट जाती है और मात्र वर्गों की प्रवृत्तियों का वर्णन करने लगती है। अथवा वास्तविक जीवन के यथार्थ को भारी-भरकम शब्दों की लफ़्फ़ाजी, खिलवाड़ और दिखाऊपन के पीछे छुपाने का प्रयत्न करती है या इसके विपरीत झूठी और वंचनापूर्ण होती है। इन सारी बातों को अवश्य ही मार्क्सवादी आलोचना का एक भाग होना चाहिए और इसकी ज़रूरत है। जैसा कि पाठक देख सकते हैं कि उपरोक्त तत्त्व एक साधारण सिद्धान्त का विरोध करते हैं कि प्रत्येक उच्च श्रेणी की कृति अथवा क्लासिक में रूप पूरी तौर पर विषय-वस्तु द्वारा निर्धारित होता है और हर वह साहित्यिक कृति जो उच्च श्रेणी का या क्लासिक बनने का प्रयत्न करती है—किसी भी प्रकार से सामाजिक जीवन से कट नहीं सकती। इसलिए प्रत्येक साहित्यिक कृति को उसके सामाजिक परिप्रेक्ष्य में ही देखा जाना चाहिए।

सात

अभी तक हमने अपना ध्यान मुख्यतया मार्क्सवादी आलोचना के क्षेत्र में साहित्यिक ज्ञान की क्रियाओं पर ही केन्द्रित किया है। मार्क्सवादी आलोचक यहाँ एक वैज्ञानिक समाजशा़त्री के रूप में आता है जो विशेषतया मार्क्सवादी विश्लेषण की विधियों को एक ख़ास क्षेत्र-साहित्य में लागू करता है। मार्क्सवादी आलोचना के संस्थापक प्लेखानोव ने बहुत ज़ोर देकर कहा है कि यही वास्तविक कार्य है जिसे एक मार्क्सवादी को कहना है। उन्होंने बताया है कि एक मार्क्सवादी अन्य प्रकार के प्रबुद्धजन से इसी अर्थ में भिन्न है। उदाहरण के लिए इस तथ्य को लिया जा सकता है कि एक प्रबुद्ध जन साहित्य के विशेष उद्देश्य और माँग के बारे में बतलाता है और विशेष आदर्शों की दृष्टि से साहित्य के बारे में निर्णय करता है जबकि मार्क्सवादी कृति विशेष की उत्पत्ति के प्राकृतिक कारणों पर प्रकाश डालता है।

आठ

वह कौन सा प्रतिमान है जिसे किसी साहित्यिक कृति के विकास का आधार बनाया जा सकता है? हमें सबसे पहले वर्ण्य विषय की दृष्टि से इसे परखना चाहिए। यहाँ सब कुछ एकदम साफ़ है। हमारा मूल आधार वही है जो नवजात सर्वहारा सौन्दर्यशास्त्र का है। हर वह चीज़ जो सर्वहारा के विकास और विजय में सहायक है, अच्छी है और हर वह चीज़ जो नुकसान पहुँचाती है, बुरी है।

मार्क्सवादी आलोचक को यह पता लगाने का अवश्य प्रयास करना चाहिए कि किसी कृति विशेष में व्यक्त मूल सामाजिक विचारधारा क्या है, उसका स्रोत क्या है और अपनी प्रक्रिया में वह विवेकपूर्ण है या नहीं। कृति के विकास को अवश्य ही मूल सामाजिक और गतिशील तत्त्व पर आधारित होना चाहिए।

किसी कृति के सामाजिक विषय-वस्तु के विकासशील क्षेत्र में हर चीज़ सरलता से बहुत दूर है इसलिए मार्क्सवादी आलोचक को बहुत निपुण और संवेदनशील होने की आवश्यकता है। इसका मतलब केवल उसकी मार्क्सवादी शिक्षा से ही नहीं बल्कि प्रतिभा विशेष से भी है जिसके अभाव में कोई आलोचना हो नहीं सकती। वास्तव में, किसी उच्च कृति के मामले में, बहुत से पहलू हैं जिनका मूल्यांकन होता है और यह बहुत ही मुश्किल है कि इस तरह के मामले में किसी तरह के मापदण्ड या थर्मामीटर का प्रयोग किया जाये। यहाँ उस चीज़ की ज़रूरत है जिसे हम सामाजिक संवेदना के नाम से जानते हैं अन्यथा ग़लतियाँ होना अवश्यम्भावी है। मार्क्सवादी आलोचक को केवल उन्हीं कृतियों पर ध्यान नहीं देना चाहिए जो समकालीन समस्याओं से जुड़ी हैं या उन पर प्रमुख रूप से ध्यान देती हैं। समकालीन समस्याओं के महत्त्व से

बिना इनकार किये हुए यह पूरी तरह असम्भव है कि उनके ज़बरदस्त परिणाम की उपेक्षा कर दी जाये जो पहले तो बहुत मामूली और साधारण दिखायी देती हैं किन्तु सूक्ष्मता से निरीक्षण करने पर सामाजिक जीवन पर प्रभाव डालने वाली होती हैं। यहाँ आलोचना की कार्य-प्रक्रिया वही, है जो विज्ञान की है। यह कहना या समझना कि विज्ञान पूरी तरह व्यावहारिक जीवन के प्रति समर्पित होता है, बहुत बड़ी चूक है। यह काफ़ी जानी-बूझी बात है कि अधिकांश अमूर्त वैज्ञानिक प्रमेय जब सिद्ध कर लिए जाते हैं, बहुत ही लाभदायक होते हैं।

फिर भी, यह महत्त्वपूर्ण है कि कोई कवि या लेखक, यदि वह सर्वहारा लेखक है, साधारण समस्याओं के समाधान का प्रयास सर्वहारा संस्कृति के मूलाधारों के पुनर्मूल्यांकन के दृष्टिकोण से करता है तो एक आलोचक सहज ही भ्रम में पड़ सकता है। पहली बात तो यह है कि इस तरह के मामलों में अभी तक हमारे पास कोई निश्चित मापदण्ड नहीं है और दूसरे परिकल्पनाओं में, सबसे साहसिक परिकल्पना जिससे न केवल अन्तिम समाधान के रूप में हम सम्बन्धित हैं बल्कि समस्याओं की चर्चा व विश्लेषण हेतु भी जुड़े हैं, का एक मूल्य यहाँ हो सकता है। एक निश्चित सीमा तक यह सब कुछ सामाजिक रुचि व उसी प्रकार के साहित्य के बारे में है। एक लेखक जो हमारे कार्यक्रमों के बारे में जिनका सर्वांगीण विकास हो चुका है, अपनी कृति में वर्णन करता है, घटिया लेखक है। लेखक तभी महत्त्वपूर्ण हो सकता है जब वह कुँवारी धरती को जोतता है, जब वह अपनी अन्तः प्रज्ञा द्वारा एक ऐसे क्षेत्र में प्रवेश करता है जहाँ तर्क और आँकड़ों का प्रवेश वर्जित है। इसका निर्णय करना कि क्या एक लेखक क्या सही है, क्या उसने समाजवाद के मूल उत्साह और सत्य को सही रूप में अपनाया है, बहुत कठिन काम है। यहाँ भी शायद सही निर्णय आलोचक और पाठक के दृष्टिकोणों के संघर्ष के परिणामस्वरूप ही प्राप्त किया जा सकता है, किन्तु इन सबसे किसी भी तरह आलोचक के कार्य का महत्त्व कम नहीं होता। साहित्यिक कृतियों के सामाजिक विषय-वस्तु के मूल्यांकन में एक बहुत महत्त्वपूर्ण तथ्य उस कृति पर अन्तिम निर्णय है जो प्राथमिक विश्लेषण की प्रक्रिया में निहित होता है और कभी-कभी हमारे लिए बहुत ही नुकसानदेह होता है। निश्चय ही यह बहुत ज़रूरी है कि हम अपने दुश्मन की प्रकृति और विचार के बारे में जानें और अपने वातावरण से भिन्न, आने वाले चश्मदीद गवाह के वर्णन को सुनें। बहुधा यह हमें मूल्यवान और गम्भीर निर्णयों तक पहुँचने में मदद करते हैं और हर तरह से जीवन प्रक्रिया के हमारे ज्ञानकोश को समृद्ध और धनी बनाते हैं। एक मार्क्सवादी आलोचक जो यह बतलाता है कि कोई लेखक अथवा कृति किस प्रकार की है, मान लीजिए निम्न पूँजीवादी विचारधारा की है, इससे उसे अपने दृष्टिकोण के हिसाब से उस कृति अथवा लेखक को महत्त्वहीन या बेकार नहीं मान लेना चाहिए। लाभ

का एक बहुत बड़ा अंश इसमें से लिया जा सकता है। इसी कारण, किसी कृति के न केवल बुनियादी विचारधारात्मक दृष्टिकोण से, वरन् हमारे रचनात्मक प्रयासों में इसके शक्तिशाली इस्तेमाल के दृष्टिकोण से भी, अन्तिम मूल्यांकन एक मार्क्सवादी आलोचक का सीधा कार्य है।

मैं इसकी विशेषता बताना चाहूँगा। साहित्य के क्षेत्र में विदेशी और शत्रुतापूर्ण तथ्य यद्यपि उपरोक्त अर्थ में हमारे लिए कुछ लाभदायक हैं किन्तु वे निश्चय ही बहुत अनिष्टकर प्रतिक्रान्तिकारी और ज़हर भरे प्रचार से भी प्रेरित हो सकते हैं। यह कहना ज़रूरी है कि यह केवल मार्क्सवादी आलोचना की मर्यादा की ओर ही नहीं बल्कि मार्क्सवादी सेंसरशिप की ओर भी एक संकेत है।

नौ

मार्क्सवादी आलोचक का कार्य तब और भी जटिल हो जाता है जब वह वस्तु के मूल्यांकन से रूप के मूल्यांकन की ओर आता है। यह नितान्त महत्त्वपूर्ण कार्य है और प्लेखानोव ने इसकी आवश्यकता पर बड़ा बल दिया है। तो मूल्यांकन का सामान्य मापदण्ड यहाँ क्या हो? रूप, कथ्य को अधिकतम अभिव्यक्तिशील और पाठकों, जिनके लिए कृति लिखी गयी है, पर ज़बरदस्त प्रभाव डालने योग्य वस्तु के जितना निकट सम्भव हो सकता है उतना अनुरूप होता है।

सबसे पहले और सबसे महत्त्वपूर्ण तात्विक प्रतिमान, जिसकी प्लेखानोव ने हमेशा वक़ालत की, की चर्चा यहाँ करनी चाहिए। वह यह कि साहित्य बिम्बों की कला है और शुद्ध विचारों या प्रचार का प्रत्येक आक्रमण कृति के लिए हानिकारक सिद्ध होता है। यह साफ़ ज़ाहिर है कि प्लेखानोव का यह मापदण्ड सार्वभौम नहीं है। उदाहरण के लिए, साल्तकेवोय, शेदरिन, उस्पेंस्की और फरमानोव का साहित्य इस मापदण्ड के विरुद्ध घोषित पाप है और इसका मतलब यह हुआ कि इस प्रकार का साहित्य ललित साहित्य और पत्रकारिता के समागम से पैदा हुआ वर्ण संकर और दोगला साहित्य है। हर सम्भव तरीक़े से इस बात की उपेक्षा करनी चाहिए। यह सही है कि पत्रकारिता जो प्रचार की एक शानदार और कलापूर्ण शैली है और साहित्य अपने शाब्दिक अर्थ में इसके ठीक उलटा। शुद्ध पत्रकारिता के तत्त्वों से भरा हुआ कलात्मक ललित साहित्य, चाहे वह कितना ही अपने तर्क में सौष्ठवपूर्ण हो, पाठकों पर एक निष्क्रिय प्रभाव छोड़ेगा। इस अर्थ में यदि विषय-वस्तु चमकते हुए पिघले लोटे की तरह धारा बिम्बमाला में प्रवाहित होती हो और इस धारा से विशाल ठण्डे पिण्ड न बनते हों तो मार्क्सवादी आलोचक को पूरा अधिकार है कि वह रचनाकार द्वारा विषय-वस्तु को साहित्यिकता प्रदान करने की असमर्थता के बारे में बतलाये।

दूसरा ख़ास मापदण्ड जो उपरोक्त वर्णित मापदण्ड से आगे काम करता है,

रूप की मौलिकता से सम्बन्ध रखता है। यह मौलिकता कहाँ होती? महत्त्व कृति के तात्विक ढाँचे, जो विचार और विषय-वस्तु से मिलकर अभेद्य होता है, का है। एक सच्ची कलाकृति निश्चय ही अपने वर्ण-विषय में नयी होती है। यदि वर्ण-विषय नया नहीं है तो उसका महत्त्व कुछ भी न होगा, एकदम साफ़ है। एक कलाकार को कुछ ऐसा अभिव्यक्त करना होता है जो उसके पहले नहीं कहा गया है। पुनर्अनुकृति कला नहीं है (कुछ चित्रकार इस बात को समझने में कठिनाई अनुभव करते हैं) बल्कि सिर्फ़ दस्तकारी है यद्यपि बाज वक़्त यह बहुत सुन्दर होती है। इस दृष्टि से प्रत्येक नयी रचना का नया विषय-वस्तु नये रूप की माँग करता है।

रूप की इस वास्तविक मौलिकता का विभेद हम किस प्रकार कर सकते हैं? प्रथम तो रूप की रूढ़िबद्ध धारणा होती है जो कृति में नये विचार को वास्तविकता के साथ समाहित होने से रोकती है। एक लेखक पूर्व प्रयुक्त रूपों पर आसक्त हो सकता है तद्यपि उसकी विषय-वस्तु नयी हो, यह पुराने शराब के प्याले में डूबना होगा। इस प्रकार की अपर्याप्तताओं पर ध्यान देने में चूक नहीं होनी चाहिए। दूसरे, रूप सहज ही कमज़ोर हो सकता है। यानी नयी रोचक विषय-वस्तु की अभिप्रेरणा होने पर भी लेखक भाषिक संवेदना के तात्विक स्रोतों को न पा सका हो अर्थात् शब्दावली, मुहावरा, सम्पूर्ण कहानी, अध्याय निर्माण, उपन्यास नाटक की सम्पदा से और लय के अर्थ में काव्य व अन्य काव्य रूपों से अपरिचित हो। यह सब कुछ मार्क्सवादी आलोचक द्वारा दिखाया जाना चाहिए। एक सच्चे मार्क्सवादी आलोचक या इसी तरह के समग्र रूप में आलोचक को आमतौर पर सबके लिए और ख़ास तौर पर नये व शुरुआत करने वाले लेखकों का शिक्षक होना चाहिए।

रूप की मौलिकता के ख़ास नियम के विरुद्ध तीसरा प्रमुख दोष रूप की अति मौलिकता है जहाँ विषय-वस्तु के खोखलेपन को शुद्ध खोजों और अलंकरण के द्वारा छिपाया जाता है। पूँजीवादी पतन काल के विशिष्ट प्रतिनिधियों-रूपवादियों के छूत का मारा हुआ लेखक सचेतन तरीक़े से अपने सच्चे और वज़नदार कथ्य को सजाने-सँवारने के विभिन्न चक्कर में पूरी कृति को चौपट कर देता है। एक आलोचक को सावधानी के साथ तात्विक प्रकृति के एक प्रतिभान कृति की सार्वभौमिकता को भी परखने का प्रयास करना चाहिए। टॉलस्टॉय ने इस बारे में ज़ोर दे कर कहा है, ''हम जो एक ऐसे साहित्य के निर्माण के इच्छुक हैं जो सर्वहारा जीवन के उद्‌भाविक सिद्धान्त के जनक के रूप में हो, सार्वभौमिकता के प्रति भी रुचि रखते हैं। मौन, अलगाव, एक विशेष वर्ग का सौन्दर्य, रूढ़िवादिता और अलंकरण, कला के इन सभी रूपों को एक मार्क्सवादी आलोचक द्वारा निरस्त कर दिया जाना चाहिए। अतीत और वर्तमान की ऐसी कृतियों के गुणों की ओर संकेत आवश्यक है और यह बताते समय ही उस कलाकार के मानसिक बनावट की निन्दा भी करनी पड़ेगी जो अपने आप

को सारी सच्चाई से इस प्रकार के कला-रूपों द्वारा काट कर अलग कर लेता है।

पर जैसा कि ऊपर कहा गया है, सार्वभौमिकता के प्रतिमान का बहुत सावधानी के साथ इस्तेमाल करना चाहिए। हम अपने प्रेस और प्रचार साहित्य में बहुत जटिल कृतियों, जर्नल्स, शोध पत्रों का उपयोग कर रहे हैं जो पाठक की विशेष मेधा की माँग अत्यन्त प्राथमिक लोक-रुचि के स्तर पर करती हैं किन्तु साथ ही हम अपने समस्त साहित्य को अभी तक असुसंस्कृत किसान मज़दूरों के स्तर तक नहीं ला सकते। ऐसा करना भारी भूल होगी।

वह लेखक महान होता है जो एक जटिल समस्या और एक मूल्यवान सामाजिक विचारधारा को इस ज़बरदस्त कलात्मक सरलता के साथ अभिव्यक्त कर देता है कि वह करोड़ों जनता के दिलों में जगह बना लेती है। वह लेखक भी महान है जो अपेक्षाकृत सरल और प्राथमिक विषय-वस्तु द्वारा इस करोड़ों जनता तक पहुँचता है। मार्क्सवादी आलोचक को इन्हें ऊँचा सम्मान देना चाहिए। यहाँ उसके विशेष ध्यान और विवेकपूर्ण सहायता की ज़रूरत है। किन्तु इसी के साथ निश्चय ही उन कृतियों के महत्त्व से इनकार नहीं किया जा सकता जो हर साक्षर व्यक्ति के लिए ग्राह्य नहीं हैं, जो सर्वहारा संस्कृति के उच्च स्तर पर पहुँचे हुए लोगों, हरावलदस्ते या पार्टी के आभिजात्य सदस्यों मात्र तक ही सम्प्रेषणीय हैं। जनसंख्या के इस भाग के जीवन की ज्वलन्त समस्याएँ, जो समाजवाद के निर्माण में महत्त्वपूर्ण भूमिका निभाते हैं, सहज ही एक कलात्मक उत्तर के बिना इसलिए नहीं छोड़ी जा सकतीं कि उनका सामना अभी तक विशाल जनसमूह से नहीं हुआ है या इन्हें सार्वभौम स्तर पर नहीं लिया जा सकता। इस ओर ध्यान नहीं दिया जाना चाहिए कि जब हम एक निश्चित पथ पर बहुत दूर चले आये हैं, हमारे लेखक-पाठकों के एक सुसंस्कृत वर्ग के लिए लिखने पर स्वयं को एक ऐसे समय में केन्द्रित कर रहे हैं जब कि मैं बलपूर्वक दुहराता हूँ कि किसानों और मज़दूरों की भलायी के लिए प्रतिभाशाली और सफल साहित्य के विशेष मूल्यांकन की आवश्यकता है।

दस

जैसा कि पहले कहा जा चुका है, मार्क्सवादी आलोचक एक महत्त्वपूर्ण सीमा तक शिक्षक भी होता है। हमारी 'आलोचना' तब तक महत्त्वहीन है जब तक कि वह कुछ अच्छे और प्रगतिशील कार्य न करके दिखाये। और यह प्रगतिशील कार्य क्या होने चाहिए? पहली बात यह है कि मार्क्सवादी आलोचक का रिश्ता एक लेखक से शिक्षक के रूप में होना चाहिए। यह बहुत सम्भव है कि इस बात पर लोग गुस्से में भर कर चीख़ें कि कोई आलोचक को लेखक से ऊँचा होने या ख़ुद को समझने का अधिकार नहीं दे सकता, किन्तु जब बात का सही विश्लेषण किया जायेगा तो

इस तरह के सारे आरोप रद्द हो जायेंगे। प्रधानतया यह कहने से कि मार्क्सवादी आलोचक को लेखक का शिक्षक होना चाहिए, यह मतलब होता है कि उसे निश्चित, दृढ़ और अटल मार्क्सवादी तथा बहुश्रुत, पाण्डित्यपूर्ण व निर्दोष रुचि का व्यक्ति होना चाहिए। यह कहा जाता है कि हमारे पास इस तरह के आलोचक नहीं हैं या एक-आध हैं। इस कथन के पहले अंश में हमारे विरोधी ग़लत हैं और दूसरे अंश में सच्चाई के नज़दीक हैं। पर इससे केवल यही नतीजा निकाला जा सकता है कि हमारे लिए सीखना निहायत ज़रूरी है। हमारे देश में दृढ़ता व प्रतिभा की कोई कमी नहीं है लेकिन अभी हमें बहुत मेहनत के साथ सीखना है। दूसरी बात यह है कि आलोचक खुद को लेखक से ऊँचा मान कर कभी लेखक का शिक्षक नहीं हो सकता, बल्कि लेखक से एक ज़रूरी हिस्से तक सीख कर ही हो सकता है। श्रेष्ठ आलोचक वही, है जो लेखक का बिना किसी उत्साह या प्रशंसा के निरीक्षण कर सकता है और जो हर तरह से अपने आप में पूर्ण है। एक मार्क्सवादी आलोचक लेखक का शिक्षक दो प्रकार से हो सकता है और उसे होना चाहिए—एक तो, ख़ासतौर पर नये लेखकों और आमतौर पर सभी लेखकों को उनकी कृतियों की तात्विक भूलें दिखा सकने में सक्षम होकर। प्रायः यह कहा जाता है कि अब हमें किसी बेलिंस्की की ज़रूरत नहीं है, हमारे लेखकों को किसी भी प्रकार के पथ-प्रदर्शन की आवश्यकता नहीं है। यह कहना क्रान्ति के पहले सही हो सकता था पर क्रान्ति के बाद जब हमारी जनता के बीच से सैकड़ों-हज़ारों नये लेखक आ रहे हैं, यह कहना हास्यास्पद है। एक दृढ़, पथ-प्रदर्शक, चरित्र बल में बेलिंस्की की तरह, सर्वहारा चेतना से पूर्ण, साहित्यिक प्रवृत्तियों का ज्ञान रखने वाली आलोचना पूरी तरह ज़रूरी है।

दूसरे, मार्क्सवादी आलोचक को सामाजिक सन्दर्भों में भी लेखक का शिक्षक होना चाहिए। न केवल एक पूँजीवादी लेखक बहुधा अपनी सामाजिक विचारधारा की पैदावार होने के कारण सामाजिक जीवन के नियमों की ऐतिहासिकता व युग के मूलाधारों को समझाने में असफलता के कारण अशिष्ट ग़लतियाँ कर बैठता है बल्कि एक मार्क्सवादी सर्वहारा लेखक के साथ भी अक्सर यह घटित होता है, हालाँकि नहीं के बराबर। यह कहना लेखक का अपमान नहीं, एक भिन्न अर्थ में सम्मान ही है।

लेखक एक संवेदनशील और वास्तविक प्रभावों को तुरन्त ग्रहण करने वाला प्राणी होता है। अधिकांशतः लेखकों के पास अर्मूत वैज्ञानिक चिन्तन के प्रति न तो विशेष रुचि होती है और न प्रतिभा ही। निश्चय ही इस कारण प्रायः वह बहुत बेसब्री से पत्रकारिता, आलोचना से मदद लेने के किसी प्रस्ताव को ठुकरा देते हैं। हालाँकि यह तभी होता है जब प्रस्ताव बहुत ही दम्भ के साथ किये जाते हैं। फिर भी, यह देखा जा सकता है कि महत्त्वपूर्ण लेखकों और प्रतिभावान आलोचकों के आपसी सहयोग से महान साहित्य का जन्म हुआ है और अब भी हो रहा है।

ग्यारह

सार्थक तरीक़े से लेखक को शिक्षित करने की कोशिश के साथ-ही-साथ मार्क्सवादी आलोचक को पाठक को भी शिक्षित करने की कोशिश करनी चाहिए। हाँ, पाठकों को पढ़ना सिखाया जाना चाहिए। आलोचक एक ऐसा पथ-प्रदर्शक है जो भाष्यकार, मिठाई में मिले ज़हर के प्रति सचेतक, कड़ी सीपी को तोड़ कर मोती निकालने वाले, गुमनामी में छिपी सम्पदा को बाहर निकालने वाले आदमी का काम करता है, जो समस्त वादों का निषेध कर कलात्मक भौतिक पदार्थों के आधार पर साधारणीकरण प्रस्तुत करता है और इसीलिए ऐसे समय में जब बहुत बड़ी तादाद में क़ीमती मगर अनुभवहीन पाठकों की जमात पैदा हो गयी है, वह महत्त्वपूर्ण हो उठा है।

रूस के अतीत के साहित्य व विश्व साहित्य से पाठकों का रिश्ता और समकालीन साहित्य से सम्बन्ध जोड़ने का काम आलोचक का है। मैं एक बार फिर उस अपवाद स्वरूप माँग पर विशेष बल देता हूँ जो मार्क्सवादी आलोचक से युग की पुकार है। मैं इस विषय से किसी को डराना नहीं चाहता हूँ। मार्क्सवादी आलोचक विनीत भाव से, यहाँ तक कि ग़लतियाँ करते हुए भी प्रारम्भ कर सकता है। लेकिन उसे हमेशा यह याद रखना चाहिए कि उसे बहुत ऊँचाई तक चढ़ना है तथा पहले पड़ाव तक सीढ़ी-दर-सीढ़ी तल्लीनता के साथ चढ़ते हुए अपने को प्रशिक्षार्थी ही समझना है। हालाँकि यह नामुमकिन है, फिर भी हो सकता है कि वह विशाल संस्कृति की उठती हुई विराट लहरों को न गिन सके और प्रतिभाशाली साहित्य के बड़े झरने की हर बूँद, जो सब जगह बौछार फेंक रही है, को न पहचान सके। यह विश्वास करना असम्भव नहीं है कि वर्तमान मार्क्सवादी आलोचना की स्थिति, जो पूरी तरह सन्तोषजनक नहीं है, जल्दी ही सुधर जायेगी।

बारह

मैं प्रबन्ध के उपसाध्य के रूप में दो प्रश्नों पर और विचार करना चाहूँगा। मार्क्सवादी आलोचना पर प्रायः यह आरोप लगाया जाता है कि वह मात्र जानकारी देने का काम करती है। वास्तव में, एक लेखक के बारे में अब यह कहना कि वह 'अचेतन' 'अर्धचेतन' या प्रतिक्रान्तिकारी विचार का है, पूरे तौर पर ख़तरनाक होगा। और उन मामलों में जब एक लेखक पूँजीवादी निम्नवृत्ति वाला या दक्षिणपन्थी या उनका सहयोगी अथवा विदेशी तत्त्व समझा जाता है या जब एक लेखक पर इस या उस खेमे में विचलन का आरोप लगाया जाता है तब समूची स्थिति सन्दिग्ध प्रतीत होने लगती है। क्या सचमुच जनता ने आलोचक को लेखक की राजनीतिक सन्दिग्धता, अस्थिरता या असफलता के बारे में बतलाने का काम सौंपा है? हमें ऐसे प्रत्याख्यानों

का ज़ोरदार तरीक़े से खण्डन करना चाहिए। ऐसा आलोचक, जो इस प्रकार के तरीक़ों का उपयोग अपनी व्यक्तिगत दुश्मनी निभाने के लिए अथवा स्वच्छन्दता पूर्वक किसी की निन्दा करने के लिए करता है, नीच है और उसकी यह नीचता जल्दी या देर में हमेशा प्रकाश में आ जाती है। एक आलोचक जो बिना विचार किये या वस्तु को तौले ऐसे आरोप लगाता है, लापरवाह और सतही है। किन्तु वह आलोचक जो अपने वस्तुनिष्ठ सामाजिक विश्लेषण के परिणामों को बलपूर्वक घोषित करने से डर कर मार्क्सवादी आलोचना के मूलतत्त्वों में तोड़-फोड़ करता है—लापरवाह और राजनीतिक रूप से निष्क्रिय घोषित किया जाना चाहिए।

इसका अर्थ यह नहीं है कि मार्क्सवादी आलोचक को 'सावधान रहो' की गुहार लगानी चाहिए। यह शासन निकायों से कोई अपील नहीं है। यह एक कृति का हमारे निर्माण में वस्तुनिष्ठ मूल्य निर्धारण है। यह खुद लेखक के द्वारा अपनी कतार ठीक करने के लिए निष्कर्ष निकालना है। हम विचारों के संघर्ष के क्षेत्र में हैं। समकालीन साहित्य व उसके मूल्यांकन के सवाल पर एक भी ईमानदार वर्ग चेतन कम्युनिस्ट संघर्ष की इस प्रकृति से इनकार नहीं कर सकता।

और आख़िर में यह सवाल, क्या तेज़ और धारदार वाद-विवाद साहित्य में स्वीकार्य होना चाहिए?

साधारण तौर पर तीखे विवाद लाभदायक होते हैं क्योंकि वह पाठकों की रुचि को बनाये रखते हैं। विवादास्पद लेख—ख़ासतौर पर जहाँ दोनों ही पक्ष ग़लत हों—अन्य सब तत्त्व समान होने पर जनता पर अत्यधिक प्रभाव डालते हैं और जल्दी ग्राह्य होते हैं। इसके अलावा मार्क्सवादी आलोचक सदैव अपने विचारों को तेज़ी के साथ अभिव्यक्त करने के लिये, ऐसे मौक़ों पर एक क्रान्तिकारी वीरता के साथ आगे आता है किन्तु इसी के साथ यह भी देखा जाना चाहिये कि विवाद कला की दक्षता में अपने तर्कों की कमज़ोरी को छुपाना आलोचक का बहुत बड़ा अपराध है। सामान्यतया जब तर्क जाल न हो बल्कि उसके स्थान पर कटु टिप्पणियों का ढेर, तुलनाएँ, व्यर्थ की चीख़-पुकार और चालाक प्रश्न हों, तब विचार विनोदी तो हो सकता है किन्तु गम्भीर कतई नहीं। आलोचना खुद आलोचना पर भी लागू होनी चाहिए और मार्क्सवादी आलोचना पर तो अवश्य ही जो एक साथ विज्ञान और कला, दोनों हैं। आलोचना में गुस्सा अच्छा पथ-प्रदर्शक नहीं है और बहुधा इसका अर्थ होता है कि आलोचक ग़लत है।

स्वीकार्यतः, कभी-कभी काट खाने वाले ताने और उत्तेजक टिप्पणियाँ आलोचक के हृदय से स्वतः फूट पड़ती हैं पर दूसरे आलोचक, पाठक और विशेष रूप से लेखक की विवेकपूर्ण कुशाग्र आँखें हमेशा वास्तविक गुस्से और छद्म द्वेष के बीच अन्तर कर लेती हैं। हमारे रचनात्मक काम में द्वेष की मात्रा जितनी कम हो सके उतना ही

अच्छा है। इसे वर्गीय घृणा के साथ मिलाना नहीं चाहिए। वर्गीय घृणा सोद्देश्य पूर्ण तरीक़े से आक्रमण करती है और धरती पर छाये बादल की तरह व्यक्तिगत राग-द्वेष से ऊपर होती है। व्यापक रूप से मार्क्सवादी आलोचक को किसी भयानक मोह में पड़े बिना, जो उसकी ओर से गम्भीर भूल होगी, परोपकारी होना चाहिए। उसका चरम आनन्द सच्चाई को खोज निकालने और उसे पूरी भव्यता के साथ पाठक तक पहुँचाने में होना चाहिए। सहायता करना उसके उद्देश्य में है और उचित माध्यमों से उसे सचेत करना भी चाहिए लेकिन शायद ही कभी उसके लिए यह ज़रूरी हो कि वह किसी दुष्टता को खोलने की कोशिश में मज़ाक़ के बेधक तीर चलाये या तिरस्कार करे या अभिभूत करने वाली प्रभावशाली आलोचना के द्वारा किसी छुटभैये की आकाश कुसुम लाने वाली महत्त्वहीन कृति को ध्वस्त करे।

(अनुवाद—अनिल कुमार श्रीवास्तव)

लु शुन : क्रान्तिकारी साहित्यकार

•

चंचल चौहान

रूसी कथा-साहित्य में जो स्थान गोर्की का है वही, स्थान चीनी कथा-साहित्य में लु शुन का है। लू शुन का असली नाम चाऊ शू-जेन था। पत्रिकाओं में लिखने के लिए उन्होंने अनेक उपनाम रख छोड़े थे, मसलन—जू-शू, सो शी, लिंगफेई, शुन शिंग। 'नवयुवा' के सम्पादक की पसन्दगी के कारण लू शुन उपनाम का जन्म 'शुन शिंग' नाम से हुआ था। आज विश्व भर में उन्हें लू शुन नाम से ही जाना जाता है।

इससे पहले कि हम उनके कथा-साहित्य को लें, संक्षेप में, उनके जीवन का परिचय भी कर लें। लू शुन का जन्म 25 सितम्बर, 1881 को चेक्यांग प्रान्त के शाओ सिंग में हुआ था। लू शुन का परिवार उनके बचपन में ही ग़रीबी का शिकार हो गया था। लू शुन एक मेधावी लड़के के रूप में अपने सभी नाते-रिश्तेदारों में मशहूर थे। छः वर्ष की उम्र में वे स्कूल में दाख़िल हुए। बचपन में ही उन्होंने चीन के प्राचीन साहित्य का अध्ययन कर लिया था। सत्रह वर्ष की उम्र तक वे अपने देश के परम्परागत साहित्य में पारंगत हो चुके थे। अट्ठारह वर्ष की उम्र में वे नौसेना की एकेडेमी में दाख़िल हुए, मगर वहाँ उन्हें सन्तोष नहीं मिला। बाद में, वे रेलवे व खानों के स्कूल में चले गये। सन्तोष उन्हें वहाँ भी नहीं था। फिर भी एक फ़ायदा हुआ, वह यह कि वहाँ उन्हें बुर्जुआ सुधारवाद के विचारों को पढ़ने का अच्छा मौक़ा मिला। विदेशी साहित्य के अनुवाद भी काफ़ी मात्रा में पढ़े। 1901 में वे ग्रेजुएट हो गये। इसके बाद उन्हें जापान जाने के लिए छात्रवृत्ति मिली। जापान में उन्होंने यूरोपीय दर्शनों व साहित्यों का गहन अध्ययन किया। शुरू में उन्होंने सेण्डाइ में मेडिकल कोर्स करना शुरू किया। सोचा था कि वे उससे अपने देश के क्रान्तिकारी आन्दोलनों में ज़्यादा मदद कर पायेंगे, लेकिन एक न्यूज़ रील में शासक वर्ग के अत्याचार के प्रति चीनी भाइयों की उदासीनता के दृश्य ने उन्हें बदल दिया। उन्होंने सोचा कि एक पिछड़े और ग़रीब देश के लोगों को जागरूक बनाने के लिए

साहित्य ही एकमात्र साधन हो सकता है। अतः 1906 में अपने देश के शोषित वर्ग को जाग्रत करने के उद्देश्य से वे साहित्य में उतरे। 1908 में, उन्होंने माँचू विरोधी क्रान्तिकारी पार्टी (कुशांग फू हुइ) की सदस्यता ग्रहण कर ली।

लू शुन सन् 1909 ई. में चीन लौटे। उन्होंने चेक्यांग नॉर्मल स्कूल में पढ़ाना शुरू किया। सन् 1911 ई. की क्रान्ति का दौर आया तो उन्होंने अपने विद्यार्थियों को भी उसमें शामिल करा दिया। सन् 1912 ई. में, जब अस्थायी सरकार बनी तो वे शिक्षा मन्त्री बना दिये गये। सन् 1911 ई. की क्रान्ति महत्त्वपूर्ण होते हुए भी अपने ऐतिहासिक लक्ष्य तक नहीं पहुँची थी। उससे चिंग सामन्तशाही ही ख़त्म हुई थी जबकि साम्राज्यवाद और सामन्तवाद की जड़ें चीन में बरकरार थीं। राज्य का शासनतन्त्र उन्हीं प्रतिक्रियावादी ताक़तों के चंगुल में था। विचारों में भी पश्चगामी प्रवृत्तियों का बोलबाला था। लू शुन के लिए छः साल का यह समय बहुत ही मानसिक वेदना का था। जब 4 मई सन् 1918 ई. का आन्दोलन शुरू हुआ तब उनको प्रकाश मिला। अपने शिक्षा मन्त्रित्व काल में उन्होंने चीनी संस्कृति का अध्ययन किया। प्राचीन कृतियों को सम्पादित किया। भारत के बौद्ध ग्रन्थों के तीसरी सदी के चीनी अनुवादों को भी पढ़ा।

इसी बीच रूस की महान अक्टूबर क्रान्ति ने चीन में एक क्रान्तिकारी लहर दौड़ा दी। पूरे देश में साम्राज्यवाद विरोधी संघर्ष के लिए मानसिकता तैयार हुई।

अप्रैल सन् 1918 ई. में, लू शुन नाम से 'नवयुवा' में उनकी पहली कहानी 'एक पागल की डायरी' प्रकाशित हुई। 'नवयुवा' पत्रिका उस समय एक क्रान्तिकारी भूमिका अदा कर रही थी। वह देश में अक्टूबर क्रान्ति के विचार व मार्क्सवाद-लेनिनवाद की विचारधारा को शोषित वर्ग के बीच पहुँचा रही थी। लू शुन ने कहानियाँ तो लिखीं ही, साथ ही देश की सामाजिक व साहित्यिक समस्याओं पर भी अपनी क़लम चलायी। सन् 1923 ई. में उनका कहानी संग्रह 'शस्त्रों का आह्वान' प्रकाशित हुआ। इसी में संकलित 'मेरा पुराना घर' तथा 'आः क्यू की सच्ची कहानी' रचनाओं ने लू शुन को नये चीनी साहित्य का जनक बना दिया।

सन् 1920 ई. में वे पेकिंग यूनिवर्सिटी में लेक्चरर बने। वहाँ वे नवोदित साहित्यकारों को अपना प्यार व दिग्दर्शन देकर साथी बनाने लगे। कहा जाता है कि लू शुन पेकिंग में युवा साहित्यकारों के बीच सर्वाधिक लोकप्रिय लेखक थे।

अगस्त सन् 1926 ई. में दक्षिण चीन में क्रान्ति का दौर ज़ोरों पर था, अतः प्रतिक्रियावादी बदमाशों ने उन्हें पेकिंग छोड़ने पर मजबूर कर दिया। इसी वर्ष उन्होंने अपनी कहानियों का दूसरा संकलन 'यायावर' प्रकाशित किया। सन् 1918 ई. से सन् 1926 ई. तक का उनका समय लेखन की दृष्टि से बहुत अच्छा रहा। पेकिंग छोड़ने के समय तक वे कहानियों के अलावा निबन्धों के चार संकलन, गद्य-कविताओं का

एक संकलन, 'जंगली घास' और 'चीनी कथा साहित्य का संक्षिप्त इतिहास' लिख चुके थे। इसके अलावा उन्होंने मौलिक लेखन से भी ज़्यादा अनुवाद किये। चीनी जनता को सोवियत संघ के साहित्यिक सिद्धान्तों तथा ब्लॉक के 'बारह' का परिचय कराया।

इसके बाद उन्होंने अमोय यूनिवर्सिटी में काम किया। कुछ ही दिन बाद वे जनवरी सन् 1927 ई. में कैण्टन की सनयात सेन यूनिवर्सिटी में चले गये। अप्रैल में च्यांग काई शेक ने क्रान्ति के साथ गद्दारी की तथा कम्युनिस्टों व क्रान्तिकारियों की गिरफ़्तारी व हत्या शुरू कर दी। लू शुन के बहुत सारे विद्यार्थी पकड़े गये व मारे गये। उन्होंने विरोध स्वरूप वहाँ से इस्तीफ़ा दे दिया। उनकी ज़िन्दगी ख़तरे से खाली नहीं थी। अतः वे अक्टूबर में शंघाई चले गये और जीवनपर्यन्त वहीं रहे। वहाँ उन्होंने पूरी तरह साहित्यिक जीवन ही व्यतीत किया।

सन् 1928 ई. में उन्होंने 'धारा' नामक पत्रिका निकाली। उन्होंने मार्क्सवाद-लेनिनवाद का अध्ययन किया और मार्क्सवादी साहित्यिक सिद्धान्तों को अनूदित किया। वे चीन की कम्युनिस्ट पार्टी के नज़दीक आये। सन् 1930 ई. में वे 'चीनी स्वतान्त्र्य लीग' के संस्थापक बने। मार्च सन् 1930 ई. में जब 'चीनी वामपन्थी लेखक लीग' की स्थापना हुई, तो लू शुन उसके संस्थापकों में एक थे। वे सन् 1936 ई. तक उसके नेता बने रहे। जनवरी सन् 1933 ई. 'नागरिक अधिकारों की लीग' (चाइना लीग फ़ॉर सिविल राइट्स) बनी तो वे उसके भी सदस्य बने।

अपने जीवन के अन्तिम दस वर्षों में लू शुन ने निबन्धों के नौ संकलन लिखे। ऐतिहासिक विषयों पर लिखी गयी कहानियों का एक संकलन भी पूरा किया और पहले से भी ज़्यादा अनुवाद किये। प्लेखानोव के कला सिद्धान्त, लूनाचार्स्की का साहित्य और उनके समीक्षा सिद्धान्त अनूदित किये। फेदेयेव के उपन्यास 'उन्नीस', याकोवलेव के उपन्यास 'अक्टूबर', फ़रमानेव तथा अन्य कथाकारों की कहानियों की दो पुस्तकें, गोर्की की 'रूसी परी कथाओं' व गोगोल की 'मृत आत्माओं' के अनुवाद विशेष रूप से उल्लेखनीय हैं। लू शुन ने सेराफिमोविच की 'लौहधार', ग्लाइकोव की 'सीमेण्ट', शोलोखोव की 'धीरे बहे दीन रे' तथा इवानोव की 'बख़्तरबन्द गाड़ी' का परिचय भी चीनी जनता को कराया। वे रूस तथा जर्मनी की प्रतिबद्ध कला की कृतियों को चीनी जनता के बीच लाये।

इतनी अधिक मेहनत लू शुन ने उस दौर में की जब प्रतिक्रियावादी कूमिन्तांग की गुण्डावाहिनी ने दमन और बर्बर अत्याचार से प्रगतिशील ताक़तों को ख़त्म करने की ठान ली थी। लू शुन मुश्किल से एक या दो कामरेडों से गुप्त रूप से मिल पाते थे। उन्हें हर वक़्त क़त्ल या गिरफ़्तारी का खटका लगा रहता था। इस सारे आतंक के बावजूद उन्होंने अपना ईमान नहीं जाने दिया। वे प्रगतिशील लेखकों के मोर्चे की अगुवाई बराबर करते रहे। कूमिन्तांग की घिनौनी कार्रवाइयों तथा उसके द्वारा

ख़रीदे गये लेखकों के द्वारा वामपन्थी लेखकों को मौन कराने की चालों को लू शुन ने बराबर ध्वस्त किया।

जीवन के आख़िरी दिनों में, जब वे बीमार रहते थे, लिखे गये लेखों में उन्होंने चीन के त्रात्स्कीवादी लेखकों की अच्छी धुनाई की थी। यद्यपि वे टी.बी. के मरीज थे, फिर भी उन्होंने मरते दम तक प्रतिबद्ध लेखन का नेतृत्व किया। उनकी मृत्यु 19 अक्टूबर, सन् 1936 ई. को हुई।

लू शुन का लेखन कहानियों और निबन्धों की विधाओं में अधिक हुआ है। वे चीन की शोषित जनता के पक्षधर साहित्यकार थे। उनकी पक्षधरता उनकी पहली कहानी–'एक पागल की डायरी' में ही दिखायी पड़ जाती है। यद्यपि इस कहानी की प्रेरणा उन्हें गोगोल से मिली, किन्तु इसका कथ्य मूलतः लू शुन के अपने समाज का है। समाज में चल रहे ऐण्टीथीसिस के संघर्ष में एक बिन्दु का प्रतीक है, 'पागल'। उसके भीतर इस संघर्ष की छाया है जो उसे पागल बना देती है। शोषण और दमन के ख़ूनी पंजों में कराहती मानवता का प्रतीक 'पागल' सन्त्रस्त है। उसका ऐण्टीथीसिस है चाओ, जो शोषक वर्ग का प्रतीक है। पागल को विश्वास है कि रक्तपायी वर्ग से नाभिनालबद्ध लोग उसे खा जायेंगे। इसीलिए वह चाओ के कुत्तों से भी डरता है, यहाँ तक कि वह अपने बड़े भाई को भी उसी वर्ग के साथ जुड़ा हुआ पाता है। वे सब नरभक्षी हैं। लू शुन ने बोधगम्य शैली में उच्चतम प्रतिबद्ध कला का परिचय अपनी इसी कहानी में दे दिया था। इस कहानी में बिम्ब भी हैं, प्रतीक भी। फॉर्म के स्तर पर भी ऐण्टीथीसिस का पैटर्न है लेकिन फिर भी कहीं कोई उलझाव नहीं है। सांकेतिकता के लिए वातावरण रचा गया है। एक अंश देखिये-

''घुप्प अँधेरा। मुझे नहीं मालूम, दिन है या रात? चाओ परिवार का कुत्ता फिर भौंकने लगा है।''

''शेर का ख़ूँख़ारपन, खरगोश की कायरता, लोमड़ी की चालाकी...।''

पागल को ग्लानि है कि बचपन में उसे भी धोखे से मनुष्य का मांस खिलाया गया है। उसे लगता है कि उसे अपनी बहिन का मांस खिलाया गया था। वह सोचता है कि अब उसकी बारी है। कहानी का अन्त निषेध का निषेध करने का संकेत देता है–

''मुझे जैसा आदमी–चार हज़ार साल के मानवभक्षी इतिहास के बाद, गोकि इसके बारे में मैं पहले नहीं जानता था, सच्चे आदमी को देखने की कैसे आशा रखे? शायद कुछ बच्चे ऐसे होंगे जिन्होंने आदमियों (के मांस) को नहीं खाया होगा।

बच्चों को बचाओं...'' 'बच्चों को बचाओ' की यह चीख़ विश्व के सारे शोषित वर्ग के लिए रणभेरी की तरह है।

लू शुन की एक अन्य बहुचर्चित कहानी है–''आः क्यू की सच्ची कहानी।''

यह लम्बी कहानी 'प्रभात समाचार' के साप्ताहिक परिशिष्ट के 'व्यंग्य विनोद' कॉलम के लिए लिखी गयी थी। लू शुन ने अपना छद्म नाम 'पाजेन' रखा था। दो महीने तक यह कहानी धारावाहिक रूप से प्रकाशित हुई। बाद में 'शस्त्रों का आह्वान' संकलन में भी इसे शामिल कर लिया गया। इस संकलन की समीक्षा को लेकर लू शुन ने इस कहानी के विषय में एक लम्बा लेख भी लिखा था। इस कहानी का नायक 'आः क्यू' शोषित है किन्तु पुरानी सामन्ती विचारधारा का दास है। शासक वर्ग शोषित वर्ग के दिमाग़ पर भी प्रभुत्व रखने का प्रयत्न करता है और वह बहुत समय तक प्रभुत्व रखता भी है। इसीलिए सामाजिक-राजनीतिक क्रान्ति के बाद सांस्कृतिक क्रान्ति आवश्यक होती है। 'आः क्यू' बार-बार पिटता है किन्तु किसी पुरानी मान्यता के सहारे विजय का मनमोदक खाकर सन्तुष्ट हो लेता है। लू शुन ने स्वयं इस पात्र के विषय में कहा था "वे उस मानव का चित्र खींचना चाहते थे जो हज़ारों सालों से घास की मानिन्द उगा, किन्तु बड़ी चट्टान के नीचे दब कर मुरझा गया, सूख गया।" उनकी विचार प्रक्रिया में 'घास' और 'चट्टान' के ऐण्टीथीसिस के बिम्ब थे, जिसे 'आः क्यू' में तथा उसके समाज में उन्होंने चित्रित किया। एक चीनी समीक्षक का कहना है कि "यहाँ पर लू शुन एक यथार्थवादी कलाकार हैं।" आः क्यू सब जगह पिटता है, दमित होता है, किन्तु सारे अत्याचार अकेले में सहता है। अकेले जब विद्रोह करता है तो हारता है। जब शहर भाग जाता है और कुछ माल-मत्ता लेकर वापस लौटता है तो लोग उसका आदर करते हैं। उसकी आर्थिक हालत उसके सम्बन्धों में परिवर्तन कर देती है। अन्त में, आः क्यू को ज़मींदार द्वारा झूठे चोरी के इल्ज़ाम में फँसा दिया जाता है। वर्ग समाजों में ग़रीबों पर ढाये गये शारीरिक व मानसिक ज़ुल्मों की सटीक व्यथा-कथा इस कहानी में कही गयी है।

लू शुन की एक अन्य महत्त्वपूर्ण रचना 'नववर्ष का बलिदान' अत्यन्त करुण है। सामन्ती नैतिकता के पाशविक बन्धनों में जकड़ी स्त्री जाति का और उसमें भी किसानों की स्त्रियों का कैसा बुरा हाल होता है, इसका मार्मिक चित्रण इस कहानी में हुआ है। 'शियांग लिन की घरवाली' के बलिदान की यह कहानी पीड़ित मेहनतकश मानवता के बलिदान की कहानी है। इस मानवता को अपनी मेहनत के बल पर कुछ कमा-खाकर भी ज़िन्दा रहने का हक़ नहीं दिया जाता। ऐण्टीथीसिस के संघर्ष का पैटर्न ही इस कहानी को सशक्त बनाता है। शोषक वर्ग की नैतिकता के बन्धनों में जकड़ी बहादुर नारी अपनी पहचान, अपना निजी अस्तित्त्व खोकर भी ज़िन्दा नहीं रह पाती। उसकी शादी जबरन कम उम्र के एक लड़के से कर दी जाती है। वह मर जाता है तो वह विधवा हो जाती है। उसके श्रम के शोषण के लिए उसके ससुराल वाले घिनौनी चालें चलते हैं। वह विधवा होने पर 'लू चेन' नामक कस्बे में एक सम्भ्रान्त परिवार में नौकरानी हो जाती है। मगर उसके ससुराल वाले

उसे ज़बरन खींच कर उठा ले जाते हैं और उसकी शादी दूसरे छोटे भाई से करा देते हैं। वह पति भी मर जाता है एक दिन उसका बच्चा भेड़िया उठा ले जाता है। तब उसके दुःख का पारावार नहीं रहता। वह फिर लू चेन के उसी परिवार में जाती है। वह अपने बच्चे के उठाये जाने की दास्तान हर किसी को सुनाती है। पहले तो लोग सहानुभूति दिखाते हैं, मगर बार-बार दोहराने पर लोग ऊबने लगते हैं, उसे पागल समझते हैं। चेखव की कहानी 'शोक सन्ताप' का नायक तो अपने बच्चे की मौत की कहानी घोड़ी को सुना कर सांत्वना पा लेता है, मगर 'शियांग लिन की घरवाली' कन्फ़्यूशियन नैतिकता का शिकार होकर अपनी बलि एक देवता के मन्दिर की देहरी पर चढ़ा देती है। सारी कहानी में कथ्य और रूप के स्तर पर द्वन्द्वात्मकता का निर्वाह हुआ है, दोनों स्तरों पर ऐण्टीथीसिस का संघर्ष, निषेध का निषेध आदि की प्रक्रिया घटित हुई है।

उनकी अन्य कहानियों में 'मेरा पुराना घर', 'सुखी परिवार', 'दवाई', 'आने वाला कल', 'गाँव का ऑपेरा', 'मयखाने में', 'अतीत का पछतावा', 'तलाक़' आदि काफ़ी मशहूर हैं। लू शुन की कहानियाँ टूटते, पिसते व दबते शोषित वर्ग की कहानियाँ हैं। ये लोग दुःख सहते-सहते दुःख के प्रति उदासीन हैं। उनकी दुःख सहने की शक्ति असीम है। शासक-शोषक वर्ग उसकी भलमन-साहत का पूरा फ़ायदा उठाता है।

लू शुन की रचनाओं में उनकी गद्य कविताएँ, संस्मरण तथा निबन्धों का भी बहुत महत्त्व माना जाता है। बुर्जुआ सामन्ती विचारों से संघर्ष करने के लिए उन्होंने निबन्धों को लिखना बहुत ज़रूरी माना था। इसीलिए चीन में विदेशी (ख़ासकर अमेरिकी व ब्रिटिश) प्रतिक्रियावादी विचारों से प्रभावित डॉ. हूशी के पिछलग्गू आधुनिकतावादी बुद्धिजीवियों से संघर्ष करने के लिए लू शुन ने पहल की। लू शुन की आसान व तर्कसंगत शैली प्रतिक्रियावादी बुद्धिजीवियों को ध्वस्त करने में सफल हुई। इस लड़ाई के लिए लू शुन ने बहुत सारे लेख लिखे।

उसके संस्मरण भी कलात्मक रचनाएँ हैं। उनमें कहानियों की कथन-भंगिमा है। उनमें कहीं व्यंग्य है, तो कहीं शोषित मानव के लिए अपार दर्द। कुमारी ल्यू हो चेन की यादगार में लिखे संस्मरणों में इस दर्द की तस्वीर देखी जा सकती है। त्वान ची-ज्वी की सरकार के विरुद्ध 18 मार्च, सन् 1936 ई. को चीनी जनता ने प्रदर्शन किया। उस पर सरकार ने गोली चलवा दी। क़रीब चालीस लोग मारे गये। लू शुन की दो शिष्याएँ, ल्यू और याँग भी मारी गयीं। लू शुन ने दुःख में डूब कर लिखा, "मैं महसूस करने लगा हूँ कि हम इनसानों की दुनिया में नहीं रह रहे हैं।" शोषित जनता के अभिन्न अंग ये लोग शोषक सरकार की गोलियों के शिकार हो गये, मगर बाक़ी लोग चुप साध कर बैठ गये। लू शुन इससे बहुत दुःखी हुए। उन्होंने कहा कि "मैं हमेशा इस व्यवस्था में अपने देखवासियों की बुरी-से-बुरी हालत की पूर्व कल्पना

कर सकता था, मगर हमारे देशवासी इस नृशंस पाशविकता पर उतर आयेंगे, इसका मुझे अहसास नहीं था।'' उन्होंने उन लड़कियों की बहादुरी, हिम्मत और ज़िन्दादिली पर एक क्रान्तिकारी लेखक की तरह शोक प्रकट किया। त्वान सरकार के जंगली हिंसक कारनामों की उन्होंने कटु निन्दा की तथा चीनी जनता को उस व्यवस्था को ख़त्म करने के लिए प्रेरित किया तथा अपने साथियों की आलोचना भी की। उन्होंने कहा कि कुछ लोग वर्तमान व्यवस्था में ही लीपापोती करके प्रदर्शनों द्वारा सुधार लाना चाहते हैं ऐसी हालत में अस्त्र-शस्त्रों से लैस व्यवस्था तो जनता का बेधड़क ख़ून-ख़राबा करेगी ही, प्रदर्शनों से तो सुधार भी नहीं होगा। उन्होंने प्रगतिशील ताक़तों को राय दी कि ''ख़ून को पैसे की तरह इस्तेमाल करना चाहिए। जहाँ कंजूस होना ठीक नहीं, वहाँ बेमतलब ख़ून बहाना भी अक्लमन्दी नहीं।'' कहना न होगा कि यह वह व्यावहारिक सलाह थी जिसे बाद में चीन से लेकर वियतनाम तक की कम्युनिस्ट पार्टियों ने अमली तौर पर अपनाया। जहाँ दो अतिवादों में से एक भी हुआ वहाँ शोषित वर्ग को भयंकर चोटें आयीं। इतिहास इसका गवाह है।

लू शुन ने साहित्य सम्बन्धी मार्क्सवादी सिद्धान्तों तथा सौन्दर्यशास्त्रीय मान्यताओं के अनुवाद तो किये हैं किन्तु स्वयं अधिक नहीं लिखा है। जो लिखा भी है वह विदेशी भाषाओं में उपलब्ध नहीं है। अंग्रेज़ी में अनूदित चुनी हुई रचनाओं (द्वितीय खण्ड) में साहित्यिक मसलों को लेकर दो-तीन लेख है। एक लघु लेख 'मैं समीक्षकों से पूछता हूँ' में समीक्षकों को उन्होंने सलाह दी कि नये रचनाकारों को वे रचनाओं के लिए उत्साहित करें। 'प्रतिभा का इन्तज़ार' नामक लेख में भी इसी बात को उन्होंने कहा। 'क्रान्तियुग का साहित्य' शीर्षक लेख में क्रान्ति और साहित्य के अअन्तःसम्बन्ध को सीधे व सरल ढंग से स्पष्ट किया। 'साहित्य और पसीना' शीर्षक लघु लेख में साहित्य की बदलती दिशाओं का संकेत, साहित्य की पक्षधरता का सवाल व शाश्वत मानव मूल्यों वाले साहित्य का पर्दाफ़ाश बड़े ही सटीक ढंग से प्रस्तुत हुआ है। उन्होंने शंघाई के बुर्जुआ प्रोफ़ेसर की इस टिप्पणी पर यह लघु लेख लिखा कि ''साहित्य को शाश्वत मानव मूल्यों की अभिव्यक्ति करना चाहिए अन्यथा वह कालग्रस्त हो जायेगा।'' (हमारे यहाँ भी इस तरह के वक्तव्य धर्मवीर भारती एण्ड कम्पनी देती रही है) लू शुन ने उस 'भाई' को आड़े हाथों लिया और पूछा कि ''क्या मानव मूल्य बदलते नहीं हैं? यदि जीवन्त मनुष्य का दिनोंदिन विकास हुआ है, तो उसके गुण, उसके मूल्य शाश्वत कैसे हुए?'' मज़ाक़ में उन्होंने 'पसीना आना' मनुष्य का सापेक्षतया शाश्वत मूल्य माना और कहा कि चलो, मान लेते हैं कि ''पसीना आना मनुष्य का शाश्वत गुण है। मगर किसी के लिए रईस घरों की नवयुवतियों के पसीने में एक ख़ुशबू होती है, मज़दूरों के पसीने में मैलखोरी गन्ध। अब झगड़ा यह है कि कौन से पसीने पर साहित्य लिखा जाये जो ज़िन्दा बना रहे।

शाश्वत दोनों ही पसीने हैं। सांकेतिक रूप से उन्होंने साहित्य में पक्षधरता का सवाल उठा दिया है। सही भी है, 'पसीना आना' भी अवर्गीय तो नहीं है।

निष्कर्ष रूप में समकालीन चीनी समीक्षक फ़ेंग श्वे-फ़ेंग के शब्दों में कहा जा सकता है कि "विश्व साहित्य की एक महान प्रतिभा के रूप में लू शुन चीन की मेहनतकश जनता से प्रतिबद्ध तथा अपने लेखन में गहन चीनी (सांस्कृतिक) विशेषताओं से जुड़े लेखक के रूप में अलग से पहचाने जाते हैं।"

कॉडवेल : समकालीन सन्दर्भों में

•

कर्णसिंह चौहान

"मैं कम्युनिस्ट हूँ क्योंकि मैं स्वतन्त्रता में विश्वास करता हूँ। मैं रसेल, वैल्स और ई.एम. फ़ॉर्स्टर की आलोचना करता हूँ क्योंकि मेरा विश्वास है कि वे वास्तविक स्वतन्त्रता के विरोधी हैं।" ज़िन्दगी भर विचार, कार्य और नैतिकता की स्वतन्त्रता की वक़ालत करने वाले ये विचारक असल में वास्तविक स्वतन्त्रता के विरोधी हैं, यह बात कॉडवेल जैसा कम्युनिस्ट ही कह सकता था जो बुर्जुआ भ्रम से आगे जाकर स्वतन्त्रता को स्वीकार करता है। इस कथन के पीछे जो गहरा आत्मविश्वास है, वह पूँजीवादी समाज की अवश्यम्भावी मृत्यु और समाजवादी समाज के भविष्य में अटूट आस्था से उत्पन्न हुआ था।

जिस काल में कॉडवेल ने अपने साहित्य की रचना की उस समय पूँजीवाद अपनी मृत्यु के भय से ग्रस्त था। समस्त पूँजीवादी दुनिया में गहरा आर्थिक संकट छाया हुआ था। ये व्यवस्थाएँ किसी भी पल ध्वस्त हो सकती थीं। इंग्लैण्ड की स्थिति इलियट के 'वेस्टलैण्ड' से मिलती-जुलती थी। अमेरिका में बेरोज़गारी और ग़रीबी के आँकड़े आसमान छू रहे थे। यह व्यवस्था अपनी सभी सम्भावनाओं से हीन, रुग्ण और पतित थी। यही रुग्णता और पतन बुद्धिजीवियों और विचारधारा के स्तर पर भी घटित हुआ। पश्चिमी सभ्यता और संस्कृति की रुग्णता की धड़कन हर जगह सुनायी पड़ रही थी। कॉडवेल ने सवाल उठाया कि जिस पूँजीवाद ने इतने वैज्ञानिक अन्वेषण किये, मानव मन की अदृश्य गहराइयों में झाँका, इतना तकनीकी विकास किया, फिर भी वह रोगग्रस्त क्यों है? निराशाजनक क्यों है? सामन्ती समाज को तोड़ने में जो वैचारिक नेतृत्व इसके बुद्धिजीवियों ने प्रदान किया, उनकी प्रतिभा इतनी बंजर और अकालग्रस्त क्यों है? इसका कारण है कि पूँजीवाद अपनी स्वस्थ भूमिका समाप्त कर रोगग्रस्त और जर्जर है और बीमार अपना इलाज नहीं कर सकता। यही कारण है कि ये विचारक इस रोग से जूझने के बावजूद कोई निदान खोजने में असमर्थ हैं।

इसके विरुद्ध सोवियत समाजवादी व्यवस्था के उत्पादन के आँकड़े आश्चर्यजनक थे। मानवीय मूल्यों के रक्षार्थ उसने फ़ासिज़्म के विरुद्ध जनवादी शक्तियों की एकता का नारा दिया था। उसमें एक नये मनुष्य और नये हीरो का जन्म हो रहा था। तत्कालीन सोवियत साहित्य अभूतपूर्व आत्मविश्वास और शक्ति से भरपूर था।

इसी सन्दर्भ में कॉडवेल ने समस्त पूँजीवादी व्यवस्था पर बड़े ही सधे प्रहार किये और इसके लिए संस्कृति का क्षेत्र चुना और जब सीधी कार्यवाही की पुकार हुई तो उसने क़लम को रख कर बन्दूक सँभाली तथा स्पेन के संघर्ष में शामिल हो गया।

अतः कहना चाहिए कि कॉडवेल का व्यक्तित्त्व और साहित्य सीधी कार्यवाही का जीवन्त दस्तावेज़ है। उसमें अच्छे और बुरे, शत्रु और मित्र, वर्तमान और भविष्य की स्पष्ट पहचान है, क्योंकि चीज़ें बहुत साफ़ थीं। लेकिन इस बीच नदियों से काफ़ी पानी गुज़र चुका था। विश्व राजनीति में काफ़ी उतार-चढ़ाव आये। दूसरे महायुद्ध में सोवियत संघ की विजय और शान्ति आन्दोलन की भूमिका के बाद शीतयुद्ध की राजनीति ने नये-नये गुल खिलाये। 'लेखकीय स्वतन्त्रता' के नाम पर यह धारणा बद्धमूल करने की कोशिश की गयी कि लेखन की असली स्वतन्त्रता की गारण्टी तो पूँजीवादी व्यवस्थाओं के तथाकथित 'स्वतन्त्र समाजों' में ही है। समाजवादी व्यवस्थाएँ उसकी दुश्मन हैं। सोवियत संघ में लेखकों पर हो रही ज़्यादतियों की अनगिनत कहानियाँ दुनिया भर में फैलायी गयीं। उसे सच्चे जनतन्त्र का विरोधी कह कर पूँजीवादी जनतन्त्र को ही सच्चे जनतन्त्र का पर्याय ठहराया गया। इसी शीतयुद्धीय राजनीति का परिणाम है कि आज दुनिया के अधिकांश बुद्धिजीवियों में यह धारणा घर कर गयी है कि कम्युनिस्ट स्वतन्त्रता और जनतन्त्र के भयंकर दुश्मन हैं। अन्तरराष्ट्रीय ब्रिगेड में शामिल होने से पूर्व कॉडवेल ने सन् 1936 ई. में कहा था—"आप जानते हैं जनतान्त्रिक स्वतन्त्रता के महत्त्व पर मैं क्या अनुभव करता हूँ। स्पेन की जन-सेना की सहायता की बेहद ज़रूरत है। अगर वे अपने संघर्ष में असफल हुए तो उसका परिणाम हमें भी भुगतना होगा। इसलिए यह हमारा संघर्ष है, और मैं बहुत अच्छी तरह जानता हूँ कि इसमें मेरा कर्तव्य क्या है।" जनतन्त्र और स्वतन्त्रता के सवाल पर यह एक कम्युनिस्ट का सीधा जवाब था। इन्हीं मान्यताओं के लिए 12 फरवरी, सन् 1937 ई. को वह स्पेन में ज़रामा नदी के ऊपर पहाड़ी पर युद्ध में मारा गया। आज भी दुनिया में ऐसे उदाहरण कम नहीं हैं जब दुनिया में हर जगह मानव मुक्ति और जनतन्त्र के लिए कम्युनिस्टों ने हज़ारों बलिदान न दिये हों। पूँजीवादी बुद्धिजीवियों की स्वतन्त्रता व जनतन्त्र की ठाले-बैठे की लफ़्फ़ाजी के विरुद्ध ये रोज़मर्रा की मिसालें हैं।

लेकिन इसके बावजूद शीतयुद्ध की राजनीति का असर एक तथ्य है। स्वयं हिन्दी में पिछले दो दशकों में इन मान्यताओं का ज़ोर रहा। इसका दुःखान्त पहलू तो

वह है, जहाँ स्वयं समाजवादी व्यवस्थाओं ने इन आरोपों को सत्य प्रमाणित किया। बीसवीं पार्टी कांग्रेस में खुश्चेव ने स्टालिन और उस दौर की सोवियत व्यवस्था पर ऐसे आरोप लगाये जिन्होंने समस्त पूँजीवादी प्रचार को भी मात दे दी। इससे अच्छे-अच्छे प्रतिबद्ध मार्क्सवादी बुद्धिजीवियों तक का आत्मविश्वास हिल गया। श्री मैनेजर पाण्डेय ने डॉ. रामविलास शर्मा की जिन पंक्तियों को सैद्धान्तिक बहस का मुद्दा बनाया, उन्हें इसी सन्दर्भ में देखा- परखा जाना चाहिए। इसी गुस्से में उन्होंने जून 1965 ई. की 'आलोचना' में 'लेखक और व्यक्ति स्वातन्त्र्य' नामक लेख में लिखा, "स्टालिन की मूर्तियाँ ढहा दी गयीं, खुश्चेव जिस दिन मंच से उतारे गये, उनकी शक्ल नहीं दिखायी देती, किन्तु गोर्की और शोलोखोव, चेखव और फेदेयेव, तुर्गनेव और एलिया एहरून वर्ग जहाँ पहले थे, वहीं आज भी हैं, उनका मान-सम्मान बढ़ा ही है, घटा नहीं। इसलिए राजनीतिज्ञों को अपनी हैसियत समझ कर बात करनी चाहिए।" समाजवादी व्यवस्थाओं के बीच आये दिन होने वाली उठा-पटक के विरुद्ध यह एक साहित्यकार का सात्विक गुस्सा है। इसे भटकाव कहिये, सिद्धान्तहीनता कहिये या कुछ और। राजनीतिज्ञों के विरुद्ध यह बात साहित्य और राजनीति के सम्बन्धों को अनिवार्य मानने वाले रामविलास ही कह सकते हैं। देखना यह भी चाहिए कि साहित्य में राजनीति और राजनीतिज्ञों को हर वाक्य मे लतियाने वाले श्रीकान्त वर्मा सरीखे लेखक व्यक्तिगत जीवन में उसकी क्षुद्र परिणतियों के पंक में कण्ठ तक डूबे हैं। जिनके जीवन में राजनीतिज्ञ ही सिरमौर हैं, लेखन में उसे ही दुश्मन किस तर्क से बताया जाता है, यह भी एक रहस्यवाद है।

जो भी हो, समाजवादी व्यवस्थाओं में आये दिन विश्लेषण की फेर-बदल से मार्क्सवादी लेखकों में होने वाली परेशानी एक वास्तविकता है। रामविलास शर्मा तो फिर भी ग़नीमत है कि अपनी मार्क्सवादी आस्था को बचाये रख सके, ऐसे लेखकों की भी कमी नहीं जो मार्क्सवाद विरोधी हो गये, शीतयुद्ध की राजनीति ने जिनका इस्तेमाल किया। इसमें शीतयुद्धीय राजनीति की भूमिका जो भी रही, स्वयं समाजवादी व्यवस्थाओं की भी कम नहीं रही। इसी सन्दर्भ में कॉडवेल की पुस्तक 'स्टडीज़ इन ए डाइंग कल्चर' की भूमिका में श्री सोल यूरिक ने कहा—"कॉडवेल बहुत भाग्यशाली था कि वह यह सब देखने के लिए ज़िन्दा नहीं रहा—अन्यथा उसके आत्म-विश्वास और आस्था का क्या हश्र हुआ होता, यह सोचने की बात है।"

भूमिका लेखक सोल यूरिक ने निष्कर्षों को बहुत दूर तक खींचा है। और किसी के बारे में सम्भव है, यह सच हो, कॉडवेल से सम्बन्धित जितने भी तथ्य उपलब्ध हैं, उनकी रोशनी में यह बात उनके बारे में सच नहीं है। समाजवादी व्यवस्थाओं के फेर-बदल से उन विचारकों की आस्था डगमगायी जिन्होंने उससे बहुत-बहुत चाहा था, करिश्मों की अपेक्षा की थी। वे उसे मानव-समाज में एक नया अनुभव और विकास

नहीं, दैवीश विभूति मान कर चले थे। 'किंग कैन डू नो रॉंग' की तरह उन्होंने माना कि इसमें ग़लतियाँ होंगी ही नहीं। अतः जहाँ ग़लतियाँ हुईं, उनकी आस्था टूट गयी, मानो वे प्रतीक्षा में ही बैठे हों कि आस्था से मुक्ति पा जायें अन्यथा मार्क्सवादी सिद्धान्तों की सत्यता और मानव-मुक्ति के लिए छिड़े सर्वव्यापी संघर्षों में वैसे कोई कारण मौजूद नहीं थे। कॉडवेल अगर ज़िन्दा होते तो उनका मानव-संघर्ष व भविष्य में आत्मविश्वास बढ़ा ही होता। इसके लिए कॉडवेल से सन्त सम्बन्धित संक्षिप्त विवरण दिया जा सकता है।

घोषित कम्युनिस्ट और मार्क्सवादी आलोचक होने के बावजूद कॉडवैल बुद्धि जीवियों से अलग ही साहित्य-साधना में रत रहे। यहाँ तक कि वामपन्थी या पार्टी बुद्धिजीवियों के बीच भी वे प्रसिद्ध नहीं थे। इतना ही नहीं, मृत्यु के काफ़ी बाद ही पार्टी उनके महत्त्व को जान सकी। रॉल्फ़ फ़ॉक्स 3 जनवरी, सन् 1937 ई. को मारे गये थे। फरवरी के 'लैफ़्ट रिव्यू' ने उन्हें श्रद्धांजलि दी, जॉन कॉर्नफ़ोर्ड को मार्च अंक में। कॉडवेल फरवरी सन् 1937 ई. में मारे गये और इस प्रसिद्ध वामपन्थी पत्रिका ने मई में जाकर इस बात का उल्लेख किया। इसका अर्थ यही कि कॉडवेल ने जो कुछ किया एक ज़रूरी कर्तव्य के तौर पर किया, अपने किये को महत्त्व पाने का आधार नहीं बनाया। ऐसे कम्युनिस्ट और मार्क्सवादी आलोचक की आस्था कोई ऐसी सतही नहीं थी कि थोड़े-से झोंके मात्र से टूट जाये। अतः कॉडवैल को स्पैण्डर या कोएलर जैसे 'द गॉड दैट फ़ेल्ड' के लेखकों के साथ रख कर देखना बेहूदा है, उसके समस्त लेखन और व्यक्तित्त्व के साथ अन्याय है।

कहना न होगा कि आज के माहौल में जब साहित्य में शीतयुद्ध के प्रचार में फैलायी गयी मान्यताओं का असर बाक़ी है, जबकि स्वयं मार्क्सवादी आलोचकों के एक हिस्से में बुर्जुआ भटकाव और आत्म-विश्वास की कमी है, कॉडवैल को पढ़ना निहायत ज़रूरी है। राजनीति के क्षेत्र में लेनिन का लेखन जैसी स्पष्टता और सक्रियता पैदा करता है, साहित्य में कॉडवैल का वही महत्त्व है। उसका व्यक्तित्त्व और लेखन इस दिशा में मार्गदर्शक हो सकता है, क्योंकि वह सिद्धान्तों की व्यावहारिक परीक्षा का ज्वलन्त उदाहरण है। केवल सैद्धान्तिक स्तर पर पूँजीवादी प्रचार से नहीं लड़ा जा सकता। मेज़ पर बैठकर बहस करता प्रतिक्रियावाद और क्रान्तिवाद अन्ततः एक ही मेज़ पर बैठ कर हुई बहस है जो किसी का कुछ बना-बिगाड़ नहीं सकते। कॉडवैल ने सिद्ध किया था कि स्वतन्त्रता और जनतन्त्र ऐसे मूल्य हैं जिनकी क़ीमत केवल कम्युनिस्ट चुका सकता है। यह क़ीमत कॉडवैल नामक एक व्यक्ति ने भी चुकायी थी और दुनिया भर के कम्युनिस्ट आज भी चुका रहे हैं। अगर आज कुछ मार्क्सवादी बुद्धिजीवी इस बात को उतने आत्म-सम्मान के साथ नहीं कह सकते तो इसलिए कि हम कहीं-न-कहीं ज़रूरत से ज़्यादा बुद्धिजीवी हो गये हैं। टी. ई. लॉरैन्स

पर लिखते हुए कॉडवैल ने कहा कि 'लॉरेन्स पूँजीवाद से घृणा करने के बावजूद एक कम्युनिस्ट हीरो इसलिए नहीं बन पाया कि वह ज़रूरत से ज़्यादा बौद्धिक था। विश्वविद्यालय की ग़लत शिक्षा ने उसे चालू समझ में ढाल दिया था, धरती और लोगों की पकड़ छूट गयी थी।' आज यही हाल बहुत सारे मार्क्सवादी बुद्धिजीवियों का भी है। रूपवादी आलोचना ने मार्क्सवादी आलोचकों पर आक्रमण किया तो वे दोनों में 'समन्वय' करने के लिए प्रस्तुत हो गये। अज्ञेय-भारती जैसे लोगों की तूती बोली तो कहने लगे कि विचार भले ही उनके प्रतिक्रियावादी हैं, लेकिन साहित्य महान है। वस्तु की जगह रूप और भाषा के मान का ज़ोर बढ़ा तो कहा गया कि भाषा ही वह तत्त्व है जिसके आधार पर वस्तु का भी विश्लेषण होना चाहिए। ये भ्रान्तियाँ इसलिये, क्योंकि वे सैद्धान्तिक स्पष्टता और वास्तविक संघर्षों से काट कर केवल बौद्धिक उठा-पटक तक ही सीमित होते गये। आत्मविश्वास की कमी, समझौता परस्ती और समन्वयवाद यहीं से पनपते हैं। कॉडवैल का साहित्य इसी के विरुद्ध एक बहस है। उसने अपने युग के तथाकथित महान विचारकों और केन्द्रीभूत मुद्दों पर विस्तार से लिखा और सिद्ध किया कि हर कहीं दो विचारों का संघर्ष है। इन विचारकों की असफलता का कारण ही यही है कि वे बुर्जुआ दायरे को तोड़ कर बाहर नहीं निकल पाते। अपनी ओर से तो एक महत्त्वपूर्ण समस्या उठाते हैं, उसका गम्भीर विश्लेषण करते हैं किन्तु बात बनती नहीं। चाहे वह रसेल हों, वैल्स हों, शॉ हों, फ्रॉयड हों, उनके पैरों में पड़ी बुर्जुआ विचार की ज़ंजीरें उन्हें एक हद से आगे बढ़ने नहीं देती। वे बात स्वतन्त्रता पर करें या जनतन्त्र पर, सौन्दर्य पर या प्यार पर, कल्पना पर या यथार्थ पर, हर कहीं विचारों की यह एकांगिता दिखायी पड़ती है। अन्ततः उनकी स्वतन्त्रता, जनतन्त्र, सौन्दर्य, प्रेम, यथार्थ सम्बन्धी धारणाएँ पूँजीवादी सम्बन्धों के इर्द-गिर्द चक्कर लगाती हैं। यही कारण है कि वे वास्तविकता से आँख मिलाने का साहस नहीं करते।

कॉडवैल के साहित्य का केन्द्रीय मुद्दा है—स्वतन्त्रता। उसने लिखा—'न्याय, सौन्दर्य, सत्य जैसी चीज़ों में स्वतन्त्रता को मैं सबसे महत्त्वपूर्ण और प्राथमिक मानता हूँ।'' लेकिन उसके लिए इससे भी बड़ा सवाल था कि स्वतन्त्रता से आप क्या अर्थ लेते हैं? आज दुनिया में शायद ही कोई ऐसा व्यक्ति हो जो स्वतन्त्रता का विरोध करे। बर्ट्रेण्ड रसेल ने अपने कितने ही लेखों में स्वतन्त्रता को मनुष्य का महत्त्वपूर्ण लक्ष्य माना। फिशर ने यूरोप की तीन शताब्दियों के इतिहास को स्वतन्त्रता का संघर्ष कहा, लेकिन कॉडवैल के शब्दों में यह भी अजीब विडम्बना है कि ये विचारक कहीं भी स्वतन्त्रता का अर्थ स्पष्ट नहीं करते। वे मान कर चलते हैं कि स्वतन्त्रता का अर्थ जो उनके दिमाग़ में है, वही सबके लिए सही है। उसे अलग से बताने की ज़रूरत नहीं, जबकि तथ्य यह है कि दुनिया में इसी शब्द को लेकर जितने विवाद हुए हैं,

अन्य किसी पर नहीं। कॉडवैल का कहना है कि वर्ग समाज में एक की स्वतन्त्रता का अर्थ दूसरे की स्वतन्त्रता का हनन है। रोम के उच्च वर्गों की स्वतन्त्रता दास-प्रथा पर निर्भर थी, लेकिन दासों के लिए स्वतन्त्रता का अर्थ ही था, दास-प्रथा का अन्त। इसी तरह बुर्जुआ ने अपने झण्डे पर जो 'स्वतन्त्रता, भ्रातृत्व और समानता' का नारा लिखा था, बाद में सिद्ध हुआ कि उनकी स्वतन्त्रता का अर्थ भी बाज़ार में लूट की स्वतन्त्रता, मज़दूरी, भूखमरी, बेरोज़गारी की स्वतन्त्रता था। इसी सन्दर्भ में लेनिन ने लिखा था कि 'स्वतन्त्रता के नाम पर न जाने कितने अत्याचार किये गये, कितने युद्ध लड़े गये, कितनी लूट मचायी गयी।' अतः बुर्जुआ की स्वतन्त्रता मज़दूर वर्ग की परतन्त्रता है। ये ऐसी दो विरोधी दृष्टियाँ हैं जो आपस में मिल नहीं सकतीं। एक ही विजय दूसरे के विनाश में ही सम्भव है। कॉडवेल ने कहा कि बुर्जुआ विचारक स्वतन्त्रता का अर्थ इसलिए नहीं बताते क्योंकि उनके लिए उसका केवल एक ही अर्थ है, पूँजीवादी स्वतन्त्रता। यहीं कॉडवैल उनकी आलोचना करके वास्तविक स्वतन्त्रता का विकल्प प्रस्तुत करते हैं। एक मार्क्सवादी होने के नाते वे साम्यवादी व्यवस्था को पूर्ण स्वतन्त्रता का पर्याय मानते थे, जब वर्गों का अस्तित्त्व समाप्त हो जायेगा और एक ही स्वाधीनता दूसरे की पराधीनता नहीं होगी।

कॉडवैल बुर्जुआ विचारकों की इस धारणा के मूल में रूसो के उस कथन को मानते हैं जिसके अनुसार, ''मनुष्य स्वतन्त्र जन्म लेता है लेकिन समाज में वह हर कहीं बन्धन में है।'' इससे इन विचारकों ने अर्थ लिया कि मनुष्य प्रकृति से स्वतन्त्र है लेकिन सामाजिक संस्थाएँ उसे स्वतन्त्र होने नहीं देतीं। इसलिए इच्छाओं की निर्बाध गति ही स्वतन्त्रता है। यह स्वतन्त्रता की अत्यन्त स्वार्थी, व्यक्तिकेन्द्रित और अराजकतावादी धारणा थी। पश्चिम में अस्तित्त्ववाद और हिन्दी में 'नयी कविता' में स्वतन्त्रता की जो विभिन्न धारणाएँ पनपीं, वे इसी के नज़दीक थीं। कॉडवैल का सारा साहित्य इसी के ऊपर प्रहार है। उसने बहुत विस्तार से इस धारणा को 'एक्सपोज़' किया स्पतन्त्रता व्यक्ति में नहीं, समाज में है और उसे संगठित सक्रिय प्रयत्नों द्वारा ही प्राप्त किया जा सकता है। यह कोई ऐसा सस्ता नुस्ख़ा नहीं जिसे जो मर्ज़ी चला ले, संघर्ष एकमात्र रास्ता है। इसीलिए स्वतन्त्रता के सच्चे हिमायती, जिन्होंने बुर्जुआ अज्ञानता से बाहर आ उसके वास्तविक अर्थ को समझा है, अन्ततः साम्यवाद की ओर आते हैं। बुर्जुआ के लिए स्वतन्त्रता सोने के सिक्के पर बिकने वाली चीज़ है और यह सब होता है 'व्यक्ति स्वतन्त्रता' के नाम पर।

स्वतन्त्रता की इसी केन्द्रीभूत धारणा को कॉडवैल मानव का, समाज का, विज्ञान का, साहित्य का लक्ष्य घोषित करते हैं। मनुष्य का संघर्ष, समाज का विकास, विज्ञान की नयी खोज, साहित्य की नयी रचना—सभी इसी लक्ष्य की ओर बढ़ते हुए क़दम हैं। जो साहित्य वैसा नहीं करता, उसे साहित्य का दर्जा नहीं दिया जा सकता। कहने

की आवश्यकता नहीं कि कॉडवेल के लिए स्वतन्त्रता ऐसा मूल्य है जो सर्वोपरि है। साहित्य को इसी सन्दर्भ में परिभाषित किया जाना चाहिए।

अपने 'इल्यूजन एण्ड रियलिटी' नामक ग्रन्थ में इसी से जोड़ कर विस्तार से साहित्य के कार्य (Function of literature) की धारणा कॉडवेल ने प्रस्तुत की। यही मार्क्सवादी सौन्दर्यशास्त्र में कॉडवैल का योगदान है। इसके अन्तर्गत उसने जीवन और समाज के बीच साहित्य के कार्य की व्याख्या प्रस्तुत की। सामाजिक जीवन के समानान्तर साहित्य कोई स्थिर चीज़ नहीं, एक सतत् प्रक्रिया है जो समाज से प्रभावित भी होती है और उसे प्रभावित भी करती है। 'आर्ट एण्ड सोसाइटी' नामक पुस्तक में प्लेखानोव ने पहले-पहल यह प्रयास किया था, कॉडवैल ने उन्हीं धारणाओं को समृद्ध किया। काव्य साहित्य का सबसे आदिम रूप है। अतः साहित्य और समाज के आवयविक सम्बन्धों का कोई भी विश्लेषण काव्य के उद्‌गम की ओर ले जायेगा। जिस आदिम समाज में काव्य का जन्म हुआ, वहाँ काव्य का कर्म एकदम स्पष्ट था। अतः कॉडवैल ने वहीं से 'इल्यूज़न एण्ड रियलिटी' में साहित्य के कार्य की पड़ताल शुरू की। आदिम समाज में व्यक्ति अपने सामूहिक कार्यों का अनुकरण नृत्य आदि में करते थे और पुनः शिकार के सामूहिक कृत्य के लिए स्वयं को तैयार करते थे। अतः साहित्य का यह आदिम रूप सामाजिक कर्म के निकट था। बुर्जुआ समाज तक आते-आते सामाजिक कार्य और साहित्य के बीच प्रत्यक्ष सम्बन्ध जटिल होता गया है। अतः उसका विश्लेषण भी उतना आसान नहीं। किन्तु इसके बावजूद कॉडवैल वर्तमान समाज में साहित्य के कार्य की व्याख्या करते हैं और इससे भी आगे जाकर साम्यवादी समाज में उसके कर्तव्य की हल्की-सी रूपरेखा अन्तिम अध्याय में देते हैं।

'साहित्य अमर है', 'साहित्य महत्त्वपूर्ण है', यह तो सभी मानते हैं, लेकिन असल सवाल है कि वह महत्त्वपूर्ण क्यों है? साहित्य के सामने जब भी प्रश्नचिन्ह लगाया गया है तो अधिकांश साहित्यकार उसके लिए रोमाण्टिक, भाववादी या नकारात्मक तर्क देते रहे हैं। शेली ने 'डिफ़ेन्स ऑफ़ पोयट्री' में यदि रोमाण्टिक धारणा पेश की तो नये समीक्षकों ने विज्ञान से अलगाव की नकारात्मक व्याख्या। लेकिन कॉडवैल ने 'साहित्य के कार्य' की धारणा से स्थापित किया कि साहित्य इसलिए महत्त्वपूर्ण हैं क्योंकि वह एक सामाजिक कार्य सम्पादित करता है और यह कार्य अन्य ज्ञान-विज्ञान से किसी भी अर्थ में घट कर नहीं। इसीलिए साहित्य आज तक ज़िन्दा रहा है और रहेगा। जो साहित्यकार इस कार्य से उसे अलगाते हैं। वस्तुतः वे साहित्य की भूमिका को नकार कर उसे अपदस्थ करते हैं। व्यक्ति-केन्द्रित बुर्जुआ साहित्य कॉडवैल की नज़रों में ऐसा ही साहित्य है जो असल में साहित्य मात्र का ही विरोधी है।

इधर 'साहित्य के भीतर ही साहित्य का मूल्यांकन' का नारा बुलन्द हुआ है। लेकिन एक मार्क्सवादी समीक्षक के रूप में कॉडवैल की मान्यता है कि आलोचक

का काम केवल रचना में सीमित हो जाना नहीं है, वह साहित्य की आन्तरिक और बाह्य, दोनों वास्तविकताओं के बीच सक्रिय है। इसी अर्थ में उसमें समाजशास्त्र के तत्त्वों की सहायता आवश्यक है। साहित्य के इस विश्लेषण का आधार है, ऐतिहासिक भौतिकवाद। लेखक और आलोचक में यही मूलभूत फ़र्क़ है। लेखक के लिए सामाजिक अनुभव और उसे अभिव्यक्ति देने वाली तकनीकों का यदि अधिक महत्त्व है तो आलोचक उसी अनुभव को अन्तर्ग्रन्थित सामाजिक सन्दर्भों में रख कर जाँच-पड़ताल करता है।

कुछ समीक्षकों ने कॉडवैल पर आरोप लगाया कि उसमें किसी संगठन का अभाव है। दूसरों का कहना है कि उसने किसी साहित्यिक रचना को केन्द्र में रख कर बात नहीं की। लेकिन कॉडवैल के जीवन से परिचित कोई भी व्यक्ति जान सकता है कि इतने अल्प समय में उसके साहित्य से उतनी बड़ी अपेक्षाएँ करना असंगत है। जो भी गम्भीर साहित्य प्रकाश में आया है, उसकी रचना केवल दो वर्ष के बीच हुई। सत्ताईस वर्ष की आयु में कॉडवैल मार्क्सवादी सिद्धान्त और राजनीति के निकट सम्पर्क में आये। इसी बीच पार्टी के दैनन्दिन के कार्य, नुक्कड़ सभाएँ, अख़बार की बिक्री आदि के कामों के दौरान ही उन्होंने वह सब लिखा। उन्तीस वर्ष की आयु में उनकी मृत्यु हो गयी। इन दो वर्षों मे जितना साहित्य कॉडवल ने रचा, वह साधारण प्रतिभा के बस की बात नहीं। उस समय का ऐसा कोई महत्त्वपूर्ण विचारक या ज्ञान-शाखा नहीं जिस पर कॉडवैल ने नहीं लिखा, कोई ऐसा महत्त्वपूर्ण मुद्दा नहीं, जो उसके लेखन में न उभरा हो। शायद किसी विशिष्ट कृति का विश्लेषण कॉडवैल का लक्ष्य नहीं रहा। उसने संस्कृति के व्यापक क्षेत्र को चुना था और सम्पूर्ण सन्दर्भों में मार्क्सवादी दृष्टि से उस पर विचार किया। जहाँ तक संगठन की बात है, वह संगठन उस साहित्य में आद्यन्त है। एक मार्क्सवादी होने के नाते कॉडवैल विभिन्न ज्ञानों के अलगाव या विशेषज्ञीकरण के विरुद्ध थे। उनके मत से यह अलगाव पूँजीवाद के 'श्रम विभाजन' के सिद्धान्त ने पैदा किया है। ज़रूरत इन सभी ज्ञानों के अन्तःसम्बन्धों को उद्घाटित करने की है। यही कारण है कि शॉ, वैल्स, रसेल, लॉरेन्स, फ्रॉयड आदि के बहाने समाजशास्त्र, विज्ञान, साहित्य, दर्शन, राजनीति, मनोविज्ञान आदि पर उसने जो विचार प्रस्तुत किये, वे अन्ततः उसके अन्तःसम्बन्धों को उद्घाटित करते हुए एक ही निष्कर्ष की ओर ले जाते हैं। अतः ऊपर-ऊपर से देखने में जो असंगठन और बिखराव उसके साहित्य में नज़र आता है, वस्तुतः वैसा है नहीं। सामाजिक कार्य की पूर्ति में ये अलग-अलग शाखाएँ क्या भूमिका अदा करती हैं, मुख्य प्रश्न यह है।

कहना न होगा कि कॉडवैल का उद्देश्य था—मार्क्सवादी दृष्टि से संस्कृति की पड़ताल करना। वह पड़ताल किसी भी लेखक से या मुद्दे से शुरू हो, वे उस विचार

तक पहुँचने के विभिन्न रास्ते थे, जिनसे गुज़र कर कॉडवैल ने अपनी मान्यताओं की सत्यता प्रमाणित की। पूँजीवाद की सांस्कृतिक दृष्टि रुग्ण है, मरणशील है। अतः वह सही मुद्दे पर सही बहस कर ही नहीं सकती। लेखक इसे ही विभिन्न दृष्टियों में प्रमाणित कर एक सही और स्वस्थ दृष्टि का विकास करना चाहता है। और यह विचार उसके लिए मार्क्सवादी है और व्यवस्था—साम्यवादी।

इसलिए प्रश्न उठता है कि वे कौन-से सौन्दर्यशास्त्रीय मान हैं जिनकी कॉडवैल ने स्थापना की? इसका सहज उत्तर है कि मार्क्सवादी सिद्धान्तों के आधार पर साहित्य के विश्लेषण का प्रयास ही कॉडवैल में अधिक दिखायी पड़ता है, मान मूल्यों के विकास का नहीं। कॉडवैल के समय में यह एक महत्त्वपूर्ण दायित्व भी था, क्योंकि उसका व्यक्तित्त्व और साहित्य एक सतत् संघर्ष था इसलिए मार्क्सवाद के मान्य सिद्धान्तों का उपयोग ही उसमें अधिक है। उसने एक रूपरेखा प्रस्तुत की है, आगे के मार्क्सवादी विचारकों के विचारार्थ महत्त्वपूर्ण प्रश्न उठाये हैं, भरने के लिए बहुत सारे रिक्त स्थान छोड़े हैं। संघर्ष की शर्तों और माँगों के कारण कॉडवैल में कहीं-कहीं अतिरिक्त कट्टरता और सपाट निष्कर्षों तक दौड़ लगाने की जल्दबाज़ी दिखायी पड़ती है, बहुत सैद्धान्तिकता भी उसमें है। लेकिन उसके व्यापक फलक और गहरी सूझ-बूझ से शायद ही उसके विरोधी भी इनकार कर सकें। मार्क्सवादी आलोचना के विकास में कॉडवैल के साहित्य से आज भी सहायता ली जा सकती है। आज जो मुद्दे मार्क्सवादियों के बीच भी उलझ गये हैं, बहुत पहले कॉडवैल ने उन्हें हल कर दिया था। साहित्य और समाज का सम्बन्ध, साहित्यकार का सामाजिक दायित्व, विभिन्न ज्ञान-विज्ञानों के बीच आवयविक सम्बन्ध। रघुवीर सहाय ने अपने काव्य-संग्रह की भूमिका में लिखा कि लेखक किसी भी मोर्चे पर लड़े लेकिन मरे साहित्यिक मोर्चे पर ही। कॉडवैल ने बहुत पहले इस तरह के बेबुनियाद सवालों का उत्तर दे दिया था। ज़ाहिर है, यह कॉडवैल का संक्षिप्त परिचय ही है, और इतने व्यापक पैमाने पर सक्रिय लेखक का यह परिचय भी अधूरा ही होगा।

एलिकवेस्ट की सौन्दर्यशास्त्रीय मान्यताएँ

•

रमेश उपाध्याय

ब्रिटेन के मार्क्सवादी साहित्य-चिन्तकों के बीच एलिक वेस्ट एक महत्त्वपूर्ण नाम है। यद्यपि एलिक वेस्ट के प्रिय छात्र क्रिस्टोफ़र कॉडवेल को लोग अधिक जानते हैं, फिर भी एलिक वेस्ट ब्रिटेन के मार्क्सवादी साहित्य-चिन्तकों तथा आलोचकों की परम्परा के सबसे प्रतिभावान पुरस्कर्ताओं में से एक हैं। सन् 1930 ई. के आसपास ब्रिटिश कम्युनिस्ट आन्दोलन में शामिल होने वाले मार्क्सवादी साहित्यकारों में एलिक वेस्ट, क्रिस्टोफ़र कॉडवेल, एजेल रिकवर्ड, डगलस गार्मन, सेसिल डे लीविस, एडवर्ड अपवार्ड, रॉल्फ़ फ़ॉक्स, रॉय पास्कल, जैक लिण्ड्से, जॉर्ज थॉम्पसन प्रमुख थे, जिन्हें ऑर्नोल्ड केटल ने ब्रिटेन में मार्क्सवादी साहित्य समीक्षा के अग्रदूत कहा है।

एलिक वेस्ट का जन्म ईसाई मत में गहरी आस्था रखने वाले एक मध्यवर्गीय परिवार में हुआ था, अतः ईसाइयत की मानवतावादी और नैतिक दृष्टि वेस्ट को संस्कार रूप में प्राप्त हुई थी। लेकिन यथार्थ के प्रति सचेत रहने के कारण एलिक वेस्ट ने देख लिया कि ईसाई नैतिकता का आधार, मनुष्य-मनुष्य के बीच सच्ची भ्रातृ-भावना, समाज को तब तक प्राप्त नहीं हो सकती जब तक समाज की आर्थिक और राजनीतिक व्यवस्था को बदल न दिया जाये। इसी चेतना के कारण वेस्ट ईसाई मत को त्याग कर मार्क्सवाद की ओर आये।

वेस्ट ने एक प्रतिभावान युवक के रूप में जिस समय अपना जीवन आरम्भ किया, प्रथम विश्वयुद्ध छिड़ गया और पूरे युद्धकाल में वेस्ट को एक असैनिक बन्दी के रूप में जर्मनी में जेल की यातना सहनी पड़ी। वहाँ से छूट कर ब्रिटेन लौटने पर उन्होंने ट्रिनिटी कॉलेज में आधुनिक भाषाओं का अध्ययन किया और रंगमंच पर अभिनय का काम भी। डिग्री प्राप्त करने के बाद वेस्ट ने कई वर्षों तक घुमन्तू जीवन जिया और मिस्र, जर्मनी तथा स्विट्ज़रलैण्ड में अध्यापन और लेखन-कार्य करते हुए अपने अध्ययन और चिन्तन को आगे बढ़ाते रहे। इस काल में इब्सन, नीत्शे और फ्रायड ने उन्हें काफ़ी प्रभावित किया।

सन् 1927 ई. में एलिक वेस्ट स्विट्ज़रलैण्ड के बेसेल विश्वविद्यालय में अंग्रेज़ी के प्राध्यापक नियुक्त हुए। तब तक वे कम्युनिस्ट नहीं बने थे, यद्यपि मार्क्सवाद में उनकी आस्था हो चली थी। वे फ़ासिज़्म से घृणा करते थे और उन्होंने अपने यहाँ जर्मनी से आने वाले अनेक शरणार्थियों की सहायता की और जब इसी सिलसिले में उन्होंने फ़ासिज़्म विरोधी संगठनों से सम्बन्ध स्थापित किया तो स्वयं को कम्युनिस्टों की बीच पाया। सन् 1934 ई. में वे इग्लैण्ड लौट गये और ब्रिटिश कम्युनिस्ट पार्टी के सदस्य बन गये।

पार्टी के अन्दर शैक्षिक कार्य करने के साथ-साथ उन्होंने अध्यापन कार्य भी किया और शीघ्र ही नवयुवकों में अत्यन्त लोकप्रिय शिक्षक हो गये। उनकी कक्षाओं में बड़े चाव से आने वाले नौजवानों में क्रिस्टोफ़र कॉडवैल भी थे। स्पेन में कॉडवैल की मृत्यु के आसपास ही एलिक वेस्ट की पहली और बहुचर्चित पुस्तक 'क्राइसिस एण्ड क्रिटिसिज़्म' प्रकाशित हुई थी।

एलिक वेस्ट की साहित्य-समीक्षा सम्बन्धी पुस्तकें हैं : 'क्राइसिस एण्ड क्रिटिसिज़्म' (लॉरेन्स एण्ड विशार्ट, सन् 1935 ई.), 'ए गुड मैन फॉलेन एमंग फेबियन्स' (लॉरेन्स एण्ड विशार्ट, सन् 1950 ई.), और 'दि माउण्टेन इन दि सनलाइट : स्टडीज़ इन कॉन्फ्लिक्ट एण्ड यूनिटी' (लॉरेन्स एण्ड विशार्ट, सन् 1958 ई.)। 'वन मैन इन हिज़ टाइम' (जॉर्ज एलन एण्ड अनविन, सन् 1969 ई.) एलिक वेस्ट की आत्मकथा है। इसके अतिरिक्त सन् 1972 ई. में मृत्यु होने तक वेस्ट ने जो कुछ लिखा, उसमें से उनके अनेक लेख और समीक्षाएँ अंग्रेज़ी की वामपन्थी पत्रिकाओं तथा मार्क्सवादी लेखकों-सम्पादकों द्वारा सम्पादित पुस्तकों में यत्र-तत्र बिखरी पड़ी हैं। उनमें से कुछ अधिक महत्त्वपूर्ण और बहुचर्चित निबन्ध और समीक्षा-लेख हैं—लन्दन के 'लेफ्ट रिव्यू' में प्रकाशित 'ऑन एब्स्ट्रेक्ट क्रिटिसिज़्म' (सन् 1935 ई.) बुख़ारिन तथा अन्य लेखकों की पुस्तक 'मार्क्सिज़्म एण्ड मॉडर्न थॉट' की समीक्षा (सन् 1935 ई.), 'कम्युनिज़्म एण्ड क्रिश्चियनिटी' (सन् 1936 ई), 'सुर्रियलिज़्म इन लिटरेचर' (सन् 1936 ई.), ए.ए. स्मिर्नोव की पुस्तक 'शेक्सपियर: एक मार्क्सिस्ट इण्टरप्रिटेशन' की समीक्षा (सन् 1937 ई.) आदि। ब्रिटिश कम्युनिस्ट पार्टी के पत्र 'कम्युनिस्ट रिव्यू' में कॉडवेल की पुस्तक 'इल्यूज़न एण्ड रियलिटी' पर लिखा गया निबन्ध (सन् 1948 ई.), और 'मॉडर्न क्वार्टरली' में प्रकाशित 'मार्क्सिज़्म एण्ड कल्चर' (सन् 1948 ई.), ऑर्नोल्ड केटल की पुस्तक 'एन इण्ट्रोडक्शन टू दी इंग्लिश नॉवेल' की समीक्षा (सन् 1952 ई.) तथा 'दि होली वार' और 'दि पिल्ग्रिम्स प्रोग्रेस' पर लिखा गया समीक्षा-लेख (सन् 1953 ई.)।

एलिक वेस्ट की पुस्तकों, निबन्धों और समीक्षाओं से मार्क्सवादी सौन्दर्यशास्त्र और आलोचना की एक सुचिन्तित विचार-पद्धति का ही नहीं, अपने समय के क्रान्तिकारी आन्दोलन के लिए दिये गये ज़रूरी सन्देश का परिचय भी पाया जा सकता है।

मार्क्सवादी सौन्दर्यशास्त्र के विकास का प्रयत्न एलिक वेस्ट ने किन चुनौतियों के साथ किया, इसका पता 'क्राइसिस एण्ड क्रिटिसिज़्म' के एक प्रारम्भिक लेख में वेस्ट द्वारा हर्बर्ट रीड, टी. एस. इलियट, मिडल्टन मरे आदि के समीक्षात्मक विचारों की आलोचना करते हुए लिखी गयी इन पंक्तियों से चलता है, ''मुझे लगता है, आज की साहित्य-समीक्षा की दो विशेषताएँ हैं : एक ओर तो सर्जनात्मक कारक के रूप में व्यक्तित्त्व या चरित्र का त्याग, दूसरी ओर मार्क्सवाद का या तो पूरी तरह, या इस आरोप के साथ अस्वीकार कि वह सौन्दर्यशास्त्र की उपेक्षा करता है।''

उक्त लेखकों के व्यक्तिवादी और मार्क्सवाद विरोधी बुर्जुआ विचारों की आलोचना करते हुए एलिक वेस्ट ने इलियट की कविता 'वेस्टलैण्ड' में प्रयुक्त 'मैं' और 'हम' शब्दों के सन्दर्भ में लिखा—'जब तक मैं यह नहीं जानता कि वे 'हम' कौन हैं जिनसे मेरा सम्बन्ध है, तब तक मैं यह भी नहीं जानता कि 'मैं' कौन हूँ?'' और उनके मार्क्सवाद-विरोध को स्पष्ट करते हुए कहा कि इन लोगों के द्वारा मार्क्सवाद के विरुद्ध यह कह कर आपत्ति की जाती है कि मार्क्सवाद साहित्य के केवल आर्थिक कार्य-कारण की व्याख्या करता है, इसलिए आर्थिक क्षेत्र में सही होते हुए भी यह सौन्दर्यानुभव की उपेक्षा करता है और उसकी व्याख्या नहीं कर सकता।

इस आपत्ति का उत्तर लेते हुए एलिक वेस्ट ने लिखा—''वास्तविकता यह है कि मार्क्सवाद सौन्दर्यशास्त्र की उपेक्षा नहीं करता। वह सौन्दर्यानुभव का रूपान्तरण करता है। जिस प्रकार सामाजिक परिवर्तन के साथ प्रत्येक गतिविधि बदलती है, उसी प्रकार सौन्दर्यात्मक गतिविधि भी बदलती है। मार्क्सवाद पर आक्षेप करने वाले इस तथ्य को भूल जाते हैं और पुरानी सौन्दर्यात्मक धारणाओं के अनुसार, सोचते और अनुभव करते रहते हैं।''

अपने समय के बुर्जुआ आलोचकों की बौद्धिक बेईमानी को बेनक़ाब करते हुए एलिक वेस्ट ने रोमाण्टिक कवियों पर विस्तार से विचार किया है और उनके सृजन एवं चिन्तन में निहित स्वस्थ सामाजिक दृष्टि का उद्घाटन करते हुए उस दृष्टि की सीमाओं को भी स्पष्ट किया है। वेस्ट ने लिखा है—''रोमाण्टिसिज़्म के बाद से बुर्जुआ चिन्तन बेईमान रहा है। विशेष रूप से आलोचना, जिसने रोमाण्टिसिज़्म से साक्षात्कार करने से ही इनकार कर दिया। रोमाण्टिसिज़्म ने यह बताया था कि साहित्य का सामाजिक चरित्र होता है, कि साहित्य के लिए कुछ विशेष परिस्थितियाँ अनुकूल होती हैं और उन परिस्थितियों के निर्माण के लिए किये जाने वाले प्रयत्नों में सहयोग देना साहित्य का कर्तव्य होता है। फिर चार्टिज़्म के साथ रोमाण्टिसिज़्म कर्म-क्षेत्र में उतरा और इंग्लैण्ड के लोग उस न्याय और मुक्ति के लिए लड़े जिसे शेली ने आदर्शीकृत किया था। (इसलिए) बुर्जुआ आलोचना ने फौरन रोमाण्टिसिज़्म को त्याग दिया।''

आधुनिकतावादी बुर्जुआ आलोचकों द्वारा की गयी रोमाण्टिसिज़्म की ग़लत व्याख्याओं तथा निन्दापरक आलोचनाओं का पर्दाफ़ाश करते हुए एलिक वेस्ट ने रोमाण्टिसिज़्म की कमियों की ओर भी संकेत किया और कहा—"रोमाण्टिक आलोचना के विचारों में भी परिवर्तन की आवश्यकता है, ताकि साहित्य को कुछ गिने-चुने सामाजिक सम्बन्धों की अवधारणा से जोड़ने के बजाय यथार्थ में बदलते हुए सामाजिक संघटन से जोड़ा जा सके। चूँकि साहित्य किसी शाश्वत और अपरिवर्तनीय विचार की अभिव्यक्ति नहीं, बल्कि बदलते हुए सामाजिक संघटन की वास्तविक विकास-प्रक्रिया का अंग है, इसलिए सौन्दर्यशास्त्र स्थिर रहने के बजाय गतिशील होता है।"

मार्क्सवादी सौन्दर्यशास्त्र के विषय में एलिक वेस्ट के विचारों को इसी क्रम में प्रस्तुत किया जा सकता है। उन्होंने लिखा है, "यह बात कि साहित्य सामाजिक विकास-प्रक्रिया का अंग है, अच्छे, बुरे और किसी भी प्रकार के साहित्य पर लागू होती है। लेकिन इसका मतलब यह नहीं कि मार्क्सवादी आलोचना का उद्देश्य किसी साहित्य कृति में केवल आर्थिक और सामाजिक रूप से सक्रिय शक्तियों का पता लगाना ही होता है और उसके सौन्दर्यात्मक मूल्य की उपेक्षा कर दी जाती है। मार्क्सवादी आलोचना का उद्देश्य होता है, साहित्य कृति के सौन्दर्यात्मक मूल्य का निर्णय इस आधार पर करना कि उसका सामाजिक विकास-प्रक्रिया से क्या सम्बन्ध है।"

मार्क्सवाद विरोधी लोगों की आलोचना करते हुए एलिक वेस्ट यदि यह कहते हैं कि, "मार्क्सवादी आलोचना सौन्दर्यात्मक मूल्य की उपेक्षा करती है, वह विश्वास इस मान्यता से पैदा होता है कि सौन्दर्यात्मक मूल्य की भाववादी धारणा ही एकमात्र सही धारणा है", तो दूसरी ओर वे कतिपय मार्क्सवादी लोगों के इस विश्वास की भी आलोचना करते हैं कि मार्क्सवादी आलोचना को सौन्दर्यात्मक मूल्य की परवाह नहीं करनी चाहिए। उसके अनुसार, "यह विश्वास भी इसी मान्यता से पैदा होता है यानी सौन्दर्यात्मक मूल्य बुर्जुआ भाववाद है, इसलिए उसकी उपेक्षा की ही जानी चाहिए।"

उक्त दोनों ही प्रकार के विश्वासों को ग़लत समझ पर आधारित सिद्ध करते हुए एलिक वेस्ट कहते हैं, "सौन्दर्यात्मक मूल्य की बुर्जुआ अवधारणा भाववादी है, इसलिए उस पर प्रहार अवश्य किया जाना चाहिए, मगर सौन्दर्यात्मक मूल्य बुर्जुआ वर्ग द्वारा किया गया कोई आविष्कार नहीं है। और यदि ऐसा होता तब भी यह कोई कारण न होता कि हम उसे अस्वीकार कर देते। सौन्दर्यानुभव के दमन की चेष्टा शायद इसलिए की जाती है कि सामाजिक एकजुटता की वे भावनाएँ जो सौन्दर्यानुभव में जाग्रत होती हैं, आज भी बुर्जुआ समाज से जुड़ी हुई हैं और सचेत रूप से स्वीकारे गये मार्क्सवाद के साथ उनकी असंगति का अस्पष्ट बोध इस द्वन्द्व के इस सरलतम समाधान की ओर ले जाता है कि स्वयं में और अन्य सभी

लोगों में सौन्दर्य-भावना का दमन किया जाये। यही चीज़ मार्क्सवादी आलोचना को दरिद्र बनाती है और चूँकि सौन्दर्यात्मक भावनाओं को लगातार और पूरी तरह से दबाया नहीं जा सकता, इसलिए सचेत रूप से स्वीकारे गये मार्क्सवाद और उन भावनाओं के अलगाव से होता केवल यह है कि वे भावनाएँ सौन्दर्यात्मक मूल्य की बुर्जुआ अवधारणाओं के क्षेत्र में चली जाती हैं।'' (यहाँ 'सचेत रूप से स्वीकारे गये मार्क्सवाद' से एलिक वेस्ट का आशय उस मार्क्सवाद से है जिसे मनुष्य की सम्पूर्ण अन्तःबाह्य जीवन-पद्धति के रूप में आत्मसात करने के बजाय केवल बौद्धिक स्तर पर अपना लिया गया हो।)

साहित्य-कृति के सौन्दर्यात्मक मूल्य का स्रोत एलिक वेस्ट सामाजिक सक्रियता में मानते हैं और भाषा के सामाजिक उद्भव से अपनी बात शुरू करते हैं। उन्होंने भाषा को विचारों की अभिव्यक्ति का माध्यम मात्र नहीं, बल्कि उसे अपने उद्भव और उद्देश्य में सामाजिक गतिविधि एवं विकास-प्रक्रिया से अविच्छिन्न रूप से सम्बद्ध माना है। उसके अनुसार, भाषा अपने रूप और वस्तुतत्त्व से किसी विशिष्ट कार्य के लिए सामाजिक ऊर्जा को संघटित करती है। भाषा का रूप समाज की पिछली गतिविधियों के आधार पर बनता है (और इसके बिना वाणी तथा उसकी क्रिया-प्रेरक शक्ति का अस्तित्त्व ही सम्भव नहीं) तथा भाषा के वस्तुतत्त्व का सम्बन्ध उस विशिष्ट कार्य से होता है जिसे अब किया जाना है। रूप और वस्तुतत्त्व का जो सम्बन्ध आपस में एक-दूसरे से और उनके मूल्य का जो सम्बन्ध सामाजिक उद्गम से जिस प्रकार सामान्य भाषा में होता है, मोटे तौर पर वही साहित्य की विशेषीकृत भाषा में होता है। उसका भी उद्देश्य किसी विशिष्ट कार्य के लिए सामाजिक ऊर्जा को संघटित करना है। इस प्रकार ''साहित्य का मूल्य सदा ही किसी विशिष्ट कार्य के लिए सामाजिक ऊर्जा को संघटित करने में होता है।''

एलिक वेस्ट के अनुसार, समाज की दो आधारभूत गतिविधियाँ हैं, उत्पादन और उपभोग। इन दोनों के बीच कोई निश्चित विभाजक रेखा नहीं खींची जा सकती, क्योंकि उत्पादन में श्रम-शक्ति का उपभोग होता है और उपभोग से वह उत्पन्न होती है। फिर भी उत्पादन, उपभोग की गतिविधि से श्रेष्ठतर गतिविधि है, क्योंकि उत्पादन के लिए उपभोग की अपेक्षा उच्चतर संघटन और उसमें अपेक्षाकृत अधिक तत्परता के साथ मनुष्य की हिस्सेदारी की आवश्यकता होती है। आहार को उदरस्थ करने की अपेक्षा आहार को उत्पन्न करने के लिए अधिक ऊर्जा अपेक्षित होती है। दूसरे, प्रत्येक व्यक्ति अपने जीवन के प्रारम्भिक काल में स्वयं को उत्पन्न करने के अलावा और कोई उत्पादन किये बिना केवल उपभोग करता है, इसलिए उसमें तत्काल अनावश्यक वस्तुओं का उत्पादन करते जाने की अपेक्षा तत्काल उपलब्ध वस्तुओं के उपभोग की तत्परता अधिक होती है, उत्पादन और उपभोग के प्रति मनुष्य के

आम रुख़ में इसी प्रकार का अन्तर होता है लेकिन इस आम रुख़ में परिवर्तन ही मनुष्य को मनुष्य बनाता है, अर्थात् उत्पादन क्रिया से जुड़ कर ही मनुष्य पशु स्तर से ऊपर उठ कर मनुष्य बनता है।

उत्पादन के लिए आवश्यक है कि उसके इच्छुक मानव समुदाय को ध्यान में रखा जाये जिसे उत्पादन करना है, उस लक्ष्य को ध्यान में रखा जाये जिस तक पहुँचना है, और साथ ही उन भौतिक साधनों को उनके यथार्थ रूप में देखा जाये जिनसे उत्पादन क्रिया सम्पन्न होनी है। दुनिया अपने प्राकृतिक या यथावत् रूप में मनुष्य के लिए अर्थहीन है। सार्थक वह तभी होती है जब मनुष्य उत्पादन प्रक्रिया में उसे मानवीय बनाता है, अर्थात् अपने लिए उसका रूपान्तरण करता है। इस प्रक्रिया में दुनिया को उसके वास्तविक रूप में और साथ ही उसे मानवीय बनाने के अपने लक्ष्य की दृष्टि से देखना होता है।

एलिक वेस्ट के अनुसार, उत्पादन की इस गतिविधि से लेखक का सम्बन्ध ही साहित्य के मूल्य का आधार है। उत्पादन की गतिविधि से जुड़े लेखक के लिए समाज और दुनिया यथार्थ होने के साथ-साथ मनुष्य द्वारा निरन्तर बदली जाने वाली चीज़ें हैं, जबकि इसके ठीक विपरीत उपभोग की गतिविधि से जुड़े लेखक के लिए ये चीज़ें यथावत, अपरिवर्तनीय और इसलिए अवास्तविक होती हैं।

उन्होंने लिखा है, ''अच्छा लेखक समाज की उत्पादक ऊर्जा को सक्रिय रूप से अनुभव करता और उससे अपना तादात्म्य स्थापित करता है। वह जान लेता है, और यह आवश्यक नहीं कि सचेत रूप से ही जाने, बल्कि शायद वह ऊर्जा और क्लान्ति के प्रत्यावर्तनों से जानता है, कि यह जगत और इसमें हमारा जीवन महज़ तथ्य नहीं हैं। ये ऐसे तथ्य हैं जिनके गीत बना कर गाये जा सकते हैं.... लेखक इन शब्दों के जीवन्त सत्य का अनुभव करता है कि समाज हमारे अस्तित्त्व का चमत्कार है। केवल समाज ही नहीं, बल्कि सामाजिक ऊर्जा द्वारा हमारे लिए वास्तविक बनायी गयी प्रत्येक वस्तु का चमत्कार है, अविरल सृजन का चमत्कार।''

इसी चमत्कार को एलिक वेस्ट साहित्य सृजन की प्रेरणा मानते हैं तथा कहते हैं कि इसी प्रेरणा से जीवन्त और श्रेष्ठ साहित्य का सृजन होता है। इसके विपरीत मात्र उपभोग की क्रिया से सम्बन्ध रखने वाले लेखक के लिए यह कोई चमत्कार नहीं। उसके लिए तो प्राकृतिक और सामाजिक जगत का अस्तित्त्व महज़ एक तथ्य है। उसमें ऐसा क्या है, जिसके गीत गाये जायें? जगत को स्थिर और अपरिवर्तनीय मानने वाला यह दृष्टिकोण उसे आत्मनिष्ठ और वास्तविक जगत के प्रति उदासीन बना देता है। यदि वह सामाजिक परिवर्तनों को स्वीकार करता भी है, क्योंकि वे उसे स्वीकार तो करने ही पड़ते हैं, तो उनका अर्थ उसके लिए केवल अपना ही उत्थान या पतन होता है, और वैयक्तिक उत्थान या पतन के विचार से उत्पन्न होने वाला

सन्तोष या असन्तोष सामाजिक परिवर्तन को उसके लिए ऐसी आवर्ती घटना बना देता है जो सदा एक ही रूप में और एक ही प्रकार से घटित होती रहती है। ऐसा लेखक कभी अच्छा लेखक नहीं हो सकता।

एलिक वेस्ट के अनुसार, समाज की विकास-प्रक्रिया साहित्य की प्रेरणा तभी बनती है जब लेखक सक्रिय रूप से उसे महसूस करता है। और यह तभी होता है जब वह अपनी गतिविधि में नयी उत्पादक शक्तियों और पुराने उत्पादन सम्बन्धों के तनावों को अनुभव करता है। ये तनाव उसके विचार तथा रचना-प्रक्रिया को प्रभावित करते हैं। अतीत से प्राप्त चिन्तन के पुराने रूपों तथा वर्तमान से उत्पन्न चिन्तन के नये रूपों के बीच एक द्वन्द्व उपस्थित हो जाता है, क्योंकि लेखक यदि सामाजिक परिवर्तन की प्रक्रिया से जुड़ा होता है तो नयी उत्पादक शक्तियों को व्यक्त करने वाला उसका नया दृष्टिकोण मौजूदा उत्पादन सम्बन्धों के शासक वर्गीय दृष्टिकोण से टकराने लगता है। ऐसी स्थिति में लेखक या कलाकार मनुष्य और उसके संसार को उत्पन्न करने वाली सामाजिक ऊर्जा को ही नहीं, उसके संघटन के रूप में होते हुए परिवर्तन को भी महसूस करता है। और यही कारण है कि साहित्य हमें केवल सामाजिक संघटन की ही नहीं, बल्कि बदलते हुए सामाजिक संघटन की समझ प्रदान करता है।

लेकिन इसका अर्थ यह नहीं है कि साहित्य समाज की एक अवस्था से दूसरी अवस्था में रूपान्तरित होने के तथ्य अथवा उसकी वांछनीयता को प्रस्तुत करने मात्र का काम करता है मानो शब्द कुछ पूर्वनिर्धारित वस्तुओं का वर्णन करने वाली कुछ पूर्वनिर्धारित वस्तुएँ हों—बल्कि साहित्य शब्दों के द्वारा उस जीवन को व्यक्त करता है जिसने उन शब्दों का निर्माण किया है। परिवर्तन हो रहा है, यह मान कर चलना एक बात है, लेकिन क्या परिवर्तन हो रहा है, यह दिखाना एकदम दूसरी बात है। साहित्य यही दिखाता है और परिवर्तन की प्रक्रिया की विभिन्न अवस्थाओं को सामने लाकर दिखाता है अर्थात् साहित्य परिवर्तन का अमूर्त और सामान्य सूत्रीकरण नहीं करता, बल्कि उस परिवर्तन को उपलब्ध करने की वास्तविक प्रक्रिया को प्रस्तुत करता है। यह प्रक्रिया साहित्य में उन विषमताओं के द्वारा व्यक्त होती है जो सामाजिक संघटन और विघटन के बीच, ऊर्जा और जड़ता के बीच तथा मानवीय और प्राकृतिक जगत के बीच पायी जाती है। सामाजिक परिवर्तन की अभिव्यक्ति में साहित्य परिवर्तन और परिवर्तित होने वाली वस्तु के बीच के वैषम्य और विरोध को तथा पुराने के अन्त और नये में उसके स्थायित्व को प्रस्तुत करता है। सामाजिक परिवर्तन की प्रक्रिया के प्रति यह संवेधता समस्त महान साहित्य की विशेषता है।

साहित्य के रूप और वस्तुतत्त्व के विषय में विचार करते समय एलिक वेस्ट परिवर्तनशील उत्पादन प्रक्रिया के लिए सामाजिक ऊर्जा के संघटन पर ज़ोर देते हैं।

उनका कहना है कि जिस प्रकार भाषा किसी मानव समुदाय को मात्र संघटित ही नहीं करती, बल्कि उसकी ऊर्जा को किसी तात्कालिक गतिविधि की ओर प्रेरित भी करती है, उसी प्रकार साहित्य केवल अपने रूप से सामाजिक ऊर्जा को जाग्रत नहीं कर सकता। रूप और वस्तुतत्त्व, दोनों एक साथ एक ऊर्जा को जगाते और प्रेरित करते हैं। साहित्य के रूप समाज के पिछले अनुभवों के आधार पर बनते हैं और उसका वस्तुतत्त्व किसी तात्कालिक कार्य का निर्देश करता है। सामाजिक ऊर्जा के जाग्रत होने के लिए पिछले अनुभवों और तात्कालिक उद्देश्य, दोनों का ही होना आवश्यक है। अतः साहित्य में रूप और वस्तुतत्त्व की एकता होनी चाहिए, परन्तु एकता का अर्थ यह नहीं है कि दोनों समान महत्त्वपूर्ण हैं। एलिक वेस्ट वस्तुतत्त्व को अधिक महत्त्वपूर्ण मानते हैं। उन्होंने लिखा है–

"रूप और वस्तुतत्त्व की इस एकता में वस्तुतत्त्व का प्राथमिक महत्त्व इस बात में है कि उसमें सामाजिक विकास-प्रक्रिया के तनावों के प्रति लेखक की प्रतिक्रिया व्यक्त होती है, जो उसे एक विशिष्ट वस्तुतत्त्व के चयन को प्रेरित करती है और जिससे उसकी दृष्टि क्षमता निर्धारित होती है। यदि उसकी प्रतिक्रिया ऐसी है कि वह स्वयं को अपने समय की सर्वाधिक सक्रिय शक्तियों से जोड़ता है तो वह जीवन को निर्मित होते हुए देख और महसूस कर सकता है और साहित्य के कलात्मक रूप के लिए यह एक आवश्यक शर्त है। यदि वह उन शक्तियों के शत्रुओं में जा मिलता है तो या तो वह उनकी सृजनात्मक ऊर्जा पर ध्यान ही नहीं देता या अमूर्त सिद्धान्तों के नाम पर उनकी भर्त्सना करता है। दोनों ही स्थितियों में उसकी दृष्टि क्षमता और अभिव्यक्ति निर्जीव हो जाती है।"

एलिक वेस्ट के अनुसार, प्रत्येक लेखक को यह सामाजिक निर्णय लेना ही पड़ता है कि वह किस पक्ष में जाये। उसका यह निर्णय उसकी रचना के वस्तुतत्त्व में व्यक्त होता है और उसके सामान्य सामाजिक रुख़ का पता देता हुआ रचना के रूप की समृद्धि अथवा दरिद्रता में परिणत होता है। इसी अर्थ में नया वस्तुतत्त्व पुराने रूप को बदलता है।

एलिक वेस्ट अच्छे, बुरे और किसी भी प्रकार के साहित्य के सम्बन्ध में यह मानते हैं कि उसके रूप और वस्तुतत्त्व का निर्धारण सामाजिक और आर्थिक विकास के आधार पर होता है, लेकिन उनके अनुसार, यह आधार कोई स्वचालित यन्त्र नहीं, बल्कि जीते-जागते स्त्री-पुरुष हैं जिनकी ऊर्जा को संघटित किया जाना है। अच्छा साहित्य उसके संघटन और परिवर्तन में सहायता करता है और बुरा साहित्य उसके उत्पादों का उपभोग करता और उन्हें भ्रष्ट करता है।

इस प्रकार एलिक वेस्ट साहित्य के सौन्दर्यात्मक मूल्य और रचना में उस मूल्य के होने की प्रक्रिया को पूरी तरह स्पष्ट कर देते हैं। मार्क्सवादी आलोचना पर किये

जाने वाले इस आपेक्ष का, कि वह सौन्दर्यशास्त्र की उपेक्षा करती है, और प्रचारात्मक चीज़ों को भी रचना का दर्जा देती है, निराकरण करते हुए वे कृति के मूल्यांकन की सही मार्क्सवादी समझ को इस प्रकार प्रस्तुत करते हैं–

"हो सकता है, कोई कृति क्रान्ति की बात करे, किन्तु यदि वह क्रान्ति को समाज की सृजनात्मक विकास-प्रक्रिया के द्वारा नहीं दिखाती, तो वह साहित्य के तौर पर अपना कार्य नहीं करती, और इसके परिणामस्वरूप कविता या उपन्यास होने का दावा करने वाली उस कृति में प्रस्तुतीकरण की जो अमूर्तता होगी, वह उस लक्ष्य से विमुख करेगी जिसके लिए उसकी रचना की गयी थी अथवा कोई कृति प्रतिक्रिया की बात कर सकती है, किन्तु यदि वह जिस सामाजिक विकास-प्रक्रिया की भर्त्सना करती है, उसकी समझ प्रदान कर देती है तो घोषित रूप से प्रतिक्रियावादी वह कृति घोषित रूप से क्रान्तिकारी उक्त कृति से अधिक मूल्यवान होगी।"

कृति का मूल्य एलिक वेस्ट के अनुसार इस बात में निहित होता है कि वह सामाजिक ऊर्जा के संघटन को जारी रखती है और उसे परिवर्तित करती रहती है। उसका मूल्य हमें इस बात में दिखायी देता है कि वह उसी प्रकार की ऊर्जा हममें जाग्रत करती है। लेखक जितना ही जीवन को अधिक स्पष्टता के साथ देखता है, और जितना ही अधिक वह अपने समय के सर्वाधिक सक्रिय मानव समुदाय से तादात्म्य अनुभव करता है, अपनी परिस्थितियों में तादात्म्य की वही क्रिया उतना ही हमारे आनन्द और आलोचना-क्षमता को घनीभूत कर देती है। यदि हम अपने जीवन में यह अनुभव करते हैं कि हमें समाज के निर्माण में योग देना है, तो हमें वह साहित्य अच्छा लगेगा जो सृजन को मूर्त रूप में प्रस्तुत करता है। यदि हम समाज का शोषण करके ही सन्तुष्ट हैं तो साहित्य में हमारी रुचि होने की कोई सम्भावना ही नहीं रह जाती, हम साहित्य के बजाय उस मुद्रित सामग्री को तरज़ीह देने लगते हैं जो हमारी ही तरह भाषा और जीवन का इस्तेमाल महज़ उपलब्ध तथ्यों के रूप में करती है। तब यदि हम श्रेष्ठ साहित्य पढ़ते भी हैं तो उसे बुरा बना देते हैं।

एलिक वेस्ट आलोचना और सौन्दर्यशास्त्र का अभिन्न सम्बन्ध स्वीकार करते हैं और इनके द्वारा किये जाने वाली कृति के मूल्यांकन को जीवन से जोड़ते हैं। वे यह चेतावनी देना नहीं भूलते कि "सामाजिक ऊर्जा का उत्कर्ष जिस वस्तु के माध्यम से होता है, उसका अध्ययन करने से पहले उस ऊर्जा की अनुभूति आवश्यक है। विश्लेषण से पहले उसकी आवश्यक शर्त है, संवेदनात्मक प्रभाव। उसके बाद ही आलोचना हमें यह निश्चय करने में सहायता दे सकती है कि हम अपनी उत्पादक ऊर्जा के जाग्रत होने से प्रभावित हुए हैं या उपभोक्ता की भूख मिट जाने पर होने वाली सन्तुष्टि से। लेकिन आलोचना यह निश्चय नहीं करती कि हम प्रभावित हुए हैं। यह निश्चय हमारा जीवन ही करता है। और यदि हमारा जीवन ऐसा है कि हम

बुरी चीज़ों से प्रभावित होते हैं, तो किसी भी सिद्धान्त को तोड़-मरोड़ कर अपना औचित्य सिद्ध कर सकते हैं।''

इसी आधार पर वे आगे कहते हैं कि हमारे समय में सामाजिक संघटन की सर्वाधिक सर्जनात्मक विकास-प्रक्रिया समाजवाद है। 'सामाजिक संघटन' से वेस्ट का आशय किसी विशेष समाज से न होकर समग्र मानवता से है। वे कहते हैं ''मानवता के अलावा ऐसी कोई सामाजिक इकाई नहीं है जिसके सन्दर्भ में किसी सामाजिक गतिविधि को पूरी तरह समझा जा सके। पूँजीवाद ने एक विश्व बाज़ार उत्पन्न कर दिया है और आर्थिक, सामाजिक, राजनीतिक अन्तःक्रियाएँ परस्पर इतनी सम्बद्ध हो गयी हैं कि एक देश में जो कुछ होता है उसे तभी समझा जा सकता है जब यह देखा जाये कि पूरे विश्व में क्या हो रहा है।''

भारतीय साहित्य और राजनीति में भारतीयता की बात करने वालों के लिए एलिक वेस्ट का वह उत्तर प्रासंगिक हो सकता है जो उन्होंने टी. एस. इलियट को दिया था। उन्होंने कहा था, ''मिस्टर इलियट की तरह यह कहना है हमें ब्रिटिश अथवा यूरोपीय मनीषा का अंग बन कर ही सोचना और लिखना चाहिए, उन आर्थिक एवं सामाजिक तथ्यों पर परदा डालने की एक कोशिश मात्र है, जो सम्पूर्ण मानवता के सदस्यों के रूप में सोचने और कार्य करने की ज़रूरत को सामने लाते हैं।''

वेस्ट के अनुसार, आज सम्पूर्ण मानवता एक समाज बन चुकी है और ऐसी स्थिति में जातीय, राष्ट्रीय अथवा महाद्वीपीय संस्कृतियों की बाड़ेबन्दी करके सौन्दर्यशास्त्र को संकुचित करने की चेष्टा पूँजीवादी प्रचार के अलावा और कुछ नहीं है। आज वह समय आ चुका है कि हम उन देशों के उन कालों के साहित्य को भी समझ और सराह सकें, जिनका अस्तित्त्व भी उन कालों में हमारे लिए अज्ञात था। उन्हीं के शब्दों में—

''साहित्य को जिस सामाजिक संघटन से जोड़ कर देखा जाना चाहिए, वह मानवता है जो समाजवाद की ओर बढ़ रही है। आलोचना का कार्य साहित्य को, उसके रूप और वस्तुतत्त्व दोनों की दृष्टि से, इस आन्दोलन के अंग के रूप में परखना है। आलोचना इस कार्य को तभी कर सकती है जब स्वयं भी दुनिया भर के मेहनतकशों के पक्ष में होकर इस आन्दोलन का अंग बने। और इस अर्थ में उसका सौन्दर्यशास्त्र स्थिर न होकर गतिशील होगा।''

मार्क्सवादी सौन्दर्यशास्त्र : जॉर्ज लुकाच की दृष्टि

•

डॉ. मलय

एक मार्क्सवादी साहित्य चिन्तक के रूप में लुकाच का महत्त्व असन्दिग्ध है। यह बात अलग है कि उन्होंने अपने प्रारम्भिक लेखन में, गम्भीर कला-दर्शन के क्षेत्र में, जिन समाजशास्त्रीय एवं दार्शनिक प्रभावों को अभिव्यक्ति दी, उसके कारण वे न केवल विवादास्पद समझे गये, बल्कि मार्क्सवाद के प्रति गहरी संसक्ति के प्रश्न को लेकर उन पर सन्देह भी किया गया। वे अपनी बहुप्रचारित पुस्तक 'इतिहास और वर्गचेतना' (तथा कुछ अन्य पुस्तकों में भी) जिस 'नितान्त ग़लत रूप से' सामने आये थे, अपने 'उस सम्बन्ध' में, बाद में लुकाच ने मार्क्सवाद के प्रति अपनी गहरी संसक्ति के साथ कहा, ''अब तो हमें 60 की दार्शनिक समस्याओं की चिन्ता करनी चाहिए। मैं इस समय 'सामाजिक अस्तित्त्व की सत्ता मीमांसा' नामक रचना को पूरा करने में लगा हूँ और मेरा विश्वास है कि इस रचना के माध्यम से मैं उस समस्या को ठीक ढंग से सुलझा सकूँगा जो नितान्त ग़लत रूप से मेरी प्रारम्भिक रचना 'इतिहास और वर्गचेतना' में प्रकट हुई थी।''[1] जैसा कि पढ़ा और समझा जा सकता है लुकाच का यह प्रारम्भिक लेखन 'अपनी प्रणाली और पद्धति के अन्तर्विरोधों से ग्रसित रहा है' और इस्तवान इरोसी मानते हैं कि लुकाच जैसे-जैसे अपने गन्तव्य की ओर अग्रसर होते जाते हैं वैसे-वैसे उनकी यथार्थ आत्मा खुलती जाती है।[2] वास्तव में, लुकाच के प्रमुख लेखन की ओर उनके द्वारा प्रतिपादित मार्क्सवादी सौन्दर्य-शास्त्रीय धारणाओं की गम्भीर और महत्त्वपूर्ण जानकारी इसी बुद्धि विश्वास के साथ कर पाना अधिक सहज हो सकता है।

इस सन्दर्भ में एक और कठिनाई यह है जो भी, जितना थोड़ा भी, उनका (महत्त्वपूर्ण) साहित्य इधर प्राप्त है, वह पूरा नहीं है लेकिन उसके आधार पर लुकाच में लगभग महत्त्वपूर्ण विचार हमें उपलब्ध हो जाते हैं। इस क्रम में उनके पाँचवें दशक के प्रकाशित 'यूरोपीय यथार्थवाद का अध्ययन' का नाम पहला माना जा

सकता है। वैसे यह एक समीक्षात्मक ग्रन्थ है और इसमें लुकाच ने बाल्ज़ाक, जोला, टॉलस्टॉय और गोर्की के उपन्यासों का अध्ययन करते हुए यथार्थवाद सम्बन्धी धारणाओं को स्पष्ट किया है।

मार्क्सवाद : एक समग्र दर्शन

इस पुस्तक की भूमिका में ही लुकाच मार्क्सवाद को उसकी क्षमताओं के साथ, एक समग्र जीवन दर्शन के रूप में स्वीकार करते हुए कहते हैं, "मार्क्सवाद न केवल प्रत्येक तथ्य अथवा घटना के मूलाधारों की खोज करता है, उन्हें उनकी ऐतिहासिक सम्बद्धता तथा गतिशीलता में भी देखता है। इस गतिशीलता के नियमों का पता लगा कर वह उनके समूचे विकासक्रम को प्रदर्शित करता है, तथा अपने इस प्रयास में तथ्य एवं घटना के ऊपर जमी धुन्ध को साफ़ कर उसे इस रूप में प्रस्तुत करता है कि उसे भली-भाँति समझा और जाना जा सके।"[3] लुकाच अपनी इसी उद्देश्यपूर्ण प्रक्रिया में यह निश्चित कर पाने में सफल होते हैं कि निराशावादी दर्शन आज जहाँ संस्कृति के विनाश तथा संसार के विघटन पर आँसू बहा रहा है वहाँ मार्क्सवाद उस सारे विघटन तथा विनाश के बीच एक नयी दुनिया के उद्भव को देख रहा है।[4] जिन्हें आधुनिक उपन्यास कहते हैं वे कैसे और क्यों महत्त्वपूर्ण माने जायेंगे? क्या आधुनिक उपन्यास का चरम उत्कर्ष जीद पुस्त या ज्वाइस आदि का कृतित्त्व सूचित करता है अथवा उपन्यास इनके काफ़ी पहले अपनी महानता के शिखर बाल्ज़ाक, टॉलस्टॉय की कृतियों में उपलब्ध कर चुका था?[5] लुकाच इन दो विपरीत सौन्दर्यशास्त्रीय धारणाओं के आधार पर समूचे साहित्य के विकास को देखने-परखने की बात को आवश्यक मानते हुए साहित्य में क्रियाशील मिथ्या धारणाओं को और उनके छद्म को ज़ाहिर करते हुए यथार्थवाद के वास्तविक चरित्र का उद्घाटन करते हैं।

यथार्थवाद

यथार्थवाद मिथ्या वस्तुपरकता तथा मिथ्या व्यक्तिपरकता के बीच का कोई मध्यम मार्ग नहीं है, वरन् इसके विपरीत वह हमारे समय की भूलभुलैया में बिना किसी नक़्शे के भटकने वाले लोगों के द्वारा ग़लत रूप से प्रस्तुत किये गये प्रश्नों के फलस्वरूप उत्पन्न समस्त प्रकार के झूठे असमंजसों के विरुद्ध एक सत्य तथा सही समाधानों तक पहुँचने वाला तीसरा रास्ता है।[6] इस तरह लुकाच सम्पूर्ण मानवीय व्यक्तित्त्व के समुचित प्रस्तुतीकरण को यथार्थवाद की केन्द्रीय समस्या निरूपित करते हैं।

लेकिन यथार्थवाद का विशद विवेचन लुकाच अपनी पुस्तक 'समकालीन यथार्थवाद का अर्थ' में प्रस्तुत करते हैं, जहाँ वे सामाजिक तथा ऐतिहासिक यथार्थवाद की सही सौन्दर्यशास्त्रीय समझ, यथार्थवाद की अनिवार्य पूर्व शर्त है, मानते हैं।[7]

आलोचनात्मक यथार्थवाद और सामाजिक यथार्थवाद

अपनी इस समझ के आधार पर लुकाच आलोचनात्मक यथार्थवाद के साथ समाजवादी यथार्थवाद का विश्लेषण करते हुए कहते हैं कि समाजवादी यथार्थवाद का परिप्रेक्ष्य निश्चित रूप से समाजवाद के लिए संघर्ष है। अतः समाजवादी यथार्थवाद आलोचनात्मक यथार्थवाद से महज़ इस कारण ही भिन्न नहीं है कि वह एक ठोस समाजवादी परिप्रेक्ष्य पर आधारित है, वरन् इस कारण भी भिन्न है कि वह समाजवादी स्थापना के लिए संघर्षरत शक्तियों का चित्रण करने के लिए इस परिप्रेक्ष्य का इस्तेमाल एक भीतरी व्यक्ति के रूप में भीतर से करता है। उसके लिए समाजवादी समाज, पूँजीवादी समाज से जुड़ा न रह कर, अपने में एक स्वतन्त्र सत्ता रखता है, पर आलोचनात्मक यथार्थवादियों की भाँति, पूँजीवादी उलझनों से मुक्ति पाने का शरण-स्थल न होकर, उसके अपने जीवन की सच्चाई है।[8] लुकाच ने समाजवादी यथार्थवाद के साथ आलोचनात्मक यथार्थवाद को जिस रूप में और जिस तरह देखा, उसकी कटु आलोचना भी हुई किन्तु पूँजीवादी समाज से समाजवादी समाज के रूपान्तरण काल में बुर्जुआ आलोचनात्मक यथार्थवाद के अस्तित्त्व को एकदम नकारना कहाँ तक सम्भव है? फिर सन्देह की एक स्थिति तक गुंजाइश भी नहीं है कि आलोचनात्मक यथार्थवाद का लेखक यदि समाजवाद का चित्रण करता भी है तो एक बाहरी व्यक्ति के रूप में।[9] लेकिन जब लुकाच कहते हैं कि नये समाजवादी समाज में आलोचनात्मक यथार्थवाद के लिए पर्याप्त समय तक गुंजाइश रहेगी[10] तो सवाल किया जा सकता है कि इस 'पर्याप्त समय' की क्या सीमा है? और इसकी भी दूसरे तरह की नहीं तो साहित्य सम्बन्धी परिणतियाँ क्या हो सकती हैं? यह विचारणीय अवश्य है। लेकिन लुकाच के लेखन की जटिलता और विरोधी प्रकृति के विरोध के बावजूद उनके 'आलोचनात्मक यथार्थवाद' के सम्बन्ध में एम. ए. हचेंक ने प्रतिक्रियावाद, साम्राज्यवाद तथा बुर्जुआ दर्शन के विरुद्ध संघर्ष में उनके महत्त्व और ज़िम्मेदारी को स्वीकार किया है।

बुर्जुआ आधुनिकतावाद

लेकिन यह एकदम सही है कि उन्होंने बुर्जुआ आधुनिकतावाद पर आक्रमण करते हुए उसे यथार्थ-विरोधी घोषित किया है। वे मानते हैं कि आधुनिकतावाद कला की समृद्धि नहीं, उसका अस्वीकार है और इतिहास शून्य निरीह मानव ही इस आधुनिकतावाद के केन्द्र में स्थित है।[11] इस तरह जॉर्ज लुकाच मार्क्सवादी सौन्दर्यशास्त्र के केन्द्र में स्थित यथार्थवाद का विश्लेषण करने में सफल होते हैं। किन्तु बुर्जुआ सौन्दर्यशास्त्र के अधूरेपन और अन्ध प्रत्ययवादी मान्यताओं के खोखलेपन को सबूत के साथ सामने

लाने और इसके विरुद्ध मार्क्सवादी सौन्दर्यशास्त्र की महती सम्पन्नता को उजागर करते हुए उसके प्रतिपादन का कार्य उनकी आगामी कृतियों से सम्भव हुआ, जहाँ वह वास्तविक रूप से मार्क्सवादी-लेनिनवादी ज्ञान-मीमांसा के आधार पर मार्क्सवादी सौन्दर्यशास्त्र की रचना में प्रवृत्त मिलते हैं।

संज्ञान और यथार्थ के प्रतिबिम्ब का सिद्धान्त

यहाँ लुकाच एक मार्क्सवादी की तरह यह स्वीकार करते हैं कि प्राकृतिक या सामाजिक यथार्थ के किसी भी सही ज्ञान का आधार बाल जगत की वस्तुपरकता अथवा इसके मानव चेतना निरपेक्ष अस्तित्त्व की मान्यता है। बाह्यजगत का कोई भी बोध, चेतना-निरपेक्ष जगत के अस्तित्त्व की चेतना में प्रतिबिम्ब के अतिरिक्त कुछ नहीं है। चेतना के सत्व के सम्बन्ध का यह बुनियादी तथ्य, यथार्थ के कलात्मक प्रतिबिम्ब के बारे में भी मौजू है।[12] इस तरह लुकाच यह मानते हैं कि प्रतिबिम्ब का सिद्धान्त चेतना के माध्यम से यथार्थ के सैद्धान्तिक और व्यावहारिक ज्ञान के सभी रूपों का सर्वनिष्ट आधार है। इस प्रकार वह यथार्थ के कलात्मक प्रतिबिम्ब के सिद्धान्त का भी आधार है।[13] हम देखेंगे कि लुकाच आगे जाकर इस कलात्मक प्रतिबिम्ब का, उसके विशिष्ट पहलुओं का विश्लेषण करने में समर्थ होते हैं। लेकिन यह आवश्यक है कि यह जान लिया जाये कि यथार्थ के प्रतिबिम्ब का व्यापक सिद्धान्त क्या है और वह किस तरह अस्तित्त्व में आया? लुकाच कहते हैं कि प्रतिबिम्ब का प्रामाणिक व्यापक सिद्धान्त मार्क्स, एंगेल्स और लेनिन की रचनाओं में द्वन्द्वात्मक भौतिकवाद के साथ उदित हुआ है। इसीलिए बुर्जुआ मानस के लिए वस्तुपरकता तथा चेतना निरपेक्ष यथार्थ के चेतना में प्रतिबिम्ब के सही सिद्धान्त एक भौतिकवादी द्वन्द्वात्मक सिद्धान्त की कल्पना असम्भव है।[14]

बुर्जुआ चिन्तन की सीमाएँ और अक्षमता

लुकाच मानते हैं कि व्यवहार में अवश्य ही बुर्जुआ विज्ञान और कला में, यथार्थ के परिशुद्ध प्रतिबिम्ब के अगणित उदाहरण मिलते हैं और प्रश्न के सही सैद्धान्तिक निरूपण और समाधान के अनेक प्रयत्न हुए हैं, किन्तु जैसे ही इस प्रश्न को ज्ञान-मीमांसा का प्रश्न बनाया जाता है, बुर्जुआ विचारक या तो यान्त्रिक भौतिकवााद के फेर में पड़ जाते हैं या दार्शनिक प्रत्ययवाद में डूब जाते हैं। लेनिन ने बुर्जुआ चिन्तन की दोनों दिशाओं की सीमाओं के लक्षणों का वर्णन और उद्घाटन अद्वितीय स्पष्टता के साथ किया है। यान्त्रिक भौतिकवाद के सम्बन्ध में उसने कहा—''इसकी प्रधान असफलता बिम्बों के सिद्धान्त पर ज्ञान के विकास तथा इसकी प्रक्रिया पर

द्वन्द्वात्मकता को लागू करने की इसकी अक्षमता में निहित है।'' उन्होंने दार्शनिक प्रत्ययवाद के लक्षणों का इस प्रकार वर्णन किया है—''इसके विपरीत द्वन्द्वात्मक भौतिकवाद की दृष्टि में दार्शनिक प्रत्ययवाद ज्ञान के एक पहलू एकपक्ष, एक सीमान्त का एकपक्षीय अत्युक्तिपूर्ण अमर्यादित... विकास आडम्बरपूर्ण स्फीति है जिसमें इसको प्रकृति भूत से च्युत पवित्रीकृत निरपेक्ष का स्थान दे दिया गया है।... एकायामिता, एकपक्षीयता, फलहीनता, आत्मपरकता और आत्मपरक अन्धता प्रत्ययवाद के ज्ञान मीमांसात्मक मूल हैं।'' इस तरह बुर्जुआ ज्ञान-मीमांसा की द्विपक्षीय अपर्याप्तता, चेतना के माध्यम से यथार्थ के प्रतिबिम्ब की सभी समस्याओं और सभी क्षेत्रों में प्रगट होती है।[15] आज बुर्जुआ ज्ञान-मीमांसा की सीमाओं और अक्षमताओं का पता पाना मार्क्सवादी-लेनिनवादी ज्ञान-मीमांसा द्वारा अधिक सहज हो जाता है।

वस्तुपरकता की समस्या और यथार्थ का प्रतिबिम्ब

लुकाच मार्क्सवाद-लेनिनवाद ज्ञान-मीमांसा में वस्तुपरकता की समस्या और यथार्थ के कलात्मक प्रतिबिम्ब की समस्या पर प्रस्थान करने के पूर्व यह समझते हैं कि पहली विवेचनीय समस्या बाह्य जगत के अव्यवहित प्रतिबिम्बों की है। समग्र ज्ञान उन्हीं पर आश्रित है, वे समग्र ज्ञान के आधार, प्रारम्भ बिन्दु हैं। लेकिन वे केवल प्रारम्भ बिन्दु ही है। ज्ञान की प्रक्रिया की समस्त बातें उनमें समाविष्ट नहीं है।[16] यहाँ पर लुकाच इसे पूर्ण स्पष्ट करने के लिये, मार्क्स को उद्धृत करते हुए कहते हैं कि मार्क्स ने इस प्रश्न पर निर्भ्रान्त स्पष्टता से कहा था, ''पदार्थों के आभास और सत में यदि तात्कालिक अनुरूपता होती तो विज्ञान अनावश्यक हो जाता।'' लेनिन ने हेगेलीय न्यायशास्त्र के अपने अध्ययन में इस प्रश्न का विश्लेषण किया है और वे इस निष्कर्ष पर पहुँचे, ''सत्य प्रारम्भ में नहीं बल्कि अन्त में और विशेषकर प्रक्रिया के अन्दर ही उपलब्ध होगा। सत्य प्रारम्भिक चित्र नहीं है।''... लेनिन ने यथार्थ के सम्पूर्ण मानवीय बोध में अमूर्त पदों, अवधारणाओं, नियमों आदि के प्रकार्य को परिभाषित करने और प्रतिबिम्ब के व्यापक सिद्धान्त और यथार्थ के वस्तुपरक ज्ञान के सिद्धान्त में उनके स्थान को परिभाषित करने का प्रयत्न किया है, ''जिस प्रकार मूल्य के सीधे-सीधे अवस्थापन में, वस्तुओं के विनिमय की मात्र एक क्रिया में सूक्ष्म रूप में, गर्भ रूप में, पूँजीवाद के सारे प्रधान अन्तर्विरोध निहित होते हैं, उसी तरह सरलतम, सामान्यीकरण, अवधारणाओं (निर्णय-निष्कर्षों) के प्रारम्भिक और सरलतम निरूपणों में मनुष्य का सदा विस्तीर्ण हो रहे वस्तुपरक ब्रह्माण्ड का बोध निहित है।''[17] आगे इसी बोध के द्वन्द्वात्मक आधार को अधिक स्पष्ट करते हुए लुकाच लेनिन को फिर स्मरण करते हुए लिखते हैं—लेनिन ने ज्ञान मीमांसा में विविध अमूर्तनों के स्थान का विश्लेषण करते हुए। उनमें निहित द्वन्द्वात्मक द्विभाजन को अत्यधिक सूक्ष्मता से

रेखांकित किया है, उन्होंने कहा—"सामान्य की सार्थकता विरोधपूर्ण है या जड़, अशुद्ध, अपूर्ण आदि है। किन्तु वह भी मूर्त के ज्ञान की मात्र एक अवस्था ही है, क्योंकि हमें कभी भी मूर्त का पूर्ण बोध नहीं हो पाता, सामान्य अवधारणाओं, नियमों आदि का अनन्त योग ही मूर्त को पूर्ण रूप में प्रस्तुत करता है।" यह द्विभाजन ही आभास और सत् के द्वन्द्व को स्पष्ट करता है।[18] लुकाच का यह मानना सही है कि लेनिन ज्ञान-प्रक्रिया की इस द्वन्द्वात्मक अन्तर्क्रिया को और अधिक स्पष्टता से व्यक्त कर देते हैं। लेनिन ने कहा—"क्या दृश्यपरक बिम्ब विचार की अपेक्षा यथार्थ से अधिक सन्निकट है? हाँ भी, और नहीं भी। दृश्यपरक बिम्ब में गति का समग्र बोध नहीं हो सकता। उदाहरण के लिए, उनमें तीन लाख किलोमीटर प्रति सेकेण्ड के वेग का बोध नहीं हो सकता पर विचार में ऐसा हो सकता है और ऐसा होना चाहिए, इस प्रकार प्रत्यक्ष से उद्भूत विचार में यथार्थ का अनुदर्शन होता है।" और इस तरह द्वन्द्वात्मक पद्धति के माध्यम से, ज्ञान के निम्न संकायों के प्रत्ययवादी अवमूल्यन का, पार पाया जा सकता है।[19] आगे अपने विशद् विश्लेषण में लुकाच द्वन्द्वात्मकता के आधार की श्रेष्ठता को निरूपित करते हुए लिखते हैं कि केवल द्वन्द्वात्मकता के माध्यम से ही किसी एकपक्षीय अवधारणा की अपूर्णता, स्थिरता और फलहीनता पर पार पाना सम्भव होता है। केवल द्वन्द्वात्मकता के सही और सच्चे प्रयोग के ज़रिये ही, हम ज्ञान की अनन्त प्रक्रिया की अपूर्णता को दूर कर सकते हैं। और अपनी विचारणा को वस्तुपरक यथार्थ के गतिमय आनन्त्य के सन्निकट ला सकते हैं।[20]

बुर्जुआ सौन्दर्यशास्त्र की अक्षमताएँ

लुकाच मार्क्सवादी सौन्दर्यशास्त्रीय मान्यताओं का प्रतिपादन करने के पूर्व, बुर्जुआ सौन्दय शास्त्र में, प्रतिबिम्ब के सिद्धान्त की अक्षमताओं का विश्लेषण करने के लिए आगे आते हैं। वे कहते हैं कि जब हम मार्क्सवादी-लेनिनवादी दृष्टि से, सौन्दर्यशास्त्र के इतिहास की छानबीन करते हैं, तब हमें लेनिन द्वारा अत्यन्त गूढ़तापूर्वक विश्लेषित दोनों प्रवृत्तियों की एकपक्षीयता दीख पड़ती है। एक ओर तो यान्त्रिक भौतिकवाद की 'बिम्बों के सिद्धान्त पर द्वन्द्वात्मकता को लागू करने' की असफलता हैं, दूसरी ओर प्रत्ययवाद में निहित बुनियादी त्रुटि है जिसमें 'सामान्य (अवधारणा प्रत्यय) को ही स्वयं में विशिष्ट सत्ता' प्रदान कर दी गयी है। स्वाभाविक ही, सौन्दर्यशास्त्र के इतिहास में, दोनों प्रवृत्तियाँ अपने चरम रूप में यदा-कदा ही मिलती है।[21] यहाँ पर लुकाच यान्त्रिक भौतिकवाद की बुनियादी त्रुटि पर ज़ोर देते हुए कहते हैं कि यान्त्रिक भौतिकवाद की शक्ति इसमें निहित है कि वह वस्तुपरक यथार्थ के प्रतिबिम्ब की अवधारणा पर ज़ोर देता है और सौन्दर्यशास्त्र में इस मान्यता को बनाये रखते है। किन्तु जैसा इसे एंगेल्स ने इतने विश्वसनीय रूप में दिखलाया, यह गति इतिहास आदि

का बोध करने में अक्षम होने के कारण, प्रत्ययवाद में रूपान्तरित हो जाता है।[22] इस सन्दर्भ में लुकाच, अरस्तू, हेगेल आदि वस्तुपरक प्रत्ययवादियों की वीरतापूर्ण कोशिशों का उल्लेख करते हुए निर्णय देते हैं कि वे भी, अन्त में प्रत्ययवादी एक पक्षीयता का शिकार हो जाते हैं।[23] लुकाच इस यान्त्रिक भौतिकवाद और प्रत्ययवाद की अन्तर्विरोध पूर्ण एकपक्षीयता का सोदाहरण उद्घाटन करते हैं। यान्त्रिक भौतिकवाद के सम्बन्ध में वे लिखते हैं, प्रकृति की प्रत्यक्ष अनुकृति के यान्त्रिक सिद्धान्त के अग्रणी, दीदरो के उपन्यास 'जिज्ञासु-मणियाँ से' उसके दृष्टिकोण की प्रवक्ता नायिका, फ्रांसीसी क्लासिकवाद की आलोचना करती हुई उसी के विचारों को सामने रखती है 'किन्तु मैं जानती हूँ केवल सत्य ही सुख देता है और विचलित करता है। इसके अलावा मैं जानती हूँ कि नाटक की पूर्णता किसी कार्य की ऐसी ठीक-ठीक अनुकृति में निहित है कि दर्शक मूलकार्य ही देख रहे हैं, इस विश्वास से 'धोखे' में पड़ जायें।' दीदरो की इस (बात) में कोई सन्देह न रह जाये कि इस 'धोखे' से उसका मतलब यथार्थ की हू-ब-हू अनुकृति है, उसने अपनी नायिका से यह कल्पना करवायी है, वह इस वास्तविक घटना का, आगे का भाग दिखाने के लिये, नाट्यशाला में जाती है, ''मैं उसे नाट्यशाला में एक जाली के पीछे उसके स्थान पर ले जाती हूँ, वहाँ से वह रंगमंच को देखता है, लेकिन उसे लगता है कि वह सुल्तान का महल देख रहा है। लेकिन क्या आपको यक़ीन है कि यदि मैं गम्भीर मुद्रा में हो जाऊँ तो यह आदमी, एकक्षण के लिए भी अपने को धोखे में रहने देगा? बात इसके विपरीत होगी।'' (और लुकाच का यह कथन सत्य है कि) दीदरो के लिए यह टिप्पणी इस नाटक के बारे में, सत्यानाशी सौन्दर्यशास्त्र का निर्णय है।[24] जहाँ सारा सौन्दर्यशास्त्र एक 'धोखा' है।

इसके बाद लुकाच शिलर के सौन्दर्यशास्त्र पर विचार करते हैं जो 'सत्य के आभास से तुष्ट न होकर सत्य के ही आधार पर रचना की निर्मिति' का आकांक्षी है। लुकाच कहते हैं कि शिलर पक्का प्रत्ययवादी होने के कारण सत्य को मात्र आभास द्वारा प्रदत्त यथार्थ की तुलना में, वस्तुपरक यथार्थ का अपेक्षाकृत अधिक निगूढ़ और व्यापक प्रतिबिम्ब नहीं मानता। इसके बजाय वह सत्य को भौतिक यथार्थ से वियुक्त करके, उसे स्वायत्त सत्ता प्रदान कर देता है और मात्र यथार्थ से भौंडे ढंग से विरोध दिखलाता है। उसके कहा, 'प्रकृति, स्वयं में आत्मा का प्रत्यय मात्र है, जिसे इन्द्रियाँ कभी भी ग्रहण नहीं कर सकती हैं।' इसी कारण शिलर की दृष्टि में कलात्मक स्वर कल्पना से उद्भूत रचना 'यथार्थ की अपेक्षा अधिक सत्य और अनुभव की अपेक्षा अधिक वास्तविक होती है।'[25] और लुकाच अपने गम्भीर निष्कर्षों में सही है कि स्वाभाविक और तात्कालिक अनुभव से परे का यह प्रत्ययवादी तनुकरण और अस्मीकरण शिलर की सभी सही और निगूढ़ सूझों के महत्त्व को समाप्त कर देता है।[26] लेकिन लुकाच उसकी सही सूझों को सही होने की सीमा

तक सराहते भी हैं। वे कहते हैं उसके इस कथन में सिद्धान्त रूप में एक सही सूझ अभिव्यक्त हुई है। 'कलात्मक यथार्थ के किसी भी तत्त्व को जिस रूप में पाता है, उसी रूप में उसे प्रयुक्त नहीं कर सकता।' किन्तु वह इस सही अवलोकन को, केवल तत्काल प्रत्यक्ष को, यथार्थ और सत्य को, वस्तुपरक यथार्थ का अपेक्षाकृत अधिक तीक्ष्ण और व्यापक प्रतिबिम्ब मानने की बजाय एक आधिदैविक सिद्धान्त मान कर, और दोनों में प्रत्ययवादी तौर पर विरोध दिखला कर बहुत दूर खींच ले जाता है... और सही आरम्भिक सूझों के मिथ्या निष्कर्षों पर पहुँच जाता है।[27] आगे लुकाच समकालीन बुर्जुआ सौन्दर्यशास्त्र विकास पर भी विचार करते हैं और मानते हैं कि सौन्दर्यशास्त्र के समकालीन विकास से भी हमें ये दोनों, एक-दूसरे के प्रतिकूल बातें मिलती हैं। एक और तो अव्यवहित यथार्थ पर बल है, दूसरे ओर अव्यवहित यथार्थ से पूरे जाने वाले किसी भी पहलुओं का, भौतिक यथार्थ से विलगाव है। बुर्जुआ पतन की वैचारिकी के आमतौर पर, एक पाखण्डी धुँधले प्रत्ययवाद की दिशा में मुड़ने के फलस्वरूप, दोनों सैद्धान्तिक विधियों से पर्याप्त परिवर्तन हुआ है, और जिस वस्तुपरक यथार्थ से वह छवि भावनात्मक अनुक्रिया आदि उद्धृत होती है, उसे अमूर्त तौर पर उससे वियुक्त किया जा रहा है।... समकालीन सिद्धान्त एक मिथ्या वस्तुपरकता और एक मिथ्या आत्मपरकता की सर्वसंग्रही प्रवृत्ति से भरे हुए हैं। उनमें वस्तुपरकता को कार्य से दिलग कर दिया जाता है, सारी गति और प्राणवत्ता को निकाल दिया जाता है। और इतनी ही वियुक्त आत्मपरकता के स्थूल, नियतिवादी रूमानी विरोध में इसे रख दिया जाता है।[28] लुकाच ने मिथ्या वस्तुपरकता के उदाहरण में जोला द्वारा दी गयी कला की परिभाषा 'चेतना में देखा गया प्रकृति का टुकड़ा' की आलोचना करते हुए लिखा है कि इस तरह की सर्वसंग्रही प्रवृत्ति का प्रमुख उदाहरण है—यथार्थ के एक टुकड़े की यान्त्रिक अनुकृति।... अनुभव के किसी आकस्मिक टुकड़े की यान्त्रिक अनुकृति का अलंकरण। यथार्थ की प्रत्यक्ष अनुकृति के आत्मपरकीकरण को अन्तिम विस्तार प्रकृतिवाद में मिला, जहाँ लिस्स ने लिखा 'किसी भी वस्तु का रूप सदैव मेरे द्वारा ही, मेरी आन्तरिक क्रियाओं के द्वारा ही निर्धारित होता है,' और वह इस निष्कर्ष पर पहुँचता है... ''सौन्दर्यानुभूति वस्तुनिष्ठ आत्मतुष्टीकरण है।' इस सिद्धान्त में प्रकृतिवाद, प्रभाववाद आदि की ओर बढ़ने के सन्धिकाल में, प्रकट कलात्मक कार्य में, रोज़ तीव्र हो रहे, आत्मपरकीकरण, विषय-वस्तु तथा रचना विधि की बढ़ती हुई आत्मपरकता और बढ़ी सामाजिक समस्याओं से कला के बढ़ते हुए विलगाव के हू-ब-हू दर्शन होते हैं।[29] और जिसका परिणाम है कि कला एक अन्ध व्यक्तिपरक घेरे में बन्द हो जाती है।

आगे के अपने विश्लेषण में लुकाच साम्राज्यवादी युग में विघटित और ह्रासशील विचारणा के सन्दर्भ में बात को और आगे बढ़ाते हुए कहते हैं कि प्रत्ययवादी

आत्मपरकता की, यथार्थवाद के विरुद्ध बिल्कुल स्पष्ट प्रतिक्रियाओं से, प्रत्ययवादी आत्मपरकता में ऐसी सैद्धान्तिक आत्यान्तिकता आ गयी है जो पूर्वकालीन प्रत्ययवाद में नहीं मिलती। यह नया प्रत्ययवाद प्रतिक्रिया की वैचारिकी, अपने समय के बड़े प्रश्नों से पलायन, यथार्थ को अस्तित्त्व से विलग करके उसके निषेध की वैचारिकी है। अमूर्तन सिद्धान्त के रचयिता.. वोरिंगर का तात्पर्य है 'पूर्णतः वस्तु-निरपेक्ष सम्भावनापूर्ण आन्तरिक प्रेरणा... जो स्वयं के लिए होती है और रूपेच्छा के रूप में कार्य करती है।' इस सिद्धान्त में, सर्वोच्चतम् कलात्मक वस्तुपरकता होने का सनकपूर्ण दावा, साम्राज्यवादी काल के सिद्धान्तों की विशेषता है। वे कभी खुल कर सामने नहीं आते, उनके उद्देश्य हमेशा ढके रहते हैं।...अमूर्तन का सिद्धान्त सौन्दर्यशास्त्र की समस्त अन्तर्वस्तु के आत्मपरकतावादी निरसन की पराकाष्ठा प्रस्तुत करता है। इसी ने बाद में अभिव्यंजनावाद को सैद्धान्तिक आधार प्रदान किया।[30] और इसीलिए लुकाच यह निर्णय देते कि यह पूँजीवादी ह्रासकाल में कला रूपों में आत्मपरक अस्मीकरण और क्षयशायी का सिद्धान्त है।[31] और इस तरह लुकाच बुर्जुआ सौन्दर्यशास्त्र को धराशायी करते हुए मार्क्सवादी सौन्दर्यशास्त्र का प्रतिपादन करने के लिए प्रस्तुत होते हैं।

यथार्थ का कलात्मक प्रतिबिम्ब

यथार्थ के कलात्मक प्रतिबिम्ब के सम्बन्ध में लुकाच मानते हैं कि यह उसी तरह के अन्तर्विरोधों पर आश्रित है, जिस तरह के अन्तर्विरोधों पर यथार्थ के अन्य प्रतिबिम्ब आश्रित हैं। यह इन अन्तर्विरोधों के विज्ञान की अपेक्षा दूसरे प्रकार के समाधान ढूँढ़ता है।[32] और यहीं से प्रस्थान करते हुए लुकाच कहते हैं कि हम यथार्थवाद के कलात्मक प्रतिबिम्ब के विशिष्ट स्वभाव की परिभाषा कर सकते हैं। समस्त महान कला का लक्ष्य, यथार्थ की ऐसी छवि प्रदान करना है जिसमें आभास और सत् और विशेष, सामान्य अव्यवहित और अवधारणात्मक आदि के बीच के अन्तर्विरोधों को इस प्रकार सुलझा दिया गया हो ताकि दोनों, कलाकृति की प्रत्यक्ष छवि में स्वतः स्फूर्त अखण्डता में समाहित हो जाएँ और एक अभिन्न अखण्डता का भाव प्रस्तुत करें। सामान्य, व्यक्ति और विशेष की विशेषता के रूप में प्रगट होता है, यथार्थ प्रतिफलित होकर आभास के भीतर अनुभूत हो जाता है, सारघटक, विशेषकर चित्रित हो रहे विशिष्ट मामले के विशेष प्रेरक कारण के रूप में सामने आता है।[33] और इसीलिए लुकाच का यह मानना सही है कि हर कलाकृति को, एक परिसीमित स्वतःपूर्ण और पूरा सन्दर्भ अपने अव्यवहित रूप के अन्दर ही स्वतः प्रत्यक्ष गति और संघटन के साथ प्रस्तुत करना चाहिए।...एक साहित्यिक कलाकृति में, चित्रित जगत के अभिप्रेरक कारक, एक कलात्मक क्रम में, और क्रमोत्कर्ष की प्रक्रिया में प्रगट होते हैं किन्तु यह क्रमोत्कर्ष बिल्कुल आरम्भ से ही वर्तमान आभास और सत् की प्रत्यक्ष एकता

में उपलब्ध होना चाहिए, दोनों पहलुओं (आभास और सत्) के तीव्र होते मूर्तन में इसे उनकी एकता को, और भी अधिक अखण्ड और स्वतः प्रत्यक्ष बनाना चाहिए[34] जोकि रचना की पूर्णता का लक्षण है।

कलाकृति का संसार और पाठक

रचना में आभास और सत् की यह स्वतः तीव्र पूर्णता और क्रमोत्कर्ष, पाठक का प्रत्यक्ष रचनानुभव कब कैसे बनता है? इसका उत्तर शायद लुकाच के पास यह है कि यदि पाठक विकास या परिवर्तन के प्रत्येक प्रमुख पक्ष को, उनके समस्त प्राथमिक निर्धारक कारकों के साथ, अनुभव करे; यदि निष्कर्ष उसे केवल बतलाया ही नहीं जाता, बल्कि उसे वहाँ तक ले जाया जाता है और वह (पाठक) निष्कर्ष तक पहुँचने की प्रक्रिया का प्रत्यक्ष अनुभव करता है।[35] तभी बुनियादी रूप से रचना, रचना होती है और पाठक, पाठक।

लुकाच कला में यथार्थ के कलात्मक प्रतिबिम्ब के रूप में रचना यथार्थ और यथार्थ के प्रतिबिम्ब के भेद को स्पष्ट करते हुए कहते हैं, ''हर कलाकृति 'अपने संसार' की रचना करती है। हर एक के पात्रों, परिस्थितियों, घटनाओं की एक अद्वितीय विशेषता होती है जैसी किसी अन्य कलाकृति में नहीं होती। और वह दैनन्दिन यथार्थ की किसी भी चीज़ से बिल्कुल अलग होती है। कला के इस व्यापार से कला में, यथार्थ के प्रतिबिम्ब के विशेष स्वभाव, उसकी विशेष प्रकार की पुष्टि होती है। कलाकृति के प्रकटतया परिसीमित संसार और उसकी यथार्थ से अतदनुरूपता, यथार्थ के कलात्मक प्रतिबिम्ब के विशेष स्वभाव पर आधारित है। क्योंकि यह अतदनुरूपता, भ्रम मात्र है। यद्यपि यह एक आवश्यक भ्रम है, और कला के लिए अनिवार्य तथा निजी है।''[36] लुकाच कला की इस अतदनुरूपता को कला के लिए अनिवार्य मानते हुए भी यह मानते हैं कि वह यथार्थ का अपेक्षाकृत अधिक सत्य, अधिक पूर्ण और अधिक सुस्पष्ट और अधिक गतिवान प्रतिबिम्ब प्रदान करती है।[37] इसीलिए वे यह मानते हैं कि ग्राहक का, कलाकृति की क्रिया में डूबना और कलाकृति के विशेष संसार में 'उसका पूर्ण प्रवेश' इसका प्रमाण है, 'जो उसे अन्यथा उपलब्ध नहीं होता।'[38]

लुकाच मानते हैं कि पाठक कलाकृति की किसी वियुक्त घटना से किसी एक अनुभव की सचेत होकर तुलना नहीं करता, बल्कि अपने स्वयं के एकत्रित सामान्य अनुभव के आधार पर, अपने को, कलाकृति के सामान्य प्रभाव के प्रति समर्पित कर देता है, जब तक पाठक कृति में डूबा रहता है अर्थात् जब तक के यथार्थ के उसके अनुभव, कलाकृति के कल्पित के द्वारा, व्यापक और गूढ़ होते रहते हैं, तब तक यथार्थ के दोनों प्रतिबिम्बों की तुलना अवचेतन में ही होती है।[39] इसीलिए लुकाच

कहते हैं कि कलाकृति के स्वतः पूर्णता गतिमान जीवन की प्रक्रिया का और मूर्त गतिमान सम्बन्ध में, प्रतिबिम्ब है।[40] जो कलाकृति के स्वभाव में ढल कर आता है।

इसी सन्दर्भ में लुकाच आगे यथार्थ के वैज्ञानिक और कलात्मक प्रतिबिम्बों में अन्तर करते हुए कहते हैं कि किसी भी परिशुद्ध वैज्ञानिक का संज्ञान वस्तुपरक यथार्थ का सही प्रतिबिम्ब होता है, इसी सीमा तक यह संज्ञान निरपेक्ष है किन्तु यथार्थ, किसी भी नियम की तुलना में सदैव ही अधिक विपुल अधिक बहुपक्षीय होता है, इसलिए ज्ञान का स्वभाव ही ऐसा है कि उसका विस्तार, निगूढ़न, समृद्धि होती रहनी चाहिए, निरपेक्ष हमेशा सापेक्ष और सन्निकट के रूप में प्रगट होता है। इसीलिए कलात्मक पूर्णता भी निरपेक्ष और सापेक्ष की एकता है, किन्तु यह ऐसी एकता है जो कलाकृति के चौखटे से बाहर नहीं जा सकती।[41] लेकिन कला का महत्त्व इसमें भी है कि ऐतिहासिक प्रक्रिया में, वस्तुपरक प्रगति और इस प्रक्रिया की हमारी जानकारी में, और भी अधिक विकास, कलात्मक मूल्य का अपने समय की सही-सही और गूढ़ रूप में चित्रित करने वाली महान कृतियों की प्रामाणिकता और प्रभाव का निरसन नहीं होता।[42] यथार्थ के वैज्ञानिक और कलात्मक प्रतिबिम्बों के बीच दूसरा अन्तर यह है कि इनके वैज्ञानिक संज्ञान (नियम आदि) एक-दूसरे से स्वतन्त्र नहीं होते, बल्कि एक समाकल प्रणाली के अंग होते हैं जबकि प्रत्येक कलाकृति को स्वतः पूर्ण होना चाहिए। कला में भी विकास अवश्य होता है और यह विकास एक वस्तुपरक प्रतिरूप के अनुसार, होता है, जिसके नियमों का विश्लेषण किया जा सकता है, किन्तु कला के विकास का यह वस्तुपरक प्रतिरूप, सामान्य सामाजिक विकास का अंग है।[43] इसीलिए लुकाच मानते हैं कि कलाकृति को, इसमें चित्रित जीवन क्षेत्र को वस्तुपरकतापूर्वक निर्धारित करने वाले सारे प्रमुख कारकों को सही-सही तथा उपयुक्त मात्रा में प्रतिबिम्बित करना चाहिए। उसे इस रूप में प्रतिबिम्बित करना चाहिए कि वह जीवन क्षेत्र अन्दर से और बाहर से बोधगम्य हो जाये, पुनः अनुभवगम्य बन जाये, जीवन की समग्रता के रूप में प्रगट हो।[44] इस तरह लुकाच कलाकृति की रचना-प्रवृति से लेकर रचना प्रयोजन तक एक साथ पहुँचते हैं।

कलाकृति की असमापनीयता और प्रयोजनशीलता

यह सवाल कि कलाकृति की प्रयोजनशीलता क्या है, का उत्तर शायद लुकाच के पास इस तरह है—कलाकृति का लक्ष्य जीवन की उस सूक्ष्मता, समृद्धि और असमापनीयता को चित्रित करना है और इसे गतिमान तथा सुस्पष्ट रूप में प्राणवत्ता प्रदान करना है। कलाकृति का उद्‌देश्य समग्र समाज का चित्रण हो या कृत्रिम तौर पर वियुक्त केवल एक घटना का, उसका लक्ष्य हमेशा ही विषय की सघन असमापनीयता को चित्रित करना रहेगा। इसका अर्थ है कि उसे अपनी कथा में, उन सारे प्रमुख कारकों

को सृजनात्मक रूप में समाविष्ट करने का लक्ष्य लेकर चलना होगा जो वस्तुपरक यथार्थ में किसी विशिट घटना या घटना-संशिलष्ट का आधार होते हैं। और कलात्मक समावेश से अभिप्राय यह है कि ये सारे कारक, क्रिया में व्यक्तियों के निजी सहज गुणों, चित्रित स्थितियों आदि के विशिट गुणों के रूप में प्रकट होंगे, ताकि विशिष्ट और सामान्य की एकता प्रत्यक्ष रूप में दृष्टिगोचर हो।[45]

वास्तव में, साधारण जीवन अनुभव की अपेक्षा अधिक विपुल और कठोरता से संघटित एवं व्यवस्थित यह जीवन चित्रण, सक्रिय सामाजिक प्रकार्य, प्रामाणिक कलाकृति के प्रचारात्मक परिणाम से घनिष्ठता से सम्बन्धित होता है।[46] और इस तरह की पक्षधरता को स्पष्ट करने के लिए लुकाच लेनिन को उद्धृत करते हैं, लेनिन ने हमें बतलाया है कि यह पक्षधरता, बाह्य जगत में व्यक्ति के द्वारा मनमाने तौर पर नहीं लायी जाती, बल्कि यह यथार्थ में अन्तर्निहित प्रेरक बल है, जो यथार्थ के सही द्वन्द्वात्मक चित्रण के ज़रिये सचेतन बनता है और कार्य में आता है। इसीलिए वस्तुपरकता की यह पक्षधरता कलाकृति में सघन सुस्पष्टता और विशेषता के रूप में, सघन तौर पर उपलब्ध होनी चाहिए।[47] और इसीलिए लुकाच कलाकार से वस्तुपरकता में 'सघनता' की माँग करते हैं। लुकाच ऐंगिल्स और लेनिन का स्मरण करते हुए यह मानते हैं कि जब भी वे साहित्य की प्रयोजनशीलता का अनुमोदन करते हैं तो उनका अभिप्राय हमेशा 'वस्तुपरकता की पक्षधरता' से होता है और वे किसी भी ऊपर से लादी हुई, आत्मपरकतावादी प्रयोजनशीलता को बलपूर्वक नामंज़ूर करते हैं। "किन्तु मेरा तात्पर्य यह है कि यह प्रयोजनशीलता खुले रूप में प्रगट हुए बिना ही, स्थिति और क्रिया से प्रसूत होनी चाहिए।"[48] इसको और भी विशद रूप में विश्लेषित करते हुए लुकाच कहते हैं—कलाकृति की प्रयोजनशीलता, कृति में चित्रित संसार के वस्तुपरक सन्दर्भ में मुखर होती है। यह यथार्थ के कलात्मक प्रतिबिम्ब के माध्यम से सम्प्रेषित कलाकृति की भाषा है। और इसीलिए वह स्वयं यथार्थ की वाणी है, कोई निजी टिप्पणी या आत्मपरक तैयार निष्कर्ष के रूप में, छिपे या खुले रूप में, सुस्पष्ट हुई किसी लेखक की आत्मपरक राय नहीं है।[49] इस तरह कलाकृति का वस्तुपरक सन्दर्भ, प्रयोजनशीलता की सघनता से अपनी द्वन्द्वात्मक प्रक्रिया में, यथार्थ से अन्तर रखते हुए भी यथार्थ की अभिव्यक्ति बन कर प्रस्तुत होता है।

कलात्मक प्रतिबिम्ब की वस्तुपरकता

यहाँ आकर लुकाच यथार्थ के कलात्मक प्रतिबिम्ब की वस्तुपरकता पर विचार करते हैं। उसके अनुसार, यह वस्तुपरकता, समग्रता के सही प्रतिबिम्ब पर निर्भर है। इस प्रकार किसी ब्योरे की कलात्मक आत्मतथ्यता इस बात पर निर्भर नहीं है कि यह ब्योरा यथार्थ के किसी वैसे ही अंश के तद्नुरूप है या नहीं। किसी कलाकृति का

कोई ब्योरा, वस्तुपरक यथार्थ की समग्र प्रक्रिया के परिशुद्ध प्रतिबिम्ब का आवश्यक अंग होने के कारण, जीवन का परिशुद्ध प्रतिबिम्ब होता है, चाहे कलाकार ने जीवन में उसका अवलोकन किया हो अथवा प्रत्यक्ष या अप्रत्यक्ष अनुभव के आधार पर, उसका कल्पना से सृजन किया हो।[50] इस कलात्मक प्रतिबिम्ब की वस्तुपरकता, अपनी सृजनशील यथार्थ की प्रक्रिया की समग्रता के बीच उद्‌भूत होती है, और जीवन के परिशुद्ध प्रतिबिम्ब के रूप में, व्यापकता के साथ रचना में मुखरता प्राप्त करती है।

कला-रूप में वस्तुपरकता

कला-रूप की वस्तुपरकता पर विचार करते हुए लुकाच शुरू से ही अधिक सर्तकता से काम लेते हैं। वे कहते है कि द्वन्द्वात्मक एकता में से रूप या अन्तर्वस्तु में से किसको वियुक्त करके स्फीत स्वायत्तता का दर्जा दे दिया जाता है—इस तरह प्रस्तुत होने में, दोनों ही दशाओं में रूप की वस्तुपरकता की धारणा का परित्याग होता है... दोनों ही दशाओं में रूप, यथार्थ के प्रतिबिम्ब की, एक विशेष रीति होने का स्वभाव खो देता है।[51] लुकाच यहाँ पर भी इस गुत्थी को सुलझाने की दिशा में लेनिन के कथन के माध्यम से प्रवेश करते हैं ''वस्तुपरकतावाद चिन्तन की कोटियाँ, मनुष्य के औज़ार नहीं, बल्कि प्रकृति और मनुष्य को नियन्त्रित करने वाली व्यवस्था की अभिव्यक्ति हैं।[52] लुकाच कहते हैं कि यह परिशुद्ध और निगूढ़ उक्ति, रूप के स्वभाव की द्वन्द्वात्मक भौतिकवादी अवधारणा के दायरे में रहती हुई, कलात्मक प्रतिबिम्ब की विशिष्ट मूलभूत विशेषताओं पर ज़ोर देती है और कला में रूप की खोज का स्वाभाविक आधार प्रदान करती है।[53] ज्ञान-मीमांसात्मक आधार पर अन्तर्वस्तु और रूप की द्वन्द्वात्मक एकता को मान्य न करके, अर्थात् कला में रूप की वस्तुपरकता पर ज़ोर देने से ही, लुकाच कहते हैं कि हम बुर्जुआ सौन्दर्यवादिता के फन्दे में फँस जायेंगे।[54] यहाँ पर लुकाच हेगेल की परिभाषा को आधार मान कर चलते हैं जिसमें वस्तु और रूप का निहायत अन्तरंगता को परिभाषित करते हुए कला-रूप की समस्या को हल किया गया है। हेगेल ने कहा है—''अन्तर्वस्तु, रूप के अन्तर्वस्तु में परिवर्तित होने के अलावा और कुछ नहीं है और रूप, अन्तर्वस्तु के रूप में परिवर्तित होने के अलावा और कुछ नहीं है।''[55] लुकाच मानते हैं कि यह धारणा अमूर्त तौर पर अभिव्यक्त की गयी प्रतीत होती है लेकिन 'रूप और अन्तर्वस्तु के अन्तःसम्बन्ध की यह सचमुच सही परिभाषा है।' लेकिन लुकाच इसको पूरी तरह से और अधिक स्पष्ट करने के लिए 'अन्तर्वस्तु और रूप के अनुदर्शक गुण को' जाँच की कुंजी के रूप में बल देते हैं। और कला-रूप को, 'यथार्थ को प्रतिबिम्ब करने की एक रीति' (जैसा कि लेनिन ने कहा है) मानते हैं। वे स्पष्ट करते हैं कि जिस प्रकार यथार्थ को, चिन्तन के माध्यम से प्रतिबिम्बित करने की क्रिया... प्रकृति और मनुष्य को

नियन्त्रित करने वाले अतिशय अमूर्त नियमों की अभिव्यक्ति करती है, वही बात कला रूपों के विषय में भी है। प्रश्न केवल कला में उच्चतम स्तर के, इस अमूर्तन की सार्थकता को स्पष्ट करने का है।... लेकिन मार्क्स का कहना है कि यान्त्रिक भौतिकवाद या प्रत्ययवादी सौन्दर्यशास्त्र में 'या तो मूर्त की एक मिथ्या अवधारणा या अमूर्त की उतनी ही मिथ्या अवधारणा को सौन्दर्यशास्त्र की कुंजी बना दिया जाता है।[56] आगे लुकाच मार्क्स के हवाले से मूर्त की परिभाषा को सामने रखते हैं—''मूर्त अनेक निर्धारकों का संश्लेषण होने के, विविधता में एकता होने के कारण मूर्त है।''

''इस प्रकार हमारे चिन्तन में मूर्त संश्लेषण की प्रक्रिया के रूप में, प्रारम्भ बिन्दु नहीं, बल्कि परिणाम के रूप में दृष्टिगोचर होता है। हालाँकि यह वास्तव में, प्रारम्भ बिन्दु होता है, और इस तरह वह प्रत्यक्ष ज्ञान और अवधारणा का भी प्रारम्भ बिन्दु होता है।'' लेनिन की मूर्त के बौद्धिक प्रतिबिम्ब की परिभाषा भी इसी बात को पुष्ट करती है और कला का कार्य भी इस मार्क्सवादी अर्थ में मूर्त को एक प्रत्यक्ष, दृश्यमूलक स्वतः साक्ष्य के रूप में पुनर्गठित करना है।... कारकों की एकता मूर्त को मूर्त बनाती है, उन्हें मूर्त में ढूँढ़ कर दृष्टिगम्य बनाना पड़ेगा। हम जानते हैं कि यथार्थ में हर घटना, साथ की ओर पूर्व की, अन्य सभी घटनाओं के साथ, एक विशाल, अनन्त सन्दर्भ में होती है (जबकि) अन्तर्वस्तु के सन्दर्भ में विचारित कलाकृति, केवल पदार्थ का छोटा या बड़ा टुकड़ा प्रस्तुत करती है। इसीलिए कला रूप पर इस बात का दायित्व है कि यह टुकड़ा प्रभाव में टुकड़ा न लगे और उसे दिक् एवं काल के अतिरिक्त प्रवेश की अपेक्षा न हो। शायद कला रूप की अपनी अन्तर्वस्तु के रूप में परिवर्तित होने की समग्रता का यह टुकड़ा स्वतः पूर्ण समग्रता बन जाये और उसे किसी बाह्य विस्तार की अपेक्षा न हो।[57]

इस तरह जॉर्ज लुकाच मार्क्सवादी-लेनिनवादी ज्ञान-मीमांसा के मूलाधारों से प्रारम्भ होकर, यथार्थ की धारणा का निरूपण करते हुए द्वन्द्वात्मक भौतिकवाद के आधार पर बूर्ज्वा यान्त्रिक भौतिकवाद, प्रत्ययवादी और समकालीन आत्मपरकतावादी बूर्ज्वा सौन्दयशास्त्र की अपर्याप्तता एवं अन्धपूर्णता सिद्ध करते हुए और इस सन्दर्भ में पतनशील प्रवृत्तियों के खोखलेपन और मिथ्यापरकता को उधेड़ कर सामने रखते हुए—मार्क्सवादी सौन्दर्यशास्त्र की रचना में प्रवृत मिलते हैं। लेकिन उनके महत्त्वपूर्ण ग्रन्थ 'सौन्दर्यशास्त्र' एवं 'सत्वमीमांसा' अभी तक अनुपलब्ध हैं। इसलिए उनकी सम्पूर्ण विचारणा मार्क्सवादी सौन्दर्यशास्त्रीय धारणा के सम्बन्ध में अन्तिम रूप से कुछ भी कह पाना सम्भव नहीं है। फिर भी इस्त्वान इरोसी के शब्दों में लुकाच 'सौन्दर्यशास्त्र' लिखने में सक्षम हुए जो कला के क्षेत्र से आगे बढ़ कर अपने भीतर सम्पूर्ण प्रतिबिम्ब सिद्धान्त को समाविष्ट करता है![58] अतः यह असन्दिग्ध है कि जॉर्ज लुकाच का नाम मार्क्सवादी सौन्दर्यशास्त्र के इतिहास में अग्रगण्य रहेगा।

सन्दर्भ

1. जॉर्ज लुकाच के साथ एक अन्तरंग वार्ता।
   अलिविना नवांक 18, पृ. 620
2. यथार्थ के परमआग्रही जॉर्ज लुकाच, आलोचना नवांक 18।
3. यूरोपीय यथार्थवाद का अध्ययन, भूमिका, पृ. 1
4. वही, पृ. 2
5. वही, पृ. 2
6. वही, पृ. 2
7. समकालीन यथार्थवाद का अर्थ, पृ. 97
8. वही, पृ. 93
9. वही, पृ. 95
10. वही, पृ. 107
11. वही, पृ. 20-21
12. कला और वस्तुपरक सत्य : जॉर्ज लुकाच, आलोचना नवांक 18, पृ. 28
13. वही, पृ. 28
14. वही, पृ. 28
15. वही, पृ. 29
16. वही, पृ. 29
17. वही, पृ. 29
18. वही, पृ. 29
19. वही, पृ. 30
20. वही, पृ. 30
21. वही, पृ. 31
22. वही, पृ. 31
23. वही, पृ. 31
24. वही, पृ. 31
25. वही, पृ. 32
26. वही, पृ. 33
27. वही, पृ. 32
28. वही, पृ. 32
29. वही, पृ. 33
30. वही, पृ. 33
31. वही, पृ. 33
32. वही, पृ. 33
33. वही, पृ. 34
34. वही, पृ. 34
35. वही, पृ. 34

36. वही, पृ. 34
37. वही, पृ. 34
38. वही, पृ. 34
39. वही, पृ. 34
40. वही, पृ. 34
41. वही, पृ. 35
42. वही, पृ. 35
43. वही, पृ. 35
44. वही, पृ. 35
45. वही, पृ. 36
46. वही, पृ. 36
47. वही, पृ. 36
48. वही, पृ. 36
49. वही, पृ. 36
50. वही, पृ. 36
51. वही, पृ. 36
52. वही, पृ. 36
53. वही, पृ. 36
54. वही, पृ. 36
55. वही, पृ. 40
56. वही, पृ. 41
57. वही, पृ. 41
58. वही, पृ. 14 यथार्थ के परमआग्रही जॉर्ज लुकाच

हर्बर्ट मार्क्यूज़ : निषेधात्मक द्वन्द्ववाद

•

शाकिर अली

द्वितीय विश्वयुद्ध के बाद की पश्चिमी दुनिया अपनी ध्वस्त एवं संकटग्रस्त आर्थिक हालत को जैसे ही ठीक कर पाती है वैसे ही वहाँ (विशेषकर अमेरिका में) समाज विज्ञान के विभिन्न क्षेत्रों में विभिन्न प्रकार के स्कूल पैदा हो गये, अनेक संस्थान बन गये। उनमें समाजशास्त्र, राजनीति शास्त्र, मनोविज्ञान, अर्थशास्त्र तथा मानविकी के क्षेत्रों में अध्ययन प्रारम्भ हुए। उन संस्थानों में युद्ध पीड़ित यूरोप से भाग कर गये बुद्धि जीवियों एवं प्राध्यापकों ने अपनी जड़ें जमा लीं। इन बुद्धिजीवियों ने एकाधिकारवादी, पूँजीवादी, फ़ासिस्ट, तानाशाह हिटलर के ज़ुल्म देखे थे, जो उनकी स्मृति में जमकर रह गये थे। अतः वे एकाधिकारी, पूँजीवादी बार-एकोनॉमी के बिल्कुल विरुद्ध थे। वे अमेरिका की तकनीकी प्रगति से अक्रान्त हुए। वे अमेरिकी साम्राज्यवाद की एकाधिकारवादी सर्वग्रासी व्यवस्था के दबाव को तकनीकी प्रगति के दबाव के रूप में देखने लगे एवं उसका विरोध करने लगे। दूसरी ओर अमेरिकी साम्राज्यवाद, पूँजीवादी आम संकट के गहराते जाने से और अधिक संकटपूर्ण स्थिति से गुज़रने लगा, जिनके अनिवार्य प्रभाव बेरोज़गारी, मुद्रा स्फीति आदि के रूप में दिखायी देने लगे। एक आम असन्तोष उभरने लगा, जो विरोध का रूप धारण करने लगा। इस विरोध को सामाजिक सन्दर्भ प्रदान करने में वियतनाम युद्ध में अनिवार्य लामबन्दी के प्रति युवा आक्रोश, काले लोगों का नागरिक अधिकार सम्बन्धी आन्दोलन एवं हिप्पी आन्दोल्न आदि ने विशेष भूमिका निभायी।

पश्चिम में छठवें दशक का प्रारम्भ पूँजीवाद विरोधी संघर्ष एवं स्थापित सामाजिक एवं राजनीतिक संस्थाओं एवं उत्पादन सम्बन्धों के विरुद्ध बड़े पैमाने पर विरोध आन्दोलन के रूप में हुआ। यह संघर्ष अमेरिका, पश्चिम जर्मनी, ब्रिटेन, इटली, फ्रांस व जापान आदि विकसित पूँजीवादी देशों में पूँजीवादी सभ्यता के विरुद्ध ग़ैर-सर्वहारा वर्ग (पेटी-बुर्जुआ अथवा मध्य वर्ग) के प्रतिनिधियों के द्वारा

प्रारम्भ हुआ जो इसके पूर्व सक्रिय राजनीति से दूर रह कर पूँजीवादी व्यवस्था के विरुद्ध मज़दूर वर्ग के आन्दोलन से असम्पृक्त रहा करते थे। यह आन्दोलन नववामपन्थियों द्वारा प्रेरित था, जिनमें मानविकी के क्षेत्र में कार्यरत एवं अध्ययनरत छात्र-छात्राएँ तथा शिक्षण संस्थाएँ सम्मिलित थीं। इन नववामपन्थियों ने एक सर्वशक्तिमान, सैन्य उद्योगों पर आधारित पूँजीवादी अर्थव्यवस्था को चुनौती दी। साथ-ही-साथ नववाम ने सर्वहारा वर्ग का वैचारिक एवं राजनीतिक नेतृत्व भी यह कह कर अस्वीकार कर दिया कि ये 'अक्षम क्रान्तिकारी' हैं। नववाम चिन्तन की जड़ें परम्परावादी पेटी-बुर्जुआ 'वाम' विचारधारा में देखी जा सकती हैं, जो 'अचेतन शक्तियों को मुक्त' करने (रिलीज़ ऑफ़ अनकांशस फ़ोर्स) एवं 'नया मनुष्य' 'नयी सभ्यता' के निर्माण की बात करते हैं।

इन नववाम चिन्तकों का बहुत बड़ा हिस्सा संस्कृति के क्षेत्र में सूचनाओं के उत्पादन, संरक्षण एवं उनके सम्प्रेषण आदि के कार्य में संलग्न था, शिक्षण संस्थाओं, रेडियो, टेलीविज़न एवं प्रेस से सम्बन्धित था। इसका अर्थ है कि पूँजीवाद के प्रति दृष्टिकोण का निर्माण विकसित पूँजीवादी समाज की सांस्कृतिक गतिविधियों के चरित्र पर निर्भर था। उनकी पूरी चिन्तन प्रक्रिया परजीवी थी, उनकी स्वयं की सक्रिय गतिविधियों के अनुभव से प्राप्त नहीं थी। इस प्रकार ये नववामपन्थी एक प्रकार की 'भीड़ संस्कृति' का ही प्रतिनिधित्व करते हैं, जो विभिन्न वर्गों के लोगों की 'ऊपरी एकता' द्वारा निर्मित होती है। वह एक प्रकार के अराजकतावाद को ही जन्म देती है, जो ग़ैर-सर्वहारा वर्ग की ज़मीन पर ही पनपती है। इस नवअराजकतावाद ने स्थापित व्यवस्था के 'टोटल रिजेक्शन' की बात कही। अराजकतावाद नकारात्मक आलोचना पर ही बल देता है, जो क्रान्तिकारी प्रक्रिया का ध्वंसात्मक पहलू मात्र है।

इन नवमार्क्सवादी, नवअराजकतावादी, नववामचिन्तकों में हर्बर्ट मार्क्यूज़ का नाम प्रमुख है। मार्क्यूज़ फ्रेंकफ़र्ट इन्स्टीट्यूट ऑफ़ सोशल रिसर्च से सम्बन्धित रहे हैं। आगे चलकर मार्क्यूज 'फ्रेंकफ़र्ट स्कूल' के अन्य समाज दार्शनिकों की तरह मनोवैज्ञानिक दृष्टिकोण से सामाजिक संस्थानों का विश्लेषण करने का प्रयत्न करते हैं। वे 'साइकिक एनर्जी' के स्वैच्छिक प्रकटीकरण पर ही सामाजिक विकास की गति को निर्भर मानते हैं। मार्क्यूज़ समसामयिक पूँजीवादी समाज-व्यवस्था के विरोधाभासों को व्यवस्थित व समन्वित करने में दूसरों से अधिक सफल होते हैं। मार्क्यूज़ ने बुर्जुआ आभिजात्य वर्ग की अपनी समस्याओं के हल प्राप्त करने की अशान्त, अस्थिर खोजों को ही अभिव्यक्ति दी है। यही कारण है कि पश्चिमी प्रेस, रेडियो, टेलीविज़न द्वारा 'मार्क्यूज़ कल्ट' को ही बहुप्रसारित एवं बहुप्रचारित किया गया। मार्क्यूज़ ने जो कहा, जो भी लिखा, वह सब व्यापारिक दृष्टि से सर्वाधिक बिकाऊ हो गया।

नववामपन्थ की पूरी चिन्तना का स्वरूप अस्तित्त्ववादी चिन्तकों (सार्त्र, कामू आदि) के प्रभाव से ही निर्मित हुआ। मार्क्यूज़ उन लोगों में सबसे आगे हैं जिन्हें अस्तित्त्ववादी विचारधारा की विशेष ट्रेनिंग एवं महारत हासिल है। वे एक समय में जर्मन अस्तित्त्ववादी चिन्तक मार्टिन हेडिंगर के शिष्य एवं अनुयायी रहे हैं।

मार्क्यूज़ 'वन डाइमेंशनल मैन' में पाठकों को विश्वास दिलाना चाहते हैं कि आधुनिक विकसित पूँजीवादी देशों के सामाजिक सम्बन्धों के 'फ्रेमवर्क' में किसी भी प्रकार की विरोधी शक्तियों (एण्टागोनिस्टिक फ़ोर्सेज़) का कोई स्थान नहीं है। क्योंकि मार्क्यूज़ की दृष्टि में बुर्जुआ एवं सर्वहारा वर्ग दोनों एक ही प्रकार के उद्‌देश्यों को लेकर चलते हैं एवं एक ही प्रकार की राजनीतिक विचारधारा को स्वीकार करते हैं, जिसमें आगे चलकर दोनों की परिणति एक समान होती है। मार्क्यूज़ यह विश्वास दिलाना चाहते हैं कि सर्वहारा वर्ग 'राज्य एकाधिकारी' (स्टेट मोनोपली कैपिटलिज़्म) पूँजीवाद के रूप में 'एकत्र' हो गया है, संगठित हो गया है। अतः मार्क्यूज़ पूँजीवादी देशों में सर्वहारा वर्ग के नेतृत्व में सम्भावित क्रान्ति के सम्बन्ध में निराश हो जाते हैं। यह 'निराशावाद' ही उन्हें 'नकारात्मक द्वन्द्ववाद' की ओर ले जाता है। मार्क्यूज़ एक 'एलियनेटेड' बुद्धिजीवी के उदाहरण के रूप में सामने आते हैं जो व्यक्तिगत निराशा को ही अपने नववामपन्थी चिन्तन के रूप में प्रकट करता है। वे फ्रायडवाद, बुर्जुआ भौतिकवाद एवं हेगेलियन विचारधारा को ही संश्लेषित करते हैं।

मार्क्सवादी दर्शन में 'निषेध का निषेध' विकास की प्रक्रिया में एक उत्प्रेरक का कार्य करता है। वह किसी विशेष समय में विकास के विशेष स्तर पर उसकी प्रक्रिया एवं मध्यवर्ती परिणाम, दोनों होता है। 'निषेध' एक वियोजित अन्तर्विरोध है जो उसकी परिपक्वता को प्रकट करता है। 'निषेध' (राजनीतिक शब्दावली में जिसे 'हिंसा' कहें) स्वयं 'विपरीतों' के वियोजन में उत्प्रेरक का कार्य करने वाले के रूप में भी प्रकट हो सकता है किन्तु मार्क्यूज़ आधुनिक तकनीकी समाज के सन्दर्भ में 'निषेध' को विकास का एक परम निरपेक्ष, एकमात्र 'नॉर्म' (प्रसामान्य) ही मानते हैं। वे विपरीतों या अन्तर्विरोधों की कोई भूमिका नहीं मानते। इस प्रकार से मार्क्यूज़ की यह 'परम निषेधात्मकता' उसे 'एब्सट्रैक्शन' एवं सन्देहवाद के क्षेत्र में ले जाती है। मार्क्यूज़ का 'निषेधात्मक द्वन्द्ववाद' राजनीति के क्षेत्र में अराजकतावाद, पलायनवाद एवं निराशावाद को ही जन्म देता है, जिसकी परिणति अराजक विद्रोह में होती है।

कला की दुनिया में यह 'नकारात्मक द्वन्द्ववाद' राजनीति की दुनिया के बनिस्बत अधिक सुदृढ़ रूप में है। मार्क्यूज़ एवं उनके सहयात्री एडोर्नो हमेशा अपनी दृष्टि कला एवं साहित्य की उच्च भावभूमि वाली दुनिया में जमाये रखते हैं। उनके अनुसार,

उसी क्षेत्र में 'नकारात्मक द्वन्द्ववाद' अपने सही रूप से साकार एवं मूर्त होता है, जिसकी सर्वप्रथम उपलब्धि 'अवांगार्द' कलाकारों द्वारा की गयी थी, जिनमें वे मलार्मे, बाद्लेयर, बेतेन, ब्रेख्त जैसे विभिन्न असमान स्तर के लेखकों को शामिल करते हैं। मार्क्यूज़ की दृष्टि में इनकी रचनाओं में द्वन्द्ववाद की भाषा एवं कविता को भाषा, दोनों, एक ही ज़मीन पर मिलती है। इन सबमें एक चीज़ की समानता है और वह है–'प्रामाणिक भाषा की खोज', निषेध की भाषा की खोज, 'महान अस्वीकृति' (ग्रेट रिफ़्यूज़ल)। चिन्हित पत्तों द्वारा खेले गये 'खेल' के नियमों को अस्वीकार करना।... कविता में...चीज़ों का निषेध करने की क्षमता होती है, वह शक्ति जो हेगेल चाहता था। भले ही यह कितना भी विरोधाभासी क्यों न लगे, किन्तु प्रत्येक प्रामाणिक विचार में यह शक्ति होती है–'वन डाइमेंशनल मैन''।

सैद्धान्तिक तौर पर 'नकारात्मक द्वन्द्ववाद' निरर्थक साबित होता है जब उसे कला एवं साहित्य की दुनिया मे लागू किया जाता है। क्योंकि उसके अनुसार, कला वास्तविकता से काफ़ी दूर रहती है। इस तरह की कला 'विरोध' का प्रतीक अवश्य मानी जा सकती है। वह पाठक, दर्शक या श्रोता को इस प्रश्न का सामना करने को बाध्य करती है कि क्या वह एक अर्थपूर्ण जीवन बिता रहा है? अथवा जिस कला रचना को सहगामी उपभोक्ता वर्ग की तरह ही 'कन्ज़्यूम' करता है, क्या वह कोई कलात्मक अथवा सामाजिक मूल्य रखती है? ऐसी कला पूर्ण निषेध के ऐसे सिद्धान्त पर आधारित होती है कि उपभोक्ता को उसके सामने आये प्रश्नों का उत्तर देने से बचा ले जाती है एवं उपभोक्ता को उसकी खोखली चेतना के साथ बिल्कुल अकेला छोड़ देती है। वह आत्म-विश्वास खो देता है एवं उसकी चेतना को लगने वाले धक्के पूर्व के मूल्यों का पुनर्मूल्यांकन करने में असमर्थ रहते हैं।

'इरोज़ एण्ड सिविलाइज़ेशन' में मार्क्यूज़ लिखते हैं–''वास्तविकता सिद्धान्त (रियलिटी प्रिंसिपल) के अन्तर्गत मनुष्य ने विवेक शक्ति का विकास किया। उसने 'वास्तविकता' को पहचानना सीखा, अच्छे और बुरे में, सच एवं झूठ में, उपयोगी एवं हानिकारक में भेद करना सीखा। मनुष्य ने ध्यान (अटेंशन) स्मृति एवं न्याय की धारणा का विकास किया। वह एक चेतन प्राणी बन गया, वैचारिक प्राणी बन गया, उस तार्किकता को वहन करने वाला प्राणी बन गया है। जो बाहरी परिस्थितियों के दबाव से उसमें विकसित हुई। केवल वैचारिक प्रक्रिया का एक साधन मस्तिष्क के इस नये संगठन से बच रहा और 'वास्तविकता सिद्धान्त' से स्वतन्त्र रह सका, वह है–''फैण्टेसी' जो कि तमाम सांस्कृतिक परिवर्तनों से अछूता रहा एवं 'सुख सिद्धान्त' (प्लेज़र प्रिंसिपल) से ही सम्बन्धित रहा।' (पृ. 13-14)

चूँकि मार्क्यूज़ का यह तथाकथित 'वास्तविकता सिद्धान्त' यथास्थिति का ही प्रतिनिधित्व करता है अतः मार्क्यूज़ की दृष्टि में कल्पना (इमेजिनेशन) एकमात्र

उस बौद्धिक फ़ैकल्टी के रूप में शेष रहती है जो आलोचनात्मक शक्ति रखते हुए वास्तविकता एवं सम्भावना के बीच पुल का निर्माण करती है, कला और राजनीति एवं सम्प्रेषण तथा कार्य के बीच में सम्बन्ध निर्धारक के रूप में शेष रह जाती है। मार्क्यूज़ इस बात पर अधिक बल देते हैं कि कल्पना के द्वारा प्राप्त यूटोपियन दुनिया ही 'वास्तविक दुनिया' है और कल्पना ही वह तत्त्व है जो 'वास्तविकता सिद्धान्त' (यथास्थिति) की दुनिया के विरुद्ध 'अस्वीकार' की मुद्रा में खड़ी हो सकती है।

वास्तव में 'यूटोपिया' एव 'कल्पना' के बीच सम्बन्धों का पूर्व निर्धारण यूटोपिया की भीतरी प्रकृति के अनुरूप होता है, जो कि एक ख़ास रूप में मानवीय 'स्वतन्त्रता' की योजना-सी दिखायी देती है। और ऐसी स्थिति में 'यूटोपिया' विज्ञान एवं कला की सीमारेखा पर खड़ी दिखायी देती है जबकि श्रेणी एवं वर्गों में विभाजित विज्ञान का विकास तर्कसंगति के आधार पर होता है एवं सामाजिक विकास की वास्तविक धारा के तार्किक विश्लेषण पर आधारित होता है, वहीं कला का सम्बन्ध 'ऐस्थेटिक' (इन्द्रियगत अनुभवों) से होता है। अतः आधुनिक सांस्कृतिक धरातल पर यूटोपिया का जन्म तार्किकता एवं सौन्दर्यानुभव, तर्कसंगति एवं ऐन्द्रिकता के मिश्रण के रूप में हुआ है। 'यूटोपिया' एक ऐसी कोशिश है जो समाज के सदस्यों को उन समस्याओं के समाधान का आश्वासन देती है जिनका समाधान असम्भव दिखायी देता है या निकट भविष्य में होता नहीं दिखायी देता। यूटोपिया एक ऐसा प्रयत्न है जो वर्तमान व्यवस्था के प्रति असन्तोष से नहीं उपजता, न ही वर्तमान सम्बन्धों के भावनात्मक नकार में निहित है।

मार्क्सवाद यह मानता है कि ऐतिहासिक प्रक्रिया के अध्ययन के अन्तर्गत वास्तविक सामाजिक सम्बन्धों एवं मूल्यों के सम्बन्ध में सीमाओं से आगे चिन्तन किया जाता है एवं नयी सामाजिक संरचना तथा सांस्कृतिक रूपों का निर्माण भी किया जाता है। इस अध्ययन में ऐतिहासिक प्रक्रिया के साथ-साथ सामाजिक कर्ता की रचनात्मक क्रियाशीलता का भी योगदान रहता है, जिसके अन्तर्गत कला के रूप में सौन्दर्यानुभव या ऐन्द्रिक आयामों का निर्माण होता है एवं क्रान्तिकारी चेतना का भी निर्माण होता है। इस प्रकार 'ऐतिहासिक रचनात्मकता' (क्रान्ति के रूप में) एवं 'कल्पना' के बीच सम्बन्ध का स्वरूप इस तथ्य पर निर्भर है कि यह ऐतिहासिक रचनात्मकता एक 'सौन्दर्यानुभविक फ़िनॉमिना' भी है जो ऐन्द्रिक-व्यावहारिक कार्यों एवं कलात्मक रचनाशीलता को एकरूपता प्रदान करती है एवं सौन्दर्य रचना का नियमन भी करती है।

मार्क्यूज़ एवं सार्त्र के द्वारा विश्लेषित 'कल्पना' वह 'कल्पना' नहीं है जो क्रान्ति का उपकरण है, औज़ार है, बल्कि वह एक प्रकार की मनोवैज्ञानिक सुरक्षा

की व्यवस्था है जो मनुष्य को इस दुनिया से और अपने आप से सुरक्षित रखने के लिए बनायी गयी है। इस प्रकार वह मनुष्य को स्वयं के सेंसर से सुरक्षित रखती है, 'सेन्सर' अर्थात् 'सार्वजनिक सेंसर' जो कि व्यक्ति को चेतना पर लाता है। वह 'कल्पना' जो मनुष्य को स्थापित वास्तविक व्यवस्था के क्षेत्र से बाहर 'नॉन-बीइंग' के बहुत बड़े हवाई क्षेत्र में ले जाती है, ऐसी कल्पना 'मिथिकल' है।

इस प्रकार हम देखते हैं कि मार्क्यूज़ के कला चिन्तन में व्यक्तिवादी निराशा का ही राजनीतिक-दार्शनिकीकरण हुआ है, जो कि मार्क्स-पूर्व की मृत बुर्जुआ विचारधाराओं को ही ढोता है।

परिशिष्ट

सौन्दर्यबोध की मार्क्सवादी अभिधारणाएँ

•

प्रदीप सक्सेना

19वीं शताब्दी के प्रारम्भिक तीन दशकों में कला के क्षेत्रों में नये मूल्यों का आविर्भाव बड़ी द्रुत गति से हुआ। पुराने मूल्यों का ध्वंस और नवीन का गढ़न विभिन्न देशों में शुरू हो गया। ये देश क्रान्तिकारी रूपान्तरण की अवस्था से गुज़र रहे थे। मार्क्सवाद ने विचारों से लेकर भौतिक-सामाजिक जगत में (परिवर्तनकारी) पूँजीवाद के विनाश और समाजवादी व्यवस्था की स्थापना हेतु वैज्ञानिक-भौतिकवादी आधारों को प्रस्तुत कर सशक्त उत्प्रेरण किया। उसने अन्धे, जन-जीवन को रौंदने वाले दैत्य पूँजीवाद को झिंझोड़ डाला और दूसरे दशक में रूस में उसे पटक दिया गया। यह कालखण्ड विश्व के इतिहास और मानव जाति की कहानी में महान मोड़ का रहा। रूस की अक्टूबर क्रान्ति ने राजनीतिक, सामाजिक, आर्थिक, सांस्कृतिक सभी क्षेत्रों से शोषण के समस्त संघटक अंगों को छील कर फेंक दिया। चेतना के इस नये परिष्कार से ही मानव की जीवन-दृष्टि परिवर्तित हुई जिसके परिणामस्वरूप उसकी क्रियात्मक तकनीक और प्रकृति के विश्लेषण, उस पर अधिकार करने की क्षमता, जीवनयापन की प्रणाली और विकास की प्रक्रिया में आमूल-चूल परिवर्तन हुआ। रूस में 'गोर्की', चीन में 'लूहसूँ', भारत में 'प्रेमचन्द' की सृजनात्मकता इन्हीं नये मूल्यों से दूर तक प्रभावित हुई।

'सौन्दर्यशास्त्र' की जगह मैंने 'सौन्दर्यबोध' शब्द का प्रयोग किया है। इसे मैं विवेचन और विश्लेषण के लिए 'शास्त्र' संज्ञा से कही अधिक सुविधाजनक, वैज्ञानिक और युक्तिसंगत मानता हूँ। हिन्दी में अब तो यह एक परम्परा-सी पड़ गयी है, सत्य को छूने का साहस ने करते हुए काफ़ी घुमा-फिरा कर दूरगामी परिणाम सोच कर, श्रेय की आकांक्षा और जोखिम में न पड़ने की इच्छा रखते हुए कुछ ज़रूरी सवालों पर उँगली रखी जाती है। सौन्दर्यशास्त्र का सवाल 'नये' की संज्ञा के साथ जुड़ कर सामने आया। 'नये सौन्दर्यशास्त्र की आवश्यकता' शीर्षक से निबन्ध टिप्पणियाँ और बहसें सामने आयीं उनमें अधिकांश तथ्य जनवादी आधारों की ओर स्पष्ट थे।

नये सौन्दर्यशास्त्र की आवश्यकता से एक सबल प्रतिध्वनि निकलती है कि इसकी विरासत में हमारे पास एक कोई पुराना सौन्दर्यशास्त्र है जो अब अपनी अन्तिम अवस्था में है, उसके मूल्य, मानदण्ड, समतुल्य अब जर्जर और कला की परख तथा विवेचन और अनुभूति कराने में पूर्णतः अक्षम हो चुके हैं, उनके रहते हम न कला-शास्त्र विकसित कर सकते हैं, न ही जीवन और जगत के प्रति आनन्द लाभ कर सकते हैं, आनन्द ऐसा जो सकारात्मक है और हमें क्रियमाण बनाता है।

तो यह जो जर्जर सौन्दर्यशास्त्र था वह कौन-सा था? सामन्ती? या पूँजीवादी? या साम्राज्यवादी? इसकी ओर हमारे विद्वानों ने कोई विचार करना उचित नहीं समझा। वे जहाँ पूँजीवादी समाज के वर्गीय स्वरूपों का ध्वंस और समाजवादी समाज में उनका संक्रमण पाते हैं वहाँ सौन्दर्य-बोध के बारे में एक लम्बी छलाँग लेते हैं और मार्क्सवादी सौन्दर्यशास्त्र की संरचना, सौन्दर्य बोधात्मक समतुल्य, मापकीय अभिधारणा तक आ पहुँचते हैं। 'स्टेट के सुपर स्ट्रचर' के पूँजीवादी होते हुए भी पूँजीवादी सौन्दर्यबोध की समाप्ति मान कर मार्क्सवादी सौन्दर्यशास्त्र के रूप में एक सांस्कृतिक 'राइप फ्रूट' पा लेते हैं। क्या यह सौन्दर्यबोध को लेकर अन्तर्विरोध नहीं है?

पहल-8 में सौन्दर्यशास्त्र की आवश्यकता को लेकर गोष्ठी में पढ़े गये लेख और बहसें प्रकाशित हुई हैं जिसमें डॉ. शिवकुमार मिश्र ने अपने निबन्ध में यह स्पष्ट कहा है—"बहुत थोड़े में यही कि हमें नये सौन्दर्यशास्त्र की, मार्क्सवादी सौन्दर्यशास्त्र की आवश्यकता है।"[1] इसी आवश्यकता के तहत उन्होंने सौन्दर्यशास्त्र के बुनियादी चरित्र पर प्रकाश डाला है और प्रश्न किया है 'क्या सौन्दर्यशास्त्र महज़ कला निर्मित या कला स्वाद का ही शास्त्र है' अथवा वह आधारतः एक मूल्यशास्त्र है।' इसके बाद निष्कर्षात्मक बहस में वे अपनी सारी मान्यताओं पर प्रहार कर लेते हैं, "सौन्दर्यशास्त्र का विषय जब इस गोष्ठी के लिए आया तो मुझे अजीब लगा। जब हमारे पास एक सौन्दर्यशास्त्र है तो फिर क्यों यह विषय लाया गया?... जड़वाद और संशोधनवाद के दो ख़तरे सामने हैं—जड़वाद से मुक़ाबला करना है। हम संशोधनवाद के प्रति भी सतर्क रहे, हमें अपनी प्रतिबद्धता के प्रति आस्थावान होने की ज़रूरत है।"[2] कितने अन्तर्विरोध बराबर उभरे हैं? यह पास में होने वाला सौन्दर्यशास्त्र कौन-सा है? क्या मार्क्सवादी? तो नये सौन्दर्यशास्त्र के मार्क्सवादी आधारों पर उँगली रखने से मतलब? नहीं तो यह पूँजीवादी है। फिर प्रतिबद्धता के प्रति आस्था और जड़वाद से मुक़ाबला क्या इन मानव विरोधी पूँजीवादी हथकण्डों से मुमकिन हो सकेगा? यह दिक्कत अकेले मिश्र जी की ही नहीं, अधिकांश लोगों की है। यह पके फल की तरह 'शास्त्र' को ग्रहण कर लेने के कारण है। 'पहल' का यह अंक सौन्दर्यबोध के महत्त्व को प्रस्तुत करने के साथ उसके अध्ययन की शुरुआत है न कि ऐस्थेटिक्स का 'राइप फ्रूट।'

यहाँ प्रश्नों पर एक बार फिर से ध्यान देना ज़रूरी है। सौन्दर्यबोध के साथ अति व्याप्ति गुण के कारण कभी, कला, यथार्थवाद क्रान्तिकारी मानववाद, एलिनेशन, कभी दर्शन-विश्लेषण-आलोचना, कभी तरह-तरह के विज्ञान समय-समय पर जुड़ते रहे हैं और सौन्दर्यशास्त्र परिभाषाओं और लक्षणों-संघटकों का अजायबघर बन कर रह गया है। कहीं-कहीं तो सिद्धान्तों की इतनी नीरस चीर-फाड़ की गयी है कि सामान्य पाठक और सौन्दर्यशास्त्र के जिज्ञासु विद्यार्थी के कुछ भी पल्ले नहीं पड़ेगा। डॉ. मेघ ने (आलोचना के नवांक-7) लेख 'सौन्दर्यबोध शास्त्र के नये आयाम' में विविध विज्ञानों के बीच फँसे सौन्दर्यबोध को चित्रित किया है। उसे कल से जोड़ कर परिभाषित भी किया है। 'कला, कला रचना और कलाकृति का दर्शन, मीमांसा, इतिहास और आशंसा को संयोजित करने वाली विद्या और विज्ञान को सौन्दर्यबोध शास्त्र (एस्थेटिक्स) कहा जा सकता है।"[3] वस्तुतः यह विषय इतना व्यापक और विविध है कि 'शास्त्र' को लेकर कुछ निष्कर्ष झटपट नहीं लिए जा सकते। 'नये' की संज्ञा के साथ केवल इसकी प्रसार बहुलता को ही दर्शाया जा सकता है। इसमें 'मार्क्ससिस्ट वैल्यूज़' के 'डिग्रेडेशन' का ख़तरा ही अधिक है।

'शास्त्र' के रूप में सौन्दर्य को विविध दर्शन शास्त्रों से जोड़ कर तथा मनोविज्ञान, प्रायोगिक मनोविज्ञान, मनोविज्ञान शास्त्र, मनोविश्लेषण शास्त्र, समाजशास्त्र, जीव विज्ञान, भौतिकी, नृतत्त्वशास्त्र इत्यादि विज्ञानों के जंगल में नहीं खोजा जा सकता। फ़िलहाल भी दार्शनिक सौन्दर्यशास्त्र और वैज्ञानिक सौन्दर्यशास्त्र के बीच कोई स्पष्ट विभाजक रेखा हमारे लिए खींचना सम्भव नहीं। हत्स्य निपुणता, ऊर्जा-उत्पाद और परिरक्षण, नन्दतिक प्रज्ञा, प्रति बोधात्मक सुगढ़ता, रचनात्मक कल्पना और नन्दतिक निर्णय, विशिष्ट रूप-विधान, अनुकरण, अभिव्यक्तिगत माध्यम, आनन्द, संवेग, रस, अनुभूति, औदात्य, आलम्बन-विधान, अर्थातिश्य, मिश्रित ऐन्द्रियबोध, श्रम, यथार्थ, रसबोध, प्रत्यक्षीकरण, अभिव्यंजना, भावना प्रभावान्विति, ऊष्मा आदि इतने पारिभाषिक शब्द सौन्दर्य के चारों ओर घूम रहे हैं कि उसे किस विज्ञान से जोड़ें, किस दर्शन से या कला से, यह विचार काफ़ी जटिल हो जाता है। दूसरी ओर थोड़ा सरलीकृत रूप से सूत्र खोजें तो कहा जा सकता है, "सौन्दर्यशास्त्र का मुख्य प्रयोजन है, ललित कलाओं के तत्त्वों का सैद्धान्तिक निरूपण," इसके लिए कुछ बुनियादी आधारों की ओर जाना होगा।

मनुष्य निरन्तर प्रकृति को अपने अनुकूल बनाने के लिए जीवन के सुखद यापन के लिए प्रकृति को जीतने का लम्बे समय से संघर्ष करता आ रहा है। अनेक बिन्दुओं पर उसने प्रकृति को पराजित किया है और विषय के रूप में श्रेष्ठतम सभ्यता का विकास और उत्तम जीवन पाया है। इस जीवन के मूल में बौद्धिक परिष्कार का निरन्तर होते रहना ही आगे बढ़ाता गया है। चेतना की बनावट जितनी ही पैनी और

सूक्ष्म होती गयी, प्रकृति के सुखद स्रोतों का रहस्य उतना ही खुलता गया। नदियाँ, पहाड़, झीलें, सागर, मैदान, हवा-पानी, पेड़-पौधों पर से अन्य जीवों के अधिकार के स्थान पर मनुष्य का अधिकार बढ़ता गया। भौतिक दुनिया पर उसकी प्रभुता कायम हुई और वह श्रम के निरन्तर सम्पर्क में आकर अपनी चेतना का परिमार्जन करता हुआ सौन्दर्यबोधात्मक घटकों में जुड़ गया।

मानव समाज में चेतना के दो ध्रुव प्राप्त होते हैं (1) साधारण चेतना (2) व्यवस्थित सैद्धान्तिक चेतना। व्यवस्थित सैद्धान्तिक चेतना को बुनियादी तौर से विश्व आत्मीकरण के तीन सम्बन्ध प्राप्त होते हैं। (1) 'मनुष्य और रूपान्तरण की विषय-वस्तु के रूप में प्राकृतिक या सामाजिक वस्तु का सम्बन्ध, जिसके लिए वस्तुनिष्ठ ज्ञान की आवश्यकता होती है। (2) मनुष्य और मनुष्य का सम्बन्ध या मानवों के बीच सामाजिक सम्बन्ध, जो एक सुनिश्चित उत्पादन प्रणाली के आधार पर निरूपित होते हैं। (3) तीसरे पात्र और यथार्थ का सौन्दर्यात्मक सम्बन्ध, जिसके अनुसार, कला की सृष्टि होती है। (4) कलाओं का जीवन से घनिष्ठ सम्बन्ध होने के कारण सौन्दर्य का जीवन से अटूट सम्बन्ध है। आभास होने न होने पर भी सौन्दर्य की भूमिका बराबर बनी रहती है। प्रश्न है, मार्क्सवादी सौन्दर्यबोध कला की कौन-सी विधि और अभिधारणा विकसित करता है जो जीवन के स्वस्थ और सुखद पक्षों के लिए आवश्यक है?

व्यापक रूप से देखने पर सौन्दर्य का विराट क्षेत्र हमारे सामने उपस्थित है। प्रकृति की अनन्त सौन्दर्य राशि विविध पदार्थों में हज़ारों साल से अभी तक उतने ही ठोस रूप में सौन्दर्य को सँजोये हुए है। जितने ठोस रूप में पहले थी और आगे भी रहेगी। आकाश की नीलिमा, पहाड़ी की 'मांस सालिडिटी', ऊँचाइयाँ, बर्फ़ की सफ़ेदी, झरनों का कल-कल निनाद, नदियों का तेज़-मन्द बहाव, झील की गहराइयाँ, पेड़ों का झूमना, फसलों का लहलहाना, फूलों का हँसना, मोर के पंख, हिरन की चाल, खरगोश की आँखों में बराबर उतना ही सौन्दर्य है जितना था। सौन्दर्य की अनुभूति मनुष्य को ही नहीं, पशुओं-जीवों तक में होती है। पशु भी कुछ ध्वनियाँ पसन्द करते हैं, कुछ रंगों से डरते हैं, कुछ ध्वनियों से दूर भागते हैं, सर्प और मृग का बीन पर मुग्ध होना, गाय, बैल, भैंस जैसे जानवरों का गर्जनकारी ध्वनियों से डरना, लम्बे-ढीले वस्त्रों को देख कर (लाल-काले रंगों के विशेषकर) कुत्तों का भौंकना उनके बोध को प्रस्तुत करता है लेकिन यह सब इतना स्थूल है और मानव की तुलना में यह बोध मुश्किल से सहस्रांस भी नहीं है। मनुष्य अपनी चेतना के सौन्दर्य को पहचानना सीखता है उससे सकारात्मक क्रियमाण आनन्द ग्रहण करता है और जीवन में सौन्दर्यबोधी सृष्टियाँ करता है।

कला इसी सौन्दर्य को सबसे सशक्त ढंग से प्रस्तुत करती है, 'प्रत्ययीकृत पुनः

प्रत्यक्ष को तीसरे क्षण' में। व्यापक रूप से ऐन्द्रिय प्रत्यक्ष बोध के तहत सौन्दर्य भावना के घटक ये हैं–(1) सम्मात्रा (सिमेट्री), (2) एकरूपता (यूनवर्सेनिरी), (3) संयम (मॉडरेशन), (4) मसृणता (स्मूथनेस), (5) विविधता (वैराइटी), (6) व्यंजना (सजेशन), (7) औचित्य (प्रोप्राइटी), (8) स्पष्टता (सिम्पलिसिटी), (9) संगति (हार्मनी), (10) कोमलता (टेण्डरनेस), (11) प्रमाणबद्धता (प्रोपोर्शन) और (12) वर्ण प्रदीप्ति (क्लरिंग)। अचेतन रूपगत सौन्दर्य अर्थात् इन्द्रियजनित आनन्द, गणितमूलक या गतिमूलक रूप या सोद्‌देश्य आनन्द वाला निष्क्रिय रूप या जीवन के विछिन्न अंग वाला रूप, जाति विशेष में पाये जाने वाले प्राणी का रूप या फिर वैयक्तिक विशिष्टता की अभिव्यंजना का रूप इन घटकों से परिलक्षित होता है।

सौन्दर्य का विवेचन ऐतिहासिक, सामाजिक, मनोवैज्ञानिक दृष्टि से कलाकृतियों के अध्ययन से पृथक किया जा चुका है। दूसरे, कलाकृतियों का थोड़ा-बहुत परिचय पाकर दार्शनिक दृष्टि से उसका विश्लेषण किया गया है। तीसरे, ऐसा भी है कि कलाकृतियों से बिल्कुल तटस्थ रह कर केवल दार्शनिक मतवादों के घेरे में विश्लेषण करता है। लेकिन यहाँ आकर हम पूर्णतः अपने स्पष्ट आशय की ओर मुड़ते हैं कि "सौन्दर्यात्मक विचार और सुरुचि आन्तरिक मानव की सबसे महत्त्वपूर्ण विशेषताएँ हैं और सौन्दर्य-चेतना के नियमों के अनुसार, रचनात्मक क्रियाकलाप व्यक्ति के सन्तुलित विकास का आवश्यक गुण है।" सौन्दर्यबोध को हम ललित कलाओं से जोड़ कर उसके परम विशिष्ट पहलू कला (साहित्य) के सेंस में प्रयोग कर रहे हैं। सौन्दर्यबोध को कला के अध्ययन क्षेत्र में खींच कर विज्ञान जगत की निर्धारित प्रतीकात्मकता से काट कर ही उसे मानवीय विकास की दिशा में प्रयुक्त किया जा सकता है। नये सौन्दर्य की आवश्यकता न कह कर स्पष्टता की माँग यही है कि उसे उसके ठीक नाम से पुकारते हुए मार्क्सवादी सौन्दर्यशास्त्र की आवश्यकता कहा जाये। ख़ासकर कविता, कहानी, नाटकों, नवगीतों की नयी सृजनाओं के अस्तित्त्व को पुष्ट और उपकी दिशा को सही प्रमाणित करने के लिये। यह मार्क्सवादी सौन्दर्यबोध के अज्ञान का परिणाम ही है कि अधिकांश रचनाएँ मिले-जुले तत्त्वों सहित, पाठकीय दृष्टि के अभाव, साहित्य की भूमिका की अज्ञता सहित प्रकाश में आ रही हैं। आलोचना में प्रसारित अराजक चिन्तना के मूल में यही सौन्दर्यात्मक आधारों की शून्यता ही व्याप्त है। इससे पूर्व कि वाम संरचना के रूप में हम मार्क्सवादी सौन्दर्यबोध को परिलक्षित-परिभाषित या व्याख्यायित करें, संक्षेप में हम पूँजीवादी कला के लक्षण जान लें–

1. पूँजीवाद रचना के हेतु निरपेक्ष स्वतन्त्रता का नारा देता है जो एक महज़ धूर्तता भरा पाखण्ड है, बचाव है।

2. अपने हितों की रक्षा के लिए दूसरे शब्दों में बहुसंख्यक समुदाय का रक्त चूसने के लिए पूँजीवादी पेशेवर कलाकार बार-बार कला को 'पुण्य स्थली' कह कर

धीरे-से व्यक्तिवाद का पौधा रोपता है जिस पर पूँजीवादी जनघाती वैचारिकी के ज़हरीले फल उगते हैं।

3. पूँजीवाद निमतिवादी दर्शन के चरम पुरोधाओं को विराट जनगण में कुण्ठा, अवसाद, निराशा और हतभाग्यता पैदा करने का काम सौंपता है।

4. पूँजीवाद कलाकृतियों के नाम पर निर्मित सौन्दर्यबोध को उत्पादित द्रव्य के समान व्यवहृत करती है।

5. घृणा, ईर्ष्या, द्वेष, जंघा भक्ति, स्तन साधना, अपराध, हताशा, पराजय और असामर्थ्य बोध, धार्मिक पाखण्ड, प्रगति विरोधी मर्यादाओं के जंगल ही पूँजीवादी कला की विशिष्टयाँ है।

6. राजनीति के नाम पर परेशान होकर पूँजीवादी कलाकार दिन-रात उससे दूर रहने की चालाकी से भरी हुई अपील करता है ताकि विराट जनगण अपनी शक्ति को विस्मृत रह कर पूँजीवादी समाज और शासन व्यवस्था से पद-दलित होता रहे।

7. पूँजीवादी कलाकृतियाँ लंगड़े, निवीर्य और पराजित नायक जनता को सौंपती है।

8. यह कला सांस्कृतिक़ चैतन्य के रूप में विकृत, विरूपात्मक, विकास विरोधी सृजन समाज को सौंप कर मस्तिष्क को पंगु बनाने की पूरी चेष्टा करती है।

9. सबसे बड़ी दुहाई यहाँ शिल्प की होती है जो कण्टेण्ट्स की सजीवता और सशक्तता के अभाव में मृत स्त्री के अंगों में अटके आभूषणों की तरह है।

10. शासक वर्ग की सदा से यह कोशिश रहती है कि वह जनता में चेतना के नाम पर चेतनाघाती ऐसे विचारों का प्रवाह करे जो हर स्थिति को सिर झुका कर स्वीकार करने, दमन और उत्पीड़न को सहने, राजा को ईश्वर का अवतार मानने, प्रत्येक प्रकार की असुविधा को, अभाव को नियति चक्र का हेतु समझती रहे। इन्क़लाबी समझ की जड़ खुदती रहे। इसमें ये पूँजीवादी-बुद्धिजीवी बड़ी सराहनीय भूमिका अदा करते हैं। अप्रत्यक्ष रूप से मनुष्य को पशु में बदल डालने वाली राजनीति की वक़ालत करते हुए साहित्य को राजनीति से दूर रखने का षड्यन्त्र रचते हैं। इसी के साथ ही वाम कला की कुछ विशिष्टियाँ इस क्रम में देखी जा सकती हैं–

(1) वाम कला जनता को बताती है कि पूँजीवाद एक विराट रक्त चूषक महायन्त्र है और उसके आधार पर की गयी सृजनाएँ मानव को दासता की ज़ंजीरों में जकड़ने की कोशिश मात्र हैं।

(2) सिक्कों की कौंध से अन्धे होकर या यौन विकृतियों के शिकार हुए इन कलाकारों के विरुद्ध सरेआम जनता का पक्ष ग्रहण करती है, उसे अपने समस्त बन्धनों को तोड़ डालने के लिए सन्नद्ध करती है।

(3) वीरत्वपूर्ण जन-मानस की सृजना कला के जनवादी सौन्दर्यबोध को पैदा करती है।

(4) जनता के सर्वश्रेष्ठ आदर्शों की स्थापना ही सच्चे सौन्दर्यबोध को पैदा करती है।

(5) समाज भौतिक जीवन की सबसे प्रथम, सबसे बड़ी और प्रबल नियामिका नियोदिका शक्ति है, संस्था है। व्यक्ति इसकी इकाई मात्र है और इसी समाज का प्रामाणिक साक्षात्कार कला का मज़बूत आधार है।

(6) आशा और शक्ति, बल की रागात्मक प्रयुक्ति, क्रान्तिकारी आस्था, न्यायिक विवेक, ऐतिहासिक संज्ञान, दृढ़ता, ईमानदारी, औदात्य, मानव प्रेम, संवेदनाओं आदि का चित्रण वाम कला है।

(7) वाणिज्यीकरण के स्थान पर यह समाजीकरण की प्रौढ़ अभिव्यक्ति है। व्यवसायी मनोवृत्ति के विरुद्ध सामाजिक प्रगति, मानव जाति की अनन्त सफलताओं के उद्देश्य को लेकर क्रियान्वित होती है। इस कला की स्पष्ट घोषणा है—''हमारा साहित्य किसी का निजी रोज़गार नहीं है जिसके लिए ज़रूरी हो कि सभी ग्राहकों का दिल खुश करे। जिन लोगों के स्वभाव और रुचि में जनता की नैतिकता और गुणों में ज़मीन-आसमान का फ़र्क़ है, उनको अपने साहित्य में जगह देने के लिए हम कतई मजबूर नहीं हैं।''

''मार्क्सवादी-लेनिनवादी सौन्दर्यशास्त्र वस्तु-जगत से मनुष्य के कलात्मक सम्बन्धों का—साधारणतया कलात्मक चेतना की ओर विशेषतया उसकी सर्वोत्तम अभिव्यक्ति के रूप में कला की प्रकृति, सारतत्त्व और भूमिका का विज्ञान है। कला अंपने अन्तर्य में तीन प्रकार के तत्त्वों का समाहन किये रहती है—

(1) संज्ञानात्मक

(2) विचारात्मक

(3) सौन्दर्यबोधात्मक

सौन्दर्यात्मक तत्त्व इनमें काफ़ी प्रबल और चेतना के निर्माण में गहन भूमिका निभाता है।

''सौन्दर्यशास्त्र का उद्देश्य सौन्दर्य तथा उसकी अनुभूति की व्याख्या करना है। साधारणतः सौन्दर्यशास्त्र के विद्वान जिस सौन्दर्य का विवेचन करते हैं वह साहित्य तथा अन्य ललित कलाओं का सौन्दर्य होता है। प्रकृति और मानव जीवन के सौन्दर्य की व्याख्या किये बिना कलात्मक सौन्दर्य का विवेचन करना सम्भव नहीं। इसलिए सौन्दर्यशास्त्र का विषय उस व्यापक सौन्दर्य की व्याख्या है जो प्रकृति व मानव जीवन तथा कलाओं में विद्यमान है।'' लेकिन यह सौन्दर्यशास्त्र बोध से थोड़ा पृथक उन व्याख्याकारी संघटनों की ओर ही इशारा करता है जिनमें सृजना के मूल्य निर्धारित होते हैं। इससे साफ़ ज़ाहिर है कि व्याख्याकारी सृजन का रूप और विषय-वस्तु का निर्धारण इसी शास्त्र के आधार पर किया जाना चाहिए। फ़ार्म में काव्य के

विविध वर्ण्यों, कल्पना, निम्न, प्रतीक, ध्वन्यात्मकता, नाद, रस, द्वन्द्व, अलंकार आदि के माध्यम से सौन्दर्य की उत्पत्ति सामान्यतः स्वीकृत होगी किन्तु यह सौन्दर्यबोध निहायत छूछा और बेकाम होगा। क्योंकि मानव जाति जो प्रत्येक स्रोत के रूप में है, उसे इससे कोई गति प्राप्त नहीं होगी जबकि "सौन्दर्य तत्त्व को मानव जाति का ऐसा सांस्कृतिक कार्य-कलाप समझा जाना चाहिए जिसे वह सामाजिक-ऐतिहासिक प्रतिक्रियाओं के अन्तर्गत मन्द प्रगति के रूप में सम्पन्न करता है।"

मार्क्स ने जिस तरह 'फेनोमिना' की परिभाषा देने की जगह एक क्रान्तिकारी विचार दिया, उसी तरह सौन्दर्यशास्त्र की परिभाषाओं की चिन्ता न करके अपनी सांस्कृतिक चेतना को समृद्ध और समाज को प्रगतिवान करने के लिए 'सौन्दर्य' को बदल डालने वाले सौन्दर्य आधारों की आवश्यकता है। बदलते हुए समाज में जबकि वर्गयुक्त प्रवर्ग वर्गहीन प्रवर्ग में संक्रमित हो रहे हैं 'कला के विकास का प्रच्छन्न अर्थ मानव-सभ्यता के विकास, वर्ग विरोधों के सुदूर परिणाम, अत्याचार-अन्याय और भूख से मुक्ति सम्बन्धी इनसान की अदम्य इच्छा के सन्दर्भ में प्रकट हुआ। इनसान की इसी अदम्य इच्छा को फ़िलहाल इस सौन्दर्यबोध का सबसे बलिष्ठ आधार माना जाना चाहिए। सौन्दर्य सौन्दर्यबोध को अनुभूत कराने वाले मुख्य तत्त्व कला और सौन्दर्य के मध्य कुछ सम्बन्ध हैं। पूर्णतः कला कहने से या सौन्दर्य कहने से अभिप्राय प्रायः खण्डित होते रहे हैं। यहाँ हमें कुछ तकनीकी प्रक्रियाओं पर भी दृष्टिपात करना होगा।

सौन्दर्यबोधात्मक समतुल्य

'मार्क्स और एंगेल्स के सौन्दर्यशास्त्रीय विचार' नामक लेख में 'स्तेफान मोराव्की' ने कुछ संजटिल अर्थ वाले शब्द प्रयोग कर सौन्दर्य के कई पहलुओं को साफ़ करने की कोशिश की है किन्तु वे शब्द स्वयं में काफ़ी दुरुह हैं, साथ ही शास्त्रीय विश्लेषण के लिए आवश्यक भी। 'सौन्दर्यबोधात्मक समतुल्य' भी एक ऐसा ही शब्द है। यह 'ऐस्थेटिक क्लास इक्विलेंस' कला की मार्क्सीय दृष्टि से मानविकी महाकाव्यात्मकता का पुनःसृजन है। इसे अगर गणित के समीकरण की तरह सोचें तो पायेंगे—

सौन्दर्यबोधात्मक समतुल्य = समाजवादी आचार + जनवादी यथार्थ चिन्तन, उसका साहित्य में प्रतिबिम्बन + शोषण के विरुद्ध क्रान्तिकारी विकल्प + ऐतिहासिक विकास का त्वरण + मार्क्सवादी जीवन दृष्टि।

मापकीय अभिधारणा

'माप हर हालत में कलाकृति की सघन आन्तरिक संरचना' की द्योतक है। यह सघन संरचनात्मक आम्परारिकता कृति का प्राण है जो फार्म और काण्टेण्ट्स के परस्पर

'स्ट्रोंग डिपेण्डेन्स' पर निर्भर करता है अगर सशक्त कथ्य, सशक्त शिल्प का अनुघातन नहीं कर सका तो यह सघन संरचनात्मकता नष्ट हो जायेगी।

आत्मा की मुक्त क्रीड़ा

शिलर ने पशु-ज्ञानेन्द्रियों और मानव-ज्ञानेन्द्रियों के विवेचन में मानव-ज्ञानेन्द्रियों को अधिकतम सूक्ष्म, विचारग्राही और सौन्दर्यबोधी पाया था। यह विचार जर्मन दार्शनिक कांट ने प्रस्तुत किया। सौन्दर्य की स्वायत्तता तथा कला-वस्तु के मध्य सामंजस्यपूर्ण सम्बन्ध आत्मा की मुक्त क्रीड़ा है।

अनुबन्ध

यह उन सूत्रों से उत्पन्न होता है, जो मूल्य, हित, रुचि, ज्ञान, विचार, अनुभूति, संज्ञानात्मक जातीयता के सहारे कलाकार और जनता को आपस में बाँधे रखता है।

संश्लेषण

मार्क्स सौन्दर्यानुभूति को संश्लिष्ट मानते हैं। संश्लिष्टता में उक्त एवं अन्य सभी तत्त्वों का समावेश होता है। सृजनशील विधियाँ, बौद्धिक अभिधारणाएँ, ऐतिहासिक प्रवर्ग, उपयोगिता, यथार्थ से पात्र का सम्बन्ध, रागात्मक और ऐन्द्रिय तत्त्वों का मिश्रण होता है।

वर्ग-समतुल्य

यह पद दृष्टिबोधक और अभिव्यक्तिवाचक है। जहाँ तक मैं समझता हूँ, वर्गीय वैचारिक से उत्पन्न सौन्दर्यबोध की विविध जनवाद विरोधी या संगत्यात्मक कला दृष्टि जो वर्गीय मूल्यों की स्थापना करती है।

वैचारिक समतुल्य

यह निरन्तर परिष्कृत होती जाने वाली मानवीय विस्तृत सामाजिक चेतना, ऐतिहासिक युग-चेतना, जन-प्रतिबद्धता की समझ, उपयोगिता और सौन्दर्यबोध के अअन्तःसम्बन्ध से उत्पन्न हो कभी संकुचित अर्थ में सर्वहारा और आभिजात्य, छद्म और पाखण्डपूर्ण, शर्मनाक, दमन और उत्पीड़न के पिट्ठू व दमघोंटू साहित्य के बीच विभाजक रेखाएँ खींचता है या दूसरी लड़ाकू कला की सृष्टि करता है जो समाजवादी रूपान्तरण में मनुष्य के सर्वश्रेष्ठ क्रान्तिकारी आदर्शों के लिए लड़ती है।

इसके अतिरिक्त कला के सौन्दर्यबोध से सम्बन्ध, यथार्थवाद, श्रम, विच्छिन्नता

(एलिएनेशन), जीवन और जगत के प्रति द्वन्द्वात्मक दृष्टिकोण, जनवादी वैचारिकी, क्रान्तिकारी मानववादी आधारों पर ख़ासतौर से टिके रहते हैं।

यथार्थवाद

यथार्थवाद के विविध रूपों की व्यावहारिकता को यहाँ सैद्धान्तिक सीमाओं में ही देखना हो सकेगा। यहाँ एक मुख्य सूत्र बराबर सक्रिय रहता है—''एक मार्क्सवादी कलाकार का यथार्थवादी होना तो अनिवार्य है परन्तु प्रत्येक यथार्थवादी कलाकार का मार्क्सवादी होना आवश्यक नहीं।'' यथार्थवाद का प्रयोग मार्क्सवादी कला के साथ समाजवादी अभिधारणाओं के साथ किया जा सकता है, जिसकी विशेषता इस बात में है कि वह द्वन्द्वात्मक भौतिकवाद के सिद्धान्तों के प्रकाश में वस्तु सत्य को निरन्तर विकास की अवस्था में देखता है। सौन्दर्यशास्त्र का यह प्रमुख प्रश्न बड़ा गरिमामय है कि उसका सबसे निकट और मज़बूत सम्बन्ध किस घटक से है? निर्विवादतः यह घटक है, यथार्थवाद सौन्दर्य बोधात्मक सम्बन्धों का अध्ययन, जो सौन्दर्यात्मक चेतना और कला की यथार्थ के प्रति अर्पिति पर निर्भर करता है। यथार्थ, सौन्दर्यात्मक चैतन्य की बनावट का मुख्य निर्णायक तत्त्व है, नियामक भी। कहा जा सकता है कि जब 'कलाकार यथार्थ का पुनरुत्पादन करता है, कल्पना के रूप में तो वह विचारात्मक और सौन्दर्यात्मक यथार्थ समतुल्य ही होते हैं इस सम्बन्ध में हावर्ड फ़ास्ट की सतर्कता भी विचारणीय है। हावर्ड फ़ास्ट ने शब्दों का बहुत सही इस्तेमाल किया है। मुझे सदा ही उसका विवेचन काफ़ी मज़बूत, सटीक और आकर्षक लगा है। यहाँ तक कि उसने यथार्थवाद की जगह सोशलिस्टिक-रियलिस्टिक मैथड, रियलिस्टिक सिचुयेशन्स, 'रिफ़लैक्शन ऑफ़ रियलिटी' आदि कई शब्दों का सार्थक प्रयोग किया है किन्तु 'रियलिज़्म' को वह 'स्ट्रगल' का 'राइप फ्रूट' मानता है। मैं समझता हूँ यह प्रश्न सौन्दर्यशास्त्र पर भी लागू होता है, ख़ासकर जब हम मार्क्सवादी सौन्दर्यशास्त्र कह रहे हों।

कुछ इस प्रकार की तात्विक भूमिकाएँ हैं जिन्हें व्यवहार की दृष्टि से ही समझा, व्याख्यायित और विश्लेषित किया जा सकता है। कला के कुछ निर्णायक तत्त्वों का सूत्रपात आधुनिक पुनर्जागरण युग से हो जाता है। मार्क्सवाद ने अर्थिक, सामाजिक, राजनीतिक, सांस्कृतिक हर क्षेत्र में क्रान्ति उत्पन्न कर दी। यद्यपि उसका दार्शनिक पक्ष भी इतना प्रौढ़ है किन्तु समाज की प्रगति का प्रश्न मानव जाति के सामने सबसे पहले होने के कारण तथा पाशविकीकरण की क्रियाओं के तीव्रतम होते जाने के कारण राजनीतिक, सामाजिक, आर्थिक व्यवस्थाओं को पलट देने के लिए वह दर्शन पक्ष को पीछे छोड़ गया। संक्रमण के इस युग में ''मानव हमारी समाज-व्यवस्था के भरभरा कर ढह जाने के साथ उत्पन्न होने वाली बाह्य वस्तुगत विभीषिकाओं

के ख़िलाफ़, फ़ासिज़्म के ख़िलाफ़, युद्ध के ख़िलाफ़, बेकारी के और कृषि के ह्रास के ख़िलाफ़, मशीन के प्रभुत्व के ख़िलाफ़ लड़ने पर बाध्य है। साथ ही, उसे अपने मस्तिष्क के अन्दर इन सब चीज़ों के मनोगत प्रतिबिम्ब के ख़िलाफ़ भी लड़ना है। उसे लड़ना है दुनिया को बदलने के लिये, सभ्यता को बचाने के लिए और साथ ही उसे मानव-आत्मा में पूँजीवादी अराजकता को ख़त्म करने के लिए भी लड़ना है। इसी के लिए कला वर्ग-संघर्ष में क्रान्ति की पक्षधरता ग्रहण करती है। क्रान्तिकारी सर्वहारा वर्ग के मानववाद को आगे लाती है। वर्तमान के गर्भ में समाजवादी व्यवस्था के भ्रूण का संवर्द्धन और पोषण करती है। समस्त प्रकार के शोषण के विरुद्ध एक ऐसा सौन्दर्यबोध विकसित करती है जो इनसान को अपने मुक्ति युद्ध का योद्धा करता है जो उसे संघर्ष के लिए विकसित और पुष्ट करता है। इस सौन्दर्यबोध की तह में यह स्पष्ट देखा जा सकता है कि समाज को बदलने वाली, सत्ता पलटने वाली प्रत्येक प्रकार की लूट-खसोट को ध्वंस करने वाली शक्ति एक अग्नि के समान गमगमाती है। इसी संघर्षशील सौन्दर्यबोध से युक्त कला मानव के मुक्ति युद्ध को पूरी तरह समर्पित हो जाती है। यद्यपि प्रत्येक कलाकृति सृजना के भिन्न प्रारूपों (उपन्यास, नाटक, कहानी, कविता) में यह सौन्दर्यबोध व्यापक और संकुचित सबसे प्रतिफलित होगा। यहाँ इस सौन्दर्यबोध से लैस वाम लेखन की संरचना के माध्यम से मिश्रित सौन्दर्यबोधात्मक समतुल्यों को प्रस्तुत करेंगे जो सौन्दर्यबोध की समस्त प्रक्रियाओं को समझने की एक कोशिश मात्र ही समझी जानी चाहिए। इसे स्थानाभाव के कारण व्याख्या के दायरे में ग्रहण कर तथ्यबद्ध ही प्रस्तुत करना सम्भव है—प्रक्रिया (1) पलायन वृत्ति के ख़िलाफ़ जीवन के प्रामाणिक साक्षात्कार का प्राणयुक्त अभियान (2) जीवन के सत्य स्वरूप का यथार्थात्मक चित्रण इस कविता का आधेय है। (3) वाम-सृजन-सूत्र सर्वहारा तथा अन्य सम्बद्ध शोषित वर्गों के बीच पनपते हैं। (4) तमाम दुनिया के निराधार अस्वीकरण और अस्तित्त्वनाश की लचर दलीलों के ख़िलाफ़ वैज्ञानिक दृष्टि को अख़्तियार करती हैं। (6) सच्चाई को निर्ममता से कुचलने वालों के विरुद्ध अपील करती है। (7) क्रान्ति जिस प्रकार पुराना मानव विरोधी व्यवस्था को बदले बिना नहीं छोड़ती उसी तरह वाम सृजना पुरातन सड़ी-गली वैचारिकता और भौंडे सौन्दर्यबोध की धज्जियाँ उड़ा देती है। (8) वस्तुजगत की वस्तुवादी व्याख्या और उस पर मानव की विजय को मूर्त करती है। (9) वाम कविता या सृजना का ग्रहण किया गया सत्य वैज्ञानिक होता है। (10) इसी सृजन ने यह सिद्ध कर दिया है कि सत्य ऐतिहासिक विकास क्रम और द्वन्द्व न्याय की सहायता से देखा जा सकता है। (11) सत्य तक वाम क्रियात्मकता द्वारा ही पहुँचा जा सकता है। वाम सृजन सत्य की वैज्ञानिक धारता है। (12) शाश्वत सत्य जैसी भ्रमात्मकता के चंगुल से मुक्त युगीन ज्वलन्त सत्यों की सूक्ष्म सौन्दर्य

बोधी अभिव्यक्ति ही शाश्वत सृजन को जन्म देती है। (13) यह सौन्दर्यबोध कला को मानव जाति के और विविध विकासों के बीच एक सेतु बनाता है। (14) श्रम और सामाजिक क्रियाओं के मन्थन से प्रसूत यथार्थ वाम सृजना का आधार है। (15) सम्पूर्ण जीवन से और जीवन की सम्पूर्णता से सीधा साक्षात्कार वाम सृजना का दाय है। (16) समस्त ह्रासमान पतनशील टेकों के स्थान पर जुझारू कर्मवाद को प्रस्तुत करती है। (17) लोकरंजक, लोक शिक्षक, लोक निर्माता—तीनों दायित्वों को वाम सृजना पूरा करती है। (18) अन्तरराष्ट्रीय पारस्परिकता, वाम सृजना को विश्व दृष्टिकोण की देन है। मनुष्यता जहाँ भी पीड़ित है, यातना से छटपटा रही है, मुक्ति त संग्राम की स्थिति से गुज़र रही है, वाम सृजना उन प्रयासों को बल देती है पोषित ओर संवर्द्धित करती है। (19) भाषायी बलात्कार से मुक्त टकसाली भाषा से दूर जन भाषा और यथार्थ को सम्प्रेषित करने वाली सादृश्यवभासकी शक्ति से सम्पन्न सामर्थ्यवान भाषा से यह सौन्दर्यबोध जनमानस की संश्लिष्ट पहचान और परख बन जाता है। (20) परिवार, स्त्री, बच्चों, स्त्री के विशेषकर सम्पत्ति की तरह इस्तेमाल की बुर्जुवा कमीनगी के विरुद्ध उसे गौरव देने वाली यही कला है। (21) वाम सौन्दर्यबोध का सबसे आपत्तिजनक (पूँजीपतियों, मनोगतवादियों, प्रतिक्रियावादियों को) रूप है, उसका राजनीतिक संज्ञा से लैस जंगजू-जुझारू क्रियात्मकता का उत्पादन। (22) कहा जा सकता है कि यह सौन्दर्यबोध पूर्णता के साथ मनुष्य की अपने निजत्व को पालने वाली अदम्य आकांक्षा को निरन्तर बलवान करता है। अन्ततोगत्वा यह सौन्दर्यबोध हमारे संघर्ष का, मनुष्य की दासता, जड़ता, जघन्यता से जूझने वाली इच्छा का, कुत्सित पूँजीवादी समाज को ध्वंस करने वाली शक्ति का मानवत्व की सुरक्षा, जीवनयापन की समाजवादी आचार नीति का ज़बर्दस्त अनुमूल्यात्मक आदर्श है और फिर सामाजिक चेतना के महत्तम पहलू कला, समाज के रूपान्तरण में सक्रिय रचना की भूमिका के मूलाधार स्वरूप, जो मनुष्य से अतिरिक्त कुछ नहीं, वह सौन्दर्य। स्वयं में बुद्धि के सर्वश्रेष्ठ तत्त्वों से युक्त, हृदय की सम्पूर्ण भावात्मक उपलब्धियों का समंजन यह सौन्दर्यबोध मनुष्य के विकास की अग्रगामी शक्ति है, शायद यह एक यथार्थ और कला के टकराव से उत्पन्न, पूर्व बोधों से उत्प्रेरित गरिमावान उत्पादकता है।

साहित्य-कला में आलोचना और मूल्यांकन की समस्या

•

डॉ. सदाशिव द्विवेदी

मार्क्सवादी सौन्दर्यशास्त्र से तात्पर्य है द्वन्द्वात्मक दृष्टिकोण से सौन्दर्य के विज्ञान का विवेचन। सौन्दर्यशास्त्र को लेकर अब तक इतनी भ्रामक बहसें हुई हैं, जिनसे ऐसा आज भी सन्देह होने लगता है कि मार्क्सवादी सौन्दर्यशास्त्र भी सौन्दर्य से सम्बन्धित कोई रूढ़ शास्त्र है जिसकी कभी मार्क्स ने रचना की होगी। इससे अलग एक दूसरा प्रश्न यह भी उठाया जाता है कि द्वन्द्वात्मक दृष्टि के सौन्दर्य को समझने की आख़िर क्या आवश्यकता है? आवश्यकता है कि पुराण-पण्डितों निरूपित भ्रम का निवारण किया जाये और वैज्ञानिक तरीक़े से सौन्दर्य का विवेचन करते हुए इस लफ्फ़ाज़ी को समाप्त किया जाये कि 'जो आँखों को सुन्दर न लगे वह असौन्दर्य है और जो सुन्दर लगे वह सौन्दर्य है।' बिना मार्क्सवाद का नाम लिए भी यदि हम देखें तो सौन्दर्य और असौन्दर्य का द्वन्द्व सदा मौजूद रहता है इसलिए क्यों न द्वन्द्ववाद के आधार पर इसका निपटारा कर लिया जाये?

द्वन्द्ववाद की सबसे महत्त्वपूर्ण विशेषता यह है कि इसके द्वारा वस्तु को एक विशेष सत्ता या अस्तित्त्व के रूप में न देख कर वस्तु के अन्तःसम्बन्धों तथा अन्तर्विरोधों के साथ जाँचा जाता है। इसके विपरीत पराभौतिक दृष्टि में वस्तु को जड़ पदार्थ का रूप मानते हुए इसे एक अलग इकाई मान कर व्याख्या की जाती है। इन दोनों का अन्तर समझाते हुए मॉरिस कार्नफोर्थ ने मानव प्रकृति का उदाहरण देकर स्पष्ट किया है कि द्वन्द्वात्मक तरीक़े से मनुष्य को भौतिक जगत का मान कर उसकी प्रकृति को सामाजिकार्थिक परिस्थितियों से प्रभावित माना जाता है जबकि पराभौतिक दृष्टि से मनुष्य को पारलौकिक जगत का मानव (एक वचन) मान कर अलग से उसकी अखिल प्रकृति की चर्चा की जाती है। इसी क्रम में पराभौतिकशास्त्र के विद्वान महापुरुष सौन्दर्य को भी ऐसे ही किसी मानव की सम्पदा मानते हैं और इससे अलग सब कुछ को असौन्दर्य। हम केवल असौन्दर्य

को ही सौन्दर्य का निषेध नहीं, बल्कि सौन्दर्य को भी असौन्दर्य का निषेध मान कर आगे बढ़ेंगे।

द्वन्द्ववाद के आधार पर यदि देखें तो सौन्दर्य मूलतः रचना है और इसके साथ प्रतिकूलता तथा अनुकूलता का सन्दर्भ जुड़ा हुआ है। यह संवेदन शास्त्र का विषय है और इसका सम्बन्ध अनुभूति व्यापार से होने के कारण अनुभव ही इसका उपभोग है। परन्तु यह कैसी रचना है? और अधिक स्पष्ट करने के लिए इसे उत्पादन कहा जाये तो बेहतर है। यह उत्पादन है और इसीलिए इसका मानदण्ड उपभोग से सम्बन्धित है। द्वन्द्ववाद के नियम के अनुसार, कोई भी उत्पादन कार्य-कारण सम्बन्धों तथा अन्तर्विरोधों के कारण होता है। उत्पादन भी इस नियम के अन्तर्गत विकास की प्रक्रिया हुआ करता है। यदि किसी वस्तु का स्वाभाविक विकास सम्पन्न होता है तो उसके ठोस स्वरूप को ही उत्पादन कहा जाता है। यदि यह उत्पादन इसी पृथ्वी अथवा जल में होता है तो प्राकृतिक परिस्थितियों का पर्याप्त प्रभाव पड़ता है और इस प्रभाव के अनुरूप ही उसका आकार गठित होता है। इस प्रभाव के कारण विभिन्न परिवेश में वस्तु का विकास भिन्न-भिन्न होता है। तदुपरान्त उपभोग और मूल्यांकन भी। हो सकता है किसी व्यक्ति को डार्विन के विकासवाद से असहमति हो, तो आप 20वीं सदी में, उदाहरण के बतौर, शिशु के जन्म पर विचार करें। यदि आप में थोड़ी भी वैज्ञानिक समझ है, अर्थात् आप यह नहीं मानते कि किसी दैवी शक्ति ने अज्ञात माध्यमों से कोई शरीर गर्भ में डाल दिया है, तो आपको शिशु जन्म की प्रक्रिया में अन्तःसम्बन्धों, अन्तर्विरोधों, प्राकृतिक परिस्थितियों और देश तथा काल के प्रभाव के साक्ष्य पर कोई सन्देह नहीं होगा। तात्पर्य यह है कि शिशु के जन्म की प्रक्रियाएँ समान होकर भी देश, काल और परिस्थितियों का प्रभाव शिशु के विकास में काफ़ी होता है। यही स्थिति सौन्दर्य के साथ हम देखेंगे बशर्ते कि सौन्दर्य को भी एक उत्पादन या रचना के बतौर स्वीकार करें। रचना-प्रक्रिया देश, काल और अन्य परिस्थितियों के कारण ही इसके अनुभव व्यापार में वैभिन्न प्राप्त होता है। चूँकि इन्द्रियों के माध्यम से, इसका संवेदन होता है। इसलिए सौन्दर्य का अनुभव एक जटिल समस्या खड़ी कर देता है। हम भ्रम में पड़ कर इन्द्रिय संवेदन को भी अलग रूप में देखते हैं। यह हमारा भ्रम है। द्वन्द्ववाद के अनुसार, इन्द्रियाँ स्वतन्त्र नहीं रहतीं। क्योंकि इन्द्रियाँ मनुष्य की होती हैं और मनुष्य इसी भूलोक का होने की वजह से सामाजिक प्राणी है। देश, काल तथा आर्थिक और सामाजिक परिस्थितियों के अनुरूप मनुष्य का विकास होता है और इसी के क्रम में उसका इन्द्रिय संवेदन भी। यही कारण है कि विभिन्न परिवेशों का मनुष्य विभिन्न वस्तुओं को विभिन्न रूपों में रखता है।

आज का मानव समाज वर्गों में विभक्त है। ये वर्ग उत्पादन सम्बन्धों के आधार

पर एक-दूसरे से सम्बन्ध बनाकर रखते हैं और इसी के अनुरूप उनका हर वस्तु के प्रति दृष्टिकोण तैयार होता है। जैसे-जैसे इन वर्गों की स्थिति बदलती है वैसे-वैसे उनके दृष्टिकोण में भी परिवर्तन घटित होता जाता है।

इस लम्बी भूमिका का तात्पर्य यह है कि द्वन्द्ववाद के आधार पर सौन्दर्य रचना है, संवेदन शास्त्र से इसका सम्बन्ध है, यह संवेदन इन्द्रियों से होता है और ये इन्द्रियाँ मनुष्य की होने के कारण मनुष्य की आर्थिक, सामाजिक परिस्थितियों के अनुरूप अपना संवेदन व्यापार गतिशील रखने के लिए बाध्य होती हैं। चूँकि सौन्दर्य रचना है इसलिए इसका भी रूप बदलता रहता है। संवेदन व्यापार में अनुभवकर्ता और वस्तु, दोनों की अपनी अलग-अलग परम्परा है और अनुभव-प्रक्रिया में इस परम्परा का विशेष महत्त्वपूर्ण स्थान होता है। सौन्दर्यबोध के प्रश्न पर बुर्जुआ विचारधारा में बहुत बड़ा प्रश्न यह उठाया जाता है कि प्रत्येक व्यक्ति के बोध का स्तर क्यों अलग-अलग होता है और इस अलगाव की स्थिति से ही सौन्दर्य का कोई मानक निर्धारित नहीं हो सका है दोनों ही बातें ग़लत हैं। न तो सौन्दर्यबोध प्रत्येक व्यक्ति का अलग-अलग होता है और न ही सौन्दर्य का कोई रूढ़ मानक निर्धारित किया जा सकता है। सौन्दर्य का बोध वर्ग दृष्टि के अनुरूप होता है (यहाँ क्षणिक बोध से तात्पर्य नहीं है)। वर्ग दृष्टि के अनुरूप ही सौन्दर्य और असौन्दर्य के निषेध का आपसी अन्तर्विरोध पैदा होता है। हमें बोध के प्रश्न पर वर्गों के अस्तित्त्व की सच्चाई सामने रखते हुए विचार करना चाहिए। मानक यदि कोई निर्धारित भी हो तो वर्ग के अनुरूप ही हो सकता है। हर व्यक्ति का अलग-अलग मानक तो हो भी नहीं सकता।

ऊपर के अंशों में मैंने सौन्दर्य को रचना या उत्पादन कहा है। ये शब्द भ्रम पैदा कर सकते हैं इसलिए मैं स्पष्ट करने के लिए कहूँगा कि रचना का अर्थ सजीव वस्तु या जीवन है। जिस वस्तु में जीवन होता है वह वस्तु सुन्दर कही जायेगी। ऐसे ही जीवन के साथ रचना या उत्पादन की संगति बैठायी जा सकती है। भाववादी विचारक चूँकि तथाकथित शाश्वत सौन्दर्य के उपासक होते हैं इसलिए वे सजीव अथवा भौतिक पदार्थ में पर्याप्त सौन्दर्य अनुभव नहीं कर पाते। उनकी दलील यह होनी है कि सजीव वस्तु का रूप सर्वदा एक प्रकार का नहीं रहता। उस पर विभिन्न प्रभाव हावी होते हैं और इसलिए उसका रूप किसी समय असौन्दर्य का भी कारण बन सकता है। ऐसे विचारक पदार्थ के केवल बाह्य रूप का ही अनुभव करते हैं। चर्नीशेवस्की ने इसे और स्पष्ट करते हुए भाववाद का विरोध किया है। भाववाद के अनुसार, वास्तविक पदार्थ ठीक इसीलिए सुन्दर नहीं हो सकता कि वह एक सजीव पदार्थ है जिसे जीने की वास्तविक प्रक्रिया की समूची कुरूपता और दुनिया भर के सौन्दर्यनाशक तत्त्वों का शिकार होना पड़ता है। सजीव चेहरा क्यों सुन्दर नहीं? क्या इसलिए कि सजीव चेहरा सदा जीवन की भौतिक प्रक्रिया के चिन्ह लिए

रहता है, अणुवीक्षण यन्त्र से देखने पर वह सदा धूल-पसीने के कणों से भरा नज़र आता है? यह एक ऐसा दृष्टिकोण है जिसका खण्डन करना भी बिल्कुल बेकार और अप्रासंगिक हैं।

जीवन को ही यदि सौन्दर्य माना जाये (वस्तुतः द्वन्द्ववाद के आधार पर यह सही है) तो सौन्दर्य सम्बन्धी तमाम भ्रामक धारणाओं का निराकरण हो सकता है। देश, काल, परिस्थितियों के अनुरूप दृष्टिकोण या जीवन के स्वरूप में अन्तर आ सकता है परन्तु इस मान्यता में कहीं कोई सन्देह नहीं दिखायी पड़ेगा कि जीवन ही सौन्दर्य है। यहाँ समाज में सजीव जीवन का अर्थ है, ब्रह्माण्ड में अखिल जीवन का नहीं।

ऊपर कहा जा चुका है कि मनुष्य वर्गों में विभक्त है और इसलिए वर्गों के अनुरूप जीवन ही सौन्दर्य की धारणा विकसित कर सकता है। द्वन्द्ववाद के आधार पर अगले अंशों में इसी क्रम में हम सौन्दर्यशास्त्र का विवेचन करेंगे।

भाववादी सौन्दर्यबोध के अनुसार, सौन्दर्य कालातीत, अखिल जगत में व्याप्त, अनिर्वचनीय और अतुलनीय होता है। ऐसा नहीं है कि यहाँ किसी पत्थर के सौन्दर्य का वर्णन है। यह सजीव सौन्दर्य का ही गुण है, परन्तु उस पदार्थ की सजीविता को स्थिर, अपरिवर्तनशील और स्पष्टतः जड़ बना दिया गया है। जिन महामनीषियों ने सौन्दर्य को कालातीत या अनिर्वचनीय बताया होगा वे भी स्वयं कालातीत और अनिर्वचनीय होंगे अर्थात् वर्गबोध के आधार पर उन थोड़े से लोगों में होंगे जो उत्पादन की शक्ति न होकर भी उत्पादन साधनों पर नियन्त्रण रखने वाले वर्ग से सम्बन्धित होंगे। ये महापुरुष सौन्दर्य की पहचान के लिए सुन्दर पदार्थों की पहले ही शर्त रख देते हैं (हण्टर मीड) और मानते हैं कि सौन्दर्य-दृष्टि सर्वथा निर्वैयक्तिक होती है। वैयक्तिक दृष्टि से प्रभाता जहाँ सुन्दर पदार्थ और कलाकृति को अपने सन्दर्भ में देखता है, वहाँ निर्वैयक्तिक दृष्टि पदार्थ के रूप पर ही केन्द्रित रहती है (डॉ. नगेन्द्र)। पहली बात तो यह कि प्रभाता सुन्दर वस्तु को ही देख कर सौन्दर्य का बोध नहीं करता। उसके समक्ष वस्तु का स्वरूप रहता है और इसे देख कर वस्तु के विकास की प्रक्रियाओं, वस्तु के अन्तर्सम्बन्धों, वस्तु के उपभोग का भी प्रभाता के जीवन, वर्ग और उसकी परम्परा पर पूर्ण प्रभाव पड़ता है और इसके बाद प्रभाता यह निर्धारण करता है कि अमुक वस्तु सुन्दर है या असुन्दर? उदाहरण के तौर पर हम एक ग़रीब अन्धे व्यक्ति को लें। किसी तख़्त पर केवल हाथ रख कर ही बिना देखे वह इसे तख़्त कहेगा और बिना सोचे-समझे टटोलकर उस पर बैठने का उपक्रम करेगा। इस समूची प्रक्रिया में शायद 30 सेकेण्ड भी न लगें परन्तु इसी बीच वह व्यक्ति तख़्त के स्वरूप और उसकी उपयोगिता का अनुभव कर लेगा। इसके विपरीत उसे डनलपपिलो दिया जाये तो वह काफ़ी देर तक उसके स्वरूप का अनुभव करेगा और सन्दिग्ध मन से उसकी उपयोगिता की जाँच करेगा। किसी

धनी व्यक्ति के सन्दर्भ में तख़्त और पिलो, दोनों की प्रतीति यदि विपरीत नहीं तो दूसरे ही ढंग से होगी। तात्पर्य यह है कि केवल रूप देख कर ही प्रभाता सौन्दर्य की प्रतीति नहीं करता। मनुष्य की आँखें हालाँकि केवल रूप देखती हैं, परन्तु उसकी समूची चिन्तन प्रक्रिया इस दौर में जागरूक रहती है। भ्रमित अवस्था में ही केवल रूप की प्रतीति के अनुसार, प्रतिक्रिया होती है। किसी सिंह को देख कर अगर मनुष्य भयभीत हो जाता है तो सिनेमा के पर्दे या पिंजड़े में शेर का कोई भय क्यों नहीं रहता? क्या यहाँ केवल आँखों और रूप का ही सम्बन्ध है? दूसरा उदाहरण लें। कुछ लोग चाँदनी रात में रस्सी को ही साँप समझ कर क्यों भाग खड़े होते हैं? क्या यहाँ भ्रम की स्थिति नहीं रहती? उस सन्दर्भ में अजायबघर का एक-दूसरा घिसा-पिटा शब्द है 'निर्वैयक्तिकता'। कहा यह जाता है कि सौन्दर्य की प्रतीति के समय व्यक्ति निर्वैयक्तिक हो जाता है। तब वह रह क्या जाता है? निर्वैयक्तिकता का अर्थ सामाजिकता तो है नहीं और व्याकरण को यदि दर किनार कर दिया जाये तो इसे 'निरीवैयक्तिकता' कह सकते हैं। इस पर भी ग़लती रह ही जाती है। 'निरी वैयक्तिकता' उपहास का शब्द है, परन्तु इससे भी अधिक उपहासास्पद स्थिति निर्वैयक्तिकता भी है।

यह भ्रम हमारे उपनिषदों की देन है—एतु सर्वेषु गूढ़ात्मा न प्रकाशते। दृश्यते त्वग्रया बुद्धया सूक्ष्मया सूक्ष्मदर्शिमिः (कठोपनिषद, 3-12) वैदिक काल में लौकिक और अलौकिक दृष्टि निक्षेप का अन्तर्द्वन्द्व सामने आया था। यह अन्तर्विरोध मूलतः पिण्ड और ब्रह्माण्ड का था। रामायण काल में लौकिकता की ओर (सम्पत्ति) विशेष ध्यान दिया गया। कालिदास, बाणभट्ट और भवभूति पुनः उपनिषद काल की ओर प्रवृत्त हुए। आज की स्थिति सबके सामने है कि जिस वर्ग का 'साहित्य और कला' पर तथाकथित नियन्त्रण है उसकी दृष्टि में सौन्दर्य का राज 'लक्स टॉयलेट सोप' है। बात हल्की-सी होकर भी अपने आप में एक प्रामाण्य है कि सामाजिकार्थिक संघातों ने सौन्दर्य के प्रतिमानों को कितनी बेमुरव्वती से तोड़ा-मरोड़ा है। इसे पश्चिम की देन कह कर बहाना नहीं बनाया जा सकता। सौन्दर्य की इतनी ग़लत और अवैज्ञानिक व्याख्या की गयी है कि 'निर्वैयक्तिकता' को 'निरी वैयक्तिकता' के सिवा और कुछ समझने की कोशिश ग़ैर-प्रासंगिक-सी लगती है।

पराभौतिकवाद सौन्दर्य और असौन्दर्य में एक प्रकार से समन्वय का प्रयास करता है जबकि द्वन्द्ववाद इन दोनों में से एक का चयन अनिवार्य बना देता है। उत्पादन सम्बन्धों को समझने से इस चयन में सुविधा होती है। सभी प्रकार के सामाजिक उत्पादन विषय और वस्तु के सम्बन्ध से होते हैं और यह उत्पादन वस्तु को एक गति देता है अर्थात् परिवेश के साथ उसका अन्तर्द्वन्द्व बनाये रखता है। परिणामस्वरूप, दोनों ही परिवर्तन की प्रक्रिया से संचालित होते रहते हैं। यह परिवर्तन ही इस बात

का निर्धारण करता है कि कौन-सी वस्तु किस व्यक्ति के लिए किस परिवेश में सौन्दर्य या असौन्दर्य का प्रतिमान बन सकती है? सौन्दर्य का प्रतिमान कोई वस्तु उसी समय बन सकती है जबकि वह अपनी गति में अर्थात् अपने विकास की प्रक्रिया में हो। गतिहीन सौन्दर्य नाम की कोई वस्तु इस भौतिक जगत में नहीं है। यहाँ एक प्रश्न उठाया जा सकता है कि कितनी वस्तुओं की गति हम नहीं देख पाते और उस वस्तु का रूप ही हमें आकर्षित करता है, तो क्या यह सौन्दर्य नहीं है? सचमुच यह सौन्दर्य नहीं है। उदाहरण के लिए, हम गुलाब के फूल को लें। उसी रंग-रूप का काग़ज़ का फूल हमें उतना आकर्षित इसलिए नहीं करता कि उसमें सजीवता नहीं है। गन्ध की बात तो बाद की है। गुलाब का फूल दूर से भी अच्छा लगता है। तात्पर्य यह कि हम उसके विकास की प्रक्रिया को देखते हैं। उसकी सजीवता ही यह विकास-प्रक्रिया है। उसका रूप इसलिए हमें आकृष्ट करता है।

भाववादी विचारधारा में सौन्दर्य के चार स्तर निर्धारित किये गये हैं—शरीर सौन्दर्य, चेतन सौन्दर्य, नैतिक सौन्दर्य और ज्ञान-विज्ञान का सौन्दर्य। इन स्तरों का आधार जड़ सौन्दर्य का है, चेतन सौन्दर्य का नहीं। ऐसे विचार का जनन निषेधपरक दृष्टिकोण के कारण होता है अर्थात् ऐसे विचारक सौन्दर्य को असौन्दर्य का निषेध तो मानते हैं लेकिन असौन्दर्य को सौन्दर्य का निषेध नहीं मानते। यान्त्रिक द्वन्द्व वाद के दृष्टिकोण से विचार करने से भी कुछ ऐसी ही धारणाएँ पैदा होती हैं। ऐसी धारणाओं के अन्तर्गत विकास-प्रक्रिया में गति का अस्तित्त्व तो स्वीकार किया जाता है, परन्तु यह गति अपने अन्तर्संघर्षों से परिचालित नहीं देखी जाती। परिणाम यह होता है कि चेतन सौन्दर्य का विवेचन करते-करते जड़ विचार पैदा हो जाते हैं। सौन्दर्य निर्धारण में ऐसा बहुधा ही होने की आशंका रहती है इसलिए विशेष सावधानी की ज़रूरत है। सौन्दर्य के स्तर वर्गों की गति के अनुसार, और सामाजिक विकास के अन्तर्गत तैयार होते हैं, इससे अलग नहीं।

हमारी गड्ड-मड्ड धारणाएँ ग़लत मान्यताओं के कारण पैदा होती हैं। इस सन्दर्भ में प्रथमतः हमारा ध्यान जीवन में साहित्य और कला के अस्तित्त्व की ओर जाता है जहाँ साहित्य या कला को जीवन से भी दिव्य मान कर उसकी अलग से इयत्ता स्थापित की जाती है। हम यह मान कर चलेंगे कि साहित्य या कला में जीवन की सजीवता से बढ़ कर दिव्यता नहीं हुआ करती और यदि किंचित परिणाम में वहाँ ऐसा दिखता है भी तो सजीव जीवन का चित्रण होने के कारण। दिव्यता का सौन्दर्यबोध तो हम समानधर्मा वस्तुओं की तुलना में ही करते हैं तथा कला की तुलना में अनायास ही जीवन का सौन्दर्य हमें अधिक आकृष्ट करता है। जीवन सौन्दर्य के आधार पर कलागत सौन्दर्य की यदि हम परख करें तो कई समस्याएँ बहुत सरलता से हल हो जाती हैं। उदाहरण के लिए, हम शरीर सौन्दर्य पर विचार

करें। इस सन्दर्भ में एक तथ्य बहुत सही है, परन्तु साधारणतया इस पर आपत्ति की जाती है और यह तथ्य है—श्रम के आधार पर सौन्दर्य का विकास। आज हम बुर्जुआ वर्ग की सौन्दर्य प्रतियोगिताओं की बात करें या सामान्य तौर पर शरीर सौन्दर्य की, हर जगह स्वस्थ, हृष्ट-पुष्ट शरीर ही सुन्दर शरीर का एक मापदण्ड बन गया है। यह दूसरी बात है कि भूमिहीन किसान बाला को इन प्रतियोगिताओं में स्थान नहीं मिलता। एक निर्धारित वय तक दोनों वर्गों की युवतियों को सामने रखें तो श्रम सौन्दर्य के विकास पर प्रभाव स्वभावतः ही स्पष्ट हो जाता है। कमनीयता, लोचपन या अन्य चीज़ें रूपगत अथवा सतही दृष्टि के मानदण्ड हैं और प्राथमिक स्तर पर हमारी दृष्टि भले ही रूप या सतह सौन्दर्य का भेद न करे, मूलतः वह दृष्टि भूत चेतना की ओर ही उन्मुख रहती है। यही कारण है कि बबूल से अधिक बरगद के पेड़ की छाया या किसी बरसाती गड्ढे से गंगा नदी का जल हमें अधिक आकृष्ट करता है। यह रूपगत या सतही सौन्दर्यबोध के कारण नहीं होता। हम जिस किसी भी वस्तु के सौन्दर्य पर विचार करते हैं तो हमारी दृष्टि उस वस्तु के सम्पूर्ण स्वरूप और उसके ऐतिहासिक अस्तित्त्व के साथ ही गतिशील होती है। इसीलिए हम कई अन्य समानधर्मा वस्तुओं को तुलना में तत्काल रख कर एक मापदण्ड निर्धारित करने लगते हैं। अजन्ता, एलोरा या सिन्धु घाटी की कलाकृतियों को हम सुन्दर करते हैं तो उस अवधि में कलाकार के श्रम का सौन्दर्य देखते हैं। वह हमें आकृष्ट केवल इसलिए करता है, क्योंकि उसमें एक विशेष स्वरूप को जीवन्त बनाने के लिए श्रम किया गया है और जीवन्तता की आवश्यकता से भरी कला ही 'दिव्य' हुआ करती है।

आलोचना या मूल्यांकन की समस्या प्रत्यक्षतः प्रतिमान या मानदण्डों की समस्या है और इसे बिम्बों तथा प्रतीकों की समस्या मान कर विश्लेषित किया गया है। भाववादी विचारधारा के अन्तर्गत प्रतिमानों या मानदण्डों का प्रधान स्रोत मनुष्य का विवेक है और यह विवेक ही मनुष्य के मन में सौन्दर्यबोध जाग्रत करता है। दूसरी ओर, द्वन्द्ववाद के आधार पर उत्पादन सम्बन्ध और सामाजिक तथा आर्थिक परिस्थितियाँ ही प्रतिमान या मानदण्डों की प्रधान स्रोत हुआ करती हैं जो विभिन्न वस्तुओं की तुलना में उसके स्वरूप और इतिहास का विश्लेषण करते हुए सौन्दर्य का वैज्ञानिक बोध हमारे समक्ष प्रस्तुत कर देती हैं। और अधिक स्पष्ट करने के लिए हम देखें तो पता चलता है कि साहित्य या कला में प्रत्यक्ष या परोक्ष रूप से वर्गीय मनोविज्ञान ही चित्रित होता है। बहुत-सी बातें, बहुत सारे वर्ग मिश्रित होकर रचनाकार के मन पर प्रभाव डालते हैं। मनोविज्ञान के आधार पर हम देख सकते हैं कि अमुक वर्ग का जीवन स्पष्ट होता है। यह तो अब प्रायः निश्चित है कि साहित्य या कला में समाजहीन व्यक्ति का चित्रण नहीं हो सकता है और यदि होता है तो वह साहित्य या कला है ही नहीं। हाँ, ऐसा हो सकता है कि कोई एक पात्र या

चरित्र अपने पूरे वर्ग का प्रतिनिधित्व करता है। घोर प्रतिक्रियावादी कलाकार भी यदि बन्द कमरे में रचना करता है, बाहर की ढोल की आवाज़ों से प्रभावित होगा ही। उसे सूर्य की रोशनी, हवा या अन्य चीज़ों के लिए कमरे से बाहर अवश्य निकालना होगा। तात्पर्य यह है कि रचना की वस्तु मूलतः सामाजिक स्तर की हुआ करती है। रचनाकार रचना से सामाजिक जीवन का सन्दर्भ जोड़ता है और इसके बाद वह रूप का गठन करता है। यहाँ पुनः साहित्य और कला के सन्दर्भ में रूपगत या सतही दृष्टि की समस्या सामने आ जाती है। हमें देखना यह चाहिए कि विषय-वस्तु पर कृतिकार की वैचारिकता का क्या प्रभाव है, यह नहीं कि स्वरूप पर कृतिकार के भाव का क्या असर है।

कार्ल मार्क्स ने 'दि इकोनॉमिक एण्ड फ़िलॉसफ़िक मैनुस्क्रिप्ट्स ऑफ़ 1844 और 1857-58 तथा 'ए कांट्रिब्यूशन टु ए क्रिटिक ऑफ़ पॉलिटिकल इकोनॉमी' में बताया है कि मनुष्य भी सौन्दर्य नियमों के क्रम में वस्तु की रचना करता है। इन दो ग्रन्थों के अध्ययन से यह साफ़ हो जाता है कि रचना के दौरान ही सौन्दर्य का विकास होता है। मनुष्य इन नियमों के क्रम में रचना इसलिए करता है कि वह रचनात्मक प्राणी है और कला में वह रचना-क्षमता का भरपूर अनुभव करता है। प्रश्न उठाया जा सकता है कि कला के साथ ऐसी संगति क्यों है? उत्तर के लिए ज़्यादा भटकने की आवश्यकता नहीं। मनुष्य की रचनाधर्मिता में कला एक स्वायत्तशासित क्षेत्र है। इसका तात्पर्य यह नहीं कि इस पर किसी का नियन्त्रण नहीं रहता या इसका उपयोग भी निर्बाध है। कला की रचना सामाजिक परिस्थितियों के माध्यम से समाज में ही होता है। तात्पर्य यह है कि कला का जन्म सामाजिक परिस्थितियों 'से' नहीं बल्कि 'में' होता है। समाज का परिप्रेक्ष्य ग्रहण करने से कला सम्भावना का रूप धारण करती है। यह सम्भावना नये यथार्थ की रचना से सम्बन्धित होती है। कलाकार इस रचना में कला को मानवीय भूमिका प्रदान करता है। 'क्यूबा शोशलिस्ट' के 30वें अंक में क्लाउडिन ने इसी सन्दर्भ में मूल्यांकन किया है। कला के इस चरित्र के कारण पूँजीवाद कलागत उत्पादनों का विरोध करता है अर्थात् पूँजीवाद उस कला के प्रति द्वेषभाव रखता है जो स्वायत्त होकर भी सामाजिक परिस्थितियों के अनुसार, विकसित होती है। पूँजीवाद कला की स्वायत्तता बरक़रार रखना चाहता है। 'कला कला के लिये' का आन्दोलन इसी अन्तर्विरोध से पैदा हुआ था। पूँजीवाद का यह विरोध या द्वेष उत्पादन सम्बन्धों के कारण पैदा होता है।

सौन्दर्यशास्त्र के उपर्युक्त वैज्ञानिक दृष्टिकोण के अनुसार साहित्य और कला के मूल्यांकन में महत्त्वपूर्ण समस्या विषय-वस्तु और शिल्प की एकता की है। प्लेखानौव ने इस समस्या पर गम्भीरता से विचार किया है, हालाँकि कला और सौन्दर्यनुभूति के सामाजिक चरित्र को उद्घाटित करने में वे विफल हुए थे। विषय-वस्तु और शिल्प

के बारे में हम भी बर्नस्टेन या काउत्सकी के समान भूल कर बैठते हैं और संकीर्ण दायरे में सोचने लगते हैं कि विषय-वस्तु या शिल्प पर आर्थिक परिस्थितियों का क्या प्रभाव पड़ा है? मार्क्सवाद के अनुसार, कला या साहित्य की आलोचना करते समय इस प्रभाव को नज़रअन्दाज़ नहीं किया जा सकता, परन्तु यही मुख्य अन्तर्विरोध नहीं है। इससे अधिक महत्त्व की चीज़ है—रचना और वर्ग-संघर्ष का अन्तर्विरोध। इसके बावजूद आलोचना के सन्दर्भ में वस्तु या शिल्प तथा मूल्यांकन के सन्दर्भ में बिम्ब और प्रतीक ही प्रत्यक्षतः महत्त्वपूर्ण रहते हैं। वस्तु और शिल्प की संगति ही सौन्दर्यबोध पैदा करती है। कारण, सौन्दर्य एक रचना है जिसमें श्रम का सर्वाधिक महत्त्व रहता है। हालाँकि बाह्य रूप में रचना का ही रूप हमें आकृष्ट करता है, परन्तु इसकी पृष्ठभूमि में वस्तु के साथ उसकी संगति भी कार्य करती रहती है। कतिपय सन्दर्भों में रचना का रूप ही इतना अधिक सशक्त होता है कि रूप की दमक में हम यह भूल जाते हैं कि यह रूप किस संगति के आधार पर शोभित हो रहा है? आज के युग के रूप में सौन्दर्य को ही अधिक महत्त्व का विषय माना जा रहा है, क्योंकि श्रम के महत्त्व ने उत्पादन कौशल को प्रतिस्पर्धा का विषय बना दिया है। परन्तु वैज्ञानिक तरीक़े से देखने पर हमें रूप के भुलावे में नहीं पड़ना चाहिए। आलोचक वस्तु और शिल्प की संगति को महत्त्व देता है, नहीं तो वह रूपवादी दृष्टि के भ्रम का ख़तरा उठा लेगा। उदाहरण के लिए, हम किसी तथाकथित ललित सौन्दर्य से परिपूर्ण साहित्य रचना पर विचार करें। उदाहरण के लिये, हम कालिदास के लालित्य को सामने रखें। इस तरह के ढेर सारे उदाहरण मिल सकते हैं। घोर प्रतिक्रियावादी या जनविरोधी कथ्य का रूप भी अपने आप में अत्यन्त आकर्षक है और हमें अपने मोह में फँसा सकता है। तब हमें यह रेखांकित करना ही पड़ेगा कि अमुक 'कथ्य' अमुक 'कारण' से जन विरोधी है और यहाँ साहित्य की सामाजिकता की अवहेलना की गयी है। आलोचना की विपरीत दृष्टि हेगेलपन्थियों ने उस समय विकसित की थी जब केवल ललित कला को ही सौन्दर्य दर्शन का क्षेत्र माना गया था। परन्तु आज भौतिक उत्पादन की वस्तुएँ भी इस दर्शन के क्षेत्र में विचार का विषय बन गयी हैं। प्राकृतिक और मानव सौन्दर्य के साथ आज भौतिक उत्पादन के सौन्दर्य का जुड़ जाना सभ्यता के विकास का इतिहास है और यह विकास अपने आप में स्वयं सौन्दर्य का बोध कराता है। यह सौन्दर्य विज्ञान से सम्बद्ध है। यहाँ विज्ञान का अर्थ 'विशेष ज्ञान' न होकर 'उत्पादन विकास की पृष्ठभूमि में बौद्धिक शक्ति' है। सौन्दर्य निरूपण के सन्दर्भ में यह एक भ्रामक शब्द है, क्योंकि विज्ञान के विकास में भौतिक उत्पादन की महत्त्वपूर्ण भूमिका रहती है। पूँजीवाद इसीलिए जिस अनुपात में विज्ञान को सहारा देता है, उस अनुपात में कला को नहीं। कार्ल मार्क्स इसी कारण पूँजीवाद में भौतिक उत्पादन को कला या कविता का विरोधी मानते हैं। (थियरीज़

ऑफ़ सरप्लस वेल्यू, पृ. 285) कला भौतिक उत्पादन से उतना अधिक नियन्त्रित नहीं रहती जितना कि अर्थव्यवस्था से। पूँजीवादी अर्थव्यवस्था में कला व्यवस्था के सम्बन्धों का माध्यम होती है और इसीलिए उसकी वरीयता उत्पादन से निम्न होती है। यह अर्थव्यवस्था उत्पादन के अनुपात में कला को विकसित नहीं होने देती। हम टॉलस्टॉय या पिकासो की उत्कृष्टता की तुलना में उनके जीवनकाल में उत्पादन की उत्कृष्टता को सामने रख कर अपना अध्ययन आगे बढ़ा सकते हैं।

किसी भी कृति का सौन्दर्य-विषय उस वस्तु की स्वतन्त्रता और रचनात्मकता में आश्रित रहता है। भारतीय कला और साहित्य का अध्ययन यह स्पष्ट करता है कि आज जो कुछ भी हमारे संग्रहालयों या पुस्तकालयों में प्राचीन सौन्दर्य सुरक्षित है, वह अधिकांशतः मध्यकाल की देन था। मध्यकाल में कला और साहित्य की इतनी उत्कृष्टता का प्रधान कारण यह था कि उस समय चाहे जो व्यक्ति भी कलाकार हो सकता था और इच्छित कलाकृति की रचना कर सकता था। उसका श्रम स्वतन्त्र था, इसलिए कि कला के स्वायत्त क्षेत्र का अस्तित्त्व था। यह दूसरी बात है कि 'अशोक से स्तम्भ' या 'पृथ्वीराज रासो' को राज्याश्रय प्राप्त हुआ। श्रम की स्वतन्त्रता से उस अवधि में कलाकार की रुचि और उसकी अनुभूति भी वैशिष्ट्य युक्त थी। उस समय राजाओं के हाथों वस्तु के रूप में श्रम का विक्रय नहीं होता था। पूँजी (खण्ड-1) में मार्क्स ने बताया है कि ''सूती कपड़े की मिल में मज़दूरों को अपनी वैचारिक समृद्धता और परिष्कृत तथा विकसित सौन्दर्यानुभूति के बावजूद अपनी 'पंच-अनुभूतियों का भुगतान' कर देना पड़ता है। (मॉस्को, 1865, पृ. 427) आज पूँजीवादी समाज में यह 'भुगतान' रोज़मर्रा की चीज़ हो गया है। सौन्दर्य निर्धारण में हमें बड़ी सावधानी की ज़रूरत है क्योंकि जैसा कि मार्क्स ने कहा है, ''खनिज पदार्थों का व्यापारी इन पदार्थों में व्यापारिक मूल्य देखता है, खनिजों की विशिष्ट प्रकृति और उनके सौन्दर्य को नहीं। (इकोनॉमिक इण्ड फ़िलॉसफ़िक मैनुस्क्रिप्ट्स ऑफ़ 1844, पृ. 101)

मार्क्सवाद के अनुसार, साहित्य और कला भी तो सामाजिक उत्पादन ही है और इसकी रचना में रचनाकार अपने पूरे कौशल के साथ उपस्थित रहता है। इस सन्दर्भ में सौन्दर्य भी समाज की नब्ज़ हो जाता है और तब हमें यह देखना ज़रूरी हो जाता है कि रचनाकार की अन्तर्दृष्टि वस्तु के सौन्दर्य की धड़कन पहचानने में कहाँ असफल और कहाँ सफल है? वह तो अपनी सम्पूर्ण प्रतिभा, गहराई और व्यापकता के साथ सौन्दर्य के साथ जुड़ता है। ऐसे भी रचनाकार हैं जो भयावह या बुरे सपनों, मनोविकारों में ही सौन्दर्य-सृष्टि करते हैं। उनमें न तो भयावह को बदलने की स्पृहा रहती है और न ही सौन्दर्य का स्वागत करने की। उनका दृष्टिकोण संकीर्ण होता है, क्योंकि उनमें किसी प्रकार की वैचारिकता या जीवन दर्शन नहीं रहता। कला तो

अनुबन्ध की अभिव्यक्ति है, अपने अहम् को भूलना है, जीवन के प्रति सजीव संवेदना है। यही सौन्दर्य है और मूल्यांकन के दौरान इसका बराबर ध्यान रखा जाना चाहिए।

एक दूसरी समस्या यह आती है कि साहित्य या कला के सन्दर्भ में सौन्दर्य का मूल्य किन बातों पर निर्भर करता है? मार्क्सवादी दृष्टि से विचार करने पर सामाजिक वर्गों की रुचि और विभिन्न परिस्थितियों में उनके परितोष की भावना से ही मूल्यांकन का कोई निर्णय किया जा सकता है। वर्ग दृष्टि के अनुरूप ही व्यक्ति का परितोष होता है। यह परितोष यहाँ पुनः आनन्द और सौन्दर्य का अन्तर्द्वन्द्व उपस्थित करता है। मूल्य की हमेशा निर्णयात्मक भूमिका हुआ करती है। हेगेलवादियों के अनुसार, विभिन्न मूल्यों अर्थात् वैयाक्तिक-सामाजिक और आध्यात्मिक-भौतिक का समन्वय होता है जो मूल्यांकन पद्धति को गड्ड-मड्ड कर देता है। इस दृष्टि से विचार करते समय हमें वस्तु की स्थिति के अन्तर्गत मौजूद अन्तर्विरोध की पहचान नहीं हो पाती है। प्राचीन भारतीय काव्यशास्त्र में ये मूल्य प्रयोजन और फल के आधार पर निर्धारित हुआ करते थे। इसी पृष्ठभूमि में वहाँ स्थाई और अस्थाई मूल्य निश्चित किये गये हैं परन्तु ऐसा मान लेने से मनुष्य की हर क्षणिक क्रिया का अलग-अलग मूल्य निर्धारण करना पड़ेगा।

❑❑